范伟达

浙江慈溪人、中共党员。复旦大学社会学系教授、教学名师，市场调研中心主任，中国社会学会方法研究会会长。华东师大一附中66届高中、恢复高考77级大学生，1982年2月毕业于复旦大学哲学系和南开大学社会学专业班，1986年至1990年美国纽约州立大学奥本尼分校在职社会学博士生。毕业留校任教三十余年，曾任复旦大学社会学院本科教学委员会主任、社会学系副主任、方法教研室主任、社会调查中心主任，中国市场研究行业协会副会长；兼任中国婚姻家庭研究会理事、上海社会学会调查方法专业委员会主任、上海市知识青年历史文化研究会调研中心主任、上海百老知青讲师团执行主任、上海神州市场调查公司总经理、北美华裔社会学会会员等。

在复旦、交大、南开等高校主讲《社会研究方法》、《社会学概论》、《社会统计学》、《市场调查与预测》、《大学生社会实践》、《文化大革命研究》等近10门课程，长期承担本科和研究生教育和培养工作；并受聘给MBA和MPA学员及总裁班、CEO班讲授《社会研究方法》和《市场研究》等课程。主要研究方向有社会研究方法、社会发展变迁、市场调查预测、中国知青研究、文化大革命研究等。

受联合国教科文组织等机构邀请赴美国、加拿大、欧洲、日本等国家和港澳台地区讲学考察、学术交流、参加国际会议。参与国家"六五"科研项目《中国城市家庭》研究，受中央书记处委托主持复旦学生进行全国农村调查，经美中学术委员会福特基金资助主持"浦东新区社会变迁"等项目研究，曾获国家"挑战杯"奖（指导老师）、上海市教学成果奖等。除学术论文外，著有《现代社会研究方法》、《多元化的社会学理论》、《世纪图景》等教材和著作，主译《现代西方社会学理论》，主编《当代中国社会分析》丛书。长期从事并负责策划主持及参与组织千余项社会调查、民意测验及市场研究项目。

MAIL：*fwd@fudan.edu.cn*
WEB：*http://www.srchina.org.cn*
TEL：*021-55661750、021-65447201*

范冰

　　浙江慈溪人，中共党员。中共上海市委党校一分校教务处负责人；华东师范大学硕士，复旦大学MPA，国家二级心理咨询师。兼任《中国调查研究（网络版）》主编，中国社会学会方法研究会理事，上海神州调查数据采集中心特约顾问。

　　除在《解放日报》等报刊发表社情民意调查报告及论文外，主编和合著《市场调查教程（第二版）》、《全球化与浦东社会变迁》、《大学生社会实践导读》、《中国社会调查史》和《社会调查研究方法》（"十一五"国家级规划教材）等著作。曾多次赴欧美日等国家和港澳台地区考察交流、参加国际学术会议。

本书由上海文化发展基金会图书出版专项基金资助出版

中国调查史

范伟达　范　冰◎编著

复旦大学出版社

目 录

导论 ··· 1

第一编 源远流长：古代调查时期

第一章 中国古代的调查思想 ·· 29
    第一节 中国古代社会思想 ·· 29
    第二节 古代实学思想 ··· 33
    第三节 儒家思想 ··· 34
    第四节 古代文人墨士的调查意识 ································ 36

第二章 中国古代的调查实践 ·· 39
    第一节 调查方法雏形 ··· 39
    第二节 古代统计调查 ··· 55

第二编 西学东渐：清末民初时期

第三章 清末民初现代调查之兴起 ·································· 61
    第一节 清末民初之大势 ·· 61
    第二节 现代调查之兴起 ·· 64

第四章 社会学调查的开端 ··· 67
    第一节 社会学的传入与调查 ······································ 67
    第二节 现代统计学的传入 ··· 74

第三编 风雨苍黄：民国战争时期

第五章 中国社会调查运动 ················· 79
第一节 倡导社会调查 ················· 82
第二节 社会调查派 ················· 87
第三节 社区研究派 ················· 98
第四节 社会调查运动的方法论基础 ················· 115

第六章 中国共产党人的社会调查 ················· 122
第一节 以革命为导向的调查运动 ················· 122
第二节 "问题与主义"之争 ················· 125
第三节 毛泽东的调查研究 ················· 127
第四节 中共调查研究决定与调查运动 ················· 145

第四编 旭日东升：探索建设时期

第七章 新中国成立初期的社会调查 ················· 191
第一节 新中国成立初期的社会调查 ················· 191
第二节 民族识别与民族调查 ················· 202
第三节 第一、二次人口普查及其研究 ················· 211
第四节 社会学与社会调查的重新定位 ················· 218

第八章 大兴调查研究之风 ················· 225
第一节 探索社会主义建设的良好开端 ················· 225
第二节 全党大兴调查研究之风 ················· 233
第三节 重提阶级斗争及其失误 ················· 253
第四节 调查研究的理论升华 ················· 259

第九章 扭曲异化的"文革调查" ················· 267
第一节 不符合中国实际的继续革命理论 ················· 267
第二节 影射史学与"经典"调查的泛滥 ················· 272
第三节 "一句顶一万句"和个人崇拜 ················· 282
第四节 刘少奇冤案和清队专案组的内查外调 ················· 287

第五编　中国特色:改革开放时期

第十章　党和政府在新时期的调查研究 …… 297
第一节　党政领导人对调查研究意义的论述 …… 297
第二节　党政领导人新时期的调查研究实践 …… 302
第三节　党政机构组织的调查研究 …… 318
第四节　政府对社会调查的管理 …… 336

第十一章　高校学术机构的社会调查 …… 344
第一节　社会学恢复重建与社会调查的再次兴起 …… 345
第二节　经济领域的调查 …… 393
第三节　政治领域调查 …… 412
第四节　社会领域调查 …… 434
第五节　文化领域调查 …… 467

第十二章　新时期民意调查的兴起 …… 483
第一节　民意调查概述 …… 483
第二节　民意调查机构 …… 494
第三节　民意调查的理论探讨 …… 508

第十三章　市场调查的茁壮成长 …… 516
第一节　市场调查概述 …… 516
第二节　市场调查的历史和未来 …… 523
第三节　市场调查行业与机构 …… 541

第六编　展望未来:研究方法新趋势

第十四章　调查研究方法的理论探讨 …… 563
第一节　传统方法之生命力 …… 563
第二节　现代信息技术与调查方法 …… 585
第三节　反对伪调查 …… 597
第四节　调查研究方法探讨的新趋向 …… 602

第十五章　新的征程——中国调查学术研讨综述 ················· 622
　　第一节　"中国调查"学术研讨会概述 ···················· 622
　　第二节　专家学者的精彩演讲和研讨 ···················· 630
　　第三节　媒体竞相报道"中国调查"学术研讨会 ·············· 638
　　第四节　"五位一体"奔小康,调查践行"中国梦" ············ 648

参考文献 ·· 655
后记 ·· 674

导　　论

一、调查与调查史

中国调查史研究的对象是中国调查的历史,我们首先要解读的概念自然就是"调查"和"调查史"。何谓"调查",何谓"调查史"？

(一) 调查的定义

中国古代已经有了现代意义上的"调查"一词,尽管"调"与"查"一般都是单独使用,各有其自己的含义,但与今天使用的"调查"一词的含义大致相同。

1. 古代的定义

在《汉书》中,对"调"有多处定义:

调:谓算度之也。《汉书·鼌错传》:"立城邑"(按《后汉书·鲁恭传》大司农——度不足,义亦如此,今通言——查)。①

调:计算。《汉书·鼌错传》:"调立城邑,毋下千家。"颜师古注:"谓算度之也。总计城邑之中令有千家以上也。"②

在《资治通鉴》中,"调"之意为计算、算度:

《资治通鉴·齐和帝中兴元年》:"敕太官办樵、米为百日调而已。"胡三省注:"调,从钓翻,算度也。"此中"调"也为计算之意③。

"调,和也。和各本作和。今正。龠,调也。与此互训。和本从言。周系唱和字。故许云相应也。今则槩用和而和废矣。"④

在《正字通》中,对"查"字已作多处定义,并与"调查"、"考察"同义:

"查:考察也,《正字通》查,俗以考察义。《续文献通考·征榷考》有司察

---

① 中华书局影印:《中华大字典》(下),中华书局1978年第一版,第2342页。
② 夏征农主编:《辞海·缩印本·1989年版》,上海辞书出版社1990年第一版,第452页。
③ 罗竹风主编:《汉语大词典》,汉语大词典出版社1993年第一版,第297页。
④ (汉)许慎撰,(清)段玉裁注:《说文解字注》,上海古籍出版社1981年第一版,第93页。

勘。"①"按今义如此——训为查者——察一声之转。北人读入如平,故可假——为察。"②

查:稽考,调查。明焦竑《焦氏笔乘·公移字》:"公移中字……如查字,音义与槎同,水中浮木也。今云查理查勘,有稽考之义。"③

调查:为了了解情况而进行考察。清代容闳在《西学东渐记》第十八章中写道:"陈兰彬亦适奉政府之电,派其赴古巴调查华工情形。"梁启超的《中国改革财政私案·改革田赋之法》中提到:"查日本初得台湾时,其田赋不过八十六万馀圆。后经一次调查,制成台帐。"④"调查:犹言考察也。"⑤

可见,自古以来,"调"、"查"、"调查"的本意犹言"计算"、"考察",与现代的用法相近。

2. 现代的定义

(1) 词典中的定义

现代的词典在几乎接近的意义上解读"调查"一词。

"调查(diào chá):深入实际了解(多指到现场实地考察):抓紧到事故发生地点调查一下,以便尽早处理。"⑥。

"调查:对实际情况进行考察:调查研究/没有调查没有发言权。为了解情况而进行询问、查看(多指到现场):~组|事情要~清楚|深入基层,作实地~。"⑦

"调查(diào chá):为了摸清情况到现场进行考察:~这起事故|公安人员向有关人员进行~|对生产情况作一番~"

"调查:(为了解情况进行考察)investigate; examine; … survey;(try to)learn the facts about; on(closer)investigation; make an investigation on[of; into]; hold an inquiry into sth.; make inquiries about sb.[sth.]; on inquiry; search into; carry out a research…"⑧

"调查(diào chá):对客观情况进行考察了解。"⑨

"调查:社会科学的基本研究方法之一。有目的、有计划、有步骤地把特定的现

---

① 中文大辞典编纂委员会编:《中文大辞典》(第十七册),台北"台湾中国文化研究所"印行,1968年8月,第7100页。
② 中华书局影印:《中华大字典》(上),中华书局1978年第一版,第1155页。
③ 罗竹风主编《汉语大词典》(4),汉语大词典出版社1993年第一版,第905页。
④ 同上书,第302页。
⑤ 中文大辞典编纂委员会编:《中文大辞典》(第三十一册),台北"台湾中国文化研究所印行",1968年8月,第13521页。
⑥ 郝迟等主编:《汉语倒排词典》,黑龙江人民出版社1980年版,第63页。
⑦ 《当代汉语词典》编委会编:《当代汉语词典》,中华书局2009年版,第341页。
⑧ 吴光华主编:《汉英大辞典》(第二版),上海交通大学出版社1993年版,第371页。
⑨ 任超奇主编:《新华汉语词典》,崇文书局2006年版,第193页。

象作为对象,实地调查、收集与其相关现象之间的内在联系,加以整理、分析和综合。调查是各门科学普遍采用的基本手段,是各门科学的基础。调查方式多种多样,有普遍调查、抽样调查、典型调查等等。"①

"调查(diào chá):investigate;survey…"②

(2)学者们的定义

有学者指出,中国现代社会调查的肇兴固然受到欧美的影响,但日本所给予的刺激恐怕更为直接。率先在中国使用"调查"这个字样的可能是日本人藤田丰八③,中国最早的几个调查组织均是由留日学生所组成。另外,在中国各报刊所介绍的对189个外国人的调查中,属于日本人的就有106个,占总数的56%。如果考察1903年前的情况,中国人对日本人所从事的调查的关注当更为明显④。从相关学者对社会调查的论述我们也可以进一步了解"调查"的现代含义。

① 1928年:蔡毓骢的《社会调查之原理及方法》

蔡毓骢的《社会调查之原理及方法》是系统阐释社会调查方法的著作。他认为,社会调查属于实地调查的一种(1928)。

蔡认为实地调查通常所遇到的问题,可以勉强地分成五类,如记录的来源、怎样使社会上的事实无偏见地观察着并记录着的方法、调查部人员的选择并训练、实地调查的内部组织和检查方法、表格上记录的编制。

② 1931年:孙本文的《社会学的领域》

调查法在孙本文看来是"比观察法更为进一步的方法","可分为两大类:社会调查(social survey)和个案调查(case study)。"

社会调查又分为普通社会调查和特殊社会调查。"普通社会调查是调查一个社会的全般状况。无论政治、经济、教育、宗教、风俗、人口、职业等种种情形,都加以详细调查。特殊的社会调查,就是调查一个社会的一部分状况,或调查一个社会的某种问题。譬如,调查某城市的生活程度,或犯罪状况,或教育状况,或贫穷状况等。这两种调查,不过范围不同,方法上是没有区别的。"⑤

孙本文

和社会调查相对应的调查方法是个案调查,个案调查是单调查一个团体,或一

---

① 刘建明主编:《宣传舆论学大辞典》,经济日报出版社1992年第一版,第630页。
② 北京外国语学院英语系汉英词典编写组:《汉英词典》,商务印书馆1986年版,第155页。
③ 《浮尘子调查》,藤田丰八译,《农学报》第16册,1897年12月。
④ 李章鹏:"清末中国现代社会调查肇兴刍论",《清史研究》2006年5月第2期。
⑤ 孙本文:《社会学的领域》,载自《孙本文文集》第五卷,社会科学文献出版社2012年版。

个人的方法。了解一个人或一个团体长期的、动态的某种特性的形成过程。

③ 1930年:杨开道的《社会研究法》

杨开道

杨开道认为,社会科学家的法宝不是理论,更不是事实。因为事实老是在那里等着我们,我们今天去找也好,明天去找也好,不成问题。"理论虽然十分要紧,但有了事实,我们自然可以得着理论,用不着特别宝藏。唯有方法,搜集事实的方法,推求理论的方法,是我们无价之宝。有了方法,我们可以得着无限量的事实和理论;没有方法,我们自己不知道到哪里去寻找事实,不知道怎么样去求理论。"①

"研究现在的事实,最好的方法有社会调查和个例研究两种。社会调查是从数量方面下手,个例研究是从质量方面下手……社会调查是数量研究里面一个最重要的方法。"②

经杨开道考证,"调查这个名词,是从测量学 surveying 借用来的。测量学的意义,是测量人亲自去量度一块地面的大小、边界、高低,以及其他的性质。所以严格讲起来,通信研究,不能叫作社会调查。"③但杨开道似乎没有给出一个非常明确的社会调查定义,而是说"因为一个地方的详情,何等众多,何等复杂,只研究三五事项,东一点,西一点,而不在某一个地方社会里涉及它的全体,就不能叫作社会调查……简单的说起来,社会调查就是某一个地方社会的数量研究。"④

④ 1933年:言心哲的《社会调查大纲》

言心哲在其《社会调查大纲》开篇即回顾了当时国外学者对于社会调查的定义。这对于我们了解作为社会调查的观念史是有价值的。

Aronovici(1916)认为社会调查是对于某一个地方社会情形的成分的全体考察,其目标系创造合理的计划,实行建设性质的社会改造。言心哲对此一定义的评价为"从他的定义看来,社会调查是用方法来解决社会问题"。Bogardus(1922)在其《普通社会学》中认为,社会调查是求得资料(data)的工具借以了解社会的历程,与社会问题有密切的关系。McClenahan(1925)在其《地方组织》中认为,社会调查是根本的研究社会问题

言心哲

---

① 杨开道:《社会研究法》,世界书局1930年版。
② 同上书。
③ 同上书。
④ 同上书。

与社会资料,以及它们两者间相互之关系。Morse(1924)在其《城市与乡村社会调查》中说,社会调查是用一种科学的、有程序的、和有一定目的的方法去分析社会情形、问题或人口。言心哲总结道:"由上述几个定义看来,我们知道社会调查与社会问题,在社会研究中不能分开当作两件事情看待。换句话说,社会调查就是要把社会事实开一个清单,将社会里面所有社会状况如人口、卫生、教育、犯罪、经济、文化等等,详细的开一笔账目。在这个账目内,可以找出一切社会问题的优点和缺点,形成的因子,及改良的途径,做实地社会建设的根据。"①

根据 Chapin,言心哲提出三种实地调查方法:个案调查(case work),注重考察个人状况和个人与社会之关系;范例调查(sampling),于全体中选择可作代表的部分,作为调查的标准;全体调查(complete enumeration),调查社会全部,如政府人口调查之类。

⑤ 1933 年:李景汉的《实地社会调查方法》

李景汉(1933)认为,社会调查是以系统的科学方法,调查社会的实际情况,用统计方法,整理搜集材料(包括指标绘图、求得百分比、平均数等项),分析社会现象构成的要素。由此洞悉事实真相,发现社会现象之因果关系(至相当程度时,即可将已经证明的事实关系归纳起来,做成定律)。然后根据调查之结果,研究计划改善社会之方案(社会全体的,普遍的,或部分的,特殊的)。再按照社会状况,以适当的展览宣传的手段,唤起民众,使觉悟关于彼等自身待决的利害问题,使他们更进一步自动地督促地方负责者,认真的,有效率的,实行拟定的方案,解决社会问题(一个问题或许多问题)。社会调查可分为个案研究法(case study or case method),选样调查法(sampling)以及全体调查(complete enumberation)。其各分类的大体内容与杨开道相同。

⑥ 毛泽东等老一辈中国共产党人的观点

以马克思主义原理为指导,实事求是精神为宗旨的中国共产党人探索出了一条从现实中出发、实践中反思的,基于中国本土特色的社会调查道路。这构成了中国社会调查体系的实践起点。

毛泽东等老一辈中国共产党人就指出,不做调查没有发言权,不做正确的调查同样没有发言权;一切实际工作者必须向下做调查。对于只懂得理论而不懂得实际情况的人,这种调查尤有必要;很多同志还保存着一种粗枝大叶、不求甚解的作风,甚至全然不了解下情,却在那里指导工作,这是异常危险的现象;许多新接任工作的干部喜欢一到就宣布政见,这种纯主观地"瞎说一顿",一定不能解决问题;许多人未经调查研究、未经分析,但经常有指示,夸夸其谈,结果都是一纸空文;一个

---

① 言心哲:《社会调查大纲》,中华书局 1933 年版。

党和它的党员,只有认真地总结群众的经验,集中群众的智慧,才能指出正确的方向,领导群众前进。离开群众经验和群众意见的调查研究,任何天才的领导者也不可能进行正确的领导;事物是运动的、变化着的、进步着的,因此我们的调查也是长期的。民主革命阶段要进行调查研究,一万年还是要进行调查研究工作。这样,才能不断地认识新的事物、获得新的知识。

无论是学者的努力,还是共产党人的努力,都是有中国特色的社会调查理论体系的组成部分。事物皆有其特色,这是个性,事物亦有其共性。它们像中国社会调查观念的两个源头一直影响着中国社会调查史。

3. 学科的定义

我们以社会学对"社会调查"、"社会调查研究"和"社会研究"的联系和区别之讨论,来了解学界对"调查"的学科方面的定义。

在中国,社会调查、调查研究或社会调查研究可以说是家喻户晓的一个词汇。人们都很熟悉毛泽东这一句耳熟能详的名言:"没有调查就没有发言权。"有一般常识的人都知道社会调查研究作为科学研究方法不仅是政府行政工作的方法,更重要的是学术研究的科学方法。

但是,从20世纪80年代起,当我们从西方引进"社会研究(social research)"这一概念后,国内学者对社会调查研究的认识就有所不同。国内学界,在相近意义上使用社会调查研究的主要概念有:社会研究、社会调查、调查研究、社会调查研究、社会学研究、社会科学研究、问卷调查、实地研究等等。

但是,它们在理解和使用上都有所不同。差异表现之一在于对概念的名称或提法不同,有的称之为"社会调查研究",有的称之为"社会调查"、有的称之为"调查研究"(尽管大部分学者在使用这几种不同的名称时,所指内涵几乎完全一样);另一差异则表现在对概念内涵及外延的界定有所不同,有的认为调查研究或社会调查研究只是社会研究的一种类型,有的认为社会调查研究(或者说广义上的社会调查研究)可以等同于社会研究,有的认为社会调查只是一种收集资料的工作,甚至认为社会调查仅指那种运用自填问卷或结构式访问的方法,有的则认为社会调查既包含资料收集的工作,又包含资料分析的工作。

因而,有必要对社会调查、社会调查研究、调查研究与社会研究这些概念的联系和区别作一下梳理与分析。

社会调查概念,国内外有不同的理解和用法。在国内,中国共产党和学术界都素有重视并实践社会调查的优良传统。"没有调查就没有发言权"、"调查如'十月怀胎',解决问题如'一朝分娩'",体现了重视调查的思想作风和工作作风。在大多数国人的概念和了解中,开座谈会、个别访问、蹲点调查、问卷调查、民意测验等都是社会调查;或仅指"一种了解客观事物的感性认识活动"、"是直接收集社会资料或数据的过程"(袁方,1997);当然也有个别人士以美国部分学者的说法为依据,认为社会调查仅指那种运用自填问卷或结构式访问的方法。

国外对社会调查的用法也不尽一致。英国《社会学百科全书》定义为"是通过一种预先设计好的询问方式来收集社会数据"[1]另一本辞典定义为"social survey是对生活在特定地理、文化或行政区域中的人们的事实进行系统的收集……(它)虽然常常包括说明性或描述性材料,但它一般是数量性的"[2]。美国的W.B Sanders指出:"Social Survey一般指对研究总体中抽取出的样本询问问题的方法"[3]。日本社会学家福武直则将社会调查定义为"实证地抓获社会现象的一种方法,具有通过直接实地调查收集所谓实在的数据并由此进行分析的特色"[4],与我们国内的"社会调查研究"概念的通常用法比较接近。

那么,"社会调查"和"社会研究"两者的关系又是如何呢?

社会研究泛指任何有关一定社会生活现象的各种研究。它包括研究社会现象的各相关学科,不仅是量的数据也可包括质的描述。

美国《社会学辞典》曾有如下的说法:"社会研究是在任何社会情景中用严格的程序解决一个问题,检验一个假设,或者发现新的现象或现象间的新关系。"

德国《布罗克家斯大百科全书》中讲道:"社会研究是指社会科学中一种以经验为依据的行为方式……科学研究的主要问题之一,是要在科学理论和方法论上为其奠定基础……记者采访、征询意见、实地调查、内容分析、考察以及一定的实验都是社会研究中最主要的技术手段。"

港台地区谢应宽等人合译的《社会调查与研究》一书中这样定义:"社会研究是有系统的方法,它发掘新事实,证验旧事实,发现事实间的顺序、交互关系、因果解说及统制事实的自然律。"

我们国内所出版的《中国大百科全书·社会学卷》对社会研究有如下的描述:"社会研究(social research)是运用科学方法对社会生活现象加以了解、说明和解释的一切活动。它是以人类社会为对象,以科学方法为手段,以解释和预测为目

---

[1] *Student Encyclopedia of Sociology*, London Macmillan Press Ltd,1983, p.368.
[2] [英]邓肯·米切尔主编:《新社会学辞典》,上海译文出版社1987年版,第338页。
[3] W. B. Sanders. *The Conduct of Social Research*, N. Y. CBS, 1974, p.54.
[4] [日]福武直等:《社会调查方法》,湖南大学出版社1986年版,第4页。

的,以科学理论和方法论为指导的一个完整的过程"①。

由此可见,社会研究是社会科学中,为了系统地反映和解释现实社会而采用的一种以实践经验为依据,通过严格的科学程序来搜集资料、验证假设和确立理论的研究方法。这是一门以科学理论为指导,对认识社会现象的方法论、基本方式和具体方法及技术进行具体研究的学科。

"社会研究"这一国外的学术用语在改革开放后为国内学术界所引进,一度与"社会调查"、"调查研究"以及"社会调查研究"等我国传统使用的经典学术用语引发了一些混淆与讨论。

我们可以看到,社会调查从研究方法角度定义(也可以称之为狭义的定义)是人们实地了解某种社会现象的活动和方法;是搜集分析资料的一种方法和技术;是认识社会现象的一种方法②。《现代汉语词典》将"调查"定义为"为了解情况而进行考察(多指到现场)"③;《新汉日词典》中有关"调查"的定义也强调"多指到现场"④。可见"调查"的本质属性是到"实地"、到"现场",它是人们认识社会的一种重要方法。从这个意义上,我们可以说,社会调查是社会研究的一种类型,是有别于文献研究与实验研究(或称之为社会实验)的一种更多地到实地到现场的一种研究方式。为了避免与"社会调查研究"的简称"调查研究"的概念相混淆,本书将社会研究三种类型中的这种类型直接冠之以"社会调查"的名称,以适合国人的阅读习惯和传统思维。也就是说,我们认为社会研究包含的三种类型为文案调查、社会调查和社会实验调查。其中社会调查不仅是特指运用问卷手段收集社会现象数量特征的一种狭隘的定量研究中收集数据资料的一种方法手段,其含义至少可以包括了实地研究类型的深入研究现场运用观察、访谈、体验、感悟等定性研究手段收集实证资料的方法和含义。也就是说,社会调查既包括定量为主的问卷调查(或称统计调查等),也包括定性为主的实地研究(或称田野调查等),同时也应该注意研究与提倡定量与定性研究方法相结合的混合研究。

在我国,是否有必要严格区分"社会调查"、"社会调查研究"和"社会研究"这几个概念,这在学术界至今没有一个统一的认识。尽管社会学界部分成员主张要严格区分"社会研究"、"社会调查研究"与"社会调查"等这些概念,但是学术界的不少学者,社会上的大多数人,尤其是非专业工作者,仍然不去区分"社会调查研究"与"社会研究"之异同,并且不加区分地在同等的意义上使用这两个概念。有的研究人员认为,在中国的语境下从比较宽泛的意义上解释"社会调查"、"社会调

---

① 《中国大百科全书》第二版,中国大百科全书出版社2009年版,第381页。
② 同上。
③ 《现代汉语词典》,商务印书馆2005年版,第334页。
④ 《新汉日词典》,商务印书馆1990年版,第216页。

查研究",对推广科学的研究方法更有意义。

因此,我们觉得,社会调查或社会调查研究是中国特色的社会研究,也可以说是社会研究的中国化或本土化。"调查研究"则是"社会研究"的一种简称,两者的本质含义与使用意义是完全一致的①。

(二) 调查史的定义

中国调查史是一部史书。因此,它的书写是在一定的指导思想下,充分占有资料,选择笔法、采用各种体裁体例从实求知,以达到从实求真的过程。柯林伍德说一切历史都是思想史。所谓思想,可以理解为不同时代的较为体系化的学说或者社会理论。人们的实践终究是离不开体系化的思想指导的。如果调查行为是一种实践,那么本书所谓调查研究中的研究就是一种在理论指导下,由实践再次上升成理论的过程。所以,中国调查史书写是史论结合的,这也是对于本书核心概念调查(研究)内涵的进一步展开。

1. 释中国

"中国"一词已有三千多年的历史,该词可以追溯到1963年在陕西鸡贾村出土的一口西周"何尊"上的铭文:"惟武王既克大邑商,则迁告于上天曰:'余其宅兹中国,自之辟民'。"译文为:"周武王在攻克了商的王都以后,就举行了一个庄严的仪式报告上天:'我已经据有中国,自己统治了这些百姓。'"

虽然各朝代都不以中国为国名,但都以中国为正统为通称。其词义由"京师"诸侯国之政治中心,而扩展为四方之地理中心,而终代表"华夏民族——文化共同体"之通称。

随着武力统一(征服)、人文教化,"中国"在不断扩大。"中国"主要是一个文化概念,并且始终有强烈的民族含义。如《战国策》赵武灵王决定"胡服骑射",赵国的公子成论"中国"之说:"中国者,聪明睿知(智)之所居也,万物财用之所聚也,贤圣之所教也,仁义之所施也,诗书礼乐之所用也,异敏技艺之所试也,远方之所观赴也,蛮夷之所义(仪)行也。"

本书所谓中国调查史之中国的内涵是文化中国之意,外延为地理中国之意。因而,中国社会指涉的是贯穿历史文化的实体、现实中的地理疆域以更为本质的动态的一切社会关系总和。而中国调查史,就是用社会科学的视野与方法去重新审视调查的历史。

2. 释调查史

如同社会史研究之初对社会史研究方面的"专史说"与"范式说",社会史与跨学科研究的关系、思想、文化、社会的互动,在宏观与微观之间、研究视野中的"区

---

① 范伟达、范冰编著:《社会调查研究方法》,复旦大学出版社2013年版,第13—16页。

域"等都曾引起过专家学者广泛的兴趣①。

调查史在中国完全是一门新兴的学科研究。从修史角度讲,调查史有理由成为历史学的一个分支,由于它有一个与其他分支学科不同的研究对象,具有它不同特点、内容、结构、功能和独特的发展变迁轨迹。这个对象就是"调查的历史"。这是一种"专史说"的定义,实现的是调查学与历史学的结合。但我们更倾向于调查史是一种研究范式或者说是一种研究方法,这是一种"范式说"的定义。如同有人评价社会史研究时所说,"社会学绝不仅仅是历史学的一个分支学科,绝不能将社会史当作这样一个分支来理解,而是一个史学新范式,一个取代传统史学的政治史范式……它并不只是发现一个以往被遗忘了的角落,它是一场革命,它是使史学家的眼界、研究方法、研究的材料统统发生了变化的一场革命"②。

更确切的说,调查史应该说是社会学的一个分支。社会学由理论、方法、应用三大板块所组成,调查史应该是社会学方法助社会研究方法或者社会调查方法的理论、体系、方法和技术的历史。当然,如有些学者所主张的,可以将调查史当作是历史学与社会学联姻而诞生的婴儿也未尝不可,未必完全贴切,但也不算离谱。

调查史与其他学科的关系,也是人们关注的问题。跨学科研究应该说是调查史的优势之一。所谓跨学科研究,是指研究对象、领域之间的交融,两个或多个学科之间有交叉点,这个交叉点常常是学术研究的生长点;同时也指各学科研究方法的借鉴。调查史就是社会学、历史学、政治学、经济学、文化学、地理学、人口学、心理学、统计学、民族学、民俗学、医学、艺术学、侦探学等学科的理论和方法的交融。同时,调查史尤其关注的是分析现实社会,把历史与现实紧密地联系起来,从而具有时代感和现实感。

修史,要有两个基本条件:首先是明确指导思想,其次是占有历史资料。

人们撰写历史都是有目的的活动,都有一定的思想作为指导。近年来,史学界在讨论主体、客体的关系问题。写史的"主体"不可能不带有主体意识,必定有一种思想激发着他去书写历史。从孔子、司马迁一直到梁启超,到马克思主义史学家,都有一定的指导思想。今天史学界、人文社会科学界的有些研究者,认为这个主体不应带有主观的思想,应当纯客观地写历史。这只是一种愿望,在实践上是不可能的。

从史学产生起,人们主要就是为了以史为鉴而写历史,所谓"纯客观地写史"是不可能的。从马克思主义的基本原理来说,史学作为意识形态的一部分,它是为经济基础和上层建筑服务的,也不可能"纯客观地写历史"。当然,要用正确

---

① 池子华、王银:"近年来社会史理论研究述评",《社会学月刊》2004年8月。
② 赵世瑜:《社会史的概念》,载周积明、宋德金主编:《中国社会史》(上),湖北教育出版社2000年版,第17页。

的思想作为指导去研究历史、撰写历史。

历史资料是撰写历史的基础，没有资料，修史无从谈起。在20世纪二三十年代，有些史学家说"有几分材料说几分话"，强调材料的重要，这话不错，但还必须有正确的指导思想。在古代，历史文献在中国史学发展过程中从来都是受到重视的，孔子同人们讨论问题的时候说："夏礼，吾能言之，杞不足征也；殷礼，吾能言之，宋不足征也，文献不足故也，足，则吾能征之矣。"

孔子是第一个讲到文献这个词的人，孔子整理《六经》也就是整理文献。孔子是中国历史上最早的文献学家。司马光写《资治通鉴》，在重视文献方面有很大的发展。《资治通鉴》除有正文之外，还有"考异"。比如某一件史事，见到有几种文献说法不一，他采取其中一种说法，写入正文，把另外的说法写到"考异"里面，让读者知道他采用这种说法之外还有别的说法。当然，历史资料并不只限于文献资料，随着近代考古学的兴起和发展，大量的实物资料被考古工作者发现了，这些实物资料与文献资料相互补充、相互印证，极大地扩大了历史资料的范围，丰富了历史资料的内涵。近代以来，中外关系密切了，所以研究近代史，还要注意到收集、鉴别、使用一些有关的外国资料。一部《拉贝日记》的发现，震动了整个史学界，就是明证。

二、研究领域和具体内容

（一）研究领域

调查研究逻辑地勾连着现实与理想——理论，也逻辑地让众多科学归于现实。这正是调查研究学术价值及其魅力所在。如果给这个点赋予上时间的属性，它勾勒出的就是一部调查史。

调查研究是对客观事物完整的认识过程。作为谋事之基、成事之道，调查研究是连接理论与现实的桥梁。没有调查研究，就不能实现从社会现实向科学理论的跨越，调查研究在社会科学中的作用就在于提供一个研究者认知社会现实的科学途径，从而构筑科学理论。调查研究方法在社会学、经济学、政治学等社会科学研究以及市场研究和政府决策中的广泛应用，使得对中国的社会调查历史进行科学总结显得更有必要。

书写"调查史"就是从实求知、达到从实求真、从调查史看真历史。中国从大禹治水开始就有了社会调查的雏形，经历几千年的历史发展，在中国的社会内部产生了一些认识社会现实的科学方法，对于这些散落在历史长河中的智慧，有必要加以梳理和归纳，形成体系，从而对于我们当代的调查研究产生启示和借鉴意义。

书写一部《中国调查史》，用它来记录社会历史的真实，用它来记录发现真实

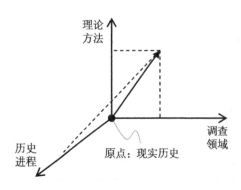

图示:《中国调查史》的书写框架

的方法与过程,用它来回应一个时代的思想诉求。一部中国调查研究方法的历史必定有助于学者,以及党政机关企事业单位从事决策研究的公务人员以及一切关心和爱好社会调查研究及其方法的人士了解历史、指导现实、把握未来。

《中国调查史》的理论诉求有二:①调查研究的本土实践及有中国特色的调查理论问题;②复杂性科学(complex science)的兴起与发展问题(较之以往的科学范式,复杂性科学弱化学科的外在分野,强调直接、综合、历史地看待事实,因而调查是其兴起的起点与发展的动力)。

其书写框架即内容分为三个维度:理论方法、历史进程、调查领域。

从纵向历史维度而言,《中国调查史》将按照19世纪中叶以前的中国调查史、19世纪末到20世纪中叶的中国调查史、20世纪中叶至80年代的中国调查史、改革开放至今的中国调查史,共分为四个阶段。

"理论方法纬度"在多元的理论背景下,强调正确理论范式的选取与科学的调查方法。它给予我们看待世界的视野,选取素材的标尺。《中国调查史》拥有两个理论方法面向:历史社会学面向——带有社会学理论关怀的史料考证与归纳演绎;历史人类学面向——带有人类学理论关怀的田野研究方法与口述史研究方法(类似于思想史的研究方法)。前者欲勾画出实体性的中国调查历程,后者欲勾画出个体塑造的集体记忆中的中国调查历程。两者相互作用,相互影响,将社会背景、历史事件、杰出人物以及调查研究后的历史后果融为一炉。

马克思在《〈政治经济学批判〉序言》一文中将广义的社会生活区分为四个方面——物质生活、社会生活、政治生活、精神生活。据此,我们提出四个"调查领域"——经济建设、政治建设、文化建设、社会建设的调查。经济调查主要涉及宏观经济结构以及微观经济行为两个方面,特别是伴随着市场的成长,中国市场调查行业的形成及对于各类市场以及市场自身变动的调查与研究。社会建设调查将结合中国社会学史的研究思路,挖掘社会调查的行为与经验,动态地了解中国社会的结构化过程。政治调查主要涉及由党和政府为主导进行的调查以及以民意为对象进行的调查。文化调查关注马克思"每个人自由而全面的发展"理论以及人的现代化调查等实践。

(二) 具体内容

全书共分六编十五章(含"导论"共十六章节)。开篇导论部分,以"为什么、写什么、怎样写"中国调查史为核心展开,对于本书的基本概念与书写方法给予理论界定。

第一编为古代调查时期(远古至19世纪前)。该编介绍了中国古代的调查思想和调查实践,论述了中国调查传统源远流长,观察、访问、采风、踏查、民调、统计,发现社会事实、解决社会问题等一系列调查活动在中华悠久文明中的早已存在。西方体系大举进入中国环境前的一整套社会运行与监督机制是任何学术研究最为宝贵的财富——它不契合现有的西方概念体系,又似乎冥冥地作为"本土化"的内在动力存在着。

第二编为清末民初时期(19—20世纪之交)。现代社会调查在清末民初的兴起,当时的人们为了一定的社会改良、社会服务或学术研究的目的,针对某种社会事实、社会现象或者是某个区域的社会概况,已开始有意识地运用询问、实地观察或征集问卷等途径从事资料、信息的搜集、整理工作,以求了解事物实情的一种感性认识活动,或者以此为基础而作进一步理性分析的认识活动。这样的调查在近代中国的兴起和发展是一个很值得研究的有意义的社会和学术现象。伴随着社会学的传入,社会学调查也在清末民初世纪之交兴起,并一发而不可收,导致了中国社会调查运动。

第三编为民国战争时期(20世纪上半叶)。这一时期既是学术界倡导的中国社会调查运动,轰轰烈烈,踏踏实实,也是中国共产党人以革命为导向进行的社会调查实践,并以此为基础建起一个新中国。

第四编为探索建设时期(20世纪50至70年代)。反映了新中国成立初期至"文革"结束时期全党和人民对社会主义建设道路的艰难探索。这30年,即1949—1978年的社会调查研究,涵盖了一段非常有意思的历史时期,从新中国成立初的取消社会学学科到20世纪60年代的大兴调查研究之风,直至"文化大革命"的尾声,从"文革"到改革的历史转折逻辑。

第五编为改革开放时期(20世纪80年代至今)。本编对在这改革开放的30多年中,党和国家组织以政府力量为主导的全国性质的普查与对各类社会调查的管理,社会学的恢复历程与社会调查的再次兴起,学术机构及各类具体社会科学进行的社会调查,改革开放后市场调查和民意调查在中国的发展,电话调查和网上调查等崭新调查方式的良好运行,都一一作了介绍和评价。特别对高校学术机构在调查研究的三个阶段和经济、政治、文化、社会四个领域的社会调查作了较为详尽的描绘和展示。

第六编为中国调查史的理论和方法的启示篇。本编以展望未来的方式,介绍了调查研究方法的新趋势,既分析了传统方法之生命力,也展示了在现代信息技术条件下,调查方法的新发展。通过对我国首届"中国调查"学术研讨会的精彩报告和精辟见解的介绍,综合全景式地描绘了当今中国在调查领域的三个层面:方法论、研究类型、具体方法和手段的最新成果和动态,展示了调查研究方法的现状和未来的发展趋势,进一步解析当代科学发展现状与局限,并思考调查及其方法的理论意义。

三、基本方法和资料来源

如何写中国调查史,也即本书写作的基本方法和资料来源,我们可以从三个角度来予以阐述。首先,何为"历史";其次,阐明"写法"即方法;再次,交代资料的来源。

(一) 关于"史"

1. 什么是历史

恩格斯在《费尔巴哈论》中有段名言:"人们通过每一个人追求他自己的、自觉期望的目的而创造他们的历史,而这许多按不同方向活动的愿望及其对外部世界的各种各样影响所产生的结果,就是历史。"[①]

这就告诉我们,历史是由具有意识追求、预期目的、有思想、有愿望的人们创造的。"在社会历史领域内进行活动的,全是具有意识的、经过思虑或凭激情行动的、追求某种目的的人;任何事情的发生都不是没有自觉的意图,没有预期的目的的。""历史进程是受内在的一般规律支配的。即使在这一领域内,尽管各个人都有自觉期望的目的,在表面上,总的说来好像也是偶然性在支配着。人们所期望的东西很少如愿以偿,许多预期的目的在大多数场合都彼此冲突,相互矛盾或者是这些目的本身一开始就是实现不了的,或者是缺乏实现的手段的。这样,无数的个别愿望和个别行动的冲突,在历史领域内造成了一种同没有意识的自然界中占统治地位的状况完全相似的状况。行动的目的是预期的,但是行动实际产生的结果并不是预期的,或者这种结果起初似乎还和预期的目的相符合,而到了最后却完全不是预期的结果。这样,历史事件似乎总的说来同样是由偶然性支配着的。但是,在表面上是偶然性在起作用的地方,这种偶然性始终是受内部的隐蔽着的规律支配的,而问题只是在于发现这些规律。"[②]

法国思想家、史学家雷蒙·阿隆,在回答"什么是历史"时也有一段精当的论述:

"人人都知道,历史这个词,不管是在德文、法文还是在英文中,都是模糊的,它

---

① 《马克思恩格斯文集》,第二十一卷,人民出版社1965年版,第342页。
② 同上书,第341页。

既指现实也指我们对现实的认识。在以上三种语言中都存在着一些可以对以上两种情况进行区别的词。英国人用 history 这个词,也用 story(故事)这个词;如果想给历史一个定义,他们会说:history is the story of the dead told by the living,用法语讲:历史是活人讲的关于死人的故事。德国人区别 Geschichte 和 Histoire 这两个词:Geschichte 既指现实也指我们对它的认识,Histoire 则只指认识,或我们重建、讲述、撰写过去的方式。在法语中,必要时,我们可以用 historiographie(历史编撰)这个词来与模棱两可的 histoire 形成对立,特指撰写历史的方式;但事实上,大部分关于历史理论及治史法的书往往不对历史这个词作明确的区别,轮换着使用它的两个含义,既用它指认识历史这一主观现象,也用它指假定存在的客观或客观化的现象①。"

2. 新史学的三个命题

新史学的三个命题互相关联,一气呵成,分别着眼于史学的当代性、思想性和叙事性,即所谓义、史、哲。它们的共同特征一言以蔽之,就是将史学从以往的客体本位转向现在主体本位,将历史从某种编年史的"木乃伊"变成洋溢着青春、生命与活力的"有机体",犹如司马迁的"究天人之际,通古今之变,成一家之言"的活生生图景。

在新史学看来,新史学不同旧史学者主要有三点,一是更注重史学的"当代性",二是更注重史学的"思想性",三是更注重史学的"叙事性"。在新史学看来,历史从来不是僵死的过去,不是考古的名物,而是生生不息的人类实践和息息相通的社会运动,既包含着"剪不断,理还乱"的往昔纠葛,更体现着当下此刻的现实关怀。按照新史学的一般理解,所谓历史乃是由两面所构成,犹如一张纸的两面:一面是当时发生的事实,另一面是后来讲述的事实。没有事实而只有讲述则属于文学,只有事实而没有讲述则属于乌有。事实固然是第一位的,没有事实便没有历史,但历史之所以成为历史,则在于人的讲述。任何历史说到底都是人的讲述,而不可能是已经发生、一去不返的事实。为了避免混淆,不妨将历史的两面分别称为历史和史学。历史都是一次性的,一旦发生便不可能重来,历史学则是对历史的叙述、复述或讲述。②

正如葛兆光教授在中国思想史导论中所言:

"什么是历史?如果说,历史就是曾经在过去的时间中出现过的人、物与事,那么它确实已经随着过去的时间的消失而消失了,过去的铁马金戈早已是断戟残矢,往日的辉煌气象已经只剩下萧瑟秋风,东窗下也罢,萧墙内也罢,尽管有种种阴谋

---

① [法]雷蒙·阿隆:《论治史》,冯学俊、吴泓缈译,三联书店 2003 年版,95—96 页。
② 李彬著:《中国新闻社会史》,清华大学出版社 2008 年版,第 10—11 页。

阳谋，如今也只留下几页几行的痕迹，千夫指，万民伞，尽管有贤愚忠奸不同，现在也只成就了几出戏文，几个故事。它们在博物馆里，在考古遗址中，在古代文献里，在历史教科书中，向我们叙说着过去，我们可以聆听和阅读，也可以转身走开，这种'历史'并不纠缠'当下'。可是，真正绵延至今而且时时影响着今天的生活的，在我看来至少还有两种东西，一是几千年来不断增长的知识和技术，前人的智慧和辛劳积攒了许多生活的知识和技术，使后人得以现成享用，也使后来的人们可以把前人的终点当起点，正是在这里，历史不断向前延续；一是几千年来反复思索的问题以及由此形成的观念，多少代人苦苦追寻的宇宙和人生的意义，多少代人费尽心思寻找的有关宇宙、社会、人生问题的观念和方法，影响着今天的思路，使今天的人依然常常沿着这些思路思索这些难解的问题，正是在这里，历史不断地重叠着历史。"①

因而，写作思想史及调查史就有了其意义。

(二) 关于"写法"

研究中国调查史的基本方法是什么？中国调查史的"写法"如何？我们参阅了不少学者关于史学研究，特别是研究方法方面的文献。

1. 从现实出发回溯历史

荣剑研究员《论历史观与历史价值观——对中国史学理论若干前提性问题的再认识》一文中认为：从现实出发回溯历史。法国年鉴学派的代表人物马克·布洛赫认为，史学家考察历史的顺序必须与事件发生的先后完全吻合，那是个极大的错误，机械地由古及今研究历史，就可能为寻求现象的起因而浪费时间。他主张如麦特兰所说的"倒溯历史"的方法来研究历史，将研究课题与现实挂钩。

历史的真实尺度与历史逻辑。历史的真实性或客观性如何描述和规定，是历史学无法回避的问题。从希罗多德以来，西方史学一直遵循着"如实记载"的传统，这个传统到了兰克史学阶段更被推向极致。在实证主义的叙事逻辑中，兰克的如实直书是旨在将史学家的所有个人偏好都从史学领域内驱除出去，历史被要求具有科学般的明晰、客观、公正和价值中立的品质，历史不是评判而只是记载。这个史学传统似乎毋庸置疑，在人类数千年来存在于不同民族和国家的各种不同的史学文本，都从不同方面确证了"事实"或"真实"对于历史研究的无可替代的重要性。问题是，"在何种意义上，历史事实是真实的呢？"

"在唯物史观的叙事逻辑中，历史观作为分析历史和解释历史最重要的思想方法，是以高度抽象的思维形式逻辑地再现历史，当历史常常是跳跃地和曲折地前进时，历史观只能是在'典范的发展点'上来描述历史。因此，历史观所把握到

---

① 葛兆光著：《思想史的写法——中国思想史导论》，复旦大学出版社2004年版，第1—2页。

的历史的客观性和规律性在某种意义上说就是历史的逻辑,或者说是历史的逻辑方式。恩格斯对此有过精辟总结,他认为逻辑的研究方式是唯一适用的方式,这种方式无非是历史的研究方式。"①

2. 吸取相关学科新方法

又如葛剑雄教授所主编《中国人口史》的导论中,专章论述了"研究中国人口史的基本方法和资料"。该章节在论述"基本方法"时写道:

"近年来,虽然已有多种中国人口史的专著问世,但作为一种专史研究,毕竟时间有限,体系尚未完整,方法也不够成熟。中国人口史又有它一定的特殊性,并非其他专门史的方法都能适用。作者在研究中国人口史和撰写此书的过程中作了一些尝试,希望为今后的研究提供参考。"

(1)历史学方法

由于在20世纪以前中国未进行过现代意义的人口普查,没有留下完全符合现代人口统计学要求的数据和资料,我们今天进行人口史的研究主要只能依靠非人口统计性质的历史资料。另一方面,要了解历史时期的人口所生活的自然环境和人文环境,要了解影响这些人口生存和发展的各种因素,主要也只能依靠历史资料。这就决定了中国人口史最基本和最主要的手段是历史学的研究方法。

(2)人口学方法

人口史的主要研究对象是人口,当然应该充分运用人口学的研究方法。凡是在历史时期存在相应的研究对象的,当代人口学的方法是完全适应的。当然,由于20世纪以前的中国一般不存在符合当代人口研究的数据,首先需要通过历史学的方法将相应的文献和数据转换成基本符合规范的数字和论述,但对它们还必须用人口学及人口统计学的原理进行验证和分析。

(3)社会学方法

除了个别例外,一切人口现象都可以说是社会现象,所以完全可以用社会学的方法加以研究和解释。正因为如此,人口史研究的很多方面与社会史研究是共同的,可以使用同样的资料,也可以运用同样的研究方法。所不同的只是,社会史研究注重于被研究的人口现象对社会各方面的影响,而人口史研究则侧重于这些人口现象对人口本身的作用。

抽样调查是社会学一种基本的研究方法,同样适用于人口史的研究。但必须有一定的随机性,也需要必要的样本数量,才能保证结果达到必需的精确度。当然原始数据本身的准确性是不可或缺的前提。但历史时期的人口与人口有关的数据

---

① 参见荣剑:"论历史观与历史价值观——对中国史学理论若干前提性问题的再认识",《中国社会科学》2012年第1期。

往往达不到这样的条件,或者达不到最低要求的精确度。在这种情况下,只能听其自然,而不应该为抽样而抽样。

(4) 历史地理学方法

历史地理学的研究方法,除了地理学的手段外,主要还是运用历史学的研究方法,因此与历史学方法并无二致……

(5) 人类学方法

体质人类学的方法对于研究历史时期人口的体质状况及其发展过程、人口的种族特征和差异等方面都是非常有利的,只是有关历史人口的资料和数据太少,地下出土的古人遗骸不仅相当分散,而且数量也很有限,多数年代不明,要进行系统的研究存在着难以克服的困难。

以上这些方法并不是排它的,完全可以根据实际的需要与可能,用其所长,避其所短,加以综合性的运用,并在运用中不断创造出新的方法。这些方法也不是唯一的,人口史的研究者还应该不断吸取其他相关学科的新经验,采用它们的新方法。

历史毕竟是历史,历史事实的某些方面是永远无法了解的,历史的真实只是我们永恒的追求,而不可能是一项具体的成果,中国人口史也是如此。"①

3. 立足当下、厚古薄今

又如李彬教授在其所著《中国新闻社会史》一书中,就论述了其《新新闻史》的写法,即社会史范式和叙事学方法。

"究竟何谓'新新闻史'呢?大略说来,就是立足当下,面向历史,然后以社会史的范式和叙事学的方法,综合考察并书写新闻传播的历史衍变与现实关联。

立足当下,面向历史,厚古薄今,左右实践,这正是中国调查史的写作所遵循的一大原则。这当中全景式、全幅式总体史的写法,就能做到客观与微观、长时段与短时段研究的有机结合。

至于社会史的范式,早已成为当代史学研究的一大趋势。这种范式既不同于'伟人家谱'的铺陈,如政治经济、军事外交、思想文化等名人行止,也不同于'意识形态'的说辞,如'联共(布)党史'、'文明的冲突'、'历史的终结'等理论主张。社会史研究针对的是千百万人的日常生活或历史实践,追求的是一种综合的、系统的、全面的总体史,类似法国年鉴学派的学术追求。"②

4. "指向真实"是最后边界

历史学家葛兆光教授在其《思想史的写法》一书中的精辟论述对于我们调查

---

① 葛剑雄:《中国人口史(第一卷)》,复旦大学出版社2002年版,第97—108页。
② 李彬:《中国新闻社会史》,清华大学出版社2008年版,第4—7页。

史的写法具有深刻的启示和指导作用。葛教授在书中写到:

"翻开叫做'思想史'或'哲学史'的著作,接踵排衙而来的,是睿智的哲人系列和经典系列,从孔子到康有为,从《诗经》到《大同书》,天才似乎每个时代都成群结队地来,经典也似乎每个时代都连篇累牍地出,我们的思想史家按照时间的顺序安排着他们的章节,大的思想家一章,小的思想家一节,仍不够等级的话可以几个人合伙占上一节,再不济的话也可以占上一段,只要在那上面留下了文字的就算'永垂不朽'。经典的征引、注释与解说、精英的文字论述,则把思想史的线索连缀起来,只要被采撷在书中,经典就真的'名垂青史'。而思想的历史也就自然成了思想家的博物馆,陈列着他们的照片和遗物。一半仿佛编花名册,把已经逝去的天才的生平与著作一一登录在案,一半仿佛挂光荣榜,论功行赏或评功摆好。这种写法也许和思想史遥遥继承的史传文体与目录之学的传统有关,被称为中国最早的思想史著作之一的《明儒学案》、《宋元学案》就是传记加文选的写法。"①这样,《诗经》、《论语》、《老子》等等为主干的古代经典系统与名为思想史、哲学史的现代经典系统叠合在一起的剪影,就构成了一直笼罩着中国思想史叙述与解释的"新经典话语系统"。

这种写法仅有它操作上的便利,还有一些得到普遍支持的理论预设。首先,人们一般会认定,真实的思想史历程就是由这些精英与经典构成的,他们的思想,是思想世界的精华,思想的精华进入了社会,不仅支配着政治,而且实实在在地支配着生活,它们的信奉者不仅是上层知识阶层,而且包括各种贵族、平民阶层,于是,描述那个世界上存在的精英与经典就描述了思想的世界,其次思想的历史是一个一个思想家构成的时间序列,基本上按照时间的推衍,思想不断地进步和发展,后面的思想家由于可以看到前面思想家的著作,他们的解释和阐发就是站在前人的肩膀上的,因此,描述了思想家的序列就等于描述了思想的历史。最后,这种写法还有一个也许并不自觉的假设,即现在我们看到的精英与经典的资料就是当时完整而真实的情景,历史没有进行淘汰和筛选,即使有,那也是准确而公平的,人们应当承认现存的历史记载和历史陈述的合理性。

不过,如葛教授所言,根据他的体会,会隐隐地觉得有些疑问:"第一个疑问是,因为思想史的时间顺序并不完全与历法意义上的时间顺序相吻合,思想史上会有天才笼罩一个时代,也会有天才如流星一样稍纵即逝,有的超越时代的思想,并不按照后人想象中的轨迹按部就班,也有潜藏的思想因子在若干世纪以后,才重新被发掘出来传播开去,虽然这些天才思想可能从一般的知识、思想和信仰世界中获得

---

① 也许,这类著作中,更早的应该是《伊洛渊源录》(1174 前后)、《道命录》(1238 前后)等关于"道统"的宋人著作,以及元代的《宋史道学传》、吴澄《道统图》、明代黎温的《历代道学统宗渊源问对》、杨廉《皇明理学名臣言行录》等等。

常识,但它们最终总是溢出常识之外,成了思想史上的'非连续性'环节,就像福科在《知识考古学》所说的,那是历史的'断裂'。第二个疑问是,因为精英和经典的思想超出常识,它未必真的在生活世界中起着最重要的作用,因为支持着常人对实际事物与现象的理解、解释与处理的知识与思想,常常并不是这个时代最精英的人写的最经典的著作。我们在自己生活的世界中也常常发现,可以依靠著述表达自己思想的精英、可以流传后世的经典,毕竟都很少,而且普通的日常的生活世界常常与他们分离很远,所以,当社会已经有条件使一批人以思想与著述为职业以来,他们的思想常常是与实存的世界的思想有一段距离。第三个疑问是,思想史对于精英与经典的历史叙述,常常是因为'溯源的需要'、'价值的追认'、'意义的强调'等等原因引起的,事后由思想史家所进行的'回溯性的追认'。事实上,某些精英和经典在他自己的那个时代,究竟是否像思想史著作中所说的那样,影响如此巨大与深远,是否应该在思想的历史顺序上占据如此重要的位置,实在很有疑问。"①

在《思想史的写法》中,葛兆光教授继续论述道:

"《思想史》在形式上可以有三种写法,但这三种都不能避免写作者思路的影响。第一种是'确立事实',表面看来,它是亦步亦趋地按照历史文献还原思想史的历程,就好像一个老实的制图者戴了花镜在仔细地绘制着这片风景的详图,生怕漏掉可供观赏的景点,例如谁写了什么著作,谁提出什么思想,这些著作和思想是什么时候产生的等等,它仿佛'长编',它把尽量准确的事实按照时间线索连缀起来,使人们仿佛走进思想的博物馆或陈列室,在浏览中自己体验思想的进程。然而,这个博物馆或陈列室不大可能罗列历史的所有遗物,究竟拿出什么展品,展品如何陈列,其实都已经潜含了作者的预设,只不过作者的思路深藏在仿佛冷峻与客观的历史展览中;第二种是'真理评价',这种写法除了要叙述事实之外,更关心对于思想的历史的评价,什么是好的,什么是坏的,什么使人类智力有了进步,什么是人类智力进步的障碍等等,它仿佛是一个固执的导游,对所有的风景都加以评头品足,然后按照自己的口味和理想给他们撰写统一的解说词,不管别人是否爱听,反正听者要在那旅游过程中接受这些先入为主的讲解。这种写法中,写作者的意图和好恶是公开的,不需隐晦,历史在他们的笔下变成了只能'跟着看';第三种是'追踪旅行',一些思想史家自信可以重建古代思想史的思路,他们尽可能体验古人的心情,尽可能理解思想的脉络,顺着时间的流逝,陈述思想的转换和衔接,他们'顺着看'历史,想重新跟着思想的历史走一路。我应当承认,我也是希望如此的,但我也应该承认,这并不等于它避免了撰写者的主观,因为在时间的流程中,各种知识与思想的资料文献错陈杂出,纷纭而至,顺着看的人也免不了拣择,有时目光被这个景致吸引

---

① 葛兆光著:《思想史的写法——中国思想史导论》,复旦大学出版社2004年版,第10—14页。

而放弃了另一个景致,有时脚步被左边山水牵走而绕过了右边的山水,对于思想史的转换与衔接的关节挑选,其实也多出自撰写者自己的理解,尽管他希望追踪古代思想史的行踪,但是为了给出历史的轮廓和脉络他不免要在这些风云变幻、峰峦迭出的事实中寻找《思想史》的思路,于是思想史就成了《思想史》。"①

最后在对"后现代历史学"的评论中葛教授写道,"其实,我本人并不认同后现代历史学把'过去'与'历史'分开,把'历史'降格为'叙述'的思路,尽管它有相当深刻的意义,但也有相当偏颇的地方,正如我前面所说的,它有'洞见'也有'不见'"。对于只能在"历史的重构"中叙述,他也明确表示,"历史叙述有了一个相当的限制,那就是'指向真实'作为最后边界的存在";"在这个意义上,后现代历史学关于'史皆文也'的思路,确实像当年的'六经皆史'一样,有极其深刻的富于启发的洞见,而克罗齐'一切历史都是当代史'和科林伍德的'一切历史都是思想史'的说法,就在这种意义上,才终于有了落实处。"②

"指向真实",如同社会学家费孝通教授一再重申的"从实求知",从而达到从实求真,就是本书的目标所在和本书写法的基础根基。

写作方法和研究方法虽然在程序上和逻辑上有不同之处,但在思路的构建和方法的运用上有相通之处。

5. 历史、整体和理论的维度

《黄河边的中国》的研究者和著作者曹锦清教授在《如何研究中国》一书中论述了他从历史的维度、整体的维度和理论的维度进行科学研究的经验,也为我们写好《中国调查史》提供了可供借鉴的基本方法。

"早在20世纪40年代毛泽东就已经解决了近代中国的难题。他说研究中国,要以'中国为中心'(《如何研究中共党史》,1942年),并为'古为今用,洋为中用'解决了'古—今'和'中—外'矛盾的长期纠缠,他提出了'古今中外法'。

什么叫'古今'呢?就是把研究对象放到历史的背景里面加以理解。在社会科学领域中,时间的因素非常关键。因为历史的时间并不等同于物理的时间。从历史的角度讲,时间的变量就特别的重要。因为事物在时间中发展,在时间中变化。我们直接观察事物,必须把它放到它的历史的脉络中加以理解,否则,就不可能有真正的理解。要把当代中国很多经验放到中国的历史经验里面加以考察。当然,现实中存在着的历史因素往往在启蒙运动看来是封建的、落后的、愚昧的,要加以批评。传统中确实有愚昧的、落后的东西,包括官与民关系中一些不尽如人意的地方,权力的过度集中和腐败也确实是一个问题。但是传统中有些因素在暗中保

---

① 葛兆光著:《思想史的写法——中国思想史导论》,复旦大学出版社2004年版,第55—56页。
② 同上书,第186—187页。

佑着我们民族。它使得我们的商品经济、改革开放还能够相对地比较稳定,持续增长的同时还能保持社会的稳定,这对有13亿人口的大国来讲是极其不容易的。

毛泽东还讲过'中外法',这个中外不仅仅指中国和外国的比较,它还指要把你调查的局部社区放到一个更大的整体中来加以理解。研究某个村或者乡镇,须把这个村放在乡镇,把乡镇放到县甚至更大的范围来考察。当然最好能放到全国这样一个整体来考察。就是说对你要考察的对象以及与这个对象相关的外部因素都要加以研究。如果我们要从这些个案里面得出一般的结论,就必须把个案放到更大的区位里面去加以比较研究,然后谨慎地得出结论。我们理解的毛泽东讲的'中外法',就是把局部放到一个更大的整体里面加以研究。就是把当下局部的经验(因为经验总是局部的,你调查某一个村、一个乡,哪怕调查某一个县,那还是局部的)放在它的整体里面加以解读。

除了历史的维度、整体的维度,还要加一个维度就是理论的维度。社会科学理论,近代以来全部来源于西方。没有这个理论我们无法观察中国自身的事物,而有这个理论我们又常常误读中国的经验,这就是我们近代的悖论。有人说我不要这个理论,我从直接的经验中上升到理论,从感性的知识上升到理性的知识。事实上不是这样的,从直接感知上升到理论的可能性,事实上不存在。整个研究的过程是实践和理论来回往复的过程。中国被西方打入近代,所以我们只能从西方引进科学技术,也引进社会科学知识。我们必须借用西方的理论来观察中国当代的社会事物和历史,这是不可避免的。但是我们强调,就是研究中国需要尊重中国自身的经验,尊重自身中国的历史。西方的经验可以参考,西方的理论可以利用,但只是作为一个参考。以中国为中心就意味着,我们凭靠中国自身的经验有权利修正西方的理论。西方的理论和概念必须按照中国的语境加以语文学上的改造。这个过程叫做西方理论的中国化,类似于毛泽东讲的马克思主义的中国化,这个过程并没有完成而有待于继续努力。如果这个过程不完成,用输入的西方理论直接套中国是要误读中国的。价值观念从来不是普世的。价值观念的来源只能是本民族内在的需求和当下实践的需求,价值来源于内部而不来源于外部。

所以我们的研究要有三个维度:历史的维度、整体的维度和理论的维度。理论的维度是对源于西方的理论要按照中国的语境、中国的经验进行有效的修正,使它能切合和切中中国经验。这是中国社会科学的一项重大任务。

同时,这三个维度都是统一于实践的。无论是搞研究还是写史书,都离不开实践的要素。

我们在转型的时候优先阅读的一本书是社会生活这本大书。有人老嘲笑经验主义,说你东跑西跑干什么啊!他们这样说:哲学是时代的精华,去搞那些杂碎干什么?这个时候我们要讲,你破万卷书,也必须要行万里路,就是搞社会调查。这里要坚持毛主席的观点:没有调查,就没有发言权。你每一个点的调查,就是社会这本大书的一页,书总要一页一页去读的,所以调查是阅读社会这本大书的不二法门。

我们研究中国社会,强调问卷调查或是去田野调查,我们比较注重是看到经验事实或者统计上的一些数据,比如说城乡差异有多大,区域差距有多大,农村里面的人均收入的变化如何等等。这些都是通过客观的研究,可以把这些事实收集上来,供分析之用。但是,我们必须把社会心态列入一个重要的社会事实,我们不能完全用实证主义的方法把人看成物。人就是人,人有主观性。推动人们行为的不只是客观的数据或者客观的事实,说基尼系数到了什么程度,然后社会就乱,事实却可能是这两者之间关联度并不高。

所以,在研究社会的过程当中,一定要注意社会心态——人们对自己的生存处境、对周围的环境、对财富、对权力的主观判断,这个主观判断是一个客观事实。这种主观判断是形成群体性事件的一个主要原因,所以单把社会事实看成是可以量化的,可以观察的,这是不够的。社会心态或社会态度的调查,要列入社会研究的一个重要的方面。据费孝通学生说,费孝通晚年一直自我检讨,他说:'我那么多年的研究,主要关注的是社会生态,而没有重点去关注社会心态。'我们确实是把社会心态放在很重要的位置。"①

总之,历史的、整体的、理论的三个维度,对西方概念理论根据中国语境进行语义学上的转化,优先阅读社会生活这本大书的实践要素等研究方法同时也是我们书写中国调查史的写作方法。

(三) 关于"史料"

1. 史料的"基石"

如前所述,恩格斯在《费尔巴哈论》中曾对"什么是历史"作了经典的论述。但是,他并未就此止步,而是继续探讨了"一个新问题:在这些动机背后隐藏着的又是什么样的动力? 在行动者的头脑中以这些动机出现的历史原因又是什么?"②

一个人的愿望、动机、思想、期望是由激情或者思虑来决定的。"而直接决定激情或者思虑的杠杆是各式各样的。有的可能是外界的事物,有的可能是精神方面的动机,如功名心、'对真理和正义的热忱'、个人的憎恶或者甚至是各种各样纯粹个人的怪想。"③因而恩格斯追寻了这种"动机"背后的动力,去探讨那些隐藏在——自觉地或不自觉地,而且往往是不自觉地——历史人物的动机背后并且构

---

① 曹锦清:《如何研究中国》,上海人民出版社 2010 年版,第 12—17 页。
② 恩格斯:《路德维希·费尔巴哈和德国古典哲学的终结》,《马克思恩格斯选集》第四卷,人民出版社 2012 年版,第 303 页。
③ 同上书。

成历史的真正的最后动力的动力,他的答案是,"与其说是个别人物,即使是非常杰出的人物的动机,不如说是使广大群众、使整个整个的民族,并且在每一民族又是使整个整个阶级行动起来的动机;而且也不是短暂的爆发和转瞬即逝的火光,而是持久的、引起重大历史变迁的行动。探讨那些作为自觉的动机明显地或不明显地,直接地或以意识形态的形式,甚至以被神圣化的形式反映在行动着的群众及其领袖即所谓伟大人物的头脑中的动因——这是能够引导我们去探索那些在整个历史中以及个别时期和个别国家的历史中起支配作用的规律的唯一途径。"①

这类对"终极依据"的探究,在葛兆光教授的《思想史的写法》一书中也有体现。

"科林伍德在他的《自传》中的一个比喻,他说,有的哲学家在给人们提供关于科学方法的理论的时候,总是不提供关于历史方法的理论,这就如同告诉读者,'世界放置在一头大象的背上,但他希望人们不再追问支撑大象的东西是什么'。

以往的思想史常常是把思想当作历史中既定的和已成的东西来描述的,作为一种历史性的学科,当然没有问题,但是,如果思想史逃避回答思想的终极依据,是不是也在希望'人们不再追问支撑大象的东西是什么'?

这并非杞人忧天,确实有这个问题存在。常言道,任何一个聪明人也经不住一个傻子连问二十个为什么,这句话背后隐含的道理是,聪明的人在叙述或解释任何问题时,总有一个逻辑起点成为他的盲点,那就是不必论证和思索的终极依据,人们可以用'不言而喻'、'不证自明'、'理所当然'等等成语来指称它,可是,它就好比人的眼睛,人来看一切,可眼力再好的人也看不见自己的眼睛。可是,当那个固执的傻子,全不理会什么叫'不言而喻',什么叫'不证自明',什么叫'理所当然',硬要打破砂锅问到底时,聪明人就常常不知如何回答是好了。同样,一种文化,一种知识或一种思想,也同样有这个支持的起点,后来的人们有的把它叫做'基石'、有的把它叫做'共识',还有的把它叫做'预设'。也许,古代中国人把它叫做'道',但这部思想史中我把它叫做'依据'。"②

所以,写作一部"调查史",自然会涉及该书所依据的"史料"是什么,这些资料的"依据"又是什么?

"这让我们想到古代中国常说的那个'道',古代有两句话是常说的,一是《老子》所谓'道可道,非常道',因为它深藏在历史的隐秘处,只要遥遥地影响着思想和知识,所以它'不可道';二是《易·系辞》里说的,'一阴一阳之谓道……百姓日用而不知',为什么不知,因为人们日用,已经习惯它太久太久了。

---

① 恩格斯:《路德维希·费尔巴哈和德国古典哲学的终结》,《马克思恩格斯选集》第四卷,人民出版社2012年版,第303页。

② 葛兆光著:《思想史的写法——中国思想史导论》,复旦大学出版社2004年版,第41—42页。

古代中国的人们最容易感受到并且笼罩一切的,后来的中国人最容易习惯却又时时不离的,可能就是作为空间和时间的天地。因而很可能古代中国思想世界很多很多知识与思想的支配性观念,都是在天圆地方、阴阳变化、中心四方这些本来来自天文地理的观测和经验中产生并且奠基的。永恒不变的'天'成为永恒不变的'道'的背景,永恒不变的'道'支持着相当多的'理','理'赋予很多很多的'术'以合理性。这个'天'渐渐已经不再是人们看来的'天象',它由于人们的经验与观测,在古代中国的生活中成了'天道',暗示着所有的合理性,建构了知识与思想的'秩序'"①。

由此可见,探究"史料"(理、术)的"终极依据",其主导就在于"道",而"道"的背景则在于"天",在于经由人们经验与观测而形成的"天道"。中国调查史资料的"终极依据"就在于客观存在的自然和社会的"天",在于经由人们观测好经验的实践之中。

2. 史料来源之"流"

在明确了本书史料的"基石"(终极依据),也即资料来源的"源"以后,我们就可以轻松简单地来探讨资料来源的"流"了。

E·H·卡尔在《历史是什么》的著名演讲里写道:"事实的确不像鱼贩子案板上的鱼,事实就像在浩瀚的,有时也深不可测的海洋中游泳的鱼";"历史学家钓到什么样的事实,部分取决于运气,但主要还是取决于历史学家喜欢在海洋的什么位置钓鱼,取决于他喜欢用什么样的钓鱼用具——当然,这两个因素是由历史学家想捕捉什么样的鱼来决定的。在新史学之前,我们以为要充分掌握史料,就可以放心谈论历史了。殊不知,'历史学家如果没有哲学的头脑、理论思辨和分析的能力,他对文献再熟悉,搜集的材料再多,搞出来的也只是资料汇编,而不是真正的历史'"。

另外,传统研究无不视考证为基本功,以为只要精细地考证史料就能形成严谨扎实的研究了。对史学研究而言,考证固然是不可或缺的基础,然而仅仅依赖考据还远远不够。在新史学看来,考证癖归根结底源于对精英的重视和对常人的漠视。因为,作为传统史学的工具,考证只适用于对历史上少数精英及其行为的研究,"一旦要研究成千上万的普通人,研究影响这普通人生活历史的各种各样因素,考证方法就用不上了。一方面,是缺乏足够的和系统的历史记载以资考证,传统的历史根本就忽视普通人和这众多的因素;另一方面,即便过去的历史记载中留下了足够的材料,我们又如何能够对其一一加以考证呢?打个比喻,考证虽然功不可没,但只是为史学提供必不可少的建筑材料,而新史学的抱负则属于建筑师的意匠经营。如果没有这种意匠经营,那么即便有再多再美的砖瓦石料,再精再细的建筑定律,

---

① 葛兆光著:《思想史的写法——中国思想史导论》,复旦大学出版社2004年版,第46—48页。

也依然无法孕育辉煌的故宫、壮美的金字塔、宏伟的罗马斗兽场等。"

3. 文、史、哲的兼容

总之,我们的讲述希望以兼容文、史、哲的新史学"复活"历史而不仅仅是单调刻板的"复现"历史①。中国调查史的史料来源固然有传统意义上的各类文献(不一一列举),也有信息化时代的大量网络文献;既考察传统史学中的少量精英人物,更重在搜集成千上万普通民众的日常生活素材;既要进行作为史料之"流"的文案研究,更要重视挖掘史料之"源"的客观事实和社会实践;既要客观真实地"复现"历史,又要兼容人文社科的功底综合把握"复活"生生不息的鲜活历史图景。

---

① 李彬:《中国新闻社会史》,清华大学出版社2008年版,第11—12页。

第一编

源远流长：古代调查时期
(远古至19世纪前)

第一章 中国古代的调查思想

现代被人们所熟知的常用的调查方法和思想体系大抵都源自国外,然而泱泱中华五千年的文化源远流长,难道就不曾出现过调查或者类似于调查的方法以及思维模式么?答案是否定的。在奠定了一些思想基础以后,中国社会就出现了类似于西方调查方法的雏形或模式,而这无疑为研究中国调查历史的起源提供了一定的借鉴和参考价值。今日的社会调查研究,究其根本,还是要通过社会研究活动来建构一个人与人互动完善的和谐社会。而这些思想,已经朴素地出现在了中国古代传统思想中。所以,我们认为,中国社会调查思想,在一定程度上是中国古代社会思想的一个继承和延续。

第一节 中国古代社会思想

一、从无神论到实学

中国古代无神论,是以中国古代朴素唯物论为理论基础的反对宗教神学和鬼神迷信的学说。对于中国发展"实事求是"的实学理论具有重要的奠基作用。

中国古代无神论在同有神论的斗争中,体现出起伏、消长、发展变化的规律。其基本原则是以人和自然为本,肯定人是社会发展的根本动力,否定超自然的神的存在。其基本观点主要有:天是无意志的自然界,物质世界的构成与发展皆因其自身原因;否认有超越物质世界的主宰者,自然界的变异现象、人事的吉凶祸福与神无关;肯定人的生与死是自然规律,人死神灭,否定鬼的存在。中国古代无神论的发展过程大致可分为六个阶段。

1. 先秦:无神论思想的萌芽

商周时期上帝崇拜、天命观念及鬼神迷信占有统治地位。与此同时,无神论的观念也开始萌芽、滋长,到西周末期开始出现了对上帝(天)权威的怀疑和批判。

从自然界本身探索自然变化的原因,排斥神秘主义的思想散见于《诗经》等古代文献之中。春秋郑国子产说"天道远,人道迩,非所及也。"(《左传·昭公十八年》)。这将天道和人事区别开来,一直为后世无神论者所称颂。春秋战国之际出现了人本与自然为本的无神论倾向。孔子在天命观念动摇的时代,主张不佞谈天道,既肯定有天命的一面,又强调人道与人事的一面,表现出两重性,尽人事后听天命的思想虽未否定天,但肯定了人自身,进一步从神学内部解放了人本观念。孔子对鬼神抱着理性的态度,"子不语怪力乱神"(《论语·述而》),虽未否定鬼神的存在,但其"敬鬼神而远之"(《论语·雍也》)的怀疑态度本身就表现出了求实、重视现实的倾向。墨子在肯定"天志"与鬼神的同时,提出了具有人本倾向的"非命"观点,即强调人的力量,否定天命的存在,并在此基础上提出了具有以人本否定神本倾向的"强力"主张,指出国家的治乱,人生的贵贱荣辱、贫富寒暖皆取决于人为,一切在于强力人事。《老子》以"道"代替上帝(天)的主宰地位,并以"道"自然无为的观点同神学相对立。"道"为宇宙的本体代替了神的创造,肯定其自身变化的必然性,排除了神对事物变化的干预。战国后期,荀子集先秦唯物主义、无神论的大成,一方面肯定天的物质性,认为天行有常,否定日、月、星辰、风雨、雷电的神秘性,接受了春秋以来的阴阳说和精气说等朴素的唯物主义自然观;另一方面继承重人事的传统,强调人的职能和主观能动性,明确了"天人相分"的思想,提出了"制天命而用之"的无神论光辉命题,从而把人本与自然为本的思想融为一体,形成了以唯物主义自然观为基础的,与神本对立的无神论理论。韩非发展了荀子的无神论,直接继承道家天道自然的无为思想,继续对有神论进行了批判。他肯定人有改造自然的能力,人事成败、兴亡皆取决于人的行为是否合乎道理。人的祸福、贵贱由人的行为引起,苦难与祸患是产生信鬼、畏鬼心理的原因,从而否定了天命和天意,并以大量历史事实和逻辑推理的方法揭露了神学说教自身的矛盾和鬼神迷信的欺骗性。

2. 秦汉:无神论体系的形成

这一时期无神论思想进一步发展,主要表现为《淮南子》、司马迁、扬雄、桓谭、张衡等反对谶纬神学的批判。特别是东汉王充继承和发扬了前人反神学斗争的优良传统,以元气本原论和万物自然生成论为理论基础,肯定天道无为,对以董仲舒为代表的封建谶纬神学目的论展开了全面批判,从而建立了唯物主义自然观和无神论理论体系。

王充的思想在其著作《论衡》中得到充分表述。他探讨了物质世界的本原,以天道自然无为否定天道有为;论证天为物质实体、否定天有意志;以万物自生的自然论,否定"天故生人与物"的目的论;在此基础上批判符命、天人感应与谴告说;用自然命定论批判神学天命论与报应论;以"无无体独知之精"(《论衡·论死第六十二》)的形神观对鬼神迷信展开批判,肯定人死神灭的无鬼说;从生物(包括人)

生长衰亡的必然性提出神仙不可求成的结论,揭露了道术的欺骗,并对当时宣扬的神仙与怪异之说进行了驳斥;对世俗术数、巫术迷信进行了全面细致的批判。中国古代无神论思想发展至王充终于形成一套完整的理论体系。

3. 魏晋南北朝:从形神关系方面发展

汉末佛教传入中国,至魏晋南北朝时期佛教与玄学相结合,广为传播。当时的佛学宣扬因果报应说,其理论基础是"形尽神不灭"的形神相异二元论。

无神论的形神关系说在先秦《管子·内业》中就有论述,至两汉在反对有鬼论的斗争中又有所发展,魏晋南北朝的反神学斗争一直以批判因果论、轮回报应论,进而批判神不灭论为主题。孙盛、戴逵、何承天等人先后提出了"无灵无魂"、"形神俱化"、"形亡则神无"、"形神同灭"、"形神俱尽"、"死者神灭"、"形神相资"等一系列神灭论命题。范缜作《神灭论》,在总结前人形神论经验的基础上,以刀刃与锋利的关系为比喻,提出"形质神用"的命题,认为人的生理器官是精神活动的物质基础,确立了形神相即的一元论。第一次明确地把精神看作形体的作用、属性,正确解决了形神关系,从根本上否定了当时佛教神学体系赖以存在的基础——神不灭论,给佛教神学以有力打击,在中国无神论发展史上占据特殊地位。

王充

4. 隋唐:从天人关系方面发展

隋唐时期,佛教在南北朝之后达到鼎盛,佛学理论有了长足发展,以佛教为代表的宗教神学占据主导地位,无神论理论相对薄弱,只有柳宗元、刘禹锡在天人关系方面有所创新和突破。

柳宗元以宇宙间"唯元气存"(《柳河东集·天对》)的物质无限和物质运动变化出自身原因的思想,否定了神秘的天及其主宰地位,肯定了"天人不相预",提出"功者自功,祸者自祸"(《柳河东集·天说》)的无神论命题。刘禹锡则更进一步,通过对"数"与"势"的论述,肯定了必然性是事物有规律的发展过程中一定要出现的趋势,具有不能超越的普遍性和不可避免的客观性。他还进一步提出天人"交相胜"、"还相用"的命题。古代无神论与有神论的天人"相分"和"相与"之争,由柳、刘从理论上作了总结,初步解决了长期以来的天人之辩。

5. 宋元明:在批判佛教中发展

隋唐时期佛教鼎盛,而无神论者未能针对佛学世界观进行直接批驳。延至宋代才由张载以气一元论为基础对佛教的理论核心"三界唯心"、"一切皆空"进行了批判。他以"虚空即气"(《正蒙·太和篇》)阐明了气在空间上的无限性和时间上的永恒性;气聚为物、气散物亡,说明了万物的多样性和统一性,驳斥了佛学"以心

张载

法起灭天地"的主观唯心论,证明了物质世界是客观存在的,给佛教理论以有力打击。

明代哲学家王廷相进一步巩固了无神论的哲学基础。他首先从唯物主义气一元论出发,否定物质世界之上的主宰者,并认为气化生万物是势之必然,不是神秘的主宰者有目的的作为,批判了神学目的论。在此基础上,王廷相肯定天是自然之天,否定宣扬天干预人事的谴告、祥瑞、灾异之说,强调事在人为,贬斥谶纬、术数、五行之说为异端邪术,鬼神迷信更不足取。针对佛教、道教的"空""无"思想,王廷相以太虚即气的观点进行了批判,气不生不灭,既不是空也不是无,揭示出佛教、道教的宗旨是宣扬永远达不到的彼岸世界,拆除了其宗教世界观的基石。

6. 明末至鸦片战争:无神论发展的高峰与终结

唯物主义哲学家王夫之在继承张载、王廷相元气本体论的基础上,提出"太虚一实"的唯物主义气一元论,将无神论发展至高峰。

他从"合虚与气有性之名,合性与知觉有心之名"(《张子正蒙注·太和》),即主观与客观统一的角度论述天人关系,与有神论相对立。对上古神话传说做出无神论的解释,论证兴废存亡皆取决于人力,否定术数、谶纬之学。对于佛教、道教采用入其垒,袭其辎,暴其特以见其瑕的办法,深入宗教内部,运用其神学逻辑批判其虚无主义、唯心主义,提出"能必副其所"(《尚书引义·乃诰无逸》),纠正被佛教歪曲的认识主客体关系。他认为生死是自然之理,无法强求,以尽人事为人生之要,否定鬼神的存在和成仙得道的可能。熊伯龙是中国古代无神论的集大成者,他的无神论思想主要表现在《无何集》中。他认为自然界

王夫之

及其秩序是自然而成的,天是自然的、没有意志,不能干预人事;肯定精神依附于形体,否定人死为鬼,对鬼神迷信加以揭露,触及鬼神观念的认识及社会根源,指出鬼神是"思念存想所致"(《无何集·人事类》)或疑心所生,"畏死之心迫,而后神明之说兴。"(《无何集·鬼神类》),更进一步指出"衰世好信鬼,愚人好求福"的结论。熊伯龙还批判佛、道宗教,认为佛教宣扬天堂地狱、彼岸来世,是"疏漏畔戾而无据"(《委宛续貂集》)的,告诉人们要重世事人力;还用"血肉之躯,安能长生不死"(《无何集·道教类》)的质问和历史上的教训来否定道教长生久视之术。

清代的王清任通过对人体的解剖学研究提出"脑髓说",肯定精神意识产生于

大脑,对形神关系做出符合生理基础的科学解释,有力批驳了鬼魂谬论,是继范缜之后在形神关系上的又一重大突破。

第二节　古代实学思想

中国古代社会思想史,由相信天鬼之说,到天人感应之说,再到王充否定天人相依的《论衡》,其走向是一条求真务实的道路。无神论的源起和发展,无疑推进了实学思想的启蒙和发迹。

实学是什么？中国所谓"实学",实际上就是从北宋开始的"实体达用之学",是一个内容极为丰富的多层次的概念。更明确地说,主张"经世致用"的经世之学其实是中国实学的主流和核心。它既表现为揭露与批判在田制、水利、漕运、赋税、荒政、兵制、边防、吏治、科举诸方面的社会弊端,又表现为提出与实施各种旨在改革时弊的救世方案。同时,在学术上还包括明经致用论和史学经世论,把治经考史看作经世的重要思想武器。

从孔子开始,儒家的内圣外王之学,虽已成为悠久的历史传统,但是以"实体达用"为基本内容的实学,始于北宋。由于时局变迁,北宋面对着来自内部与外部的社会挑战,许多士大夫萌发了强烈的忧患意识,便由佛老的虚无本体之学转向以气为本体的实体之学,由崇尚辞赋的浮华之风转向"明经致用"的经世之学。北宋实学思想的重点是"重功利、求实用",实践上有范仲淹的"庆历新政"、王安石的"熙宁改革"等。我们不难发现,不管是这个时期的程朱理学家还是陆九渊心学家,他们始终注意经国济民,提倡积极的入世精神。

南宋时期,内忧外患,国将不国,除了以"谈性命而辟功利"为主旨的理学派别外,以陈亮为代表的事功学派更多地摒弃了理学体系中的虚无成分,在救弊之策上更加趋于实际,更接近于社会生活。以欧阳守道、文天祥为代表的撰斋学派则面对民族危亡,提出一系列"有益于世用"的救亡之策。

元灭宋后,赵复等人强调用世的"务实之学",着重发挥儒家的经世传统,提出各种治世方案,后又有"和合"朱陆(程朱陆九渊)之说。

明代"以理学开国",但自明英宗"土木之变"后,社会政治危机严重,于是忧国之士纷纷向实学转化。无论是河东学派还是姚江学派,都包含丰富的实学思想,预示着明清实学思潮的即将到来。

从明中叶到清中叶,是中国实学思想发展的一个鼎盛时期。这一时期,随着中国后期封建社会总危机的爆发和资本主义萌芽的产生,不论深度还是广度上,实学都成为明清时代精神的集中反映和社会进步思潮的主流。明清史学家建立了具有严密的逻辑结构、自成思想体系的元气实体论哲学,针对社会积弊,不但多方面地揭露与批判了当时封建社会的腐朽黑暗和统治者的昏庸无道,而且在批判的基础上提出了旨在社会改革的各种方案。

伴随着实学思潮的高涨,自然科学也开始复兴,出现了一批著名的科学家和划时代的著作,如李时珍的《本草纲目》,朱载堉的《乐律全书》,徐光启的《农政全书》,徐弘祖的《徐霞客游记》,宋应星的《天工开物》等。

另外,明清实学思潮,除了包括地主阶级改革派的进步思想外,也包括反映市民阶层利益和愿望的启蒙意识。这是明清时代所特有的意识形态。

纵观实学思想的演进史,我们不难发现其和社会调查思想的共通或沿续继承之处。它所关注的方方面面,无疑是社会现象和事实,而其目的,也基本吻合社会改良和改革。

实学的精神实质概括来说有四点:实事求是的崇实精神;追求真理的科学精神;"兴利除弊"的改革精神;放眼世界的开放精神。而这些思想方法,无疑在讲求实践的社会调查中占有非常主要的地位。

第三节 儒家思想

儒家思想是中国文明史经历了夏、商、周近1700年之后,在春秋末期由思想家孔子所创立。孔子创立的儒家学说是在总结、概括和继承了夏、商、周三代尊尊亲亲传统文化的基础上形成的一个完整的思想体系。司马迁在《史记·孔子世家》中说:"孔子乃因史记作春秋,上至隐公,下讫哀公十四年,十二公。据鲁,亲周,故殷,运之三代。"儒家学派的创始人孔子说过"述而不作,信而好古"(《论语·述而》)是自己的思想本色。

儒家的道德学问施于史学,便出现了孟子对史学"事"、"文"、"义"的认识。"事",指历史事件和人物的活动而言;"文",是对"事"的文字记述,是就史著在文学表达方面应达到什么标准而言;"义",是指史家以自己的史学思想和理论为指导,并贯注于史学著作之中。孟子的"事"、"文"、"义"理论,虽然是从史著的构成要素的角度而提出的,但也涉及了史家的素质问题,因为"事"和"文"涉及史家史识或史德问题。孟子对这两方面问题的看法都反映出儒家的道德学问观。《左传·昭公十二年》记载楚王对左史倚相的评论,说他"是良史也,子善视之,是能读《三坟》、《五典》、《八索》、《九邱》"。《国语·楚语下》载王孙圉对左史倚相的评论,说他"能道训典以叙百物"。可见当时人们已普遍认为作为一名良史,一定要具有渊博学识。《左传》所载的晋国太史董狐等史官秉笔直书的故事,说明当时的史家已将能否真实地反映历史事实作为是否具有史德的一项标准来自觉要求自己。

儒家道德学问观以及孟子"事"、"文"、"义"理论的提出,使史家对著史者个人素质的具体要求有了明确的依据。历代史家都从不同的角度论述了良史应具备的素质。刘知几在全面总结中国封建社会前期史学的论述中,不但强调了孟子"事"、"文"、"义"在史著形成过程中相辅相成的关系,而且以"事"、"文"、"义"为基础,对史家的素质提出较全面的要求。刘知几所谓的"才",是对"文"的发展;所谓"学",是对"事"的发展;所谓"识",是对"义"的发展。章学诚则进一步阐明"事"、"文"、"义"在史著中的地位,强调史义最为重要,他也在"事"、"文"、"义"的基础上,对刘知几所总结的史家"三长"素质论加以发挥,发展成"三长"、"史德"论,形成了对史家素质的完备要求。刘知几、章学诚所概括的史家应具备的素质标准,实质上也是儒家思想对史家素质要求的具体反映。

在儒家的道德学问观中,还强调身体力行、勤于实践、锲而不舍的精神对于达到道德学问的最高境界的重要性。《礼记·中庸》在阐释儒家提倡的"三达德"(三种通行于天下的美德)时说:"子曰:好学近乎智,力行近乎仁,知耻近乎勇。"孔子很重视身体力行,反对说得多做得少,反对只说不做:"君子耻其言而过其行"(《论语·宪问》)。"古者言之不出,耻躬之不逮也"(《论语·里仁》)。孔子还强调锲而不舍的精神,"学如不及,犹恐失之"(《论语·泰伯》)。荀子也说:"锲而舍之,朽木不折,锲而不舍,金石可镂"(《论语·劝学》)。

儒家所倡导的这种为追求理想而注重身体力行、锲而不舍的精神,对中国古代的史家影响很大。优秀的史家大都能以此为标准来要求自己,并将之贯彻到自己的史学活动中。司马迁在写《史记》前进行了一次类似于实地调查的漫游壮举,走了大半个中国,印证了许多历史文献的记载和传闻,获得了大量生动翔实的史料。他在撰写《史记》的过程中,忍受了精神和肉体的折磨,"就极刑而无愠色",发愤写作,锲而不舍,终于完成了这部不朽的名著。

司马迁在身体力行、锲而不舍两个方面为后世的史家树立了光辉的榜样,他以后的历代优秀史家继承了司马迁的治学精神,为中国史学的发展做出了自己的贡献。如南北朝地理学家、史学家郦道元,在司马迁精神的鼓舞下,跋山涉水,足迹遍布大半个华北地区。所到之处,郦道元无不细心察看,认真探究,纠正了许多不正确的说法,完成了他的历史地理巨著《水经注》。又如顾炎武治学,"自少到老,无一刻离书。所至之地,以二骡二马载书,过边塞亭障,呼老兵卒询曲折,有与平日所闻不合,即发书对勘;或平原大野,则于鞍上默诵诸经注疏"(《清史稿·顾炎武传》)。再如清初著名的历史地理学家顾祖禹,为了完成《读史方舆纪要》,同样重视实地调查研究,为获取第一手材料,他常常"舟车所经,亦心览城郭,按山川,稽里道,问关津,以及商旅之子,征戍之夫,或与从容论,考核异同"(《读史方舆纪要》)。

经过他三十余年的努力,终于完成这部历史地理名著。

所以我们认为,正是中国儒学思想内涵,刺激、推动了中国社会调查行为。

第四节 古代文人墨士的调查意识

可以简约地说历史往往就是一些人物的事迹、思想、智慧的传承。除了不少历史君王、大臣以及思想家等的调查思想外,那些活跃在远古时代的文人雅士或在那个时代中的某些领域集大成者中所涉及的调查意识又是如何呢?

一、诗歌中的调查

1. 诗仙李白

李白留给后世人九百多首诗篇。这些熠熠生辉的诗作,表现了他一生的心路历程,是盛唐社会现实和精神生活面貌的艺术写照。李白一生都怀有远大的抱负,他毫不掩饰地表达对功名事业的向往。《梁甫吟》、《读诸葛武侯传书怀》、《书情赠蔡舍人雄》等诗篇中,对此都有绘声绘色的展露。在长安3年经历的政治生活,对李白的创作产生了深刻的影响。他的政治理想和黑暗的现实发生了尖锐的矛盾,胸中淤积了难以言状的痛苦和愤懑。

基于李白诗篇从古至今的深远影响力———一定程度上,现代的我们是通过他的诗篇从而对古代尤其是盛唐时的社会现实有一个全面的了解的。而李白的诗作所影射出的古代中国独有的调查方法也与现代社会研究方法有一定的暗合。他的诗作可以作为"观察法"的一种表现形式,作为现代社会研究的合理借鉴。

李白一生喜欢游览名山大川,20岁时游历了巴蜀的名山胜水,25岁开始在各地长期漫游。他的足迹遍及山东、山西、河南、河北、湖南、江苏、浙江、安徽等地。从他留传下来的诗篇中,我们不难发现他诗歌每每刻画的事物栩栩如生,这得益于他细致入微的观察。

如《独坐敬亭山》:"众鸟高飞尽,孤云独去闲。相看两不厌,唯有敬亭山。"这是李白在安徽敬亭山所作的。其意思是与敬亭山朝夕相处的群鸟一只只高飞远去,天空中的最后一片白云也悠然飘走,万物都消失得无影无踪,天地间一片肃静,只有诗人独自一人孤零零地坐在那里。前两句写的是眼前实景,展现的是一个极其空旷寂寥的世界。

像此类寄情于景,以观察到的实景而抒发内心情感的诗篇,诗仙李白还留下很多,同样的也有很多的文人雅客跟"诗仙"李白相似,喜欢在游历中,在美丽的景色里诗兴大发时,留下一幅幅动人的篇章。

2. 诗圣杜甫

与"诗仙"李白的个人浪漫主义不同,诗圣"杜甫"的诗则较多的反映民间疾苦。杜甫生活在唐朝由盛转衰的历史时期,是伟大的现实主义诗人。杜甫忧国忧民,其诗多涉笔社会动荡、政治黑暗,他的诗多反映当时社会矛盾和人民疾苦,因而被誉为"诗史",后人尊称他为"诗圣"。杜甫流传下来的诗作中以"三吏"、"三别"最具反映时代特征和民间疾苦的特性。"三吏"为《石壕吏》、《新安吏》和《潼关吏》,"三别"为《新婚别》、《无家别》和《垂老别》。

公元755年(唐玄宗天宝十四年),安史之乱爆发。公元759年(唐肃宗干元二年)三月,唐朝六十万大军败于邺城,国家局势十分危急。为了迅速补充兵力,统治者实行了无限制、无章法、惨无人道的拉夫政策。杜甫亲眼目睹了这些现象,怀着矛盾、痛苦的心情,写成这六首诗作。这次战争,与公元742年—756年期间(唐玄宗天宝年间)的穷兵黩武有所不同,它是一种救亡图存的努力。所以,杜甫一面深刻揭露兵役的黑暗,批判"天地终无情",另一面又不得不拥护这种兵役。他既同情人民的痛苦,又不得不含泪安慰、劝勉那些未成丁的"中男"走上前线。百姓在难以忍受的残酷压迫下,妻劝夫,母送子,先后走上战场,有的老妪甚至献出了生命。杜甫深入民众在揭露统治阶级凶残苛暴的同时,以无限同情和感激的心情,用惟妙惟肖的笔触,歌颂了广大的劳动人民。

《石壕吏》

  暮投石壕村,有吏夜捉人。老翁逾墙走,老妇出门看。
  吏呼一何怒!妇啼一何苦!听妇前致词:三男邺城戍。
  一男附书至,二男新战死。存者且偷生,死者长已矣!
  室中更无人,惟有乳下孙。有孙母未去,出入无完裙。
  老妪力虽衰,请从吏夜归。急应河阳役,犹得备晨炊。
  夜久语声绝,如闻泣幽咽。天明登前途,独与老翁别。

杜甫高出于一般诗人之处,主要在于他无论叙事抒情,都能做到立足生活,直入人心,剖精析微,探骊得珠,通过个别反映一般,通过自己细致观察以及丰富的经历,准确传神地表现他那个时代的生活真实,概括劳苦人民包括诗人自己的无穷辛酸和灾难。

二、源于调查的医学著作

1.《本草纲目》

李时珍出生于医学世家,因三次落榜,遂决心放弃仕途,转而致力于医学的研究,他后成为太医院御医。在这个过程中,他与各方名医共事,有机会查阅各种医学著作并且使用御用药材,这些条件为日后编撰《本草纲目》打下了良好的基础。

在长期的行医过程当中,李时珍发现以往的本草书有不少错误,而且有些用药经验已不切实际,于是立下了重修本草的宏愿。他研读了大量医药专书,并博览子史经传,声韵农圃,医卜星相,乐府诸家等古籍(文献法)。李时珍并跑出书斋,就药物研究诸问题,广泛地向农夫、渔民、猎户、樵夫及民间医生请益(访问法),并躬亲实践,深入实地作种种必要的考察,他倾毕生的精力和心血,足迹踏遍了大江南北,并以严谨的科学态度和实事求是的精神,完成《本草纲目》这部巨著。

2.《千金方》

孙思邈,自幼多病,立志于学习经史百家著作,尤立志于学习医学知识。青年时期即开始行医于乡里,并获得良好的治疗效果。他于永徽三年(约652年)著成《千金方》。书集唐代以前诊治经验,博采群经,删繁去复(文献法),并结合孙思邈个人数十年的临床实践经验而撰成。书中所载医论、医方较系统地总结了自《内经》以后至唐初的医学成就,是一部科学价值较高的著作,对后世医家影响极大。①

---

① 范伟达、王竞、范冰:《中国社会调查史》,复旦大学出版社2008年版。

第二章 中国古代的调查实践

第一节 调查方法雏形

一、司马迁的《史记》与调查

中国传统的史学家著史书时大都秉着高度的实事求是的精神,以实写史。司马迁所著的《史记》记载了上起中国上古传说中的黄帝时代(约公元前3000年)下至汉武帝元狩元年(公元前122年)共三千多年的历史,包罗万象,脉络清晰。他对人对事的公正中肯的评价,在《史记》里到处可见。正是凭着这种扎扎实实,一丝不苟的精神和以实求实、不尚虚文的写作态度,司马迁历尽千辛万苦,矢志不渝,终于为后人描绘了一幅幅壮丽多姿、可歌可泣的历史画卷,留下了一部千古不朽的"信史"。

1.《史记》中的实地考察

像《史记》这样的纪实性史书,必定采用一些跟现代调查方法相类似的手法来还原事件、人物的真相。《史记》中就体现出强烈的实地考察意识。宋代苏辙说:"太史公行天下,周览四海名山大川,与燕、赵间豪俊交游,故其文疏荡,颇有奇气。"此文出于苏辙的《上枢密韩太尉书》,意为太史公走遍天下,广揽四海名山大川,与燕、赵间的英豪俊杰交游,所以他的文章疏放不羁,颇有奇伟之气。苏辙已意识到太史公的"交游"对《史记》文风之影响。王国维《太史公行年考》中说:"是史公足迹殆遍宇内,所未至者,朝鲜、河西、岭南诸初郡耳。"此文进一步说明太史公司马迁周游地域之广。

王子今借用近世文化人类学原理与方法,从新的角度理解司马迁的文化观和历史观,深化了我们对司马迁时代的社会文化风貌的理解。王氏论述说:"司马迁著作《史记》时甚至曾经采取了与后世人类学考察存在某些类似之处的历史调查方式……我们还应当看到,司马迁游踪万里的实践,实际上又是与现代人类学的田野工作有些相似之处的。"对实地考察与田野调查的关系,李亦园认为在广义上两者等同,狭义上田野调查特指人类学领域的研究。对《史记》与人类学学科的关系,学者们认为:"伟大的历史学家司马迁曾漫游中国,实地考察,他的不朽之作《史记》中的匈奴、西南夷、东越、南越等列传,开创了为我国境内少数民族撰写传记的体例。"

(1) 三种不同类型的实地考察

司马迁的实地考察主要有三种类型。第一种类型是青年时期的壮游。《史记·太史公自序》云:"二十而南游江淮,上会稽,探禹穴,窥九疑,浮于沅湘;北涉汶泗,讲业齐鲁之都,观孔子之遗风,乡射邹峄;厄困鄱、薛、彭城,过梁、楚以归。"第二种类型是奉命出使西南。元鼎六年,司马迁奉命出使巴蜀以南地区,得到深入接触民族地区的机会。《太史公自序》云:"于是迁仕为郎中,奉使西征巴、蜀以南,南略邛、笮、昆明,还报命。"这次实地考察和近代人类学家的民族志调查研究有异曲同工之妙。第三种类型是侍从之游,司马迁"仕为郎中"之后,曾多次随从汉武帝巡行天下。

(2)《史记》实地考察的角度

作为某种程度上有意识的游历,司马迁的实地考察活动当然与其身份、观察角度、著述要求有着必然的联系。我们借用人类学家对田野工作的分析,来观察《史记》实地考察的角度。

① 主位与客位研究的视角

主位研究是站在被调查对象的角度,用他们自身的观点去解释他们的文化。客位研究是站在局外立场,用调查者所持的观点去解释所看到的文化。《史记》的实地考察对象十分丰富,在分析主位研究时,须从具体的角度展开论述。客位研究的表达,则是作为史家的司马迁以历史的追述者、历史的参与者的身份做出的评价。

《封禅书》是历史的追述与当代史的参与相结合的范例。司马迁叙述历代先王的封禅是追述,而叙述汉武帝的封禅则是参与当代史事。只有具备了这种历时性的观察,史家对当下历史事件的关照才会更具深刻性。司马迁实地考察的主位视角则是要求他打破时空的界限,身临其境地融入具体的历史场景中去领悟和感受当事人的心境,并记录下他们的思想动态。但正如学者们所指出的:"主位与客位观察是互补的,并不是互相排斥的。在调查中将这两者结合运用,才会得出深刻的见解,才会分析出表层现象后面的深层结构,才会总结出规律性的东西来。"《魏世家》就是这样一种结合的典范之作:

"吾适故大梁之墟,墟中人曰:'秦之破梁,引河沟而灌大梁,三月城坏,王请降,遂灭魏。'说者皆曰魏以不用信陵君故,国削弱至于亡,余以为不然。"

这是一则访谈与口述史的材料。大梁之墟是司马迁实地考察的社区,墟中人是调查及访谈的对象。访谈展示了秦灭魏的历史事实,但关于魏之所以灭亡的真正原因,当地人有他们自己的解释:"以不用信陵君故,国削弱至于亡。"这种当地人的观点自然有它合理的一面,它展示了墟中人深刻的英雄情结,表达了他们对信陵君的眷恋和对亡国的遗憾。这种主位视角虽然没有得到司马迁的认可,但却没有妨害司马迁对主位视角的陈述。从客位的视角出发,司马迁本人当然是否认英雄史观的。《史记》的宗旨是:"究天人之际,通古今之变,成一家之言。"历史趋势的演变不是个人所能左右的。《项羽本纪》中,司马迁对项羽个人英雄主义做法的批评正可与此相左。

② 宏观与微观视角

宏观与微观视角也是一组相对而言的概念,是针对调查区域大小而界定的。同样的,作为一种百科全书式的史学著作,《史记》绝不仅仅依靠宏观或微观而展开视角,而只有宏观与微观、"面"与"点"的有机结合才能获得最佳的表达方式。司马迁的调查是广泛的,作为通史,《史记》给予我们的印象是宏阔的历史背景。无论是本纪、世家、列传、书,我们总能感受到司马迁将历史人物与事件置于历史发展趋势之下的良苦用心。这就是一种宏观的视野。清代顾炎武认为司马迁通过游历,"心中固有一天下大势"。其文曰:"秦汉之际,兵所出入之途,曲折变化,唯太史公序之如指掌。山川郡国不明,故曰东曰西曰南曰北,一言之下,而形势了然……盖自古史书兵事地形之详,未有过此者。太史公胸中固有一天下大势,非后代书生之所能几也。"(《日知录》卷二十六《史记通鉴兵事条》)这种天下大势即是在频繁游历的基础上勾勒出的宏观的文化地图。《史记·货殖列传》将全国分为山东、山西、江南、塞北四大经济区,并细分为十一个经济亚区。他对每个经济区域的物产风俗都做了恰如其分的描述,其中对诸如"先王之遗风"、"齐鲁之风"、"郑卫之声"等特质的描述便是相对更为微观的概括了。

③ 社区与个案的视角

比微观视角更为细微的是社区和个案的研究角度。社区是田野工作的基本单位,具有三个基本要素:第一,人群;第二,人群所居住的区域;第三,人群的生活方式或文化。社区调查是为了揭示某一特定区域社会群体的文化风貌。个案调查寓于社区调查之中,社区中有个案,个案反映社区,两者相辅相成。《史记》的实地考察中,这样的社区不在少数,但最典型的莫过于高祖刘邦及众功臣的发家之地——丰沛。《樊郦滕灌列传》其文如下:

"太史公曰:吾适丰沛,问其遗老,观故萧、曹、樊哙、滕公之家,及其素,异哉所闻!……余与他广通,为言高祖功臣之兴时若此云。"这是一条通过访谈丰沛遗老得来的口述史料。作为帝王之乡邑的丰沛,用历史的事实很好的阐释了"一人得道,鸡犬升天"的道理,这样一个社区颇具特色。在这样的条件下,原本为"贩夫走卒引车卖浆者流"的一群普通人随着刘邦飞黄腾达,上演了"汉初布衣将相之局"的历史图景。

④ 专题与综合的视角

在今天强调知识分科的背景下,任何一个学者仅凭个人之力再也难以驾驭重大的综合性命题,而更多地依赖与不同学科之间的合作而展开调查。与此不同的是,中国古代的学者们则是"经史子集"一以贯之,强调文史哲的融会贯通,他们往往是集史学、文学、天文星相、哲学、医学等于一身的硕学鸿儒;所以,他们把握综合性命题,掌控全局的能力足以让今天的各类学者望其项背。司马迁的《史记》则体现出这种博大的特点。从其体例上而言:一是《史记》作为通史,强调"通古今之变",所以其涉猎广博,司马迁足迹也殆遍宇内,其综合性的视角也是不言而喻的。二是从纪传体而言,《史记》分本纪、世家、列传、表、书。司马迁在游历和调查中当然不是以这五种体例作为观察的分类依据,但是我们从中抽取《封禅书》、《河渠书》和《货殖列传》等篇章为例:这三篇都是在广泛的调查、参与的基础上写成的。我们可以断言,司马迁在游历时,对上述篇章中所涉及的地域、河域和城市作了详细的有意识的观察了解。司马迁据此所开创的《河渠书》和《货殖列传》两种体裁,探讨了那些前人没有发现或随时代变化而新出现的问题,体现了他前所未有的创新意识和开拓精神。这正是专题调查的妙用所在。

2. 实地考察的具体方法

实地考察是《史记》采集资料的重要依据。《史记》的实地考察方法包括选点、访谈与口述史等。

(1) 合理选取观察点为前提

司马迁的实地考察工作纷繁复杂,费时颇多,如何具体地实施调查也是一项艰巨的任务。合理选取调查地点就是头等大事。不同于当代人类学社区研究中的田野调查只需选取一个固定的观察点进行田野工作,司马迁的调查是一种游历性质的、"走马观花"式的实践工作。怎样在最短的时间内游历最多最有价值的地区是司马迁必须考虑的问题,所以调查路线的设计也就成其为一个问题了。以司马迁最具自主性的青年时期的宦学为例,"二十而南游江淮,上会稽,探禹穴,窥九疑;浮于沅湘;北涉汶泗,讲业齐鲁之都,观孔子之遗风,乡射邹峄;厄困鄱、薛、彭城,过梁、楚以归"。司马迁离开长安后,朝着东南方向,经武关抵达南阳(今属河南),弃车乘船,顺长江而下。他此行范围广,包括江淮、齐鲁和中原,在短短的三四年时间里,要完成游历大江南北的调查确非易事。所以,规划有效的游历路线与选取最富价值的观察点是实地考察的必需。

纵观《史记》中的实地考察点,大致可以划分为这样几类:一是历史遗址,如禹穴;二是名人故里,如孔里;三是名山大川;四是历史名城与商业都会,如齐鲁之都临淄。在《河渠书》专题中,"太史公曰:余南登庐山,观禹疏九江,遂至于会稽太湟,上姑苏,望五湖;东窥洛汭、大邳,迎淮、泗、济、漯、洛渠;西瞻蜀之岷山及离碓;北自龙门至于朔方。"南、东、西、北四方水利恰能囊括上述四类调查点,均纳入司马迁的视界范围内,这些选取的江河沟渠不仅具有文化上的历史意义,而且具备生活上的现实功用。

（2）访谈与深度访谈

访谈甚至包括个别深度访谈是司马迁在调查过程中的工作方法之一。当然,其访谈工作不可能如人类学意义上的田野调查那样周密,有一纸详细的调查提纲或调查问卷,但至少可以肯定的是,司马迁是有所准备而不是漫无目的地访谈的,相当于开放的半结构性访谈。《魏公子列传》中太史公曰"吾过大梁之墟,求问其所谓夷门者",这说明司马迁是带着问题进入调查访谈情境的。想必是"十岁诵古文"时阅读了信陵君的故事,他对隐士侯嬴所抱关之"夷门"有所疑问,故在"过大梁之墟"时有此一问。通过访谈,他也得到了满意的答案:"夷门者,城之东门也。"

司马迁的访谈除了个别访谈之外,也有群体访谈的存在。《樊郦滕灌列传》太史公曰:"吾适丰沛,问其遗老。"遗老是一个集体概念,此时的访谈当是一对多的访谈形式。司马迁的访谈对象除了实地考察中的当地人外,还有众多就是其身旁的亲朋好友。《郦生陆贾列传》:"至平原君子与余善,是以得具论之。"平原君子是司马迁的直接报道人。《刺客列传》云:"始公孙季功、董生与夏无且游,具知其事,为余道之如是。"当初公孙季功、董生和夏无且交游,都知道荆这件事。是公孙季功和董生从历史见证人那里得到的荆轲刺秦王的历史真实转述给了司马迁。

司马迁的访谈也十分重视个人生平史,寄希望于全面掌握传主的个人发展历程而从侧面来反映整个社会的发展趋势。如对"丰沛遗老"的访问中,司马迁洞悉了汉初名臣的生命轨迹,深化了他对"汉初布衣将相之局"的真切认识。《卫将军骠骑列传》中苏建讲述大将军卫青"人臣奉法遵职而已,何与招士"的故事,使人们对位高权重的卫青将军的性格特点的认识更为饱满。

《史记》不仅贯注了司马迁的大量访谈成果,也同样凝聚了其补续者褚少孙的访谈材料。《外戚世家》褚先生曰:"臣为郎时,问习汉家故事者钟离生。"褚先生说:我任郎官的时候,问过熟习汉家旧事的钟离生。《梁孝王世家》中褚先生称:"臣为郎时,闻之于宫殿中老郎吏好事者称道之也。"《三王世家》载褚少孙"窃从长老好故事者取其封策书,编列其事而传之,令后世得观贤主之指意。"褚少孙对汉初故事的收集与访谈确有力焉。

（3）口述史料的采集与应用

司马迁在实地考察的过程中,注重收集反映民风、民情的民俗歌谣和传说,这是发掘"文献资料"的主要途径。其中一部分是有文字记载的材料,另一部分是我们所说的口述史料。周秦时代通过采风制度搜集和保存的不少风俗史料随秦朝的灭亡而遗脱漏弃了。"司马迁讨论各地风俗,实际上是继承了周秦以来注重民风民俗的传统。"我们可以推想在游历的过程中,司马迁花费大量笔墨记录下这些调查日记,特别是实现了"口述史料"向文字资料的转化。

3. 参与观察的方法

由马林诺夫斯基开创的"参与观察"方法被认为是田野工作最基本的方法,"参与观察"方法对田野调查者有居住时间和观察体验细致程度上的要求。我们对司马迁实地考察有个初步的判断,即参与观察是事实存在的,司马迁在参与观察中获益匪浅。

能够直接参与的活动主要体现在当代史上。司马迁生平几乎与汉武帝相始终,在武帝盛世这样一个跌宕起伏的时代,他得以能够目睹文物昌明。以《封禅书》、《平准书》、《河渠书》为其中的代表最能印证。"《封禅》、《平准》、《河渠》三书,所叙皆孝武朝大条目事,与后人修史作志者不同。作志要详考先代典故,叙次令明晰而已。至史公所称,皆目睹事迹……学者第能细按当日事势情形,如身执简其侧。"这是说"其他史书作志大多排比史料,叙述明晰,而司马迁作三书是根据自己的亲身经历描写当代史事,并能使当时的情形真实生动地呈现出来,使人读了如身临其境。"参与当代史事的优点不言而喻。还如《河渠书》中,司马迁扈从武帝"还自临决河,沉白马玉璧于河",并亲自参加了"群臣从官自将军以下皆负薪填决河"的壮举,目睹了天子悼功之不成而作《瓠子之歌》的历史场景。对一个描述当代史的史家来说,这种亲自参与给他留下的印象更为深刻。

直接观察则侧重在对各种历史遗迹的直观认识。《孔子世家》中,太史公"适鲁,观仲尼庙堂车服礼器,诸生以时习礼其家……"这个场景则是对仪式的观摩。仪式问题也是当代人类学田野实践最注重的观察项目之一。这个仪式重温了历史画面,对太史公领略"孔子之遗风"自然是最好的教材①。

司马迁认为:从远古时期的传说,到秦汉时期的学者,一致公认为轩辕黄帝是中华民族的始祖,但在当时仍然存在着各种异说。就连黄帝埋葬的地方也有不同的说法。有的传说在河南,有的传说在山东,有的传说在河北,有的人还说在甘肃。为了慎重起见,司马迁决定亲自进行实地考察。据说,司马迁出长安,一不坐轿,二不带随从,只身乘马,长途跋涉,沿"秦直道"北上,来到翟道城(今黄陵)桥山一带。他没有惊动官府,也没有打扰百姓,更未暴露自己的身份,独自一人四处奔走,观察地形,访问老人,查看史料,抄写碑文,瞻仰了历史传说的各种遗迹,了解了风土人情。

---

① 袁理:"人类学田野调查与《史记》中的实地考察",《重庆文理学院学报》2011 年第 30 卷第 3 期。

相传,有一天,司马迁手里提着一筐陶片、石片,边走边看,爱不释手,一群儿童以为他是个讨饭吃的疯子,都围住他喊叫:"疯子,那是石头片,不能吃……"司马迁只笑不答言。大人们跑出来一看,见是一群顽童围着一位陌生人耍笑,便赶走了顽童,并拿来了两个馍馍,递给司马迁。司马迁接过馍,点头笑了笑,边吃边走了。据说,他在翟道城周围方圆二十里,整整考察了四十多天,搜集了当地流传的有关黄帝的传闻逸事,积累了丰富的资料和可靠实据。回长安后,他首先写出了《史记》中的第一篇——《黄帝本纪》,第一次肯定了"黄帝崩,葬桥山"的伟大历史考证。从此,黄帝陵始得传名于世。据旧中部县志载:司马迁这次考证后,地方官员就创建了"轩辕庙"。到了唐代宗大历年间(公元前八世纪中),正式建庙于城北桥山西麓。宋太祖开宝五年,因河水侵蚀,又把庙址从西山麓移到东山麓,这就是现在的"轩辕庙"址。当地民间流传的俗语说:"汉代立庙,唐朝建,到了宋朝把庙迁。不论谁来做皇帝,登基都不忘祖先。"①

4.《史记》中的文献法

在实地考察等上述调查方法之外,其他调查方法是否采用则还需要进一步的研究考证。如对于文物文献搜集方法,我们不能肯定哪些文献是司马迁在调查中搜集到的,但是可以肯定的说,司马迁在著《史记》时必定参考了大量的历史文献,如《左传》、《国语》、《世本》、《战国策》、《楚汉春秋》和诸子百家等,同时参考档案、民间古文书籍。班固在《汉书·司马迁传》中说:太史公"网罗天下之放失旧闻",此"旧闻"应该包含两个方面:一是司马迁周游各地的时候,收集口述的地方民风、民情等,二是司马迁写书时参考历朝历代的历史文献材料。而唐朝司马贞在《史记索隐后序》中说:"而太史公之书,既上序轩黄,中述战国,或得之名山坏壁,或取之以旧俗风谣,故其残文断句难究详矣。"毫无疑问,得之"名山坏壁"指的是文字材料②。

不仅在历史材料的搜集上参考其他的历史文献,在写史精神上司马迁也非常希望能秉承孔子撰《春秋》的精神。司马迁在《太史公自序》说:"先人有言,自周公卒,五百岁而有孔子,孔子卒后,至于今五百岁,有能绍明世,正《易传》、继《春秋》、本《诗》、《书》、《礼》、《乐》之际,意在斯乎?意在斯乎?小子何敢让焉?"此正暗示其有明道义,显扬志业人物的使命。《春秋》的下限,到鲁哀公获麟之年,此后的史事就没有完整的史籍记载。司马迁是绍继《春秋》,并以汉武帝元狩元年"获麟"及太初元年改历下限,撰写史记。然而,司马迁继承《春秋》,不仅是要形式上承继周公以来的道统,而且是重视《春秋》的性质,他在《太史公自序》说:"夫《春秋》,上明

---

① 参见佚名《司马迁实地考察黄帝陵》http://www.huaxia.com/zt/zhwh/05-036/589750.html。
② 参见袁理:"人类学田野调查与《史记》中的实地考察",《重庆文理学院学报》2011年第30卷第3期。

三王之道,下辨人事之纪,别嫌疑,明是非,定犹豫,善善恶恶,贤贤贱不肖,存亡国,继绝世,补敝起废,王道之大者也……《春秋》以道义,拨乱世,反之正,莫近于《春秋》。"可见司马迁对"春秋之义"和"春秋笔法"心仪已久,这是他要承孔子的真意、秉承《春秋》褒贬精神,撰述《史记》。

二、制度式调查:西周和汉朝的采风

中国古代形成制度的调查研究,首推西周的"采风"制度,从其规模之大、内容之广、时间之久来看,采风都可以说是我国古代调研秘书工作中的一个创举。汉代统治者继承西周的采风制度,重视调查研究。

1. 西周的采风调查

西周采风作为一种制度化的调查研究,其调查范围几乎遍及周王朝的整个统治区域,其时间从西周初年一直延续到东周前期。周天子正是凭借采风所得,来了解各诸侯国的风俗民情、政治臧否,然后赏功罚罪,安邦理国。

采风目的之一是"观俗"。周王朝实行以礼治国的方针,礼就是制度的意思。如何来制定和完善这种制度呢?周统治者认为应"礼俗以驭其民"(《周礼》),这里的"俗"就是老百姓的生活习俗。《礼记·王制》说:"凡民居材,必因天地寒暖燥湿,广谷大川异制,民生其间者异俗……"也就是说,因地域广大各地民俗有很大差异,因时间推移民俗也会发生改变,制定国家的"礼法",就要适应这种差别和变化,"修其教不易其俗,齐其政不易其宜",亦即根据不同的习俗施行相应的政令,以使生民安居乐业。周王朝建立采风制度的直接目的就是给王室提供调整"驭民"政策的信息和依据。

采风目的之二是"观政"。周初统治者汲取殷商灭亡的教训,轻鬼神、重人治,改"以神为本"为"以民为本"。他们认为"弗永远念天威,越我民;罔尤违,惟人在……天不可信"(《尚书》)天意就在民情中,民心向背可以决定天命之去向。要重视人治,就需要掌握民情,进行调查研究。

许多学者论证,在中国文学史上占有重要地位的《诗经》,正是孔子根据西周采风留下的档案资料整理而成的,其来源和主要内容都说明,《诗经》乃是一部社会调查材料的汇编。周天子通过各地采集来的民歌了解各诸侯国和地方官员政绩,至今我们仍能从中看到周代各地社会生活的真实图景。

《诗经》是我国第一部诗集,也是世界上最早的最有价值的一部诗歌总集。《诗经》中现存诗歌 305 篇,分为三类,即风、雅、颂。《诗经》中作者众多,且大多为民间口头创作,如《风》中的诗均来自民间,是一部众多作者的诗歌合集。

在《诗经》中,从各地采集到的诗歌或周王朝通过天子巡守、专人调查和逐级上报等多种方式来了解民风民情民意统称为风,所以直到今天我们仍把到民间采集诗歌民谣叫做采风。采诗不仅是为了搜集歌诗,而且更主要的是为了调查研究。《国语》中邵公谏周厉王的话:"为民者宣之使言,故天子听取,使公卿至于列士献诗。"说是从公卿到列士,再至百姓,对朝政的过失,都可以创作成诗歌,献给国王,当作谏书。也就是说,"采诗和献诗"都是为反映民间问题,提出意见和建议,用来辅助朝政,而不单单是为了丰富宫廷的乐曲。从这个意义上说,古代的采诗与今天的调查研究在目的和作用上是基本一致的。因此,也有人认为,《诗经》就是古代调查研究成果一个汇集,只不过它表现的体裁或形式是诗歌而已。①

2. 汉代的采风调查

汉代从公元前206年建国到公元220年汉献帝被废,延续400多年,是我国历史上一个相对稳定而又比较强盛的王朝,这与统治者继承西周的采风制度重视调查研究是有关系的。

汉初,由于内部战乱和边疆战事的影响,经济凋敝,民间贫困。汉武帝为了巩固统治,缓和矛盾,继承西周的采风制度,加强了调查,曾"遣谒者巡行天下,存问致赐"。元狩六年,又"遣博士大等六人分循行天下,存问鳏寡废疾"(《汉书·武帝纪》)。又据《汉书·司马迁传》,司马迁二十多岁担任汉武帝的侍从秘书(郎中),除了多次陪同汉武帝出巡外,还多次"奉使"到大西南偏远地区搞调查研究。汉武帝通过调研对民间疾苦有深刻了解,从而采取了轻徭薄赋、休养生息的政策。以后元帝、平帝也多次"遣光禄大夫褒等十二人循行天下……因览风俗之化","遣谏大夫博士赏等二十一人循行天下"(《汉书·元帝纪》),"遣太仆王恽等八人置副假节,分行天下,览观风俗"(《汉书·平帝纪》)。

东汉光武帝父子"起于民间",更重各地风俗民情之考察,不仅"广求民瘼,观纳风谣"(《后汉书·循吏列传》)。和帝即位,又"分遣使者,皆微服单行,各至州县,观采风谣"(《后汉书·李郃传》)。这种情况一直延续到汉末,也未见废止。

与西周采风的结果留下了一部《诗经》相似,汉代采风的结果是留下了许多"乐府"诗。现存的乐府诗歌中著名的有长诗《孔雀东南飞》,反映了民间的一个婚姻悲剧;童谣《举秀才》则讽刺了东汉时期察举制度存在的弊端,其歌云:"举秀才,不知书;举孝廉,父别居。寒素清白浊如泥,高第良将怯如黾。"这是说被推荐的"秀才",却连字都不认识;察举的"孝廉",却不许父亲在一起居住;自称清白的文官浊如污泥,号称"良将"的武官胆怯如黾。高层统治者通过这样的民歌是可以了解社会许多真实状况的②。

---

① 参见佚名《〈诗经〉与古代调研制度》,http://tangjinzhuang.blogchina.com/707030.html。
② 参见张树文:"古人是怎样开展调研活动的",《秘书工作》2007年第7期。

三、体察式调查:"微服私访"

古代有作为的帝王都比较重视亲自至地方去巡视,被称为"微服私访"。隋炀帝、秦始皇、汉武帝、唐太宗、武则天、明太祖以及清代的康熙、乾隆,都曾经多次离开京城到各地进行巡视,他们的这种出巡方式正巧与现代社会调查中的"田野工作"有相似之处,或许也可以称其为古代君王体察民情的一种调研形式。

1. 隋炀帝西巡

隋炀帝杨广对外实行开拓政策,广招周边各族、各国的使者和商贾到内地来,而西域各国的商人沿丝绸之路进入中原进行商贸活动的居多。当时,位于河西走廊中部的张掖,是中西商业交易的中心。隋炀帝派吏部侍郎裴炬前往张掖主管互市贸易。裴炬是个很有心的人,他在管理丝绸之路的商贸活动中,亲自访问各地商人,了解西域各国的山川、风俗、经济、政治等方面的情况,并将调查所得撰写成《西域图记》一书,这是我国古代关于新疆和中亚的专门地理著作。书中还附有详细地图,对两万余里的丝绸之路作了相当有系统的记述和介绍。

裴炬把这部著作呈献给隋炀帝时,引起了这位皇帝对西域和丝绸之路贸易的极大兴趣。他亲自召见裴炬,详细询问了解西域情况,并对裴炬的功绩给予赞赏和嘉奖。裴炬还上书皇帝,建议隋炀帝西巡,亲赴张掖会见西域各国首领。

大业五年(公元609年),隋炀帝亲率大军西巡。途经狄道、包罕,在临津关(今甘肃积石山保安族东乡族撒拉族自治县)渡黄河到达西宁。又经大斗拔谷(今甘肃民乐县)越祁连山到达张掖地区。隋炀帝到燕支山(即焉支山,在今甘肃山丹县东甫)时,高昌王麦伯雅、伊吾吐屯设(突厥守伊吾官)及西域二十七国的使臣、商人前来迎接,游人及车马长达数十百里。这促成了一次盛况空前的中西商贸交易会。

2. 康熙"微服私访"

康熙皇帝(爱新觉罗·玄烨,1654—1722)是中国历史上到地方上巡察社会与了解民情最多的皇帝之一。《圣祖仁皇帝圣训》设有"省方"(省方,就是视察四方)类目,记载康熙皇帝有关巡幸的一些谕旨,表明康熙皇帝的行政特色。

康熙皇帝最有代表性的巡视是六次南巡(访问法,类似田野调查的前身)。南巡的主要目的是为了解决"黄淮冲决为患"的问题,亲历河道,寻求治河方案,考察治河工程;同时周知吏治,观览民情。南巡主要走水路运河,御舟自京而下,途径直隶(今河北)、山东、江浙,最远到达苏杭。

康熙皇帝自称通过到处巡幸,因此风俗民情无不洞悉。巡视南方时注意米价的变动和市场供求关系,防止米价上涨;关心全国各地纳税交银而加征的钱粮火耗数量,反对官员加重火耗;了解到江浙人喜好争讼,告诫改变风尚;认为江南人习尚奢靡,家无储蓄,山西商人多在当地经商,勤俭生活,故多富饶,倡导移风易俗。

巡视使康熙皇帝了解到一些民间具体情况,对于行政决策起到了好的作用。如他针对各省督抚上奏编审人丁数目,并未将增加之数全部上报。于是说他凡巡幸地方,所至询问一户或有五六丁止一人交纳钱粮,或有九丁十丁亦止二三人交纳钱粮,其他人并无差徭,共享安乐。西南平定以来,人民日增,土地开垦耕种,生齿实繁。为掌握人丁的实数,决定从康熙五十一年(1712)起滋生人丁永不加赋。

看过电视剧《康熙微服私访记》的观众,很可能会产生疑问:历史上的康熙皇帝果真如此吗?事实上,康熙皇帝作为专制君主,是不可能深入民间接近群众的,他的微服私访故事于史无证,不过属于后世的戏说而已。

翻开《清圣祖实录》,有关康熙皇帝巡幸的记载连篇累牍。他东巡山东,西巡陕西,北巡塞外,南巡江浙,京畿之地更是频繁巡视之地。巍峨泰山、名胜孔府、壮丽五台、苍莽草原、清秀水乡都留下了康熙皇帝的足迹,不过他的巡视主要不是为了游玩,而是出于政务的考虑,从这个角度看,康熙巡幸是勤政的反映。①

康熙南巡图

四、古代的"踏查式"调查

所谓"踏查式"调查,即以旅行考察为主的调查方式。在我国古代悠久的历史上,或以政治目的、或以宗教目的、或以经济目的,经河西走廊到达中亚、南亚各国访问考察,或取海路越南海远航到印度洋沿岸各国访问考察的,不乏其人。其中以汉代的张骞、晋代的法显、唐代的玄奘、明代的徐霞客等人在旅行考察中所取得的成就最为卓著。

1. 汉代张骞的三次出使

张骞,陕西汉中成固(今城固)人。他受汉武帝的派遣,曾经三次出使西域。第一次是在建元三年(公元前138年),从长安出发,到达中亚的大宛(今乌兹别克斯坦、吉尔吉斯斯坦、塔吉克斯坦境内的费尔干纳盆地)、康居(今乌兹别克斯坦和塔吉克斯坦境内)、大夏(阿富汗北部)、大月氏(阿姆河流域和它迤西一带)等国,

---

① "康熙'服私访'历史真相",《天津日报》2005年3月29日。

元朔三年(公元前126年)回国,前后历十三年。第二次是在元狩元年(公元前122年),从西蜀的犍为(今四川宜宾)出发,试图经云南、贵州探寻前往身毒(今印度)的捷径,但是没有成功。元鼎二年(公元前115年)第三次出使,到达乌孙(今伊犁河、楚河、巴尔喀什湖、伊塞克湖一带)、大宛、康居、大月氏、大夏、身毒、安息(在伊朗高原)、于阗(今新疆和田)、扜弥(今新疆于田)等国。张骞以及他的分遣队,先后到了当时中亚、西亚、西南亚的一些国家。

张骞两次出使中亚各国的意义是重大的。在他出使成功以后,经由河西走廊通往中亚的大道更加畅通,成为著名的"丝绸之路"。两汉以及以后的历代封建王朝,通过这"丝绸之路",不断地向中亚、西亚、西南亚各国派遣使节,这些国家的使节也频频来华;商贾更是沿着张骞开辟的道路,络绎不绝地往返于中国和中亚各国之间。这就促进了东西方各国间的政治、经济和文化上的交流,推动了这些国家的经济和文化的发展。

2. 晋代法显的南亚之行

法显,晋平阳郡平阳(今山西临汾西南)人,是晋代的高僧。普安帝隆安三年(公元399年),他以六十多岁的高龄,从长安出发,经河西走廊,穿越葱岭(帕米尔),遍历北、西、中和东印度,以后又下南印度,乘船经斯里兰卡、苏门答腊、爪哇,渡南海、东海,于义熙八年(公元412年)在山东半岛的崂山地区登陆,回到阔别十三年的祖国。回国后,他根据亲身历经三十多国的所见所闻,写成《佛国记》(也称《法显传》、《佛游天竺记》、《历游天竺记传》)这部在文学和地学上都具重要意义的杰作。

《佛国记》全书九千多字。它以精练的文辞,生动地记述了中亚和印度的宗教经典、风土人情、山川形势、经济生活等情况。它不但使我们了解了汉晋时期东西方商业和文化交通的几条主要路线,而且也提供了法显当年所见印度阿育王建立的石柱,以及石柱上所刻的敕文和雕刻艺术,它是我们研究阿育王时代极其珍贵的资料。

诚然,法显虽是为"求戒律"而西行,但是他以简明扼要、具体生动的语言,把旅途所经的山川、地势、气候、物产等情况——载入《佛国记》,无疑对扩大中国人民的视野,丰富中国人民的地理知识,有重要的贡献。它也是我们今天研究中亚、印度和南海诸地的历史地理的重要参考文献。

3. 唐代玄奘对印度的考察

玄奘,原姓陈,名祎。玄奘是他当了和尚以后的法名。为了研究佛学,他遍访四川、湖北、河南、河北、陕西等地的名师益友,成为国内很有名声的佛学家。然而玄奘在佛学上作出的重大贡献,还是到了印度之后取得的。这就是有名的"唐僧取经"。

玄奘于唐太宗贞观元年(公元627年)踏上西行取经的征途。他以"宁死在半路,也决不东退一步"的坚忍顽强的毅力,长途跋涉十六年,历经无数艰难险阻,走完五万多里,游历了一百一十个国家和地区,足迹遍于西域和印度,成为世界历史上一位出色的旅行家。

玄奘回国后,在翻译佛教经典的同时,受唐太宗李世民(599—649)的命令,还把他在十多年的旅行中所亲身经历的一百一十个国家和地区以及传闻中的二十八个国家的历史沿革、风土人情、宗教信仰、地理位置、山脉河流、物产气候,写成《大唐西域记》这部杰作。

4. 明代徐霞客的地理和地质考察

徐霞客,名宏祖,字振之,江苏江阴人。他出生在封建礼义之家,从小就得"博览古今史籍与地志、山海图经,以及一切冲举高蹈之迹",萌发了游览名山大川、探索祖国大自然奥秘的兴趣。万历三十五年(公元1607年)是徐霞客迈向旅游生涯的开端。自此以后,徐霞客差不多每年都要外出旅游考察,历时30余年,足迹踏遍浙江、江苏、山东、安徽、河北、河南、山西、陕西、福建、江西、广东、广西、云南、贵州、湖南、湖北等十六个省(区)。他以忘我的追求真理的精神,战胜了旅途上一切严重的困难,几十年如一日,对山脉、河流、动植物等特征,进行细致的观察,并加翔实的记录,最后写成十卷巨著《徐霞客游记》这部对地学极有价值的宝贵文献,留给后世。他曾两游黄山赞叹说:"登黄山天下无山,观止矣!"又留"五岳归来不看山,黄山归来不看岳"的美誉。

综观游记,似乎可以把徐霞客对地学的贡献归为地貌和水文两个方面。特别是对石灰岩地貌的考察和研究,贡献尤大。从时间上看,他比欧洲最早对石灰岩地貌进行考察和描述的爱士倍尔早一百多年,比欧洲最早对石灰岩进行系统分类的诺曼早两百多年。从考察的广度和深度来说,他的业绩不但在我国,而且在世界地学史上,也是空前的。他一丝不苟地探查了一百多个岩洞,详尽记载了岩洞的分布情况以及它们的高度、深度和宽度,并对石笋、石钟乳的形成作出了符合科学的解释,认为那是由于滴水蒸发后的碳酸钙凝聚而成的。徐霞客是在当时整个世界上的科学的地理学、地质学都还处在萌芽状态的情况下,对石灰岩地貌进行卓有成就的研究的,可见他知识的渊博和贡献的重大。

徐霞客在水文方面的贡献也很重要。他经过深入的实地考察,正确地指出金沙江才是长江的上游,这就纠正了一千多年来以岷江为长江上游的传统说法。对流水侵蚀作用,他也有很多科学的观察,"江流击山,山削成壁","两旁石崖,水啮成矶","山受啮,半剖为削崖",就是流水对地表的侵蚀的逼真而生动的写照。他在福建考察的时候发现,两条河流的发源地高度大约相等,但是入海的距离却相差很远,那么这两条河流的河床坡度就有明显的差异。流程短的,流速就快。这就是他说的"程愈迫,则流愈急"。这些见解都是符合科学的。

总之,三百多年前,徐霞客对流水侵蚀作用的理解是正确的。对西南石灰岩区域的考察,已经从一般表象的观察进入更深入一步的研究阶段。虽然他还没有写出从理论上加以总结的文章①,但是,对于徐霞客而言,他将毕生的经历都投入对于中华大好河山、风土人情的考察与勘探之中。在这个漫长而富有意义的过程中,他采取的主要方法为"访问法"与"观察法",属于社会调查的两种基本方法。他的这份事业对于社会发展与进步本身具有重大意义,其使用的有效方法也对后世有着重要的启示。

五、古代中国的人口普查

人口普查是查清我国国情国力的一项基础性工作,是一场空前规模的社会大调查,它的实践本身就是进行科学的社会调查研究的一个大学校。目前我国已经完成了6次人口普查,但它并不是新中国成立后中国的创新产物。相反,在遥远的古代中国已经开始了人口普查。

1. 汉朝

汉朝是有文字记载的最早人口普查的朝代,为"避税"夸大官奴婢数量。

《汉书·萧何传》中记载,在反秦战争时,刘邦的军队进入秦都咸阳,萧何就先把秦朝丞相御史收藏的图书收缴上来了,所以刘邦知道此时的人口已由原来的3 000万降到1 300万左右。可见秦朝时期是做过户口统计的,但是后来这些户口资料全部散佚。所以,现在我们知道的最早的人口调查数据是在西汉末年,平帝元始二年(公元2年)的户口数,这是中国历史上遗留下来的第一个比较完整的户口统计。

不过这些户口统计数据还是存在误差,主要是夸大了官奴婢的数量。专家分析,这是当时的社会制度造成的,西汉时期,很多奴仆被编入官府的户籍,没有徭役,但要对官员加倍征收人头税。不过有一种是不收税的,就是官奴婢。元帝时朝廷各官府奴婢就有十余万,很多贵族官僚也是奴婢成群,他们将其他人员也算作官奴婢不上报。

汉朝的人口普查最为细致,人口普查与选美同时并进。

西汉末年,战乱和天灾使人口从6 000万降至2 100万。这2 100万的数字是经过东汉对户口调查得来的。东汉对户口调查,有一套严格的制度。东汉时的户口调查称为"案比",即案验、比较。常常在每年8月举行,同时,宫廷还会派人来

---

① 佚名《中国古代的考察事业》,http://home.51.com/xingbuliaoqing20/diary/item/10041165.html。

"算人",就是朝廷派人挑选少女入宫,凡是良家少女"年十三以上,二十以下",如果姿色端丽就可以入宫选妃子(据说汉灵帝的何皇后就是在一次人口普查中挑选入宫的)。

东汉每年的户口调查规模非常之大,从县到乡,上至 80 岁老人,下到 6 岁以下孩童,都要一一进行调查。东汉户口调查的内容也很细,连身高、相貌都要调查,这些从现在一些考古实物中也可得到证明。在一片汉代的《居延新简》上就写有:"戍卒南阳武当县龙里张贺年卅长七尺二寸黑色"。这里面包括的信息有郡、县、里、姓名、年龄、身高、肤色。这个叫张贺的人出生在南阳郡武当县龙里,30 岁,身高七尺二寸,肤色黑。因为东汉重视人口管理,所以人口数量比之前增长不少。据《晋书·地理志》记载,桓帝永寿三年有口 56 486 856,是史籍记载的东汉最高人口记录。

2. 隋朝

隋朝的人口普查比较接近实际,要挨家挨户看相貌。

东汉末期,群雄割据混战。公元 3 世纪初,中国进入三国鼎立时期,三国战乱又使人口下降至 1 660 万。西晋统一全国后人口恢复到 4 000 万左右。但西晋后期的八王之乱使人口降至 1 200 万。

隋朝建立后,对户口管理很严格,为了查实应纳税和负担徭役的人口,隋政府下令州县官吏多次进行全国规模的户口大检查,并且实行"貌阅",史称"大索貌阅",有力地加强了户口的管理。大索的目的在于搜括隐匿人口,而貌阅目的则在于责令官员亲自当面检查年貌形状,以便查出那些已达成丁之岁,而用诈老、诈小的办法逃避承担赋役的人。隋文帝规定,凡出现户口不实的情况,地方官吏里正、保长、党长要被处以流刑。所以,史学家一般都认为隋朝户口统计比较近于实际。据隋朝大业五年清查,当时的户总数是 8 907 546 户,人口总数是 46 019 956 人。不过经考证,这只是中原地区人口,江南和边远地区还有大量人口没有统计进来①。

3. 宋朝

宋朝的人口普查最具有性别歧视特质,女性不算人口数。

宋朝初建,人口已由唐时的 5 300 万锐减为 1 628 万。宋朝政府对户口统计又设立了一些新的制度,比如丁籍制度。丁籍专指用于征役催税的簿籍,又称丁簿。在宋代的户口调查统计系统中,以丁籍使用时间最长,也最为重要。但是,徐铭东说,所谓的丁籍制度和现代人口普查是不一样的,丁籍制度只调查每户家中的壮丁,"男夫二十为丁,六十为老,女口不须通勘"。就是说这个调查只统计壮年男子,对老人、小孩和女子都是不统计的。除了丁籍制度,宋朝还有保甲簿统计,这是

---

① "中国最早的人口普查",《济南时报》,http://news.163.com/10/1123/04/6M5914BE00014AED.html。

王安石提出的主张,但不管是丁籍还是保甲簿,都只统计男性人口而不包括女性。所以这时的每户平均人口都很少。但专家估计宋鼎盛时期的人口达到1.1亿。

4. 明朝

明朝的人口普查内容最为宽泛,人口、家产、牲畜通通查。

经过元末战乱,明初的人口甚至没有明确数字。1370年,朱元璋为了整顿元末的混乱局面,在全国范围内推行户贴制度。由政府发给每户户贴,要求各户详细填写人丁的数目、姓名、年龄、与户主的关系以及该户所有的产业。登记完成后调派军队协助地方政府去核实,对隐瞒或做假的,进行严惩。户贴登记完成后由户部负责管理,各地每年上报户口增减情况,以便及时更正。

这时候的户贴制度登记没有了性别歧视,男性女性都包括,比如有个洪武四年(1371年)的户贴,上面就包括:成丁二口、不成丁一口、妇女二口等,并且还有他们的年龄。

但到了洪武十四年(1381年),该制度被黄册制度取代。黄册把户口、田产和赋税三者合一,是明代主要的户口册籍,并且十年就重新登记一次,上面登记的有丁口、田地、房屋、牲畜、赋役等,以及十年间的变化情况都详细写了进来。

5. 清朝

清朝的人口普查最为实际,"摊丁入亩"致人数突破亿口大关。

明末战乱使得人口数量下降很快,只有4 200多万。清朝户口制度发展为每三年编审一次。但是,清代的人丁编审又出现了变化,直接为了收税而将人划分等级进行登记。清初的所谓"丁",已经不是单纯意义上的16—60岁的男丁,而是承纳丁银(赋役)的人丁定额,不是实际的人数,是丁银的代名词。他们把贫富不均的人分几等,不同等级的人收的丁银都不同。在赋税记载中会出现"半丁"以及分、厘、毫等数,所以这时候所记载的人丁数已经不是实际人数,只是统治者为了收多少税而设计的。

这其实是清朝摊丁入亩制度的一部分,摊丁入亩就是不收人头税了,根据田产来收税,因此带来一个后果,就是导致清朝人口激增。因为之前生一个孩子就多收一份税,现在没有人头税了,农民敢多生孩子了,而且多个人多干活,可以多点收获,于是从乾隆开始,中国人口数字首次突破了1亿,接着突破2亿、3亿,到清朝末年已经超过4亿。①

---

① "中国最早的人口普查",《济南时报》,http://news.163.com/10/1123/04/6M5914BE00014AED.html.

第二节 古代统计调查

一、统计调查的历史

在古代的奴隶社会和封建社会中,由于生产力水平的限制,社会分工不发达,统计活动也是作为征兵、征税、征发徭役等的附属活动而存在和发展的。统计思想早在先秦时期就开始萌芽,但在长期停滞的封建社会中,中国古代统计发展非常缓慢,没有形成系统的统计理论、方法和统计资料,也没有建立现代意义上的统计机构。但是,我们仍然可以从历史的缝隙中寻找到今日统计分析的前身。

《周易》中的"上古结绳而治",事大,大结其绳;事小,小结其绳。商代就初步建立了附属于奴隶制国家官僚机构的统计组织,形成了政府统计的萌芽。西周王朝进一步形成了统计组织,并进行了中国最早的一次人口普查。西周时,还建立了各种统计报告制度,应用了分组法和平均数法。春秋战国时期建立了户籍制度和统计报告制度,其间,管仲提出了计数的概念,并阐述计数的重要性。他认为"举事必成,不知计数不可。"李悝的农民家计调查,开典型调查之先河。商鞅继管仲之后,论证"审数"的重要性,特别强调"强国知十三数"的统计思想。秦汉时期,由中央到地方初步形成了综合统计系统和业务统计系统,其统计工作主要是人口统计和土地统计,并统一计量单位,建立全国统一的统计报告制度,应用了平衡法和综合指标法,初创被调查者自填法。三国、两晋、南北朝时期,进一步发展了人口统计,应用了派员调查法。隋唐五代时期的统计包括人口统计、土地统计、仓储统计和赋税统计等,并应用了统计分析法和估计推算法。宋辽金元时期,还进行了交通统计、矿冶统计、物价统计和财政统计,并发展了统计图表法。清朝时期,成立了中国第一个全国最高统计机构——统计局(1906年),增加了海关统计、邮政统计等,并应用了财物盘点法。鸦片战争后,近代清代统计受西方统计的影响,传统的中国古代统计开始转向西方的近代统计,发生了新的质变。

二、文献中的统计记载

1. 户籍和府库钱粮的统计

五年,平定吐谷浑,更置四郡。大凡郡一百九十,县一千二百五十五,户八百九十万七千五百四十六,口四千六百一万九千九百五十六。垦田五千五百八十五万四千四十一顷。

——《隋书·卷二十九》

京兆郡统县二十二,户三十万八千四百九十九。冯翊郡统县八,户九万一千五百七十二。扶风郡统县九,户九万二千二百二十三。安定郡统县七,户七万六千二百八十一。北地郡统县六,户七万六百九十。上郡统县五,户五万三千四百八十九。雕阴郡统县十一,户三万六千一十八。延安郡统县十一,户五万三千九百三十九。弘化郡统县七,户五万二千四百七十三。平凉郡统县五,户二万七千九百九十五。朔方郡统县三,户一万一千六百七十三。盐川郡西魏置西安州,后改为盐州。统县一,户三千七百六十三。灵武郡统县六,户一万二千三百三十。榆林郡统县三,户二千三百三十。五原郡统县三,户二千三百三十。天水郡统县六,户五万二千一百三十。陇西郡统县五,户一万九千二百四十七。金城郡统县二,户六千八百一十八。枹罕郡统县四,户一万三千一百五十七。浇河郡统县二,户二千二百四十。西平郡统县二,户三千一百一十八。武威郡统县四,户一万一千七百五。张掖统县三,户六千一百二十六。敦煌郡统县三,户七千七百七十九。

——《隋书·卷二十九》

户口之数,增减不一,其可考者,洪武二十六年,天下户一千六十五万二千八百七十,口六千五十四万五千八百十二。弘治四年,户九百十一万三千四百四十六,口五千三百二十八万一千一百五十八。万历六年,户一千六十二万一千四百三十六,口六千六百九十二万八千八百五十六。

——《明史·食货一》

这可以说是历史记载中最为常见的一种社会调查,事实上,这种调查正是古代政府的常规工作之一。其目的是为了给政府决策提供参考资料,更好的管理(发展)社会,在这点上也同我们今天所讲的调查中的社会调查最为接近。

2. 赈济和变法过程中的物资统计

下面是《汉书·文帝纪》中记载的汉文帝时期一次赈济的情况:

诏曰:"方春和时,草木群生之物皆有以自乐,而吾百姓鳏、寡、孤、独、穷困之人或阽于死亡,而莫之省忧。为悯父母将何如?其议所以振贷之。"又曰:

"老者非帛不暖,非肉不饱。今岁首,不时使人存问长老,又无布帛酒肉之赐,将何以佐天下子孙孝养其亲?今闻吏禀当受鬻者,或以陈粟,岂称养老之意哉!具为令。"有司请令县道,年八十已上,赐米人月一石,肉二十斤,酒五斗。其九十已上,又赐帛人二匹,絮三斤。赐物及当禀鬻米者,长吏阅视,丞若尉致。不满九十,啬夫、令史致。二千石遣都吏循行,不称者督之。刑者及有罪耐以上,不用此令。

——《汉书·文帝纪》

二年二月,拜参知政事。上谓曰:"人皆不能知卿,以为卿但知经术,不晓世务。"安石对曰:"经术正所以经世务,但后世所谓儒者,大抵皆庸人,故世俗皆以为经术不可施于世务尔。"上问:"然则卿所施设以何先?"安石曰:"变风俗,立法度,正方今之所急也。"上以为然。于是设制置三司条例司,令判知枢密院事陈升之同领之。安石令其党吕惠卿预其事。而农田水利、青苗、均输、保甲、免役、易、保马、方田诸役相继并兴,号为新法,遣提举官四十余辈,颁行天下。

青苗法者,以常平籴本作青苗钱,散与人户,令出息二分,春散秋敛。均输法者,以发运之职改为均输,假以钱货,凡上供之物,皆得徙贵就贱,用近易远,预知在京仓库所当办者,得以便宜蓄买。保甲之法,籍乡村之民,二丁取一,十家为保,保丁皆授以弓弩,教之战阵。免役之法,据家赀高下,各令出钱雇人充役,下至单丁、女户,本来无役者,亦一概输钱,谓之助役钱。市易之法,听人赊贷县官财货,以田宅或金帛为抵当,出息十分之二,过期不输,息外每月更加罚钱百分之二。保马之法,凡五路义保愿养马者,户一匹,以监牧见马给之,或官与其直,使自市,岁一阅其肥瘠,死病者补偿。方田之法,以东、西、南、北各千步,当四十一顷六十六亩一百六十步为一方,岁以九月,令、佐分地计量,验地土肥瘠,定其色号,分为五等,以地之等,均定税数。又有免行钱者,约京师百物诸行利入厚薄,皆令纳钱,与免行户只应。自是四方争言农田水利,古陂废堰,悉务兴复。又令民封状增价以买坊场,又增茶监之额,又设措置河北籴便司,广积粮谷于临流州县,以备馈运。由是赋敛愈重,而天下骚然矣。

——《宋史·卷三百二十七》

这些资料可以说是上一种情况在社会特殊时期的反映。由于情况特殊,所以这些调查往往较之于上一种情况更为细致。当时还引入了我们现在调查所谓的复查机制:如汉书一例中的"长吏阅视,丞若尉致""二千石遣都吏循行,不称者督之",以及王安石变法中的"岁一阅其肥瘠,死病者补偿"等等。

第二编

西学东渐:清末民初时期

(19—20世纪之交)

第三章 清末民初现代调查之兴起

第一节 清末民初之大势

清末民初,中国社会出现了鼎新革故的社会潮流,社会风尚新旧并存,而革命新潮流涉及领域广泛、气势之大是中国历史上少有的,给中国社会带来了崭新的气象。当时人们重视工商业的作用,认为办实业是救国的重要手段。清末新学大倡,学生选择专业,考虑其实用价值及利益,法政科招生,成百上千人报考,传统的做诗填词、习经读史、心学理学,不再受人重视。社会上也出现了追求奢侈浮华的风气,社会各类消费性行业得到发展,对封建社会传统道德伦理观念进行冲击。与此同时,中国固有的学术也发生了显著变化。先进的知识分子们开始积极研究和宣传西方的思想和文化。①

一、潜在的现代性

在后发型现代化国家,"思想现代性"的引入,往往成为其社会逐渐走上现代化道路的孕育剂和推动机。而这一引入的过程,也必然伴随着"现代性"物质成果乃至与之相伴而来的外来"民族资本主义"恶性膨胀的强烈刺激和冲击,甚至就整体而言,后者还常常发生在"思想现代性"和"现代性思想"大规模引入之前。清末民初,中国正是在经历先发现代性国家的无耻掠夺和残暴侵略的同时,逐渐吸纳了来自西方的"现代性思想",开始了初步的现代化探索。②

这一过程,早在16世纪初,随着明朝的由盛转衰,一些以国家和天下为己任的士大夫就开始直面现实,对社会政治做出深刻的反思与批判,使"经世致用"思想得以产生和发展起来。

---

① 参见:http://zhidao.baidu.com/question/336257293.html。
② 黄兴涛:《清末民初新名词新概念的"现代性"问题》,http://chinsci.bokee.com/viewdiary.12874812.html。

明清时代的"经世致用"思潮,是基于因自身的内在逻辑而发展成为"空寂寡实"的理学与社会政治现实的"差距"产生的。因此,它既是对包含在宋明理学之中的"实学"思想的发展,又以"致用"为目的而与"空谈"相对立,并力求思考社会政治的现实问题。由于"经世致用"思潮的立足点和着眼点在于社会现实,因此社会的发展对这种思潮产生了深刻的影响。一是商品经济的繁荣所带来的冲击。明中叶以后,商品经济的繁荣与发展导致了社会关系的变化,而这种变化,从根本上说是社会发展的必然结果,因此它必然地要求社会上层建筑的意识形态去适应它,而不是束缚它。二是具有异质文化因素的"西学"的传入,对正在兴起的经世思潮也产生了重要影响,并且构成了这种思潮所依赖的社会现实。三是王朝的由盛转衰,最后灭亡的政治变迁,无疑是最为明显的社会现实,因而它总是直接地引发经世思潮的涌起①。

随着社会变迁程度的加剧和"经世致用"思想本身的发展,"经世致用"思想必然会打破这种僵局,成为变革社会、发展社会的思想基础。

清代初期,在苏州的踹布业中,出现了"包头"雇工开设踹坊。这些"包头"向"客店"领布发碾,交"踹匠"踏光,整个生产过程存在客店、包头和踹匠这三者关系。这种关系的本质是一种雇佣劳动的关系。但在客店和踹匠之间介入了包头。或者说,在踹布业中"承包业"的产生,表明具有资本主义性质的生产关系的发展。清代中期,在云南的铜矿业中,出现了"出力采矿分卖"的"砂丁"。

经过鸦片战争一番残酷的血与火的洗礼之后,经世思想家们于中西接仗的硝烟和战火中,意识到自己面临的对手是来自历史经验之外的另一个世界。来自这个世界的器物使中国人在战争中相形见绌:"彼之大炮,远及十里内外,若我炮不能及彼,彼炮已及我,是器不良也。彼之放炮,如内地之放排炮,连声不断,我放一炮后,须辗转移时,再放一炮,是技不熟也。"尽管这里承认的仅仅是中西武器方面的差距,但在当时,承认这种差距是需要勇气和胆识的。这种认识就经世思想家们而言,意味着他们已经开始走出蒙昧主义的误区,意味着他们为要缩短和赶超上述差距,除"古时丹"外,又要开出"外来药"了。

二、睁眼看世界的"三部曲"

按照现代化的范式,中国人睁眼看世界、中国人走向世界的过程,可以分为三个步骤或三个阶段。

第一是所谓器物阶段,即首先看到那些实实在在的东西,比如坚船利炮、铁路、

---

① 虞和平:《中国现代化历程》,江苏人民出版社2001年版,第26—27页。

火车("铁人善走")、电灯电话等。西洋在这方面显然领先,而中国的落后正在于这方面不如人,在于科学技术、物质产品等器物方面不如人。于是,自然首先酝酿这方面的变革,比如洋务运动就是从器物层面推进的。可惜,洋务运动在1894年的甲午战争中彻底破灭了,洋务运动的典范北洋海军居然一战而全军覆没。于是,举国悲愤的同时也感到震惊,进而开始思考问题出在哪里。按说器物方面的现代化已经开展有年,而且也颇有成就,至少海军实力丝毫也不比日本差,那么为什么还一败涂地呢?以往败在器物发达的洋人手里似乎还有情可原,而这次是败在小日本手里,又该如何解释呢?

这些困惑与疑问,促使人们的注意力从表面的器物转向深层的制度,发现原来根源在于我们的制度存在问题,如甲午战争就像李鸿章一人之事,国人很少关心。而日本从明治维新后,社会政治制度发生一系列变革,从而具有强大的国力。于是,国人开始意识到制度问题的重要性,结果发生戊戌变法等一系列制度方面的变革。这些变革绝不是康有为、梁启超等个别人的事情,实际上具有深广的社会历史背景,比如当时很多朝廷大员也都认识到需要在制度方面作出改进。这是国人睁眼看世界的第二个步骤或第二个阶段,从器物层面进到制度层面。这种制度变革到辛亥革命达到高潮,延续千年的王朝体制终于灭亡,现代宪政体制由此诞生。

然而,现代化的难题并没有一劳永逸地得到解决,亡国灭种的现实危险依然存在,甚至更加突出、更加严峻。比如袁世凯称帝、丧权辱国的"二十一条"、军阀割据等,都使中国的局面反而越来越混乱,形势越来越糟糕。于是,这又促使人们进一步思考问题的症结所在,从而发现原来西洋强盛除了表面的器物和内在的制度,还有一个看不见、摸不着的思想。换句话说,人家的先进与发达归根结底取决于一整套思想文化传统。这就使国人的认识进入一个更深的层面,开始意识到思想启蒙、文化变革的重要性,于是就有"五四"运动的"打倒孔家店",就有对"德先生"、"赛先生"的呼唤等。这是按照现代化的范式,对近代国人睁眼看世界的历史所作的分析。

遵循这种逻辑,戊戌变法就是从器物层面到制度层面的第一次尝试。当年,梁启超曾经批评李鸿章的洋务运动,说他们是"知有兵事而不知有民政,知有外交而不知有内治,知有朝廷而不知有国民,知有洋务而不知有国务。以为吾中国之政教风俗无一不优于他国,所不及者惟枪耳,炮耳,船耳,机器耳。吾但学此,而洋务之能事毕矣"。而甲午战争后的一系列变故,促使人们越来越意识到仅仅进行器物层面的变革远远不够,还需要从制度层面进行改革,这就导致戊戌变法的发生。

这种三段式的解读,同样有其简单化的弊端。比如,如果不去深究的话,就会把它当作一套刻板的程序,仿佛第一阶段在进行科学技术的改进,第二阶段在进行法律制度的变革,第三阶段在进行思想文化的启蒙。事实上,情况远非如此单一,三者不是此起彼伏、承前启后而往往是同时并举、相互交织,只不过每一个阶段的侧重点有所不同,表现的形式有所不同而已①。

第二节 现代调查之兴起

19世纪末20世纪初,现代社会调查及其方法逐渐形成和发展。我们这里区分"现代调查"和"传统调查"是基于以下两方面的原因和标准。一是时空上的原因和区分。国内学者往往把来源于毛泽东农村调查和国内老一辈社会学家所做的社会调查看作是"传统"的社会调查,而把来自西方现代社会学的调查作为"现代"的社会调查。在对西方的社会调查发展期限划分中,也有把19世纪末以前的社会调查作为"近代的"或"传统的"社会调查,而把20世纪初特别是"二战"以来的社会调查划归为现代调查的范畴。二是方法内涵上的差别和原因。不少学者把传统调查定义为以典型调查或个案调查为主,选取少量个案和典型作为研究对象,采用访谈、观察等方式收集资料,主要依靠定性分析方法处理资料的研究方法;而将设立研究假设,以抽样调查为主,采用问卷或其他方式收集资料,依靠统计分析等定量分析方法处理资料、验证理论假设的研究方法称之为现代调查的方法。

多年来,在"现代调查之兴起"的研究中,学界对中国现代社会调查的起源和开端以及清末调查的现代性问题上各抒己见,进行了有益的学术研究和探讨。

一、现代调查时间考

有关中国现代社会调查的起源或开端,目前的学术界至少有两种说法。

一种说法是阎明教授在她的专著《一门学科与一个时代:社会学在中国》所描述的:"近代中国第一个社会调查,是在步济时的主持下,于1914—1915年间由北平社会实进会所做,关于人力车夫的生活与工作状况"的调查②。这一说法在社会学界其他研究人员中也有同类论述。

另一种说法则在一些史学研究之中为多。这些研究人员的论述已有意或无意地主张中国最早的现代社会调查应发生于清末。李章鹏博士在《清末中国现代社会调查肇兴刍论》论文中提出:"事实上,最早将社会调查付诸实施的中国人可能是浏阳的黎宗鋆。他在1897年6月的《农学报》上发表了一篇名为《浏阳土产》的

---

① 李彬:《中国新闻社会史》,清华大学出版社2008年版,第74—75页。
② 阎明:《一门学科与一个时代:社会学在中国》,清华大学出版社2004年版,第17页。

调查报告，谭嗣同为其作了序①。四年后，罗振玉在同一刊物上发表文章，阐明了土产调查的相关事项②。稍后，现代社会调查在中国逐渐增多，渐而蔚为潮流。"同时他进一步指出："1902年底，浙江留日学生成立了同乡会调查部并制定了调查部则例，对组织调查部的动机、目的，调查部的组织形式，及有关调查的要求和内容都作了较为详细的规定。这是中国人为从事现代调查而成立的第一个组织，中国有组织的现代调查也由此开始。此后，湖北、江苏、安徽等省留日学生也相继成立了调查组织。在留日学生的推动下，中国迅速掀起了一个现代社会调查的潮流。"③

李博士探讨说，"清朝末年中国境内已经出现了较为新型的社会调查。那么，是不是可以说清末就是中国现代社会调查肇兴时期呢？要判断中国现代社会调查肇兴于何时，只依据中国境内最先出现现代社会调查的时间是不够的。它还必须回答以下三个问题：中国人自己所从事的现代社会调查最早出现于何时？作为一种潮流的社会调查又起于何时？这些调查的现代性如何？"④

二、清末调查的现代性

经过研究，李博士认为，"不管清末调查存在什么样的问题，都无法掩盖其内在的不同于传统调查的现代特征。第一，从调查的主体和目的来说，清末调查起自个人的提倡，而渐及于政府各级机构，呈现出多样化的特征，与传统调查比较，已不再局限于政府以及由政府控制下的社会组织了。第二，从调查的对象和范围来说，清末调查的对象已扩散至政治、经济、文化教育、社会（狭义）等领域的各个方面。第三，从调查的方法、技术和自觉意识等方面来说，现代调查与古代调查的一个显著区别乃是现代调查意识的产生和坚持。总的来说，清末的调查虽然不曾以可衡量的数字系统地描述真实，它们所得数字的可靠性也必须加以审视，但如果我们把它们放到整个社会调查发展的历史脉络中、放到清末中国社会和学术背景中去考察，对其所表现出来的现代性应可作相当肯定的判断。"⑤

如果我们将对清末调查现代性的考察推而广之，来了解现代调查与传统调查的现代性的区分，那么以法国社会学家杜尔克姆的《自杀论》（1897年）为标志进入现代阶段的社会调查其特点（或曰现代性）至少有以下几点：

---

① 谭嗣同:《浏阳土产表叙》，《农学报》第3册1897年6月。黎宗鋆《浏阳土产表》，《农学报》第3册、第4册1897年6月;第5册1897年7月。
② 罗振玉:"郡县查考农业土产条说"，《农学报》第108册1900年6月。
③ 李章鹏:"清末中国现代社会调查肇兴刍论"，《清史研究》2006年第2期。
④ 同上。
⑤ 同上。

特点之一,是经验社会研究开始与理论研究、政策研究密切结合。20世纪初,美国社会学的芝加哥学派对移民问题、城市贫民、社区规划等问题进行的调查就开展了城市生态学的研究。

特点之二,是数理统计学在社会调查中的应用与发展。19世纪中叶,比利时的凯特勒把概率论引入统计学,英国统计学家高尔登发明了相关统计法,费希尔创立的抽样理论都为社会调查开辟了新的广阔途径。

特点之三,是社会调查方法与计算机技术的结合。

特点之四,是社会调查的应用领域不断拓展。20世纪初,社会调查进入了一个新的发展时期,这种发展一方面体现在新的调查方法和技术的应用,另一方面也体现了社会调查所涉及的领域进一步扩大。

特点之五,是现代调查既吸收了各门学科的方法和技术,又广泛应用于社会学、管理学、人口学、心理学、教育学等各门学科领域中去。

总之,我们要大胆地学习、借鉴、吸收一切科学的、现代的调查研究方法和手段,同时也要继承一切行之有效的传统研究方法和调查技术。这才是我们研究社会调查现代性的本意所在①。

---

① 参见范伟达编著:《现代社会研究方法》,复旦大学出版社2001年版,第45—48页。

第四章 社会学调查的开端

起源于西方的社会学,自19世纪末传入中国之后,历经兴起、成长、中断、复兴的过程,几起几落,命运曲折而复杂。

中国近现代剧烈的社会变迁,为社会学学科的成长提供了丰厚的土壤与养分,这期间中国社会学学科得到了前所未有的发展。

社会学要扬弃思辨性的哲学,成为一门真正的科学,其最基础的工作,莫过于社会调查。作为实证研究的重要工具和手段,社会调查随着社会学理论和实践的发展传入中国,经历了从无到有、从幼稚到成熟的过程;也标志着实证研究作为社会学的分支,日益受到学者们的重视;同时这也是社会学本土化不可或缺的过程。

从社会学传入中国到1949年,中国社会学界如陶孟和、李景汉、吴文藻、陈达、费孝通、张之毅等老一代社会学家,结合中国的社会和经济发展进行了大量的社会调查,在社会研究方法上积累了可供借鉴的许多经验,提供了丰富的案例。

第一节 社会学的传入与调查

一、社会学的传入

自社会学诞生之后,其目标就是以科学方法,研究人类的群体行为和组织结构,解释人群间的对立与冲突,探求社会运行的一般法则,最终建立一个和谐、公正而有秩序的社会。19世纪末20世纪初,社会学自西方传入中国,作为一门学科,其学科建设工作,即培养人才、出版书刊、组织专业学会、开展学术活动等刚刚起步,尚处于幼年时期。

社会学讲究社会系统整体的发展,同样社会背景对调查史的研究也起着重要的作用。20世纪初,中国社会正在经历前所未有的剧烈变动。应当如何处理同西方的关系,解救民族危机并寻求一条富民强国的现代化道路,是近代中国社会演变的主线。正是在这样的时代大潮中,社会学被介绍到了中国。可以说,与其在西方的发展历程相比,社会学在中国所面对的是更大的机会和挑战,也承担了更为艰巨的责任。于是这样一门在西方兴起的社会科学如何中国化,如何对中国社会的发展发挥应有的作用,中国学者们做出了不懈的探索。而这个中国化的过程,实践上的对中国国情的了解,社会调查是这一切的前提。

总体而言,促成中国社会调查起步的因素有两个,一是外国人希望通过社会调查来研究和认识中国社会,二是受欧美社会调查研究范式影响的中国学人同样希望认识自己的社会。从时间上看,中国的实地社会调查始于民国初年。最初的调查主要由教会学校的外国教授主持,他们指导学生进行小规模的调查,并采用外国搜集事实的技术来研究中国的社会现象。可以说,是外国教授首先把西方社会学中的社会调查方法引入中国的。

二、社会调查个案及机构

1. 《北京人力车夫之生活和工作状况》

这一调查是在步济时的主持下,1914—1915 年间由北平社会实进会所做。调查问卷由步济时设计,社会实进会的学生们搜集资料,北京大学社会学教授陶孟和分析资料并写出报告,步济时又做了补充说明。

据当时北京警察厅的报告,1915 年,北京内外城之人力车夫共有 20 859 人,若加上车夫家属,是一个不小的数目。他们的生活和工作状况很能代表北京下层百姓的情形。为了完整地搜集资料,步济时采用了五个途径:①访问了数百位车夫,让他们按问卷回答问题,给每人五个铜子的酬劳。问卷上共有 41 个问题,包括车夫的背景、经济、健康、娱乐、教育、宗教信仰等项目。其中有关经济状况的项目最为详细,包括财产、收入、支出、储蓄、工时、车租等。②在街上观察记录车夫的年龄、衣着、身体、车况、车资、如何找主顾、车站等共 16 个方面的状况。③访问人力车夫聚集的茶馆或街头休息处,了解他们的娱乐方式,并从与他们的谈话中判断其教育背景及爱好。④访问车厂。车夫所用车大多是从这些车厂租赁的,并且有许多车夫住在车厂。访问车厂时,可以通过观察并与车主、车夫交谈了解情况。⑤去演讲堂、警察局、医院、收容所、粥厂等车夫经常出入的地方,了解情况。

上述报告对所调查的 302 位车夫之年龄、婚姻、收入、赁车费、生活费、净收入或储蓄、工作时间、嗜好、拉车年数、拉车前职业等均有描述。结果表明,人力车业是一个花大体力而又不经济的工作,无技能可言,于健康有害,收入微薄,将来会被其他现代交通工具所代替。因为调查者的初衷在于社会改良,所以他们提出了如下建议:在车夫个人方面,应注重其教育和技能训练,如普及工业教育;改善其生活方式,如教以节俭储蓄,并为之准备较健康的娱乐。在社会方面,应立法限制车租,除车租10%为车主利润外,其余部分储蓄起来,作车夫购车之用;规定最低拉车年龄,按时间与车程制定统一的价格标准等。

2.《中国生活水平的评估》(An Estimate of Standard of Living in China)

另一项针对北京百姓生活的调查是1914—1917年间清华学校社会科学系教授狄特莫(C. G. Dittmar)所做。狄特莫指导学生调查了两组人,一组为清华学校附近的195户居民,其中有100户汉族人,95户满族人;另一组为清华学校的93名役工。狄特莫以当时西方流行的"生活费研究法",将家庭开销分成食品、服装、住房、燃料、杂费等五项,从各项费用分别在总支出中所占比例,看调查对象生活程度的高低。

例如,作为生活必需的食品费,在总支出中所占比例越低,杂费(包括教育、社交、娱乐等)所占比例越高,则说明人们生活水准越高。这就是著名的恩格尔系数。狄特莫的研究结果显示,中国人的食品费在总支出中所占比例高达79%。与美国三个类似的研究相比,中国人的生活水平非常低。

另外,他比较汉人与满人的生活费开支,发现辛亥革命以后,大多数满族人尽管收入下降,其食品费开销比汉人低,但杂费却比汉人高。这显示了满人仍试图维持其"破落贵族"生活方式的心态,也算是对恩格尔系数的修正。

3.《中国农村经济实况》

在农村社会经济研究方面,较有代表性的包括马伦(C. B. Malone)与戴乐仁(J. B. Taylor)合编的《中国农村经济实况》,布朗(H. D. Brown)所写的《四川峨眉山25个田区之调查》与《四川成都平原50个田区之调查》,以及卜凯(John L. Buck)的《安徽芜湖附近102个田区之经济及社会调查》。另外,马罗立(W. H. Mallory)所著《饥荒的中国》,记录了1920—1921年间,华北闹饥荒时,华洋义赈会在灾区的所见所闻。这些农村社会经济研究表明,中国农村资源短缺,人口过剩,耕地少而分散,交通不良,生产工具和经营方式落后。研究者所提出的解决办法,包括控制人口,改良农业与生态环境,改善教育、交通,建立合作制度,发展家庭与乡村工业等。这些观点对后来的中国社会科学研究产生了极大的影响。

4.《华南农村生活——家庭主义的社会学》

运用西方文化人类学的观点和方法,研究中国乡村社区文化,这是由美国布朗大学毕业生、传教士葛学溥(Daniel H. Kulp Ⅱ, 1888—1980)首创的。1919年,葛学溥指导沪江大学的学生在广东潮州凤凰村做调查,写成《华南农村生活——家族主义的社会学》①。凤凰村很小,仅有650人,非常适于应用他所谓"有机的研究法"来做最详细、系统的分析。葛氏作为一个外国人,对于中国华南社会组织的精髓——家族主义,并未能有确切的认识。但他对中国各地乡村社区研究的建议,却给后来的中国社会学者以极大的启示。他主张先将中国划分为几大文化区域,在每个区域内,按照器物、职业、社会组织及态度和理想等标准,选择有代表性的村、镇或市,作为精密考察的单位;从所考察现象的相互联系中,看社区的功用、历程及趋向,最终认清中国社会的现状及发展趋势。葛氏认为,乡村社区研究有静态和动态两类,凤凰村受外来势力影响较小,居民基本上保持着传统的生活状态,因此其研究是静态的;而处于外在通商口岸附近的乡村,或正经历急速工业化的城镇,便要做动态研究。静态研究可描述社区组织的结构与功能,动态研究则能分析社区的变迁趋势。

5.《北京——一个社会调查》

1918—1919年间,北平私立燕京大学步济时与北京美籍教士甘博等,仿照美国1914年进行的春田社会调查②,主持进行了"北京社会调查"。内容包括历史、地理、政府、人口、健康、经济、娱乐、娼妓、贫穷、救济、宗教等项。调查结果于1921年用英文发表,书名叫《北京——一个社会调查》③。这是中国城市社会调查的开端。书中包罗万象,涉及历史、地理、政府、人口、健康、教育、商业、娱乐、娼妓、贫穷与救济、监狱、宗教等,并配有47帧黑白照片及38张图表。对于书中所列举的大量的统计数字,已经很难考证其准确性了。然而,作者对北京百姓生活的生动描述,令人有身临其境的感觉。在后来的中国社会学者眼里,这是"本着科学的精神,以研究北京社会状况为科学的研究中国社会状况的第一书"。

《北京——一个社会调查》的调查对象选在北京,因为作者认为,北京是首都,是许多中国人生活的中心;更重要的,北京是一个具有浓厚传统特色的城市。其他

---

① Daniel H. Kulp Ⅱ, *Country Life in South China*; *The Sociology of Familism*. N. Y. Teachers College, Columbia University, 1925. 转引自阎明:《一门学科与一个时代:社会学在中国》,清华大学出版社2004年版,第19页。

② 春田市地处美国中部地区,是伊里诺斯州开采业、工业、农业及商业的中心之一。春田调查应市民的要求,对当地的学校教育、工商业、城市行政管理、公共卫生、居住、娱乐场所、治安等情况做了分题报告,并针对事实做了具体建议。这次调查充分利用了宣传手段,组织市民就结果进行讨论,对改善当地情况有很大的影响。使用访谈、问卷等多种方法,注重从多方面来掌握事实和现象。

③ Sidney D. Gamble, Peking: A Social Survey, N. Y.: George H. Doran Co., 1921.

城市如上海、汉口、天津等,受外国影响大,变得很难说是典型的中国城市。这次调查于1918年9—12月进行。调查材料来源于两个方面:一是1917年巡警总厅的统计报告;二是以在京的外国人、中国官员及商人等为对象的问卷调查。调查结果展现了一幅多姿多彩的古都生活画卷:

1917年北京市有811 556人,是中国第四大城市,在全世界首都中排第七。人口密度为每平方英里33 626人,相当于美国同样大小城市人口密度的3倍。在总人口中,汉族约占70%—75%,满族占20%—25%,回族占3%,尚有少量其他民族;男子占63.5%,女子占36.5%;男女性别比例为174:100,远远高于世界上其他大城市;在市内某些工业区,男子的比例更高达77%;61.7%的男子年龄在35岁以下。这样大量集中的年轻男性人口离开乡村到都市求学、谋职,既为北京市的发展添注了活力,同时,也可能引发大量的社会问题。对于传教士来说,这里可以成为开展社会服务工作的战略重心。在交通方面,据1919年3月统计,北京有519辆汽车,2 222辆马车,4 198辆手推货车,17 815辆人力车;在婚礼或丧葬的队列中,尚可看到轿子。由于没有便道,因此道路上挤满了车辆和行人。人力车是载人的主要工具,无论白天黑夜,到处可见。

北京市政府的财政收入主要依靠商业、车辆、剧院、妓院、房产销售与贷款、政府所属房地产租金等。市政府开销的一大部分靠中央财政收入维持。因为过去北京住着许多靠领政府养老金的官员,所以留下了一个传统,即居民不纳地税。

北京市警察局模仿日本和德国的体制,工作范围极广,负责居民生活几乎所有的方面。除维持公共治安外,还负责公共卫生和健康、消防、街道清洁、户口登记、慈善机构等。由于没有电动火警系统,报火警是靠驻守在城中各处的望塔上的守望员随时观望。救火设备大多是老式的手摇发动机,喷出细细的流水。任何人看过中国城市的灭火过程,都会留下深刻印象:消防员手拉发动机,若是白天就举着旗子,晚上就打着灯笼,急急忙忙地边穿消防服,边从水井中打水,再把水桶传递过去。警察在旁边吹着口哨。当然,北京的火灾不多,1917年总共只有93起。

在医疗、教育以及宗教方面,北京有46所医院,1 098位医生,其中西医109位。质量最好的是协和医院,共有250个床位,由洛氏基金会投资700万美元建成。在小学教育方面,1916年共有1 464位小学教师,其薪资每月约24—32元。学龄儿童入学比例为1:29。女孩的入学率更低。职业教育、盲人学校等刚开始兴办。根据巡警总厅报告,全市共有宗教会所936个,其中有296个寺,358所庙,169个庵,29个观,8所堂,68个祖,8个禅林。

北京市老百姓用水多靠送水工运送。全市约有2 500个送水工,每天推着车,车上放着木桶沿街叫卖。每车可装12桶水,一枚铜子两桶水,或者也可以按月收费。每个区设一个分水人,这份好差事多是世袭的,如果本人不想干,也可租让出去,得收入的10%。一般来说,送水工每月除了膳宿、鞋、理发费等,还可得3—4元。从公共水井中取水免费,从私人水井取水,每年需交10—12元。送水人有自己的行会。这个组织过去很有影响力,但在1910年安装了自来水系统之后便解散了。污水系统大部分还是明朝修建的,只排废水。粪便的收集、干燥成肥料是由5 000名男子挨户进行的。

对大多数工人来说,工作与居所是同一个地方,这是传统手工业者生产与生活方式的特点。白天在小铺子里干活,到了晚上把工具挪开,铺上被子就寝。工人一般可享有膳宿,平均月薪4.5—6.5元。每周工作7天,每天10—14小时。学徒工多为14—18岁的男孩,工作时间最长。产品的价格、工人的工资与工时、学徒期限等,均由行会决定。理发业行会规定,会员之间不许彼此抢生意。甲店的常客到乙店去理发,乙店一定要多收10%的理发费。为了切实执行行规,行会要求大家互相监督;行会也雇监查员检查。一旦违规即采取惩戒的办法,在本行会供奉的神面前烧几百炷香或交罚款。行会也向会员提供一些救济,如医疗费、丧葬费等。

北京的娱乐业清楚地反映了正在发生的从旧到新的变迁。保龄球、台球、电影、公园等西式休闲活动随处可见。现代体育运动(其中包括各项球类)刚刚兴起。与此同时,听戏、酒宴、说书、赛马等古都数百年流传下来的传统娱乐方式依然存在。商业性的娱乐多集中在南城。在茶馆中、公园里、街道上,可看到说书人眉飞色舞地讲故事。他们总是讲到故事最精彩的部分便戛然而止,要收了钱才继续表演。庙会活动则兼具宗教、社会、经济、娱乐等多种功能。除了说书之外,还有武术、摔跤、杂技、魔术、飞鸟等活动项目。澡堂也是一个休闲的场所,人们在那儿除了洗澡,还可休息、会友、谈生意。澡堂的设备不同,收费也有差别。可以花8分钱,几个人在一个大池子里泡澡;也可以花一两元,享受一两间套房,房间里提供暖气、地毯、沙发、电灯、电话。1911年以后,妓院的数量增多。1912年,北京共有353所登记在册的妓院,有2 996名注册妓女。1917年妓院增加至406所,注册妓女3 887名。妓女依年龄、姿色的差别分为四等。

在热闹的灯市口地区,人口密度为每平方里63 000人,是全市平均人口密度的两倍。在这个地区中,男子占总人口比例高达75.4%。沿路走过,弓箭店、金银店等各类铺子,一家挨一家。在这约一平方里(1/8平方英里)的地区,共有493家店铺。瓷器店的碟子摞得高到屋顶;炉灶店的伙计转圈做泥炉子,根本不用陶工旋盘;熟食店的厨师忙碌着,火苗四蹿,蒸汽腾腾;服装店在门外摆摊,店员售卖服装,嘴里唱着每一件服装的好处;棺材店就在店前摆一口做好的棺材,店伙计在后面院子里打造新的。还有西药店、电器店、自行车店等。猪市大街是一个大的生猪批发市场。每天清晨,大批生猪运到此地待售。它们四肢被捆绑着躺在土路上,屠宰场的人来购货,成交后,猪倒挂在钩子上挣扎着被运走。这个区共有93种不同的生意,106家店的生意与杀猪、处理猪鬃、销售猪和猪鬃有关。大部分居民都做小生意,街边摆摊,背着盒子,挎着篮子,挨户叫卖①。

6. 北京实进会

北京实进会是北京基督教青年会所属的社会团体,从事社会学传播活动。成立于1913年11月,由参加青年会活动的大、中学生发起组成,最初有会员200多人,后陆续增加。该会以"联合北京学界,从事社会服务,实行改良作风"为宗旨。1915年该会内设学务、演说、游艺、调查、交际五个部,先后举办了夜校、演说会、游戏场和贫民生活状况、人力车夫调查等活动。1918年该会增设编辑部,先后约请郑振铎、瞿秋白、耿济之、瞿菊农、许地山为编委。1919年11月1日创办《新社会》旬刊,该刊至1920年5月1日出版最后一期,共出版19期。强调以民主改造旧社会、创建新社会为宗旨,主张"以和平的、实践的方法,从事于改造的运动"(《新社会发刊词》,《新社会》第1号,1919年11月1日)。同年成立董事会,聘请13名有学识和经验、热心社会服务者担任董事。董事会负责全会财产、经济及人事任免。该会抨击封建军阀的黑暗统治,宣传社会改造,并在活动中传播了社会学。作为该会骨干的瞿秋白、陶孟和、陈长蘅等,后来都成为社会学界的风云人物。

社会调查,科学诊断,制订方案,采取行动,这是北京社会实进会的工作步骤。关于北京人力车夫生活与工作状况的调查,是北京社会实进会组织的最早的社会调查,也是近代中国第一个社会调查。这次调查是在1914—1915年间进行的,调查问卷由步济时设计,社会实进会的学生搜集资料,北京大学社会学教授陶孟和分析资料并写出报告,步济时又做了补充说明。人力车夫调查之后,社会实进会还对北京的教育机构、监狱、精神病院、贫民院和孤儿院等进行了调查,并提出了一些改进意见。

北京社会实进会的社区服务工作大致上分为教育、演讲和娱乐等几个方面,宗教色彩不是很浓,更偏向于启发民智,增强底层民众的自立能力。

(1)推广教育。为了使更多的北京人能够有读书识字的机会,北京社会实进会创办了3所夜校,1914年有学生120人,主要学习国文、地理、算术、修身、卫生和历史。另外,还开设了两所免费夜校,主要为贫困子弟和一些年长失学的人提供学习文化的机会,并免费供应书籍及笔墨纸张。

(2)举办演讲。演讲分为两类:普通演讲和特殊演讲。普通演讲面对的听众比较广泛,举办地点遍及京城10处及近郊农村,每周日演讲1次,内容包括卫生、社会和世界知识等。特殊演讲每两周举行1次,主要针对教养局、养济院、习艺所和济良所,试图把基督教的影响扩展到这些有特殊需要的人身上。对北京第一监狱犯人的宗教教育工作每周举行1次,由青年会一名干事负责,利用犯人中午休息

---

① 阎明:《一门学科与一个时代:社会学在中国》,清华大学出版社2004年版,第20—23页。

时间与他们谈话并向他们布道。

（3）健身娱乐。在市内设有两处游戏场为市民提供健身游戏活动，内容包括体操和球类，有专人进行指导。另设有一处幼儿游艺场，活动有体操、篮球、秋千、杠架和跳远等，很受儿童欢迎。

北京社会实进会所做的一项重要工作就是创办了《新社会》旬刊。该刊创刊于1919年11月1日，由瞿秋白、郑振铎等主编，先为4开一大张，自第7期改为8开本小册子。主要撰稿人除瞿秋白、郑振铎以外，还有耿济之、许地山、瞿世英（瞿秋白的远房叔叔，曾在定县实验中担任过领导职务）等。郑振铎撰写的《发刊词》中说："中国旧社会的黑暗，是到了极点了！他的应该改造，是大家知道的了！但是我们应该向哪一方面改造？改造的目的是什么？我们应该怎样改造？改造的方法和态度，是怎么样的呢？……我们是向着德莫克拉西一方面的改造中国的旧社会的。我们改造的目的就是想创造德莫克拉西的新社会——自由平等，没有一切阶级一切战争的和平幸福的新社会。"《新社会》遵循的是一种以社会调查来研究社会问题，以社会服务来解决社会问题的思路。内容包括报道社会实进会的活动，介绍西方社会学家及其学术成果，讨论社会改造、妇女解放、劳动问题和知识分子的前途等现实问题。

1920年5月1日，它出到第19期时，被京师警察厅以"主张反对政府"的罪名查禁了。瞿秋白后来记述当时的情形说："我们中当时固然没有真正的'社会党'，然而中国政府，旧派的垂死的死神，见着'外国的货色'——'社会'两个字，就吓得头晕眼花，一概认为'过激派'，'布尔塞维克'，'洪水猛兽'，——于是我们的《新社会》就被警察厅封闭了。这也是一种奇异现象，社会思想的变态：一方面走得极前，一方面落得极后"（《瞿秋白文集》文学编第1卷，人民文学出版社1985年版第27页）。同年8月5日，《人道》月刊创办，但仅出了1期，又被迫停办。与《新社会》的命运相仿佛，北京社会实进会也慢慢沉寂下去了①。

第二节　现代统计学的传入

众所周知，统计学是通过搜索、整理、分析数据等手段，以达到推断所测对象的总体，甚至预测对象未来趋势的一门综合性学科。根据统计要求的不同功能，又可将统计学分为描述统计和推论统计。中国的统计调查有着悠久的历史。自清末至

---

① 彭秀良：《城市社区工作的雏形（一）：北京社会实进会》，http://lib.cqvip.com/qk/84010A/201010/33465926.html。

民初,中国的统计调查观念经历了一个逐步发展变化的过程。

一、传统中国不讲究精确数字

有论者认为,传统的中国不甚讲究精确的数字,所以清末传教士明恩溥的名著《中国人的特性》将"不求精确"视为中国人的重要特性。"五四"时期,胡适发表《差不多先生传》一文,专门对这一特性进行了辛辣的针砭。

黄兴涛等教授在他们对"现代统计学的传入"的研究中发现,"清末的统计调查搜集了大量的数字化材料,但其准确性不高。相对而言,那时的调查者并不注重数字的准确性,却比较强调对社会实情的调查研究和对中国问题真相的探讨。"

同时,他们的研究指出,"清末调查不注重数字的准确性,是相对于民国时期,且是就其总体状况而言的。实际上,当时已有人比较清醒地意识到统计数字的重要性。如陈威曾对铁路统计进行专论,指出'事物之盛衰消长,有籍数字之排列而得知者,则统计尚矣','铁路事务,其繁复冠各业,籍非统计,则其财产之增减,工农业兴衰不易考见。'这里,陈威将数字的统计看成是发现事物规律的一个重要工具,说明其对统计的重要性已经有了比较深刻的认知。"①

二、民初形成精确调查风气

然而,到了民初,中国人的统计调查观念开始有了新变化。

黄兴涛等教授的研究表明,"一方面,数理统计学开始传入中国。另一方面,一些高校、科研机构中崇尚数理统计方法的英美籍教授从学科需要出发,带领中国学生从事实地调查。这时,也有少数从欧美留学回国的学者被聘进高校、科研机构。他们先是跟随英美籍教授从事调查,积累一些经验和学识后,也开始独立地指导学生进行调查。与清末调查相比,这些调查表现出明显的不同:首先是注重材料的准确性,其次注重对材料进行系统的统计分析。

在诸多合力的作用下,中国在20世纪30年代逐渐形成了一股重视精确调查的风气。不仅如此,当时这种精确调查背后的理论基础——统计学的科学工具之功能,还得到了特别强调。进而,使用统计方法进行的调查亦就被视为科学的。

于是,进行精确的调查,在调查界似乎一时形成了一种'话语霸权',以至于布朗、吴文藻等人在为社区研究争地位时,不得不对其加挞伐。"②

---

① 黄兴涛、夏明方:《清末民国社会调查与现代社会科学兴起》,福建教育出版社2008年版,第18—19页。
② 同上书,第21—23页。

第三编

风雨苍黄:民国战争时期

(20 世纪上半叶)

第五章　中国社会调查运动

　　从前我国的士大夫,向来抱着半部《论语》治天下的态度,对于现实的社会状况,毫不注意,只以模仿古人为能事。等到西洋的炮火惊醒了这迷梦,又完全拜倒在西洋文明之下。每每不顾国情,盲目地把西洋的各种主义和制度,介绍到中国来。以为只要学得惟妙惟肖,便是社会的福利。哪知道主义和制度,介绍得越多,中国的社会,反倒越发紊乱越发黑暗了。于是一部分有识之士,看出这种只模仿他人而不认识自己的流弊,便起而提倡社会调查运动。主张用科学的精密的方法,研究我们自己的现实社会。我们必须先认识自己的社会,然后才可以根据这认识,规定改进社会的计划。这如同治病一样,必须先检查病源,然后才可以处方下药①。

　　　　　　　　　　　　　　　　——陶孟和《定县社会概况调查·序》

　　大体言之,我国社会调查运动,发源于各大学,逐渐推广至各机关团体。其中比较有贡献者为陶孟和陈达李景汉三氏。陶氏主持社会调查研究工作多年,对于生活费分析,在方法与效果上,成绩卓著。陈氏从事于户口普查的调查研究多年,在户政方面,有重要贡献。李氏在定县及他所处办的概况调查,在方法与规模方面,贡献甚大。要之,三氏实为我国社会实地调查的前锋。"②
"上述陶孟和、陈达、李景汉三人,各有所长。陶氏贡献在工人生活费研究,陈氏在户口普查研究,李氏在社会概况调查。这是我们社会学界的光荣。"③

　　　　　　　　　　　　　　　　——孙本文《当代中国社会学》

　　1919年爆发的"五四"运动,对中国社会产生了巨大的影响,有力地推动了社会学在中国的传播。同时,20世纪20年代末留学生陆续回国,国内许多大学利用这一条件,纷纷成立社会学系,扩充社会学课程,培养中国的社会学人才。正是在这个基础上,20世纪20年代社会调查的发展成为可能。

---

① 阎明:《一门学科与一个时代——社会学在中国》,清华大学出版社2004年版,第5页。
② 孙本文:《当代中国社会学》,胜利出版公司1948年版,第222—223页。
③ 同上书,第227页。

"中国社会调查运动"一词,据吕文浩掌握的文献资料,初见于李景汉1927年发表的论文《中国社会调查运动》,此文刊于燕京大学社会学系主办的学术刊物《社会学界》第1卷。此后约八九年,燕京大学以吴文藻为首的社会学者倡导侧重文化分析的社区研究,以所谓"社会学调查"取代"社会调查",此时的"社会调查"在吴文藻领导的社区研究派眼里,已经由广义转为狭义,专指那些以"科学的态度,客观的方法"搜集数字统计资料的调查方法。而"中国社会调查运动"则成为以曾经在英美流行的社会调查为榜样,旨在谋求社会改良、社会服务的一场学术运动①。

中国社会调查运动,自1918年陶孟和发表《社会调查》一文,至1937年抗战爆发,历时20年,其影响超出社会学,扩大到一般知识界。仅以报刊上的专栏为例,报刊上最早开辟的相关栏目,是《新青年》杂志上的《社会调查》专栏,于第7卷第1号即1919年12月1日开始,上面登载各地社会调查报告。社会学者对人力车夫状况的关注,也影响了一般知识界。当时的知识分子常以人力车夫为象征,批判社会的黑暗。《新青年》曾刊登一短剧《人力车夫》②,以表现人力车夫的穷、苦及无奈。当然,在许多有关人力车夫的作品中,最历久不衰的是老舍的小说《骆驼祥子》。

20世纪30年代,北平《晨报》、天津《益世报》、《大公报》、南京《中央日报》等,曾先后分别开辟了《社会研究》、《社会问题》、《人口副刊》、《农村周刊》、《社会调查》等专刊。这些专刊既讨论社会学原理,又关注实际问题的研究与解决;更重要的是扩大社会调查的影响,使社会大众认识到,社会调查是任何社会事业与建设的基本工作。

这一时期,中国社会学者将社会学的理论和方法与中国的社会实际结合起来,对中国社会进行了调查研究,社会学向实证研究的方向发展。如1923—1924年间,沪江大学社会学系访问学者,美国布朗大学教授白克令指导学生进行调查,出版了《沈家行社会调查》。学生们模仿春田调查的方法,设计问卷表格,分别就有关家庭、宗教、政府、教养机构、住房等领域,做概况性的调查。他们还根据中国社会的特点,修正了调查方法。另外,李景汉也对北京人力车夫生活费进行调查。初期的调查多侧重于对农民、工人生活费用的调查,目的在于收集事实,以消除迷信和偏见,这是当时西方社会学界的流行观点。

影响比较大的有陶孟和的《北平生活费之分析》、李景汉的《北平郊外之乡村家庭》、燕京大学的清河实验、卜凯的《中国农场经济》等。普通社会学,包括陈达、吴文藻、吴景超、孙本文、徐仕廉、杨开道等学者从理论研究的角度阐明了社会学的

---

① 黄兴涛、夏明方:《清末民国社会调查与现代社会科学兴起》,福建教育出版社2008年版,第92页。
② 陈绵:《人力车夫》,载《新青年》,第7卷第5号,1920年4月1日。

意义。同时,对社会问题,如犯罪、妓女、人口等的研究中,当时学人多数运用了社会调查的方法。

1928年,在农村社会学家杨开道和许仕廉主持下,燕京大学社会学系对清河的历史、地理与环境、人口、婚姻家庭、经济组织、政治、教育、宗教等方面做了普查。其成果为调查报告《清河——一个社会学的分析》①。调查的最终目的是要改善当地的社区生活。许仕廉强调"要进行社会实地调查,使学生明了中国现实社会的情况,掌握搜索资料的科学方法等"②。他对中国人口问题及华侨的研究运用了多种方法。

《中国农场经济》③一书是根据1921—1925年7省17县1 866个农家的调查,金陵大学农业经济学院美籍教授卜凯著成。这个调查是当时公认在中国做的历时最久,地域最广,项目最详,比较而言最具科学性的农村调查之一。然而,他的著作在材料的搜集与统计上也存在缺陷。他采用任意选样法,以调查员的籍贯为准,而调查员都是金陵大学的学生,这些人的家境远在一般水平之上。另外,因调查规模大,搜集材料影响结果的准确性。但卜凯对中国农村问题的研究无疑是有价值的。

《北京犯罪之社会分析》是严景耀研究犯罪问题的学术成果。他采用去监狱实地调查的方法,收集有关各种犯罪类型的个案资料,并从12个省的监狱记录中抄编了一些统计资料。同时,他还进行访谈和与犯人共同生活、个别谈话和交往,即社会学上的"参与式观察"的方法。他将调查结果写成《北京犯罪之社会分析》。严氏于1928和1930年两次在12个省的视察中搜集统计数字,用统计学的方法指出问题的所在,这种方法在当时是极有价值的,弥补了政府在这一方面的缺陷。同时严景耀还运用芝加哥学派的人文区位学方法,研究盗窃、强奸等犯罪地点的分布及罪犯的居住地点的分布。他将一些社会问题与经济制度与文化习俗联系起来,是社会学理论的进步,这也说明了社会调查结果分析的科学性增强。

20世纪20年代社会调查发展的另外一个重要的标志是,随着社会学教学科研队伍的形成,全国性的调查研究机构逐步建立,大规模的社会调查相继展开。当时主要的调查研究机构有社会调查所及"中央研究院"社会科学研究所。社会调查所的前身是1926年成立的中华教育文化基金董事会社会调查部,1929年更名为社会调查所,所长为陶孟和。该所做了大量的社会调查研究,尤其注重调查农业经济、劳动问题和人口问题,从手工工业到现代工厂,都在调查范围内。该所调查研

---

① Ching Ho: *A Sociological Analysis*, Department of Sociologyand Social Work, Yenching University, 1930. 中文报告有时译为《一个市镇调查的尝试》,载《社会学界》1931年第6期第5卷,1—10页。
② 付憭冬:"许仕廉",《中国大百科全书·社会学卷》,中国大百科全书出版社1991年版,第448页。
③ John L. Buck, *Chinese Farm Economy*, Chicago: University of Chicago Press, 1930; N. Y. & London: Garland Publishing, Inc. 1982.

究成果颇多,其中篇幅最大,材料较丰富的是《中国劳动年鉴》,研究方法上贡献较大的是李景汉的《北平郊外之乡村家庭》,陶孟和的《北平生活费之分析》,杨西孟的《北平生活费指数》。中央研究院社会科学研究所社会学组由陈翰笙、王际昌主持,对农村和都市的工人进行了调查。陈翰笙于1929—1934年对江苏、河南、山东、安徽、广东省进行了3次大规模的农村调查。

这一时期的调查注重经济因素,侧重了解工农阶级的生活,以及由于社会的变迁而出现的社会问题。与前期不同的是,社会调查研究有专门的机构,调查由中国社会学工作者主持,规模和范围也比较大,强调实地调查与统计相结合,并以认识中国社会状况为目的。

中国第一代社会学者所进行的社会调查,有着同情、关怀最底层人们生活的人道主义意味,采用统计分析的方法,描述社会经济现状。调查并非是纯理论的,而含有浓厚的实用色彩,最终的目的是社会改造。中国社会学者从批判传统治学方法出发,为的是在中国建立社会学,并最终实现一个真正根基于民主与科学的社会。他们在运用西方的研究方法时,能够更切合中国的实情,对中国的历史与现状了解得更深切,调查结果也更为精细、可靠。

"对中国这样一个长期注重'精英文化'的国家而言,实地社会调查的意义非同小可。它绝不仅仅在于描述某些社会现象,获得具体的统计数字,从而认识社会事实。当然,以实地调查反映当时的社会风貌,这本身已经为后人留下了极有价值的财富。社会调查更重要的贡献在于它触及了在整个思想观念上如何着手认识、解决中国的问题。社会学者主张,以社会调查为依据,自下而上,一点一滴地实行社会改革。他们强调,社会调查不是纯为研究理论,求得知识,只'为调查而调查',把调查的材料整齐地编写了,漂亮地装订,然后陈列在图书馆内,供少数人欣赏。在他们看来,社会调查的目标,就是要使人们根据调查的结果,改善实际生活,解决社会问题,增进人类幸福。"[①]

第一节 倡导社会调查

一、调查工作是立国之本

在中国知识界第一个批判传统治学方法,提倡实地社会调查的是陶孟和。陶孟和于1914年自英国留学回来,先后任北京大学教授、文学院院长、教务长。他协

---

① 阎明:《一门学科与一个时代——社会学在中国》,清华大学出版社2004年版,第67—74页。

助蔡元培革新北大,是新文化运动领袖之一。1918年3月,陶孟和在《新青年》第四卷第三号上发表《社会调查》一文,提倡开展社会调查。

陶孟和感慨地说,中国的历史没有一部是描写人民的历史,是写真实的历史。中国人是一个哑国民。人民的欢乐,人民的冤苦,一般生活的状态,除了一些诗歌小说之外,绝未有记载出来的。而一般能写能画能发表一己之经验的人,又以为秦皇汉武较当时好几百万的人民重要得多。所谓圣贤豪杰之休戚,较诸一般百姓之苦乐重要得多。他进一步提出,这种崇拜英雄的思想,就是现在一般愚民希望"贤人政治"的根源。要知道一国之中,不贵在有尧舜禹汤,而贵在一般人民都能发达,不必等着英雄圣贤就可以自治。有了"贤人"政客,反妨害一般人民能力的发达。"圣人"待人民如聋如哑,如痴如盲。本"圣人"之意旨,定为法律政制,规范社会,那就更扰得社会不宁了。因此,研究社会,调查社会上各种现象有何优点或弊病,使一般人民有发展成圣贤的机会,那样就用不着"贤人政治",也就没有"贤人"营私利己的机会了。

"陶孟和自此发了一个宏愿,要把中国社会的各方面调查一番。这样做,一方面可以了解我国社会的长处,凡是对人民生活有益之点,皆应保存。另一方面,可以找出种种使人民不得其所,或阻害人民发达之处,再探讨改良的方法。他批判传统文学家、史学家的治学方法,进而抨击毫无民权的制度。他认为,即使孔孟的'开明政治',也只承认人民是民,不承认人民是人;只承认人民可被统治,不承认人民是能自治的。辛亥革命以后,共和制已实行七年,但这'民国'实质也是没有人民的民国,因为人民没有声息。"[①]他还强调,讨论政治时要注意两个问题,一是制度问题,二是人的问题。当时思想界的争论多集中在制度上,是实行总统制、内阁制,还是其他什么体制。然而,有什么样的人民,就有什么样的政府。不要空谈制度,要先造就有资格的人民"[②]。

那么,如何造就有资格的人民?怎样入手解决中国的问题?陶孟和的回答是:

"我的见解就是先求了解——就着我们心理与言语的可能的范围之内求透彻的深远的了解。人一定要笑话这个见解过于迂远,以为局势危迫,时不我待,哪里还有工夫去求了解。不知世上的事业没有捷路可走的,因为捷路就是远路,并且是危险的路。有了真的了解就得到真的解决。人类了解了物质所以才能支配物质,了解了自然界所以才能支配自然界。我们也必先求了解中国问题各种的情形、然后才有配提议解决方案的资格,然后才有支配那问题的能力。"[③]

陶孟和所谓的"了解"就是社会调查。从社会调查出发,才能从根本上认识、

---

① 陶孟和:《我们政治的生命》,载《孟和文存》,卷二,亚东图书馆1925年版,第17页。
② 陶孟和:《中国的人民的分析》,载《孟和文存》,卷一,亚东图书馆1925年版,第20页。
③ 陶孟和:《怎样解决中国的问题》,载《孟和文存》,卷一,亚东图书馆1925年版,第48—49页。

解决中国的社会问题。总之,在陶孟和看来,"社会调查是一种从根本上进行的革命。只有这种真正的革命,才能结合东西文化所长,一方面保存中国民族固有的文化、精神、元气,另一方面适当地吸取西洋征服自然的物质文明。社会调查是实现以科学方法改造社会的基础,是建设新中国的一个重要工具,是为中国民族找出路的前部先锋。一句话,社会调查工作才是立国之本。"①

二、近代中国社会调查的奠基石

"社会调查工作的艰巨性决定了,其真正有效的方法是依靠有组织的集体,分工合作,共同完成。陶孟和便扮演了组织与管理这种机构的角色。在工作中,陶孟和有着很深的历史使命感。1929年,中华教育文化基金董事会下属社会调查部,改为北平社会调查所,陶孟和任所长。经费来源于中华教育文化基金董事会所管理、运用的'庚子赔款',组织上则完全独立。次年,董事会拨款建北平图书馆新馆舍。同时,在其西边养蜂夹道南口的空地上建了一座西式三层楼房,作为静生生物所和社会调查所的所址,由两所分占其东西各半。社会调查所办公楼奠基时,陶孟和事先嘱咐所里研究人员吴铎撰写了一篇纪事,说明社会调查所的现状和建筑办公楼的缘起,并将全所工作人员姓名附列篇末。全文写成后,连同当时通用的硬币若干和奠基当天的几份日报,装入一只小铁箱内,焊封完毕,再放入基石的中空部分。这样,建筑落成后,哪怕再过千百年,屋倾墙圮,那时的考古学家也不难从这只小铁箱的内容,得知这座建筑物的由来,而研究人员的功绩也不致完全湮灭。"②

北平社会调查所一直注重搜集关于中国社会经济发展的各种基本资料,可以说,这正是研究社会与改革社会的奠基石。自1926年开始,调查所的工作重点是调查北京市劳工阶层的生活和工作状况。当时,知识界普遍认为,中国大多数人民的生活水平极低。可社会学者要回答的问题是:人民的生活到底低到什么程度,他们实际上怎么活着。若说提高,究竟比现在应当提高多少才算合适。仅仅说合适也不行,还得看是否办得到。若是说得天花乱坠,仍然是办不到,或是办得到也须等到百年之后,那么也等于望梅止渴,画饼充饥。人民现在如何活着,仍得继续如何活着,不过快活快活口与耳朵罢了。

陶孟和主持社会调查所,"初期注重研究劳工、工业、生活费等项目,出版了《北平生活费指数月报》、《第一次中国劳动年鉴》(1928)和《第二次中国劳动年鉴》(1930)。后者是中国第一部关于劳动问题的综合性参考工具书。1930年前

---

① 阎明:《一门学科与一个时代——社会学在中国》,清华大学出版社2004年版,第51—53页。
② 吴铎:《春风化雨十一年》,载中国人民政治协商会议全国委员会文史资料研究委员会编:《工商经济史料丛刊》,第3辑,文史资料出版社1984年版,第45页。

后,社会调查所开始清代经济史的研究。1932 年,《中国近代经济史研究集刊》创刊,并出版有关专著数种。据1932 年《社会调查所概况》介绍,当时的研究题目包括中国近代经济史、政治制度、经济理论、工业经济、农业经济、对外贸易、财政金融、劳动问题、人口问题、统计等十类。在这些项目中,农业经济、工业经济、劳动问题、人口问题、工人生活费统计、近代经济史几项是重点。后因受国防设计委员会的资助与委托,调查所更偏重有关部门经济、财政等问题的研究。抗战前调查所在最兴盛时期,研究人员约有 30 人。"①。他们大多是年轻的大学毕业生,其中不少成了有成就的经济学家,如樊弘、巫宝三、吴半农、千家驹等。

"1933 年,'中央研究院'总干事兼社会科学研究所所长杨杏佛被暗杀。院长蔡元培将该所法制组取消,历史语言组扩大为研究所,由傅斯年任所长。次年,该所仅剩的社会组和经济组也被解散。而北平社会调查所以原班人马被赋予中央研究院社会科学研究所的名称,所址在南京,由陶孟和任所长,研究方向未变,直至1949 年。"②。

三、孙本文对社会调查运动的评述

中国社会学从 1920 年代中期开始步入快速成长时期,经过二十余年的积累,到 1940 年代末期已经形成了初步繁荣的局面。此时,资深社会学家孙本文写了一本《当代中国社会学》,对中国社会学五十余年来的历史,尤其是他所处时代最近二十余年来的社会学史做了一个全面的评述。这其中也有对社会调查派的看法。在他看来,实地调查研究工作的推广与发达是中国社会学的主要收获之一。他并没有像社区研究派那样,梳理出一条从"社会调查"到"社区研究"的脉络;后者对前者的挑战,在书中几乎只字未提,他只是分别地介绍了双方的观点,而且是放在对当时社会学各家成果的评述之中,一点也不显眼。

他在总体上的看法是:"大体言之,我国社会调查运动,发源于各大学,逐渐推广至各机关团体。其中比较有贡献者为陶孟和陈达李景汉三氏。……三氏实为我国社会实地调查的前锋。上述陶孟和、陈达、李景汉三人,各有所长。陶氏贡献在工人生活费研究,陈氏在户口普查研究,李氏在社会概况调查。这是我们社会学界的光荣。"③

在书中其他部分,对这三人的某些具体著作的评论也可以看到。如对李景汉

---

① 巫宝三:《纪念我国著名社会学家和社会经济研究事业的开拓者陶孟和先生》,载上海社会科学院《近代中国》1995 年第 5 期,第 382 页。
② 参阅阎明著:《一门学科与一个时代——社会学在中国》,清华大学出版社 2004 年版,第 51—56 页。
③ 孙本文:《当代中国社会学》,胜利出版公司 1948 年版,第 222—223 页。

的《北平郊外之乡村家庭》一书,他的评价是:"这书虽仅调查一百六十四个家庭状况,但却是最早关于家庭调查的报告。所以此后所做的各种家庭调查,几无不以此书为蓝本,其在方法上贡献甚大。"①对《实地社会调查方法》一书,他的评价是:"此外,在社会调查方面为一般人传诵的有李景汉氏的《实地社会调查方法》。此书于民国二十二年由北平星云堂书店印行,计分十六章四百七十页,为社会调查方法书本中最充实的一书"②,在社会研究与社会调查方法类的14本书籍之中,"李景汉氏之书规模最大,内容最为切实,尤为杰出之作,惜在北方一印行,销路不广,许多初学之人,看不到此书"。③ 对《定县社会概况调查》一书,他的评价是:"不仅是一种调查报告,而且在调查方法上有极大贡献。我们可称李氏为国内有数的社会概况调查专家,为在此方面贡献最多之一人。"④对于陶孟和和陈达两人的著作,他同样是赞赏有加。

相反,对于社区研究派的著作,孙本文尽管也有肯定,但似乎并不特别突出,更没有认为社区研究派比社会调查派在学术上高明的意思。在谈到这一派的主要著作时,他是这样说的:"此外,在云南方面,尚有吴文藻氏的弟子费孝通领导一种农村与工厂调查,号为'比较社会学'。在方法上与普通社会调查稍有不同,重视制度与经济生活的分析,尤重视与其他社区的比较研究。黄[费]氏的《禄村农田》,张子毅氏的《易村手工业》,史国衡氏的《昆厂劳工》,即其已发表的报告。在四川成都方面,蒋旨昂氏曾从事于社区研究,如所著《战时乡村社区政治》,《黑水社区政治》二书均是。费蒋二氏均出身燕京大学,表示一种'社区型研究',值得称道。"⑤

在全书结论部分,孙本文提出中国社会学二十余年来的几种显著趋向,第一条就是"注重实地调查与研究",在这里,他不加分别地把社会调查派与社区研究派的成果都列进去了,都视为中国社会学的收获。他说:"近二十年中各大学社会学系无不重视'社会调查'或'社区研究'等课程,又无不把'统计学'或'社会统计'列为基本科目。而关于实地调查的报告,无论农村或都市调查,概况或部分调查,初步或详密调查,方法渐臻完备,内容渐趋充实。例如:李景汉氏的《定县社会概况调查》,可比之美国壁芝堡(今通译匹芝堡——引者)调查或春田调查;陈达氏的《云南呈贡县昆阳县户籍与人事登记报告》,可比之美国或英国经常户籍报告;燕京许仕廉杨开道诸氏的《清河调查》,可比美国之嘉尔宾的《农村社会解剖》;陶孟

---

① 孙本文:《当代中国社会学》,胜利出版公司1948年版,第215页。
② 同上书,第166页。
③ 同上书,第176页。
④ 同上书,第277页。
⑤ 同上。

和氏的《北平生活费之分析》,可比之美国劳工统计局的生计调查。他如吴泽霖氏等的《炉山黑苗的生活》,费孝通氏的《禄村农田》,柯象峰氏的《西康社会之鸟瞰》,徐益棠氏的《雷波小凉山之倮民》,以及社会部统计室主编的《成都社会概况调查》,《北碚社会概况调查》等等,都是极有价值的实录。此外各大学及中央研究院社会科学研究所等处所发表的调查报告,为数甚多,均可表明此种倾向。"①

孙本文曾著有四卷本的《中国现代社会问题》,"所有近十余年中各种有关的统计资料,其重要者几无不网罗在内,即有论及欧美各国统计资料者,也系为与本国问题作比较之用"②。他是社会调查派发表的资料的"消费大户",理所当然地,他认为这些调查资料是有价值的,可以用来充实中国社会学的内容。所以,从这个角度来说,孙本文与吴景超对社会调查派的态度并无二致。

第二节 社会调查派

一、陶孟和

1. 学术简介

(1) 生平

陶孟和,原名履恭。1887年11月5日生于天津的一个读书人家,祖籍浙江绍兴。其父陶仲明曾在严氏家馆(南开学校前身)担任塾师,他亦在此就读。

1906年,陶孟和以首届师范班毕业生的资格被送往日本留学,在东京高等师范攻读历史和地理。

1910年,他因事回国,改赴英国求学,入伦敦大学专攻社会学,获科学学士学位。1912留英时,撰写了《中国乡村与城镇生活》一书,成为中国社会学的开山之作,作品诞生时他才二十七八岁,巫宝山给予此书高度评价。英雄出少年,他青少年时期丰富的求学经历使他以后的学术道路有了良好的开端,打下了坚实的基础。

陶孟和

1913年获伦敦政治经济学院经济学博士学位。

1914年学成回国,回国后先入北京大学担任教授,曾在《新青年》发表《人类文

---

① 孙本文:《当代中国社会学》,胜利出版公司1948年版,第280页。
② 同上书,第281页。

化之起源》、《社会》、《女子问题》、《新青年之新道德》、《(社会调查)导言》等诸多文章。

1919年初,陶孟和曾赴欧洲考察。

1920年8月,胡适和陶孟和、蒋梦麟、王征、张祖训、李大钊、高一涵等七人联名发表《争自由的宣言》,当年不谈政治,是想致力于学术研究和文化教育,以便为中国打下一个"非政治"的基础,使国人具有为自由而战的精神;如今要谈政治,是因为现实的政治无时无刻不在妨害他们,所以他们只能奋起抗争。

1926年2月,美国一个社会宗教团体愿意捐赠三年专款,委托中华教育文化基金会增设一个社会调查部,并聘请陶孟和主其事。

1929年,陶将它改为社会调查所,成为一个独立机构,开始对中国社会进行全面的调查研究。

1935年,陶孟和被聘任为中央研究院评议会的评议员。

1948年当选为中央研究院院士。

1943妻子病故。陶孟和的妻子沈性仁患有严重的肺结核病,这对他来说不啻于雪上加霜。沈女士也是一位学者,早年在《新青年》上就有译作发表,1920年与陶先生合译凯恩斯的《欧洲和议后的经济》,被纳入《新青年丛书》出版。沈是1943年病故的,费正清说"她是我们朋友中最早去世的一个"。据巫宝山介绍,夫人去世之后,陶先生的生活非常孤寂,但是"他对扶植研究事业的热忱,一仍往昔"。在陶先生的感召下,社会调查所于战争时间完成了一大批有价值的研究成果,培养了严中平、梁方仲、汪敬虞等一批很有才华的研究人员。

1950年4月28日中国科学院成立图书管理处,1951年2月3日改为图书馆,作为全院管理、供应和对外交换图书的机构,由陶孟和副院长兼馆长。陶孟和是中国科学院图书馆的创始人。他曾直接领导中国科学院系统的图书馆工作,提出很多重要的思想和主张,对科学院图书馆事业的发展作出了重要的贡献。

1955年中国科学院撤销编译局,成立中国科学院编译出版委员会,科学出版社、院图书馆以及后来成立的科学情报研究所都归属该委员会领导,由陶孟和担任主任委员。

1951年土改结束时,陶孟和还希望把科研工作尽快提上议事日程,但由于当时科学院"有三分之二以上的研究所没有党员副所长",有的研究所甚至连一个党员也没有,所以任何工作都无法开展。

1960因心脏病去世。

(2)著作

1914年学成回国后入北京大学担任教授,在《新青年》杂志上,从第2卷(1917年)至第8卷(1920年),陶孟和共发表10余篇文章,发表了《人类文化之起源》、

《社会》、《女子问题》、《新青年之新道德》、《(社会调查)导言》、《欧战以后的政治》、《我们政治的生命》、《论自杀》、《游欧之感想》、《欧美劳动问题》、《贫穷与人口问题》、《新历史》等文章,并翻译了易卜生的剧本《国民之敌》。

1912年,与梁宇皋用英文编写了《中国乡村与城镇生活》。

1916年,和杨文洵编译了《中外地理大全》。

1922年,《社会与教育》。

1925年,《孟和文存》。

1925年4月18日,发表《言论自由》。

1925年5月30日,《我们为什么意见不同?》。

《努力》出到第40期,发表《心理上的革命准备》一文。

1928年,写作《北平生活费之分析》。

1928年,在陶孟和的指导下,由王清彬、林颂河等编了《第一次中国劳动年鉴》。

1930年初,社会调查所创刊了《社会科学杂志》,主编是陶孟和与曾炳钧。

1931年陶孟和与林颂河撰写了《中国之工业与劳工》一文提交在荷兰海牙召开的世界社会经济会议。

同年,陶孟和又撰写了《中国劳工生活程度》一文送交在上海举行的太平洋国际学会第四次会议。以后此项国际学术交流,继续不断,于是使社会调查所的成就蜚声海外。

1931年,写作《上海工人家庭生活水平的研究》。

1932年陶孟和为李景汉的《定县社会概况调查》作序。

1934年任中央研究院社会科学研究所所长,并与汤象龙一起担任《中国社会经济史季刊》主编。

1940年秋,写作《抗战损失研究和估计》。

1946年11月24日,陶先生曾为《大公报》的"星期论文"著文《宽容与互让》。

1949年3月6日,写作《搬回古物图书》。

1956年7月22日,在《人民日报》发表文章,题为《图书馆要为科学家服务》。

(3) 贡献

陶孟和开创了中国的社会调查与社会学研究。关于社会学研究和社会调查的现实意义,陶孟和是这样说的:"要使民国真正成为人民的、民主的国家,就必须进行社会制度的改革;要进行社会制度的改革,首先应该了解问题之所在,这就需要开展各方面的社会调查。"

自1913年回国后,陶孟和就立志开展社会调查研究活动。《新青年》曾开辟"社会调查"专栏,就是他的主意。专栏开栏时,陶在《导言》中说:"我向来抱着一种宏愿,要把中国社会的各方面全调查一番,这个愿望除了学术上的趣味以外,还有实际的功用:既可以了解我们社会的长处,又可以找到社会的弊病。"在这篇文章中,他还提出应该首先从调查农民的生活开始。在他的倡导下,《新青年》曾多次发表这方面的调查报告。

2.《北平生活费之分析》

孙本文在 1948 年曾撰文概况当时中国社会学的发展趋向,概括的第一个趋向就是注重实地调查研究,他认为中国当时的一些调查研究已经可以与西方的经典调查相媲美,其中他认为陶孟和的《北平生活费之分析》(1930 年),可比之美国劳工统计局的生计调查。

《北平生活费之分析》一书的内容分两部分。第一部分是分析 48 户工人家庭的生活费。自 1926 年 11 月至 1927 年 4 月,共 6 个月,由女调查员每日到各家探询收支,详细记录,收得资料完整可用于分析的 48 户家庭日用账簿共 288 本。调查期间,每月给每家铜元 100—150 枚作为报酬,6 个月所得约两元,区区数目对其生活程度没有影响。遇年节送给各家小孩玩物,价值仅合大洋一二角。这 48 家生活状况可代表北平贫困的工人阶级的生活状况。此类贫民占北平住户的大部分,包括半技能与无技能的工人,如手艺工人、小贩、人力车夫、下级警察、仆役与小店铺伙计等。他们有时仅能维持最低生活,有时须依赖赈济。

工人家庭多住在外城花市四周,或内城东城墙附近一带。内城贫民则住在富户住宅区与城墙之间。所调查的 48 家中,有 25 家汉族,12 家满族,11 家回族,他们的生活无显著差别。家庭结构多为由夫、妻、子女组成的四五口之家。男女在 5 岁以上开始工作,15 岁以上大多都在工作。因女子可以在家做手工,所以 5—15 岁之间的女子工作人数多于男子。在这里,职业是指一切能得到收入的工作,如学徒;小孩拾煤屑可减少家里燃料费,也可以卖钱。男子半数为人力车夫,是各项职业中最多的。女子有五分之四进行缝袜口、做假花、纺毛线、做衣服等手工。

在工作时间与工作天数方面,作者强调,应慎重对待调查中所反映出的中外工人工时的差异。中国人的工作多闲暇而简易,不似近代西方工厂工作之紧张,因此,要对中国工人工作时间的报告细加评判。此次调查也并未解决这一困难。如人力车夫报告其 181 日内工作 174 日,每日工作时间为 9 小时,但实际上少有连续拉车两小时以上者。又如店员名为工作终日,但实际上无事的时间很多。研究还表明,每户赚钱人数愈多,则家庭收入愈丰。也就是说,家庭收入的增加,多由子女赚钱补助,而非因家主工资提高。特别是非技术工人更是如此。根据朗特里对英国工人生活的研究,工人在童年、中老年时期生活最贫困。在壮年初期工人本人及兄弟姐妹多能工作,或成家后子女皆已赚钱时,有短时期的宽裕生活,而此两期中家庭生活程度也较高。

中国工人也如此。工人家庭年平均收入为103.26元,平均支出为101.45元。在各项生活支出中,食品费占71.2%,燃料及水费占11.3%,房租占7.5%,服装费占6.8%,杂费3.1%。由此看出,工人的日常生活必需品占了总支出的绝大部分,除维持最低生活程度外,已没有余资供其他如教育、娱乐、文艺等消费所用。仅有的一点点杂费支出,多消耗在工人的嗜好烟、酒、茶等上面。与其他国家工人比,中国工人的食品费在总支出中所占比例为71%,为最高,说明其生活水平最低。再从其所消费食品中各项成分来看,米面占比例最高,为80%,其他分别是蔬菜9.2%,调料6.7%,肉类3.3%。

工人家庭的住房,除两家外,每家只住一间房。屋顶有三种:瓦顶最佳,灰顶和土顶次之。48家中有瓦顶的为26家,有37家屋顶不全。室内天花板,俗称顶棚,皆以高粱秆扎成架子,用纸张裱糊而成,每年均须换修。41家无顶棚。窗糊白纸,玻璃窗是奢侈品。房间大小平均为20平方米,一半为炕,睡觉、吃饭等均在炕上。一般使用小煤炉,冬日设于室内,煮饭兼取暖,夏季放室外。家具用品往往一物数用,如饭碗即茶碗,且多为手工制作。工人的衣服,仅有四分之一的人有富余单衣可换洗,不到四分之一的人有棉衣一套以上。因此,北平虽号称现代繁华都市,已有电灯、电报、电话、电车、自来水及无线电,但工业品却几乎与贫民家庭无缘。他们的生活状况相当于中世纪的欧洲农民。

第二部分是分析小学教员的生活。调查者在北平公立小学征求自愿记账者,时间为1926年11月一个月,并估算上一年的情形。初时有66人参加,其中25人将账簿填写完,但仅有12本完整有效,可用于分析。北平共约有小学教员800人,他们的生活可代表警官、小职员、技术工人等一部分下层及大部分中层家庭的状况。北平小学教员的聘约以一年为期,每月薪水40元,每年70个休息日,课时为每周24小时。因学校经费短缺,常欠薪。1926—1927年全年北平教员仅领得半数薪资。有些人兼课赚钱。与工人生活不同的是,教员的妻子多不谋职业,在家料理家务。教员家庭的食品比工人好,主食以白面大米为主,佐膳食品多些,而工人以玉米面为主。教员的住房也好些。

二、李景汉

1. 学术简介

1895年1月22日,李景汉出生于北京东郊通县的一个普通农民家里。祖辈世世代代都是文盲,他排行第二,有一兄一妹。由于生活条件所限,李景汉幼时体弱多病却非常好学用功。

1912年,他毕业于当时县里有名的潞河学校。

1916年，他毕业于通县的协和学院，并幸运地得到了庚子赔款资助留学的机会。

1917年赴美。他抱着强烈的报效祖国的愿望，认为要为祖国服务，应该首先了解社会，深入社会，所以选了社会学为主修课程。他的这种愿望和决心，在日后所著的《实地社会调查方法》的自序中作了回忆："我在美国求学时，因受种种刺激，就已抱定从事中国社会调查的决定。"

1924年回国，他以优异的成绩先后获得美国帕玛那大学学士、加利弗尼亚大学硕士学位，并在哥伦比亚大学从事研究工作。

李景汉

1924—1926年，他对北京人力车夫的劳动、生活以及手工艺工人组织做了社会调查，每天与人力车夫及手工艺工人促膝交谈。与此同时，他还调查了当时北平历年各行业的工资、物价和各种行会组织等。

1926—1928年，李景汉任中华教育文化基金委员会社会调查部主任，指导采用记账方法调查工人生活水平。

1924年—1928年间，李景汉发表了《中国人的普通毛病》(1924年)、《北京人力车夫现状的调查》(1925年)、《妙峰山朝顶进香调查》(1925年)、《中国社会调查运动》(1925年)、《家庭工资制度》(1925年)、《二十五年来北京生活费的比较》(1926年)、《北京无产阶级的生活》(1926年)、《北京拉车的苦工》(1926年)、《北京农村的状况》(1926年)、《数十年来北京工资的比较》(1926年)、《二十五年来北京之物价工资及生活程度》(1926年)、《社会调查应行注意之点》(1927年)等报告和文章。他于1929年写出《北平郊外之乡村家庭》一书。此书采用了问卷法和比较研究法，对160多个群众家庭生活进行了实情调查，是我国最早关于家庭调查的报告。

1930—1935年，李景汉在担任平民教育促进社会调查部主任的同时，兼任北京大学农学院教授，担任农业调查方法课程。1935—1944年，李景汉在进行实地调查的同时，逐步用更多的时间转向教学工作，先后担任清华大学社会学系教授、清华大学国情普查研究所调查组主任、西南联合大学社会学系教授、云南省政府社会处编写的《昆明市志》顾问及《呈贡县志》的主编，对昆明四县农业人口及呈贡县人口进行调查。

1947年，李景汉出席了在纽约召开的国际人口会议，并代表中国在大会发言，被美国人口学会及国际人口学会吸收为会员，此后近40年该组织一直视其为会员并经常征询他对世界人口问题的意见。1947—1949年间，李景汉被联合国粮食及农业组织聘请为统计专家室专员，赴日内瓦出席世界农业普查会议，为1950年的世界农业普查会议做筹备工作。他以专员身份被派往南亚考察和进行农业调查,作为联合国在这方面的代表兼任东南诸国的农业普查顾问,同时以联合国专家身份为南京农业普查训练班讲授普查方法。

新中国成立后,李景汉为祖国出力心切,放弃了国外优厚条件,毅然回国。

1949—1952 年,他担任北京辅仁大学社会学系教授兼主任,兼任北京大学经济学系教授。

1953—1954 年,他担任北京财经学院教授。

1954—1960 年,他担任中国人民大学计划统计系教授。在此期间,李景汉虽已年届花甲,但却又一次走访了 30 年前调查过的北京郊区。经过 3 个多月的调查,于 1957 年 2 月在人民日报发表了《北京郊区农村家庭之今昔》一文,对 30 年来农村的巨大变化作了对照,通过今昔对比,热情讴歌新社会,反映农民在经济上和精神风貌上的明显可喜的变化。此文当时在社会上引起了广泛关注,杂志、报刊、广播以及国内外学术界纷纷向他约稿,并邀请他去作今昔对比的报告。中国人民大学决定成立由他主持的社会调查研究室。

1958 年被错划为右派。

1960—1978 年,李景汉任北京财经学院教授。

1979 年,被聘为中国社会学研究会顾问,同年 5 月"右派"错划问题得到纠正。

1984 年,被聘为中国人民大学社会学研究所顾问。1985 年初,中国人民大学为他举办了执教 60 周年和 90 寿辰的庆祝活动。他在 90 寿辰庆祝会上提出希望中国的社会学"执世界社会学牛耳"的美好愿望。

1986 年也就是中国人民大学出版社重印《定县社会概况调查》这本书的前几天,李景汉突发脑出血住进了医院,不久便离开了人世,走完了他 89 年的人生历程。

2. 调查思想和方法

(1) 调查思想

为解决问题而进行调查。他不是为调查而调查,不是只为取一些数字材料,而是为了解决问题而调查。他说,如果只是为了调查而调查,"最好不举行调查,举行调查必有一定清楚的目的,使人们根据调查的结果来改善社会实际生活,解决社会问题,增进人类幸福"。在他心底,认为自己从事的工作,其目的就是为了为人类谋福利。

由平民教育促进会推动的"新派",以定县为乡村改良的实验基地,其理论上的特点是受西方文化影响较深。"新派"的理论基础是一种人本主义,他们认为中国当时的生死问题不是别的,而是民族衰落、民族堕落、民族涣散,根本上是"人"的问题。因为中国人生活的"基本缺点"是"愚"、"穷"、"弱"、"私"。因此"主张四大教育,即以文艺教育救愚,以生计教育救穷,以卫生教育救弱,以公民教育救私。平民教育既是以实际生活为研究对象,就必须到民间来实地工作……因此对于社会调查甚为注意,并认清中国的基础是农村,所以特别着重农民的教育与农村的建设,遂选定县为实验区"(李景汉,1933)。

他进行社会调查,始终注意科学性、代表性,否则就是没有价值的调查,所以他非常注意如何编制调查项目、如何访问、如何作统计等等,一丝不苟。从青年时代起他始终认为,要想了解调查对象及一切有关问题,必须深入群众,和群众打成一片,所以他在调查过程中始终扎根农村,和农民同吃同住同劳动,和农民建立感情,得到农民的信任。他认为只有这样才能得到他们的真诚合作,调查材料才能可靠。他的每一项调查工作都是在大量材料和数据的基础上总结出来的,材料尽可能完整无失漏,没有任何含糊概念。他特别注重全面性、整体性,从社会、经济、民俗、日常生活等等各方面无所不包,绝无以偏概全或"头痛医头,脚痛医脚"的片面做法,这种细致深入的作风被人称道。

《定县社会概况调查》体现了西方传统实证主义的社会调查方法。从它的方法论观点说,认为社会科学研究的对象即那些社会现象,是独立于调查研究者之外,而一切关于事实的知识都应以经验的实证材料为依据,不能实证的结论则是无意义的。同时为强调获得资料的真实性和客观性,就认为调查者不要带任何观点,要求调查者脑海似"一张白纸"。正如李景汉所说的:"社会调查研究是用客观的方法研究社会现象。调查者必须不拘成见,不参加个人的感情或主观的玄想,要以科学的态度,搜集事实,这才称得起是忠实的社会调查者。"

(2) 调查方法

城市生活调查采用记账法。1926—1928 年,李景汉任中华教育文化基金委员会社会调查部主任,指导采用记账方法调查工人生活水平。做法基本上是对调查对象的工资与生活费等经济方面的收支进行日用账簿的跟踪记录,以获得对城市居民尤其是城市下层群体的生活基本状况的了解。这种记录主要通过问卷调查的形式开展。

转向农村调查采用社会分析方法。李景汉早期所进行的调查,其范围虽多在城市,但由于自己在农村长大,所以虽然已经身为教授,但他的心始终挂念着农村和广大劳动人民,于是他借燕京大学聘他讲授社会调查方法课程的机会,选定北京郊区农村家庭,带领学生实地进行调查,由此他的调查兴趣逐渐由城市转向农村。定县的调查是中国知识分子运用西方社会学方法进行实地调查的典范之一,是中国首次以县为单位的系统调查。《定县社会概况调查》(1933)一书就是这一调查的主要成果,后来被称为我国近代爱国知识分子以西方社会学方法与技术进行的以县为单位的社会调查的一个代表作,真正做到了"宏观与微观、历史与现状、动态与静态、纵向与横向"的结合。

制订调查规范,如《实地社会调查方法》。李景汉在定县调查中采用的社会分析方法,主要是实地调查与统计调查相结合方法,使用了随机抽样与分层抽样,亲自设计了314个统计表格,初步建立了中国农村调查的统计指标体系。他还将这些调查的方法与经验概括于《实地社会调查方法》(1933)一书中。

三、陈达

1. 学术简介

(1)生平

陈达,字通夫,1892年4月4日出生于浙江省余杭县东乡里河村的一个农民家庭。父母均不识字。

1899年,在里河村的私塾读书。

1909年,由于高小毕业成绩优异,由学校保送到浙江省城杭州府中学读书,并跳班插入初中二年级。

1911年,在杭州考上留美预备班。

1912年,离开家乡。陈达在清华学校学习四年,于1916年毕业。同年,由清华公费保送美国留学。

1918年毕业于俄勒冈州波特兰市(Portland)的立德学院,获学士学位。

陈达

1919年毕业于哥伦比亚大学,获硕士学位。最后又在哥伦比亚大学研究院读书,在社会学大师乌克朋(W. F. Ogburn)指导下,1923年夏毕业,获博士学位。在学习期间,曾作为实习生担任过美国劳工统计局职员。

1923年秋,受清华学校聘请,回国在母校任教。

1938年4月,抵达昆明。西南联大原设历史社会学系,1940年改为历史学与社会学分别独立成系,社会学系属文法学院。

1944年,陈达应乌克朋推荐,在美国《社会学》杂志发表人口问题研究报告。

1945年8月,抗日战争结束,回到北京清华园。

1948年,拒绝跟随国民党去台湾,迎接新中国成立。

1952年,院系调整,先后成为中央财经学院劳动经济专修科教授,以及中国人民大学劳动经济专修科教授。

1954—1957年,任劳动部北京劳动干部学校教授兼任副校长。

1975年1月16日逝世,享年84岁。

(2)主要著作

陈达的主要著作包括《中国劳工问题》(商务印书馆,1929年)、《我国工厂法施行问题》(上海科学管理协会,1931年)、《人口问题》(商务印书馆,1934年)、《人口变迁的原素》(清华大学出版社,1934年)、《南洋华侨与闽粤社会》(商务印书馆,1938年)、《浪迹十年》(商务印书馆,1946年)、《现代中国人口》(天津人民出版社,1981年)、《我国抗日战争时期市镇工人生活》(中国劳动出版社,1993年)、*Analysis of Strikes in China, from 1918-1926*(Shanghai Bureau of Economic Information)、*Chinese Migrations with Special Reference to Labor Conditions*(1923)、*Japanese Emigration in China*(1927)、*Labor Movement in China*,International Labor Office(1927)、*Depopulation & Culture*(1934)、*Emigrant Communities in South China*(1940)、*Population in Modem China*(1946)。

2. 教育思想和治学精神——实事求是,注重调查

"以浅持博,以一持万;自知者明,自胜者强"。这是梁启超为陈达亲笔题写的一副对联,书法谨严苍劲。陈达数十年如一日,把这副对联悬挂在家里,并且悬挂在极其重要突出的位置。如果要问为什么陈达非常珍贵喜爱这副对联,答案就是这副对联恰恰是对陈达的教育思想和治学精神的生动写照。

陈达在人口、劳工问题的研究中,一贯坚持根据事实说话的原则。他常说:"你有一份材料,便说一份话;有两份材料,便说两份话;有十份材料,可以只说九份话但不可说十一份话。"他常常强调"靠资料立论,用数字说话"。他的所有著作有一个共同特点,那就是资料丰富,叙述简要。为了把一个问题研究清楚,他总是不怕付出最大劳动,尽量全面搜集资料。举例说,抗战前,他为要了解天灾对人口的影响,就对我国水灾和旱灾进行过一次系统的研究,搜集材料的范围包括《通志》、《通典》、《图书集成》、《文献通考》、《海关十年报告》、华洋义赈会刊物、各地赈务机关报告以及新闻报纸等。从搜集来的大量材料中求得的结论却很简单:自公元前203年至1933年,共计2 136年间,每百年中有旱灾或水灾的共66年,剩下没有旱灾和水灾的只有34年;按朝代说,这个比例数越往后越严重,辛亥革命后更是年年有旱灾,也年年有水灾。但陈达对这项研究成果并不感到满足,他同时表明:这种系统研究只是"第一次的尝试",不见得全面精确。

陈达1923年从美国回到清华不久,在讲授"社会学原理"的同时,就开始对校内工人的生活费用进行调查,写成报告在校刊上发表。这次调查范围虽不大,时间也不长,但意义却不小,因为这在当时的社会条件和风气下为知识分子的研究工作开辟了新的途径。各种社会调查开始增多了。从此以后,陈达自己在国内还调查了清华附近的城府市镇情况、上海工人生活状况、华洋闽粤侨乡状况、昆明呈贡及附近地区的人口和农业状况、重庆工人生活状况等;其中对上海工人在1931年和1946年两次进行调查。另外,在国外,他也亲自考察或调查了日本和朝鲜的劳工

状况、南洋和夏威夷华侨的社会生活状况、印度加尔各答地区的农业状况、德国和意大利的工人生活状况、苏联的市镇工人和集体农民状况等。据估计,他从1923年至1952年的29年中,一共主持和参加过24种调查,其中有小型的,也有大规模的;调查时间有的短到三四个星期,有的长达六七年。规模最大的一次调查是抗战时期他在云南昆明湖区的人口普查,参加调查工作及联络的人员达1 300余人,被调查的对象包括三县一市的60万人口。1946年他参与的对上海工人生活状况的调查,规模也很大,调查范围包括工厂最集中的黄浦、沪南、闸北、法华、洋泾五区。先是普查,包括工厂1 582家、工人148 026人,然后从中进行选样调查。被挑选出作比较深入调查的对象,包括纺织、面粉、榨油、火柴、造船、五金、卷烟等40种工业的240家工厂;对每个工厂的调查内容,包括工人种类、工作时间、工人实际收入、工人计时工资、工人计件工资、工人效率、工人管理、工人福利、安全卫生、艺徒训练、工人生活史、工会等12个项目。所有调查材料,一般要经过审核、复查、改正,然后进行分类和统计。根据以上情况可以说,陈达的主要著作成果,都是建立在大量的调查统计数据之上的。

陈达对社会调查研究方法贡献很大。他的研究态度是客观的,方法是科学的。他摒弃抽象式的玄想,采用实验式的观察,其根本方面就是由自然科学推及于社会科学的科学方法。在陈达那里,这种方法通常由五个步骤组成:①事实搜集。把事实收集起来,注重观察。②测量。将所搜集的事实,精确测量或记载。③分类。将所收的事实按照同点或异点分门别类。④结论。如果所收的事实有下结论的可能则下结论,否则将研究的结果暂作一种假设,以备将来研究的根据。⑤证实。但是在上列四个步骤里,无论哪一步有了错误,必须将错误改正,然后再进一步研究。社会现象是球式的,方向不好确定,要反映这种现象,只求一种趋势,则属于统计学的范围。因此,陈达认为,劳工问题既是社会现象之一,应当采用统计学的方法,统计学也是科学方法,但适用于社会现象,而其精确的程度不如实验法之高。

陈达在研究劳工问题时,采用科学方法和统计学相结合的方法。而根据调查研究主体的需要和客观的具体条件,在研究华侨问题时,则采取了多种调查研究的方法。①比较研究:社区比较,如对华侨社区、非华侨社区、南洋华侨社区进行三角式的比较研究。或分类比较研究,如在华侨社区(丙)和非华侨社区各选定100个家庭,按家庭的经济状况及社会地位将这100户分成上、中、下、贫四等,进行生活费比较研究。②问卷访问调查。③专题调查法。④实地观察法。⑤文献的搜集。这包括民间文字资料和正式的官方文献,收集有关的报刊、书籍、政府报告等。⑥综合的分析与研究。其内容涵盖了从经济生活、衣食住、婚姻与家庭到社会觉悟(包括治安、都市化、交通)、教育、卫生与娱乐方式等各个方面。这些是建立在把社会作为一个有机的、相关的整体上的。

陈达的治学作风严谨，这主要体现在：①明确的调查目的和重点；②明确规定调查的范围，限于太平洋区域中移民数量较大的地区，而且这些地区的移民仍与祖国维持关系；③专家亲自选点并指导实地调查；④界定重要的概念，如"生活方式"是人群对于环境的适应与顺应，包括三个方面，即地理、社会与心理；⑤实事求是的态度；⑥严谨的科学作风，如征求对研究计划的批评与建议，并审慎的整理材料。

第三节 社区研究派

社会学界一般称20世纪40年代（准确地说是1937—1949年）为社会学的建设时期。社会学传入中国30多年，仍是舶来品。所以，如何使社会学的理论与中国的社会实际相结合，使社会学中国化，成为三四十年代社会学的中心任务。吴文藻、费孝通倡导的社区研究及以孙本文为代表的社会研究法，都为社会学中国化作出了努力。

1932年和1935年的秋天，应燕大社会学系主任吴文藻的邀请，当时社会学和人类学的顶尖学者、美国芝加哥大学的派克教授（Robert Park）和英国伦敦政治经济学院的布朗教授（A. R. Radcliff-Brown）先后来到燕大讲学，分别把社会学人文区位学和社会人类学功能学派的学术理念传递到未名湖畔。以派克和布朗在当时世界学术界的地位和影响力，燕大这批青年学者自然是崇拜不已，他们的学术热情被点燃起来。受这两种学术流派的影响，他们在吴文藻的领导下，提出了以社区研究来推动社会学中国化的学术思路。

要推动社区研究的进展，除了引进学术新潮以外，他们还要面对成长已逾十年、如日中天的"中国社会调查运动"。此时，社会调查阵营里已经涌现出了一批学术中坚，如先后主持北平社会调查所和中央研究院社会科学研究所的陶孟和、清华大学社会学系的人口和劳工问题专家陈达、主持平教会定县实验区社会调查工作并先后出版《北平郊外之乡村家庭》和《定县社会概况调查》等名著的李景汉、主持金陵大学农家经济调查和土地利用调查的美籍学者卜凯（John Lossing Buck）等。在吴文藻麾下的仅有刚刚从芝加哥大学留学归国的赵承信，及若干名研究生和高年级本科生。尽管这些青年学者早在大学时期就已经在老师的指导下展开学术研究，在《社会学界》《北平晨报·社会研究》等学术舞台上初试身手，显示出非凡的学术潜力，但学术功力和影响力上，仍不能和陶孟和、陈达、李景汉和卜凯等名家相提并论。抗战前三年，社区研究派主要是介绍人文区位学和功能学派的理论和方法，不遗余力地鼓吹社区研究的优越性。在这个过程中，他们往往是把"社会调查"作为学术对手,以与"社会调查"的区别来界定"社区研究的特征";为了扫清社区研究前进道路上的障碍,他们并不是对"社会调查"进行全面的学术总结,承前启后,而是频频贬斥,不乏尖刻之词。尽管他们的看法有一定的道理,但其片面性也不容忽视,因为,此时的他们无心亦无暇去总结"社会调查"在当时学术界的意义与价值。抗战前几年,燕大的研究工作刚刚开展起来,在抗战开始以后,随着费孝通等一批学术新秀的崭露头角,社区研究派的声势日益壮大,在学术界其风头已经盖过昔日势头很猛的社会调查派,逐渐在学术界取得话语权。

面对社区研究派的强大攻势,社会调查派似乎比较沉默。但如果我们细读社会调查派的有关论著,不难发现他们在实际上不得不有所变化,大约是就其原有的思路加以引申、补充,加进了社区研究派的某些思想成分。社会调查派的代表人物李景汉、张世文此时也在使用社区研究派的核心概念"社区",就是一个明确的信号——这说明他们已在吸收社区研究派的某些概念来完善自己。

一、吴文藻

吴文藻先生是中国著名社会学家、民族学家和人类学家,出生在江苏省江阴县夏港镇。16 岁考入清华学堂。"五四"爱国运动中的反帝、反封建、要民主、要科学的思想对他影响很深,为他研究社会学和民族学理论奠定了思想基础。①

吴文藻与冰心

在中国民族学和社会学发展历史上,吴文藻先生作出了不可磨灭的贡献,起了前驱开路的先锋作用。他不仅在学术史上留下了许多不朽的著作,而且更重要的是他在整个民族学及社会学的事业发展和人才培养上作出了巨大的贡献。

在半殖民地半封建的中国,他最早倡导建设一种使社会学根植于中国土壤的理论方法,表现出留学生们振兴中华的爱国精神和中华民族对新知真理的追求及自强不息的精神。

他最早系统地引入了西方社会学功能主义的理论方法和先进的教学方式,吸收、融合西方先进成果,为我所用,构建出社会学中国化的理论方法体系。他引入西方社会学方式的独特性、培养社会学专业人才的开放性和理论方法研究的公用型,在今天仍具有较高的参考价值和指导意义。

---

① 杨雅彬:《近代中国社会学》(下),中国社会科学出版社 2001 年版,第 671 页。

他作为那个时代不可多得的中国高才留学生,不为西方优裕生活所诱惑,学成后毅然决然回到贫穷苦难的祖国,力图通过引进西方社会学和创立中国自己的社会学的方式,唤起国人共同奋进。为实现社会学中国化,使中华民族能够永远立于世界民族之林的长远目标,他不仅潜心科研,撰写中国化的社会学著作,以指导人们的行为,还发起成立社会学教学和研究组织机构,倡导社区研究,创办《社会学丛刊》,广泛宣传社会学中国化的思想,使之成为全中国社会学界的共同追求,为社会学中国化的道路创造了良好的开端,从而成为中国社会学界的一代宗师。更为突出的是,他立志讲坛,传播社会学,培养中国的社会学人才。他在1929年至1985年的56年中,有43年执教生涯,培养出一批又一批的中国社会学人才,其中一些人才在国内外享有盛誉,他撒下了社会学中国化的种子,为中国社会学的创建和发展奠定了基础。

1. 学术简介

(1) 生平

1901年4月12日,吴文藻先生出生于江苏省江阴县夏港镇[①]。

1919年,"五四"爱国运动爆发,吴文藻怀着拯救中华民族危亡的激情,毅然投入了清华学生的游行队伍,并奋笔疾书,写了许多反帝爱国的宣传品。

1923年,在清华大学学业期满,吴文藻到美国求学。他一到美国,便选择了在美国东部的达特默思学院社会学系本科三年级就读。在达特默思学院,吴文藻开始直接接触大量西方社会政治思想史和学说。

1925年,吴文藻以优异的成绩取得了学士学位并升入哥伦比亚大学研究生院社会学系[②]攻读博士学位。在哥伦比亚大学,他又学习了"文明与社会"、"西方社会思想史"、"人口问题"、"社会立法"、"统计学"等课程。

1926年,正当吴文藻在哥伦比亚大学准备硕士论文时,国内传来了大革命运动风起云涌,北伐战争节节制胜的消息。他得知后非常兴奋,便以《孙逸仙三民主义学说》为题撰写了硕士论文,一方面表达对国民革命运动的支持,另一方面宣传中国革命的伟大意义。他用所学的知识和所能见到的资料对中国近代历史进行了大量的细致分析。他的博士论文《见于英国舆论与行动中的中国鸦片问题》,至今仍有极为重要的参考价值。次年夏天,他正式获得博士学位,并获得哥伦比亚大学近十年最优秀外国留学生奖。

---

① 据吴文藻自己说,当时家境并不好,父亲是开米店的商人,死后欠的几百元债务,还是他工作后才还清的。

② 哥伦比亚大学是美国人类学历史学派的中心据点,当吴文藻先生听取了社会学系主任博厄斯及其女弟子本尼迪克特的讲演后,便对人类学发生了浓厚的兴趣。在哥伦比亚大学这段时间他对人类学专业进行学习和研究,对后来把人类学和社会学结合在一起进行研究的学术生涯产生了重大的影响。

1929年初，吴文藻回国。回国后，吴文藻先生受到燕京大学社会学系创始人步济时的邀请来到燕大教学。同时也因为谢冰心也在燕大任教，为了能与昔日曾有深厚感情的人一起，他选择了燕京。在美国留学时候他曾答应清华大学社会学系主任陈达邀请到清华任教，他又为了不辜负陈达，同时在清华大学任教。初回国时，中国的民族学和社会学基本上还处在模仿或照搬西方模式的状态。当时虽然有不少大学开设社会学和民族学课程，但讲课的内容基本上都是照抄欧美模式，有的学校甚至教材和教员都是"洋"的。且不说没有中国特色的民族学和社会学，就连中国的社会和民族实际情况也很少有人把它结合在教学和科研中。吴文藻以中国宗法制度为中心，并以中国与印度的父系家长制比较为特点编写了中文教材。

在改革教学的过程中，他提出了民族学和社会学"中国化"的主张。吴文藻不仅在学术上颇有自己的主张，在培养人才方面也作出了巨大的贡献。他对一些在本科时期学习比较突出的学生进行了重点培养。比如他派林耀华到哈佛大学人类学系攻读博士，把费孝通引见给英国伦敦经济学院人类学系的功能派大师马林诺斯基当学生。后来这些学生在民族学和社会学方面都颇有建树，学术成就在国际上也有一定影响。

1938年夏天，他不顾当时燕京大学校务长司徒雷登的再三挽留，坚决辞去燕京大学社会学系主任和法学院院长的职务，与志同道合的贤妻冰心南下，投入抗日行列。南下以后，吴文藻先生在云南大学任社会人类学讲座教授，并筹建云大社会学系。云大社会学系成立后他就任系主任和人文学院院长。为把民族学和社会学的中国化继续下去，他又筹建了燕大与云大合作的实地调查工作站，并和其他同行一起成立云南人类学会。

1940年底，在清华老同学劝告下，为了摆脱由于国民党政府拆台给他带来的困境，吴文藻不得不投身到设在重庆的国民党政府国防最高委员会参事室担任参事。

1946年，抗日战争胜利后，吴文藻的经历发生了较大的变化。他被委任为中国驻日本代表团政治外交组公使衔组长和出席盟国对日委员会中国代表顾问职务。

从1953年起，吴文藻一直在中央民族学院工作。在他担任民族部"国内少数民族情况"研室主任和历史系"民族志"教研室主任期间，他为中国民族学的教学和科研工作的发展制定了许多战略设想。但是由于"左"倾思潮的影响，他的设想未能实现。

1957年，被划为右派。

1979年，吴文藻的右派问题得到彻底改正，近80岁高龄的吴文藻担任中国社会学会、中国民族学会、中国世界民族学会、中国人类学会的顾问，并参加指导两届民族学专业研究生的工作。

1985年,身体欠佳,吴文藻先生劳累过度,与世长辞。

(2) 主要贡献

吴文藻倡导社区研究,并为社区研究奠定了理论和方法的基础。他在同仁们社会调查和民族志工作的基础上提出社区研究。他认为社区研究,就是"大家用同一区位的或文化的观点和方法,来分头进行各种地域不同的社区研究"。"民族学家考察边疆的部落社区或殖民社区;农村社会学家则考察内地的农村社区或移民区;都市社会学家则考察沿海或沿江的都市社区。或专做模型调查,即静态的社区研究,以了解社会结构;甚或对于静态与动态两种状况,双方兼顾,同时并进,以了解社会组织与变迁的整体。"

为了让大家了解社区研究是什么,他一连写了数篇文章进行介绍,其中主要有:《现代社区研究的意义和公用》、《西方社区研究的近今趋势》、《中国社区研究的西洋影响与国内近状》、《社区的意义与社区研究的近今趋势》、《中国社区研究计划的商榷》等。

1935年12月1日,吴文藻先生应清华大学社会学会之约,前往做了公开演讲,题目为"现代社区的实地研究"。他分了三节讲述:①现代社区实地研究的意义和功用;②社区研究与社会调查及社会史研究的区别和关系;③社区研究的方法和步骤。他认为,要观察社会,了解社会,就要从社区着眼。他说,社会是描述集合生活的抽象概念,是一切复杂的社会关系全部体系之总称。而社区乃是一地人民实际生活的具体表词,它有物质的基础,是可以观察得到的,社区即指一地人民的实际生活,至少要包括下列三要素:①人民;②人民所居处的地域;③人民生活的方式或文化。

他认为,文化是社区研究的核心,明白了文化,便是了解了社会。文化最简单的定义可说是某一社区内的居民所形成的生活方式,所谓方式系指居民在其生活各方面活动的业果。文化也可以说是一个民族应付环境——物质的、概念的、社会的和精神的环境——的总成绩。这样的文化,可以分为四方面:①物质文化,是顺应物质环境的结果;②象征文化,系表示动作或传递思想的媒介;③社会文化,已简称为"社会组织",其作用在于调节人与人间的关系,乃应付社会环境的结果;④精神文化,有时又称为"宗教",其实还有美术科学与哲学,也许包括在内,因为他们同时应付精神环境的产品。

"现代社区的核心为文化,文化的单位为制度,制度的运用为功能",而"功能"的观点,简单的说,就是先认清社区是一个"整体",就在这个整体的立足点上来考察它的全部社会生活,并且认清这社会生活的各方面是密切相关,是一个统一体系的各部分。要想在社会生活的任何一方面求得正确的了解,我们必须就这一方面与其他一切方面的关系上来探索穷究。他专门写了《功能派社会人类学的由来与现状》一文,对功能学派作了系统的介绍。

然后,他又对实地研究做了一定的分析。"研究"是对"调查"而言的。通常所谓社会调查,大部分叙述社会实况为主体,至于社会事实存在的原因及社会各部分相关的意义,是不去深究的。社区研究较之此类的社会调查要进一步,不但叙述事实,记录事实,还要说明事实内涵的意义,解释事变发生的原因。这也就是本书所谓的社会调查研究。如果社会调查仅侧重于事实的叙述,社会研究仅侧重于事实的解释,那么,在学术上真有贡献的科学著作很难出现,因为优秀的科学著作总是叙述与解释兼而有之。这是社区研究所应效法的。

"实地"是对"书本"而言的。社区研究和社会调查一样,注重实地考察,切身体验,直接去和实际社区生活发生接触,而又注重于沉浸在那活的文化里被熏染、受影响。同本区人一样的感觉、思想和动作,这样生活完全打成一片以后,对于社会的真相,文化的全相,才能彻底明了。像这样的真切的经验,绝不是从书本上可以得到的。因为书本上所记载的是人家对于实际生活的描述,而不是实际生活的本身。这种间接获得的知识,总不及切身体验得来的真切。所以,现在先进的社会学家和民族学家,总是极力提倡实地工作,就为这个缘故。这已是现代教育上的理想,使学生与实际生活亲密的接触,乃是世所公认的最完善的教授法。他说,我们要极力主张大学生,特别是主修社会学的大学生,来参加现代社区的实地研究。

他分析了社区研究的功用。如果实地考察的时候,充分注意到问题的实际性,则社区研究的结果,虽不能直接帮助当前实际问题的解决,至少可以促进问题的正当认识,暗示解决的正当途径。本来研究内地的乡村社区和边疆的部落社区,是研究社会学和民族学的人应有的特殊的任务,这是正可利用机会,本其独特地训练,"到民间去"实地探查,"到边疆去"亲眼观察,根据目击耳闻的实载资料城市系统的分析,编制精密的报告,以飨国人。

不过有一点是研究社区的人应该特别注意的:研究的范围固然要有实地的限制,同时,须由整体的眼光,从国家全盘的立场来看,同时又须脚踏实地,审慎明辨,看到社会现象的复杂性、连环性,处理好特殊一般的关系。

2. 倡导社会学中国化

吴文藻主编的《社会学丛刊》甲集第一种"总序"第一次明确地提出:"以试用假设始,以实地验证终;理论符合事实,事实启发理论;必须理论和事实糅合在一起,获得一种新综合,而后现实的社会学才能根植于中国土壤之上"。为推动社会学中国化事业在全国的迅速发展,在战火纷飞的抗日战争年代,他倡导大学联合。20世纪30年代,他南下和同仁们一道发起成立云南大学社会学系。难能可贵的是,他在1940年底至1946年担任国民政府国防最高委员会参事室参事期间,仍参与发起和筹建燕大成都分校社会学系,发起边政学会。与此同时,他于1943年开始主编《社会学论丛》。该刊分为甲乙两种,其中甲集专门介绍健全的社会学理论和方法,乙集专门提供各种正确的实地调查报告。

(1) 寻找一种有效的理论构架

他把自己的研究成果写成多篇文章发表出来。其中有介绍法国社会学状况和主要学术思想的《现代法国社会学》;有介绍美国社会学著名学派的《季亭史的社会学学说》;有介绍德国的《德国系统社会学学派》和《冯维史的经验学派社会学》;还有介绍英国社会人类学的《功能派社会人类学的由来与现状》等。

吴文藻先生在对这些学派作反复比较并深思熟虑之后,终于选择了英国功能学派的理论。他说:"从社会学的观点来看,功能学派社会人类学有两个特点,一、功能人类学与文化社会学在理论上的关系最为密切,二、功能观点与社区观点在实地研究的方法上,完全相同。"

吴文藻先生认为,就方法而言,"功能派所谓之功能观点,与社会学上所谓之社区观点,二者在精神上完全是一致的。功能观点本来就是一种实地研究的方法论,自然最有助于现代社区的实地调查。"他深信,如果中国有计划的来分区调查国内各种文化水准发展不同的社会实况,则对于我国固有的社会结构,以及与西洋文化接触以来所引起的社会变迁(不论其为常态的或变态的),必能得到更亲切的认识,更深入的了解。不但如此,功能观点还可以提供一种抉择文化原诉的取舍标准,因为功能派之考察社会文物制度,最终是以文化元素在整个文化体系内占什么样的位置?发生什么样的功能?满足什么样的需要?换一句话说,就是一种文化特质,若失去了功能,即失去了它存在的价值,犹如一个西洋文化丛,若不能满足我国的需要,即无输入的价值。

他说,功能学派兴起的学术背景有三:①由于晚近民族志上实地研究技术的发达;②由于民族学与社会学上文化比较研究的盛行;③由于一般思想界对于功能主义的推用。

具体而言,实地研究技术的发达,马林诺夫斯基曾认为"功能的分法,自实地工作始,以实地工作终"。功能派的学说是从实地工作的经验得来的。

为了实地观察的技术与社会学的理论揭示两者独立而并行发展的结果,人类学上,遂产生了一种新趋势,形成当时所谓的"功能的观点"。此次新趋势发起于1922年,那年同时出现了两部重要专刊:一为马林诺夫斯基的《西太平洋的探险队》,一为布朗士的《安达曼岛人》。而书之长处在于使完善的理论观点与精细的实地调查很好的结合起来。在此之前,专家式的实地研究员与"讲坛"理论敬爱各行其是。因此,观察与假设完全隔离,结果发生两种流弊:其一,社会人类学家建设理论是所根据的材料正确与否,自己无从控制。其二,因为未经实地观察,对于他所立下的假设是否可靠,也无从证实。在此以后,近代专家式的实地研究员以深切的觉悟,要彻底的观察野蛮生活的事实,就必须先了解文化的本质。所以揭示与叙述是分不开的,正如某物理学家说的,"揭示不是别的,只是简练的叙述而已。"科学的观察家应该在他的工作上排除一切的臆断、先定,只留下初民社会结构的理论或普通原则。因为事实必须经过缜密的观察,假设必须能圆满地解释事实。如果对此对证,发觉假设与事实不符,则必须根据事实,修改假设,甚至完全推翻旧假设,另立新假设。像这样的归纳过程,只有野外工作的社会学家才能做到,所以马氏所谓的"功能派的方法,自实地研究始,以实地工作终"者,实是经验之谈。布朗士在他叙述安达曼岛人的风俗以前,先定下一种概括理论。他根据心理学的知识,重新修改涂尔干的初民社会团结轮。布朗士异于涂尔干,是他根据自己实地观察的经验,而立下了一般的社会法则。这在社会学方法上算是一个新的发端。

吴文藻先生认为功能乃是一部分的活动对于整个活动所作的贡献。而某种特设的社会惯例之功能,也就是将全部社会生活看作全部社会制度在发生功能时所作的贡献。这样的社会制度,隐含了一种"功能上的统一"(functional unity);也就是说,社会制度的一切部分共同运行着,使之达到十足程度的内部的一致或和谐的状态,而不致产生不能排解或加以制裁的种种持久的冲突。反之,通常社会发生病态,即指社会内部不一致或失谐而言,社会的"丧失功能"。这种社会制度的功能的统一与不统一观念,虽然只是一个假设,但是这个假设是可由有事实的系统考察来验证的。

功能派的主要目的,在于论证功能方法的重要原理原则,就是阐明那支配文化与社会组织的发达的元素与因素。而功能派最大的贡献,也就是他们的实地研究的方法论,以及他们综合描写民族之材料的技术。

吴文藻对功能方法论的特殊运用,在四个方面做了研究。

第一,生殖制度的功能研究。

我们知道,吴文藻是费孝通的老师,费孝通曾写过《生育制度》一书。而吴文藻先生对于生殖制度也有一定研究。他说,功能派得分析社会制度,应特别注意他们与主要的社会需要的关系。在一切基本的需要中,产育与营养是最为重要的。这些是根本的人类需要。不但是依据各文化的传统来成全个人性格的基础,而且是组织人群关系的体系,来成全社会整体的基础。

他分析说,由于生育的基本需要,而产生了家庭的社会团结制度。每一社会有其一定的婚姻形式,此形式自始即决定了个人对其父母及远近亲属所怀有的情操。由此情操,又定型了他以后对于社会上其他分子,如同僚、上司或下属等的态度。这样,生殖及性欲团体遂一变而为后来社会团结的造成所。而每一家庭又必有许多相关的家庭。所以充分明了全部的生殖制度,必须注重它与社会上较广的亲属制度的关系,并推到与民族或整个部落组织的关系。

第二,营养制度的功能研究。

原始民族的营养制度,是以生物上饮食需要为中心的一切制度,其复杂与重要不亚于生殖制度。吴文藻主要考察营养制度如何部分地决定了初民社会中的人群关系、饥饿如何影响了情操并使社会的分子团结起来等问题。

第三,经济制度的功能研究。

功能派的研究经济制度,重在了解经济活动的基本性质,即其背后的趋势力;他们要想探求人类的经济以及社会其他方面的宗教、魔术、亲属组织与法律等的关系。经济活动乃是人类对于衣食住行等基本需要的反应。此种物质上的需要,扩大起来,就成为"文化愿望"。这愿望所引起的冲动,使人类有意识的力求满足。他认为今后研究经济的人,不应再费力于经济阶段的虚构,而应努力于经济制度的意义与功能的阐发。这是对于进化论者的忠告。

(2) 培养人才,进行实地研究

吴文藻认为让学生获得实地工作经验是最好的受教育的机会,亦是证实理论和运用技术最好的训练。使社会学专业的学生,尤其是研究生,与当地人民密切接触,而直接参加社区生活,是了解社会组织的方法。

只有认识中国社会,才能思考解决建设中国的问题,才能学有所用,不落空谈。而且,由于学生在校时已受过严格的科学训练,对于理论背景,早已胸有成竹,所以到了实地环境以后,可以互相参照,考核,比较,而获得很好的成绩。为此,他常常组织研究生到乡村搞专题实地调查。例如在燕京大学期间,吴文藻曾派徐雍舜到北平附近的淳县调查乡村领袖冲突问题,派林耀华到福州附近的义序调查宗教组织问题,派费孝通考察江苏省江村的农村经济问题,派黄华节去河北定县调查礼俗和社会组织问题,派黄迪到清河调查村镇结构问题,派郑安仑到福建调查侨民问题,派李有义去山西徐沟调查社会组织,等等。这些社会调查,使学生们把学到的理论知识应用于中国社会的实际,既锻炼了他们独立进行学术研究的能力,同时又培养了理论联系实际的学风。学生们的上述调查研究成果都陆续得到了发表,不仅对当时的社会学中国化起了很大的推动作用,而且对今天的社会学研究仍然具有重要的参考价值[①]。

三、费孝通

费孝通于1910年11月2日生于江苏吴江。他是原全国人大常委会副委员

---

① 范伟达、王竞、范冰编著:《中国社会调查史》,复旦大学出版社2008年版,第66—74页。

长,我国著名的社会学家、人类学家、民族学家和社会活动家。4岁起,他在母亲创办的蒙养院开始接受正规教育,就读于东吴大学医预科、燕京大学社会学系、清华大学研究院,后留学英国伦敦经济政治学院。其所著的《江村经济》被认为是我国社会人类学实地调查研究的一个里程碑。

费孝通

1. 学术简介

(1) 生平

1910年11月2日,费孝通出生于江苏省吴江县县城(旧属苏州府,今为松陵镇)的富家桥弄。费孝通大约四岁入蒙养院。六岁入吴江县城的第一小学,后转入振华女校就读。1923年转入东吴大学附属一中。

1928年,高中毕业,升入东吴大学,攻医预科,想成为一名医生,悬壶济世,救死扶伤。

1930年,费孝通放弃了做一个医生的想法而决定要做一个社会学者。他不再满足于仅仅帮助个人治疗身体上的疾病的这个目标。人们的病痛不仅来自身体,来自社会的病痛更加重要。所以他决心不去学医为一个一个人治病,而要学习社会科学去治疗社会的疾病。

1935年,费孝通与王同惠结为伉俪。同年,费孝通从清华大学研究院毕业,取得该校公费留学资格。出国前偕王同惠赴广西实地调查,在瑶山迷路失事,王同惠身亡,费孝通受伤。

翌年费孝通返乡休息,准备出国。在此期间,去吴江县庙港乡开弦弓村参观访问,在该村进行了一个多月的调查。

1936年秋,费孝通抵英,师从马林诺夫斯基完成博士学业,根据其在吴江的调查结果写出论文《江村经济》。

1938年,费孝通从英国返回,任教于云南大学,成立社会研究室开展调查工作。

1939年,与孟吟女士结婚并生下一女。

1943年,受美国政府之邀赴美访问一年。

1945年,加入中国民主同盟,积极投身爱国运动。1946年,重访英国。

1947年,返回北平,在清华任教,出版《生育制度》《乡土中国》等著作,并从事学术著作的翻译工作。

1949年,新中国成立,参加国内的民族工作。

1950年,费孝通开始参加国内的民族工作,曾随中央访问团访问调查贵州和广西少数民族地区。1952年,到中央民族学院工作。1955年,到贵州进行民族识别。1956年,到云南进行少数民族社会历史调查。

1957年,在反右斗争中费孝通被错划成右派。

1959年,配合当时中印、中阿、中巴划界工作。

1966年起,受到反革命集团的迫害,住牛棚、下干校。

1972年,回到中央民族学院,从事翻译工作。和吴文藻、谢冰心等一起翻译了两部世界史——海斯和穆恩的《世界史》、韦尔斯的《世界史纲》。

1979年,起任中国社会学会会长,着手"重建"中国社会学。

1980年,在美国丹佛获国际应用人类学会马林诺夫斯基名誉奖,并被列为该会会员。

1981年,在英国伦敦接受英国皇家人类学颁发的赫胥黎奖章。

1982年,被英国伦敦大学经济政治学院授予荣誉院士称号。

1982年,起任北京大学社会学系教授。

1985年,任北京大学社会学研究所所长。

1988年,获联合国大英百科全书奖。

1993年,获日本亚洲文化大奖。

1998年,获"霍英东杰出奖"。

1999年至2004年,相继出版《费孝通文集》(16卷本)。

2005年4月24日,因病在北京逝世,享年95岁。

（2）著作

论著甚丰,主要著作有:《江村经济》(英文版,1939)、《禄村农田》(1943)、《生育制度》(1947)、《乡土中国》(1948)、《乡土重建》(1948)、《从事社会学五十年》(1983)、《费孝通社会学文集》(1985)、《记小城镇及其他》(1986)、《边区开发与社会调查》(1987)、《费孝通民族研究文集》(1988)、《行行重行行——乡镇发展论述》(1992)。

2. 调查理论和实践

费孝通先生社会调查研究理论和实践可分为民族调查、农村调查和家庭调查三大类。

（1）民族调查

以费孝通一生的学术经历来说,不同时期曾有不同的重点,有时是民族研究,有时是城乡研究。从个人选择研究对象来看,这不仅决定于个人的兴趣,个人所处的客观条件也很重要。费孝通本人说,1936年他在英国学习时,他的导师建议费孝通以江村调查的资料为依据写出博士论文,即后来出版的 *Peasant Life in China* (Fei, 1939)。后来,他在云南的研究工作就偏重于农村研究,一直到抗战结束。

费老进行的民族调查主要是在民族地区进行的"边区开发"的课题。这一研究课题主要是要了解边区资源、民族发展、人口流动等方面的情况,并且时间上集中在新中国成立后。新中国成立前费老做过的民族调查是和其前妻王同惠一同在广西的大瑶山,即现在广西金秀瑶族自治县所进行的调查,后来成书《花蓝瑶社会组织》。

费老认为:根据中国民族现实的客观特点,"民族"概念本身应包括了三个层次的含义。第一层是中华民族的"民族",这是中国历史发展决定的,确确实实存在一个中华民族。第二层是组成中华民族整体的各个具体民族,中华民族正是中华民族的民族性和各个具体民族的民族特点的对立和统一。所谓民族特点是一个民族从历史过程中形成的、适应其具体的物质和社会条件的特点。在统一体的内部,应当承认部分的特殊性,并以此来实现民族平等和团结。第三层是中华民族里各个民族内部的各种"人",如广西金秀瑶山里的五种瑶人。他的两个学生后来去那里调查后写出了《盘村瑶族》。这里面所叙述的"盘瑶"就是瑶族中的一种人,概念上就是属于这一个层次。

《花蓝瑶社会组织》(1936)是费孝通民族调查的一个典型。费孝通借由这个调查,试图提供以下的观点:"我们认为文化组织中各部分间具有微妙的搭配,在这搭配中的各部分并没有自身的价值,只有在搭配里才有它的功能。所以要批评文化的任何部分,不能不先理清这个网络,认识它们所有相对的功能,然后才能拾得要处。这一种似乎很抽象的话,却正是处于目前中国文化激变中的人所最易忽略的。现在所有种种社会运动,老实说,是在拆搭配。旧有的搭配因处境的变迁,固然要拆解重搭,但是拆的目的是在重搭,拆了要配得拢才对。拆时自然该看一看所拆的件头在整个机构中有什么功能,拆了有什么可以配得上。大轮船的确快,在水滩上搁了浅,却比什么都难动。"

首先,费孝通和王同惠选定调查基地——六巷,因为在瑶山中,王桑、门头、六巷、大橙、古浦一带,是花篮瑶的一个聚居地。他们在王桑、门头调查收集了有关资料,然后再以六巷为圆心,调查六巷、大橙、古浦的花篮瑶社区情况。其次,在调查内容方面,涉及的内容相当广泛,包括花篮瑶的家庭、亲属、村落、风俗、族团及族团间的关系等。在调查方法上,费孝通主要做人体测量,积累人体数据,王同惠侧重于社会生活。这两种调查方法的好处在于体察民情,比较容易和居民打成一片,有利于调查工作的开展。不利的方面,尤其是人体测量,居民比较容易接受人体测量,但是他们真的要求看病治病,甚至要求费孝通为他们医治。再次,对一些有民族特色的物品进行重点研究,探究各民族间微妙的关系。例如费孝通在古浦继续进行花篮瑶的社区调查中,在六巷、门头、古浦三路交会处的一个空场上发现了瑶民召开"石牌"会议的所在。生活在大瑶山的瑶族,分为五个支系,分别为花篮瑶、茶山瑶、盘瑶、山子瑶等。五个支系的瑶民虽然来路不同,语言各异,风俗有别,但他们依靠共同的石牌制度有效地维持着多元一体的局面,保障阿拉瑶山内社会的安定,生产正常进行,也防御了山外盗匪的入山侵扰。石牌制度成了联结瑶族各支系的纽带。经过调查后,费孝通发现,石牌的狭义虽是指那刻着法律的石牌,但是在他们的实际应用中却是指整个的法制和行政制度,甚至指着负行政责任的头目,头目的产生是由于人民拥戴而产生,一村中并没有终身或世袭的头目,头目是根据人才,自然选择出来的。

(2) 农村调查

农村调查是达到我们认识中国社会、解放中国社会问题的最基本的手段和途径。费孝通想去发现中国各地不同类型的农村,用比较方法逐步从局部走向整体,逐步接近他想了解的"中国社会"的全貌。事实上没有可能用对全中国每一个农村都进行调查的方法去达到了解中国农村全貌的目的。这不是现实的方法。所以怎样从局部的观察看到或接近看到事物的全貌呢?统计学上的方法是随机抽样,依靠几率的原理在整体中取样,那是根据被研究的对象中局部的变异是出于几率的假定。可是社会现象却没有这样简单。在采取抽样方法来作定量分析之前,必须先走一步分别类型的定性分析。那就是说只有同一类型的事物中才能适用随机抽样的方法。定量应以定性为前提。先分出有男女的定性区别,才能分别在男女中抽样研究有关问题的比量。费孝通农村调查的著作主要有《江村经济》(*Peasant's Life in China*, 1939)、《云南三村》(1945) 和《乡土中国》(*Earthbound China*, 1948)。

费孝通对中国农村进行的第一个比较深入的微型调查,是在江苏太湖附近的开弦弓村,最后成文《江村经济》。这是一本描述中国农民的消费、生产、分配和交易等体系的书,是根据对中国东部,太湖东南岸开弦弓村的实地考察写成的。它旨在说明这一经济体系与特定地理环境的关系,以及与这个社区的社会结构的关系。同大多数中国农村一样,这个村庄正经历着一个巨大的变迁过程。

后来的《禄村农田》、《易村手工业》、《玉村商业和农业》都是费孝通在"内地农村"里寻找与江村不同的类型,结为《云南三村》。江村是人多地少、工农相辅的苏南农村类型。禄村农民的生产和收入主要是耕田。易村的手工业较为发达。玉村受到商业中心影响较深。在这一系列研究中,费孝通自觉地运用了类型比较的社区研究方法。他意识到对中国农村土地制度问题的解答只靠单个社区的材料是"不足为凭的",必须"在不同形式的农村社区里加以考核",因此在《禄村农田》的导言中,费孝通起首便写道"这本禄村农田可以说是我那本江村经济的续编",是由江村研究遗留下来的问题所激发出来的研究。在《云南三村》中,费孝通精心选择了三种不同类型的农村社区来和江村加以比较,禄村代表了以农业生产为主的农村社区,易村代表了内地手工业发达的农村社区,玉村代表了深受邻近商业中心镇影响的农村社区。费孝通和他的学生通过细致的实地调查,展现和概括出不同社区的类型特征,再基于不同类型社区的比较研究,加深对诸如经济制度等普遍性问题的理论认识。通过这一路径,云南三村研究不仅在具体问题上提出了独到而深刻的见解,更由此指明了中国社区研究的发展方向。同时,《云南三村》也标志着费孝通本人的社区研究思想方法的基本形成,并且随着费孝通以后的学术活动,特别是他在恢复重建社会学之后的学术活动,深深影响了当代许多社会学者的研究工作。

《乡土中国》就是费孝通企图从农村社会的基础上来解剖中国传统社会结构和基本观念,而构成一种"乡土社会"的类型。这就不限于一个具体的农村,而是指向中国农村的基本性质。它不是一个具体社会的描写,而是从具体社会里提炼出的一些概念;它不是具体的中国社会的素描,而是包含在具体的中国基层传统社会里的一种特具的体系,支配着社会生活的各个方面。

费孝通着重指出:调查是基础,本身受着一定理论的指导,而也为提出理论性观点作了准备。理论和实际是永远不能分离的。在数次农村调查中,费孝通发现:旧中国是一个典型的乡土社会,具有很浓重的乡土特点。几千年来,汉族人赖以生存的经济基础主要是简单的农业生产方式,通过种植业获取食物。种庄稼的悠久历史培植了中国的社会结构。其中的上层建筑、意识形态是用来维护这个经济基础的。中国的传统文化他曾称之为"五谷文化"。"五谷文化"的特点之一,是人和土之间存在着特有的亲缘关系。1911 年美国威士康星大学的一个农业学家金(King),曾在中国、日本调查农业,著有一本《五十个世纪的农民》。他是从土地为基础描写中国文化。他认为中国人像是整个生态平衡里的一环。这个循环就是人和"土"的循环。人从土里出生,食物取之于土,泻物还之于土,一生结束,又回到土地。一代又一代,周而复始。靠着这个自然循环,人类在这块土地上生活了五千年。人成为这个循环的一部分。他们的农业不是和土地对立的农业,而是协和的农业。在亚洲这块土地上长期以来生产了多少粮食,养育了多少人,谁也无法估计,而且这块土地还将继续养育人,看不到终点。他称颂中国人是懂得生存于世的人。五谷文化的特点就是世代定居。人以在土地上种植粮食为生,土地是不能移动的,人们跟着也必须定居,聚居在一定地方,过着一种自给自足的生活。人粘在土上,只是不得已才离乡背井。所以,乡土社会是富于地方性的,人口流动小,村与村都可以自成一体,互相隔绝。理想的形式用老子的话说,是"鸡犬相闻,老死不相往来"。自给自足的传统反映到现在就是"小而全"、"不求人"的封闭经济。

(3) 家庭调查

费孝通所做的有关家庭的调查是结合民族调查和农村调查进行的。他写的《生育制度》就是在这些调查基础上进行的理论分析。费孝通在民族调查和农村调查基础上进行理论分析后,著作了《生育制度》(1947)来阐述社会怎样新陈代谢、几千年里中国社会怎样维持世代之间关系的一套比较完整的理论。

"家",或者叫"家庭",是客观存在的事实。养生送死,也是客观存在的事实。人们的养生送死,几千年来主要是在家庭这个社会细胞里进行的。称家庭为社会的细胞,就是因为它是人类社会里最基本的生活单位。从家庭入手研究社会,不仅有我们个人的生活体验作为观察的基础,也便于我们从最基层的角度去认识社会。费孝通对家庭的观察,不是盲目地看。主要的方法还是采用比较的方法,为了比较而观察,在观察中进行比较。文化背景同我们很不相同的花蓝瑶,江村的农民,西方的美国人,他们的"家"和家庭生活有什么不同,又有什么相同。在比较中看到中国社会的特点,亦看到各民族各国家庭的共同点。

生育制度中的生育,包括生与育两层意思:生出一个人来,再把这个人培养成为社会成员,以接替由死亡造成的社会空缺。这个过程什么社会都要有,只是方式不同而已。人要老,还要死。为了人这个必然的死,社会就必须发生这一过程,即社会的继替。倘若人类与其他生物一样,具有生而有之的遗传本领,那么继替的过程就简单容易得多了。可惜在社会关系中人的遗传因子只发生潜在的作用。不经过长期的学与习的过程,人无法与他人进行交往;社会也决不允许一个"自然人"进入到自己的机体。因此人类社会的延绵不能靠生物性的继替,而只能是社会继替。既然是社会继替,社会就得规定一套继替的方式。

费孝通的《生育制度》是其家庭调查的典型。全书涉及的主题包括种族延续的保障;婚姻的确立;夫妇的配合;父母的权力;世代间的隔膜;亲属扩展等。它探讨了生育制度(包括求偶、结婚、抚育等)和性的关系等方面的问题,分析了婚姻习俗和风土人情。

在《生育制度》中,费孝通明确地否定家庭、婚姻、亲属等社会制度是人们用来满足生物基础上性需要的社会手段。他认为是社会通过这些制度来限制人们满足生物需要的方式。这些制度是起着社会新陈代谢的作用,甚至可以说,是为了解决生物界中的生命有生有死和社会实体自身具有长期绵续,积累和发展的必要性所构成的矛盾,才产生了社会制度。贯穿在《生育制度》中的一个基本观点,就是人类社会必须有一套方法,来解决个人有生死、社会须继续这个矛盾。为讲透这个观点,费孝通专门创制了"社会继替","世代参差"等专有名词,从本质上分析社会新陈代谢的过程,把性爱—结婚—成家—生育这个一般认识上的传统程序颠倒了过来。

但是在随后的一段时间内,费孝通也不断进行着学术反思,1993年写成《个人·群体·社会》,费孝通不仅看出《生育制度》表达的社会观点中存在"见社会不见人"的缺点,也发现自己获得"第二次学术生命"后的10多年里仍然没有摆脱这一缺点,在着眼于各地发展模式的同时,没有充分注意具体的人在发展中怎样思想,怎样感觉,怎样打算;看到了许多农民丰衣足食,居住宽敞,生活舒适,并注意用他们收入的增长表示他们生活变化的速度,但对他们的思想和感情,忧虑和满足,追求和希望都没有说清楚。费孝通认为自己的注意力主要还是在社会变化,忽视了人的相应的变化。费孝通在自我批评的同时也表示,重读自己在80年代初到90年代初关于社会学的所说所写,可以看到思想的变化,先前对个人与社会关系的看法已经改写,已不再像《生育制度》那样强调社会是实体、个人是载体的观点,而是多少已接受了潘光旦的新人文思想,把社会和个人看作辩证统一体的两面,在活动的机制里相互作用。

(4) 关于方法论

费孝通对社会调查研究方法与方法论有自己的理解。社会学调查,又称社区研究或社区分析。当时建立社区研究的思想,其理论渊源有几个方面:传统的社会调查方法,文化人类学形成的文化功能派的调查方法,人类生态学的成就,英法盛行的地域调查运动,文化社会学。因此,所谓社会学调查,就是应用社会学的一般理论,以文化人类学的观点,文化人类学功能主义的调查研究方法,深入一个有限制的地域社会内,进行对整个社会的性质和问题的分析研究。在方法论的研究上,我们可以以《江村经济》作为例子来研究。首先,它在社会调查研究方法和方法论上成功地把人类学的研究方法移植到社会学中来,开辟了人类学研究当代文明社会——农村的先河。其次,深入调查,完全参与。费孝通按照社会学调查的基本理论,首先确立一个研究主题,然后循序渐进,以文化功能主义作为指导思想,最后回答原来提出的问题。再次,运用从实证主义社会学走向理解社会学认识方法的转变。最后,运用类型比较法开展研究。

在农村调查中,费孝通运用了独特的研究方法。这里主要以费孝通的《江村经济》和《禄村农田》为例。首先,简要比较一下社会学研究方法和农村社会学。农村社会学作为社会学的一门分支学科,不具有一套只属于自己的方法,并且在方法的采用上也是开放的,所有社会学的方法当然都是可以采用的或值得尝试的。但是为了更好地适应研究对象的特点,农村社会学在研究实践过程中还是发展出了一些较有特色的具体方法和具体手段。

其次,在具体的方法上,最为推崇的则是实地调查和社区研究。实地调查,也称为田野调查,是农村社会学家最为常用的方法,研究者通过亲自深入农村进行观察来收集资料。实地调查要求研究者直接进入研究对象的社会生活环境中,并且往往需要经历较长的时间,这使得研究者有可能比较全面和深入地熟悉和了解研究对象的实际生活,并理解他们的思想。并且,实地调查由于不要求研究者必须事先制定出明确的研究假设和结构化的观察工具,因此研究者可以在实地调查过程中一边观察,一边根据观察到的现象不断修正自己的观点。由于实地调查的方法特别适用于在小型的社区中进行研究,因此很自然地为农村社会学家所采纳,用来进行农村社区的研究。中国农村社会学在发展之处,吴文藻、费孝通等就大力倡导以实地调查为基本方法的社区研究,并为完善这种社区研究方法进行了许多理论上的探讨。

社区研究——吴文藻提倡社区研究的一个重要理由在于社区相比大社会而言是具体的,容易观察的。这意味着作为调查单位的社区不能太大,而应在具体可感知的范围内。中国农村的村庄社区恰好符合这个条件,因此大多数社区研究都是以村庄社区为单位,例如费孝通对江村的研究。

亲密接触的实地调查——费孝通在《禄村农田》阐述调查方法的一节中,特别强调了"亲密接触"的重要性。费孝通认为,理论概念都是来自社会现实,只有经过社会现实检验,修正和补充过的理论概念才可能是用于对社会现实的解释,理论与现实不能分割开来,而中介就是依靠学者的"亲密接触"。费孝通在禄村调查时,在禄村前后两次一共生活和工作了三个月,与大量村民进行了接触和访谈。亲密接触使研究者得以更准确地了解社区的生活,避免直接地简单化地用外部标准来衡量当地社区人们的活动。例如费孝通在禄村的调查发现禄村人使用的农田单位称作"工",它和实际面积是不吻合的。如果不加思考地使用公顷或平方之类的衡量单位,就会使估算的结果变得难以理解,同时错过对文化特性的有价值的发现。费孝通敏锐地观察到这种文化差异,指出"工"是一种"功能面积",是与禄村农民从事农业生产地需要分不开的。

社区类型比较法——费孝通指出,以江村来说,它是一个具有一定条件的中国农村。中国各地的农村在地理和人文各方面的条件不同,所以江村不能作为中国农村的典型,也就是说,不能用江村看到的社会体系等情况硬搬到中国的其他农村去。但同时应当承认,它是个农村而不是牧业区,它是中国农村,而不是别国的农村。一切事物都是在一定条件下存在的。如果条件相同就会发生相同的事物。相同条件形成的相同事物就是一个类型。类型是指主要条件相同所形成基本相同的各个个体。遵循这个哲理,与形成江村条件相同的其他农村就会构成一个类型,当然还会有其他类型的农村。"如果用比较方法将中国农村的各种类型一个一个地描述出来,那就不需要将千千万万个农村一一地加以观察而接近于了解中国所有的农村了。"

费孝通不仅提出了社区类型比较法,而且用自己的研究实践了这种方法。他和他的学生所作的云南三村研究就是先对不同的村落社区进行个别调查,通过不同类型社区之间的比较来阐述相关的问题。20世纪80年代以后,费孝通在小城镇研究中提出了苏南模式、温州模式、珠江模式等,也是社区类型比较法的延续,对于认识乡村工业的发展具有重要的价值。社区类型比较法现在已经成为中国农村社会学研究的重要一环。当代的研究者常常根据研究的目标选择多个村庄社区进行统一的调查研究。

社区追踪调查——社区追踪调查,指在不同时期对同一社区的调查研究。对同一对象的追踪研究可以是同一研究者,也可以是其他研究者,亦可以是两者交替进行。当然这就涉及时间的问题。费孝通和张之毅云南禄村和易村的研究,50 年后的追踪研究是由当地学者钱成润等进行的,研究成果以《费孝通禄村农田五十年》一书出版,延续了大半个世纪,已经远远超出了新中国成立前的时间限制。费孝通的江村研究始于 1936 年夏天,20 年后首先由澳大利亚人类学家 W·R·葛迪斯进行追踪研究,于 1963 年发表了《中国共产党领导下的农民生活》一书。1957 年 5 月,费孝通重访江村。1981 年 9 月,美国人类学家南希·冈萨勒斯在江村生活了 5 天,对江村的变化进行了调查。1981 年 10 月,费孝通再访江村,为在英国皇家人类学会 1981 年郝胥黎纪念会上发言准备了《三访江村》演讲稿。此后费孝通经常回江村进行考察,至 2002 年 9 月,已是第 26 次访问江村了,先后发表了《九访江村》和《江村五十年》等文章。1985 年 3 月至 1987 年 4 月,日本鹤见和子为首的日中小城镇研究会考察团先后 3 次来江村做调查,重点考察了江村工业和农民家庭生活状况,其研究成果已部分体现在中日学者共同完成的《农村振兴和小城镇问题》一书中。江村作为社会实验室,还吸引了国内许多年轻学者的研究。由此可见,江村追踪研究是由原创者和其他研究者交替进行的,持续了近 70 年。

在社会学、人类学的发展过程中,有许多研究,其资料犹如分散的岛屿一般,彼此是孤立的。这些研究之所以有一定价值是因为它们提供了人类社会的各种实例,人们可以把这些实例作为典型来研究社会的一般理论。但是,如果研究都是孤立的,那么对社会过程的了解,无论是从实际知识的角度或是从科学分析的角度,其作用都是有限的。

第四节 社会调查运动的方法论基础

一、社会调查方法的发展

"社会调查"最根本的意义,是如何着手认识社会。作为社会学研究的基本方法,它与传统治学方法不同。社会调查要从数量众多的普通人们的琐碎生活中,发现规律,提炼原理。社会调查在中国的运用和推广,意味着向传统思维方式及生活习惯的挑战。20 世纪初政治革命胜利的同时,知识分子意识到社会改造对社会进步的重要性。一是打破传统,提倡民主与科学,即思想启蒙;二是目光向下,关注平民生活,以"到民间去"的口号为标志。中国的社会学者们以"社会调查"的方式参与其中,并起了极为独特而关键的作用。这要求知识分子们信仰社会实践,并投身社会实践。

如李景汉系统地论述了社会调查对于中国的十大益处。一是社会调查能促进产生建设国家的具体办法,能帮助寻找民族自救的出路;二是社会调查可以尽快使中国成为有条理的现代国家;三是能帮助人们正确地认清中国民族社会的特点;四是建立中国社会学的基础;五是能帮助人们彻底了解中国社会的问题;六是使有志者多用理智、少用感情;七是使民众具有相当的民众常识;八是提高人们的公共精神,增加合作的效率;九是预防灾祸;十是免除一些国耻。可见当时学者们已经意识到社会调查对中国社会及国民的重要性。这更有助于社会调查在中国的发展。

二、孙本文等论社会研究法

1. 社会学的目标

孙本文曾指出,一切科学的任务都在于用系统的方法叙述人类过去经验的事实,发现事实之间的"或然"的顺序关系,并由此推测发生的事物。一句话,科学的任务,也就是给人类提供推测事物所发生的知识,使人类能利用这种知识来适应人生的需要,所以不外乎推测与控制。推测未来现象的发生,以为控制现象的根据。而控制的目标又无非为适应人类生活的需要而已[①]。

孔德始创社会学时的目标,是要应用实证的科学方法研究社会现象,发现社会的自然原则,以预测现象的发生,而其实用的目标则在于使政治建筑在科学的基础上,依据社会现象的自然原则来指导政治应当遵循的路径。

孙本文认为,孔德的见解涉及社会学的预测与指导两种作用。他自己则把现代社会学的目标定义为:"社会学是研究人类社会行为的科学。根据研究社会行为所得的结论,去推测与控制人类的社会行为,此就是社会学的目标。"[②]他指出,推测与控制在社会学上有两种任务:一为验证学理假设,二为改进社会状况。要验证学理与假设的正确与否,可以应用推测与控制的原理,去实验社会行为。通过推测与控制的实验,经过多方面的长期的工作,一方面可以证明某种假设的正确与否,或校正某种学说的误谬;另一方面可以建立一种新假设或新学说。这是一种纯粹的科学研究,是社会学建设的根本。而要改进人类社会生活状况,可以应用社会学所发现

---

① 孙本文:《社会学原理》,商务印书馆1935年版,第85页。
② 同上书,第86—87页。

的原理原则来推测与控制社会行为的发生,即根据社会学所揭示的原理原则改革实际的社会生活。孙本文说,这是社会学的实际应用,也是社会学对人生的贡献。

这样,社会学就有纯理论研究与应用两个不同的目标。社会学的纯理目标,就是要通过对无论善恶是非的一切社会行为的研究,去发现社会行为的原理原则,也就是发现真理。因此,此种纯理的社会研究,以纯粹客观的科学态度,用纯粹客观的科学方法,去研究人类的社会行为。至于社会学的实用目标,则是指社会学是为了改进实际社会生活而研究社会行为,即要用社会学的原理原则,去改进实际社会生活,设法兴利除弊①。

2. 科学研究的方法与步骤

社会学既是科学,当然适用一般的科学方法。但孙本文同时指出,社会学所研究的对象比其他科学更复杂、更特殊,所以除适用一般的科学方法外,还有几种特殊的研究方法。

孙本文认为,普通科学研究采用的方法,不外有三种方法,即推论法、归纳法、演绎法。推论法就是根据特殊事实,推论特殊事实的方法,其关键是两件事实相似。不过孙本文提醒说,采用此种方法,必须非常慎重,因为古今时势环境不同,一切事物未必都可以推论而得到确切的结果。归纳法是把种种特殊事实综合起来而得到普通原理的方法,它是科学上的主要研究方法,归纳法是一切科学方法的根本。演绎法就是把普通原理应用于特殊事实的方法。孙本文指出,演绎法的流弊极多,学者往往把一种不正确的学说应用于事实,结果产生误谬。因此,应用演绎法时须慎重,尤应注意论据的正确性,方不致错误。

孙本文认为,科学研究的最基本步骤有三,即搜罗、分析与综合。科研的第一步就是尽量搜罗有关研究的一切事实。所谓事实,就是客观存在的事物真相,而不加以任何主观的意见。所以这种事实必定是任何人能搜集到而没有差异的。第二步是把搜集到的事实加以详细精密的分析。首先,把搜集的事实按其性质或种类的不同分别归类,使之简明而有条理,然后观察事实间的相互关系或前后顺序。第三步是把已经分析出来的关系与意义加以综合的推究,以得出相应的结论,但这种结论仍不过是一种假设,还须经过种种实验或证明无误,才可算是一种原理或定律。所以归纳法所得的结论,必须经过演绎法的证验,方可决定其价值。归纳法与演绎法不可分离,有互相补充的作用。

3. 社会研究法

孙本文所讲的普通科学方法及步骤,也是社会学所采用的几种基本方法。但他指出,社会学还有自己的研究方法,他称之为"社会研究法",主要有以下几种。

---

① 杨雅彬:《近代中国社会学》(下),中国社会科学出版社2001年版,第414—415页。

(1) 观察法

"观察法就是观察社会事实的方法。观察者立于纯粹旁观的地位,去观察社会现象的形态,发生和变迁;根据观察所得的事实,再加以分析与综合。"①孙本文认为,观察法的长处有三:①自然社会现象错综复杂,非任其自然,不能得其真相。运用观察法观察社会现象的自然发生与变化,而绝不加以人力干涉,所以常常能得真相。②能永久研究观察同一社会现象,以便反复考察印证。观察法是没有时间限制的,所以能得到较为可信的结果。③观察法手续简易。同时,孙本文又指出了观察法的短处及应注意的事项:①"精密的观察不易。观察法虽甚简易,但决不是任何人都可使用的。社会现象,非常复杂;非有受过社会科学训练的人,即使轻易尝试,亦不能得可靠结果。所以欲得精密的结果,必须有受过特别训练的人,担任观察。"②②需时太久。对于许多社会现象,但凭观察不能在短时间内得到结果,所以需要时间甚久。即使观察者能耐久观察,而因种种关系也不能得到什么结果,故往往耗费时间。③"限于片面的观察有时仅据表面观察,不能得圆满结果。社会现象,非常错综复杂,有时仅据表面观察,不能得圆满结果,且观察者若无客观标准,往往易为主观偏见所限,更不能得到真相。"③所以,在使用观察法时,不能不兼用他种方法。

(2) 调查法

"调查法就是依照预定计划,实地搜罗与考查社会事实的方法,调查法是由观察而进于实地查问,所以比观察法为进一步的方法。"④调查法又分为社会调查与个案研究两类。

社会调查是社会学上常用的一种普通方法。就调查范围而言,又分为两类。一类是普遍的社会调查,调查一个社会的全部状况,无论政治、经济、教育、宗教、风俗、人口、职业等种种情形予以详细的调查;另一类是特殊的社会调查,即调查一个社会的一部分的状况,或调查一个社会的某种问题。就社会调查的深度而言,也可分两类:一类是初步调查,仅对社会状况做一种概略的调查;另一类是详密调查,即对各个方面进行详细调查。还有一种所谓继续调查,亦即所谓跟踪调查。所有这些调查虽有范围和深度的不同,但方法上没有区别。

社会调查除应用观察法外,还常用下面两种方法搜集材料。

访问法,即就所欲调查的事项,照预定计划,亲自进行访问。访问法的优点是可以当面问答,从而得到详细的答案。其缺点在于需时太久,且当面询问也往往不

---

① 孙本文:《社会学原理》,商务印书馆1935年版,第68页。
② 同上书,第69页。
③ 同上。
④ 同上书,第68页。

能得正确结果,因为普通人有许多事最不愿意告外。

问卷法,即就所要调查的事项,制成极普通的问卷,分发或邮寄给有关的人,请他们照式填答。这种方法的优点有二:一是调查范围可以极广,同时可以调查许多人,二是调查问题可以极细,凡在访问时所不能直接问或不易得到真确回答的事项,都可在问卷上得到。但其缺点也很多,第一,问卷只能适用于识字人;第二,问卷制作问题极非易事,稍有含糊就不能得到正确回答;第三,作答的人常会捏造事实,故意说谎,以致对所得结果不能信为可靠;第四,问题若太繁多,答者往往生厌,故答案不易搜集;若太简单,又不易得到真相;第五,社会现象错综复杂,常常不是几句纸上问答就可得到其真相的。"要之,问卷法,决不是完善的调查法。用此种方法补助观察法与访问法犹可;假使用为调查社会现象的惟一方法,甚为危险"①。孙本文还说,除访问法与问卷法外,还可从史籍、各机关印刷品、报章记述、时人讲稿、歌谣、俚谚、口号、标语等来源搜集材料。

孙本文提醒我们,在进行社会调查时,应注意以下事项:①必须有曾受专门训练的人担任指导;②调查员必须有实施调查的经验;③调查时必须各人分工负责;④调查后必须兼用他种方法,以补调查之不足。

（3）个案研究

"个案研究是单单调查一个团体或一个人的方法,社会学上的人格分析,就是个案研究的一种。人格分析,是就一个人,把他从前个人的历史,所处的环境,所受的教育,所交的朋友等等,一一加以详细的分析,然后综括起来,研究他的个人的特性及其行为的趋向②。个案研究的材料来源包括:①口头访问;②通信;③传记或自传;④信札、笔记、日记、演讲稿等;⑤出版品,如书籍、论文、笔记等;⑥家谱;⑦访问有关系的亲戚朋友或有关系的团体。

孙本文给个案研究以高度的评价。他认为:"个案研究,是社会学界认为最合于科学原理的一种社会研究法。它的理由是:①个人生活不能与社会生活脱离关系,个人是社会的产物。所以研究一个人的生平行为,便可知道他所处社会的状况及他与社会的关系。②在此种范围狭小的个案研究,方可做极细密的分析工作,由此种极细密的分析所得的结果,才可以发现人类社会生活的正确事实。从此种个案研究得来的正确事实,积之既多,即可发现社会生活的原理原则。③此种分析研究,取纯粹客观的态度与归纳的方法,故可说是最合于科学原理。"③

（4）统计法

统计法就是用数量表明社会状况的方法,是调查法中的一种整理与分析方法。

---

① 孙本文:《社会学原理》,商务印书馆1935年版,第71页。
② 同上书,第68页。
③ 同上书,第72—73页。

调查结果常有质与量两方面。统计法则仅就量的方面用数字表明社会状况与趋势,并进行种种比较分析。统计法的优点是:①能以极简单的数字表明极复杂的状况,能以极简单的数量表明范围极广大的事实;②能以极简明的图表显示事实的趋势。统计法的缺点则在于:①不适用于定性的研究,仅系定性的问题,决非仅仅量的分析就能得到其真相。例如社会态度、同情、暗示、模仿、情感以及潜势力等等,都非数能表明其真相,也非统计比较所能得其实在的。②统计法仅视个人为社会的一个单位,而不是独立的,所以对于研究社会行为来说,统计法不尽适当。

(5) 历史法

孙本文认为,"社会学上历史法有两种意义:①就一种社会现象而研究其历史的背景。②从人类历史上,搜求社会生活的事实,以归纳而得原理原则。"①首先,要了解种种社会行为现象,就必须了解其种种历史环境。在运用这种历史研究法时,须同时采用调查法,以历史的观点调查事实。历史法与分析事实的因果关系极大。历史法就是通过过去的事实来了解现状的方法。人类历史就是过去人类社会生活的纪录,通过研究过去的社会发展状况及其特殊的历史环境,可以推论到现在与将来社会发展的路径。所以一切社会变迁、社会进化等都有赖于以历史法搜集材料,这种材料的来源有:①普通历史;②特殊历史,如文化史、政治史、宗教史、工业史等;③传记;④稗官野史;⑤民族学、民族志;⑥考古学;⑦语言学、文字学;⑧甲骨学等。

(6) 实验法

孙本文解释说,"实验法,就是用人为方法,控制各种状况,以验一种社会现象的性质与变化的方法。此种社会学上的实验法,与物质科学实验室中所用的实验法,性质虽无不同,方法却是有异。社会学所研究的对象——人类的社会行为——错综复杂,不能完全受人力支配,所以极难在实验室中实验。不过有时,亦可用别种方法实验。假如欲考察某项社会现象,或某种社会问题,可以指定某区域,或团体为实验区域或实验团体。在指定时期之内,研究者得使用相当方法,去控制某种状况的发生或变化;而细心观察所欲研究问题中的某种现象的性质与变化;及其与环境所发生的关系。"②

孙本文认为,从严格的科学眼光看,实验法很难得到极正确的结果,一是很难得到可做实验的适当区域,二是即使得到适当的实验区域或团体,也极难达到完全用人力控制社会现象的目的。与实验法相近似的一种方法是试验法或尝试法。不过,孙本文相信,严格地说,实验法在社会学上虽尚不能切实应用,但在不久的将来

---

① 孙本文:《社会学原理》,商务印书馆1935年版,第75页。
② 同上书,第76—77页。

是会有成效的。现在,实验法仍须与调查、观察、历史、统计诸法同时并用,方可得到可靠的结果。①

最后,孙本文特别强调:"上述各种方法,是社会学上习用的社会研究法。我们从事实际研究时,宜诸法酌量采用,俾可互相补助,以期得正确的结果。"②

4."社会调查+社区研究"是否可能

张世文1924年就读于燕京大学社会学系,1928、1929年先后获得文学学士和理学学士学位③。在此期间,他曾上过李景汉在燕大开设的社会调查课程,并参与了李景汉的名著《北平郊外之乡村家庭》的调查工作④。1920年代末至1930年代中期,他随李景汉在定县从事社会调查工作,是李景汉在定县调查的得力干将,并独立著有《定县乡村工业调查》(1936年)。他与李景汉在学术观点上比较一致。

张世文在燕大的同学李安宅在给张著写的序言里说:"我们一面提倡实地研究,以代故纸堆的吹毛求疵,而奠定下真正知识的稳固基础;一面鼓吹数量研究,以扫价值判断的乌烟瘴气,而彰显出熟练科学的清明世界。在这种立场上,我们不能不欢迎张教授的大著。"

吴景超也主张两派各有可取之处。出身于芝加哥大学社会学系的吴景超1925—1928年就读于芝加哥大学社会学系(1928年获得博士学位),倒是不像中国社区研究派那样排斥社会调查派,他对于两派采取的是一种兼收并蓄的态度。

在介绍中国学者可以借鉴的几个西方社会学者所用的方法时,吴景超第一个介绍的就是社会调查派诸位学者效法的榜样——蒲司(Charles Booth,英国社会调查先驱)的社会调查,他认为这种调查中国也还是需要的。吴景超并不以为蒲司的社会调查方法是过时的,是中国社会不需要的;相反,他认为这种调查在中国还需要大力提倡,这也可以说他间接地肯定了中国的社会调查派⑤。

---

① 杨雅彬:《近代中国社会学》(下),中国社会科学出版社2001年版,第409—413页。
② 孙本文:《社会学原理》,商务印书馆1935年版,第79页。
③ 参见《中国大百科全书·社会学卷》"张世文"条,中国大百科全书出版社1991年版,第470页。
④ 参见李景汉:"北平郊外之乡村家庭·序言",《民国时期社会调查丛编·乡村社会卷》,福建教育出版社2005年版,第463页。
⑤ 吕文浩:"重审民国社会学史上的社会学派",刊于黄兴涛、夏明方主编:《清末民国社会调查与现代社会科学兴起》,福建出版社2008年版,第107—112页。

第六章 中国共产党人的社会调查

第一节 以革命为导向的调查运动

一、革命与改良路线的历史背景

中国共产主义者对国情的调查探索可以追溯到"五四"运动。中国无产阶级的崛起和马克思主义世界观的传入,标志着调查研究中国国情的认识主体和认识工具都产生了质的飞跃。

初期的调查研究,主要是对中国无产阶级的社会地位和中国资本主义生产关系的考察。1920年2月,陈独秀在武汉委托郑凯卿、包惠增等调查汉口工人的状况。《新青年》从七卷五号开始,以相当的篇幅刊登各地工人生活状况的调查材料。在《新青年》的影响下,上海《民国日报》、《觉悟》副刊也登载关于工人生活和罢工的调查材料。中国共产党人的调查研究,一开始就同研究外国情况紧密结合在一起。1919—1920年前后,蔡和森等一批新民学会会友一边勤工俭学一边对法国、德国、日本、南洋等地,对外国的理论和革命经验作调查研究。蔡和森同毛泽东的通信中详细谈到把国内国外的调查研究结合起来的思想。蔡和森等人在法国"猛看猛译"各种社会主义理论和介绍俄国十月革命的书籍报刊,进行分析比较研究,并将他们调查研究的收获及时通报给毛泽东等诸会友,当时搜集到的各种重要书刊约有百种之多。

中国共产党成立后,随着革命实践的开拓发展和马克思主义理论水平的提高,中国共产主义者的调查研究也发生突破。越来越多的同志开始认识到"努力研究中国的客观的实际情况,而求得一最合宜的解决中国问题的方案"是党的"第一任务"。

1921年9月至1922年冬,毛泽东先后四次到安源煤矿调查,了解煤矿历史,了解工人同资本家的矛盾的具体表现,了解工人的劳动、生活和思想状况并发动和指导工人运动。同时他还对湖南劳工会、长沙泥木工人，水口山铅锌矿进行了调查研究。这是对工人状况的最早的全面系统的调查，通过这样的调查，取得了对一个企业、行业乃至地区的工人劳动和生活条件、工人的经济与政治要求、特别是工人的斗争史、工矿企业史和资本家对工人剥削史的较全面的认识。在调查中，毛泽东和湘区委员会的同志还把调查工作同宣传马克思主义结合起来，同组织工人斗争结合起来，同改造世界观克服小资产阶级思想残余结合起来。由此我们看到这些活动已经孕育了中国共产党调查研究工作的基本特点。

中国共产党人调查研究的重点是农村，揭示半殖民地半封建的中国社会性质，最根本的也是揭示农村生产关系。

1926年12月，湖南召开第一次工人和农民代表大会。毛泽东在会上指出：国民革命的中心问题是农民问题。无论是打倒帝国主义、军阀、土豪劣绅，还是发展工商业和教育，都要依赖于农民问题的解决。根据毛泽东建议，会议强调要做好调查研究工作。我党领导的革命运动中，这是第一次在会议上研究调查研究工作，第一次对调查研究工作进行具体布置安排。

中国共产党人的调查研究是在全国范围进行的，即使在国民党统治区的特定历史环境下，也千方百计进行周密系统的调查。如果说毛泽东等同志以早期的湖南农民运动为中心的调查和后来的根据地的农村调查为主，形成了对农村经济关系和社会状况的正确认识，那么陈翰笙等人则以更大范围的社会调查研究为这个认识提供了依据，做了必要的补充，为这个认识影响的扩大做出了贡献。20世纪20年代末到30年代初，当时任中央研究院社会科学研究所副所长的中共秘密党员陈翰笙，利用国民党官方研究机构的名义，组织了一系列大规模的农村社会调查。这些调查的规模之大、历时之久和影响之深远都是前所未有的。这些调查研究之所以是马克思主义的社会调查研究，不仅是因为其领导人是共产党人，其成员中有大量的共产党人，还因为它是以马克思主义为指导的，它对中国社会性质，尤其是对中国农村生产关系阶级状况的正确认识。中国共产党人从一开始就从事以革命为导向的调查研究工作。

二、马克思主义方法的输入

马克思主义作为"方法"输入之前，已有一些关于马克思和马克思学说的介绍。如马君武在《社会主义与进化论比较》（《译书汇编》第十一期，1904年11月）一文中说："马克司（思）者，以唯物论解释历史学之人也。马氏尝谓：阶级竞争，为历史之钥。"又如朱执信在《德意志革命家列传》（《民报》第2号，1906年1月）一文中，介绍了马克思、恩格斯等人的生平和思想，他写道："自草昧混沌而降，至于吾今有生,所谓史者,何一非阶级斗争之迹乎。"这是介绍马克思的阶级与阶级斗争思想。无疑,上述介绍显然是零散、肤浅且多有误解的,但这并不能否定它们在马克思主义方法介绍历程中的先导作用。从此,马克思主义方法的介绍与宣传在中国思想界逐渐开展起来。

李大钊、陈独秀是20世纪20年代介绍、宣传马克思主义方法的杰出代表,马克思主义方法经由他们之手,进入中国思想界、学术界,成为影响20世纪中国人文社会科学研究的主要方法、思潮。

李大钊介绍、宣传马克思主义方法的主要作品有:《我的马克思主义观》、《物质变动与道德变动》、《马克思的历史哲学》、《唯物史观在现代史学上的价值》、《由经济上解释中国近代思想变动的原因》等。李大钊的介绍、宣传涉及马克思主义学说的主要内容。在《我的马克思主义观》中,李大钊指出,马克思主义的唯物史观虽没有专门著作表述,但在《哲学的贫困》、《共产党宣言》、《经济学批评》序文等著述中,马克思主义唯物史观主要观点均在其中。

阶级分析是马克思主义唯物史观的主要内容,介绍唯物史观,必然要介绍阶级分析、阶级观点。在《我的马克思主义观》中,李大钊较全面地介绍了马克思主义阶级分析方法。他首先指出,"阶级竞争"与历史唯物论有着密切关系,可以认为是唯物史观中的一个"子理论"。李大钊对马克思阶级学说的介绍,侧重其"竞争"性质,这在当时是可以理解的,但关于社会中存在阶级,阶级对立表现为政治、思想的对立,阶级不是从来就有也不是与人类史相始终,阶级竞争在社会中的作用等理论,都具有"方法"性质。

陈独秀对马克思主义方法的介绍与宣传马克思主义方法的主要著述有《马克思学说》、《答适之》、《科学与人生观序》、《答张君劢及梁任公》等。在1921年回给蔡和森的信中,针对有些人怀疑马克思学说自身矛盾现象,陈独秀说:"唯物史观的要义是告诉我们:历史上一切制度的变化是随着经济制度的变化而变化的。我们因为这个要义的指示,得了三个教训:①一种经济制度要崩溃时,其他制度也必然要跟着崩坏,是不能用人力来保守的;②我们对于改造社会的主张,不可蔑视社会经济的事实;③我们改造社会应当首先从改造经济制度入手。"[①]并指出,如果把唯物史观看成呆板的自然进化说,那么,马克思主义便成了完全机械论的哲学。在《马克思学说》一文中,陈独秀系统地介绍、宣传了马克思主义唯物史观方法和阶级观点。陈独秀与李大钊一样,认为马克思的唯物史观学说虽然没有专书,但是他所著的《经济学批评》、《共产党宣言》、《哲学之贫困》三种书里都曾说明过这种道理。

---

① 陈独秀:《复蔡和森》,《新青年》9卷4号,1921年。

第二节 "问题与主义"之争

方法论是指导社会调查研究的思想方法或哲学体系。它居于社会调查方法体系的最高层,是进行调查研究的基本原则和指导思想。方法论决定研究者如何提出假设,如何解释资料和得出结论。

发生在20世纪初的"问题与主义"之争,不仅仅是自由主义与马克思主义知识分子之间的一次对于中国未来之路的碰撞式的争论,而且也一直影响到了并将继续影响着中国的历史脉络。时至今日,"问题与主义"依然是需要国人深深思考的难解的习题。

"五四"运动前后,在探索改造中国的方法的热潮中,人们基于不同的立场和认识,纷纷寻求和研究各种主义。在这种情况下,除了科学社会主义以外,施蒂纳、蒲鲁东、巴枯宁、克鲁泡特金等的无政府主义,或者新村主义,伯恩斯坦、考茨基的议会主义、欧文等的合作主义、泛劳动主义等等,在中国社会也产生了一定的影响,而且这些思想往往是以社会主义的面目出现的。这就免不了鱼龙混杂,泥沙俱下。不仅初步的共产主义者开始积极地宣传社会主义,一些军阀和政客也大谈社会主义。1919年7月8日,以反动和保守闻名的众议院议长王揖唐在安福俱乐部全体议员大会上,即将其主张标榜为民主主义、社会主义。胡适所用的办法,就是借揭穿这种虚妄的社会主义,来达到否定科学社会主义的目的。他说:"你谈你的社会主义,我谈我的社会主义,王揖唐又谈他的社会主义,同用一个名词,中间也许隔开七八个世纪,也许隔开两三万里路,然而你和我和王揖唐都可自称社会主义家,都可用一个抽象名词来骗人。这不是'主义'的大缺点和大危险吗?"①

1919年,胡适在《每周评论》上发表了《多研究些问题,少谈些主义》的文章,拉开了"方法论之争"的序幕。他主张一个一个地研究问题,一点一滴地解决问题,而反对空谈"主义"、企求"根本解决"问题的说法。之后,李大钊很快发表了《再论问题与主义》一文,他针对胡适的论点,指出"一方面固然要研究实际的问题,一方面也要宣传理想的主义",社会主义者必须研究怎样把理想应用于实际环境。基于论争的内容,这次论争又被称为"问题与主义"之争。

"问题与主义"之争,是科学社会主义传入中国后关系到两条现代化道路思想的首次论战。在这场论战中,一方是以李大钊为代表的初步共产主义者,另一方是

---

① 《每周评论》第31号,1919年7月20日。

以胡适为代表的资产阶级知识分子,所争论的"问题与主义",涉及了中国现代化中的一些问题。如现代化的方向、现代化的条件、现代化的理论指导等。具有初步共产主义思想的知识分子,力主以马克思主义为指导,用社会主义的办法改造中国;资产阶级知识分子则极力排斥马克思主义,主张走英美式的资本主义现代化道路。这场论战对日后中国现代化的目标选择,产生过直接的影响。

1919年12月,胡适又发表《新思潮的意义》一文,力图把新文化运动限制在"研究问题,输入学理,整理国故,再造文明"的范围内,继续宣扬其"一点一滴"的改良主义,并对宣传马克思主义表示不满。他认为,"悬空介绍一种专家学说,如'盈余价值论'之类,除了少数专门学者之外,决不会发生什么影响"。在他看来,"十篇'盈余价值论'不如一点研究的兴趣"[1]。李大钊则在《由经济上解释中国近代思想变动的原因》的文章中强调新思想是社会经济变动的产物,"不是几个青年凭空造出来的"[2]。

李大钊在《再论问题与主义》中,回答了胡适的诘难。针对胡适的社会主义中出现假冒牌号的情况来反对宣传社会主义的言论,李大钊指出,一种事情出了名,就难免招假冒的危险,就像王麻子剪刀有旺麻子等来混他的招牌,"今日社会主义的名辞,很在社会上流行,就有安福派的社会主义,跟着发现",但我们不能"因为安福派也来讲社会主义,就停止了我们正义的宣传"。他认为,正"因为有假冒牌号的人,我们愈发应该一面宣传我们的主义,一面就种种问题研究实用的方法,好去本着主义做实际的运动。免得阿猫阿狗、鹦鹉、留声机来混我们、骗大家"。在这篇文章中,李大钊明确提出:"布尔扎(什)维主义的流行,实在是世界文化上的一大变动,我们应该研究他、介绍他,把他的真相,昭布在人类社会。"

在胡适、李大钊等的文章中,我们注意到,尽管双方都没有完全否认问题或主义的重要性,如胡适称并不是劝人不研究一切学说和一切主义;而李大钊说,社会运动,一方面固然要研究实际的问题,另一方面也要宣传理想的主义。但这没有减少他们在中国需要问题还是主义问题上的尖锐对立。在胡适看来,中国最需解决的、最需研究的是问题,如人力车夫的生计问题、大总统权限问题、卖淫问题、卖官问题等,而且这些问题的解决要靠一点一滴地去改良去实现。胡适这些观点完全是建立在实验主义方法基础上的。实验主义方法基本观点是,在方法论上把注意之点从最先的物事移到最后的物事,从通则移到事实,从范畴移到效果;在真理论上"凡真理都是我们能消化受用的,能考验的,能用旁证证明的,能稽查核实的";在实在论上"实在是常常变的,是常常加添的,常常由我们自己改造的。是由人改

---

[1] 《新青年》第7卷第1号,1919年12月。
[2] 《新青年》第7卷第2号,1920年1月。

造过的"。由实验主义方法论,必须反对抽象的东西,反对抽象概念的提倡,从而也就反对"主义"的提倡;由实验主义的真理论,必须反对客观的、阶级的观念,因为他以"效用"为真理之标准;由实验主义的实在论,不承认人之外世界的客观物存在,任何事物是"人"的、改造过的和正在修改之中的,而且反对过激的社会运动。综合起来,如果说实验主义是科学方法在哲学应用的结果,那么实验主义在社会改革中应用的结果便是反马克思主义的。

与胡适相反,李大钊、陈独秀、瞿秋白等主张中国必须宣传主义,而且是马克思主义。李大钊认为,纸上空谈主义固然不对,但因此反对宣传"主义"也十分荒谬。因为中国的社会改革正愁没有好的"主义"的指导,主义制度好比船的方向,中国这艘大船当时正没有一个方向,面临着沉海的危险。因而中国需要大力宣传马克思主义,中国需要主义的方法根据是什么呢?是马克思主义的唯物史观。李大钊说:"依马克思的唯物史观,社会上法律、政治、伦理等精神的构造,都是表面的构造。它的下面,有经济的构造作它们一切的基础。经济组织一有变动,它们都跟着变动。换一句话说,就是经济问题的解决,是根本的解决。经济问题一旦解决,什么政治问题、法律问题、家族制度问题、女子解放问题、工人解放问题,都可以解决。"①这就是李大钊对中国需要主义的解释。按照马克思主义方法,首先就是要解决社会经济问题。中国当时所面对的正是这个问题。胡适是认识不到这一层的,这种根本的解决,按照马克思阶级观点还要依靠阶级斗争,因为如不用阶级观点去做宣传,去联合工人的实际运动,经济革命也永不会成功。所以,要解决中国问题,必须宣传"主义",应用"主义"。不难看出,在"要主义"与"要问题"之争上,实在因为胡适与李大钊等的立场、观念方法不同,一派是实验主义方法,另一派是马克思主义唯物史观方法。

第三节 毛泽东的调查研究

毛泽东是伟大的革命家、政治家、思想家和才华横溢的诗人。他是20世纪最伟大的人物之一。他的一生,对中国的政治、经济、军事、思想文化各个领域都有着巨大的影响。他可谓集磅礴的气概,广阔的胸怀,深邃的历史责任感,敏锐的洞察力,深思熟虑的气质,高度集中的意志,当机立断的魄力,忘我的工作激情,刚毅顽强的性格和勇于创新、不断进取的精神于一身。

同时,毛泽东又是我们党从事社会调查特别是农村调查的开拓者。他亲自进

---

① 李大钊:《再论问题与主义》,《每周评论》第35号,1919年。

行农村社会调查,其时间之长久、规模之宏大、内容之广泛、作风之深入,在党的历史上是空前的。他既注重社会调查的实践活动,又重视总结调查的技术和方法,并对调查成果进行理论概括。

毛泽东同志曾说:"我们要大声疾呼,唤醒这些同志:速速改变保守思想!换取共产党人的进步的斗争思想!到斗争中去!到群众中作实际调查去!"

在当前的新形势下,继承和发扬毛泽东为我们留下的这份宝贵遗产,对于准确把握中国国情、建设中国特色社会主义,无疑具有重大的现实意义。

一、毛泽东调查研究的历史实践

毛泽东的调查研究的历史实践和理论内容十分丰富,他深信,"要了解情况,唯一的方法是向社会作调查",用马克思主义的基本观点"作几次周密的调查,乃是了解情况的最基本的方法"。他曾深情地说,他用开调查会的方法"得了很大的益处,这是比较什么大学还要高明的学校","使我第一次懂得中国监狱全部腐败情形的,是在湖南衡山县作调查时该县的一个小狱吏"。

毛泽东这样说的,也是这样做的。毛泽东早在青年时期,就开始认识到,要在中国进行革命斗争,就必须把握中国的国情。1920年3月14日,在给周世钊的信就表示:"我想暂时不出国去,暂时在国内研究各种学问的纲要……吾人如果要在现今的世界稍为尽一点力,当然离不开'中国'这个地盘。关于这个地盘内的情形似不可不加以实地的调查及研究。"后来他回忆这个情形时说:"我陪同一些湖南学生去北京。虽然我协助组织了这个运动,而且新民学会也支持这个运动,但是我并不想去欧洲,我觉得我对自己的国家还了解得不够,我把时间花在中国会更有益处。"但是,在这个时期,毛泽东只是朴素地意识到调查研究的重要性,还不懂得用阶级分析的观点,来分析当时的社会问题。

"一师"时期的游学对他接受马克思主义起了促进作用。1918年,毛泽东到了北京,开始接触到李大钊等人和马克思主义理论,他认为"到了1920年夏天,在理论上,而且在某种程度的行动上,我已成为一个马克思主义者了,而且从此我也认为自己是一个马克思主义者了。"[①]那么是什么使他能够接受马克思主义呢,或者说他自身具有的什么与马克思主义产生了共鸣呢?要弄明白这个问题,不能不考

---

① [美]埃德加·斯诺著:《西行漫记》,三联书店1979年版,第131页。

察毛泽东在"一师"时期(1913—1918)的思想与实践。据毛泽东自己说,"在这个时候,我的思想成了自由主义、民主主义和空想社会主义等等观念的一种奇怪的混合物,但是我是确定地反军阀反帝国主义的"。关于毛泽东这时期的思想,有研究者认为,他非常重视精神的作用和个性解放,同时又强调实践。在哲学思想上基本上还是个二元论者,在社会历史观方面是唯心主义的,在认识论方面却有了唯物主义的基础,同时有了明显的辩证法的思想,并认为"在当时的历史条件下,具有这种唯心主义的观点,如此强调精神、哲学的作用,正是一个负责的思想家走向历史唯物主义必经之路。不经过这条道路,倒是很奇怪的。"正是在上述思想的推动下,毛泽东在"一师"的最后两年,进行了三次颇具规模的游学:第一次,从1917年7月中旬至8月16日,他邀萧子升同游,身无分文,历时一个多月,途径长沙、宁乡、安化、益阳、沅江五县城乡,步行近千里,记下了许多笔记和心得,返校后在同学中广为传阅。第二次,1917年寒假,他步行至浏阳文家市,在陈赞周家住了几天,和农民一起挑水,种菜,晚上同附近农民谈心。还到西乡土桥炭坡大屋陈晶家走访。第三次,1918年春,由于学校驻兵,学校被迫停课,他同蔡和森徒步洞庭湖南岸和东岸,经湘阴、岳阳、平江、浏阳等县,游历半个多月,了解农村的政治经济情况。关于这三次游学,没有太多资料,但可以推测的是毛泽东在游学中充分了解了农民的生活状况、贫富的差距、土地的占有状况以及农民的思想状况,等等。如果说此时的思想"为他接受马克思主义打下来坚实的基础",那么游学的收获则为他接受马克思主义提供了实践的素材,推动了这一进程。可以想象,当他在北京接触到马克思主义时,从游学中获得的那些印象和资料既使他有强烈的印证感,也使那丰富而杂乱的收获一下子明晰起来,从而初步确立了他的马克思主义观①。

中国共产党创立时期,毛泽东很快成为一个杰出的马克思主义者。他开始用马克思主义阶级观点来分析形势。在从事韶山一带农民运动时,把调查研究看作马克思列宁主义的一般原则原理同中国革命具体实践相结合的中心环节,是理论与实践相结合的重要途径,并作了大量的社会调查研究工作。他在调查过程中,发现农村贫富悬殊,有雇农、贫农、中农、地主之分。这些材料,后来成为《中国社会各阶级的分析》一文的基础,解决了新民主主义革命领导权的问题。

20世纪三四十年代,国内形成了中国农村和农民问题研究的第一次高潮。在这次研究高潮中,国内实际存在着两种不同的研究路径:一种是从学术上研究中国农村和农民问题并为解决农村和农民问题提供思路,其中以费孝通为代表;另一种则是出于救国救民的政治需要而研究农村和农民问题,其中以毛泽东和梁漱溟为

---

① 陈答才、王明:"论毛泽东的调查研究实践与思想",刊《毛泽东与当代中国》论文集,中央文献出版社2004年版,第389—391页。

代表。

毛泽东历来注重对社会实际状况,尤其是对中国的农村进行切实的调查研究。他曾在农讲所提倡学员研究各省的农民问题,组织了以地区划分的十三个农民问题研究会,还主持拟定了地租率、田赋、地主来源、抗租减租、农村组织状况、农民观念、民歌等三十六个调查项目,要求学生根据家乡的实际情况一一填写。

1925年春,毛泽东因病回到韶山休养。他一边养病,一边广泛接触群众,深入贫苦农民的家庭,对韶山地区农村的政治经济状况和农民的革命要求,进行了详细的调查研究,写了许多调查笔记。毛泽东在组织领导湘潭韶山一带农民运动的过程中,收集了许多关于农民生产和生活的材料,以这些材料为根据,再加上在湘潭西乡同佃农张连初交谈所得情况,假定了一户佃农,具体分析了其生产和生活情况,以及不能进行再生产所发生的后果。毛泽东假定的这户典型佃农,是在经过调查,掌握了许多个别佃农的材料后,作了有根据的科学假定,数字也是可靠的。他用个别和一般相结合的分析方法,从假定的一户典型佃农的生产和生活情况出发,得出了中国佃农状况的一般结论。这个调查材料,1927年3月以《中国佃农生活举例》为书名出版了单行本。这是目前保存下来的毛泽东用文字写成的最早的一篇调查材料。这本书记录了他为了解中国佃农的生活情况,曾与佃农张连初一起长谈,细算了一个三口佃农家庭全年田收、喂猪、砍柴或挑脚、工食省余4项收入,以及食粮、猪油、盐、灯油、茶叶、工资、种子、肥料、牛力、农具消耗、杂用11项支出,其中仅农具消耗就排出了犁、铁耙、耙头、锄头、打禾桶、箩筐、络脚、鸢箕、撮箕、风车、晒谷用具、南盘、米筛、推子、碓15种,逐年折旧,算账精细,最后得出"收支相抵,不足一十九元六角四分五厘五"的结论。

1926年北伐战争开始后,毛泽东从广州到上海担任中央农民运动指导委员会书记,负责领导全国的农民运动。在这期间,毛泽东对江苏、浙江两省的农民进行了考察,广泛收集了崇明、江阴、无锡、丹阳、青浦、泰兴、泰县、慈谿等地农民状况的材料,写了《江浙农民的痛苦及其反抗运动》一文,发表在1926年10月出版的《向导》周报第179期上。文中指出,我们从这些县得到的小部分材料,已足证明江浙农民并不是一般人想象得那种富庶无多痛苦的农民了。毛泽东还对当时全国土地占有情况作了调查,从中了解到,占农村人口10%的在乡地主、富农,在外地主和高利贷者,总共占有中国所有可耕地的70%。中农占15%。但占农村人口65%以上的贫农、佃农和雇农,却只占全部可耕地的10%到15%。

1926年,毛泽东主持广州第六届农民运动讲习所。这届学员来自全国20个省,共300多人。这些学员大部分是工人、农民、小学教师和青年学生,他们对本地农村情况非常熟悉。毛泽东把这些学员作为调查对象,向他们了解各地农村各方面的情况,获得了丰富的能够反映全国农村情况的调查材料。除了亲自进行调查研究外,毛泽东还指导和组织学员进行农村调查,训练学员学会用马克思主义的观点,用调查研究的方法,去认识农村阶级关系,解决农民运动中的实际问题。农讲所根据学员所在的地区,分别组成了13个"农民问题研究会"。毛泽东根据自己掌握的农村实际材料,从经济、政治、文化、教育等方面为研究会拟出了36个调查项目。在毛泽东的指导下,研究会积极开展调查研究活动,收集农村各方面的材料,集体讨论分析,使学员们加深了对农村各阶级经济和政治关系的认识,学到了如何进行调查研究的方法,提高了观察问题、分析问题的能力。为了使学员掌握实际的调查研究方法,毛泽东组织学员分别到海丰、韶关等地农村进行调查。毛泽东对学员们调查研究的成果极为重视,将一部分调查报告和调查材料,编进《农民问题丛刊》中出版。

在中国共产党的组织和领导下,农民运动蓬勃发展,然而却遭到了大地主、大资产阶级的诬蔑和攻击。北伐战争开始后,毛泽东为了支持伟大的农民运动,驳斥党内外怀疑和指责农民运动的论调。1927年1月4日到2月5日,毛泽东行程700多公里,实地考察了湘潭、湘乡、衡山、醴陵、长沙五个县的农民运动,得到了大量的第一手资料。毛泽东把这次考察的情况,向中共中央写了《湖南农民运动考察报告》。这个报告,真实、具体地记录了湖南农民运动的伟大实践,以调查所得的大量事实,雄辩地驳斥了对于农民革命斗争的种种怀疑和指责,并运用马克思列宁主义的普遍原理和中国革命的具体实践相结合的原则,提出了解决中国民主革命中农民问题的理论和政策,成为指导农民运动的重要文献。

在大革命失败前后历史的转折关头,毛泽东认真思考中国革命的道路问题。他根据中国社会、中国革命的特点和敌强我弱的情况,提出上山保存革命力量和枪杆子里出政权的思想。在参加八七会议之后,到湘赣边界领导秋收起义。起义受挫后对部队进行改编,在井冈山创建第一个农村革命根据地。1928年4月,同朱德率领的部队会师。后转战赣南闽西,先后粉碎国民党军三次大规模"围剿",开辟了中央革命根据地。

这一时期,他为了寻找适合中国情况的革命道路,在极其艰难的环境下,对湘赣边界各县进行了广泛的社会调查,为认识国情和制定政策打下了坚实的基础。1927年11月写出宁冈、永新两县的调查报告,对当地群众斗争的情况,反动派的状况,当地经济生活,土地分配的情况等进行了全面的分析,基于这些社会调查,写出了《中国的红色政权为什么能够存在?》一文,论证了中国红色政权发生发展的原因、条件,提出了"工农武装割据"的光辉思想及《星星之火,可以燎原》等著作,从理论上阐明中国革命必须走农村包围城市、武装夺取政权的道路。

随后,他利用开展游击战争的空隙,深入实际,调查部队存在的各种问题,起草了《关于纠正党内的错误思想》的决议,总结了红军建设的经验,提出了新型军队建设的基本原则和具体措施。他强调指出,要"用马克思列宁主义的方法去作政治形势的分析和阶级势力的估量,以代替主观主义的分析和估量",要"注意社会经济的调查和研究,由此来决定斗争的策略和工作的方法,使同志们知道离开了实际情况的调查,就要坠入空想和盲动深坑。"在这里,毛泽东既提到了掌握马克思主义的方法,又说到了调查和研究中国实际情况的重要性,把调查研究提到了解决政治路线的思想基础的高度。

在1927年秋至1937年的土地革命战争时期,他深入农村实地调查,正确地制定了划分农村阶级的具体标准,确立了"依靠贫农和雇农,团结中农,中立富农,有步骤、有分别地消灭封建剥削制度,发展农业生产"的土地革命路线。

1930年5月,毛泽东写了《调查工作》一文。这篇文章在1964年收入《毛泽东著作选读》(甲种本)时,毛泽东把它改题为《反对本本主义》。1961年3月11日,毛泽东将此文印发给他在广州召集的一次会议,并写了以下的说明:"这是一篇老文章,是为了反对当时红军中的教条主义思想而写成的。那时没有用'教条主义'这个名称,我们叫它'本本主义'。""看来还有些用处,印若干份供同志们参考"。《反对本本主义》全面系统地论述了调查研究的理论,指出"中国革命斗争的胜利要靠中国同志了解中国情况。""无产阶级要取得胜利,就完全要靠他的政党——共产党的斗争策略的正确和坚决。共产党正确而不动摇的斗争策略,决不是少数人坐在房子里能够产生的,它是要在群众的斗争过程中才能产生的。这就是说要在实际经验中才能产生的。因此,我们需要时时了解社会情况,时时进行实际调查。"、"一切结论产生于调查情况的末尾,而不是在它的先头。"并提出了"没有调查,没有发言权"的著名论断。如果说,毛泽东以前只是进行了调查研究的实践的话,那么,这便是对长期调查研究实践的科学总结,是从认识论的高度对调查研究所作的理论上的深刻阐述。随着理论认识的提高,调查研究的实践也不断深化。

1930年5月,毛泽东利用红四军正分散在安远、寻乌、平远发动群众的机会,在寻乌县委书记古柏协助下,接连开了十多天座谈会,进行社会调查。这是他以前还没有过的规模最大的一次调查——寻乌调查。

1930年6月初,毛泽东、朱德率领红四军从寻乌出发,再次进入闽西,经武平到上杭,分兵发动群众。毛泽东到上杭县才溪乡进行社会调查后,召开区乡工作人员和耕田队长会议,号召群众组织起来搞生产,要求把耕田队改成互助组;教育区乡工作人员依据群众自愿入股原则,创办出售油、盐、布匹和收购土特产品的合作社,来促进物资交流,解决农民生产和生活的必需品。

此后,毛泽东在1930年10月又做了兴国调查。这次调查的特点是:第一,做了八个家庭的调查,这是他过去从来没有做过的,而没有这种调查,就不能有农村的基础概念。第二,调查了各阶级在土地斗争中的表现,这是他在寻乌调查中做了而没有做得完全的。毛泽东在整理后记中说:"实际政策的决定,一定要根据具体情况,坐在房子里想象的东西,和看到的粗枝大叶的书面报告上写着的东西,决不是具体的情况。倘若根据'想当然'或不合实际的报告来决定政策,那是危险的。过去红色区域弄出了许多错误,都是党的指导与实际情况不符合的缘故。所以详细的科学的实际调查,乃非常之必需。"

1930年11月6日,毛泽东从峡江去吉安布置撤退工作,7日宿东塘,8日到吉安,即使在这种紧急关头,沿途也做了东塘、大桥、李家坊、西逸亭等4个乡(村)的调查。他对于向下作调查的热忱和踏实由此可见一斑。

1930年,他利用红军分散发动群众的机会,深入寻乌、兴国等地调查研究,先后写出了《寻乌调查》、《兴国调查》、《长冈乡调查》、《才溪乡调查》等具有重要价值的调查报告。正是这些调查研究,使他能够从实际出发,把马克思主义的普遍真理同中国革命的具体实际结合起来,为较好地解决土地革命中基本政策,提供了可靠的依据。

1931年4月2日,毛泽东在《总政治部关于调查人口和土地状况的通知》中,对"没有调查,没有发言权"的论断作了补充和发展,提出"我们的口号是:一,不做调查没有发言权。二,不做正确的调查同样没有发言权。"有了后一条补充,就表述得更加完整了。为了使调查研究所得的材料正确,真正做到实事求是,在通知中提出了三条要求:

"第一,必须建立对这一工作的深刻认识,看清楚这一工作的重要,才会以大力注意。

第二,调查的人要不怕麻烦。调查这一乡,必须找到他们的分田的人口和土地调查本子,找到这一乡经手分田的土地委员和熟悉这一乡情形的人,先把每一家的阶级成分和每一亩田为哪个阶级占有(属于地主、富农、中农、贫农……)分别清楚,再用硬算的办法统计清楚,按照实际数目填写上去。

第三,上级政府派出去指导的同志和政治部负责任的同志,须将两张表格的内容及调查时要注意之点,详细向执行这工作的同志说清楚……"

1932年春,中央红军东路军在毛泽东同志率领下东征漳州。攻克漳州后,4月21日,在东路军总部驻地——漳州芝山南麓的红楼,举行了各军的师以上干部会议。在会议上,毛泽东同志就下一步行动计划作了讲话。他在讲话中强调:各个部队要分散到漳州附近各地,通过进行社会调查,发动群众,扩大红军影响。会后,红三军进驻漳浦,九师驻在旧镇、盘陀、霞美、东山岛等地。在驻地,遵照毛泽东同志的指示,开展社会调查,发动和组织群众,建立了工会、农会和赤卫队。为了便于开展社会调查和联系群众,还号召湘赣籍的干部战士学习闽南话,使军民关系更加如鱼得水,工作也就开展得更加顺利。

遵义会议以后,确立了毛泽东在红军和党中央领导地位,从此,中国革命开创了胜利发展的新局面,顺利地实现了土地革命战争到抗日战争的转变。为了总结党成立以来中国革命两次胜利、两次失败的经验教训,红军长征到达延安以后,毛泽东集中精力从事理论工作。在百忙中,他亲自整理了经过长征保存下来的调查材料,编为《农村调查》一书,并写了《〈农村调查〉的序言和跋》,在这里,毛泽东着重讲了调查研究应采取的态度和方法。他指出:"调查研究"没有满腔热情,没有眼睛向下的决心,没有求知的渴望,没有放下臭架子甘当小学生的精神,是一定不能做,也一定做不好。

1941年9月13日,毛泽东又发表了《关于农村调查》讲话,进一步强调了调查研究的重要性和长期坚持调查研究的必要性。他指出:"认识世界,不是一件容易的事,马克思、恩格斯努力终生,作了许多调查研究工作,才完成了科学的共产主义。列宁、斯大林也同样作了许多调查"。"中国革命需要调查研究工作,首先要了解中国是个什么样东西(中国的过去、现在及将来)"。同时,他指出调查研究应注意的方法。要用对立统一观点进行调查研究。调查要详细地占有材料,"但是一定要抓住要点或特点(矛盾的主导方面)。""假若丢掉主要矛盾,而去研究细枝末节",仍然没有发言权,如此种种。这是我们达到正确认识客观世界的保证。但是,认识客观世界有一个过程,不能一次完成,因此,调查研究也不能一劳永逸。"事物是运动的,变化着的,进步着的,因此,我们的调查,也是长期的,今天需要我们调查,将来我们的儿子、孙子也要作调查,然后才能不断认识新事物,获得新知识。"他还指出:"我们的调查工作,是要有耐心地、有步骤地去作,不要性急。"这些关于调查研究的基本观点和方法,表明了毛泽东的调查研究理论已达到成熟、完整形成的标志。毛泽东的大量社会调查,为我们了解中国国情、制定民主革命的战略策略、夺取新民主主义革命的胜利提供了最基本的理论和客观依据。

二、毛泽东的调查理论与方法

毛泽东的调查研究理论是毛泽东思想的重要组成部分,是中国共产党人和中国人民认识世界和改造世界的伟大认识工具,是毛泽东留给我们的极为宝贵的精神财富。在今天的改革开放中,认真学习和研究毛泽东的调查研究理论,对于建设中国特色社会主义仍有科学价值和意义。

1. 明确目的

毛泽东的早期社会调查研究活动有着明确的目的,就是为了认识中国国情,使马克思主义的基本原理同中国革命的具体实践结合起来,正确地制定和完善党的路线、方针、政策以及战略战术。毛泽东在早期社会调查研究中,坚持了实事求是、科学分析、眼睛向下的科学态度,他实现了这一目的。

(1) 调查就是解决问题

毛泽东深信,"调查就是解决问题","你对于那个问题不能解决么?那么,你就去调查那个问题的现状和它的历史吧!你完完全全调查明白了,你对那个问题就有解决的方法了。一切结论产生于调查情况的末尾,而不是在它的先头。"

他认为:许多巡视员,许多游击队的领导者,许多新接任的工作干部,喜欢一到就宣布政见,看到一点表面,一个枝节,就指手画脚地说这也不对,那也错误。这种纯主观地"瞎说一顿",实在是最可恶没有的。他一定要弄坏事情,一定要失掉群众,一定不能解决问题。

许多做领导工作的人,遇到困难问题,只是叹气,不能解决。他恼火,请求调动工作,理由是"才力小,干不下"。这是懦夫讲的话。迈开你的两脚,到你的工作范围的各部分各地方去走走,学个孔夫子的"每事问",任凭你什么才力小也能解决问题,因为你未出门时脑子是空的,归来时脑子已经不是空的了,已经载来了解决问题的各种必要材料,问题就是这样子解决了。一定要出门吗?也不一定,可以召集那些明了情况的人来开个调查会,把你所谓困难问题的"来源"找到手,"现状"弄明白,你的这个困难问题也就容易解决了。调查就像"十月怀胎",解决问题就像"一朝分娩"。调查就是解决问题。

他还深信,通过面向实际作调查来认识问题和解决问题,完全符合人类认识发展的一般规律。他从理论的高度明确指出,用马克思主义的科学方法"善于调查研究,总结经验",就是坚持"辩证唯物论的认识论"。

(2) 反对本本主义

毛泽东指出:以为上了书的就是对的,文化落后的中国农民至今还存着这种心理。共产党内讨论问题,也还有人开口闭口"拿本本来"。我们说上级领导机关的指示是正确的,决不单是因为它出于"上级领导机关",而是因为它的内容是适合于斗争中客观和主观情势的,是斗争所需要的。不根据实际情况进行讨论和审察,一味盲目执行,这种单纯建立在"上级"观念上的形式主义的态度是很不对的。为什么党的策略路线总是不能深入群众,就是这种形式主义在那里作怪。盲目地表面上完全无异议地执行上级的指示,这不是真正在执行上级的指示,这是反对上级指示或者对上级指示怠工的最妙方法。

本本主义的社会科学研究法也同样是最危险的,甚至可能走上反革命的道路,中国有许多专门从书本上讨生活的从事社会科学研究的共产党员,不是一批一批地成了反革命吗? 就是明显的证据。我们说马克思主义是对的,决不是因为马克思这个人是什么"先哲",而是因为他的理论,在我们的实践中,在我们的斗争中,证明了是对的。我们的斗争需要马克思主义。我们欢迎这个理论,丝毫不存什么"先哲"一类的形式的甚至神秘的念头在里面。读过马克思主义"本本"的许多人,成了革命叛徒,那些不识字的工人常常能够很好地掌握马克思主义。马克思主义的"本本"是要学习的,但是必须同我国的实际情况相结合。我们需要"本本",但是一定要纠正脱离实际情况的本本主义。

怎样纠正这种本本主义? 只有向实际情况作调查。

离开实际调查就要产生唯心的阶级估量和唯心的工作指导,它的结果,不是机会主义,便是盲动主义。

毛泽东指出:离开实际调查去估量政治形势,去指导斗争工作,是空洞的、唯心的。这种空洞的唯心的政治估量和工作指导,是要产生机会主义错误,或者盲动主义错误的。这并不是在行动之前不留心计划,而是于计划之前不留心了解社会实际情况,这是红军游击队里时常遇见的。

所以,必须洗刷唯心精神,防止一切机会主义盲动主义错误出现,才能完成争取群众战胜敌人的任务。因而,就必须努力作实际调查,才能洗刷唯心精神。

(3) 社会经济调查,是为了得到正确的阶级估量,接着定出正确的斗争策略

为什么要作社会经济调查? 作为社会经济调查的对象是社会的各阶级,不是各种片断的社会现象。调查的主要目的,是要明了社会各阶级的政治经济情况。调查所要得到的结论,是各阶级现在的以及历史的盛衰荣辱的情况。不仅要调查各业的情况,尤其要调查各业内部的阶级情况;不仅要调查各业之间的相互关系,尤其要调查各阶级之间的相互关系。而调查工作的主要方法是解剖各种社会阶级,终极目的是要明了各种阶级的相互关系,得到正确的阶级估量,然后定出正确的斗争策略,确定哪些阶级是革命斗争的主力,哪些阶级是应当争取的同盟者,哪些阶级是要打倒的。目的就完全在这里了。

2. 指导思想

第一,调查的主题必须明确集中,有的放矢,主题是中心,也即是我们计划所要解决的问题。调查若无主题,犹如瞎子摸象,随便到一个地方去乱抓一把,不但不能收到效果,反而会浪费人力物力。主题应该集中,每次调查最好是围绕一个中心,即客观事物发展过程中的主要矛盾,抓住了这个主要矛盾,一切问题就迎刃而解了。"如果十样事物调查了九样,但都是次要的,把主要的东西丢掉了,仍然是没有发言权。"因为主要矛盾的存在和发展规定或影响着其他矛盾的存在和发展。毛泽东指出:"详细地占有材料,抓住要点,材料是搜集得愈多愈好,但一定要抓住要

点或特点,马克思研究资本主义,列宁研究帝国主义,都是收集了很多统计和材料,但并不是全部采取,而只是采取最能表现特点的一部分。"

主题确定以后,还需要拟定调查大纲。列出所要调查的项目。纲目要事先准备,调查人按照纲目发问,会众口说,不明了的,有疑问,提起辩论。"所谓'调查纲目',要有大纲,还要有细目,如'商业'是个大纲,'布匹'、'粮食'、'杂货'、'药材'都是细目,布匹下再分'洋布'、'土布'、'绸缎'各项细目。"这些项目应该是把许多问题,按照一定的逻辑系统排列起来,而不是杂乱无章的,凡调查项目可以制表格的,就应该事先制成调查表。有了明确的调查纲目,就可以保证围绕主题,步步深入,得到我们所需要的材料。

第二,坚持实事求是,这是调查研究最根本的原则。所谓实事求是的调查研究,说的是如下两种情形:一是调查者不能事先定调子,划框框,下到基层找例子。一切结论应该产生于调查的末尾,而不是在它的先头。这就是说,要按照事物的本来面目认识事物,不增加任何主观成分,是什么问题就是什么问题,是多大的问题就是多大的问题,一就是一,二就是二,不夸大,不缩小,这就是调查中的唯物主义,有的人,调查之前就已经有了结论,调查不是为使主观符合客观,而是要使客观适应主观,"按图索骥"。用框框硬套客观实际,"合则取,不合则弃",搜集一些片面的材料来印证自己的结论。这种方法从根本上违背了"从物到感觉和思想"的唯物主义认识路线。毛泽东针对这种情况明确指出:"调查研究有两种方法,一种是大胆的主观假说,小心的主观主义的求证,这是个很坏的方法。一种是马克思主义的科学方法。"我们要作科学的调查研究,就要从实际出发,客观地冷静地了解事实本身。二是对调查所得材料要认真验证,反复核对,辨别真伪。在社会调查中,由于被调查者可能受切身利益的牵连,或其他种种的局限,反映的情况不一定是完全真实的,因此需要验证、核对。为此,在调查研究中必须做周密系统、深入细致的工作,要有耐心地、有步骤地去工作,不要性急,也不能偏听偏信。

在社会历史领域中,发现和利用那些触犯社会衰朽力量的新规律,往往会遇到强烈的反抗,即使在我国社会主义条件下也仍然存在某种阻力。比如当调查研究揭示出某一事物的本质和规律性时,常常会触及某些单位,某部分人或某些个人的既得利益,有的还会触及某些传统观念和习惯势力,这就要求我们的调查者要有勇气冲破重重束缚,不要怕挫折,不要怕打击,没有这种大无畏的精神,要想调查真实情况,反映真实情况是不可能的。

第三,调查研究要着眼于现在和未来,善于发现新生事物,注意事物发展动向,为预测和决策工作服务。那些在历史发展过程中具有远大前途的新生事物,产生时总是比较软弱无力,居于少数。一般需要人们有意识地扶持才能迅速成长。因此,"我们应当缜密地研究新的幼芽,极仔细地对待它们,尽力帮助它们成长,并

'照管'这些嫩弱的幼芽。"在调查研究过程中,如果不特别注意发现新的幼芽,即使新事物就在面前,也可能视而不见,听而不闻,失之交臂。这样就会使新生事物遭到埋没,延缓了它成长壮大的时机,或者由于不懂得分析鉴别新生事物,说不定把腐朽当神奇,不自觉地压制新生事物。如同毛泽东所说的:"同旧社会比较起来,在社会主义社会中,新生事物的成长条件,和过去根本不同了,好得多了。但是压抑新生力量,压抑合理的意见,仍然是常有的事。不是由于有意压抑,只是由于鉴别不清,也会妨碍新生事物的成长。"因此,在调查研究过程中,应立足于现实,放眼于未来,为了前进而去发现新事物,支持新事物。

在现实生活中,及时地发现新生事物,对于预测和决策工作,有着十分重大的现实意义。70年代末,农村的联产承包责任制刚刚出现的时候,仅仅属于个别情况,而且不少人持怀疑或否定态度,我们党及时地做了大量的调查研究工作,敏锐地抓住了这个适合我国生产力发展状况的新生事物,迅速打开农业生产的新局面,并且为整个国民经济的发展拓开出了一条新路子。运动在发展中,新东西是层出不穷的,因此要努力认识新情况、研究新问题、解决新问题。

第四,要有眼睛向下,甘当小学生,虚心向群众学习的态度。毛泽东指出:调查研究"没有满腔的热情,没有眼睛向下的决心,没有求知的渴望,没有放下臭架子、甘当小学生的精神,是一定不能做,也一定做不好的"。

首先,甘当小学生要有满腔的热情,要站在人民大众的立场上,抱着为人民服务的决心,一切从人民利益出发,同群众打成一片,关心和解放群众生产和生活中的问题。而要做到这些"主要的一点是要和群众做朋友,而不是去做侦探,使人家讨厌。群众不讲真话,是因为他们不知道你的来意究竟是否于他们有利。要在谈话过程中,给他们一些时间摸索你的心,逐渐地让他们能够了解你的真意,群众才能把你当作好朋友看,然后才能调查出真情况来。群众不讲真话,不怪群众,只怪自己。"

其次,甘当小学生要有眼睛向下的决心。如果以领导者自居,居高临下,没有放下架子的精神,是一辈子也不会懂得中国的事情的。有些人下去调查,盛气凌人,"下车伊始",就哇啦哇啦地发议论,一开口就是官腔,自以为是,这也批评,那也指责,群众只会望而生畏,根本不愿理睬。只有眼睛向下,平等待人,才能知道许多"闻所未闻"的东西。

最后,甘当小学生还必须有求知的渴望,虚怀若谷。抱着寻求真理的强烈愿望,我们切不可强不知以为知,要"不耻下问",要善于倾听群众和基层干部的意见,恭恭敬敬地、老老实实地向群众学习,不懂就是不懂,不要装懂。客观事物是错综复杂地发展变化的,事物本质的暴露有一个过程,因此,调查研究是一种艰苦的劳动,要搜集大量材料与数据,要反复思考与分析,不花气力,不动脑筋是得不到真理的。

3. 基本方法

调查研究方法具有多样性，研究领域不同，调查研究的方法也不同。随着科学技术和现代实践的发展，调查研究的方法也在不断地发展。毛泽东在长期实践中总结出的一套基本调查研究的方法至今仍然值得我们借鉴和利用，其中有几点值得深思。

第一，普遍调查。

调查研究的规模和范围应根据所要了解情况的不同来确定，一般可采取普遍调查与典型调查两种方式。

普遍调查是从面上了解一般情况的方法，可以采取"走马观花"、"周游列国"的方式进行，从整体上掌握事物面貌，如近年来，中央领导同志经常到全国各地视察工作，深入基层了解情况，总结群众创造的新经验，具体指导，及时推广，指导全局。也可以采用填表等书面方法进行，对有关范围内所有的对象逐一进行调查。例如，人口普查用填表方式便于统计，能具体准确地反映情况。普遍调查的好处在于它掌握情况比较全面。但是，"走马观花"不深入，只能了解表面现象，得到比较肤浅的材料，不能对事物的内部联系有深刻的了解。因此，普遍调查必须与典型调查相结合。

第二，典型调查。

典型调查是深入具有代表性的一点或若干点上，做"解剖麻雀"的工作，取得更为详细的、具体的、丰富的第一手材料，然后综合起来，对"麻雀"得出总的概念，这就是"下马看花"。这种方法正确地处理了个别与一般的辩证关系。毛泽东极为重视并经常使用这种方法。他说："如果有问题，就要从个别中看出普遍性。不要把所有的麻雀统统捉来解剖，然后才证明'麻雀虽小，肝胆俱全'。从来的科学家都不是这么干的。只要有几个合作社搞清楚了，就可以作出适合的结论。""这就叫做'解剖学'"。

典型调查是从了解个别入手，从个别中认识同类事物的共同本质。因此，个别点的选取必须具有代表性，最能够反映同类事物的一般特征。典型的选择可以根据调查目的来考虑，解决问题的不同，典型的确定也不同。毛泽东介绍了两种选择典型的方法，一是根据社会政治、经济结构、从地理位置确定典型，寻乌调查就是采用的这种方法。寻乌这个县，介于闽、粤、赣三省的交界，明了这个县的情况，三省交界各县的情况大概相差不远。二是根据事物发展进程作分类调查。调查的典型可以分为三种，一是先进的，二是中间的，三是落后的。每类调查两三个，便可知一般的情形了。

为了解决某个问题，仅选一个典型往往不够，应该在力量所能达到的限度内由一个典型再及一个典型。因为在一个典型材料中,未必有完全的代表性,而且只研究一个典型材料,有时也可能把它所特有的现象,误认为一般,有了若干点的,详细的典型调查,还要结合面上的情况。这就是说,只有采取普遍调查与典型调查相结合,"走马观花"与"下马看花"相结合的方法,了解的情况才能既广且深,得出的结论也就更全面、更深刻、更正确。

第三,会议调查。

开调查会是最简单易行又忠实可靠的方法。由调查者亲自主持会议,每次参加人数不必多,三五个、七八个即够。要深明情况有代表性,"应是真正有经验的中级和下级的干部或老百姓。""以年龄说老年人最好,因为他们有丰富的经验,不但懂得现状,而且明白因果,有斗争经验的青年人也要。因为他们有进步的思想,有锐利的观察。"

调查会要采取讨论式,只有这样,才能近于正确,才能抽出结论。那种不开调查会,不作讨论的调查,只凭一个人讲他的经验的方法,是容易犯错误的。那种只随便问一下,不提出中心问题,在会议席上不经过辩论的方法,是不能抽出近于正确的结论的。讨论式是调查会的长处,是一个集思广益的过程。由于各个人的经历、环境和职业的不同,看问题的方法不同,难免有各自的局限性,对同一问题会产生不同看法,反映的情况也不完全一样,这就需要探讨磋商,调查人按照纲目提出问题大家一起讨论,摆事实,讲道理,然后才有可能得出正确的结论。

除专门召集调查会外,还可从各种会议——干部会、代表会、群众会议等来搜集材料。这些会议上所讨论的问题都是从实际工作中来的,参加会议的人对情况都掌握得具体,为调查工作提供了机会。还有一些会议,如座谈会、汇报会,本来就是调查研究性质的会议,充分利用这些机会,也可以了解很多情况。

第四,蹲点。

蹲点实验是深入基层调查的有效方法。有时为了深入地了解情况,发现问题,就不能仅限于开会、访问等方法,而要使调查研究与当时当地的工作结合起来,帮助解决工作中存在的问题,亲自实践一番,可以在工作进程中得到许多生动的材料,了解问题的症结所在。调查结果是否真实,也可以随时拿到群众的实践中去检验。这样有助于摸到有用的材料,抓住事物的本质。毛泽东指出,为了在实践中逐步地加深对事物的认识,弄清楚它的规律,一定要下一番工夫,要切切实实地去调查它,研究它,要下去蹲点。到乡村,到工厂,到商店去蹲点的过程同时也应该是试点的过程。了解情况,决定采取某种措施,推行某种政策,在全面铺开之前,先在点上试验,发现利弊,使之不断完善改进,以达到"深入一点,取得经验,推动一般"的目的。

第五,试点方法。

毛泽东在《关于领导方法的若干问题》一文指出,为了克服领导工作中的主观主义、官僚主义作风,我们共产党人无论进行何项工作,都要采取一般和个别相结合,领导和群众相结合的方法。当正确的意见从群众中集中起来,要重新回到群众中去,在领导意见见之实行时,要将一般号召与个别指导相结合的思想普遍宣传,并在以后应用此方法于一切工作。亦即是"突破一点,取得经验,然后利用这种经验去指导其他单位。"这就是试点。

试点方法对党的领导方法有什么重要意义?毛泽东认为,如果不进行试点,一下子就把作为领导意见的一般号召全面推开,那"就无法考验自己提出的一般号召是否正确,也无法充实一般号召的内容,就有使一般号召归于落空的危险。"也就是说,试点方法的作用就在于,在工作全面推开之前,通过试点的实践以检验和丰富一般号召的内容。"凡不从下级个别单位的个别人员、个别事件取得具体经验者,必不能向一切单位作普遍的指导。这一方法必须普遍地提倡,使各级领导干部都能学会运用。"以上就是毛泽东对试点方法的论述。

可以说,试点方法是实事求是思想路线的具体化。试点方法的普遍提倡,无论对当时的延安整风和大生产运动,对后来的新解放区的土地改革运动,都起过很大的推动作用。新中国成立后党的一切重大工作,如"三反""五反"运动,土地改革等,都普遍推行了试点方法,收到了很好的效果。

试点方法既然从属于唯物主义思想路线,因此,一旦离开了正确的思想路线,试点方法就要被歪曲。在"左"倾思潮泛滥时,许多所谓的"试点",实际上蜕变成推行"左"倾政策的实用主义的手段。

4. 调查技术

(1) 要开调查会作讨论式的调查

只有这样才能接近正确,才能抽出结论。那种不开调查会,不作讨论式的调查,只凭一个人讲他的经验的方法,是容易犯错误的。那种只随便问一下子,不提出中心问题在会议席上经过辩论的方法,是不能抽出接近正确的结论的。

(2) 调查会要些什么人?

要能深切明了社会经济情况的人。以年龄说,老年人最好,因为他们有丰富的经验,不但懂得现状,而且明白因果。有斗争经验的青年人也要,因为他们有进步的思想,有锐利的观察。以职业说,工人也要,农民也要,商人也要,知识分子也要,有时兵士也要,流氓也要。自然,调查某个问题时,和那个问题无关的人不必在座,如调查商业时,工农学各业不必在座。

(3) 开调查会人多好还是人少好?

看调查人的指挥能力。那种善于指挥的,可以多到十几个人或者二十几个人。人多有人多的好处,就是在做统计时(如征询贫农占农民总数的百分之几),在做结论时(如征询土地分配平均分好还是差别分好),能得到比较正确的回答。自然人多也有人多的坏处,指挥能力欠缺的人会无法使会场得到安静。究竟人多人少,要依调查人的情况决定。但是至少需要三人,不然会囿于见闻,不符合真实情况。

(4)要定调查纲目

纲目要事先准备,调查人按照纲目发问,会众口说。不明了的,有疑义的,提起辩论。所谓"调查纲目",要有大纲,还要有细目,如"商业"是个大纲,"布匹"、"粮食"、"杂货"、"药材"都是细目,布匹下再分"洋布"、"土布"、"绸缎"各项细目。

(5)要亲身出马

凡担负指导工作的人,从乡政府主席到全国中央政府主席,从大队长到总司令,从支部书记到总书记,一定都要亲身从事社会经济的实际调查,不能单靠书面报告,因为两者是两回事。

(6)要深入

初次从事调查工作的人,要作一两回深入的调查工作,就是要了解一处地方(例如一个农村、一个城市),或者一个问题(例如粮食问题、货币问题)的根底。深切地了解一处地方或者一个问题后,往后调查别处地方、别个问题,便容易找到门路了。

(7)要自己做记录

调查不但要自己当主席,适当地指挥调查会的到会人,而且要自己做记录,把调查的结果记下来。假手于人是不行的。

1949年3月13日,毛泽东在《党委会的工作方法》一文中,提出了党委会必须做到"胸中有'数'"的思想。他说:"对情况和问题一定要注意到它们的数量方面,要有基本的数量的分析。任何质量都表现为一定的数量,没有数量也就没有质量。我们有许多同志至今不懂得注意事物的数量方面,不懂得注意基本的统计、主要的百分比,不懂得注意决定事物质量的数量界限,一切都是胸中无'数',结果就不能不犯错误。"毛泽东在这里不仅从理论上阐述了数量与质量的辩证关系问题,而且阐述了调查研究的一种重要方法。调查研究是为了一切从实际出发,实事求是。但是要正确地反映客观实际,不仅要把握客观事物内部的规律性,而且还要把握决定事物质量的数量界限。不把握事物的数量界限,不掌握事物的基本统计和主要的百分比,就无法认识事物的质量,因而也就不能把握事物的本质。要正确地反映事物的本质,就必须做到胸中有"数"。毛泽东以土地改革为例指出,对地主、富农、中农、贫农各占人口多少,各有多少土地,这些数字都必须了解。对于何谓富农、何谓中农、有多少剥削才算富农,否则就算富裕中农,也必须找出一个数量界限。这说明,客观事物的数量界限,是党制定政策的客观依据。没有数量界限,就没有政策。毛泽东把对客观事物的数量分析,引进到调查研究理论中来,说明毛泽东的调查研究理论更为精确化了①。

5. 没有调查就没有发言权

毛泽东同志从来十分重视调查研究，并且经常亲自动手进行调查研究工作。著名的《湖南农民运动考察报告》，就是毛泽东同志到湖南作了32天的实地调查，在掌握了系统的材料的基础上，经过深入的分析写成的。在第二次国内革命战争时期的艰苦岁月里，毛泽东同志率领红军转战南北，他经常抓住机会动手作农村调查，积累了许多内容丰富、生动又深刻的马克思列宁主义分析的调查材料。这些调查材料，一部分在战争中遗失了，一部分保存了下来。在1941年，毛泽东同志亲自校读了保存下来的调查材料，编为《农村调查》一书，写了序言和跋。《农村调查》的序言和跋，后来收在《毛泽东选集》第三卷中。《农村调查》在当时出版的主要目的，"是为了帮助同志们找一个研究问题的方法"，"指出一个如何了解下层情况的方法"，换一句话说，就是为了在全党各级领导机关和广大干部、党员中，大兴调查研究之风，克服主观主义，树立马克思列宁主义的观点、方法和工作作风。1941年8月，党中央根据毛泽东同志的建议和他写的《农村调查》的序言和跋的基本精神，作了《关于调查研究的决定》。在1942年的整风运动中，党中央把《农村调查》的序言列为22个整风学习文件之一，全党干部结合实际认真地学习了这个文件，这个文件的基本精神深入了人心。那次整风收到了很大成效，"这种成效，主要的是在于使我们的领导机关和广大的干部和党员，进一步地掌握了马克思列宁主义的普遍真理和中国革命的具体实践的统一这样一个基本的方向。"从那次整风起，在全党各级领导机关和广大干部、党员中，大大地兴起了调查研究之风，大家懂得了"没有调查就没有发言权"这个普遍真理，形成了一个良好的风气：人人以调查研究为荣，以"闭塞眼睛捉麻雀"、"瞎子摸鱼"、粗枝大叶、夸夸其谈、"下车伊始"就哇啦哇啦发议论的那种主观主义作风为耻。调查研究的作风的树立和发扬，对于推进中国革命的胜利，是有重大的意义。

毛泽东同志在《兴国调查》整理后记中说："实际政策的决定，一定要根据具体情况。坐在房子里面想象的东西，和看了粗枝大叶的书面报告上写着的东西，决不是具体的情况，倘若根据'想当然'或不合实际的报告来决定政策，那是危险的。"我们是辩证唯物主义者，必须尊重辩证唯物主义。一切工作必须从实际出发，也就是必须从进行调查研究开始；否则，加强领导，正确贯彻执行政策，理论和实际相联系等等，就无从说起。

毛泽东同志指出："对于担负指导工作的人来说，有计划地抓住几个城市、几个乡村，用马克思主义的基本观点，即阶级分析的方法，作几次周密的调查，乃是了解

---

① 邓兆明：《试论毛泽东的调查研究理论》刊于"中国网"，2007年9月25日。

情况的最基本的方法。只有这样,才能使我们具有对中国社会问题的最基础的知识。"毛泽东同志非常善于从典型调查研究中概括出一般的结论。他说,比如要了解麻雀的结构,不必也不可能把天下的麻雀一一加以解剖,认真解剖几只就够了。

进行典型调查的最好的方法,就是开调查会,找了解情况的群众和中下级干部到会,"自己口问手写,并同到会人展开讨论。"要开好调查会,必须有眼睛向下的决心,必须有甘当小学生的精神,否则到会的人就会"知而不言,言而不尽"。

开调查会要同到会的人展开讨论,就是说调查必须是讨论式的调查。大体说来,讨论包括两种:一是某一个问题到会人说得不清楚,或者由于见闻所限、众口不一,主持调查会的人及时提问,展开讨论;二是讨论解决问题的方法,得出结论。

毛泽东同志一贯非常重视群众的经验。他告诉我们:"必须明白:群众是真正的英雄,而我们自己则往往是幼稚可笑的,不了解这一点,就不能得到起码的知识。"

对社会问题进行调查研究,必须运用阶级分析的方法。调查和分析社会各阶级的动态,这是决定政策和斗争策略的基础。没有对各个阶级的动态的深入了解,就不能制定出正确的政策和斗争策略。而调查分析各阶级的动态,又要以调查分析它们的经济状况和特殊的经济利益为基础。毛泽东同志作实际调查的时候,是非常重视这一点的。

毛泽东同志在调查中还非常注意群众生活改善的状况,注意改善群众生活和发动群众支持革命战争的关系。长冈乡的工作,各方面都做得很好。当然那里有其自己特有的情况,那里的具体做法,别的地方不能完全照抄。但是,毛泽东同志对长冈乡的工作情况做了周密的调查,从中引出了一条普遍的结论:"苏维埃是群众生活的组织者,只有苏维埃用尽它的一切努力解决了群众的问题,切切实实改良了群众的生活,取得了群众对于苏维埃的信仰,才能动员广大群众加入红军,帮助战争,为粉碎敌人的围剿而斗争。应该明白:长冈乡在战争动员上的伟大成绩,是与他们改良群众生活的成绩不可分离的。"从这里,我们也可以体会到从典型调查中发现一般、抽出一般结论的方法。

调查研究是正确地制定政策和正确地执行政策的基础。毛泽东同志说:"共产党领导机关的基本任务,就在于了解情况和掌握政策两件大事","任何一个部门的工作,都必须先有情况的了解,然后才会有好的处理。"因此,各级领导者和领导机关,要实现正确的领导,就必须经常地进行深入的调查研究。毛泽东同志说,没有调查就没有发言权;并且说,主观主义是党性不纯的一种表现。这是我们必须时时刻刻记住的。

第四节　中共调查研究决定与调查运动

一、中共中央关于调查研究的决定

1. 历史背景

没有调查就没有马列主义的创立与发展。要批判地继承以往人类思想发展的一切优秀成果,就必须挖掘研究以往的重要的思想资料,特别是研究有关资本主义社会的重要的思想资料,这就离不开调查研究。同样,总结无产阶级的革命斗争经验,在批判资本主义旧世界的斗争中,发现新世界,也离不开调查研究。从这个意义上说,没有调查研究就不可能有科学共产主义学说的创立。所以毛泽东在讲话中指出:"马克思、恩格斯努力终生,作了许多调查研究工作,才完成了科学的共产主义。"历史已经证明,没有调查研究就不可能有马克思主义的创立和发展,同样,历史也证明了,没有调查研究也就不可能有马克思主义的深化和发展。

顺应时代,1941年8月,党中央向全党发布了《中共中央关于调查研究的决定》。全党纷纷开展了调查研究活动,中央妇委和西北局联合组成的妇女生活调查团,主要成员是延安女子大学的毕业生。为了提高调查团成员对调查研究的认识,帮助他们掌握调查研究的科学方法,毛泽东向妇女生活调查团作了《关于农村调查》的讲话。这篇讲话对调查研究的重要性以及进行调查研究的科学方法,作了全面深刻的阐述。

中共中央关于调查研究的决定
（一九四一年八月一日）

二十年来,我党对于中国历史、中国社会与国际情况的研究,虽然是逐渐进步的,逐渐增加其知识的,但仍然是非常不足;粗枝大叶,不求甚解,自以为是,主观主义,形式主义的作风,仍然在党内严重的存在着。抗战以来,我党在了解日本、了解国民党、了解社会情况诸方面,是大进一步了,主观主义、形式主义作风也减少了。但所了解者,仍然多属粗枝大叶的,漫画式的,缺乏系统的周密的了解,主观主义与形式主义作风并未彻底消灭。对于二十年来由于主观主义与形式主义,由于幼稚与无知识,使革命工作遭受损失的严重性,尚未被全党领导机关及一切同志所彻底认识。到延安来报告工作的同志,其中的多数,对于他们自己从事工作区域的内外环境,不论在社会阶级关系方面,在敌伪方面,在友党友军方面,在自己工作方面,均缺乏系统的周密的了解。党内许多同志,还不了解没有调查就没有发言权这一真理。还不了解领导机关的基本任务就在于了解情况与掌握政策,而情况如不了解,则政策势必错误。还不知道,不但日本帝国主义对于中国的调查研究是如何的无微不至,就是国民党对于国内外情况,亦比我党所了解的丰富得多。还不知道,粗枝大叶、自以为是的主观主义作风,就是党性不纯的第一个表现;而实事求是,理论与实际密切联系,则是一个党性坚强的党员的起码态度。我党现在已是一个担负着伟大革命任务的大政党,必须力戒空疏,力戒肤浅,扫除主观主义作风,采取具体办法,加重对于历史、对于环境、对于国内外、省内外、县内外具体情况的调查与研究,方能有效的组织革命力量,推翻日本帝国主义及其走狗的统治。为此目的,特决定办法如下:

(一)中央设置调查研究机关,收集国内外政治、军事、经济、文化及社会阶级关系各方面材料,加以研究,以为中央工作的直接助手。

(二)各中央局、中央分局、独立区域的区党委或省委,八路军、新四军之高级机关,各根据地高级政府,均须设置调查研究机关,收集有关该地敌友我政治、军事、经济、文化及社会阶级关系各方面材料,加以研究,以为各该地工作的直接助手;同时供给中央以材料。

(三)关于收集材料的方法,举例如下:第一,收集敌友我三方关于政治、军事、经济、文化及社会阶级关系的各种报纸、刊物、书籍,加以采录、编辑与研究。第二,邀集有经验的人开调查会,每次三五人至七八人,调查一乡、一区、一县、一城、一镇、一军、一师、一工厂、一商店、一学校、一问题(例如土地问题、劳动问题、游民问题、会门问题)的典型。从研究典型着手,是最切实的办法。由一典型再及另一典型。第三,在农村中,应着重对于地主、富农、商人、中农、贫农、雇农、手工工人、游民等各阶层生活情况及其相互关系的详细调查;在城市中,应着重对于买办大资产阶级、民族资产阶级、小资产阶级、贫民群众、游民群众及无产阶级的生活情况及其相互关系的详细调查。第四,利用各种干部会、代表会收集材料。第五,写名人列传。凡地主、资本家财产五万元以上者,敌军、伪军、友军团长以上的军官,敌区、友区县长以上的官长,敌党、伪党、友党县以上的负责人,名流、学者、文化人、新闻记者在一县内外闻名者,会门首领、教派首领、流氓头、土匪头、名优、名娼以及在华外人活动分子,替他们每人写一数百字到数千字的传记。此种传记,要责成地委及县委同志分负责任。传记内容须切合本人实际。同时注意收集各种人员的照片。第六,个别口头询问。或派人去问,或调人来问,问干部、问工人、问农民、问文化人、问商人、问官吏、问流氓、问俘虏、问同情者,均属之。第七,收集县志、府志、省志、家谱,加以研究。

(四)除中央及各地的调查研究机关外,必须动员全党全军及政府之各级机关及全体同志,着重对于敌、友、我各方情况的调查研究,并供给上级调查研究机关以材料。

(五)向各级在职干部与训练干部的学校,进行关于了解客观情况(敌友我三方)的教育。鼓励那些了解客观情况较多较好的同志,批评那些尚空谈不实际的同志。鼓励那些既了解情况又注意政策的同志,批评那些既不了解情况又不注意政策的同志。使这种了解情况、注意政策的风气与学习马列主义理论的风气密切联系起来。在学习中反对不管实际只记条文的风气。反对将学习马列主义原理原则与了解中国社会情况、解决中国革命问题互相脱节的恶劣现象。要提倡干部与学生看报。指导看报方法,指导他们分析时局的每一变动。要供给干部与学生关于国内外、省内外、县内外各种情况的实际材料,把讲授与研究这些材料及其结论当作正式课程,给予必要时间,并实行考绩。

(六)责成各级党部将本决定与中央七月一日所发关于增强党性的决定联系起来,向党的委员会及干部会议作报告,并讨论实施办法。①

2. 具体实施

《中共中央关于实施调查研究的决定》,具体规定了如下的实施办法:

在中央下设中央调查研究局,担负国内外政治、军事、经济、文化及社会阶级关系各种具体情况的调查与研究。内设置调查局、政治研究室、党务研究室三个部门,作为中央一切实际工作的助手。调查局担负收集材料之责。在晋察冀边区设第一分局,担负收集日本、满洲及华北材料;在香港设第二分局,担负收集欧美材料,同时收集日本及华中、华南沦陷区材料;在重庆设第三分局,担负收集大后方材料;在延安设第四分局,担负收集西北各省材料(交西北中央局负责)。政治研究室担负根据材料加以整理与研究之责。内分下列诸组:①中国政治研究组;②中国经济研究组;③敌伪研究组(包括日本、中国沦陷区及其他被日本侵略地带);④国际研究组(包括苏联、欧美及各殖民地半殖民地)。党务研究室担负研究各地党的现状与党的政策,内分下列诸组:①根据地研究组;②大后方研究组;③敌占区研究组;④海外研究组。北方局、华中局、晋察冀分局、山东分局、上海市委、南方工委及各独立区域之区委或省委,均须设立调查研究室,专任收集该区域内外敌友我三方面政治、军事、经济、文化及社会阶级关系各种详细材料,编成材料书籍与总结性文件,成为该局委工作之助手。由于党中央和各中央分局及各省委,都先后设立了调查研究的专门机构,调查研究有了可靠的组织保证,调查研究的工作也就

---

① 中共中央党校教材:《中共党史文献选编:新民主主义革命时期》,中共中央党校出版社1992年版,第448—451页。

扎扎实实地开展起来,在全党逐渐兴起了调查研究之风。

3. 实施后的反馈

在延安整风运动中,全党同志经过学习毛泽东《改造我们的学习》、《整顿党的作风》和《反对党八股》三篇整风文献和一系列马克思列宁主义经典著作,提高了理论联系实际的自觉性,一致认识到,在全党推行调查研究计划,是转变党的作风的基础一环,因而在全党逐渐形成了调查研究之风。它主要体现在以下几个方面:

第一,党中央正式发布文件,设立专门机构,把调查研究提到党的议事日程上来。

为了在全党深入、持久地开展调查研究活动,1941年8月1日,党中央向全党发布了《中共中央关于调查研究的决定》和《中共中央关于实施调查研究的决定》两个文件。《中共中央关于调查研究的决定》首先对我党建党以来在调查研究方面所取得的成绩和存在的不足之处作了实事求是的分析和评价。其次,《决定》指出,党内许多同志对调查研究的重要性缺乏足够的认识。"党内许多同志还不了解没有调查就没有发言权这一真理。还不了解系统的周密的社会调查是决定政策的基础。还不知道领导机关的基本任务就在于了解情况与掌握政策,而情况不了解,则政策势必错误……还不知道,粗枝大叶、自以为是的主观主义作风,就是党性不纯的第一个表现。而实事求是,理论与实际密切联系,则是一个党性坚强的党员的起码态度。"再次,《决定》指出,克服主观主义的根本办法是在全党大兴调查研究之风。最后,《决定》对开展调查研究的办法作出了具体规定。

第二,组织各种类型调查团,广泛开展调查研究活动。

为了使调查研究工作开展起来,当时延安地区,从中央机关到地方组织,先后成立了各种类型的调查团,广泛深入地开展了调查研究活动。毛泽东对陕甘宁边区的经济问题和财政问题进行了深入的调查研究。他全面考察了陕甘宁边区关于发展农业、畜牧业、手工业、合作社、盐业、自给工业、军队的生产事业、机关学校的生产事业,以及粮食工作等问题。在每个项目中,又都作了详细的调查和深入的分析。经过这样一系列周密系统的调查研究,毛泽东找到了革命根据地经济工作和财政工作的规律,制定出发展经济,保障供给,以及公私兼顾等一整套财经工作的方针、政策。在党中央和毛泽东等领导同志的号召和带动下,各中央局和中央直属机关,以及延安地区的各调查团,深入而广泛地开展了调查研究活动。

第一个大型调查研究组织,是西北局调查研究局的考察团。考察团的成员是西北局调查研究局边区研究室的全体成员,其中有刘澜波、柴树藩、于光远等30多人。调查的对象是陕甘宁边区绥德、米脂特区。调查的内容是政治、经济、党务等问题。调查时间为两个月。通过调查研究,考察团写了一系列的调查研究材料和调查报告。主要有:米东农业生产一般情况,印斗九保调查统计,印斗二保调查,义合调查,双湖峪调查,印斗高庙山租佃问题调查会记录,印斗乡九保的几个工地纠纷事件,常彦丞的几个租户的调查,常文友家庭调查,绥德考特研究会记录,绥德农民土地问题等。在调查研究的基础上,写成专著的有柴树藩、于光远、彭平合著的《绥德、米脂土地问题初步研究》一书。本书于1942年9月在延安正式出版,是西北局调查研究局考察团的有代表性的调查研究成果。

另一个大型调查团是张闻天任团长的"延安农村调查团"。该团于1942年9月至11月间到米脂县杨家沟作了近两个月调查,写出了《米脂县杨家沟调查》一书。这本书于1957年由生活·读书·新知三联书店公开出版。这本书对杨家沟马姓地主集团的剥削情况、马姓地主集团的形成和发家史,以及租户的变动和借贷关系等作了全面的考察研究,是当时延安调查研究成果的又一代表作。当时,东北局在延安也作了不少调查,写出了不少小册子。如变工队调查,延安南区合作化调查等。

除中央局派出调查团之外,一些中央直属机关也先后派出调查团,开展调查研究活动。中央青委考察团经过调查研究,写出了《杨家沟社会调查材料》、《绥德延家川经济材料》等调查报告。中央妇委组织了妇女生活调查团,主要对沙滩坪进行了深入的调查,写出了《沙滩坪调查》等调查报告。八路军政治部也成立了100多人的考察团,对抗日战争现状进行了调查研究。中央党校也组织学员到延川等地进行调查,写出了不少调查报告。一些地方机关和个人也开展了调查研究活动。此外,在延安的《解放日报》等报刊上也经常登载和报道一些调查材料。

在大兴调查研究之风的同时,陕甘宁边区的统计工作也有了一定规模的发展。例如,1942年边区政府实行全边区的农业统一累进税制。边区政府秘书处集合了中央研究院和延安大学师生80余人到延安县的姚店、川口、金盘、蟠龙四个区进行了历时三个月的农民经济普查,查清了各该地区的户口、资产和收入等,解决了延安县土地证上所登记的所有权与事实不符,以及土地使用关系上有些人种了别人的地,而另外的人又种了他的地,公地没人管,难民得不到地种,很多地被人侵占,特别是革命前的地主、富农暗中收回已成为公地的土地等十分混乱的现象,为公平合理地贯彻农业统一累进税制提供了全面正确的资料。当时采用的普查方法,不单纯地依靠几张调查表,填上几个数字就算了事,主要是从思想上发动群众,向农民讲清楚清查土地的重要意义。做到政治工作与具体调查统计相结合,专业部门组织和广泛发动群众相结合。

之后几年也以《中共中央关于调查研究的决定》为基础开展了一系列的调查研究活动:

1942年,解放日报曾发表《建立必要的卫生统计》的社论,强调制定统一的统计方案,指定专人加以短期训练,以便顺利担任各机关的卫生统计工作。

1943年在陕甘宁边区即有纺织、造纸、采矿、铁业等工业的调查统计。

1944年边区对农业生产互助组、合作社进行了调查统计。从参加互助组、合作社的户数、劳动力、畜力等情况，以及与过去的比较来看，互助合作组织有了很大的发展。

1944年进行了邮电调查统计，调查了自1938年以来邮电事业的发展情况。

1945年在边区契税委员会设有调查研究股，专门负责研究契税工作中的各种问题。

二、党在延安时期的调查研究

中国共产党成立之后，虽然在城镇和农村进行了一些研究活动，但是，到了延安之后才进入了调查研究的理论和组织化阶段，在全党大兴调查研究之风。

毛泽东首先决定将他早期的农村调查报告汇编成《农村调查》出版，1941年3月17日，毛泽东写了《农村调查》的序言，他指出："现在我们很多同志，还保存着一种粗枝大叶、不求甚解的作风，甚至全然不了解下情，却在那里担负指导工作，这是异常危险的现象。对于中国各社会阶级的实际情况，没有真正具体的了解，真正好的领导是不会有的。"他认为："一般地说，中国幼稚的资产阶级还没有来得及也永远不可能替我们预备关于社会情况的较完备的甚至起码的材料，如同欧美日本的资产阶级那样，所以我们自己非做搜集材料的工作不可。特殊地说，实际工作者须随时去了解变化着的情况，这是任何国家的共产党也不能依靠别人预备的。所以，一切实际工作者必须向下作调查。"他进一步批评道："有许多人，'下车伊始'，就哇啦哇啦地发议论，提意见，这也批评，那也指责，其实这种人十个有十个要失败。因为这种议论或批评，没有经过周密调查，不过是无知妄说。我们党吃所谓'钦差大臣'亏，是不可胜数的。而这种'钦差大臣'则是满天飞，几乎到处都有。"①

1941年5月19日，毛泽东在延安干部会上作了《改造我们的学习》的报告。他指出："不注重研究现状，不注重研究历史，不注重马克思列宁主义的应用。这些都是极坏的作风。这种作风传播出去，害了我们的许多同志。确实的，现在我们队伍中确有许多同志被这种作风带坏了。"他指出："对于国内外、省内外、县内外、区内外的具体情况，不愿作系统的周密的调查和研究，仅仅根据一知半解，根据'想当然'，就在那里发号施令，这种主观主义的作风，不是还在许多同志中间存在着吗？"他提议："依据马克思列宁主义的理论和方法，对敌友我三方的经济、财政、政治、军事、文化、党务各方面的动态进行详细的调查和研究的工作，然后引出应有的

---

① 《毛泽东选集》第3卷，人民出版社1991年版，第789—791页。

和必要的结论。为此目的,就要引导同志们的眼光向着这种实际事物的调查和研究。"他认为:"在全党推行调查研究的计划,是转变党的作风的基础一环。"①

1941年8月1日,中共中央颁布了毛泽东起草的《关于调查研究的决定》,明确党中央开展调查研究是反对主观主义、加强党性修养的必然要求。

1. 组织形式及其影响

为了进一步引起全党对调查研究的重视,并为调查研究提供组织保障,随同《关于调查研究的决定》发布的还有《关于实施调查研究的决定》。这两个文件要求各个党、政、军高级机构设置调查研究机关,动员全党、全军及政府各级机关和全体同志着重对敌、友、我各方情况进行调查研究。

(1) 建立专门机关开展调查研究工作

《关于实施调查研究的决定》规定了比较具体的实施办法。决定在中央设调查研究局,内设调查局、政治研究室、党务研究室三个部门。调查局担负收集资料之责,在晋察冀边区设第一分局,在香港设第二分局,在重庆设第三分局,在延安设第四分局。政治研究室担负根据材料加以整理与研究的责任,分为中国政治研究组、中国经济研究组、敌伪研究组和国际研究组。党务研究室担负研究各地党的现状与党的政策,分为根据地研究组、大后方研究组、敌占区研究组和海外研究组②。《关于实施调查研究的决定》同时要求北方局、华中局、晋察冀分局、山东分局、南方工委等及各个独立区域的区党委或省委均须设立调查研究室。

中央调查研究局的成立是很及时的,但是,分局和调查研究室的成立参差不齐。1941年8月27日,中共中央政治局会议正式成立中央调查研究局,毛泽东兼任局长及政治研究室主任,任弼时任副局长兼党务研究室主任及根据地研究组组长。此后,华中局、晋西北区党委、山东分局等先后设立调查研究室。1941年12月4日,中央调查研究局第四分局在延安正式成立,设立了调查处、边区研究室、友区研究室、少数民族研究室、军事研究室和办公室等。贾拓夫兼任调查研究局局长和边区研究室主任,欧阳钦(杨清)任副局长和友区研究室主任。其中边区研究室负责研究边区内部各种情况问题,分财政经济、政治文化及社会群众三组进行研究③。财政经济研究组由柴树藩、彭平和于光远三人组成。1943年2月17日,中央调查研究局第四分局缩小为一个调查研究室,边区研究室改为一个组(边区组)。中央调查研究局第四分局边区研究室(边区组)成为边区经济社会调查最重要的常设机构之一,先后编撰了《"三三制"政权问题》、《士绅问题》、《南泥湾调

---

① 《毛泽东选集》第3卷,人民出版社1991年版,第797—802页。
② 中央档案馆编:《中共中央文件选集》第13册,中共中央党校出版社1991年版,第177—178页。
③ 中央档案馆、陕西省档案馆编:《中共中央西北局文件汇集》(1941年),中共中央党校出版社1994年版,第229页。

查》、《关于边区减租运动的研究》、《关于运动中的两个不同典型的总结》、《关于靖边县新城区五乡合作社的调查报告》等。但是据于光远回忆,中央调查研究局的其他四个分局都没有成立①。

为检查地方对中央调查研究决定的落实情况,1942年3月3日,中央书记处专门下发了《关于检查调查研究决定执行程度的通知》,要求各级领导机关根据通知中具体的问题详细检查,将执行调查研究决定的成绩、缺点和经验作出总结电告中央②。

(2)以党的领导人和党的高级干部为核心组建各种调查团

在党中央和毛泽东有关调查研究的指示和决定指导下,中央及各部委办、群众团体,纷纷成立了各种调查团,广泛开展调查研究工作。西北局、中央青委、中央妇委、留守兵团等都派考察团深入基层,进行政治、经济、军事、文化及群众生产生活等方面的调查研究。

第一个大型调查团,是以西北局调查研究局为主的考察团,这个考察团由时任中共中央西北局书记的高岗任团长,主要成员有西北局调查研究局(四局)边区问题研究室的全体人员、中央妇女委员会的同志、中央统战部刘澜波和廖鲁言、经济学家王思华,以及江青等30多人。调查团在警备区(绥德、米脂、清涧、吴堡、佳县)考察三个月,搜集了约86万字的材料。1942年9月,柴树藩、于光远、彭平3人依据这些材料,写作了《绥德、米脂土地问题初步研究》一书,详细地介绍了这地区农业生产概况、土地租佃关系、土地变动及趋势、土地纠纷和农村阶级关系。

第二个大型调查团是由张闻天任团长的延安农村调查团。1942年1月26日,张闻天率领农村调查团,到神府、绥德、米脂和兴县等地,作了几十个村庄的农村调查。他们采用开调查会、个别谈话及实地调查相结合的方式,了解党的土地政策执行情况、公粮负担、村政权、城市工商业等问题,写出了一系列的调查研究报告,出版了《神府县农村调查》和《米脂县杨家沟调查》。1994年,他们的部分报告以《张闻天晋陕调查文集》为书名出版。张闻天的调查研究资料对学术界关于陕北农村的研究产生重大影响。有国内学者认为《米脂县杨家沟调查》是"一个具体允实的地主经济调查报告,在我国堪称是少有的"。1963年日本学者河地重造根据这份调查资料撰写了《中国地主经济:20世纪陕北马氏之分析》,1977年浅川谦次以《陕北的旧中国农村:米脂县杨家沟调查报告》为名翻译出版了这篇调查报告,1995年深尾叶子发表《米脂杨家沟第一次调查报告书》,1996年美国学者周锡瑞撰写了《封建堡垒中的革命:陕西米脂杨家沟》,2008年张玮出版了《战争·革命与乡村社

---

① 于光远:《我的编年故事(1939—1945)》,大象出版社2005年版,第94页。
② 中央档案馆编:《中共中央文件选集》第13册,中共中央党校出版社1991年版,第356—357页。

会》,2010年岳谦厚、张玮又出版了《20世纪三四十年代的晋陕农村社会：以张闻天晋陕农村调查资料为中心的研究》等。

陕甘宁边区政府主席林伯渠也一贯注重调查研究。1941年12月至1942年1月下旬,以林伯渠为团长的20多人前往甘泉、富县进行了调查研究。1942年2月9日,在边区政府政务会议上林伯渠报告了调查中发现的问题,"如三三制实行得比较差,县参议会没有开展经常工作;租赁关系未能适当解决;对人权保障不够;行政机构尚不健全;干部文化水平太低等。"[①]并有针对性的提出了改进意见。1943年4月25日至5月6日,林伯渠又前往安塞、志丹两县农村调查,调查结束后在延安《解放日报》发表了《农村十日》,文中进一步强调要注重调查研究。

此外,还有很多调查团去农村调查,并取得了宝贵的成果。中央青委考察团经过调查研究写出了《杨家沟社会调查材料》、《绥德延家川经济材料》等调查材料。中央妇委组织的妇女生活调查团写出了《沙滩萍调查》《沙滩萍第二乡第二行政村调查》等调查报告。八路军政治部成立了100多人的战地考察团,对抗日战争现状进行了调查研究。中央党校也组织学员到延川等地进行调查,写出了不少好的调查报告。除中央机关派出调查团进行实地调查外,一些地方机关和个人也开展了调查研究活动。如绥德县农业局整理出《绥德县农业调查》、《绥德畜牧调查》等材料。一些调查人员整理出了部分调查材料,如李合邦的《警区土地问题报告》、李景波的《警区历史报告》、李涉的《印斗二保选举工作情形》等。高克林给中央写的运盐报告得到毛泽东的高度评价,并定名为《鲁忠才长征记》。

2. 延安时期调查研究的经验与启示

延安时期党的调查研究,具有其时代的特殊性。党中央离开延安之后,在不同时期对调查研究工作一直给予了强调。延安时期的调查研究对当前领导干部的调查研究仍然具有重要的启示。

(1)纠正主观主义的认识,避免有先入为主的观点

在土地革命战争时期,张闻天曾犯过教条主义错误。遵义会议前后,他开始摆脱"左"倾教条主义束缚,支持以毛泽东为代表的正确路线。张闻天主持的农村调查,有共产党革命的政治斗争背景,正如参加此次调查的马洪所说:"这次调查就是在中央号召整风这样一个总的背景下进行的。"在这种背景下形成的调查研究思想具有了强烈的自省性。1942年他在《出发归来记》中说:"我这次所走过的途径或许是改造像我这类知识分子出身的老党员所应该遵循的途径。不进行调查研究,不愿同实际、同群众接近,才是我们脱离实际、脱离群众的基本原因。"如果调查研究之前就形成了观点,调查研究往往容易成为寻找支持观点的材料搜集而已,

---

[①]《林伯渠传》编写组编:《林伯渠传》,红旗出版社1986年版,第274页。

往往会忽视对不符合观点的材料,这就失去了调查研究的意义。延安时期中共中央将调查研究与党性教育结合起来,也是调查研究取得重大成绩的原因之一。

(2) 重视科学的典型调研,避免走马观花

张闻天提出:"每一个做领导工作的同志,经常的保持同实际、同群众的联系,抓住一个典型的村或乡或一个市镇进行深入调查研究。从这种典型研究中所得出的规律性,对于同类事物却带有极大的普遍性,可以成为了解同类事物的指导原则。"

典型调研首要的问题是选择恰当的典型。典型的选择需要在全面了解全局工作的基础上,围绕经济、社会建设的一个主题,选择存在突出问题或优秀经验的案例进行深入调研和剖析。典型调研的主要目的不是为了了解某一个村庄或社区中存在的特殊情况,而是需要深入分析它所揭示根本性的问题或具有一定普适性的经验,进而制定科学的决策解决某一类的问题或推广具有普适意义的经验。进行深入的典型调查,避免走马观花,首先需要不怕麻烦,尊重群众。譬如,要"善于同群众接近,生活群众化,诚心诚意抱定当群众小学生的态度,一切不懂的事情都应好好的向他们请教。态度应不太庄严,使群众害怕;也不要油腔滑调,使群众看不起。待人和气、亲热、自然,是最主要的"。

(3) 建立相关制度和激励,营造良好的氛围

延安时期调查研究成绩的取得与中共中央的重视是分不开的。如前所述,1941年,中共中央出台了历史上第一个专门关于调查研究的决定,各个调查研究机构的成立,保证了调查研究的落实。1942年3月3日,中央书记处又专门发布了《关于检查调查研究决定执行程度的通知》,要求各地根据通知中的问题加以详细检查。1941年之后,延安《解放日报》等报刊经常性的发表关于各地调查研究的成果和调查研究中存在的问题,为各级领导干部认真调查研究营造了良好的氛围。当前部分地区领导干部往往以视察、考察代替调查,缺少真正的调查研究,这也与调查研究的激励和制度相关。延安时期调查研究的制度创新和氛围的营造在当今仍有重要的借鉴意义[①]。

三、太行山调查的重要实践

中国共产党的社会调查在20世纪30年代就已经形成了一套较为成熟和完善的理论与方法,40年代的太行根据地农村调查是对这些理论与方法的重要实践。

[①] 李小娜、刘传磊:《党在延安时期的调查研究及其启示》,付建成主编:《延安时期与中国共产党的发展论集》,中央文献出版社2011年版,第544—553页。

通过社会调查,党不仅准确把握和解决了农村问题,推进革命,改变农村,而且形成了"实践—理论—实践"这一具有本土特色的认识论和方法论。

太行区最早的调查是 1940 年野政民运部的《太北六县概况调查》。这是一份比较全面而详细的个案调查,容纳了本地概况、山川气候、人口面积与动员兵额、群众组织、财政经济状况、土地关系和阶级变动、社会势力发展(友党、基督教、会门、顽固分子)及各县士绅调查等内容①。1941 年,中共晋冀豫区党委②发布《关于加强群众工作的决定》,要求注意研究各阶层群众的生活和党的政策的具体运用。此后,区党委抽调一批工作能力较强的干部组成区委考察团,开始系统调查研究农民和地主的关系、减租减息与合理负担等。《辽县调查报告》就是这次调查的成果。除了关于辽县概况、支部工作的情况外,报告的主要内容是当地的土地集中、分配、经营的情形以及剥削关系、各阶层的负担和地位变化。同时,考察团还奔赴黎城调查黎挂道事件,编写了多份报告,十分详细。各地也在此时做了十几个村的土地问题调查,综合在《太行根据地土地问题材料初集》中。

1941 年 8 月,中共中央的"八一"决定下发后,太行区和各地委分别成立调查研究室,这是太行区调查逐渐专门化、系统化的开始。1941 至 1943 年,由于日军的"扫荡"、国民党的封锁以及各种灾害的频发,饥荒在太行区不断蔓延,实行合理负担、减租减息和精兵简政、节约度荒是当时工作的中心。太行区党委于 1942 年 3 月发布调查指示,提出调查的重点在于土地问题、负担能力、支部情况等。在调查的方法上,提出利用自上而下的行政系统并结合当时各项政治工作开展调查,搜集各种经常性的数字,开调查会、派调查团、个别深入访谈等③。1943 年,太行区党委颁布了本年的调查研究任务,对区委、地委的调查研究室和县委及各部门的工作作出了明确分工,从机构和人员配备上保证了工作的顺利进行。这一命令还同时要求各级政府做好全区的几个基本统计,包括户口、人事、财富、契约登记④,这使得调查深入到农户和个人家庭财务统计的微观层面。据此,这一阶段的调查主要着力于土地的集中与分配、租佃状况与借贷关系、土地纠纷与债务问题,战争前后土地所有权变动的情况、原因和影响等,勾勒出围绕土地而形成的农村关系体系及其变迁,是研究农村社会经济史和中国农业经济的重要资料。对农村群众日常经济生活状况的调查与土地问题紧密相关。党以"阶级"从政治和经济上划分群众,调查的过程及结果以阶级的分类呈现,具体涉及各阶级的户口和人口、占有的土地和劳力、日常收支、战时负担、战争前后各阶级状况的变化等。这些调查或者

---

① 北六县指襄垣、武乡、黎城、榆社、辽县、和顺六县,见野政民运部:《太北六县概况调查》,1940 年。
② 1943 年 10 月,中共晋冀豫区党委改名为中共太行区党委。
③ 《太行区党委关于调查研究工作指示》(1942 年 3 月 24 日),A1-1-71-13。
④ 《太行区党委一九四三年调查研究工作》(1943 年),A1-1-71-12。

专以地主阶级为调查对象,如《对(武乡)地主阶级各阶层调查与分析》,或对地主、富农、中农、贫农、雇工各阶层的个人简历、财产、家史及其思想和表现进行逐户调查,如《武乡农民各阶层生活特点及其干部生长调查》、《平顺六个阶层三十八户调查》等,都涉及具体的个人,较为丰富,表现出战时的农家经济与农民生活,也反映出战争和党的政策给农村生活带来的影响。除了这些对生产力和生产关系的调查外,对村庄党支部的调查也是其中的重点,成立农村党支部是党在农村建立政权和巩固政治权威的重要手段,根据地政府非常重视对农村支部情况的调查,留下了许多丰富的材料。这些调查主要以武乡、平顺等县的村庄为单位,主要内容是关于支部的产生过程、发展阶段、现时状况,支部成员的成分构成状况,干部个人的工作情形,党群关系等,其中有些是对干部个人和普通群众的访谈记录。尤其《13 个县 39 个支部初步研究》,分别选取一般支部、薄弱支部、巩固支部共 39 个典型 100 个支部,从群众运动与支部建设、支部成分、支部教育、支部对战争的领导、支部生活等多个方面进行详细的调查研究,并对各种类型支部的发展规律作出比较,较为典型。另外,有关思想领域的专题调查数量少,仅见《武乡群众意识调查材料》、《武乡农民阶级意识与民族意识初步研究》,但内容十分丰富。这两份材料细致刻画出了群众日常生活中的神鬼、风水、命运的"迷信"意识,礼仪和节日的风俗习惯,文化教育、伦理关系、审美观念;对地主的仇恨及原因、对地主斗争的表现、农民本身的团结与组织、对于现行政策的态度及转变的过程等的阶级意识;农民的民族仇恨、恐怖心理、民族觉悟等的民族意识,展示出农村群众多彩的内心世界和战争影响下的心路历程。另外,群众对阶级、对党的各项政策和发起的各种运动、对特务和汉奸的认识及其他的思想内容分散在各类调查中,也比较丰富。

  1943 年涉县温村会议后,太行区党委制定《关于今明两年完成全区整风任务及目前阶段计划》,整风运动在全区普遍展开。由于一些干部参加学习及有关活动,调查受到影响,直到 1944 年 10 月,调查研究室的各项工作才重新恢复起来①。所以,1944 年至抗战胜利前的调查数量较少。1945 年 1 月,区委调查研究室提出了以减租、劳力计算、物力计算、组织起来四个问题为中心的工作计划大纲②,统计计量的方法受到重视。为此,太行根据地政府对当时的国民经济状况进行了细致调查。有对各地的粮食和经济作物、山货、土特产的产量、出口数量及地区,各地矿产资源的生产、敌占情况、对市场和战争需求的供应,各地草药的种类,畜牧业及其产品的生产加工,有地方特色的手工业生产,各地进出口货物的货名、数量和价格等贸易状况的调查。《三专对国民经济社会福利调查报告》、《太行区第二、三、四

---

① 《改进调查研究室工作与相关关系的决议案》(1946 年 11 月),A1-1-75-20。
② 《区党委调查研究室调查计划大纲》(1945 年 1 月 25 日),A1-1-75-4。

专区十个县十四个村国民经济调查总结材料》对这些内容的调查较为集中,尤其《太行区社会经济调查》(第一集)和《太行区1944年国民经济调查初步研究》对整个太行区国民财富来源的行业分布、公私性质、收入分配及群众生产生活消耗、各种负担、收支结余等作出细致考察,为宏观把握太行区的国民经济状况提供了细致材料。

抗战胜利后,阶级矛盾上升为主要矛盾,减租减息已经不能满足农民的要求,"耕者有其田"成为新的土地斗争目标。在新解放区,土地集中和封建剥削现象普遍存在。了解新解放区的社会经济和阶级关系,从而采取有效的手段解决土地问题、促进生产发展,成为当时的一项重要工作。在老解放区则展开了对减租减息不彻底的村庄的查减运动。围绕这两个中心,抗战后的调查迅速展开,不仅在数量上大大超过以往,而且内容也更加丰富多样。这一阶段对于土地问题的调查有平顺、和顺等5县各村庄近25份,是关于减租减息、土地改革运动等在农村实践过程的内容,多集中在和顺、武乡、襄垣、平顺、潞城等地,基本以村庄为单位,有些甚为丰富,如《平顺山南庄土改情况调查报告》对土改前的各阶级占有土地情况,群众斗争解决的问题、斗争的内容、次数、参加的人数、斗争的对象、形式、成果,群众的发动、组织和教育,斗争后各阶级的地位、土地的变动,半年来执行土地政策的情况等作出了详细的统计与描述,动态地展示出土地改革进行的全过程,令人仿佛置身于真实的历史场景和复杂斗争的激烈场面中。这些调查分布在1946年至1948年之间,比例相当。1946年的调查集中在封建剥削、租佃关系和阶级变动,各阶层户数、人口、土地、房屋、牲畜、劳力的占有数量等方面;《五四指示》颁布后的调查多集中在对1946年5月4日前后各阶级占有土地状况的对比、查减斗争的户数、数量、斗争的问题、果实分配、运动后各阶层的升降变化和组织状况、中央土地政策的执行情况及各阶级的反应和思想变化等,反映出当年土地斗争的激烈场面。1947年7月《中国土地法大纲》出台后,太行区着重纠正过去的过火行为和"左"的倾向,土地斗争趋于缓和。1948年的材料多是对此方面的调查以及关于土改的程度、群众觉悟和组织程度等内容。在土改运动中,常常出现人为的反对和破坏,影响了运动的正常进行,锄奸成为当时的一项重要任务。对黎城和平顺近25个村庄的调查及黎城、平顺公安局对锄奸运动的工作汇报就反映这一状况。这些调查除了三四份内容简单外,以详细者居多,调查的村庄经过了选择,即按照土改进行的程度、反动分子的活动程度将各个村庄划分为4个类型,并从中分别选取典型,对群众的组织、群众对土改和特务的认识及变化、地主、特务的组织、思想变化及其活动,干部和支部在土改中的领导进行调查。我们从中能够了解党的土地政策在农村基层的实践中遇到的拥护或抵制,以及党基于农村实际对土地政策作出的调整等动态过程。太行区的合作事业在1943年11月毛泽东发表《组织起来》的讲话后得到发展，并在1944年的度荒运动中突飞猛进，但当时对此类问题的调查较少。抗战胜利后，土改运动为农民组织起来进行合作铺平了道路，合作事业扩展到农业、手工业、金融等领域，其中对黎城、和顺、长治的专项调查较多，也兼及沙河、潞城，还有一些分散在综合性调查中。关于这些调查，具体内容是合作社建立的条件、经过、种类、数字，合作社社员的成分，折工换工办法及各种制度、发展的状况及存在的问题等，且主要集中在1946、1947年。这一时期还有多份关于国民经济的调查。与先前的同类调查相比，除了注重群众的各种收入、生产生活消耗、各种负担、收支结余情况外，更突出对手工业和商业情形的调查，如对各手工行业的分布、创建、原料问题、在敌占时期和解放时期的发展变化，工人的生活、工资、与雇主的关系，雇主的利润，解放后政府的政策及扶持措施；长治商业的经济性质、经营的类型和方法、经营中的问题；长治商贩的数量、资金、阶级成分、在不同时期的变化、农商结合等。

1948年至1949年调查的数量较少，内容也不如先前的丰富、详细。除了少量对土改情形的调查外，对妇女的调查较多，但大多数分散在各个调查中，专题调查的数量较少，主要集中在长治、潞城和武乡。在内容上，主要是关于妇女在土改运动中的表现、作用，参加生产的情况，妇女的社会和家庭地位、婚姻、疾病情况、文化活动和教育等内容，反映出根据地社会变革下妇女的解放和社会地位的提高。另外，还有关于农村邮路和教育状况的专题调查，前者是武安、榆社等县的邮局对于本县基本情况和乡邮状况的调查，后者是对公私立中等学校的学生人数、教员的人数和成分以及辖区内农民教育状况的调查，均以统计数字和表格呈现，内容略显单一。不过，其他调查材料中分散着关于教育状况的丰富内容，如对专科以上学校、中等学校、小学、学龄儿童以及公私立等的各级各类学校的数量、班级数、教职员工数及其成分、文化程度、各级学生的人数、家庭职业、经费来源、经费收支概况以及对各地的社会教育状况包括剧团、村民夜校、妇女识字班、青年补习班、广播台数、民歌室、大众黑板、盲人宣传队、鼓词队的数量和状况的统计，为了解当时的学校教育和成人教育状况提供了较为详细的材料。

综合这些调查，从时间上来看，主要集中在1942至1943年、1946至1947年、1948至1949年三个时段；从内容上来看，大致呈现出由关注政治到经济再到社会问题的变化，有些是包含多个问题的综合性调查，有些是针对某个问题的专题性调查；从调查的区域和范围来看，除了一些关于太行区一级和县级的社会调查外，多是选取较小的区域——村庄进行调查。晋东南是太行区开辟最早的区域，基础比较稳固，所以调查也多集中在这一地区，且主要在武乡、和顺、平顺、黎城、长治，也有对辽县、赞皇、襄垣、潞城、平陆、榆社等地的调查，但是数量相对较少。从理论指导和调查方法、内容来看,与前期以毛泽东为代表的共产党人所建立的调查研究理论一脉相承,有理论—实践的对应互动关系。

太行根据地的社会调查,"受命"于中国社会的危难之际,始终与中国革命相伴相行,成为中国革命和社会变革的重要组成部分。

整个20世纪40年代,以土地这一关涉农民生存命脉的话题为中心,党在太行根据地展开调查,并在此基础上推进革命,改变农村。

对这些调查本身作出解读,其特点主要体现为:

第一,这些调查是非常重要的历史资料,且具有代表意义。这些调查述说着革命年代太行区农村的历史风貌和转折变迁,为当时党在农村的决策和新中国成立后的制度重建提供了重要的资料来源,也为今日研究太行根据地的经济和社会提供了重要史料。同时,太行根据地突出的自然地理和人文环境,使其在战争时期对于中国政局发挥着重要作用,它在政治、经济、军事、文化建设等方面都富有成效,在战争年代形成的太行精神,至今仍是一笔宝贵的革命文化遗产。因此,太行根据地是当时华北各根据地的典型代表。从这一角度讲,这些调查对于认识中国农村的历史传统,理解近代华北农村社会的现代转型有很大的参考价值。

第二,这些调查是党的一种重要的认知手段和方法。诸多调查材料流传于世,说明了当时党对社会调查的重视程度。这些调查始终从微观的实际出发,搜集、提炼材料,并将其上升到宏观的理论层面进行论证,最终再回到实践进行检验。这样就形成了实践—理论—实践的改造社会的认识论和方法论。在此过程中,调查作为一个不可或缺的环节,为这种认识论和方法论提供了最为深入和直接的实践土壤,也成为马克思主义理论与中国实际相结合的有效途径。

第三,这些调查是党改造农村社会的手段、方法、内容、过程等的文献载体和事实反映。这些调查是党的社会改革思想的一部分,折射出了党不同于国民党的领导理念、工作方法、社会责任感和价值观念,是党"从群众中来,到群众中去"的群众路线和工作作风的明显体现,是党锻炼、培养干部及密切联系群众的重要方法。通过这些调查,我们可以把握抗日民主政权的行政实践过程,明晰党在不同历史阶段关注的重点、对群众生活状况的认识和反应等。同时,党对农村的改造是一个双向互动的过程,这些调查材料既有上级的行政运作过程,又有下层的反应和应对过程,通过这些调查,可更加深入地理解党的农村政策的形成过程,以及农村的实际情形和农民自身的思想特点和行为方式,把握上层领导与下层群众之间的互动规律,为今日农村政策的制定、执行和新农村的现代化建设提供良好借鉴①。

四、中央苏区统计调查

中央苏维埃区域是第二次国内革命战争时期,由毛泽东、朱德等老一辈无产阶级革命家创建的全国最大的一块革命根据地,是中国共产党开始执掌政权,领导和管理国家的一次伟大尝试。统计作为管理国家的重要工具之一,随着崭新的红色政权的诞生而设立机构,随着革命根据地的扩大而发展,为革命武装斗争和经济建设作出了突出贡献。中央苏区统计工作的实践对推进当代中国的统计改革和发展,仍然具有重要而深远的意义。

中央苏维埃区域简称中央苏区,位于江西省的东南部和福建省的西部,以江西的瑞金为中心。西接浙江,北接赣抚平原,南邻赣粤边之九连山脉,东达闽南九龙江畔。1930年10月中央苏区初具规模时,其范围仅包括赣西南苏维埃区域,共有34县,人口约400万。1933年全盛时期,中央苏区共设有江西、福建、闽赣、粤赣等4个省、60个行政县,人口总数约为453万。当时,不仅在党和党领导的军队、政府及群众组织中设立了调查统计机构,而且逐步建立健全了上下贯通、纵横交错的统计网络,形成了政府综合统计和部门统计双轨运行的统计体制,并适应武装斗争和经济建设的需要做了大量卓有成效的工作,成为苏维埃政权不可或缺的职能机构,开辟了中国共产党领导的政府统计工作的先河,积累了统计建设的宝贵经验,留下了不可磨灭的历史功绩。

1. 高度重视调查统计工作

中国共产党成立之初就高度重视调查统计工作。1921年中国共产党成立之初,就把统计视为认识社会的有力武器。为了深入掌握国情动态,更好地领导工农运动,党建立起相应的调查统计机构,开展调查统计工作。在工人运动的调查统计方面,1922年9月,粤汉铁路工人成立了工人俱乐部联合会,内设调查部。1925年,中华全国总工会成立了调查统计机构。《中华全国总工会会章》规定,工会每月应将人口、会员数、职业情况、病况及罢工情况等造具统计册,并调查罢工事实之经过;还要编制劳动状况、就业、失业情况等统计表。在农民协会的调查统计方面,1923年1月,广东省农会执行委员会设有调查部。1926年5月,全省代表大会通过的《广东省农民协会修正章程》中规定,要负责"调查及统计乡中农民生活及教育之状况"。1926年12月,湖南省第一次农民代表大会,在关于宣传工作的决议案中指出,宣传部的任务是:"实行农村的调查工作,如土豪劣绅等租率、利率、物

---

① 马维强、行龙:"抗日战争时期中共在太行根据地社会调查刍论",《中共党史研究》2009年第5期。

价、地价、工资、农村社会组织与实际情形。"

中国共产党人在艰险的革命实践中,越来越深刻地认识到调查统计工作的重要性。正如毛泽东在《反对本本主义》中所说:"共产党的正确而不动摇的斗争策略,绝不是少数人坐在房子里能够产生的,它是要在群众的斗争过程中才能产生的,这就是说要在实际经验中才能产生。因此,我们需要时时了解社会情况,时时进行实际调查。"这种实际调查,就是搜集、分析和整理统计资料,亦即反映革命斗争中大量社会现象的特征和规律性的数字资料的过程;进而在此基础上所作的推论,这便是一项完整的统计工作。

2. 苏区调查统计系统应运而生

中央苏区调查统计系统随着形势的发展应运而生。中央苏区时期,适应如火如荼的革命斗争和蒸蒸日上的经济建设的需要,在党及党领导下的军队、政府和群众组织中,先后建立了调查统计机构。

(1)为开展土地革命,建立苏维埃政权,开辟新的革命根据地,党和红军组织中首先建立起调查统计机构

中央苏区时期各级党组织(如江西省委、赣西南特委、福建省委、闽赣省委、闽西特委、赣南省委)的有关历史资料表明,调查统计工作始终是党组织的主要工作之一。随着革命形势的发展,调查统计成为党组织的一项中心任务。

1929年8月,赣西南特委向省委报告"今后组织上中心任务"之一就是"加紧各种调查与统计工作"(《赣西南特委向省委报告——1929以后的赣西南》)。1929年8月21日,沈建华在《江西省委工作报告——江西政治概况与工作概况》中指出,"组织部工作因此就没有很好的建立,至各地的一切表格现在都未有搜集起来",要加强统计工作;织袜支部为了领导工人对资本家的斗争"在秘密中又组织了一个加薪团,共20人。分总务、组织、宣传、交涉、调查、维持、救济7科。每科设科长一个,余均充科员,7科中除调查秘密工作外,余均公开工作"。

1930年2月28日,中共闽西特委在组织问题决议案中指出:"巡视工作没有建立",其原因之一是"巡视员没有注意调查党内外各种情形";"不注意调查统计工作。调查统计工作是组织上主要工作之一,是决定政纲策略的标准。要明了党内外一切情形,各种事项发生的原因及一般现象的趋势,就要有实际的材料来分析,才能办到。过去各级党部不能定出的计划和策略来应付一切,就是忽视调查统计工作所致。"因而规定:"调查各地的实际情形报告上级"是"巡视员几种重要任务"之一;"建立调查统计工作。特委县委应调得力干事2人专做调查统计工作(《中共闽西特委关于组织问题决议案》)。"

1930年7月,长汀县委确定这时的主要工作之一是:"注意巡视和调查统计工

作。""这时期的工作检阅","对于巡视和调查统计工作:红五月中各纪念日都已派人去巡视,并且曾召集各区委组织科联席会议一次,讨论调查统计工作(陈诚《长汀县委工作报告》)。"

据1930年7月22日《赣西南刘作抚同志(给中央的综合性)报告》中关于党务工作部分记载:赣西南特委本身的组织系统有宣传部、组织部、秘书处、妇女运动委员会、军事运动委员会、工运委员会等机构。在组织部内设立组织科、分配发行科、调查统计科、教育委员会等。调查统计科工作的职责是对政治局势、土地问题、人口状况等做调查收集工作。

红军在对敌斗争和开辟革命根据地的过程中,也十分重视调查统计工作。部队到达某地,先要做调查工作。1929年9月1日,时任红四军政治部主任的陈毅在《关于朱毛军的历史及其状况的报告》中明确提到:"四军出发到达某一地点,即估量敌人并斟酌地方革命群众需要决定5日至7日或10日以至于1月的游击计划。"各游击部队之工作首要为"调查工作,游击队到达某地以后,第一步必须做调查工作,由军官代表负责,必须通过调查工作以后,才能开会决定该地工作,因为红军行动如行云流水一般,所到之地皆不明情形,若不调查则一切决定必不能切合当地群众的需要"。1929年12月通过的《中国共产党红军第四军第九次代表大会决议案》要求"凡没有建立政权机关地方,红军政治部即代替地方政权机关至地方政权机关建设时为止"。红军的各级政治部在未建立苏维埃政权的地方代替行使地方政府的职能,重要职责之一就是进行调查统计工作。政治机关负责"游击区域社会经济的调查研究","从俘虏官兵中及邮件检查中调查敌方官兵的姓名及所属部队番号,邮寄宣传品去,或写信给他们"。在1931年前,红军的政治部中就设有调查统计机构:红军的军部、纵队、纵队的总队政治部分别下设调查股,股长一名,干事数名。

随着红军的发展壮大,红军中调查机构逐渐完善,职责更加分明。

1932年2月6日,中央军事委员会总政治部(即中国工农红军总政治部)主任王稼蔷于瑞金总政治部发布通令:"中国工农红军总政治部审定了工农红军各级政治机关编制表与工作纲要、各级政治机关组织系统表兹特明令颁布施行,凡红军各级机关须切实的遵照执行为要,此令,各级政治委员、政治部主任。"其中对调查统计机构、人员编制、工作职责进行了明确的规定:在总政治部的组织调查部内设调查统计科,科长一名,负责"指导红军政治机关的党的、地方群众的、社会政治的、经济的情形做调查和统计";科员一名,负责"起草本科普通文件缮写并保管文件"。在工农红军军区、军团及军政治部的组织调查部内设调查统计科,科长一名、科员一名,其职责与总政治部的组织调查部调查统计科相同。在工农红军师(独立师)

政治部,团政治处内的组织调查处(科)内设调查统计科(股),科长(股长)一名,负责"指导师政治部(团政治处)的党的地方群众的各种数量质量社会政治的经济的情形做调查和统计";科员(股员)一名,负责"起草本科(股)普通文件并缮写保管文件"。

(2)在苏维埃政府中,地方统计机构的建立先于中央统计机构的建立,部门统计机构的建立先于综合统计机构的建立

中华苏维埃共和国临时中央政府建立前,一些地方苏维埃政府就进行了建立统计调查机构与制定工作职责的尝试。从1927年冬开始,赣南、赣西、闽西党组织在创立苏维埃政权过程中,调查统计一直是苏维埃政府的重要工作。1930年3月成立的赣西南苏维埃政府(内设秘书、文化建设、土地、军事、裁判、交通等职能机关)和闽西苏维埃政府(内设秘书、文化建设、土地、军事、经济、财政、裁判、妇女、劳动等职能机关)的经济部(经济委员会),是承担统计调查工作的主要部门。1931年4月25日通过的《闽西苏维埃政府经济委员会扩大会议决议案》,明确规定了调查统计工作职责、工作方式方法。决议案明确指出:"目前各级经委会工作大纲的主要内容:①调查统计物价、生产品、商品出入情形,群众生活状况;②经常检阅经济政策;③经常通讯及作月终报告。"决议案强调"调查统计工作是经济委员会最主要的工作。负责经委的同志,要知道这项工作的重要,同时这一工作并不是上级表册发下来了才来调查统计,敷衍了事,而是要经常注意参加各种会议,与群众谈话时候要进行调查工作。再则发调查表,须根据实际情形,不要过于毛细,一下子就要把什么东西都调查出来,是不可能的,调查时需向群众宣传,免引起群众怀疑"。

1931年蕉平寻县苏维埃政府的11个职能机构中,设置了调查委员会,其主要职责是:专门调查土地、人口、敌情、反动武装、赤色武装、群众斗争情绪等工作。其他负有调查统计职责的工作部门主要有:①经济委员会,调查工农群众还有无受高利贷的剥削,建立生产合作社和消费合作社,计划和发展农村经济;②土地委员会,调查土地、统计土地、改造、分配土地等;③劳动委员会,调查劳动群众的实际情况、规定老少的工作时间;④粮食委员会,办理粮食事宜,不但办理苏维埃本身的粮食,而且要办理全盘粮食,保管和运输粮食。

1931年9月的湘鄂赣苏维埃政府,内设14个部门,统计局是其中之一,局长黄仁(这是我们在史料发掘中发现的唯一的统计局负责人名字)。

随着革命形势和建设事业的发展,国民经济综合统计部门应运而生。1933年2月,红一方面军胜利粉碎蒋介石发动的第四次"围剿"。此后,中央苏区与闽粤赣苏区连成一片。革命战争的不断胜利,中央苏区的稳定和发展,为革命根据地的经

济建设提供了客观条件和有利环境。分得土地的广大贫苦农民的生产积极性空前高涨,大大促进了革命根据地生产力的发展。为了加强对中央苏区经济建设的领导,1933年2月26日,毛泽东责成中央政府人民委员会召开了第36次常会,研究设立各级国民经济部。4月11日,中央人民委员会第39次常会决定成立国民经济委员部,内设设计局、粮食调剂局、合作化指导委员会、国营企业局、对外贸易处等5局(处)。同年4月26日,人民委员会第40次常会审查通过了《国民经济委员部暂行组织纲要》,并在当月28日,中央人民委员会根据中执委命令发布第十号训令的同时,予以公布,宣布正式成立中央国民经济部(部长先后为邓子恢、林伯渠、吴亮平)。在此纲要内,规定设立国民经济部最主要的机关——设计局与调查统计局。其内设机构由半月前的五局(处会)增至7局(处会),即:①设计局;②调查统计局;③粮食调剂局;④合作社指导委员会;⑤对外贸易局;⑥国有企业管理局;⑦总务处。同时,对各级调查统计局等机构的人员编制作出了明确的规定,规定以上各局处(会),各设局长、处长和主任1人,视事务之繁简各设局员、处员、委员和干事若干人。《纲要》第六条规定,"省县国民经济部内设立设计科、调查统计科、粮食科、合作社指导委员会及文书科","各科各设科长1人,科员1人或数人,视事务之繁简定之。但文书科长暂可不设置"。这样从中央政府到省县各级政府都建立了统计机构,配备了专门的人员编制。政府统计日趋系统化、正规化。

国民经济综合统计系统有明确的领导关系和工作职责。《纲要》第一、二条对各级统计机构的隶属关系作了规定,在行政上"直属于"同级国民经济部和上级的统计机构,"绝对执行上级的命令","但同时受同级执行委员会及主席团的指导和监督"。《纲要》第七条乙款规定:"调查统计局,管理全国工农商矿、交通、运输及一切关于国民经济的调查与统计事宜。"第八条乙款对省县调查统计科职责规定为"管理省县范围内一切国民经济部门的调查与统计事宜"。《纲要》在最后明确规定:"中央苏区自公布之日起施行,未与中央苏区打成一片的苏区,自文到之日起施行。"

党领导下的工会等群众组织、团体同样设有专事统计调查的机构。

(1) 工会(联合会)的调查统计机构

1931年前,在各级学徒联合会中,县级设调查股、统计股、文化股、娱乐股;区(市)级设调查、统计、文化、娱乐股。

① 县总会设立调查、统计股

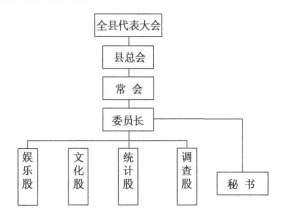

② 区联合会或市联合会设立统计调查股

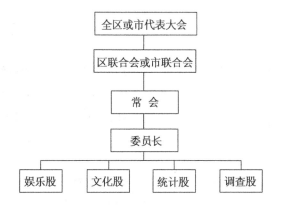

1933年6月10日,中国店员手艺工人工会第一次全国代表大会通过的《中国店员手艺工人工会章程》规定:区以及市镇以上的各级店员手艺工人工会委员会设立具有调查统计职能的机构——社会经济部。章程第十六条规定:"本会之区及市镇以上的各级委员会设下列各部办事:①秘书处,②组织部,③社会经济部。""上列各部,均设部长一人,部长之下,有各部的委员会,由各级委员会任命,得上级各部批准,各部视事务的繁简,设干事及办事员等若干人。"其中的社会经济部"管理订立合同,劳动保护,合作社及社会生活的调查统计等"。

从闽赣省宁化纸业工会组织部1934年印制的《纸业工人调查统计表》,可看出各级工会(联合会)一般在组织部内设有调查统计机构或配备专门的统计人员。

(2) 革命互济会的调查统计机构

据江西省宁都县革命互济会翻印的1932年4月10日中国共产党苏区中央局提出的《苏区革命互济会章程草案》中的组织系统规定:

①"乡区、县和团革命互济会设主任一人,主任之下设组织、宣传、救济、财务四

部";②"省和军或军团互济会,红军及苏区革命互济总会,加设调查统计部及秘书一人";③"各机关均应附设于其他革命群众团体、红军政治部中"。

(3) 妇女委员会的调查统计机构

据蕉平寻县委《通告(第十八号)》,在蕉平寻妇女委员会中设置了"调查科"。

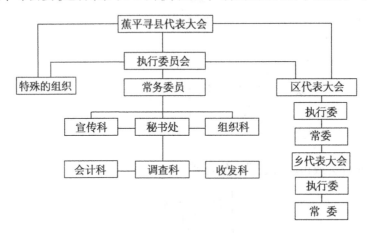

以上表明,中央苏区时期,党政军及群众组织都设立了调查统计机构,形成了上下贯通、纵横交织的统计网络。在政府系统,实行的是部门统计与国民经济综合统计双轨并行的统计体制,国民经济综合统计机构管理一切国民经济调查统计;在国民经济综合统计系统,实行业务上集中统一领导,地方政府指导监督的领导体制。

当时中华苏维埃共和国临时中央政府的管辖范围很宽,但其工作机构及苏区政权系统的设置,高度体现了精简与效能的原则,可谓"小政府,大社会"。在这种情况下,如此重视统计机构的建设,不断加强调查统计工作,可见这项工作在革命战争和经济建设中是何等重要。①

五、张闻天、瞿秋白、陈翰笙等调查实践

1. 张闻天

在把马克思主义与中国实际相结合的漫长过程中,中国共产党人极其重视并长期致力于严肃认真的社会调查。正是通过对中国社会开展的一系列调查研究活动及革命和建设的丰富实践,党形成和发展了马克思主义的实事求是的思想路线,以及与此相关联的独具特色的调查研究的理论和方法。张闻天作为一个杰出的无

---

① 彭道宾:"中央苏区调查统计机构的建立和发展——工作的光辉实践与有益启示",《统计研究》2010年12月,第27卷第12期。

产阶级革命家和理论家,中国共产党在革命发展的一个重大转折时期的重要领导人,在这方面也作出了自己的理论贡献。尤其是他的由犯有"左"倾教条主义错误的领导者转变到正确路线上来的特殊身份和背景,使他在这个问题上的贡献更具有难得的认识价值。

① 生平

张闻天 1900 年出生在上海南汇县(今称)的殷实农户家庭。原名"应皋"(也作"荫皋"),字"闻天",取《诗经》中"鹤鸣于九皋,声闻于天"之意。他 17 岁时入南京河海工程专门学校。1919 年,他参加了五四运动,随后在报刊上公开介绍《共产党宣言》中的"十条纲领",可以说是在中国最早宣传马列主义的先驱者之一。

张闻天

同年,他在上海入留法勤工俭学预备科,翌年 7 月去日本东京学习,1922 年夏又自费留美勤工俭学,一年多后回国。1925 年 6 月初,张闻天在上海入党,10 月赴莫斯科中山大学学习,后入红色教授学院学习和工作。他取俄文名字"伊思美洛夫",从此即用译音"洛夫"、"洛甫"为笔名。因他在理论研究上高于留苏的其他人,王明等教条主义者大力拉他,而张闻天因缺乏国内实际工作经验,一时也对他们的主张表示赞同。1931 年初,他回到上海任中宣部部长,后任政治局委员、书记处书记、中华苏维埃共和国人民委员会主席(相当于总理)等职。

张闻天通过实践,认清了"左"的错误危害,在 1935 年的遵义会议上大力支持毛泽东领导红军。会上,张闻天被选为中共中央政治局常委,随后又替代博古负总责,主持中央日常工作。20 世纪 30 年代末期以后,他主要分管党的宣传教育。延安整风时,他检查了过去的教条主义倾向,要求到实际工作中锻炼。

1945 年党的"七大"后,他仍是中央政治局委员,却主动到东北去,曾任东北局组织部长、省委书记。新中国成立后,他转入外交领域,历任中国驻苏大使、外交部第一副部长、"八大"的政治局候补委员。

在 1959 年 7 月庐山会议上,由于他对"大跃进"提出不同意见,被错误地定为"反党集团"成员,撤职后任中科院哲社部经济研究所研究员。"文革"中遭极"左"势力迫害,他被监护审查并遣送到广东肇庆。因毛泽东对他还有过好的评语,晚年他在生活上得到些照顾。最后,他以张普(意思即普通人)的名字被安置在江苏无锡,1976 年 7 月 1 日病逝。

张闻天在长期的革命实践和理论研究中,论述了我国革命各个时期必须利用资本主义的问题,发表了许多重要独创见解,在很多方面发展、丰富了马克思列宁主义、毛泽东思想关于利用资本主义的理论。这是他留给后人的一笔宝贵的理论财富,特别是他在新中国成立前讲的我国新民主主义建设中以国有经济为主体的,包括资本主义经济在内的五种经济成分都应该加以发展的论点,社会主义经济要开放市场,自觉利用价值规律,建立有领导有调节的市场和价格的论点,至今仍有重大现实意义。

② 中国共产党在 20 世纪曾有过三次影响较大的调查研究的实践活动

第一次是土地革命战争时期的 30 年代初,以毛泽东为代表在江西苏区进行的农村调查,其重要意义早已被中国革命历史所证明;第二次是抗日战争时期在延安整风运动过程中,按照中共中央要求"全党开展调查研究活动"而进行的农村调查,张闻天陕晋农村调查正是其重要组成部分;第三次是社会主义建设时期的 60 年代初,毛泽东再次提出要大兴调查研究之风,号召全党开展调查工作,以制定和贯彻正确的方针政策,促进国民经济的调整恢复。上述三次大规模调查活动的产生各有其背景,也各有其特点。就张闻天全身心投入其中的第二次农村调查而言,其产生的原因除了希望通过这次调查了解实际情况,为取得抗战胜利制定正确的路线、方针、政策外,还有清算王明"左"倾教条主义思想影响,为党的整风运动全面开展创造条件之意。诚如 1941 年 8 月中共中央《关于调查研究的决定》中深刻指出的,"二十年来,我党对于中国历史、中国社会与国际情况的研究,虽然是逐渐进步的,逐渐增加其知识的,但是仍然是非常不足,粗枝大叶不求甚解,自以为是,主观主义、形式主义的作风,仍然在党内严重的存在着";抗战以来"主观主义与形式主义作风并未彻底消灭","对于二十年来由于主观主义与形式主义,由于幼稚无知,使革命工作遭受损失的严重性,尚未被全党领导机关及一切同志所彻底认识"。为此要广泛开展社会调查,以了解实际情况,杜绝主观主义、形式主义。根据《决定》精神,中共中央成立了由毛泽东任主任、任弼时任副主任的调查研究局,作为领导全党调查研究工作的总机关,中央各单位及陕甘宁边区各部门,纷纷制定调查研究的具体措施,陆续组成各种类型的调查团,深入边区农村进行广泛的调查研究。在 1941 年 9 月中共中央政治局讨论整风的会议上,时任中共中央政治局委员、书记处书记、中共中央宣传部部长兼干部教育部部长的张闻天,诚恳地检讨了自己作为 1931 至 1934 年间"左"倾教条主义的"主要负责者之一"的错误。其后,他进一步意识到,自己之所以犯错误,原因是多方面的,而没有能够掌握调查研究这个马克思主义认识论的武器,造成"理论与实际脱离",是一个重要原因。为了从思想上彻底纠正过去的错误,用实际行动克服主观主义、教条主义,贯彻马克思主义的思想路线,张闻天向中共中央提出请求,到边区农村基层进行调查研究。中共中央同意了他的请求,并抽调刘英、雍文涛、马洪、薛光军、曾彦修、尚明、徐羽、许大远、薛一平9名干部,由张闻天率领组成"延安农村工作调查团",奔赴基层,从而有了张闻天在陕北晋西北进行的长达一年多的农村社会调查。

这次农村社会调查从1942年1月在陕北政府贺家川村开始,4月至8月在山西兴县二区14个自然村,9月至11月在陕北米脂杨家沟村,12月至翌年2月在米脂县城和绥德县西川村、双湖峪村,3月初回到延安,前后历时一年又两个月。根据张闻天的安排,这次调查的重点就是了解当时的社会生产力和生产关系,从中检验中国共产党抗日战争时期农村经济政策,再提出调整改善的意见。在各处的调查又各有侧重,如兴县、米脂等地调查侧重农村土地关系,绥德则着重调查工商业。几个地方合起来,就对抗日根据地经济社会状况的全貌有了一个较为清晰的了解。在一年多时间的调查中,张闻天深入农村各阶层以至地主和商人的家庭,亲自翻阅和核算几十年的地租、高利贷和商业的原始账簿,听取各调查小组的汇报。他不仅口问手写,而且事后立即对调查材料进行整理,有时还请教乡、区、县干部,求证他调查所得的材料是否属实,了解他所提出的意见是否切合实际。最后亲手整理出《贺家川八个自然村的调查》、《碧村调查》、《兴县十四个自然村的土地问题研究》、《米脂杨家沟地主调查》等一系列调查材料。1943年3月初回到延安后,张闻天又集中精力对这次陕北晋西北农村社会调查的经验体会进行思考研究,写下了《出发归来记》作为总结汇报,得到了中共中央的肯定。

③ 张闻天在延安整风期间对陕晋农村的调查研究

张闻天在延安整风期间对陕晋农村的调查研究,在其半个多世纪的革命生涯中,有着极其重要的地位。这次调查促成了他本人思想作风的根本性转变,成为他继30年代冲破"左"的罗网、自觉转变到正确路线轨道之后,自身思想发展的又一次飞跃。张闻天早年曾求学日本、美国,入党不久又被派往苏联学习,在莫斯科中山大学及红色教授学院深造达5年之久。这些经历使他成为中共党内为数不多的具有较深厚理论素养的活动家之一。但较长时间脱离中国革命的实践,缺乏实际斗争的锻炼,对中国社会了解不够,也成为他30年代初犯"左"倾教条主义错误的重要原因。后来,在中央苏区主管政府工作的实践和第五次反"围剿"战争失败的教训,使他在理论与实践的矛盾中逐渐觉察到错误所在,最终促成了张闻天在遵义会议上站到毛泽东正确意见的一边。这次陕晋农村调查,使张闻天对中国社会有了全新的认识,并促使其思想认识、工作作风、工作方法等发生了根本性的变化。正如他自己所言,一年多调查最主要的收获在于"冲破了教条的牢笼","这次出发使我深切的感觉到,我知道的中国的事情实在太少了。到处看到的东西,在我都是新鲜的、生疏的、不熟悉的"。他认识到"以后有向着接触实际联系群众的方向不断努力的必要"。张闻天在《出发归来记》中,对自己做了严格的解剖。他以一个真正的唯物论者的态度提出了必须坚持从实际出发,而调查研究是从实际出发的中心一环,强调了指导工作的一切意见、决议、办法是否正确,必须要在实践中找到证明。以前自己在这些方面做得不足,希望今后努力改变这一状况。如果说遵义会议时张闻天在思想认识上的进步主要表现为政治路线的转变,那么,在40年代的延安整风运动中,则是表现为以实际行动将自己的思想方法、思想作风作进一步的、彻底的转变。正是通过这次实际调查,张闻天深切地体会到,"接触实际,联系群众,这是一个共产党员的终身事业";任何共产党员,一旦脱离实际,脱离群众,头脑就会"硬化"起来,最终必将"走进老布尔什维克的博物馆,做历史的陈列品"。由此可见,整风运动的洗礼和陕晋调查的实践,使张闻天终身受益,必然对他后半生牢固确立一切从实际出发,坚持理论与实际相结合的思想路线,不断作出新的理论贡献,产生决定性影响。抗日战争胜利后,张闻天主动要求到东北从事地方工作。在1945年11月到1950年2月的4年多时间里,他先后担任牡丹江地区中共中央北满分局代表、合江省委书记、中共中央东北局常委兼组织部部长、东北财经委员会副主任、辽东省委书记等职务。在东北工作的艰苦岁月,张闻天不仅在根据地的剿匪、建军、建政、土改、经济建设及贯彻知识分子政策等方面作出重要建树,而且还参与提出有关东北全局工作基本方针的建议。尤其是在领导合江省的土改工作中,张闻天注重深入基层,深入群众,进行系统的调查研究,亲自掌握第一手材料,写下了《合江农村的新形势与新任务》、《对土地问题的意见》、《在放手发动群众中应注意之事项》、《农民土地问题》、《进一步深入开展土地斗争》等一系列文稿,先后解决了假分地、假斗争、假农会的右倾错误和把中农、富裕中农当地主富农斗争的"左"的错误,切实引导了土改斗争的健康顺利发展,从而使合江这块地处边陲的战略要地很快建设成为巩固的根据地,有力地支援了整个东北解放战争。1948年9月,张闻天为东北局起草的《关于东北经济构成及经济建设基本方针的提纲》,是中共党内最早全面论述新民主主义经济结构的文献,其中许多重要思想被吸收进中共七届二中全会的文件当中。从思想发展的角度看,张闻天在东北工作的业绩,正是他通过陕晋农村调查实践所获思想作风跃变和升华的一个重要果实。新中国成立以后,在对社会主义经济建设问题的思考上,张闻天在40年代所获思想作风的巨大飞跃又得到了进一步的展现。1958年"大跃进"开始后,张闻天在一度兴奋之后就开始表示怀疑,而这怀疑正来自当年他在上海、杭州、东北等地进行的实地调查。1958年11月郑州会议后,张闻天在各种场合发表了许多分析批评"左"的错误的意见。1959年3月,他在广西南宁、桂林,广东湛江、海南岛、广州调查考察了 20 天,所见所闻、所感所思更加坚定了他对"大跃进"的批评态度。在庐山会议上,明知彭德怀的信已引起毛泽东的不快,但他还是本着实事求是的精神毫无保留地发言支持了彭德怀的意见,对"大跃进"以来发生的错误从理论上进行系统的分析,恳切建议会议要从"思想观点、作风、方法上去探讨"错误产生的原因,结果遭到严厉打击,并从此离开了中国政坛。但是,远离政治中心后的张闻天,并没有放弃自己的追求,仍然时刻关心国家命运,孜孜不倦地探索社会主义建设问题。1962 年初,毛泽东再次提出要大兴调查研究之风,时为中科院经济研究所特约研究员的张闻天,向中央提出了进行调查的要求,获准后赴苏、沪、浙、湘三省一市进行了为期两个多月的调查,最后向中央提交了《关于集市贸易等问题的一些意见》(即建议开放市场的报告)。这一《意见》抓住了集市贸易和物价这两个实际经济生活中至关重要的问题,对于国民经济特别是对于农村经济的恢复和发展,以及缓解城乡人民生活必需品供应的紧张,有十分重要的意义。他实践了自己把"接触实际,联系群众"作为自己的"终身事业"的诺言。

综上所述,20 世纪 40 年代陕晋农村社会调查的实践,促使张闻天在理论与实际相结合的道路上,思想更加自觉,行动更加坚决,度尽劫波而矢志不渝。曾经三度在张闻天直接领导下工作的邓力群同志认为,张闻天"完全可以称得上是我党延安整风的实事求是精神贯彻到底的优秀代表"。

④ 形成和提出一系列有价值的思想理论观点

张闻天在陕晋农村调查过程中形成和提出的一系列有价值的思想理论观点,作为马克思主义与中国实际相结合的优秀成果,丰富了党的调查研究工作和思想建设的理论宝库,推动了毛泽东思想走向成熟和继续发展。

第一,把调查研究提到思想方法和认识论的高度加以强调。坚持马克思主义同中国实际相结合,是中国共产党领导中国人民取得革命和建设成功的基本经验,在理论联系实际的过程中,调查研究是一个根本方法。张闻天在下农村调查之前,已经认识到要克服主观主义,改变党的作风,必须坚持一切从实际出发。经过亲自深入农村调查研究之后,他进一步体会到,"要从实际出发,要认识实际,其基本一环,就是对于这个实际的调查研究。没有这一基本工作,一切关于从实际出发,要认识实际一类的话,仍然只是毫无意义的空谈"。在他看来,调查研究是落实一切从实际出发的关键,因而也是转变党的作风的关键。这和毛泽东提出的"在全党推行调查研究的计划,是转变党的作风的基础一环"的思想是一致的。张闻天在陕晋农村调查过程中整理出的关于神府、兴县、米脂等地社会经济问题的调查报告,是研究中国社会特别是中国农村经济的系统材料,完全可以与毛泽东 30 年代初的农村调查相媲美。《出发归来记》这份用马克思主义观点论述调查研究的报告,对毛泽东的调查研究理论和实事求是思想路线作了系统的充实和发挥,它的许多精辟论点,对今天党的思想作风建设仍富有深刻的认识价值。

第二,阐明生产力与生产关系辩证统一的历史唯物主义观点。张闻天非常重视对生产力与生产关系问题的研究。他在1922年发表的《中国底乱源及其解决》一文中,就对社会生产力与生产关系及两者相互关系提出了与我们今天大致相同的看法。

张闻天陕晋农村调查的特点就在于它是一次以经济基础为重点的全面社会调查,所以他非常明确其调查的目的是"农村生产力与生产关系的了解",强调所谓从实际出发,"首先应该是从生产力与生产关系所结合成的社会生产状况出发","调查研究的首要对象,也应该是生产力和生产关系"。通过对兴县14个村土地关系变化的调查了解,他既肯定由封建式土地集中向农业小生产分散发展是一大进步,又指出不能"把个体经济理想化",应引导农民互助互帮,逐步联合起来,才能"扩大生产,支援战争"。这就用事实印证了马克思主义关于生产力与生产关系辩证统一的观点,既要把生产力看成是历史发展的重要因素,又要通过解决生产关系来促进生产力的发展。同时,张闻天的这一观点,与毛泽东提出的"组织起来"的思想也是一致的。后来在对待东北地区土改中出现的劳动互助问题的态度,也反映了他关于生产力和生产关系相统一的思想。张闻天强调在农村中发展劳动互助,既要反对强迫命令,也要反对放任自流……至于高一级的形态,只能是从这种初级形态出发,"根据生产力的发展程度与群众的觉悟程度,而加以提高的结果。它是不能主观地任意提高的"。在社会主义建设时期,张闻天仍然一以贯之地坚持这一正确观点。他对那种热衷于不断改变生产关系的错误潮流提出尖锐批评,指出"生产关系是不能任意变更的,过早改变生产关系(如共产风)会破坏生产力,不利于社会主义的建设""离开生产力谈生产关系的发展,必然陷于主观唯心主义"。这种透彻的分析,可以说是切中时弊的。

第三,倡导发展新民主主义社会中的"新式资本主义"。保护和扶持有益于国计民生的资本主义经济,以利于社会生产力的向前发展,是中国共产党新民主主义三大经济纲领之一。张闻天通过陕晋农村调查,对中国北方农村经济状况及其发展趋势,有了较为切实的了解,写下了《发展新式资本主义》一文。他认为晋西北农村中农民已经分化,但封建势力依然强大,农村资本主义只是萌芽,而"资本主义生产方式,是现时比较进步的,可使社会进化的",故必须利用资本主义加快发展生产力。那么它"新"在何处呢?张闻天指出:"我们提倡的新式资本主义,与欧美的旧资本主义不同。我们有革命政权和革命政策,调节社会各阶级关系。凡可以操纵国民生计的工商业,均在国家手中。"也就是说,这种资本主义是受新民主主义国家的政策调控的。张闻天认为"新民主主义,就是新式资本主义。因为中国太落后,只有走新式资本主义的第一步,才能走社会主义的第二步"。当时,把新民主主义等同于"新式资本主义",是包括毛泽东在内的中共中央领导集体的共识。尽管由于这个概念在表述上不够准确,后经毛泽东纠正(1948年9月中共中央政治局会议)而不再采用,但它旨在强调落后的中国必须利用资本主义来发展生产力的根本思想,则显然丰富发展了毛泽东《新民主主义论》的有关论述。到1949年中共七届二中全会,正式确立新民主主义社会"五种经济成分"协调发展的构架,其中对"私人资本主义经济"性质及地位的界定,更是"发展新式资本主义"思想的直接深化和运用,它对于新中国经济发展所具有的理论意义和实践意义是不言而喻的。

张闻天——出发归来记
(一九四三年三月二十七日)

这次出发使我深切得感觉到,我知道中国的事情实在太少了。到处看到的东西,在我都是新鲜的、生疏的、不熟悉的。必须经过一番请教之后,我才能认识它们,同它们交起朋友来。但这些东西,又是如此的生动活跃,变化多端,如果我不同它们保持经常的接触,紧跟着它们,它们又会很快的前进,把我远远的抛弃在它们的后面。同时一切事实又如此明显的告诉我,如果我们不去认识它们,熟悉它们,了解它们的动向,我们决然不能决定我们的任务与政策,即使马马虎虎的决定了,任务仍然无法完成,政策也无从实现。

冲破了教条的囚笼,到广阔的、生动的、充满了光与热的、自由的天地中去翱翔——这就是我出发归来后所抱着的愉快心情。

不再空谈"理论与实际的联系",首先要自己联系起来试试看;不再空谈"以马列主义的立场与方法来研究中国的实际",首先要自己做一点这类的"研究"的小榜样试试看。我想,这也许比一切关于这类辞句的空谈的作用,要大的多!

我想,我这次所走的途径,或许是改造像我这类知识分子出身的老党员所应该遵循的途径吧。这就是说,首先应该彻底击破阻止他们走向实际的思想壁垒,如关于"知识分子"与"理论家"之类的错误思想,然后使他们在行动上真正同实际、同群众接触起来,使他们不仅在思想上,而且在切身经验上体验到毛泽东同志所指出的方向的正确,决心来一个彻底的自我改造。延安一年来的整风运动,已经做了第一步的工作,现在必须以第二步的工作来充实第一步,没有第二步,第一步的了解是不会深刻的。

调查研究是从实际出发的中心一环

要从实际出发,要认识实际,其基本一环,就是对于这个实际的调查研究。没有这一基本工作,一切关于从实际出发、要认识实际一类的话,仍然只是毫无意义的空谈。

调查研究工作,不论对于领导者或被领导者,都是绝对必要的。像前面说过的,一个领导者,如果他对于当前的具体情况没有精密的调查研究,他就无法提出正确的任务。这正像一个军队的指挥官,如果他对于当前的各种情况没有精密的调查研究,他就无法决定作战的命令。这已经是很明白的了。但一个领导者,在正确的提出任务之后,是否可以不再需要调查研究,让事情自己发展下去,所谓自流的发展下去呢?当然是不可以的。然而我们常常在任务提出之后,就以为万事大吉,不再过问,只是到了一定时期之后,才照例召开一个检查会议,或总结会议,照例的检查一下,总结一下工作。但是,正因为我们平时对于运动发展的实际情况缺乏详细的调查研究,所以我们在检查会议、总结会议上,也就提不出新问题,新办法,以推动运动的继续前进。至于在会议前后,给下级以经常的具体帮助者,那就更少看见了。因此,许多工作的检查总结,常常是照例的、形式的、死板的、没有内容的、空谈的,因而也很少结果的。这正好像一个军队的指挥官,只发出了作战的命令,而没有根据于各种变动着的情况来进行不断的作战指挥。这种正确的作战指挥,对于一个战役的胜利,是一个重要的、有时是决定一切的因素。

所以一个领导者,不但在决定任务之前须要做一番精密的调查研究工作,即在正确的任务提出以后,也仍然需要不断的调查研究。一个好的领导者,不但须要对于一件事情有正确的原则的领导,而且还须要作战指挥一样的行动的领导。只有把原则领导与行动领导结合起来,我们才能把这种领导称为具体领导。这种具体领导,不以精密的调查研究工作做基础,是决不可能的。这种作战一样的行动的领导,在我们党内有特别强调的必要!

在被领导者方面,在接受了上级规定的任务之后,在执行任务时,是否可以对于当时当地的情况不进行调查研究呢?当然也是不可以的。因为他不能在授受任务之后盲目乱干一气,而必须考虑一番,如何执行任务,才能不脱离群众,不违反政策。一个被领导者,不但对于上级所给与的任务应有清楚的认识,有完成任务的决心与勇气,而且还须要有不脱离群众、不违反政策的完成任务的具体办法,而这,没有对于当前情况的调查研究,也是不可能的。这正好像一个战斗的部队,在以自我牺牲的精神坚决执行上级命令时,仍须不断侦察战斗情况,以便适时的改变自己的战斗形式与组织形式,以争取胜利一样。

事实证明,一个任务可以用两种不同的相反的方法来完成。一种方法是不问实际情况的,死板的,强迫命令的,脱离群众的,违反政策的。一种方法是根据实际情况的,灵活的,发动群众积极性的,执行政策的。说用前一种方法不能完成任务,是不合实际的。但是只问任务完成与否、不问任务如何完成的观点,是不足为训的。我们要完成任务,但只有拿后一个方法来完成任务,才是我们所拥护、所赞成的。不了解当前情况的人,是不能用这种方法来完成任务的。

所以不论是领导者或被领导者,都必须把调查研究工作作为自己的一切工作的基础。

中国社会的复杂性,其发展的不平衡性,在全世界是少有的。即以陕甘宁边区来说,有警备区与老边区之分,有土地革命地区与非土地革命地区之分,有中心地区与边界地区之分。所以,上级的决定,必须很好的估计到这些不同地区的特点,使决定带有原则性。下级执行上级决定时,必须估计到本地区的特点,使决定带有具体性。只有这样,才能使上级的原则决定,在各种不同的地区内能够具体执行,而使领导者与被领导者能够步调一致,和谐的合拍的前进。这没有双方深入的调查研究工作做基础,是不可能的。

所以,调查研究工作,不是什么一个时期的突击工作,也不是只在工作的某一阶段才需要的工作,也不只是对于某一种人才需要的工作,这是一切工作的基本,是贯穿在全部工作过程中的基本工作,是全部工作中最重要的有机组成部分,是一切工作者都需要做的工作。调查研究工作做的是否充分,是决定一项工作成败的主要关键。一个共产党员只有在实际行动上能够把这个工作当做自己一切工作的基础,他才算是一个真正的唯物论者,他的整顿三风才算有了实际的成效。

调查方法点滴

除以上所说的一些问题外,关于调查方法,可以提出谈谈的,有以下数点。

一、在开始调查以前,应弄清楚调查的目的,即要调查的是什么事情,根据调查材料所要解决的是什么问题。

二、选定调查对象后,对调查对象所处环境应有必要的了解,不要把调查的东西从它的具体环境中孤立出来看。

三、善于同群众接近,生活群众化,诚心诚意抱定当群众小学生的态度,一切不懂的事情都应好好的向他们请教。态度应不太庄严,使群众害怕;也不要油腔滑调,使群众看不起。待人和气、亲热、自然,是最主要的。

四、同当地党、政、军、民机关取得联系,得到他们的帮助,但应该完全独立自主的做工作,不要依赖他们。只有亲自动手得来的材料,才是比较可靠的。别人的材料,只能当做参考。

五、从当地群众中的积极分子着手,同他们交朋友,从他们那里开始调查,经过他们的介绍,推广到其他的群众。但也不要以此束缚自己,落在少数积极分子的小圈子内。如能找到别的关系,应抓住不放。

六、调查方式,可以采取开调查会、个别谈话及实地调查三种,适当的把它们结合起来。调查材料,能当时记录者,即应记录,当时记录不便者,事后即应记录,记忆力的可靠性不大。谈话次数可不拘,总以问题谈清楚为主,但谈话时间,力求以不妨碍对方生产、损失对方利益为原则。农忙时的中午休息时间及夜晚时间,及冬天农闲时间,是最便利于调查工作的。谈话不要采取象审问或填表格的形式,而以生动的、随便的,但又有一定方向的"拉话"为最好。

七、尽量搜集书面材料,如各种账簿、契约、分家单、收条、收据、家谱、碑记等。关于过去历史材料,平常人不易记忆清楚,以书面材料较为可靠。

八、发现被调查方面的各种矛盾,如阶级间的、个人间的、大姓与小姓间的、老户与外来户间的矛盾,利用这些矛盾进行调查。如从农民调查地主,从小姓调查大姓,从张三调查李四等等。但不应只以调查矛盾的一方面为满足,矛盾双方均应调查,免受一方的蒙蔽。

九、在调查中如果发现同多数群众有切身利害关系的问题,能经过当地党、政、军、民机关解决的,应帮助解决,以取得群众对调查者的信任与拥护。这对调查工作有很大的便利。

十、调查来的材料,应经常加以整理。这样可以使已有的材料更加熟悉,不足的补充,缺乏的增加,发现中间有矛盾的,不确实的,给以校正。决不要相信,初次调查来的材料就是可靠的;应该相信,初次调查来的材料常常有很多不可靠的。可靠的材料,是要经过几次三番的调查才能得来。

十一、调查工作初步完成后,最好能在当地即加以研究,在研究中发现问题还不清楚的,再行搜集材料。研究工作应该紧跟在调查工作之后,而且最好就在调查的地方进行。两者相隔太久,会使研究工作流产,因而也不能完成调查的任务。

十二、调查工作,不要太匆忙,以从容不迫为有利。熟悉一个地方的情形,不但需要问话,而且需要生活,需要有一定时间的考察与体验。

据我个人经验,看人家写的、听人家说的关于调查经验之类的文章或讲演,印象很少,大概在看过听过之后就会忘记的。但自己亲自调查研究一番之后,自己就会有点"经验",不大容易忘记。在自己有了一点经验之后,再来参考参考他人的经验,得益就多些。以上十二条,在有经验的同志看来,是简单不足道的,故解释更成为不必要的了①。

2. 瞿秋白

① 生平

瞿秋白(1899—1935年),原名瞿双,后改名瞿霜、瞿爽,江苏常州人。早年曾到武昌外国语学校学英文,后到北京谋生。1917年考入北洋政府外交部办的俄文

---

① 张闻天:《出发归来记》,刊《张闻天文集(三)》,中共党史出版社1993年版,第188—210页。

专修馆读书。1919年参加"五四"爱国运动,同年11月参与创办《新社会》旬刊。1920年初,参加李大钊组织的马克思学说研究会,同年10月以北京《晨报》和上海《时事新报》特派记者的身份,去莫斯科采访。1921年兼任莫斯科东方劳动者共产主义大学中国班的教员。1922年2月在莫斯科加入中国共产党(介绍人张太雷)。曾先后出席远东民族代表大会和共产国际第三、四次代表大会。1923年春回到北京,主持起草了中共第三次全国代表大会纲领草案,参与制定国共合作的战略决策。同年6月出席中共第三次全国代表大会,并当选中央执行委员会委员,还担任中共中央机关刊物《新青年》、《前锋》主编和《向导》编

瞿秋白

辑,7月去上海创办上海大学,任教务长兼社会学系主任。1924年1月参加中国国民党第一次全国代表大会,当选为中央执行委员会候补委员,后又担任国民党中央政治委员会委员。1925年1月当选为中共四大中央执行委员、中央局成员。后又参加领导五卅运动。1927年5月在中共五大上当选为中央委员、中央政治局委员,同年7月接替陈独秀负责中央工作。主编过中国共产党创办的第一张日报《热血日报》,发表曾为陈独秀等人所压制和拒绝发表的毛泽东写的《湖南农民运动考察报告》,并为之写了序言。大革命失败后,在汉口主持召开临时中央紧急会议,后任中央临时中央政治局常委,主持中央工作,成为党的主要领导人之一。1928年4月去苏联,6月主持召开中共六大,并当选为中央委员,在中共六届一中全会上当选为中央政治局委员。会后,作为中共代表,参加了共产国际第六次代表大会,当选为共产国际执行委员会委员和主席团委员及政治书记处成员。后留在莫斯科,任中共中央驻共产国际代表团团长。在苏联期间开始研究中国共产党党纲、中国苏维埃宪法、土地法、劳动法、婚姻法等问题,写了大量论著,翻译了共产国际纲领以及斯大林论列宁主义的著作。1930年8月回到上海,9月和周恩来一起主持中共六届三中全会。1931年在中共六届四中全会上,被解除中央领导职务,开除出中央政治局。1931年夏参加了"左联"的领导工作,反击国民党文化的"围剿",系统向中国读者介绍了马克思、恩格斯、列宁、斯大林及普列汉诺夫关于文学艺术的理论,翻译了苏联的许多著名文学作品。1934年2月到瑞金,任中华苏维埃共和国中央政府人民教育委员。还兼任苏维埃大学校长。同年10月中央红军主力长征后,留在南方,任中央分局宣传部长。1935年2月23日在福建被捕,6月18日英勇就义,年仅36岁。

② 成就

"五四"运动后,各种社会思潮涌入中国,推动了社会学在中国的传播。1913

年,瞿秋白、陈长衡、陶孟和等成立了第一个社会学团体"北京社会实进会",以"考察社会的坏处,以和平的、实践的方法,从事于改造的运动,以期实现德莫克拉西的新社会"为宗旨。李大钊、瞿秋白等人从唯物史观出发研究社会学。李大钊不但阐明了社会学的基本理论和方法,对西方社会学名家的观点进行阐述和分析,更重要的是运用社会学理论和方法对中国的政治制度、婚姻、家庭、人口、风俗等进行了深入的研究。瞿秋白1923年任中国共产党创办的上海大学教务长兼社会学系主任,撰写了《现代社会学》等书,为革命培养人才。20年代留学归国的社会学者形成了科研和教学的队伍,设立了研究机构。1926年成立了中华教育文化基金董事会社会调查部,1929年更名为社会调查所,由陶孟和任所长,在南京中央研究院设立了社会科学所社会学组。1908年上海圣约翰大学开设社会学课。以后各大学陆续开设社会学课程和建立社会学系。1922年余天休发起成立了中国社会学会,出版《社会学杂志》。

瞿秋白是中国革命史上具有独特风格的伟大历史人物,他集革命家与学者于一身。他的聪颖才华和远见卓识历来为人们所钦佩。他出生于江苏常州一个破落的封建书香之家,其父瞿世玮擅长老庄哲学与绘画,其母金衡玉通晓史书,酷爱诗词。瞿秋白自幼深受其父母的教诲与影响。年轻时勤奋好学,博览我国历史书籍和古代诗词。在俄国十月社会主义革命的时代风潮影响下,他积极投身"五四"爱国运动的伟大洪流,经过亲赴苏俄实地调查考察的两年社会实践,经过认真学习马克思主义和苏俄革命历史,迅速地由革命民主主义者转变为马克思主义者。自此以后,他在为中国革命工作的十多年中,不仅担负着领导中国革命的重任,而且运用马克思主义原理探寻中国革命理论和革命道路作出了杰出的开创性的贡献,为我们留下了内容极为丰富的五百余万字的著述与译作。他是一位伟大的无产阶级革命家、理论家、宣传家、文学家,中国共产党早期的卓越领导人。同时,他还致力于运用辩证唯物主义和历史唯物主义研究中国国情和中国历史,为中国马克思主义史学作了大量奠基性的工作。

瞿秋白自赴苏俄考察回国后不久,1923年夏,他在担任上海大学教务主任和社会科学系主任期间,亲自讲授《辩证唯物主义和历史唯物主义》等课程,引导学生研读马克思主义,投身反帝反封建的革命实践。1924年,他发表了《现代社会学》、《社会哲学概论》和《社会科学概论》等著作,在中国第一次较为全面而完整地传播与阐释马克思主义的辩证唯物主义和历史唯物主义,而且在同形形色色的唯心主义哲学的斗争中,逐步形成了他自己的哲学思想。瞿秋白的哲学思想和哲学著作在中国现代无产阶级哲学思想发展史上具有重要的历史地位。同时,它对中国马克思主义历史学的建立与发展产生了深远的影响和积极的作用。

他明确地指出,经济基础与上层建筑是任何社会形态不可缺的两个方面,经济基础是社会历史发展的决定因素,上层建筑的变革是随着经济基础变化而变革的。"经济往往先变,而政治等每每在时间上落后。经济上的变更,初只是数量上的积聚渐变,积聚到一定程度,才使政治突变其性质"。但是,上层建筑也反作用于经济基础。他指出,"我们决不否认精神上的力量能回复其影响于物质的基础"。"政治思想当然能返其影响于经济"。然而最根本的动力,始终是物质的生产关系。

瞿秋白遵循列宁"与其写革命,毋宁做革命"的教导,始终密切地与群众革命运动相联系,积极投身和领导中国革命的伟大实践,探寻中国革命理论,为此作出了卓越的业绩,极其深刻地影响了中国现代革命历史,谱写了光辉的历史篇章。与此同时,他以唯物史观为指导,不断总结中国人民革命的历史经验,为中国革命史留下了数以百计的宝贵著述。他是中国马克思主义史学的开创者之一。

在世界民族解放运动史研究方面,在苏俄考察期间,就写了《少年共产国际》、《世界社会运动中共产主义派之发展》等论文,向中国人民介绍国际共产主义运动及共产国际、少年共产国际、赤色国际职工会(即世界总工会)和苏俄革命的历史。1923年初回国后,他又在《新青年》杂志发表了《现代劳资战争与革命》等文章,以第一次世界大战前后劳资势力的消长及劳资斗争的历史,论证了俄国十月革命后在世界革命中共产国际与各国共产党的策略问题,阐明了革命策略的必要性。在当时,这对统一和提高党团员的认识,促进第一次国共合作统一战线的建立起了积极作用。

在共产国际工作期间,瞿秋白根据列宁关于民族和殖民地问题的理论,结合中国革命的历史经验,系统地论述了殖民地半殖民地革命的基本问题。他指出,帝国主义为了维护殖民统治,总是和当地封建势力相结合,保持原有的封建制度。因此,殖民地半殖民地首先要进行推翻帝国主义压迫和封建势力统治的民族民主革命,然后才能进行社会主义革命。无产阶级在这场革命中,非但要积极参加,而且必须依靠农民这个基本的同盟者,并强调领导农民武装斗争的极端重要性。在此基础上,同民族资产阶级结成统一战线取得领导权,争取民族解放斗争的彻底胜利。

在中国近现代史、革命史和中共党史的研究方面,早在1921年6、7月,瞿秋白同李宗武为共产国际第三次大会写的题为《社会主义在中国》一文,精辟地考察了中国近代工业和工人阶级发生与发展的历史,记叙了从辛亥革命至1920年底中国工人运动的发展过程及工会组织状况,并对五四前后社会主义各流派在中国传播及对各种社会主义派别作了历史评价。同时它还记载了中国共产主义小组成立后,出版马克思主义书刊,组织工会,办工人学校,及与无政府主义者作斗争的史实。

马克思主义唯物史观为我们认识社会历史提供了正确的思想武器,使历史研究成为真正的科学。在20世纪二三十年代中国马克思主义史学建立时期，经过无数理论家和史学工作者的共同奋斗，结出了一批批丰硕的果实，为中国历史科学的发展开创了一个新的局面。瞿秋白的理论和历史论著在中国马克思主义史学史上占有重要的地位，而且他以伟大的无产阶级革命家的雄姿与胆略，紧密联系现实的革命斗争，研究历史服务于人民革命和社会改革事业。因此，又具有他自己鲜明的特点。

首先，他十分强调历史研究要以辩证唯物论和历史唯物论为指导，正确把握历史发展的客观规律，推动社会前进。他认为，一切社会历史的发展都有其内在原因所决定的客观规律。他说，"社会运动是活的，从经济斗争始，必以政治斗争终"。历史是阶级斗争的历史。阶级矛盾与阶级斗争是"历史的原动力"，而社会经济是历史的现实基础。"大致可以说，因生产力的状态，而成当代的经济关系，因经济关系而生政治制度，因政治制度而定群众的动机，因群众的动机而有个性的动机。经济动象的流变，故个性动机随此阶级分化而各易其趋向，足以为新时代的政治变革的种种因素中之一因素。历史的规律便在于此"。

瞿秋白的历史论著的显著特点，总是在分析各历史阶段社会经济及其阶级状况的基础上，阐明历史事件、历史人物及其基本线索，从而揭示社会历史的发展规律。早在第一次国共合作的大革命时期，他运用马克思主义原理分析了中国近代社会历史的经济、政治、文化，精辟地论述了中国社会各阶级的状况和中国资本主义经济的特异性。从而，他非但正确地把中国资产阶级分为买办资产阶级和民族资产阶级，而且论证了中国资产阶级弱于无产阶级的社会经济根源，进而提出中国无产阶级对民主革命领导权的思想，为中国革命解决了一系列基本问题，为中国新民主主义革命理论的形成作了奠基性的贡献。

其次，他重视批判资产阶级史学观点，主张马克思主义史学必须在战斗中发展。瞿秋白在同唯心主义哲学的斗争中，在运用唯物史观阐释中国历史的过程中，始终坚持革命的批判的战斗精神。他指出，历史的进程几千年来只有种种奴隶制度及剥削制度的更替。他认为，一切社会变化和政治变革的最后原因，应该求于各历史时代的经济。旧唯物论认为思想动机是历史事实的最后原因，而不去研究那思想动机所隐匿的动机，因而陷入唯心论。历史研究只有寻求群众的、民族的、阶级的最后动机，才能说明社会发展的规律。后来，在反对戴季陶主义的斗争中，他坚持运用唯物史观和阶级斗争学说，批驳了戴季陶的唯心史观和反对国共合作的种种谬论，捍卫了革命统一战线。他还批评了某些社会史学者预先把欧洲的封建制度作为政治形式的模式，然后用中国史实去比较，因而得出中国没有封建制度，说中国是商业资本主义社会的错误观点。

再次，他提倡研究历史要为现实革命斗争和改造社会服务。瞿秋白认为，没有一种制度"适"于永久。他总告诉人们,世界的历史是不断发展和前进的,只有用真正的历史知识武装自己,才能正确地科学地认识现实的社会问题,投身改革社会的实践,推动历史前进①。

3. 陈翰笙

① 生平

陈翰笙,原名陈枢,我国早期马克思主义的农村经济学家、社会学家、世界历史学家、卓越的国际活动家。30年代中国农村经济研究会的创始人。他坚持以马克思主义立场、观点、方法,分析研究我国农业、农民和农村问题,以第一手的农村调查材料论证我国农村半封建、半殖民地的社会性质,指明我国农业发展的道路。

陈翰笙

1897年2月5日,他生于江苏无锡县城。父陈浚,前清生员,曾参加辛亥革命。幼年就读于无锡东林小学,后随父母到长沙,入爱国人士创办的明德中学,受同盟会会员、南社诗人、历史教师傅荣湘的思想影响很深。1915年母亲看他才智过人,变卖首饰送他去美国深造。

1920年获美国珀玛拿学士学位,1922年获芝加哥大学硕士学位,1924年获德国柏林大学博士学位,同年回国,任北京大学教授。1927年到苏联莫斯科,在第三国际农民研究所工作,1928—1934年在中央研究院社会科学研究所任副所长。

1929年,他主持制定无锡农村经济调查计划,7月由中央研究院社科所组成调查团,进行三个月实地调查,写成调查报告,并发表专论《亩的差异》。

1930年,发表《封建社会的生产关系》、《东北的难民与土地问题》研究报告。与北平社会调查所合作,对河北保定清苑进行农村经济调查。

1933年对广东进行农村调查。发表《广东的农村生产关系与生产力》,出席在加拿大召开的太平洋国际会议,提出英文论著《中国当前的土地问题》。与吴觉农、孙晓村、钱俊瑞、薛暮桥、冯和法、王寅生等人发起成立"中国农村经济研究会",担任理事长。

1936年在纽约出版《中国的地主与农民》(英文版)。担任纽约太平洋国际学会《太平洋事务》季刊的编辑工作。协助饶漱石在纽约创办《华侨日报》。

1939年在香港协助宋庆龄办工业合作运动,任工合国际委员会秘书。

1941年以后任桂林师范学院西文系主任、西南商专教授,担任广西建设研究

---

① 杜裕根:"瞿秋白对中国马克思主义史学的贡献",载《苏州大学学报》(哲学社会科学版)1990年第2期。

会研究员。为《中国农村》战时特刊撰写《三十年来的中国农村》、《物价与中农》、《民族工业和国内市场》等论文。与张锡昌、狄超白、千家驹等8人合作,写成《战时的中国经济》一书。

1946年任华盛顿州立大学特约教授。完成《工业资本与中国农民》、《西双版纳的土地制度》在纽约出版。

1950年完成《印度和巴基斯坦经济区域》,1月底受周恩来总理邀请回到祖国,任外交部顾问、外交学会副会长、中印友好协会副会长、国际问题研究所副所长,并兼中国科学院哲学社会科学部世界史组负责人。

1952年与金仲华共同主持英文期刊《中国建设》的编辑工作,并为该刊撰写报道祖国社会主义建设成就的文章。

1978年党的十一届三中全会以来,担任中国社会科学院顾问和世界历史研究所名誉所长,农业经济、南亚以及社会科学情报等研究所学术委员。任北京大学、外交学院兼职教授,硕士和博士研究生导师。任中国大百科全书外国历史卷编委会主任。为商务印书馆主编外国历史小丛书,已出版250余种。与卢文迪、彭家礼合编《华工出国史资料汇编》5辑,已由中华书局出版。与薛暮桥、冯和法合编《解放前的中国农村》三巨册,已由展望出版社出版。与薛暮桥、秦柳方合编《解放前后无锡、保定农村经济》,由农业部农村经济管理干部学院研究所出版。

② 陈翰笙的农村经济调查研究

在20世纪20年代末30年代初,陈翰笙等人利用公开合法的身份对中国农村进行了大规模的调查。当时,作为中央研究院社会科学研究所副所长的陈翰笙明确指出:"一切生产关系的总和,造成社会的基础结构,这是真正社会学研究的出发点。而在中国,大部分生产关系是属于农村的。因此,中央研究院社会科学研究所社会学组就拿中国的农村研究作为它的第一步工作。"①陈翰笙领导的调查从农村的生产关系入手,以便能更清楚地认识和说明中国社会的性质。在农村调查中,他又选择了能够说明社会结构本质的地区。他认为:"江南、河北和岭南是中国工商业比较发达而农村经济变化得最快的地方。假使我们能彻底地了解这三个不同的经济区域的生产关系如何在那里演进,认识这些地方的社会结构的本质,对于全国社会经济发展的程度,就不难窥见其梗概……研究中国农村经济先从这三个地方着手,才是扼要的办法。"②于是,陈翰笙领导了对江南、河北、岭南的大规模调查,即1929年中央研究院社会科学研究所进行的无锡调查,1930年该研究所与北平社会调查所合作进行的保定调查,1933年中山文化教育馆和岭南大学合作进行

---

① 陈翰笙:《中国的农村研究》,《劳动季刊》第1卷第1号,1981年。
② 陈翰笙:《广东农村生产关系和生产力》,编者序,中山文化教育馆1934年印行。

的广东农村经济调查,这些调查都着重于农村生产关系的调查。

其一,无锡调查。1929年春,陈翰笙制订了无锡农村经济调查计划,设计了一套调查表格,组成了一个有45人的中央研究院无锡农村经济调查团,目的是要用比较科学的挨户调查方法,调查全县各种类型自然村的农村经济实况。当时在无锡县四乡选定了有代表性的22个自然村,计有1 204户。团员分成四组,由张稼夫、钱俊瑞、刘端生、秦柳方分任组长,每组负责调查5至6个自然村。调查内容包括:户口、住房条件、劳动力、各种农作物的户量及其收入、副业种类及其收入、牲畜、农用动力机械、借贷、典当、商业买卖以及文化教育等费用,都要了解一周年的情况,记入调查表,每户一本。前后3个月,才结束了这项调查工作。最后,还调查了55个自然村的概况和8个市镇的工商业①。

当时,无锡县工商业比较发达。陈翰笙等通过调查了解到,无锡农村地权比较集中,地主阶级只占人口总数的3.7%,却占有比例高达40.36%的土地,贫农和雇农合占人口总数的55%,仅占有总田亩的17.3%的土地。地租剥削苛重,主要缴纳补租,占农民租入土地净收入量的93.14%,当时在无锡农村流行的高利贷,年利率一般为50%左右,多数为实物借贷。此外还有雇工剥削、捐税以及商业剥削。在这样的生产关系束缚下,农村生产力陷于停顿。副业只有养猪业和蚕桑业,部分劳动力外流。就村户年收入而言,中农每人年均47元,贫农25元,而当时的大米每100市斤8.4元,小麦每100市斤5.07元。农民的消费支出中衣食住三项占全部消费量的73.31%,其中伙食一项占全部消费量的62.17%,在文化教育方面,14岁以上人口中,文盲占73.41%,由于苛重的剥削压迫,农民生活贫苦悲惨。

秦柳方指出,"这项调查,总的来说,是以阶级分析方法,着重了解农村生产关系的各个方面,以及生产力水平,农民的物质生活和文化教育等,从而有助于认识半殖民地半封建的农村社会性质和农村中革命的中心任务。"②

其二,保定调查。1930年,在陈翰笙主持下,中央研究院社会科学研究所平社会调查所合作,在河北省保定清苑对农村经济进行调查。此次调查了保定清苑的10个自然村,对1 578个农户与劳动力、雇佣农业劳动、工资、畜养、住房及农舍、水井及水浇地、耕地占有与使用、交租形式、复种面积和受灾面积、农作物种植面积及收获量、副业收入所占比重、外出人口职业收入等项,进行挨户调查,并作了全县以及几个集镇的概况调查。

调查结果表明,在10个村各阶级占有和使用土地的比例中,仅占户数10.5%地主、富农占有39.6%的土地,占户数62.9%的贫雇农只占有26.5%的土地,土地

---

① 秦柳方:《云海滴翠——秦柳方选集之三》,中国财政经济出版社1995年版,第9—10页。
② 同上书,第10页。

集中程度略低于无锡。交租形式则有分租、粮租、钱租三种,而以钱租为主。租额占户值的56.65%。保定地区雇佣剥削和高利贷剥削比较普遍,中农每户平均负债39.10元,贫农户均21.22元,雇农户均16.92元。随着资本主义的侵入,农村的自给自足经济逐渐被破坏,广大农民还受到商业买卖的剥削,而且越来越重。①

其三,广东调查。1933年11月至1934年5月底,陈翰笙又组织了对广东农村经济的调查。该调查得到了孙中山夫人宋庆龄的帮助以及广东中山县长唐绍仪的协助,进行得很顺利。调查团由中央研究院社会科学研究所、中山文化教育馆和岭南大学派人组成。该调查团首先对梅县、潮安、惠阳、中山、台山、广宁、英德、曲江、翁源、乐昌、茂名、廉江、合浦、灵山等16个县进行详细调查,历时3个半月;而后用1个半月的时间在番禺的10个代表村1 209户进行挨户调查。同时进行的还有50个县335村的通信调查。

陈翰笙根据这次调查所得的资料,就广东的耕地所有与耕地使用、佃租税捐利息的负担与生产力、生产率的低落以及农村劳动力等问题,作了详细的分析,写成《广东的农村生产关系与生产力》一书,由中山文化教育馆于1934年出版。陈翰笙在序中指出:

> 劳动力在广东这样的低廉,这样的不值钱,可是,全省可耕而未耕的地还要占到陆地面积的15%。兵灾匪灾以后,已耕的田也很多被荒弃而还不曾种植的:如徐闻,如台浦……有这样的情形……有可用的人力而不用;香港、广州、汕头等处的银行银号中堆积着大量的货币资本而不能应用到农业生产上去。这便是农村生产关系与生产力的矛盾。耕地所有与耕地使用的背驰,乃是这个矛盾的根本原因。田租、税捐、利息的负担与生产力的背驰,充分地表现着这个矛盾正在演进。而农村劳动力的没有出路,更体现着这个矛盾的深刻。我们明白了广东农村经济矛盾的现象和矛盾的深刻程度,并且晓得这个矛盾的根本原因,我们就进而研究怎样可以去解除这个矛盾。解除了它,然后可以使可耕的土地尽量地开发。

其四,黑龙江难民及土地制度调查。20世纪二三十年代,由于天灾人祸频繁,鲁、豫、陕、甘等省难民大批向东北流亡。陈翰笙于1929年夏组织调查团去营口、大连、长春、齐齐哈尔等地调查,并根据中外报刊以及赈灾、慈善、满铁等方面的有关档案材料,写成《难民的东北流亡》。该报告就流亡东北地区的难民,包括人数的估计、难民在故乡、难民在途中、难民到东北以后等情况,进行了详细叙述,反映了难民的遭遇和悲惨情景。他指出:"近年来流亡东北的难民人数虽增加得很快,如中东铁路线的难民1928年达58 864人,为1924年的15.65倍,而中东铁路附近

---

① 秦柳方:《云海滴翠——秦柳方选集之三》,中国财政经济出版社1995年版,第11—12页。

各区的耕地,同期只增加了 19%。成千成万的难民不能使熟地有与人力相当的扩张,东北土地问题的严重也可窥见了。"同时,与王寅生合写了《黑龙江流域的农民与地主》(1929 年,上海版),此书根据数十种中外文记载中的中国黑龙江流域农民和地主的经济情况,对农民和地主的农田收入进行了对比研究。陈翰笙运用了阶级分析方法,着重对生产关系进行剖析。他提出,要用土地所有制中的地位和土地使用方式的不同来对农户分类,即从生产关系上来揭露地主和农户之间的对立。

其五,上海纱厂包身工调查。陈翰笙任中央研究院社会科学研究所副所长并主持社会学组之后,鉴于资料的缺乏,一面想法充实资料室,一面开始了对中国社会的调查。第一个调查目标是上海日资纱厂的工人生活。当时上海的纱厂实行包身工制度,包身工受帝国主义资本家和中国包工头的双重剥削。通过调查访问,陈翰笙了解到,包身工多是为生活所迫而签订包身契约的,一般以 3 年为限,其间完全失去了人身自由,全部工资归包工头所有,而包工头仅供他们能活命的衣食。他们每天要干 12—16 小时的繁重体力劳动,因而许多人死于非命。陈翰笙将理集到的材料写成报告,印发小册子,以激起广大工人的觉悟。陈翰笙的揭露刺痛了国民党政府中的一些人,从而受到怀疑。在这种情况下,他决定将社会调查转向农村,对以上三江(黄河、长江、珠江)地区农村经济进行了调查。

其六,西双版纳的土地制度调查。1943 年 10 月,陈翰笙与陈洪进、刘述舟途经缅甸,到云南西双版纳调查傣族原始公社土地所有制。"1946 年在印度以英文写成《西双版纳的土地制度》在纽约出版。1985 年被译成中文,由中国社会科学出版社出版。这是一部分析傣族社会形态的著作,既是社会发展史的调查研究,也通过它揭露了国民党政权依靠最落后的社会制度,进行剥削和统治的反动民族政策。"①

③ 明确中国的社会性质

中国农村经济研究会是和陈翰笙的工作分不开的。陈翰笙原在共产国际农民研究所工作。1928 年回国后在蔡元培任院长的中央研究院所属社会科学研究所担任实际领导工作。他主张根据实际的调查材料来研究中国农村经济,而不主张发表空洞的议论。他物色了一批进步的青年,先是在东北农村进行了调查,揭露了军阀统治下农民的悲惨境遇,接着,又选择江苏无锡、河北保定、广东番禺等农村经济发展的地区进行了全面的农村经济调查,掌握了农村各阶级的土地占有情况和大量封建剥削的事实。1932 年和 1933 年,他以农村复兴委员会的合法名义对河南、陕西、江苏、浙江四省农村经济的情况进行了调查。1933 年他还调查了河南、山东、安徽的烟草产区。1934 年,在中山文化教育馆的资助下,他在广东进行了更

---

① 秦柳方:《云海滴翠——秦柳方选集之二》,中国财政经济出版社 1995 年版,第 17 页。

详细的调查,同时要薛暮桥带领广西师范专科学校的学生进行了广西农村经济调查。1940年他在云南西双版纳调查了傣族的土地制度。

中国农村经济研究会于1933年建立,1993年10月出版会刊《中国农村》月刊。陈翰笙当选为中国农村经济研究会主席。中国农村经济研究会的统计调查工作是密切结合当时的革命运动,同党的政治斗争紧密配合的。大革命失败后,中国共产党正确指出,中国是半殖民地半封建社会,现阶段革命性质仍是资产阶级民主革命。但当时国民政府统治区流行着种种谬论,它们反对中共提出的反帝反封建民主革命的思潮,有的美化帝国主义的经济侵略;有的说中国已经没有了封建剥削;有的甚至说中国已完成了资本主义社会,资产阶级民主革命可以取消了。当时党的地下刊物虽然对此进行了驳斥,但是缺乏大量的有说服力的材料进行有力的批判,陈翰笙和中国农村经济研究所进行的农村经济调查,以具体生动的事实资料,对上述种种谬论给予了有力的驳斥。这些调查,在国民政府统治的广大地区就有很大的政治意义。

中国农村经济研究会进行的农村经济调查不但取得了十分有用的资料,他们进行农村经济调查的方法也是很科学的。他们运用了概括调查和抽样调查相结合的方法。每调查一个省,先作概况调查,把全省分为经济发展程度不同的几个地区,从每个地区中选出一两个有代表性的县,再从这些县里选择其中几个村进行全面调查。在无锡、保定和番禺的调查,对每个县都调查了1 000多户,对省的调查则更为广泛。由于调查点具有代表性,而对每个点的调查十分具体细致,因而能够全面深入地揭示中国农村经济的复杂情况。在人力组织上,不仅依靠骨干分子,而且尽量在当地吸收较多的进步青年,进行简单培训,参加调查。几年中培养了几百个进步青年,造就了不少著名的经济学家。像薛暮桥、王寅生、钱俊瑞、孙冶方、张锡昌、姜君辰、秦柳方等,都是在陈翰笙的带领和培养下开始研究农村经济,进而研究其他经济问题的。

从1928至1934年的7年中,陈翰笙组织的农村社会调查团,在大半个中国进行了实地调查。他们运用真实可靠的第一手资料和马克思主义的历史分析方法,得出了关于中国社会性质的正确结论。陈翰笙认为:"中国社会是一个非常特别的社会,纯粹的封建已过去。纯粹的资本主义尚未形成。正在转变时期的社会我们给它一个名字叫前资本主义的社会。在这种社会里,田地所有者和商业资本及高利贷资本三种合并起来,以农民为剥削的共同的目标。"[①] "后来,他更明确地看到中国就是一个半殖民地半封建社会,废除封建的土地制度,进行土地革命,是解决

---

① 秦柳方:《云海滴翠——秦柳方选集之二》,中国财政经济出版社1995年版,第14页。

农村问题的惟一正确的道路。"①

1933年,陈翰笙在提交给在加拿大召开的太平洋国际会议的论文"中国当前的土地问题"中,从两个方面论述了中国土地问题的真实情况。第一,贫农耕地不足,土地分配不均,耕地分散;第二,地主占有大量土地,地主、富农残酷剥削农民,农业生产力低下。该论著被大会认为是中国土地问题的权威著作。

陈翰笙主持的农村调查及其所写出的调查报告和提出的相关论点,为30年代进步理论工作者批判托派认为中国已是资本主义社会,从而否定反帝反封建的新民主主义革命的谬论,提供了有力的论据,并使中国农村社会性质的论战取得了重大的成果,即"科学地阐明了中国农村社会的半殖民地半封建的社会性质,为中国共产党领导的民主革命路线,作出了理论上的论证,同时通过这项工作,还培养了一批研究农村经济的理论干部。"②

陈翰笙的调查和论著,不但为配合土地革命作出了贡献,而且对社会学的研究和调查方法也作出了贡献。他运用历史唯物主义的观点从事社会学的研究,重点研究生产关系,用以揭露阶级矛盾和阶级剥削,从而认识社会的本质。在他组织的有几十人参加的调查中,安排科学,调查对象典型,调查技术多样。他不但为如何运用马克思主义研究社会学作出了贡献,而且还指出资产阶级社会学在1927—1935年间所做的各种社会调查的错误。他说:"在今日,科学的社会学已陷于危险的境地。它不是偏倚于社会现象的一种无意义的分类,便是自封于种种哲学观念的一个抽象体系,这两种情形都不能使我们了解具体的社会实质。""造成这种状况的原因,在于这些调查不是为了慈善救济起见,便是为了改良农业,要不然也不过是供给些社会改良的讨论题目,它们都不曾企图去了解社会结构本身,大多数的调查侧重于生产而忽视了生产关系,它们无非表现调查人的观察之肤浅和方法之误用罢了。"陈翰笙等在实际的研究工作中,还培养出了一代用马克思主义研究农村社会和经济的青年人。③

---

① 秦柳方:《云海滴翠——秦柳方选集之二》,中国财政经济出版社1995年版,第14页。
② 同上书,第15页。
③ 杨雅彬:《近代中国社会学》,中国社会科学出版社2001年版,第365—378页。

第四编

旭日东升：探索建设时期

（20世纪50至70年代）

第七章 新中国成立初期的社会调查

第一节 新中国成立初期的社会调查

作为恢复和发展国民经济的一个基本条件,党和人民政府领导亿万农民有步骤地进行废除封建土地制度的土地改革运动,大大解放了农村生产力。同时,还在全社会深入展开各项民主改革。以土地改革为中心的民主改革,包括废除封建剥削的经济制度,铲除反动政权的社会政治基础,荡涤旧社会的污泥浊水,克服帝国主义、封建买办的思想影响等,涉及社会生活的方方面面,反映了从旧中国到新中国的深刻社会变革。

一、土地改革和各项民主改革

土地革命,是一场政治革命,同时也是一次社会调查。中国共产党及时进行农村基层权力结构的调整和整顿乡村财政,把财政征收体制延伸到每个村庄,建立了农村基层权力结构,由此获得了空前雄厚的资源基础。

没收地主阶级的土地,分配给无地少地的农民。这样,当作一个阶级来说,就在社会上废除了地主这一个阶级,把封建剥削的土地所有制改变为农民的土地所有制。这样一种改革,诚然是中国历史上几千年来一次最大、最彻底的改革。

为什么要进行这种改革呢?简单地说,就是因为中国原来的土地制度极不合理。

据调查,就旧中国一般的土地情况来说,大体是这样:占乡村人口不到百分之十的地主和富农,占有约百分之七十至八十的土地,他们借此残酷地剥削农民。而占乡村人口百分之九十以上的贫农、雇农、中农及其他人民,却总共只占有约百分之二十至三十的土地,他们终年劳动,不得温饱。这种情形,经过了抗日战争和人民解放战争之后,是有了一些变动,除了已经实行了土地改革的地区不说外,有一些地区的土地更加集中在地主的手中,例如四川等地区,地主占有土地约占百分之七十至八十。而在另外一些地区,例如长江中游和下游地区,土地占有情况则是有一些分散的。乡村中百分之九十的土地是中农、贫农及一部分雇农耕种的,但他们只对一部分土地有所有权,对大部分土地则没有所有权。这种情况如果不加改变,中国人民革命的胜利就不能巩固,农村生产力就不能解放,新中国的工业化就没有实现的可能,人民就不能得到革命胜利的基本的果实。而要改变这种情况,就必须按照土地改革法草案第一条的规定:废除地主阶级封建剥削的土地所有制,实行农民的土地所有制,借以解放农村生产力,发展农业生产,为新中国的工业化开辟道路。这就是我们要实行土地改革的基本理由和基本目的。

土地改革,是争取国家财政经济状况根本好转的第一个基本条件,它在毛泽东的心目中,占有十分重要的地位。

毛泽东说过:"中国的主要人口是农民,革命靠了农民的援助才取得胜利,国家工业化又要靠农民的援助才能成功,所以工人阶级应当积极地帮助农民进行土地改革,城市小资产阶级和民族资产阶级也应当赞助这种改革,各民主党派、各人民团体更应当采取这种态度。战争和土改时在新民主主义的历史时期内考验全中国一切人们、一切党派的两个'关'。""战争一关,已经基本上过去了,这一关我们大家都过得很好,全国人民是满意的。现在是要过土改一关,我希望我们大家都和过战争一关一样也过得很好。大家多研究,多商量,打通思想,整齐步伐,组成一条伟大的反封建统一战线,就可以领导人民和帮助人民顺利地通过这一关。"①

新中国成立之初,新解放区有三亿一千万人口,在这样广大的地区用三年时间完成土地改革,这是一场规模空前的废除封建土地制度的运动,在世界上都是没有的。用毛泽东的话说,"这是中国人民民主革命继军事斗争以后的第二场决战。"②

新中国成立后的土地改革,和建国以前的土地改革,情况有很大不同。它是在取得全国政权并且与资产阶级合作的条件下进行的;而过去是在激烈的战争条件下、在与资产阶级基本隔绝的情况下进行的。它的直接任务,也从主要是支持革命战争转变为恢复和发展国民经济。

二、彻底废除封建土地制度

1. 为新解放区土地改革准备条件

封建土地制度是造成农民贫穷和农业生产落后的总根源。把封建剥削的土地

---

① "毛泽东在全国政协一届二次会议上的闭幕词",1950年6月23日。见《毛泽东文集》第6卷,人民出版社1999年版,第79、80页。

② "毛泽东在中共中央政治局会议上的讲话",1949年12月4日。同上书,第25页。

所有制改变为农民的土地所有制,是中国新民主主义革命的历史任务和基本纲领之一。中华人民共和国成立时全国还有2/3的地区存在着封建土地制度。在大约有2.9亿农业人口的华东、中南、西南、西北等新解放区和待解放区,封建土地所有制仍然严重地束缚着社会生产力的发展。

据国家统计局公布的统计资料,全国土地改革占有耕地的情况是:占农户总数不到7%的地主、富农,占总耕地的50%以上,而占全国57%以上的贫农、雇农,仅占有耕地总数的14%,处于无地少地状态。地主人均占有耕地为贫雇农的二三十倍。农村存在着大量无地少地状态。从新区农村总的情况来看,贫农、雇农和中农虽然耕种着90%的土地,但仅拥有少部分的土地所有权,所承受的地租剥削是很沉重的。因此,《共同纲领》规定:"凡已实行土地改革的地区,必须保护农民已得的土地所有权。凡尚未实行土地改革的地区,必须发动农民群众,建立农民团体,经过清除土匪恶霸、减租减息和分配土地等项步骤,实现耕者有其田。"

按照《共同纲领》的要求,在新解放地区,人民政府首先着力剿灭股匪,安定社会环境,发动农民开展反霸斗争,推翻地主阶级在农村的政治统治,严惩那些依靠或组织反动势力称霸一方,用暴力和权势欺压、掠夺农民的乡村恶霸。通过反霸斗争,建立起以农民基本群众占优势的基层民主政权,为在新解放区进行土地改革准备了必要政治条件。

为了在农村反霸斗争过程中减轻农民的经济负担,新区在土地改革开始之前,普遍进行了减租、减息和退押工作。主要是减少农民交给地主的一部分地租额,一般为"一二五"减租(即减25%);同时减交农民向地主借贷的一部分高额利息。针对南方土地租赁关系中广泛存在的押租制,即农民租佃地主的土地时必须先交纳押租金,人民政府规定:在原则上地主应将押租金退给农民,但不应翻老账,不应计算利息。开展减租、减息和退押工作,是从经济上反对地主阶级的地租剥削,包括地租以外的额外剥削的重要步骤。这在一定程度上减轻了农民所受的经济剥削,有利于提高农民的生产积极性,促进受到战争破坏的农业生产较快恢复和发展。

通过开展减租、减息和退押运动,新解放区的广大农民获得了经济利益,农户总数中有50%—70%增加了收入,并加大对生产的投入,初步改善了生活。同时,许多农民在这场战斗中提高了阶级觉悟和政治觉悟,各地建立起以农民积极分子为骨干的具有战斗力的农民协会组织,为新解放区实行土地改革提供了组织基础和群众基础。

根据已经建立全国性人民政权的新形势,党总结老解放区土地改革的经验,制定了在新解放区土地改革中保存富农经济的政策。中国的富农分为资本主义富农和半封建富农。据新解放区的典型调查,土改时富农户数占农村总户数的3%左右。富农经济在中国经济中并不占重要地位,但是对富农采取什么政策,对农民中的其他阶层特别是中农有着直接影响,对与土地有着千丝万缕联系的民族资产阶级也会产生影响。为此,毛泽东在 1949 年 11 月中央政治局会议讨论新解放区农村政策时,提出江南土改要慎重对待富农的问题。1950 年 3 月,毛泽东为征询对待富农政策的意见致电各中央局,提出在新解放区的土地改革运动中,"不但不动资本主义富农,而且不动半封建富农,待到几年之后再去解决半封建富农问题"①。这样,更利于孤立地主,保护中农,防止发生过左偏向。另外,为了稳定民族资产阶级,减少社会震动,暂时不动半封建富农较为妥当。

1950 年 6 月七届三中全会讨论土地改革法草案时,有一种意见认为,新解放区各地情况不同,在土地特别少的地区,如果不征收富农出租土地便无法解决大多数贫雇农最低限度的生活问题,建议在政策执行上应有一些机动性。中央认为上述意见是以不同地区的土地占有状况不同为依据的,决定在保存富农经济这个基本政策统一的前提下,对富农多余土地的处理,允许某些特殊地区因地制宜。

这样,保存富农经济的政策从不同地区的实际情况出发,不搞"一刀切"。这项政策有利于从政治上中立富农,更加孤立地主阶级,减少土地改革的阻力,并有利于鼓励中农发展生产的积极性,稳定民族资产阶级的情绪,防止土改运动中出现"左"的偏差。

2.《中华人民共和国土地改革法》的颁布

1950 年 6 月 14 日至 23 日,全国政协一届二次会议在北京召开,讨论由中共中央建议的《中华人民共和国土地改革法(草案)》。会上,刘少奇代表中共中央作《关于土地改革问题的报告》,对解放区土地改革的重要意义、《土地改革法(草案)》中有关政策的提出依据以及进行土地改革时应该注意的事项等,作了说明。报告指出:中国土地制度极不合理,是我们民族被侵略、被压迫、穷困以及落后的根源,是我们国家民主化、工业化、独立、统一及富强的基本障碍。这种情况如果不加改变,中国人民革命的胜利就不能巩固,农村生产力就不能解放,新中国的工业化就没有实现的可能,人民就不能得到革命胜利的基本的果实。而要改变这种情况,就必须废除地主阶级封建剥削的土地所有制,实行农民的土地所有制,借以解放农村生产力,发展农业生产力,为新中国的工业化开辟道路。这就是我们要实行土地改革的基本理由和基本目的。这个基本理由与基本目的可以驳倒一切反对土地改革、对土地改革怀疑以及为地主阶级辩护等所根据的各种理由。

经过全国政协一届二次会议审议,并对《土地改革法(草案)》作了若干修改和补充,6 月 28 日,中央人民政府委员会第八次会议通过《土地改革法(草案)》。6

---

① 毛泽东:《征询对待富农策略问题的意见》(1950 年 3 月 12 日),《毛泽东文集》第 6 卷,人民出版社 1999 年版。

月30日,毛泽东主席签署命令,正式颁布《中华人民共和国土地改革法》,作为在全国新解放区实行土地改革的法律依据。同老解放区的土地改革相比,《土地改革法》在若干政策上作了新的规定。

3. 土地改革在全国的基本完成

到1952年底,除一部分少数民族地区及台湾省外广大新解放区的土地改革基本完成。连同老解放区,完成土地改革地区的农业人口已占全国农业人口总数的90%以上,在整个土地改革中,共没收征收了约7亿亩(约合4700万公顷)的土地,并将这些土地分给了约3亿无地和少地的农民,免除了土地改革以前农民每年给地主交纳的高达3000万吨以上粮食的地租。获得经济利益的农民约占农业人口的60%到70%[①]。

土地改革的基本完成,使我国农村的土地占有关系发生了根本变化。占农村人口92.1%的贫农、中农,占有全部耕地91.4%;原来占农村人口7.9%的地主富农,只占有全部耕地的8.6%。在中国延续两千多年的封建土地所有制彻底废除,"耕者有其田"的理想在共产党的领导下变成了现实,长期被束缚的农村生产力获得了历史性的大解放。土地改革中,广大农民不仅获得了土地,还分得大批其他生产资料和生活资料,计有耕畜296万头、农具3944万件、房屋3795万间、粮食100多亿斤。这是历史上前所未有的经济补偿,极大地激发了中国亿万农民的生产积极性。人民政府从经济上对翻身农民给予扶持,实行一系列有利于促进农业生产的政策措施。广大农民生产积极性空前高涨,普遍添置了耕畜、水车及新式农具,改善和扩大自己的经营,掀起了群众性的生产热潮。

随着土地改革的逐步完成,粮食、棉花、油料等主要农产品的产量逐年增加。1951年比1950年分别增长8.7%、48.8%、22.4%,1952年又比1951年分别增长14.1%、26.5%、12.5%,充分显示了土地制度的改革对解放生产力、恢复和发展农业生产的巨大推动作用,并直接促进了以农产品为原料的工业生产的恢复和发展,包括农业税的大幅度增长,对整个国民经济的全面恢复和发展起了重大的作用。

在生产发展的基础上,农民收入普遍增加,生活明显改善。土地改革基本完成后的1953年,农民净货币收入比1949年增长了123.6%,每人平均净货币收入增长111.4%。农民的购买力有了成倍的增长,1953年比1949年增长111%,平均每户消费品购买力增长一倍。1953年同1950年相比,农民留用粮食增长28.2%,其中生活用粮食增长8.6%。

全国土地改革的基本完成,对我国经济、政治、文化和城乡社会都产生了极为深刻的影响。广大农民获得土地等基本生产资料之后,不仅迅速提高了经济地位,

---

① 廖鲁言:"三年来土地改革的伟大胜利",《人民日报》1952年9月28日第2版。

而且形成有觉悟有组织的阶级队伍。据1951年10月统计,华东、中南、西南、西北四个行政区农民协会会员约达8 800余万人,其中妇女约占30%左右。一大批农村党员、农民积极分子参加农村基层政权组织。农村实现了对旧的基层政权的改造。每个乡村还建立了民兵组织,全国民兵发展到1 280余万人。这是巩固人民民主专政和保卫翻身果实的重要力量。

土地改革运动大大促进了农村文化的发展。随着土改后农村经济的恢复,农民的文化需求日益增加。各地农村普遍开展文化扫盲运动,利用冬季农闲时间,组织农民学习文化,学习政治,提高农民的素质。1950年全国农民上冬学的达2 500万人以上,1951年上常年夜校的农民有1 100余万人。新的科学知识开始传布。劳动光荣逐渐成为风气。同时,翻身农民的子弟开始大量进入学校,接受文化知识教育。1952年与1949年相比,农村在校小学生数增加111.8%,中学生增加186.2%。随着贯彻新婚姻法、扫盲、爱国卫生等工作的开展,农村中普遍进行了扫除封建迷信、改革陈规陋习等移风易俗活动,初步兴起农村文化热潮,这对农村经济发展和农村社会进步起到了重要作用。

土地改革在全国的基本完成,从根本上铲除了中国封建制度的根基,带来了农村生产力的大解放、农村经济的大发展、农民生产积极性的大提高,为我国逐步实现社会主义工业化扫清了障碍。这是中国共产党领导中国人民反对封建主义斗争的历史性标志,它为新中国的经济恢复发展与社会进步奠定了基础。

土地改革不但要解决农村的土地制度问题,还有教育改造知识分子的功能,即有"土改"的作用。社会学者中有不少人先后参加了"土改"。尽管他们过去曾多次到农村调查,熟悉那里的情况,然而同以往不同的是,这一次他们是被改造对象,特别是要学习用"阶级分析"的观点看待一切。

清华大学社会学系教授潘光旦和青年教师全慰天,于1951年2月20日—4月9日,在太湖流域参加土改。他们将土改中的见闻写成一系列文章,在京、津、沪的报刊上登载①。他们通过土改获得的认识主要有三点:

第一,认识封建剥削的严重性。地主占有大量土地,通过豪夺与巧取,集中财富,欺男霸女,造成绝大多数人贫困。许多贫农感到,"租米重"、"利钱高",而出路是"投河上吊、坐监牢"。针对苏南大量"义田"的存在,他们运用自己所擅长的古籍文献分析和实地调查,以阶级分析的观点研究"义田"现象。所谓"义田",是指某一地方的父系氏族中,有地位、权力及钱财的人,买上一大片田地,租给氏族以外的人耕种,将收入长期有计划地用于经济补贴或奖励本族的人。他们研究的结论是"义田"不义,是封建宗法制度的经济基础,是封建剥削的集体化,目的是缓和氏

---

① 潘光旦、全慰天:《苏南土地改革访问记》,三联书店1952年版。

族内部矛盾,加强对氏族以外农民的剥削①。

第二,弄清农村落后、农民贫困的原因。过去有些学者将农村的"病状",如"一盘散沙"、"千疮百孔"、"饿殍载途,哀鸿遍野",农民文化程度低,生产资金少,人口多,土地少等,归结为民族的衰老和文化的过时。通过土改使他们认识到,问题的症结是封建的土地所有制。土地改革搞好了,所有从封建土地所有制派生出来的各种问题,都可以迎刃而解,一通百通。农村出现了新的面貌,农民生产积极性高,觉悟高;有了新的生活方式与新思想,如开始文化学习,娱乐健康(赌博变成秧歌),男女平等,破除迷信等②。

第三,提出个体农业经济的分化问题。在公平分得土地、耕畜、农具、房屋等以后,个体农业经济的平均性很难保持不变。许多因素如每家人口与劳动力的比例、经营方法、婚丧疾病或意外灾害,都可能导致新的贫富差别。另外,保持绝对平均主义的结果导致了谁都不愿意好好劳动,而宁可好吃懒做,分享别人的劳动成果,最终会使整个社会生产力下降。因此,将来发展的方向应是集体农业经济③。

通过参加土地改革,不但使包括社会学者在内的知识分子重新认识土地问题,还使他们开始转变对农民的看法。去苏南之前,全慰天曾在北京郊区丰台参加了一个半月的土改。他原本住在清华园里,窗明几净,舒适方便,过着一张书桌,一本书,一管笔,一杯清茶,一支香烟的生活。当他忽然走到农村,看农民如何斗争地主、分财产和田地,一下子不太适应。他以前觉得农民种田行,干粗活不错,但文化不高,不适宜做动脑子、出主意的细致工作。在京郊参加土改时,他看到群众对分田地、住房等复杂细致的事务,做得迅速而公平,使他见识了农民的智慧④。

当然,任何转变,特别是思想上的转变,都是不容易的。陈达的学生、清华大学社会学系青年教师袁方,细腻地描述了某些知识分子参加土改工作时心理上的挣扎。这些人受"中庸之道"的影响,往往怀着"君子不为已甚"的想法,认为应当同情弱者,不打落水狗,为地主感到可怜,觉得斗争太过火。而且,他们也听到有些农民说:"地主对我们好,没有地主谁给我们地种?""贫富是前生修得的,不应当看人家有钱眼红",特别是他们联想到自己的出身,想到家里人也有这么一天,不由得心痛、怀疑起来。因此,他们每次开会总觉得是疲劳轰炸,常常看表。他们看问题和处理问题,有着浓厚的"超阶级"的观点。

---

① 潘光旦、全慰天:"从'义田'看苏南农村的封建势力"(上),载《新建设》,第 4 卷第 5 期,1951 年 8 月,27—32 页;(下),载《新建设》第 4 卷第 6 期,1951 年 9 月,32—38 页。
② 潘光旦、全慰天:"枯树鲜花朵朵开",载《苏南土地改革访问记》,111—112 页。
③ 潘光旦、全慰天:"关于土地改革后个体农业经济发展中的一个问题",载《苏南土地改革访问记》,130—140 页。
④ 全慰天:"土改中的学习",载《新建设》,第 2 卷第 3 期,1950 年 3 月,15—16 页。

三、全社会的民主改革运动

1. 工矿企业的民主改革

在进行抗美援朝、土地改革运动的同时,党和人民政府领导的其他各项民主改革也在全社会范围深入展开。从农村到城市,从工矿企业到机关学校,整个社会面貌都在发生深刻的变化。各阶层人民在民主改革的基础上振奋革命精神和生产热情,为恢复和发展国民经济创造了良好的群众基础和社会环境。

工矿企业的民主改革,是围绕土地改革进行的一项重要的社会改革。在半殖民地半封建的历史条件下,中国近代工业畸形发展,在工矿企业中形成一套由封建把头①把持生产和管理的腐朽制度。形形色色的封建把头专事欺压工人并对工人实行超经济的盘剥。在国民党统治时期,许多封建把头成为反动党团、特务系统、封建帮派在工矿企业中的组织者和骨干。反动政权借以统治工矿企业的这种方式,通称封建把头制度。城市解放后,由于对工矿企业的接管采取"原封不动,一律包下来"的政策,不免残留了企业内部的反动把头势力。在接管之初,一些厂矿对民愤极大的把头作了处理,但在多数厂矿那些过去骑在工人头上作威作福的把头依然未动。这些人同隐藏在企业内的一部分原国民党军政人员、特务分子以及从农村逃亡来的地主分子等沆瀣一气,暗中进行造谣、挑拨,利用封建关系拉拢群众,打击积极分子,破坏生产等活动。其中有些人在解放后伪装进步,混入共产党或青年团内,或把持基层工会组织,在厂矿生产和工作中压制工人的政治热情和生产积极性,使工人当家做主的地位得不到充分体现。

从1950年起,各国营厂矿在建立党、团、工会组织的基础上,陆续开始进行民主革命改革,废除使工人群众深恶痛绝的封建把头制、侮辱工人的搜身制等。大规模镇压反革命运动在全国发动起来后,中共中央于1951年11月发出《关于清理厂矿交通等企业中反革命分子和在这些企业中开展民主改革的指示》,要求各地发动和依靠工人群众,有领导、有计划、有步骤地对工厂、矿山和交通等企业部门,首先对国营工矿交通等企业内部的残余反革命势力进行系统的清理,并对国营企业内所遗留的旧制度进行或进一步完成必要的民主改革。

在清理、清除反革命残余势力之后,民主改革的重点转向加强工人阶级内部的团结。由于长期受反动统治的影响,工矿企业中存在着一些复杂情况,如有的职员和工人曾加入过反动党团或会道门,少数职员和技术人员有过压迫工人的行为,部分工人中间还留有旧的行会帮派习气、狭隘地域观念等;另外,工厂的生产、行政管

---

① 全慰天:"土改中的学习",载《新建设》,第2卷第3期,1950年3月,15—16页。

理也有一些问题处理得不适当,造成工人与工人之间、职员与工人之间、干部与群众之间的隔阂。针对这些情况,各厂矿普遍在群众中间进行思想教育,通过开展忠诚老实、坦白交代问题活动,帮助有政治历史问题的工人、职员卸掉思想上的包袱。对于曾经有过压迫工人的行为或其他轻微劣迹的技术人员和职员,则以团结为主的原则,作为工人阶级内部的问题来解决。在民主改革中,各厂矿通过召开座谈会、谈心会,采取批评和自我批评的方式,由工人、职员、干部自己克服旧思想、旧作风,主动消除以往的对立和隔阂,努力搞好团结。这样,就在工矿企业中逐步建立起民主的团结协作的新型关系。

在民主改革的基础上,各国营厂矿着手以生产为中心对劳动组织进行整顿,建立新的劳动制度和劳动组织,把一批在生产上有经验、在群众中有威信的工人和职员提拔到行政和生产管理岗位上来,使企业的各级领导权掌握在工人阶级手中。据华南、华北八个产煤矿区的统计,在民主改革中,2 000多个有各种罪恶和劣迹的封建把头受到不同情况的处理;同时,有1.2万多名工人被提升为班组长、井长、矿长或技术员。在此基础上,各厂矿普遍建立起厂长领导下的工厂管理委员会,并通过工会委员会、职工代表会议联系工人、职员群众,发动和组织职工参加企业管理,逐步建立适合生产需要的民主管理制度。

工矿企业的民主改革,是把官僚资本企业改变为社会主义性质的国营企业,并把半殖民地半封建社会的私营企业改变为新民主主义的私营企业的重要步骤。经过民主改革,彻底铲除了企业中残余的反动势力,废除了旧的官僚管理机构和各种压迫工人的制度,并与生产改革相结合进行,初步建立了民主管理制度,调动了广大工人群众当家做主、搞好生产的积极性。民主改革的进行,促进了工业生产和交通运输事业的恢复和发展。

2. 改革旧的婚姻制度和移风易俗

旧中国封建桎梏的一个重要方面,是沿袭着以夫权为中心、压迫妇女并剥夺男女婚姻自由的封建主义婚姻制度。它束缚和摧残人性、人权,酿成无数人生悲剧。

为了有准备地废除封建的婚姻制度,早在新中国成立前夕的1948年冬,中共中央妇女联合运动委员会和中共中央法律委员会即着手进行新婚姻法的起草工作。中央人民政府成立后,政务院政治法律委员会同中华全国民主妇女联合会等有关部门召开联席会议,多次就新婚姻法草案的各章各条进行研究、讨论和修改。1950年4月13日,中央人民政府委员会举行第七次会议,审议通过了《中华人民共和国婚姻法(草案)》,4月30日,毛泽东主席签发命令公布《中华人民共和国婚姻法》,自5月1日起施行。这是新中国成立后制定的一部基本法律。

《婚姻法》开宗明义规定了两条基本原则:第一条,废除包办强迫、男尊女卑、漠视子女利益的封建主义婚姻制度。实行男女婚姻自由、一夫一妻、男女权利平等、保护妇女和子女合法利益的新民主主义婚姻制度。第二条,禁止重婚、纳妾,禁止童养媳,禁止干涉寡妇婚姻自由,禁止任何人借婚姻关系问题索取财物。这是对旧中国社会盛行的包办婚姻和干涉婚姻自主的旧制度的彻底否定。

改革封建婚姻制度,是中国共产党推进民主改革和社会改造的一个重要方面。这次改革从根本上动摇了封建婚姻制度和旧有家庭关系的根基,也从根本上触动了旧的传统思想观念和伦理道德,在全社会逐步建立起新型婚姻家庭关系,并且促进社会风气发生了很大改变。同时,这场婚姻制度改革的进程也表明,中国封建社会沿袭两千多年,封建婚姻习俗对整个社会的影响根深蒂固,特别是在广大农村和偏远落后地区,婚姻家庭方面的许多封建观念和不良习俗不是一时能够改变的。中国人民要彻底清除旧婚姻制度在人们头脑中残留的封建思想影响,建立合乎新时代道德标准的新型婚姻关系,特别是使广大妇女真正获得解放和提高社会地位,最终取决于生产力的发展和经济社会的发展。

3. 扫除旧社会痼疾的斗争

在城市解放初期,一般多遗留了大量的旧社会痼疾,诸如卖淫嫖娼、贩毒吸毒、设庄赌博等,严重毒化着社会环境和人们的身心。新中国成立后,党和人民政府迅速开展了扫除各种社会弊病的斗争。这项斗争的打击对象为妓院老鸨、毒贩及赌徒等,大都属于封建恶霸势力,因而清除旧社会的遗毒与反封建恶霸斗争有着密切联系,同样带有民主改革的性质。

在旧中国,娼妓现象的存在有着深刻的社会历史根源,妓女经受着人间地狱的苦难。集中于城市的妓院娼馆,不仅是进行淫乱活动的场所,而且是社会上偷盗抢劫、吸毒贩毒、拐卖人口、敲诈勒索等犯罪活动的藏纳之地,致使道德沦丧,性病蔓延,为祸社会,殃及后代。新中国成立后,罪恶的娼妓制度绝不容许继续存在下去。在城市解放之初,党和政府加强对妓院的管制,申明保护妓女的人身权利等。待社会秩序基本稳定,社会组织、医疗卫生等方面必要准备工作完成之后,人民政府即明令废除娼妓制度。

北京市率先采取重大行动。1949年11月21日,北京市第二届各界人民代表会议通过决议:根据全市人民的意志,决定立即封闭一切妓院,没收妓院财产,集中所有妓院老板、领家、鸨儿等加以审讯和处理,并把妓女集中起来,改造其思想,医治其性病,有家者送其回家,有结婚对象者助其结婚,无家可归、无配偶者组织学艺,从事生产。当天下午,市公安局在民政局、妇联、卫生局等部门的配合下,出动2 400余名干部和民警,封闭了分布在全市的224家妓院。将老鸨、领家400余人集中审查,按其罪行轻重分别依法惩处。北京市政府专门成立妇女生产教养院,共收容妓女1 200余名。

继北京之后,上海、天津、武汉、南京等大中城市都陆续取缔卖淫嫖娼,全国共查封妓院8 400余所,惩治了一批作恶多端的妓院老板,使大批被迫为娼的妇女脱离苦海。各地妇联、民政部门对这些饱受摧残、心灵扭曲的妇女进行耐心细致的思想工作,启发她们控诉旧社会的罪恶,帮助她们医治性病,组织她们学文化,学生产技术,学自立本领,使她们绝大多数人后来成为自食其力的劳动妇女,择偶成家,过上了正常人的生活。禁查封闭妓院、取缔卖淫嫖娼的斗争,使旧中国长期以来严重摧残妇女的社会丑恶现象,在新中国成立后短短几年内基本绝迹。广大人民群众拍手称快,特别是妇女群众反映强烈。许多社会人士称赞说:"共产党真是说到做到。"这一重要举措立见成效,使党和人民政府一开始就树立了良好的社会形象。

新中国成立之初,还面对着历史上遗留的鸦片烟毒等社会祸患,自近代西方列强以坚船利炮打开中国大门之后,鸦片对中国的毒害不断蔓延。清朝虽有林则徐厉行禁烟,但清政府腐败不堪,致使烟毒泛滥肆虐,残害人民生命,耗损民族精神。国民党统治初期,蒋介石曾推行过所谓"新生活运动",但并无查禁烟毒的切实措施,各地烟毒祸患依旧泛滥。

1950年2月24日,政务院发布严禁鸦片烟毒的通令,宣布从通令颁布之日起,全国各地不许再有制造、贩运及销售烟土毒品之事,犯者不论何人,除没收其烟土毒品外,须从严治罪。对于散存在民间之烟土毒品,限期交出,如逾期不交者,除查出没收外,并按其情节轻重分别治罪。对吸食烟毒的人,限期向有关部门登记,并定期戒除,如隐不登记,或逾期而犹未戒除者,则予以处罚。各级卫生机关,应配制戒毒药方,宣传推广有效的戒毒药方,对贫苦瘾民免费或减价医治。烟毒较盛的城市,得设戒烟所。在战争已完全结束地区,从1950年春起应禁绝种烟;在军事尚未完全结束地区,军事一经结束,立即禁绝种烟。在某些少数民族地区如有种烟者,应斟酌当地实际情况,采取慎重措施,有步骤地进行禁种。在政务院禁毒通令的指导下,全国禁毒运动逐步展开。到1951年3月,西南多数地区的烟田被基本铲除。据东北、华北、华东、西北四区不完全统计,共收缴毒品折合鸦片2 447万两,不少参与贩毒者和烟民开始改业和戒除。

在基本断绝毒品来源的条件下,各地由公安、民政、卫生三部门配合,设立戒烟所。配制戒毒药,并严防隐蔽形式的烟毒代用品,全力进行戒毒工作。对旧社会过来的吸毒者,一般认为是"受害者",由其本人自行戒除,或采取"政府管理,群众监督,集中或分散进行戒除"的办法,对年老体弱者采取暂缓的方针。各地召开群众会、吸毒者学习会及其家属座谈会等,广泛动员,发动群众帮助,号召"烟民自戒为之"。经过各级政府、广大群众细致深入的工作,过去分布在全国各地数以千万计的吸毒者,陆续戒除了毒瘾。从人民政府严禁鸦片烟毒到发动大规模群众运动进行禁毒,大体经历了三年时间,到1952年底,在旧中国肆虐的种植、制造、贩卖、吸食烟毒活动被基本禁绝。

在严禁毒品的同时,党和政府还动员人民群众开展了严禁赌博活动的斗争。各地在广大城乡张贴布告,明令禁止赌博,坚决取缔各种赌博场所,封闭赌场,没收赌资、赌具,严惩聚赌牟利的赌头、窝主及屡教不改的赌徒。对一般参与赌博的人施行教育和劝导帮助他们自觉戒赌。经过社会动员和各界群众的积极配合,在旧社会十分盛行的赌博陋习基本被扫除。

在中国共产党的领导下,经过全国人民三年的努力,曾在旧中国屡禁不绝、被视为不治之症的娼、毒、赌等社会痼疾就被基本禁绝了,这不能不说是一个奇迹,社会各界包括许多国际人士为之惊叹和赞许。扫除旧社会痼疾的民主改革运动,明显改善了社会风气,净化了社会环境,巩固了人民政权,振奋了民族精神,取得了举世瞩目的成绩。广大人民群众和社会各界人士正是从这一系列民主改革给中国的社会面貌、社会风尚和社会生活的巨大变化中,切身感受到党和人民政府荡涤旧社会各种污泥浊水的决心、胆识和魄力,更加努力地投入建设新国家、新社会、新生活的伟大斗争中①。

第二节 民族识别与民族调查

中国是统一的多民族国家,除汉族外,55个少数民族主要聚居和杂居在内蒙古、新疆、广西、宁夏、西藏及云南、贵州、四川、青海、吉林、甘肃、湖南等省区。新中国成立初期,全国少数民族人口约有2 800万人,约占全国总人口的6%左右,但分布的地区很广,占到全国总面积的50%—60%,各少数民族与汉族共同遭受帝国主义、官僚资本主义的压迫和剥削,少数民族还不同程度地受到大汉族主义的歧视或欺压。中华人民共和国的成立,开创了中华民族历史的新纪元,为实现各民族平等互助,团结合作,共同走向繁荣昌盛开辟了广阔前景。

新中国刚成立的时候,民族工作面临的形势是极其复杂的。由于历史上反动统治者长期实行民族压迫政策,各民族之间,主要是少数民族和汉族之间存在着很深的隔阂。有的少数民族对人民政府抱有疑虑,有些地方由于复杂的历史原因和反动势力的挑拨,甚至还存在着严重的民族对立。少数民族人多信仰宗教,由于过去受反动宣传的影响,一部分少数民族上层及信教群众不了解共产党和人民政府尊重宗教信仰自由的政策,以致民族问题交织在一起而难于处理。另外,各少数民族的经济、社会发展很不平衡,各种不同社会经济形态并存。在与汉族地区相邻近

---

① 中共中央党史研究室著:《中国共产党历史第二卷(1949—1978)上册》,中共党史出版社2011年第一版,第90—112页。

的地区是地主经济占统治地位,资本主义经济也有不同程度的发展,而边远地区的少数民族则大都分别处在封建农奴制、奴隶制以至原始公社制末期等不同社会发展阶段。各少数民族的政治制度和政权形式也很复杂,有世袭的封建王公、政教合一的僧侣贵族统治制度,有以父系血缘为纽带的家支制度,还有土司、山官、王子、部落头目和千户制度等等。即使社会制度和汉族地区大致相同的少数民族地区,在政治、经济、文化和在生产力发展水平方面,也和汉族地区有很大差距。因此,各地区开展民族工作的条件极不相同,这个基本情况,决定了新中国成立初期民族工作的复杂性和艰巨性。

鉴于在情况复杂的少数民族地区执行党的政策稍有不慎就影响民族关系,甚至引起事端,造成严重后果,中国共产党从少数民族地区的社会经济政治实际情况出发,制定了正确的民族方针和政策。

各地除在工作中放手使用和大胆提拔少数民族干部外,还普遍开办了各种民族干部训练班和民族干部学校。至1954年底,连同中央民族学院及西北、西南、中南、云南、贵州、广西、广东八所民族学院,共毕业学生1.1万多名,包括蒙古、回、藏、维吾尔、壮、朝鲜、彝、苗、傣、瑶、侗、白、布依等多个民族。这批学生成为少数民族干部队伍的重要骨干。另外,通过实际工作锻炼和短期培训等办法,培养了一大批少数民族干部。到1954年,全国少数民族的干部队伍已发展到14万人。大量培养少数民族干部的工作取得明显成效,对少数民族地区各项工作的开展起了很大的推动作用。

在社会改革方面,党和人民政府坚持慎重稳进的方针,根据少数民族地区大多数人民及与人民有联系的领袖人物的志愿,主要地经过他们自己去进行。在这个方针指导下,到1952年,少数民族农业区大都实行了减租退押,在条件成熟的内蒙古、宁夏、青海、新疆地区进行了土地改革。

在少数民族聚居的牧业区,中央决定实行牧主牧工两利政策,同时逐步取消牧主的封建特权,鼓励牧民的生产积极性,以发展畜牧经济。这表明,党和政府在少数民族地区进行社会改革,是非常慎重、非常注重条件的。

一、民族识别阶段与过程

民族学调查方法是一种专门的高级形式的社会调查,它比一般的社会调查具有更多的要求。

这主要有以下几个方面:一要树立无产阶级世界观并具有较高的马克思主义的理论修养,具备吃苦耐劳的精神和健壮的身体。二要掌握民族政策,这是保证在民族地区调查过程中,不犯或者少犯错误的重要一环。三要掌握民族语言方面的知识和语言调查的方法与技术。四要掌握过去已有的调查资料,包括本民族的文献资料、传统资料和有关外文资料。

早在1950—1952年,中央先后派出西南、西北、中南、东北和内蒙古等民族访问团,分赴各民族地区进行慰问,宣传党的民族政策时,就已初步涉及民族识别问题,因为一些长期深受民族压迫、不被承认或被迫隐瞒自己民族成分的少数民族,在这时纷纷要求承认他们的民族成分。对于这些众多的待识别族体,首先要弄清哪些是汉族的一部分,哪些是少数民族;对于少数民族,还要进一步弄清他们是单一的民族,还是某一民族的一部分。

自50年代初开始,党和国家组织大批民族研究者和民族工作者深入少数民族地区,对待识别族体的族称、族源、分布地域、语言文字、经济生活、心理素质、社会历史等进行了综合调查和分析研究,并在充分尊重该族体人民意愿的基础上,科学地甄别其民族成分和族称。大体上,我国的民族识别工作,经过了四个阶段(只讲前两个阶段)。遵循"名从主人"的原则,族称要由各民族人民自己确定,这是他们的权利。

1. 第一阶段:民族识别的发端阶段

1953年中央民委派出畲民识别调查小组,分赴浙江、福建等省调查研究畲民族别问题,认定畲民既不是汉族,也不是"瑶族的一支",而是一个单一的少数民族。同年,在中央民委领导下,由中央民族学院派出了达斡尔族别调查组,分赴黑龙江、内蒙古达斡尔地区进行民族识别调查研究,确认达斡尔人是一个单一的少数民族,而非蒙古族。在新疆的民族识别工作中,对新中国成立前强加于俄罗斯人带有侮蔑性的称呼"归化族",正名为俄罗斯族;把国民党统治新疆时期认定的、从南疆迁至伊犁的"塔兰其"族,定名为维吾尔族;1954年把"索伦族"改为达斡尔族。

在这一阶段,经过识别和归并,从400多个民族名称中,初步确认了38个少数民族的族称。其中除已公认的蒙古、回、藏、维吾尔、苗、瑶、彝、朝鲜、满等民族外,新确认的族称有:壮、布依、侗、白、哈萨克、哈尼、傣、黎、傈僳、佤、高山、东乡、纳西、拉祜、水、景颇、柯尔克孜、土、塔吉克、乌兹别克、塔塔尔、鄂温克、保安、羌、撒拉、俄罗斯、锡伯、裕固、鄂伦春等。

2. 第二阶段:民族识别的高潮阶段

1954年,中央民委派出云南民族识别调查小组。在云南260多个民族名称中,只有少数属于识别其为汉族还是少数民族的问题,而大量的则是属于民族支系的归并,确定其单一的少数民族,还是其他民族的一部分的问题。其中工作量较大的是对彝族和壮族支系的归并。1954年在云南操彝语、并拥有各自不同的他称或自称的族体约300万人,分为数十种支系。从语言的音位系统和语法结构以及经济生活、社会文化诸如火把节、族长制、同姓不婚、火葬遗址、祖先灵台、巫术、多神崇拜等方面看,他称或自称的"土家"、"倮"、"水田"、"支里"、"子彝"、"黎明"、"莨莪"、"他谷"、"纳查"、"大得"、"他鲁"、"水彝"、"咪哩"、"密岔"、"罗武"、"阿车"、"山苏"、"车苏"等数十种族体,都基本相同或相近于彝族所具有的普遍特点,因而被确定为彝族的支系,而不是单一的少数民族。把文山地区的"侬人"、"沙人"、"天保"、"黑衣"、"隆安"、"土佬"等不同称呼的族体,则归属于壮族支系;把"糯比"、"梭比"、"卡都"、"碧约"、"拉乌"等归属于哈尼族支系;把居住在洱源的自称"白夥"的"土家"人归属于白族支系;把"黑浦"("摆彝")归并入傣族支系。总之,把云南 260 多个不同族称的族体,归并为 22 个。

新中国成立前,贵州就有 100 多个民族名称。1950 年中央派遣民族访问团到贵州工作时,省内各地报来的民族名称共有 80 多个。民族识别调查组对这 80 多个族体进行了调查研究,并对其中大部分初步划分了归属,但有 20 多个尚未最后认定,如"穿青"、"南京"、"喇叭"(湖广)、"黎族"(里民)、"六甲"、"(兜)"、"东家"、"西家"、"绕家"、"蔡家"、"龙家"、"莫家"、"木佬"、"睬睟"等。民族识别调查组还到安顺、毕节等地区进行"穿青"人的民族成分识别调查研究。

1956 年经过调查研究,国家又正式公布了仡佬族的名称。同年,中央民委派出湖南土家族识别调查小组,确认土家为单一的少数民族。

1964 年,对全国第二次人口普查登记的 183 个民族名称,又经过识别调查研究,新确认了 15 个少数民族,将 74 种不同名称归并到 53 个少数民族之中,还有几十种在识别过程中自动撤销原登记的民族名称。至此,已填报的族体的识别工作得到了基本解决,还存在的有待于识别的族体已为数不多了①。

二、民族调查的案例

1. 中央民族访问团

新中国成立后,党和政府确立了各民族一律平等、共同繁荣的政策,废除了民族压迫,中华各民族之间一律平等、相互团结、互助合作的新型民族关系初步形成,公开站在少数民族立场上讲话和展开论述始成为可能,很多学者便积极投入少数民族社会活动和历史调查研究中。

新中国成立初期,党中央和人民政府为贯彻《共同纲领》中的民族平等团结政策,先后派出中央民族访问团和工作组对全国各少数民族进行了亲切慰问和民族识别工作。民族识别工作最初萌芽于解放初期由党中央相继派出的"中央民族访

---

① 李绍明口述王林录音、整理,http://www.sass.cn/bscnews.asp? NewsID = 1452&Csmallclassid = 19&Zsmallclassid = 25&SpecialID = 0,原载《当代史资料》2003 年第 3 期。

问团"所领导开展的全国大范围的各少数民族慰问兼调查活动。

1951年6月,由政务院文教委员会、财经委员会、政法委员会及民族事务委员会等部门抽调干部组成了中央民族访问团中南访问团,李德全任团长,费孝通、曹孟君、马杰、熊寿祺任副团长。黄现璠、陈岸、刘介和苗延秀等人最初被邀请担当顾问。同月20日,中央人民政府派出赴中南各少数民族地区访问的中央民族访问团中南访问团一行70余人自北京出发,李德全团长因公缓行(后赴广东兼任广东分团团长),由副团长费孝通代理团长。中南访问团出发后分成三个分团,即广西分团(第一分团)、广东分团(第二分团)、湖南分团(第三分团),费孝通兼任广西分团团长。7月初广西分团开始全面进行慰问和调查工作前,为协助中央人民政府切实搞好访问团的慰问和调查工作,以利广西分团工作的顺利开展,中央人民政府又任命广西民政厅副厅长陈岸和黄现璠担任广西分团副团长,任命刘介任广西联络组(组长杨成志)副组长。

当时中央民族访问团的主要任务和活动是:对少数民族的上层人物或各界代表人物进行个别访问;根据不同地区、不同民族的具体情况,召开各种座谈会、各民族代表会或民族联谊会;召开群众大会,传达中央人民政府对各兄弟民族的深切关怀,宣传共同纲领的民族政策,协助具备条件的少数民族地区建立自治区或自治县。7月中旬,广西分团一行百余人(一说193人),首先来到了苗延秀同志(侗族)的家乡龙胜县进行慰问。龙胜位于广西东北部,地处越城岭山脉西南麓的湘桂边陲,古称桑江,秦朝属黔中郡,西汉归武陵郡;晋至隋属始安郡;唐龙朔二年置灵川县,龙胜属灵川县地;五代后晋天福八年置义宁县,龙胜属义宁县地,延至明代。清乾隆六年设"龙胜理苗分府"(亦称龙胜厅),直属桂林府辖。民国元年"龙胜厅"改为"龙胜县"。1949年中华人民共和国成立后仍称"龙胜县",属桂林专区辖。龙胜县距今已有650多年历史,又号称世界梯田之冠的美丽"龙脊梯田"名扬天下。广西分团一行抵达龙胜县城后受到当地政府和各族人民群众的夹道欢迎。第二天,访问团即在隆胜墟(现称龙胜镇)县府内召开了"龙胜各族人民代表座谈会",参加座谈会的有当地盘瑶、茶山瑶、花蓝瑶、山子瑶、坳瑶、苗族、侗族、汉族、毛南族、土家族、白族等的代表。当地政府各级领导陈基义(侗族)、林志远、黄钮、宾赐福、杨瑞清等人皆出席了座谈会。

中央民族访问团广西分团在帮助具备条件的少数民族地区建设基层政权自治区或自治县以及开办民族训练班的同时,还深入龙胜各区、乡、村寨进行访贫问苦,广泛开展民族政策宣传以及社会历史、文化教育、民风习俗、财政经济状况的调查工作。当时龙胜县分为东、西、南、北四个区。访问团和联络组着重调查了龙胜县文化教育、深租退押和灾荒情况,同时深入龙胜县坳头苗族聚居地、南区龙脊十三寨壮族和东区伟江乡一带广泛调查了当地苗、壮、瑶等少数民族的历史沿革、各自然村、寨、屯的人口分布、阶级成分构成、文化教育、风俗习惯等方面的历史与现状，重点对当地苗、壮、瑶等少数民族生产方式、经济收入、剥削情况、生活状况等作了专项调查，收集到了大量史料，由联络组负责撰写出了这方面的调查报告。特别是由于历代反动政府对龙胜各少数民族的残酷政治压迫和经济剥削十分深重，加之当地经济生产条件差，造成龙胜县解放初期粮荒情况十分严重，各族人民生活困难重重。为此，访问团专门对龙胜灾荒情况做了专项调查，同时迅速向中央和省人民政府作了反映。中央考虑到龙胜各族人民生活的现实困难，很快增加了拨粮救灾数量。1951年中央和广西省人民政府在当年的一年内相继向龙胜发放了救济米55万公斤，贷出农贷粮7万公斤。党中央和人民政府的热心关怀和雪中送炭般的体贴，让当地各族人民深受感动，由此可见，中央民族访问团的到来，在各族人民中产生了相当广泛的影响，在传达党和国家对少数民族同胞的深切关怀，宣传《共同纲领》中的民族政策，贯彻党和国家的民族平等团结政策，密切党和人民政府与各族人民的鱼水情关系，强化少数民族对国家民族政策的充分信任等方面皆起到了重要作用。

1951年7月下旬，中央民族访问团广西分团一行从龙胜县进入三江县慰问和调查。三江位于湘、黔、桂三省（区）交界处，古称怀远。两汉属耶林郡耶潭中县地；南北朝时，宋、齐属齐熙县；隋属史安郡义熙县；唐属融水县（一部分为古州蛮地，今贵州榕江县）；五代十国至宋、元、明、清属怀远县，民国三年（1914年）将怀远更名三江。1949年11月三江县全境解放。访问团于1943年8月带领中山大学学生来过龙胜、三江一带调查。访问团在古宜坪（今古宜镇）召开了"三江各族人民代表座谈会"，广泛听取了当地各乡领导和各族人民代表的意见。同时，在费孝通团长的带领下，访问团深入各乡各村各寨，一边为侗乡送医送药，馈赠生产和生活物资，广泛宣传民族政策，传达党中央、中央人民政府和毛泽东主席对各族人民的关怀和问候，一边进行调查。这些访问和调查工作，为翌年12月3日全国最早的"三江侗族自治区"（现改为三江侗族自治县）的成立打下了良好的基础。

"通过对广西各民族的来源和变迁的考察，许多客观事实证明：壮族是广西土著人，瑶族、苗族则来自两湖江西等地。……这可说是新中国成立后开展的民族识别工作之始，中央民族访问团这种个别调查的方法后来成为全国少数民族识别的主要手段。由此可见中央民族访问团广西分团做出的历史贡献不容忽视。除此之外，由中央民族访问团广西分团领导的广西联络组，经过广泛深入调查写出了《广西少数民族历史资料提要》、《广西龙胜县文化教育情况》、《广西龙胜县东区概况》、《龙胜县南区龙脊村懂族社会调查》、《三江县第六区民族概况》、《广西三江木材问题调查报告》、《防城三区少数民族情况》、《防城县二区巫头、历尾、山心越南族情况》、《防城县偏人情况》、《防城县第三区炯中乡民族情况》、《防城县山人（瑶族)情况》、《东兴市情况介绍》、《江平越南族情况及教堂活动》、《广西东兰县第五区(中和区)民族概况》、《广西东兰县西山区民族情况》、《广西田东县民族概况》、《广西平果县民族概况》等近30份调查报告,可说是广西解放后首次范围广泛的少数民族社会历史调查,它忠实地记载了广西少数民族地区解放初期的实际情况,既为中央人民政府制定民族政策提供了重要的依据,又为广西民族研究奠定了重要的基础。"①

2. 四川民族调查

1950年开始的民族识别调查在四川来说没有作为一项大的工作来做,因为当时的四川分为川东、川南、川西、川北四个省级行署区,不包括西康,西康是另外一个省。川西民族工作主要在现在的阿坝藏族羌族自治州,当时叫"茂县专区",这个地区的民族比较单纯,主要是藏族和羌族。在1949年之前这里的民族就比较清楚。除藏族羌族外,当时还有一个称为"嘉绒"的民族,解放以后接受这个民族的代表人物和广大群众的意见,将他们归并到藏族里面。嘉绒藏族主要居住在阿坝州的农区,从事农业生产,所以没有再经民族识别。再有就是现在的乐山市,当时属川南,叫"乐山专区",其南部和西部有几个县,历史上叫"雷、马、屏、峨"(雷波、马边、屏山、峨边),居住着彝族,叫"小凉山",是有别于当时西康的"大凉山"而言,这一部分彝族的情况也比较清楚,也没有再进行民族识别调查。所以,川西北的藏族、羌族的问题解决了,川西南的彝族问题也解决了。因此,四川在解放初期没有像云南、贵州、中南、西北、东北的一些地方进行大规模的识别调查。但是民族情况的调查还是做了。

为什么要做民族情况的调查呢?第一是由于对川西北这一块和川西南这一块地方,比较深入的情况不了解,所以民族情况的调查任务当时由各级政府派出的民族访问团来担任。民族访问的目的之一是疏通民族关系。由于历史上汉族和少数民族的关系不好,历史遗留下来一些民族矛盾,需要调整民族关系。第二是宣传党的民族政策,说明现在已经解放,不同于历史上的民族压迫时代了,汉族与少数民族的关系需要调整,少数民族内部的关系也需要调整,比如调解打怨架、械斗等。第三是帮助少数民族恢复和发展生产。第四是调查少数民族的情况。

四川当时四个省级行政区域的川东、川南、川西、川北四个行署,只有川西川南两个行署有较重的民族工作。川西行署两次派出川西少数民族访问团,到茂县专区去访问,第一次是1951年,第二次是1952年。川南由当时的川南行署派出川南民族访问团,到雷、马、屏、峨去访问。川西和川南访问团的工作性质是一致的。

---

① 黄现璠遗稿,甘文杰整理:"民族调查与研究40年的回顾与思考(上)",载《广西民族研究》2007年第3期(总第89期)。

1951年川西茂县专区藏族、羌族调查。1952年，川南峨边县彝族调查。当时从四川大学、华西大学、西南民族学院等高等院校都抽调了一些学者参加访问团，他们的任务主要是做民族调查。这既是一个学术工作，同时也是紧密结合民族工作实际的一个工作。这些调查对当时的民族工作很有用处，比如说当时我们去调查的时候茂县专区有些地方还没有解放，还被国民党的一些残余匪特占据。他们要占据那些地方，必须和当地的头人、土司有很深的关系才行。黑水当时就没有解放，黑水边缘一些地区也没有解放，土司和头人都很犹豫，在观望。因为当时国民党在台湾地区叫嚣反攻大陆，黑水这个地方就叫做"陆上台湾"，他们想利用这个地方作为反攻大陆的一个据点，经常派飞机空投。1952年的峨边，峨边南部西河一带还被国民党的残余匪特盘踞着。工作人员进不去，就在附近做一些疏通民族关系的工作，同时也调查当地民族情况。这是直接为当时形势服务的，也为后来实行区域自治做准备，那时这些地方都还没有建立地方政权。区域自治就是建立自治州、自治县。但那时候都叫"自治区"，内蒙古叫"自治区"，州这一级也叫"自治区"，阿坝州当时叫"四川省藏族自治区"，县一级也叫"自治区"，很笼统，工作还没有细到这一步。

当时的工作条件相当艰苦，这些地方都不通公路，比如到茂县专区去，公路只通到灌县。工作人员在灌县住了一个星期做物质方面的准备，要雇马，驮运行李和吃的东西。路上没有卖吃的，全部由自己准备。沿途没有旅店，只好住民居，有时还要宿岩窝。而且里面比较冷，棉衣皮衣都要有，被子都要厚的。吃的东西都准备的是干的，腊肉、盐菜、豆瓣酱、豆豉等，锅瓢碗盏都要驮上，因为沿途是自己做饭。那时候路很不好走，从灌县（今都江堰市）走了五六天才到茂县，再往里走，到了黑水边上。黑水还没有解放，工作人员到邻近黑水的赤不苏去调查，并做羌族头人王泰昌的工作，这个同志后来做过阿坝州人大副主任、州政协副主席。现在已经80多岁，退下来了。当时他很犹豫，不敢得罪国民党特务，也不敢得罪共产党。我们去了以后，他既要敷衍国民党，又要敷衍我们。我们住下来，后来和他的关系好了，才可以和他下面的人接触。经过许多工作，他决定跟共产党走，一直到今天。现在阿坝州在成都修了干休所，他也迁来成都。当时他的楼上架着机关枪，他的房间里有一张大床，上面摆着鸦片烟和鸦片烟枪，第一件事情就是请工作人员抽鸦片烟。工作人员说我们不抽这个，他说不抽也可以，然后弄些酒肉来招待工作人员。当时全靠走路，马帮只能驮东西，因为不能雇很多的马。还有许多不安全因素，牺牲了一些同志。这是第一次调查的情况，现在回想起来还记忆犹新。那时候积累起来的材料都是不公开的，由川西区党委、川西行署、川西军区把这些资料作为密件保存下来，这些资料直到改革开放以后有的才正式印出来，全国情况基本上如此。

"当时做的调查报告后来都整理出来，由西南民族学院印出来。川西北地区就有3本调查报告:《草地调查报告》、《嘉绒藏族调查报告》、《羌族调查报告》。这3本调查报告都是从第一手资料整理出来的,对当地政治经济文化各方面的历史和现状,都作了翔实、系统的描述,为当地民族工作的开展、区域自治的实施,以及新工作领域的开辟奠定了基础。"①

3. 历史文物调查工作组

为响应"广西省第一次民族工作会议"号召民族工作者"搞好民族工作,积极开展民族调查"的精神,1952年3月18日,黄现璠先生带领助手从桂林出发,前往都安、东兰、南丹等地调查,一方面是重点了解这一带瑶族和壮族的历史和现状,另一方面是收集韦拔群烈士的革命史料。

黄现璠经过多次调查后发现,瑶族历史上所受民族压迫的现象十分深重突出。1952年12月,根据中国人民政治协商会议共同纲领和中华人民共和国民族区域自治实施纲要的规定,中央人民政府批准在广西西部设置广西桂西僮族自治区。1952年12月6日至9日,桂西僮族自治区第一届各族各界人民代表会议在南宁举行,9日,经中央批准成立了桂西壮族自治区人民政府,覃应机(壮族)任自治区主席,谢鹤筹(壮族)、冯寿天、谢扶民(壮族)、梁华新(壮族)任副主席。当时的桂西僮族自治区区政府驻南宁市,辖百色、宜山、柳州、宾阳、崇左5专区、2市、52县、1自治区(隆林各族自治区,县级)。1953年4月3日,经中央人民政府政务院第173次政务会议讨论通过任命黄现璠为桂西僮族自治区人民政府委员。

1953年6月中旬,黄现璠便雷厉风行地在广西大学开始了组建"历史文物调查工作组"的工作。桂西僮族自治区成立后,马上开始了着手拟订发展各少数民族经济、文化的具体计划。同时计划派人到各少数民族地区进行重点调查,作为发展各少数民族经济、文化事业的参考。

"这次调查针对性较强,例如对罗城县少数民族,黄现璠他们对该县仫佬族展开调查,大致了解到(1)罗城县仫佬族人口分布情况,(2)民族来源,(3)民族斗争史,(4)生产上的一般情况,(5)解放前生产上的禁忌,(6)农产品和土特产,(7)副业,(8)仫佬族地区今年旱灾情况(以大新乡大梧村为例),(9)目前日常生活各种情况,(10)解放前后的婚姻情况,(11)丧葬的一般情况,(12)迷信治病情况,(13)各种节日情况及转变,(14)只有民族语言,没有民族的文字及歌剧,(15)历史上的文化情况,(16)解放前后的基础教育,(17)民族艺术及歌剧,(18)结婚时的唱歌盛会,(19)农民剧团等方面情况。调查结束后,调查组立即将调查资料分别整理成了《南丹县少数民族情况调查报告》、《河池县少数民族情况调查报告》、

---

① 李绍明口述王林录音、整理,http://www.sass.cn/bscnews.asp? NewsID = 1452&Csmallclassid = 19&Zsmallclassid = 25&SpecialID = 0,原载《当代史资料》2003年第3期。

《罗城县少数民族情况调查报告》等3份报告,每份报告最后皆列有'存在问题及改善办法'小节,相继呈送桂西僮族自治区人民政府,以供政府拟订发展各少数民族经济、文化具体计划的参考。"①

第三节　第一、二次人口普查及其研究

人口普查是各国政府获取人口资料、掌握国情国力的一种最基本的调查方法,所以,人口普查也被称为"国情普查"或"国势调查"②。

一、第一次人口普查

1. 普查缘由

在新中国成立以前,我国始终没有举行过建立在科学基础上的全国性的人口普查,也无科学准确的人口数字。全国解放后,为了开展第一个五年计划,中央人民政府迫切需要确实可靠的人口数字,同时也是建立户籍制度的需要。1952年国民经济恢复时期结束后,需要召开全国人民代表大会,为了做好选民登记工作,也需要准确的人口数字,1953年4月3日,中央人民政府政务院颁布《全国第一次人口普查办法》,决定开展全国第一次人口普查。

2. 普查实施

为进行这次庞大复杂的人口普查工作,中央和各级地方政府都组织了人口普查登记办公室,动员了250万人参加并对他们进行了相关培训。普查以户为单位进行登记,只调查姓名、性别、年龄、民族四个项目。由户主负责填写或回答户内每个人相关项目的答案。标准时间为1953年6月30日24时,资料整理则采用了中央、省、县三级分级汇总、层层审核的方法,于1954年上半年基本完成。在直接调查之后进行了复查,结果证明普查质量较高。

"第一次人口普查具备了近代人口普查的基本特征:官方的——由政府发布命令统一进行;全国的——包括全国的所有国民;逐人进行的——按人个别进行填报;同时进行的——以一个特定时间为标准进行调查;系统处理的——将普查资料制成统一的统计表格。通过第一次人口普查,在中国历史上首次采用全面的、比较科学的调查方法取得了完整的、准确的人口统计数据。这是中国历史上第一次

---

① 黄现璠遗稿,甘文杰整理:"民族调查与研究40年的回顾与思考(下)",载《广西民族研究》2007年第4期(总第90期)。

② 孙兢新:"人口普查的历史",《江苏统计·知识窗》2000年增刊。

查清了全国人口底数。"①

回顾时间较长,普查登记项目少,为了取得经验和保证质量,试点和复查面广,时间长,对边缘少数民族地区,采用间接调查的方法而取得数据。

3. 普查结果

1953年,中央人民政府国家统计局协同有关部门,根据中央人民政府政务院的指示,结合全国普选,举办了全国人口调查。调查的标准时间是1953年6月30日24时。参加这次调查登记工作的人员共有二百五十余万人。为了保证全国人口调查登记工作的顺利进行,在全国组成了各级人口调查登记办公室,并制定了统一的简易可行的全国人口调查登记办法。全国绝大部分地区都严格按照这个办法进行直接调查;但有少数地区不能进行直接调查,而用其他办法进行了调查,其中有未进行基层选举的和交通不便的边远地区,待解放的台湾省,国外华侨和留学生等。

为了使这次普查资料全面、确实,曾及时组织了抽样复查,对已经调查登记的人口数目的正确程度进行检查。全国范围内共抽查了5 295万以上的人口(占直接调查登记人口的百分之九),检查的结果是:重复的人口占千分之一点三九,遗漏的人占千分之二点五五。

全国人口普查资料的审核和汇总工作,全部完成。

这次普查是我国有史以来第一次按照现代科学方法组织的人口普查,不仅具有重大的政治、经济意义,也引起了国际上的广泛关注,并对其结果给予了高度评价。

二、第二次人口普查

1. 普查缘由及实施

1953年人口普查之后,到1964年已近十年。在此期间人口情况已有了很大的增长和变化,同时在三年困难时期之后,伴随着国民经济开始好转,国家也需要着手编制第三个五年计划和长远规划。为了适应国民经济建设的需要,进行了第二次人口普查。

共有570万名户籍管理人员和基层干部参与了此次人口普查工作。调查仍以常住人口为对象,人口登记仍以到登记站登记的方式为主,辅之以到户访问。第二次人口普查同第一次人口普查相比,有了明显的改进。在第一次人口普查内容(纯粹是人口性问题)的基础上,又增加了本人成分、文化程度和职业三个项目,属于个

---

① 孙兢新:"人口普查的历史",《江苏统计·知识窗》2000年增刊。

人问题,也具有了较多的社会学意义。标准时间仍是 6 月 30 日 24 时,人口登记于半个月内完成,汇总程序则为四级汇总,即公社、(派出所)、县、省、中央四级。同时注意发挥了就地审核、层层负责的积极性,汇总进度也比较快,从登记到汇总完成只用了几个月的时间。整个工作于 1964 年 10 月底完成,进展速度相当快,质量也有保证。

2. 普查结果

"1964 年人口普查数字当时没有公布。到 1981 年第 5 期《统计》杂志上,刊载了国家统计局提供的《第二次全国人口普查结果的九项主要统计数据》。

(1) 总人口

1964 年 6 月 30 日 24 时的全国人口总数为 723 070 269 人。28 个省、市、自治区(按:天津市当时隶属河北省)和现役军人的人口为 694 581 759 人,其中男子 356 517 011 人,占 51.33%;女子 338 064 748 人,占 48.67%。台湾省、港澳同胞和海外华侨等人口为 28 488 510 人。

(2) 各民族人口

1964 年 6 月 30 日,28 个省、市、自治区共有汉族人口 651 296 368 人,占总人口 94.22%;各少数民族人口 39 883 909 人,占 5.78%。

人口在百万以上的少数民族有:蒙古族 1 965 766 人;回族 4 473 147 人;藏族 2 501 174 人;维吾尔族 3 996 311 人;苗族 2 782 088 人;彝族 3 380 960 人;壮族 8 386 140 人;布依族 1 348 055 人;朝鲜族 1 339 569 人;满族 2 695 675 人。

(3) 人口年龄

1964 年 6 月 30 日全国劳动力年龄人口(指男子 16 至 59 岁,女子 16—54 岁)为 341 491 424 人,占总人口的 49.17%。

不满 1 岁至 14 岁的人口为 280 671 035 人,占总人口的 40.4%。其中:7 岁至 12 岁的学龄儿童 114 287 925 人;6 岁以下儿童 135 422 127 人。61 岁以上人口为 38 171 010 人,占总人口的 5.5%。百岁以上人口 4 900 人(男子 2 134 人,女子 2 766 人)。最高年龄为 150 岁,有 1 人。

(4) 人口文化程度

1964 年 6 月 30 日,28 个省、市、自治区的人口中,具有大学文化程度的有 2 875 401 人,具有高中文化程度的有 9 116 831 人,具有初中文化程度的有 32 346 788 人,具有小学文化程度的有 195 824 459 人,13 岁以上不识字的人口有 233 267 947 人。"[1]

---

[1] 佚名,《第二次全国人口普查》,http://baike.baidu.com/view/5652961.htm。

三、人口问题研究

1956年至1957年上半年,在社会学的各分支领域中,人口问题的研究是最活跃的一个,而人口学者相对来说也最大限度地发挥了作用。这是因为解放后社会安定,生活改善,妇幼保健发展,人口出生率急剧增长,同时死亡率下降,导致自然增加率快速上升。整个社会从上到下,对这个问题表现出了极大的关切。

1957年2月15日,在陈达家中举行了一次有关人口问题的座谈会。参加会议的有数所高等院校的专家学者及科学院、公安部、国家统计局等有关部门的代表共四十余人。在京各大报社均派了记者参加。会后,《人民日报》发了新闻稿。这可以说是院系调整以后,社会学者的第一次盛会,其精神鼓舞作用不小。在座谈会上,不少人谈到,过去不敢谈人口问题,即便是在报纸公开介绍有关节制生育的办法后,仍有很大的顾虑,深恐一谈人口问题,就被戴上一顶"马尔萨斯主义"的帽子。这次召开人口研究工作座谈会,就减少了这种顾虑。李景汉特别兴奋地说:"想不到我所学的这门东西,现在又对人民有用处了……以前门可罗雀,现在却门庭若市了。"费孝通说:"在进一步调查少数民族问题时,我们要把人口这一内容放进去。"南开大学何启拔教授表示,回天津之后就着手进行天津地区的人口研究工作。陈达本人的情绪也大有好转。

在听取陈达报告所拟论文写作提纲时,争论的焦点立刻集中在1953年人口普查上。据此次普查统计,中国人口数超过六亿,包括陈达在内的老一辈专家都认为,此数与过去所估计的四亿五千万相差太多,人口的自然增长如此具有爆炸性,大有割断历史之嫌。他们提出,在近代中国,特别是进入20世纪以来,社会经济遭到极大破坏,国民党迁台时又带走大批档案和人才,在这种情况下,以中国广博的地域,落后的社会状况,复杂的国情,庞杂的调查对象,在短时间内进行人口普查,其结果的准确性是值得怀疑的,拿出去到国际上更会引起争议。可另一些国家机关干部、马列主义专家、青年学者,却无条件地肯定普查工作及其成果的准确性、科学性和可信性。因此,在这次座谈会上形成了两个鲜明的壁垒。也就是在此次会议上,陈达提出希望建立一个人口问题的专门研究机构,要向科学规划委员会申请专款,来实现他提出的建立人口调查实验县的计划。

座谈会后不久,毛泽东在最高国务会议上谈到人口问题。此后,陈达的学术活动日渐频繁起来。一些人口、统计等方面的专家学者开始同他联系。在职青年和在校学生争相来信或来访,或要求做他的工作助手,或请他做毕业论文导师,或来向他学习研究工作的基本方法。

1957年上半年,社会各界对人口问题的关注达到了高潮,当时所讨论的问题主要集中在三个方面:首先是对1953年的人口普查进行评议①。在国际上,中国作为人口最多的国家,由于长期缺乏有关人口统计的可靠数字,结果使世界上的人口统计学家也难以提出世界总人口的精确报告。中国于1953年的人口普查正是要弥补这一缺憾。这次人口普查的主要目的包括:一是为选举地方及全国人民代表大会代表的选民登记奠定基础,二是为国家的经济和文化建设提供可依据的资料。因为中国从1953年开始实施第一个五年计划,所以需要可靠的统计,尤其是可靠的人口统计。这次普查最大的长处,是得到了人民的充分配合。国家历经战乱终于获得了和平,土改已完成,而土地分配以个人为基础,每个村都有居民的精确记录。许多妇女以前没有名字,这次都取名字了。在普查过程中,各级政府有关部门组织调动了二百五十多万人担任各项工作,包括监查员、调查员、记录员和统计员;在方法上采用了个人经常住所或户作为人口计算的基础;在调查年龄时,根据中国人计算年龄的习惯,使用了以前中国社会学者所制"年龄计算表",面列有出生年份(分公元和旧纪年)、属相、虚岁和周岁,便于相互对照。调查结果显示,男女性比例有所降低,溺杀女婴及重男轻女的社会恶习迅速消失。而过去社会学者在实验县所进行的普查,漏报女孩是很普遍的现象。同其他国家相比,中国的婴儿出生率高,人的平均年龄低,0—14岁的人口占总人口的36%。在城乡人口分布方面,城市人口占13.26%,乡村人口占86.74%。在民族构成方面,汉族占93.94%,其余为少数民族。过去在大汉族主义压迫下,有很多少数民族不敢承认自己为少数民族。1953年人口普查,许多人都实报了原来的民族身份。

然而,这次普查所存在的种种缺陷,也是不容忽视的。普查的程序完全按苏联模式、在苏联专家指导下进行,统计局印发了大量有关苏联1939年人口调查的小册子、表格、填写说明等材料的中译本。这样做的结果造成在许多具体问题上忽略了中国的国情特点和需要。

有关人口问题的另一个讨论热点是人口与国民经济发展的关系。在这方面最有代表性的研究成果有两篇:一篇是众所周知的经济学家马寅初的《新人口论》,另一篇是社会学家吴景超的《中国人口问题新论》②。

吴景超更进一步从有计划按比例发展的规律来看中国的人口问题。他认为,现代化的生产要靠劳动力和生产资料相结合,才能产生最大的效果。这就有一个生产资料即物化劳动与劳动力即活劳动的比例关系问题。各个部门对于劳动力的

---

① 关于这次人口普查的经过及长短处,见谢·康·克拉戴维奇:《中国1953年人口普查》,中华人民共和国国家统计局专家工作室译,统计出版社1956年版;陈达:《1953年新中国人口普查:国家建设和人口研究的基础》,1957年中央劳动干部学院;戴世光:《我国1953年的人口普查》,载《教学与研究》1957年4月号,1—6页。

② 吴景超:《中国人口问题新论》,载《新建设》1957年3月号,1—9页。

需求是受生产资料的数量所制约的,而新增生产资料数量的多少,又受国民收入中的积累水平所制约。如果积累不增加,生产资料也就不能增加。如果生产资料不能增加,而就业人数却在增加,必然要降低劳动生产率,提高生产成本,降低社会的积累,从而减少下一个时期的新增就业机会。吴景超又以详细的计算,说明按当时的积累速度和规模每年可增加职工130万人,但每年却有600万要求就业的人,即所允许新增就业人数远远少于要求就业的人数[①]。解决这一活劳动与物化劳动比例失调的问题,可以有三种途径:一是中国当时采用的办法,就是国民经济中包括两种在不同技术水平上生产的部分,其中一部分是在高度技术基础上生产,另一部分是在比较落后的技术基础上生产。由于第一部分的职工劳动生产率高,为自己及为社会创造的产品都比较多,因此第二部分的就业者经常想从后一生产领域转到前一生产领域去工作。1956年,全国新增加的职工人数超过原计划一倍多,出现了第一部分生产领域内有些单位大量窝工、人浮于事的现象,影响劳动生产率的提高和成本的降低。二是当时印度所采取的办法。作为同样是人口众多的大国,印度并未像中国一样采用优先发展重工业的方针,而是将投资的很大一部分,投入家庭工业和劳务两个部门。这样做的目的,是以最小的投资使最多的人充分就业,但在这种情况下劳动生产率是很低的。三是吴景超提议采取的新办法,即以第一种办法为基础,但立刻采取积极的措施降低人口出生率,目标是从千分之三十七降到千分之十七。通过研究若干个国家的人口出生率,他初步发现了一个规律,就是一个国家的人口出生率与生育超过三次的母亲所生婴儿占婴儿总数的百分比有密切的联系。这一百分比愈高,出生率也愈高。他据此提出了一个非常实际的建议:即说服已有三个子女的人实行节育,这样人口的出生率可降至千分之二十以下,而这并非一件太难的事情。至此,我们终于看出,吴景超实际上仍然坚持自己过去所犯的"错误",即认为人口太多是经济积累的包袱而非动力,中国工业化的过程中一定要实行生育节制。

第三个有关人口问题的热点,是中国究竟要不要控制人口,这个多年争论不休的问题,再一次引起了普遍关注。"1957年3月5日,《人民日报》发表题为《应当适当地节制生育》的社论。3—4月份,北京市卫生局在中山公园举办了避孕展览会,引起极大的反响。这一时期,各大报刊登载了大量有关人口问题的报道、论文。上海《文汇报》于3月30日召开人口问题座谈会,出席者有应成一、陈长蘅等11位

---

① 在不久后发表的另一篇文章《展开人口问题的研究》(《文汇报》1957年2月21日)中,吴景超进一步说明生产资料对劳动力数量的限制,集体所有制的农业也不能例外。农业的主要生产资料是土地。中国一直存在着人多地少的问题,开垦荒地的规划不能扩大太多,新增的劳动力只能安置在已有的耕地上,必然会造成每一个劳动力所使用的耕地面积下降。当时,某些地区已经出现了这种情况。若再考虑农业机械化的因素,在机械化的过程中,会有大批的劳动力从农业中分离出来,这些人的安置也将成为严重问题。

学者。至4月底,《文汇报》编辑部先后收到有关人口问题的读者来信五百多件。读者提出了以下各种问题:我国今天人口是否过剩了?我国是社会主义国家,地大物博,为什么也怕人口多?节制生育会不会削弱社会主义制度的优越性?提倡节育是否违反我们的传统习惯?究竟应该怎样评价马尔萨斯的'人口论'?解决我国人口问题的途径是什么,等等。"①

"在社会学者中,公开呼吁实行节育的,除吴景超之外,陈达也是比较有影响的一位。他强调,生育节制对家庭经济、孩子的健康与教育、母亲的工作学习及健康都有益处。在他看来,生育节制有助于降低出生率,但需要一个相当长的时期才能见效。据他计算,如果打算将当时的出生率降低50%的话,至少需要十年以上的时间,因此要及早行动,特别对已经生了三胎的人,要动员其节育。另一个可以降低出生率的有效手段,是提高结婚年龄,但这个要逐步实行,不可操之过急。应研究我国的习俗,参考外国的经验,结合职业和教育的发展来推行这项措施。要在全国特别是乡村地区建立婚姻登记制度,广泛并连续地搜集关于结婚年龄的统计资料,在现有结婚年龄的基础上逐步提高。"②

而另一派意见认为,马尔萨斯的人口论把人口数量看得非常重要,认为人口数量是决定人类能不能过幸福生活、能不能丰衣足食的主要因素。马克思主义不同意这个看法,认为决定因素是生产关系能否与生产力的性质相适合。中国人生活水平之所以低,生活之所以困难,基本原因不是由于人太多,而是由于过去"三座大山"的压迫。如果把底子穷、收入少、生活水平低,归之于人口太多,那就是为"三大敌人"推脱罪责。中国可开垦荒地多,人口密度与东欧相比不算高,工业生产需要劳动力,工业化之后人口会自然下降。在实现工业机械化之后,将出现从来没有被人们设想过的新的行业,可以吸收大量劳动力,不会出现严重的失业现象。

值得一提的是,社会学家中对人口问题持中庸态度的是孙本文。如同他多年前的观点一样,孙本文始终是主张适当节育的。他提出,"八亿人口是中国人口规模的适宜数目,但一定要在未达到八亿人口以前,先有计划地通过宣传节育、晚婚来控制生育,使人口增长速度缓慢下来,如果试图突然使人口不再增加或增加很少,这是做不到的。"③由此可以看出,"学者的基本观点与主张,往往是经过长期的积累和思考而形成的,因此很难改变。外在环境的变迁可能促使他们作某些局部的修正;政治因素的压力可以迫使他们暂时保持沉默。然而,这种状态是不可能长

---

① "怎样看我国人口问题",载《文汇报》1957年4月8、9日;"开展我国人口问题的讨论",载《文汇报》1957年4月27日。
② 陈达:"节育、晚婚与新中国人口问题",载《新建设》1957年5月号,1—15页。
③ 孙本文:"八亿人口是我国最适宜的人口数量",载《文汇报》1957年5月11日。

久的。一旦有了自由的空气,思想便会插翅飞翔。"①

第四节 社会学与社会调查的重新定位

1949年10月,中华人民共和国的成立,使期盼已久的广大社会学家欢欣鼓舞,他们满怀激情地在各自的教学和科研岗位上努力工作,纷纷表示要为新中国的建设事业贡献自己的才智和力量,并使社会学的发展能够更上一层楼。但是,从1951年至1953年期间,从全国高等院校先后进行的三次院校调整工作起,直至1978年将近三十年左右的时间,中国社会学经历了调整、取消、试图复兴、再次沉寂直至取消这样一个漫长而曲折的过程。

1951年11月至1952年7月,教育部先后召开全国工学院院长和农学院院长会议,拟就了工学院与农业院校的调整方案。1952年12月,教育部根据"以培养工业建设人才和师资为重点,发展专门学院,整顿和加强综合性大学"的方针,进行全国性的高等院校院系调整工作。在调整过程中,绝大部分社会学系和研究所被撤销,仅剩中山大学和云南大学两校保留了社会学系。1953年,在又一次部分院系的局部调整中,中山大学和云南大学的社会学系也被并入其他专业。自此,社会学在中国被正式取消,高等院校不再开设社会学课程,科研部门也不再研究这门学科,与社会学关系密切的社会心理学、文化人类学和社会工作等相继遭遇同样的命运。当时,取消社会学的理由主要有三条:一是认为社会学是资产阶级的学说,无产阶级政权有了历史唯物主义,就不应让资产阶级社会学再存在下去;二是认为有了历史唯物主义,可以不要社会学;三是认为社会学所研究的社会问题,是资本主义社会所特有的社会现象,社会主义社会不再存在这些问题,因而也就不再需要这门学科了。然而从根子上说,中国取消社会学是全面学习苏联的经验而导致的结果。

1956年,国际国内的形势发生了一些新的变化。是年8月,苏联在取消社会学多年以后,首次派代表团出席在荷兰举行的第三次世界社会学大会。嗣后,出席世界社会学大会的苏联科学院通信院士费多谢耶夫在《真理报》上撰文介绍会议情况和发言内容,指出:"西方国家的社会学者发表了大量关于家庭、道德、都市与乡村的文献。但是这些材料,在苏联及人民民主国家中,没有受到足够的重视,社会科学工作者没有对它们进行分析与批判。这一缺点,应当很快地加以矫正。"接着,苏联又开始着手恢复社会学研究。在国内,中国共产党全国代表大会第八次会议

---

① 参阅阎明著:《一门学科与一个时代:社会学在中国》,清华大学出版社2004年第一版,第268—275页。

制定了社会主义建设方案,在思想文化界提出了"百花齐放,百家争鸣"的方针。毛泽东在《论十大关系》的报告中指出,新中国在解决了社会制度以后依然存在着社会矛盾。这些新的变化和动向,自然引起国内原先从事社会学教学和研究工作的社会学者们的极大关注。

1957年1月,吴景超在《新建设》杂志上发表了《社会学在新中国还有地位吗?》一文。文章指出,面对西方社会学家广泛开展的社会问题研究以及世界社会学大会出现的新变化,中国的社会学往何处去?对此,吴景超明确提出:"在百家争鸣时代,我认为在我国的哲学系中还有设立社会学一门课程的必要。在这一门课程中,可以利用历史唯物论的原理,对于资产阶级社会学进行系统的批判,同时也尽量吸收其中的一些合理部分,来丰富历史唯物论。"文章认为,以历史唯物论的知识为基础,开展人口理论及统计、社会调查、婚姻家庭、妇女儿童等问题的研究,对于我国的社会主义建设还是有用的。

吴景超的文章一发表,瞬即在社会学者中激起了强烈反响。陈达、费孝通、李景汉等一批知名的社会学家纷纷撰文或发表谈话,竭力主张恢复社会学。2月20日,费孝通在《文汇报》发表"关于社会学,说几句话"的文章,赞同吴景超的观点。作者指出:现在不论是哪个地方,恋爱问题、婚姻问题、夫妻问题、养老问题、儿童问题等都有一大堆,而且大家总是觉得最头痛,甚至不知道怎样处理才妥当。他认为,对这些问题,用科学的态度,实事求是地进行调查研究,比闭了眼睛说没有问题要好。"至于这个学科称什么名称,那倒无关宏旨。如果大家觉得社会学三个字不讨厌,用这三个字也要得"。同年4月,陈达、吴景超、费孝通等人在《新建设》杂志社组织的社会学者座谈会上,分别发表了在中国恢复社会学的意见,并且明确指出:"社会主义社会里应当有它自己的社会学。我们现在就是要努力建立这个新的社会学。""新社会学的内容应当在历史唯物主义的理论基础上和指导下,来进行具体社会问题的分析研究,从而累积对这方面的知识,把它系统化,来充实历史唯物主义。"6月,陈达、费孝通、吴景超、李景汉、吴文藻、雷洁琼、袁方等一批社会学家举行了"社会学工作筹备委员会"第一次会议,商讨重新恢复社会学的有关事宜,并就成立社会调查研究所、筹备建立社会学系、筹备成立中国社会学会等问题展开了热烈的讨论,拟定了初步的计划和实施方案。

一、为社会学说话

1956年,"双百"方针提出之后,社会学者们逐渐在各种场合表示不同意取消社会学,并提出重新恢复社会问题的研究。其中建议很快得到了回应。例如,中国人民大学成立了调查研究室,让李景汉担任室主任,吴景超也参与工作。但为了掌握"政治方向",让一位党员担任副主任。在制定调查研究室的工作计划时,吴景超以甘博早年进行的北京调查及英、美各种经典调查为例,建议对北京市做全面调查。

关于怎样开展调查研究,6月9日在陈达家里召开的社会学工作筹备委员会第一次会议决定:北京社会学界的调查工作暂分人口、劳动、城乡社区与民族等方面。人口与劳动问题的调查研究(附带农村调查)拟暂由陈达所在的劳动干部学校负责,并与中科院合作。建议中科院成立社会调查研究所,直属哲学社会科学部。但根据当时的条件,拟先成立人口学研究室,下面暂设人口理论、人事登记、生育节制、人口统计、劳动问题等5个组。每组约有研究人员五人,各组均有研究项目。计划在北京市附近选择一个30万左右人口的县做人口调查研究(附带农村调查)的实验室。人口调查计划由陈达草拟,向国务院科学规划委员会申请专款。人口调查研究工作可与其他国家机关合作,如国家统计局、内务部、卫生部等。经费由科学院与合作机关共同负担,估计每年约需30万元,编制约30人左右。这一研究工作,可以解决当时急需研究和确定的几个问题,如人口普查的方法,为第二次全国人口普查提供建议;人事登记制度;生育节制;结婚年龄的研究;附带进行农业与农民生活的调查研究。城市社区调查研究的课题,拟暂由中国人民大学社会调查研究室负责,并同中科院合作。工作经费由人大负责,在必要时由中科院酌量补助。调查计划由人大调查研究室提出,推举李景汉、吴景超、赵承信负责草拟,计划先从北京市开始进行调查研究。民族学研究已由中央民族学院负责进行,应增加社会学专家参加世界民族志的编写工作,经费与编制由民族学院负责,拟请中宣部协助民族学院,调集社会学教授5—7人参加这项工作。

"就在北京的社会学者们积极筹备恢复社会学的时候,上海的社会学者们也异常活跃。他们多次召开座谈会,讨论社会学在新中国究竟有没有发展前途。原复旦大学社会学教授应成一谈到,他过去研究了半辈子的社会学,但在解放后,高等学校撤销了社会学系,他心里很苦闷,结果所学非所用,几次调动工作。"①言心哲响应费孝通《关于社会学,说几句话》一文,发表了《也为社会学说几句话》,以此与北京的学者们相呼应。他主张,"应立即恢复社会学的研究。既要批判资产阶级社会学,并吸收其有用的部分;同时,也要为建立马列主义社会学做一些准备工作。他认为当时最重要的工作,是在高等学校中恢复社会学系;而思想认识上放大的阻力,即要承认院系调整时取消社会学系是做错了,是以教条主义向外国学习,生搬硬套的后果。"② 5月底,"上海的社会学者们决定成立社会学工作组,推选应成一、

---

① "社会学、政治学需要发展",载《文汇报》1957年5月5日。
② 言心哲:"也为社会学说几句话",载《文汇报》1957年5月30日。

言心哲、刘咸为工作组的召集人,其目的是团结上海的社会学者,逐步开展工作,并与北京的社会学工作委员会取得联系。"①他们多数人主张在复旦大学恢复成立社会学系。

二、两项"重访"调查

早在 1926 年,李景汉曾在北京郊区的黑山扈、挂甲屯等村庄进行社会调查,写成《北平郊外之乡村家庭》一书。1956 年秋,《人民日报》社为他提供条件,让他重访 30 年前调查过的村庄,写出新的报告。李景汉对于所调查村庄今昔发生的变化作了极生动的描述:30 年前,他只能靠步行、骑自行车或坐驴车到这一带的村庄;而现在村子周围都有了平坦的公路。过去居民对政治几乎漠不关心;这次他到挂甲屯的第一天,赶上村民们正在选举人民代表。在过去他经过田边的时候,可看到遍地成群的麻雀大吃谷穗;而现在则少多了。过去他每逢进村就被群狗包围,且战且走;而现在是"常听鸡鸣,不闻犬吠"。过去他常碰到蓬头垢面的乞丐,现在则看不见了。在过去,他遇到的男女老少中大人们一般都穿着补丁摞补丁的衣服,多数儿童是一丝不挂;现在大人们一般穿着补丁不多或半新的衣裳,而儿童多半穿得整整齐齐地上学了。他从前访问农村家庭的时候碰到的一般居民,很多是越说越愁眉苦脸,唉声叹气,内容多是诉苦,有日暮途穷之感;而他这次访问中遇到的人们,多是面带笑容,越谈兴致越佳,内容多是报喜事并憧憬美好的将来。

李景汉从不同阶级成分及不同家庭经济情况的农户中选择访问了三十多家,特别是对其中较有代表性的人家,进行了细致的考察。显然,农民的生产、生活程度都有了改善,特别是原来的贫雇农提高的幅度更大。土改之后,家庭中劳动力的多寡,成了家庭生活的主要决定因素。然而李景汉除了"报喜"之外,也提出了他的"忧虑":"在实行合作化后,一般农民虽然过着大致温饱的生活,但他们养猪养鸡缺乏饲料,搞副业和自留地不自由,缺零用钱,小商品紧缺,个人所能支配的时间少,并且羡慕城里的工人待遇高。此外,还存在出生率上升,妇女参加生产劳动后健康状况下降,如何减轻天灾造成的损失,老人在家庭中的地位和供养,怎样实行民主办社和勤俭办社等,这些问题都需要及早引起有关方面的注意。"②

上述调查报告发表之后,受到读者普遍欢迎,认为这是报刊上少见的踏实而生动的好文章。于是各报纸杂志纷纷约李景汉写这方面的文章,出版社请他写书,电台来录音,有关单位请他作专题报告,各种会议的通知亦纷至沓来,应接不暇。沉

---

① "上海社会学学者决定成立工作组",载《文汇报》1957 年 5 月 30 日。
② 李景汉:"北京郊区乡村家庭生活的今昔",载《人民日报》1952 年 2 月 1—3 日;《北京郊区乡村家庭生活调查札记》,三联书店 1981 年版。

寂多年的李景汉，突然成为各方面注意的人物。于是他开始打破沉默，发表自己对各种社会问题的看法。

另一位试图连接新旧社会学研究的学者是费孝通。1856年秋，英国罗莱志出版社给费孝通来信，称他的旧作《中国农民生活》一书已售罄，出版社不拟再版，但希望他写一部关于新中国农民生活的著作。这无疑打动了费孝通的心。此前，新西兰某代表团访华时，随行的人员当中有位学者曾是费孝通留英时期的同学，他对费孝通说，他的学生们都想知道费孝通笔下的那个村庄现在怎么样了。他自己要去看一看。他后来果真去了。费孝通那时就有意再去开玄弓村调查，将调查结果重写一本书。因此，英国来信正合他的心意。于是，他回信给出版社表示同意再写一部书。回信之前，费孝通借在人代会开会之机，向胡绳请示。胡绳说回去商量，后来便告诉费孝通可以找科学院经济研究所所长狄超白派人协助他。费孝通于是开始了"重访江村"之旅。他在那里实地调查了20天，另有研究助理三人随同他前往，并在村里做了两个月的调查研究。

1936年，费孝通去调查时，正是"江村"经济发展较好的年份。后来紧接着开始了抗战和内战，连年的战争导致其每况愈下。1957年费孝通重访江村之后完成的调查报告，便以1956年与1936年相比显示开弦弓村20年的变化。调查结果是四个字：喜忧参半。过去的贫雇农翻了身，而过去的中农却相反，收入大多没有提高，有些甚至还有所下降。费孝通以他一贯的思路关注乡村工业的发展。他认为，开弦弓村一直人多地少，过去副业较发达，种田只图个口粮，其他全靠副业。农业合作化以后，尽管粮食总产值和每亩产量都有所提高，但因为副业都停止或减少了，如运输、养羊、养兔等经营活动被认为具有资本主义性质，都停止了。所以农民的总收入反而有所减少。费孝通在调查报告中透露，他之前写文章提倡"乡土工业"，即在农村原料产地建立小型工厂。这一观点在新中国成立初期的思想改造运动中曾被当作资产阶级思想狠狠地挨过批判。然而，他仍然认为，"乡土工业适合中国国情，所以恳切地要求领导上能注意这个问题"①。他提出的具体建议还包括："开弦弓村是水乡，水面面积比陆地面积还大，应发展运输业，并利用水面种植饲料；另外，农民生活改善以后，注重消费，有消费超过生产积累的趋势需要宣传教育。"②

《重访江村》登载在《新观察》杂志1957年6月号上，本来共3篇，但仅发表了一篇之后，便因"反右"运动开始而中断了。

李景汉和费孝通在事隔二三十年后，分别重回他们曾深入研究过的村庄，本来

---

① 费孝通："重访江村"，载《新视察》1957年第11期。
② "费孝通在开玄弓村'下马看花'"，载《人民日报》1957年6月1日。

可以再次进行系统而精细的考察,为它们所经历的巨大的时代变迁作见证。这在社会科学的研究上,是极其难得而有价值的工作。然而,紧接着到来的政治风暴,不但使他们没来得及深入地进行此项工作,就连他们上述新闻报道式的调查报告,也被当作新的"罪状"受到严厉批判。这不能不说是学术研究的重大损失①。

三、社会学者的命运

社会学被取消,"反右"运动结束之后,社会学者的境遇不尽相同。有些人尽管得到了较好的政治、生活待遇,但却不能从事自己所擅长的工作。如陶孟和虽然担任中科院副院长、全国政协委员等职务,但他对于自己在中科院分管图书馆而非做科研管理并不满意。他对院长郭沫若也有看法,为此曾受到周恩来的劝告和批评②。陈达担任劳动部某司司长及劳动干部学校副校长,但他对行政工作兴趣不大,一直还是手不释卷,可是报纸杂志上却很少见到他的名字,书店里也已经见不到他所写的书了③。1953年全国人口普查时,他这位人口问题专家却并未受邀参与。

陶孟和于1961年去上海开会时,因心脏病突发去世。

潘光旦在1957年以后,从事少数民族史料的搜集整理工作。1959—1964年间,他从《二十四史》、《资治通鉴》、《史记》、《竹书纪年》等古籍中,将有关少数民族的史料圈点和抄录出来,完成资料卡片四五千张,并翻译了达尔文的《人种由来》④。"文革"开始后,潘光旦受到冲击,身患重病,但医院认为他是黑帮,不用心给予治疗,结果由仍然戴着"右派帽子"的费孝通,用一辆手推车,把他由医院推到民族学院家里,很快就去世了⑤。

吴景超被划成右派之后,降级降薪,从此失去教书的资格。"文革"中遭抄家、批斗,书房、卧室被封。他殚精竭虑、耗尽毕生心血制成的资料卡片,全部被毁。"文革"初期,吴景超曾经教过的一位学生到人民大学校园看大字报,在人群中看到面容清瘦、神色憔悴的吴景超,此后不久他就因肝癌逝世了⑥。

陈达在反右运动后的许多年里,有时谈及中国的人口问题,依然十分肯定地说:"中国人口太多,就会给经济建设带来负担,绝不会因为人多就力量大。中国人

---

① 阎明著:《一门学科与一个时代:社会学在中国》,清华大学出版社2004年版,第258—268页。
② 沈性元:"敦厚·正直·勤奋——我所知道的陶孟和先生",载《工商经济史料丛刊》第3辑,9、11页。
③ 费孝通:"知识分子的早春天气",载《人民日报》1957年3月24日。
④ 孙敦恒:"潘光旦",载《清华人物志》(二),清华大学出版社1996年版,第241页。
⑤ 韩明谟:"中国知识分子的骄傲——纪念潘光旦先生",《社会学人类学论丛》第12卷,中国人民大学出版社1999年版。
⑥ 李树清:"纪念杰出的社会学家吴景超先生",载《传记文学》,1962年第46期。

口规模非得控制不可。"①陈达于1975年因心脏病突发,死于书桌旁。

1952年,上海复旦大学社会学系被取消后,言心哲转到上海华东师范大学教育系担任翻译工作。1957年,他被划为右派,降职降薪,被民主党派开除②。"文革"结束以后,言心哲获平反,担任中国社会学会、上海社会学会顾问等职务,1984年逝世。

赵承信因参与恢复社会学被划成右派。组织上责令他检讨时,他自认无错,拒绝检讨,以致被从严处理,取消教授职称,连降三级。赵夫人下放农村劳动,三个在大学读书的孩子,为了和他划清界限都很少回家。他最后死于癌症③。

吴文藻于1953年到中央民族学院工作,先后任中央民族学院研究部国内少数民族情况教研室主任和历史系民族志教研室主任。划为右派后,他被撤销职务,剥夺教书权,送社会主义学院学习。1959年以后从事内部文字工作。1966年"文革"开始,他被抄了家,住"牛棚",多年辛苦积累的资料、写的文章都被没收而后散失了。"革命小将"命令他用鞋带把脱下来的皮鞋挂在脖子上,并勒令他去打扫厕所。1969—1971年,他下放到工厂、"干校"劳动。1971年8月,美国总统访华前,冰心、吴文藻与费孝通被从"干校"调回民院,成立了研究部的编译室,翻译西方著作。1979年获"平反"后,他开始授课、带研究生。吴文藻于1985年去世,家人将其生前存款三万元捐献给中央民院,作为社会民族学专业研究生的助学金④。

李景汉身体一直不好,却有幸长寿。1979年之后,他获得"平反",在社会学重建的过程中担任了一些名誉职位,1986年逝世,终年92岁。

费孝通经历了多年的磨难,1979年复出后,担任过中国社会学会会长,并曾一度担任全国人民代表大会副委员长的职务,在社会学界和政界都相当活跃。他提出的发展"乡土工业"和小城镇的主张,受到中共中央的重视,终于在国家的现代化建设中发挥了作用。

应当特别说明的是,1957年参与批判社会学的许多主流派学者,在"文革"中也成了被批判的对象,遭到残酷迫害。例如,中共中央党校教员孙定国,便在"文革"时不甘受辱而自杀⑤。

---

① 王胜泉:"师情难忘",载《桃李思故乡》,第18页。
② 言心哲:"言心哲自传",载《晋阳学刊》1982年4月,第76页。
③ 陈永龄:《社会学家、教育赵承信教授传略》,载《社会学研究》第4期,第44—52页。
④ 冰心:"我的老伴——吴文藻",载《吴文藻人类学社会学研究文集》,民族出版社1990年版,第15—17页;吴冰:"'教育原来在清华'——追忆我的父亲吴文藻",载《书摘》2000年12月号,第36—39页。
⑤ 第四节参阅阎明著:"一门学科与一个时代:社会学在中国",清华大学出版社2004年版,第294—297页。

第八章 大兴调查研究之风

第一节 探索社会主义建设的良好开端

随着社会主义改造即将基本完成,党中央把注意力逐渐转移到经济建设和科学文化建设上来。在中国这样一个贫穷落后、人口众多的国家怎样建设社会主义,是一个非常困难和复杂的问题。不能凭主观去想象,照抄照搬苏联的模式又不符合中国国情。这样的问题只能在探索的实践中去解决。

1956年4月毛泽东《论十大关系》的讲话,是中国共产党比较系统地探索中国自己的建设社会主义道路的开始。在《论十大关系》提出前后,党中央在发展科学文化和进行经济建设方面形成并实施了一系列新方针。这些都为八大的召开作了重要准备。

从1955年底到1956年春天,为准备八大的召开和迎接大规模经济建设,毛泽东、刘少奇等党中央领导人进行了一系列调查工作。

一、《论十大关系》与党的八大

社会主义改造即将基本完成,毛泽东把注意力转到经济建设和科学文化建设上来。这意味着,他一生中又一次重大而艰巨的历史性探索开始了,即在中国怎样建设社会主义。毛泽东的探索正是从这里开始的。

1956年1月中旬,毛泽东从杭州回到北京不久,从薄一波那里听说刘少奇正在听取国务院一些部委汇报工作,立刻引起他的兴趣。他对薄一波说:"这很好,我也想听听。你能不能帮我也组织一些部门汇报?"①

刘少奇召集国务院各部门汇报工作,是从1955年12月7日始的,是为起草中共八大政治报告做准备的。毛泽东的调查,既是为八大做准备,同时又超出了这个

---

① 薄一波:《若干重大决策与事件的回顾》(修订本)上卷,人民出版社1997年版,第482页。

范围,提出一些对社会主义建设有长远指导意义的思想。

被称为探索适合中国情况的社会主义道路的开篇之作的《论十大关系》,就是这次调查的直接成果。毛泽东后来回忆说:"那个十大关系怎么出来的呢? 我在北京经过一个半月,每天谈一个部,找了三十四个部的同志谈话,逐渐形成了那个十条。如果没有那些人谈话,那个十大关系怎么会形成呢? 不可能形成。"①

毛泽东的调查研究,从1956年2月14日开始,到4月24日结束。共听取国务院34个部门的工作汇报,还有国家计委关于第二个五年计划的汇报,实际听汇报的时间为43天。

紧张疲劳的状态下,毛泽东度过了这难得又十分重要的43个日日夜夜。用他自己的话来说,几乎每天都是"床上地下,地下床上。"一起床,就开始听汇报,每次都是四五个小时。地点在中南海颐年堂。周恩来除个别时候因事请假外,每次都来。刘少奇、陈云、邓小平有时也来参加。他们时而插话,发表意见。各部事先把汇报写成书面材料送给毛泽东。毛泽东听口头汇报时,不断插话,提出问题,发表意见,进行评论。从毛泽东发表意见和评论中,可以看出《论十大关系》形成的思想轨迹,也可以看出他对社会主义建设问题的一些思考和见解。为了听汇报,毛泽东还不得不改变长期养成的夜间工作的习惯。

4月20日,毛泽东批评了一种不正确的思想:"如果没有苏联的援助,中国的建设是不可能的。"他说:"当奴隶当惯了,总是有点奴隶气,好像《法门寺》里的贾桂一样,叫他坐,他说站惯了。"

这一天,毛泽东进一步把问题归纳为五个关系。他说:"除了轻工业与重工业、沿海与内地、个人与集体、地方与中央几个关系,还有经济和国防的关系。"他还说:"提出又多又快之后,可能产生盲目性,如在杭州开会时,有些省要种的红薯太多。工业也可能有这种情况。过去我们要他们提高,现在又要他们压缩。"说到这里,刘少奇插了一句话:"应该压缩就压缩。"

4月21日,毛泽东说:"农业机械化实行一部分之后,要看看情况,再考虑发展程度。"

4月23日,毛泽东指出:"在第二个五年计划工业投资中,轻工业投资的比重,比第一个五年计划时略有增加,这就是与苏联不同之处,将来历史会判断谁正确些。"

4月24日,毛泽东又进一步归纳出"六大矛盾",也就是六个关系,即:一、轻工业与重工业;二、沿海与内地;三、国防、行政与经济、文化;四、个人与集体;五、地方与中央;六、少数民族与汉族。他说:这几个矛盾如果调整得好,工作就会搞得更好

---

① "毛泽东在中共中央政治局扩大会议上的讲话记录",1985年2月18日。

些,犯错误也犯在这些矛盾上。如斯大林就在第四个矛盾上犯了错误,东欧兄弟国家在第一个矛盾上犯了错误。① 毛泽东不久又提出四个关系,成为十大关系。

至此,这次调查全部结束。这是毛泽东在建国后乃至在他一生中的规模最大、时间最长、周密而系统的经济工作调查。

"调查就像'十月怀胎',解决问题就像'一朝分娩'。"②

1956年4月25日,毛泽东主持中共中央政治局扩大会议,发表了《论十大关系》的讲话,这是他历时一个多月的调查研究成果。政治局扩大会议在中南海颐年堂举行,从4月25日开到28日。出席会议的除政治局委员,还有各省市、自治区党委第一书记。会议原定议题,是讨论农业生产合作。谁也没有料到,毛泽东要在这次会上发表《论十大关系》的讲话。他讲了以后,会议便集中讨论这篇讲话。

可以说,"以苏为鉴",根据中国情况走自己的路,是贯穿《论十大关系》的基本思想。

毛泽东在听取34个经济部门汇报时,正当苏共召开二十大,苏共二十大批评了斯大林的错误,暴露了苏联在建设社会主义中间的一些缺点和错误。这些,对正在思考中国如何建设社会主义的毛泽东来说,无疑十分重要。正如他所说:"特别值得注意的是最近苏联方面暴露了他们在建设社会主义过程中的一些缺点和错误,他们走过的弯路,你还想走? 过去我们就是鉴于他们的经验教训,少走了一些弯路,现在当然更要引以为戒。"③

"十大关系的基本观点,就是同苏联比较。除苏联办法之外,是否可以找到别的办法,比苏联、东欧各国搞得更快更好。"④

《论十大关系》的发表,标志着毛泽东对中国社会主义建设道路的探索开始形成一个初步的然而又是比较系统的思路。以后,毛泽东在总结建国后的历史经验时,仍然把他看作是一个转折。他在成都会议上指出:"1956年4月的《论十大关系》,开始提出我们自己的建设路线,原则和苏联相同,但方法有所不同,有我们自己的一套内容。"⑤他在《十年总结》中又写道:"前八年照抄外国经验。但从1956年提出十大关系起,开始找到自己的一条适合中国的路线。"⑥

19年后,邓小平对《论十大关系》作过这样的评价:"这篇东西太重要了,对当前和以后,都有很大的针对性和理论指导意义"⑦。

---

① 以上均引自毛泽东在听取第二个五年计划汇报时对若干问题的指示纪要,1956年4月18日至24日。
② 毛泽东:《反对本本主义》,见《毛泽东选集》第一卷,人民出版社1991年第二版,第110页。
③ 《毛泽东文集》第7卷,人民出版社1999年版,第23页。
④ "毛泽东在中共八大二次会议各代表团团长会议上的讲话记录",1958年5月11日。
⑤ 《毛泽东文集》第7卷,人民出版社1999年6月版,第44、369、370页。
⑥ 毛泽东:《十年总结》,1960年6月18日。
⑦ 邓小平给毛泽东的信,手稿,1975年7月13日。

1956年4月毛泽东在发表《论十大关系》讲话的同时,提出要把"百花齐放,百家争鸣"作为繁荣和发展社会主义科学文化事业的指导方针。

"双百"方针的提出,酝酿已久。1950年11月至12月召开的全国戏曲工作会议上,发生了京剧和地方戏以哪个为主的争论。1951年4月,中国戏曲研究院成立,毛泽东题词祝贺:"百花齐放,推陈出新"。同年5月5日,政务院发出《关于戏曲改革工作的指示》,根据"百花齐放,推陈出新"的方针,提出:"中国戏曲种类极为丰富,应普遍地加以采用、发展,鼓励各种戏曲形式的自由竞赛,促成戏曲艺术的'百花齐放'。"戏曲界这个争论不休的问题终于得到解决。

1953年8月5日,中共中央批准设立中国历史问题研究、中国文字改革研究、中国语文教学研究三个委员会。负责中国历史问题研究委员会工作的陈伯达向毛泽东请示工作方针,毛泽东讲了四个字:"百家争鸣"。它的直接对象是对史学研究而言。

怎样解决这样的问题,需要有一个明确的方针。"这就是'百家争鸣'为什么是从历史问题上而不是从别的方面首先提出的原因。"①

"以后,'百家争鸣'成为整个科学工作的指导方针。1956年2月,在毛泽东主持召开的一次会议上,中宣部部长陆定一汇报了当前学术界的情况,谈到在学术研究中存在着抬高某个学派压制另一个学派的现象。在这次会议上,决定在科学工作中实行'百家争鸣'的方针。"②

也就在这个时候,1956年2月1日,中宣部给中央写了报告,说中山大学党委反映,当时在中国讲学的一位苏联学者,向中国陪同人员谈了他对《新民主主义论》中关于孙中山世界观的论点的不同看法,这有损于我党负责同志威信。中宣部请示中央,是否有必要反映给苏共有关方面。毛泽东2月19日就材料写信给刘少奇、周恩来、陈云、彭真、邓小平、陈伯达、陆定一:

"我认为这种自由谈论,不应当去禁止。这是对学术思想的不同意见,什么人都可以谈论,无所谓损害威信。因此,不要向尤金谈此事。如果国内对此类学术问题和任何领导人有不同意见,也不应加以禁止。如果企图禁止,那是完全错误的。"③

毛泽东在这封信里所表明的态度,对中共中央做出"双百"方针这一决策,显然起了很重要的作用。

面对世界范围内科学技术的迅猛发展和我国社会主义建设的大规模展开,科

---

① 刘大年:"百家争鸣方针侧闻记",见《党的文献》1986年第4期。
② 《陆定一文集》,人民出版社1992年版,第843页。
③ 毛泽东对中宣部报告的批语,手稿,1956年2月19日。

学技术和知识分子的作用日益重要。新中国成立以后,知识分子队伍在逐渐壮大。据统计,包括科学研究、教育、工程技术、医疗卫生、文学艺术等各个方面的高级知识分子,从 1949 年 6 万多人增加到 1955 年的约 10 万人。许多著名的科学家和文学艺术家也从海外回归祖国,投身于新中国的建设,充实了国内知识分子队伍。尽管如此,知识分子在数量上远不能满足大规模经济建设的需要。这就要求一方面尽快培养国家建设所需的各种人才,另一方面尽可能地发挥现有知识分子队伍的作用。但是当时在知识分子工作上还存在很多问题,如党的一些干部对于科学技术和科技人员的重要性缺乏认识,甚至存在不尊重知识分子的严重宗派主义倾向。

1956 年 9 月召开的中国共产党第八次全国代表大会,是党取得全国执政地位后召开的第一次全国代表大会。从七大到八大,党领导中国人民经历了两次有巨大意义的历史转变。一是经过长期艰苦卓绝的斗争,推翻了帝国主义、封建主义和官僚资本主义的反动统治,在 1949 年建立了中华人民共和国;二是到八大召开前夕,在积极推进社会主义工业化的同时,全国绝大部分地区基本上完成了对农业、手工业和资本主义工商业的社会主义改造,建立起社会主义的基本制度。

在 1956 年召开党的八大,是党中央于 1955 年确定下来的。1955 年 10 月 11 日,党的七届六中全会通过《关于召开党的第八次全国代表大会的决议》。《论十大关系》提出以后,八大政治报告的起草工作就确定以这个报告的精神为指导思想。毛泽东领导并参加了起草政治报告、修改党章和起草修改党章的报告。八大文件草稿形成之后,中央曾组织中央机关和各省、市、自治区及军队党的负责人反复讨论,征求意见。毛泽东指示将政治报告已定稿的各部分,印发给八大所有代表,请他们即看即加修改。八大文件不仅凝聚了以毛泽东为首的党中央领导集体的经验和智慧,也凝聚了全党的经验和智慧①。

二、反右和"三面红旗"的历史教训

1. 反右斗争

全党整风实际上是党的八大提出来的。联系到延安整风,毛泽东在八大开幕式中指出,现在我们许多同志中间仍然存在主观主义、官僚主义、宗派主义的思想和作风、不利于党内团结和党同人民的团结,必须大力克服这些严重缺点,才能把我们面前伟大的建设工作做好。波匈事件发生后,毛泽东对国内外局势作出科学分析,提出关于社会主义社会矛盾问题的学说。全党整风的主题,就是正确处理人

---

① 中共中央党史研究室著:《中国共产党历史第二卷(1949—1978)上册》,中共党史出版社 2001 年第一版,第 391 页。

民内部的矛盾。在整风过程中,发生了极少数右派向党猖狂进攻的复杂局面,对反党反社会主义的倾向进行反击和斗争是正确和必要的。但是,党对阶级斗争形势作了过分严重的判断,把一些明显错误的但不是从根本上反党反社会主义的言论,甚至把大量对党的工作的批评意见都看成是右派进攻,导致了反右派斗争严重扩大化的错误,造成了不幸的后果。党的八大对国内主要矛盾作出的正确判断由此而改变,这使党对社会主义建设道路的探索发生曲折。

反右派斗争的严重扩大化,使党探索适合中国情况的建设社会主义道路的良好开端受到挫折。在党的建设方面,同毛泽东发动整风运动以造成生动活泼的政治局面的主观愿望相反,给党内政治生活带来消极影响。在经济生活方面,农业合作社中一些适合当时农村生产力情况的有益探索,在反右派斗争中遭到严厉批判;重新放开一点私营经济的新设想,也被弃置;关于经济发展速度的反冒进被看作接近右派的言论,也受到批判。在政治思想和文化生活方面,社会主义民主与法制建设,"百花齐放、百家争鸣"和"长期共存、互相监督"这两大方针的贯彻执行,都受到极大损害。

反右派斗争扩大化的另一个严重后果,就是通过八届三中全会和八大二次会议,改变了八大关于我国社会主要矛盾的论断。毛泽东在八届三中全会的讲话中提出,八大讲目前敌我矛盾基本上解决了,现在看来也对,但只能是在经济方面的,如从政治方面、思想方面看,就不能这样说了。他认为"无产阶级和资产阶级的矛盾,社会主义道路和资本主义道路的矛盾,毫无疑问,这是当前我国社会的主要矛盾。"八大二次会议根据毛泽东的意见进一步断言:"整风运动和反右派斗争的经验再一次表明,在整个过渡时期,也就是说,在社会主义社会建成以前,无产阶级同资产阶级的斗争,社会主义道路同资本主义道路的斗争,始终是我国内部的主要矛盾。"并且,宣布我国社会有"两个剥削阶级和两个劳动阶级",右派分子同被打倒了的地主买办阶级和其他反动派被称为一个剥削阶级,"正在逐步地接受社会主义改造的民族资产阶级和它的知识分子"被称为另一个剥削阶级;工人和农民是两个劳动阶级。这样,知识分子很大程度上被列入第二个剥削阶级的范围。"这种完全离开社会成员在社会生产中所处的地位,特别是同生产资料的关系所作的阶级划分,在理论上实践上都不符合社会主义改造基本完成后我国社会结构的实际状况,不利于社会主义的政治建设和社会发展。"[①]

2. 三面红旗

经过社会主义改造和全党整风、开展反右派斗争,党中央认为,经济战线上的

---

① 中共中央党史研究室著:《中国共产党历史第二卷(1949—1978)上册》,中共党史出版社 2001 年第一版,第 450 页。

社会主义革命和政治思想战线上的社会主义革命都已取得伟大胜利,广大人民群众热情高涨,经济建设应该搞得更快一些。为此,党中央、毛泽东酝酿并制定了社会主义建设总路线,并在这个过程中相继发动了"大跃进"和人民公社化运动。社会主义建设总路线、"大跃进"和人民公社,在当时被称作"三面红旗"。它们的提出和推行,表明党试图在探索适合中国情况的建设社会主义道路、开展全面的社会主义建设中打开了一个新的局面,反映了曾经长期遭受帝国主义欺凌的中国人民在站立起来之后求强求富的强烈渴望,这是事情的一个方面。

1958年开始的"大跃进"和人民公社化运动,是党在探索中国自己的建设社会主义道路过程中遭受的一次严重挫折。在发动"大跃进"时,毛泽东说过:"中国经济落后,物质基础薄弱,使我们至今还处在一种被动状态。精神上感到还是受束缚,在这方面我们还没有得到解放"①。"毛泽东发动'大跃进',从其主观愿望上看,是为了尽快改变中国贫穷落后的面貌,使中国不再受帝国主义的欺侮,使人民过上幸福的生活。在毛泽东、党中央看来,发动'大跃进'运动是有着充分根据的,这就是:国际上,以社会主义阵营为主的世界和平力量进一步增强,而帝国主义国家之间的矛盾则进一步发展,有可能争取到一个相当长的和平时期,这就为我国加快建设提供了机遇;我国已胜利地进行了社会主义改造,建立起优越的社会主义制度,生产关系的变革为生产力的快速发展创造了极为有利的条件;在党的领导下,全国6亿人民的建设积极性空前高涨,动员和依靠人民群众来进行经济建设,就能够取得所希望的世界上其他国家从来没有过的高速度发展;经过整风和反右派斗争,政治思想战线的社会主义革命取得了伟大胜利,更有利于把人民群众的积极性极大地发挥出来;党已经制定了社会主义建设总路线,创造了一套行之有效的工作方法,能够保证'大跃进'运动的顺利开展。"②

关于社会主义建设总路线、"大跃进"运动和农村人民公社化运动,1981年6月党的十一届六中全会通过的《关于建国以来党的若干历史问题的决议》的评价是科学的、客观公正的。《决议》指出:"一九五八年的八大一二次会议通过的社会主义建设总路线及其基本点,其正确的是反映了广大人民群众迫切要求改变我国经济文化落后状况的普遍期望,其缺点是忽视了客观的经济规律。在这次会议前后,全党同志和我国各族人民在生产建设中发挥了高度的社会主义积极性和创造精神,取得了一定的成果。但是,由于对社会主义建设经验不足,对经济发展规律和中国经济基本情况认识不足,更由于毛泽东同志、中央和地方不少领导同志在胜

---

① 毛泽东:《工作方法六十条(草案)》(1958年1月),《毛泽东文集》第7卷,人民出版社1999年版,第350页。

② 中共中央党史研究室著:《中国共产党历史第二卷(1949—1978)上册》,中共党史出版社2001年第1版,第500页。

利面前滋长了骄傲自满情绪,急于求成,夸大了主观意志和主观努力的作用,没有经过认真的调查研究和试点,就在总路线提出后轻率地发动了'大跃进'运动和农村人民公社化运动,使得以高指标、瞎指挥、浮夸风和'共产风'为主要标志的"左"倾错误严重的泛滥开来。"

"大跃进"和人民公社化运动给国民经济造成灾难性后果。严峻的形势迫使人们冷静下来,为摆脱困境,为发展国民经济寻找新道路。农业的危机最早显现出来。1960年上半年,中共中央已开始着手重新纠正"共产风"。在同年6月的上海会议上,毛泽东指出,今年要讲质量、规格、品种放在第一位,数量放在第二位。会议期间,他写下了《十年总结》的短文,初步总结了社会主义建设的经验。他认为,1958年人民公社化运动和大炼钢铁出了不少乱子;提出的计划指标过高,不能完成,承认周恩来在中共八大会议上提出的"二五"计划的各项指标是符合实际的;指出我们对社会主义时期的革命和建设还有一个很大的盲目性。还有一个很大的未被认识的必然王国,要通过总结经验和进一步的实践去认识它的固有规律,重新提倡实事求是的原则。这表明,这次会议已经有了调整之意。

1961年初,中共中央召开的八届九中全会正式通过了"调整、巩固、充实、提高"的经济工作方针,决定1961年适当缩小基本建设的规模,调整发展的速度;把农业放在首位,调整各部门之间的比例关系。毛泽东在会议上的讲话中提出,搞社会主义建设不能那么急。十分急搞不成。明后年,搞几年,慢腾腾,搞扎实一些,把质量搞上去,提高劳动生产率,不要搞过高的指标,不要务虚名而受实祸。要缩短工业战线,特别是重工业。要延长农业战线,轻工业要发展。除煤炭、矿山、运输之外,重工业不搞新的建设。

"毛泽东还特别强调了中国共产党的实事求是的传统,认为这几年工作失误的主要原因是情况不明。他要求大兴调查研究之风,1961年成为调查研究之年,搞一个实事求是年。1958年以来,现代化事业遭受挫折,归根到底是主观脱离客观、思想脱离了实际,错误是从思想路线不端正开始的,要纠正错误、克服困难,也必须从端正思想路线入手。重新提倡调查研究、实事求是,是整个工作方针转变的基础。"[①]

---

① 虞和平主编:《中国现代化进程(第三卷)》,江苏人民出版社2001年第一版,第1081页。

第二节 全党大兴调查研究之风

一、反思与调查研究

1958年开始的"大跃进"和人民公社化运动,使全国各地尤其是广大农村中以高指标、瞎指挥、浮夸风和共产风为标志的"左"倾错误严重泛滥。庐山会议对彭德怀的批判和反右倾运动,使主观主义猖獗,实事求是难行,大大挫伤了劳动群众的积极性。加之自然灾害和苏联方面的单方面撕毁经济合同的影响,到1960年下半年,整个国民经济陷入严重的困境。毛泽东和党中央渐渐地从各种渠道了解到这种情况,开始着手采取一些补救措施,纠正农村政策中已经认识到的错误做法。

1960年的国庆前后,毛泽东乘专列南下巡视,列车途经山东、安徽时,毛泽东看到的是一片灾情:大田里看不到丰收的庄稼,到处是白花花的盐碱地。他心里特别难过,回到北京后就立即向身边的工作人员宣布:"不吃肉,不吃蛋,吃粮食不超定量!"毛泽东说到做到,"在国家最为困难的日子里,竟连续7个月没吃过一口肉,有时工作一天只吃一盘炒菠菜。"①

毛泽东在思考与反思:几年来所以屡遭挫折,几经努力也未能扭转不利局面,根本上说是因为党的各级领导干部,包括自己,对基层的实际情况缺乏了解,脱离了实际,脱离了群众。要使国民经济走出低谷,必须树立实事求是的思想路线。只有通过深入的调查研究,弄清情况,才能采取纠正错误的强有力的措施。

与此同时,针对庐山会议后的"反右倾","共产风"又重新刮了起来,农业大幅度减产的事实,中央和地方一些负责同志为了解决这个问题,曾深入基层作调查研究。这年年夏,邓子恢同志受刘少奇同志委托,带领中央农村工作部工作组到山西汾阳、江苏无锡等地作调查。在汾阳县的万年青公社,他选了两个调查点:一个是工作比较先进的贾家庄管理区,另一个是工作比较落后的金井村管理区。调查回京途中,又在石家庄市郊区钢冶人民公社南钢冶大队作了调查。调查工作结束后,他当面向毛主席和周总理作过汇报。在向总理汇报时,他提出需要搞一个条例。得到总理支持,他主持起草了《农村人民公社内务条例》。所谓"内务条例",是说条例的内容只涉及人民公社的内部关系,不包括公社与上级党和政府的关系,公社和公社的关系等。"'内务条例'(修改稿)共14章,66条,1960年12月23日报送

---

① 林志坚主编:《新中国要事评述》,中共党史出版社1994年第一版。

毛主席,得到毛泽东的重视。"①

1. 畅言调查

在中国处于经济最困难的时刻,1960年12月24日到1961年1月13日,中共中央在北京召开工作会议。会议议程有三项:①关于农村整风整社和纠正"五风"问题;②关于1961年国民经济计划问题;③关于世界各国共产党和工人党代表会议的报告。会议首先讨论农村整风整社和纠正"五风"问题,毛泽东先后听了四次汇报。毛泽东一面听汇报,一面插话。别的人也有一些插话。在严重的经济困难面前,大家头脑都比较冷静,能够面对现实,和衷共济地为克服暂时困难而共谋大计。毛泽东的许多插话,反映了他对当前农村形势的估计和一些政策思想。

1月9日,毛泽东听了第五次汇报。这一天,毛泽东向会议印发了胡乔木起草的党政干部"三大纪律、八项注意"草案,要各组讨论。鉴于几年来干部队伍中存在严重作风不纯的情况,毛泽东要胡乔木仿照红军的"三大纪律、八项注意",制定一个适用于党政干部的"三大纪律、八项注意"。毛泽东对胡乔木起草的这个草案不太满意。他说,"三大纪律、八项注意"要写得简单明了,使人容易记住,同时要避免起负面作用。他自己又改写了一下。"三大纪律",胡乔木写的是:①有事同群众商量,永远同群众共甘苦;②重要问题事前请示,事后报告;③自己有错误要检讨纠正,别人做坏事要批评揭发。毛泽东修改为:①一切从实际出发;②提高政治水平;③实行民主集中制。他解释第一条时指出,我们干部的作风问题,主要是不从实际出发,工作中主观主义很多,要整主观主义。毛泽东抓到了干部作风亦即党风中的要害问题。对"八项注意",毛泽东改得更简明了,每一项四个字、六个字,至多九个字。

值得注意的是,他加了一项"没有调查没有发言权"。这是沿用1930年他提出的一个口号,今天重提,显得格外重要。他说:"要强调调查研究。现在调查之风不盛行了,对很多事情发言权有了,言也发了,就是没有调查。"

他说:"这一次中央工作会议,开得比过去几次都要好一些,大家的头脑比较清醒一些。比如关于冷热结合这个问题,过去总是冷得不够,热得多了一点,这一次结合得比过去有进步,对问题有分析,情况比较摸底。当然,现在有许多情况,就中央和省一级来说,还是不摸底。""我希望同志们回去之后,要搞调查研究,把小事撇开,用一部分时间,带几个助手,去调查研究一两个生产队、一两个公社。在城市要彻底调查一两个工厂、一两个城市人民公社。""这些年来,我们的同志调查研究工作不做了。要是不做调查研究工作,只凭想象和估计办事,我们的工作就没有基

---

① 薄一波:"回忆六十年代初毛主席倡导的调查研究新风",网络版 http://learning.sohu.com/2003/12/23/42/article217334244.shtml。

础。所以,请同志们回去后大兴调查研究之风,一切从实际出发,没有把握就不要下决心。"

毛泽东提出,要做到情况明,决心大,方法对。首先是要情况明。这是一切工作的基础,因此要摸清情况,要做调查研究。他说:"今年搞一个实事求是年好不好?河北省有个河间县,汉朝封了一个王叫河间献王。班固在《汉书·河间献王刘德》中说他'实事求是',这句话一直流传到现在。提出今年搞个实事求是年,当然不是讲我们过去根本一点也不实事求是。我们党是有实事求是传统的,就是把马列主义的普遍真理同中国的实际相结合。但是建国以来,特别是最近几年,我们对实际情况不大摸底了,大概是官做大了。……今年要做一点,这个会开完,我想去一个地方,做点调查研究工作。"①

毛泽东在全会结束的时候,再一次就调查研究问题发表讲话。他说:希望今年这一年,1961年,成为一个调查年,大兴调查研究之风。调查,要在实际中去调查,在实践中才能认识客观事物。

毛泽东关于调查研究问题作过许多论述,在毛泽东思想中占有特殊重要的地位。但它们绝大部分是革命战争时期的著述,新中国成立后,这方面的论著就很少见了。毛泽东这篇讲话,可以说是新中国成立后,第一次比较集中地讲调查研究问题。它是在探索中国社会主义建设道路上经过一段曲折之后,总结经验的产物。这个讲话,标志着中国共产党实事求是精神在一定程度上的恢复,为克服面临的严重经济困难,尽快恢复和发展国民经济,提供了重要思想武器。

2. 兵分三路

为了贯彻毛泽东关于全党大兴调查研究之风,一切从实际出发的指示,3月23日,中央发出《关于认真进行调查工作问题给各中央局,各省、市、区党委的一封信》,附有散失多年、不久前重新发现的毛泽东1930年写的《关于调查工作》(后来公开发表时改题为《反对本本主义》)一文。信中指出:最近几年工作中缺点错误之所以发生,根本上是由于许多领导人员放松了在战争年代进行的很有成效的调查研究工作,在一段时间内,根据一些不符合实际的或者片面性的材料做出一些判断和决定。这是一个主要的教训。信中强调:深入基层调查研究,是领导工作的首要任务:"一切从实际出发,不调查没有发言权,必须成为全党干部的思想和行动的首要准则。""在调查的时候,不要怕听言之有物的不同意见,更不要怕实际检验推翻了已经作出的判断和决定。"中央发出的这个指示,从认识论的高度上强调了"不调查就没有发言权"的重要意义。

党中央领导人身体力行,组织调查组或亲自深入实际进行调查研究。八届九

---

① "毛泽东在中央工作会议汇报会上的插话记录",1961年1月9日。

中全会一结束,毛泽东立即组织三个调查组,分别由他的秘书田家英、胡乔木、陈伯达率领,赴浙江、湖南、广东农村进行调查;毛泽东要求每个调查小组以10天至15天为期,调查一个情况最好和一个情况最坏的生产队。三个调查组到省里后,当地省委、地委、县委和公社党委的一些负责人也参加了调查组的工作。毛泽东直接领导的调查组深入到农村基层,作系统的调查研究,在全党大兴调查研究的实践中,起到了表率作用。后来,三个调查组向毛泽东提供了许多具体的、有重要参考价值的第一手材料。

按照毛泽东的计划,三个调查组要用10天到15天的时间在三省作农村调查,然后到广州会合,向他作报告。1月下旬,毛泽东离开北京到杭州,指导三个调查组的工作。他路经天津、济南、南京时,在专列上先后听取了河北、山东、江苏三省党委负责人关于贯彻中央工作会议、八届九中全会精神的汇报,包括调查研究问题,整风整社问题,人民生活问题,轻工业生产和市场问题,这些都是毛泽东当时最关心的问题。毛泽东听汇报时,都有一些插话。

毛泽东再三强调调查研究的重要,他说:"今年这一年要大兴调查研究之风,没有调查研究是相当危险的。""水是浑的,有没有鱼不知道。要大兴调查研究之风,要把浮夸、官僚主义、不摸底这些东西彻底克服掉。过去几年不大讲调查研究了,是损失。不根据调查研究来制定方针、政策是不可靠的,很危险。心中也无数,数字也许知道,实际情况并不知道。"

毛泽东到达杭州时,浙江调查组已经作了一个星期的调查,按照毛泽东提出的要求,调查组调查了一个最好的生产队和一个最坏的生产队,调查人员都住在农民家里。田家英重点抓那个最坏的生产队。这个队叫魏塘公社和合生产队(实际上是生产大队),位于杭嘉湖平原鱼米之乡的嘉兴县。田家英向毛泽东汇报这个生产队的调查情况时,主要反映了三个问题。第一,主要由于"五风"严重破坏,造成粮食生产大幅度减产,水稻亩产由常年的400百多斤下降到291斤;第二,生产队的规模太大,共辖11个小队;第三,社员对公共食堂普遍不满,不愿意在食堂吃饭,食堂实际上是造饭工厂,不做菜,社员将饭打回去,还得再热一次。

2月6日,在听了田家英汇报后,毛泽东在住地汪庄,听取浙江省委负责人江华、霍士廉、林乎加、李丰平汇报整风整社和省委召开扩大会议的情况。他说:"生产队的规模也大了。我们中央有几个调查组,在你们浙江就有一个,让他们调查一个最好的生产队和一个最坏的生产队,不要只钻到一头,好就好得不得了,坏就坏得不成话,应该有好有坏,这样才能全面。"

在这几次的报告中,毛泽东注意到人民公社规模和体制的问题,并提出了自己很有意义的看法:"我看把小队改成生产队,把生产队改成大队,明升暗降。原来的小队变成生产单位和消费单位。"毛泽东要浙江省委研究一下,把核算单位(这里所说的核算单位,应当是基本核算单位)放在过去的初级社好,还是放在过去的高级社好?就是说,放在生产小队好,还是放在生产队好?这是毛泽东关于调整特别是提出以生产小队为基本核算单位,这在当时对许多人来说,是难以接受的,因此在相当一段时间里,响应者寥寥无几。这个问题的真正解决,是在过了一年以后的1962年2月。

讲到食堂,毛泽东说:"食堂划小为好,几户人家办一个,大了恐怕对生产不利。要多样化,有长期食堂,有农忙食堂,也有自己烧饭。办食堂一定要适合群众的要求。总而言之,不论办什么事一定要适合情况,适合情况了就能增产,适合情况了群众就高兴。"

此时毛泽东还并没有放弃办食堂的主张,但是松动了,还开了一个口子,就是有的人也可以不吃食堂。毛泽东对于这一问题的看法的变化同浙江调查组的反映不无关系。毛泽东在分析调查上来的实际资料,并且在这里提出衡量党的工作是否适合情况的两个标准:增加生产和群众高兴。这是极为重要的。浙江调查组所反映的情况对于毛泽东理解当时农村实际的情况都起到积极的作用,毛泽东对于加强调查研究的力度也更足了。

3. 旅途不忘询民情

2月10日,毛泽东在江西向塘铁路支线的专列上,听江西省委负责人杨尚奎、邵式平、方志纯、刘俊秀的汇报。在长沙附近铁路支线的专列上,毛泽东在听湖南省委和湖南调查组汇报时,集中讨论公社体制和食堂这两个问题。关于公社体制问题,经过杭州、向塘、长沙多次谈话,毛泽东的认识越来越明确了。可以归纳以下几点:第一,公社的规模,特别是基本核算单位规模要划小,分别恢复到原来的乡和原来的高级社的范围。第二,生产小队的权力要扩大,把它作为一级重要的核算单位,甚至是基本核算单位。第三,生产小队与生产小队之间存在平均主义。这是毛泽东首次提出队与队之间的平均主义问题。有了人民公社两年多曲曲折折、反反复复的实践过程,可以说,毛泽东已经认识到,集体经济并非越大越好、越大越有利于解放生产力;相反,规模太大,随之而来的就是平均主义,它只能破坏农民的生产积极性,严重影响和束缚生产力的发展。

根据毛泽东的意见,从3月11日开始,东北、华北、西北三个地区的大区和省、市、自治区负责人,中南、西南、华东三个地区的大区和省、市、自治区负责人分别开会,讨论人民公社体制问题。前者通称"三北会议",在北京召开,刘少奇主持。后者通称"三南会议",在广州召开,毛泽东主持。

为引起大家对调查研究的重视,在三南会议的第一天,毛泽东将他的《调查工作》一文印发,并写了一个说明:"这是一篇老文章,是为了反对当时红军中的教条主义思想而写的。那时没有用'教条主义'这个名称,我们叫它做'本本主义'。写作时间大约在1930年春季,已经三十年不见了。1961年1月,忽然从中央革命博物馆里找到,而中央革命博物馆是从福建龙岩地委找到的。看来还有些用处,印若干份供同志们参考。"

3月13日上午8时,毛泽东给刘少奇、周恩来、陈云、邓小平、彭真和"三北"会议各同志写了一封信,指出:"大队内部生产队与生产队之间的平均主义问题,生产队(过去小队)内部人与人之间的平均主义问题,是两个极端严重的大问题","不亲身调查是不会懂得的,是不能解决这两个重大问题的(别的重大问题也一样),是不能真正地全部地调动群众的积极性的"。"我看你们对于上述两个平均主义问题,至今还是不甚了了";"省、地、县、社的第一书记大都也是如此,总之是不甚了了,一知半解。其原因是忙于事务工作,不作亲身的典型调查,满足于在会议上听地、县两级的报告,满足于看地、县的书面报告,或者满足于走马看花的调查。这些毛病,中央同志一般也是同样犯了的。我希望同志们从此改正。我自己的毛病当然要坚决改正"。毛主席的信还说:《调查工作》一文"提出的问题是作系统的亲身出马的调查,而不是老爷式的调查,因此建议同志们研究一下"①。

信写完后,当天上午,毛泽东在"三南"会议上讲话时,反复阐明要搞清两个平均主义问题,就要深入调查研究。他要求各级党委第一书记亲自做调查研究工作,其他书记的调查研究工作由第一书记抓。毛泽东说,医生看病叫诊病,先诊,中医叫望、闻、问、切,先搞清病情,然后处方。我们打仗,首先要搞侦察,侦察敌情、地形,判断情况,下决心,然后布置队伍、后勤等。历来打败仗都是情况不明。过去几年,我们犯错误首先就是因为情况不明。

在3月13日的"三南会议"上,毛泽东又就两个平均主义问题和调查研究问题发表讲话。他说:"这次会议要解决两个很重要的问题:一是生产队与生产队之间的平均主义;二是生产队内部人与人之间的平均主义。这两个问题不解决好,就没有可能充分地调动群众的积极性。"然后,他着重地讲了调查研究的问题。他强调,要做系统的由历史到现状的调查研究,特别是各级党委的第一书记都要做这样的调查研究。

3月22日,会议通过了《农村人民公社工作条例(草案)》。这个条例共六十个条文,故称"六十条"。同日,中共中央向全国农村党支部和人民公社全体社员,发出《关于讨论农村人民公社工作条例草案给全党同志的信》指出,在农村人民公社方面,有以下五个迫切需要解决的问题。第一,在分配上,生产队和生产队之间,社员和社员之间,都还存在着程度不同的平均主义现象。第二,公社的规模在许多地

---

① 间接资料:毛泽东对《调查工作》一文的说明,手稿,1961年3月11日。毛泽东给刘少奇、周恩来、陈云、邓小平、彭真等人的信,手稿,1961年3月13日。

方偏大。第三,公社对生产大队一般地管得太多太死,生产大队对生产队,也一般地管得太多太死。第四,公社各级的民主制度不够健全。第五,党委包办公社各级行政的现象相当严重。

这五个问题的提出,是毛泽东号召大兴调查研究之风,各级领导干部,包括毛泽东本人在内,调查研究的第一批重要成果。"六十条"就是要着重解决这些问题。关于人民公社三级的名称,过去各地很不统一。作为基本核算单位的那一级,有的叫管理区,有的叫生产大队,有的叫生产队,从"六十条"起,一律叫生产大队;过去的生产小队,一律改名为生产队。生产大队为基本核算单位,其规模大体相当于原来的高级社。

3月23日,广州中央工作会议闭幕。毛泽东再次讲话,主题仍是调查研究。这是自北京中央工作会议以来,第三次讲这个问题了。话是从《调查工作》讲起的。他对这篇文章失而复得的高兴心情,又一次流露出来:"别的文章丢了,我不伤心,也不记得了,这两篇文章①我总是记得的。忽然找出一篇来了,我是高兴的。"

他说:这篇文章中心点是要做好调查研究。反对本本主义,"这里头包含一个破除迷信的问题。那个时候不管三七二十一,只要是上级的东西就认为是好的。比如党的第六次代表大会的决议,那个东西你拿来如何实现呢?你如果不搞些具体措施,是很难实现的。不要说第六次代表大会的决议有部分的原则性的错误,即使都是正确的,没有具体措施,没有调查研究,也不可能实现。现在我们中央搞的文件,如果没有具体措施也是不可能实现的。要有正确的措施,就要做调查研究工作"。在这里,毛泽东从历史与现实的贯通上,讲述了一个重要原则,就是贯彻执行上级(包括中央)的指示,必须与本地区本部门的实际相结合,订出具体措施;而要做到这一点,就要做调查研究。这就是实事求是、一切从实际出发的思想路线。

他说:"现在全党对情况比较摸底了,但是不要满足。我的经验历来如此,凡是忧愁没有办法的时候,就去调查研究,一经调查研究,办法就出来了,问题就解决了。打仗也是这样,凡是没有办法的时候,就去调查研究。"他讲了一个故事:"在第二次反围剿时,兵少觉得很不好办,开头不了解情况,每天忧愁。我跟彭德怀两个人到白云山上跑了一天,察看地形,看了很多地方。我对彭德怀说,红一军团的四军、三军打正面,打两路,你的红三军团全部打包抄,敌人一定会垮下去。如果不去看呢?每天忧愁,就不知如何打法。"

他说:"这篇文章还提出这么一个观点,就是说,正确的策略只能从实践经验中产生,只能来源于调查研究。""马克思、恩格斯提出的那些原理原则是经过调查得出的结论。如果没有伦敦图书馆,马克思就写不出《资本论》。列宁的《帝国主义

---

① 两篇文章,指《调查工作》和在这之前毛泽东写的一篇短文《反对本本主义》。

论》，现印出来是一本薄薄的本子，他研究的原始材料，比这本书不知多少倍。列宁的哲学著作《唯物主义和经验批判主义》，是他好几年时间研究哲学史才写出来的。""没有那些胜利和那些失败，不经过第五次反'围剿'的失败，不经过万里长征，我那个《中国革命战争的战略问题》小册子也不可能写出来。因为要写本书，倒是逼着我研究了一下资产阶级的军事学。有人讲我的兵法靠两本书，一本是《三国演义》，一本是《孙子兵法》。《三国演义》我是看过的，《孙子兵法》当时我就没有看过。""那时打仗，形势那么紧张，谁还管得什么孙子兵法，什么战斗条令，统统都忘记了的。打仗的时候要估计敌我形势，很快作出决策，哪个还去记起那些书呢？你们有些人不是学过四大教程吗？每次打仗都是用四大教程吗？如果那样就完全是教条主义嘛！我不是反对理论，马克思主义的原理原则非有不可，我这篇文章里头讲了的。要把马克思主义当作工具看待，没有什么神秘，因为它合用，别的工具不合用。"①

"会议闭幕那天，通过了经毛泽东修改审定的中共中央《关于认真进行调查工作问题给各中央局，各省、市、区党委的一封信》。信中要求县级以上党委的领导人员，首先是第一书记，把深入基层，亲身进行有系统的典型调查，每年一定要有几次，当作领导工作的首要任务，并且要定出制度，造成风气。信中有一个名句：'在调查的时候，不要怕听言之有物的不同意见，更不要怕实际检验推翻了已经作出的判断和决定。'这句话给人留下了很深的印象，增强了人们在调查研究中解放思想的勇气和力量。此信的发出，进一步推动了全党的调查研究工作。"②

广州会议是一次十分重要的会议。用毛泽东的话来评价，这是公社化以来中央同志第一次坐下来一起讨论和彻底解决农业问题。广州会议的主要成果就是制定了人民公社"六十条"草案。广州会议和"六十条"草案，从纠"左"的程度来看，超过了自第一次郑州会议以来的历次会议和文件。"六十条"的制定，在重新纠"左"的道路上前进了一大步。但并不是人民公社所有问题都已得到解决，供给制、食堂这两个直接影响群众积极性、关系广大农民群众切身利益的问题，就没有解决。但是，前一阶段的调查研究，为这些问题的解决作了一定的准备。

4．"六十条"

毛泽东十分关注群众对"六十条"的反映，而且很急切。广州会议结束后他为什么一直到3月29日才离开广州，就是为了等陶铸、陈伯达从番禺大石公社回来，听他们下去以后群众对"六十条"有些什么意见。毛泽东听完汇报第二天就离开广州乘专列北上，准备到长沙再听湖南省负责人和湖南调查组反映群众对"六十

---

① 《毛泽东文集》第8卷，人民出版社1999年版，第256—265页。
② 林志坚主编：《新中国要事评述》，中共党史出版社1994年第一版。

条"的意见。他从广州出发的时候,正是广东插秧季节。他在火车上细心地观看铁道两旁农民插秧的情况,发现插秧还是太密,便派身边工作人员下去问几个农民,那几个农民都赞成六寸乘六寸的插秧密度①。毛泽东说,瞎指挥生产有许多出自领导生产的部门。瞎指挥是由于没有生产知识,既没有实际生产经验,也没有现代农业科学知识。

3月31日,毛泽东在停靠于长沙附近的专列上,听取张平化汇报。张平化说,在讨论"六十条"中,群众最关心、议论最多的是食堂问题、供给制问题,还有"三包一奖"问题,群众对奖励粮食很感兴趣。毛泽东说:"粮食是群众生产的,还叫什么奖呢?群众多生产的就可以多归他们,还能拿自己的东西奖自己?可以不叫奖。"毛泽东听了一段汇报后说:"这只是公社、大队这两级干部的反映,也只是初步的,还没有拿到小队,拿到群众中,拿到有经验的农民中去宣读。宣读后会有更多的意见。"毛泽东特别嘱咐,这只是一个草案,要让群众提意见,还要修改,还要补充,切记不要当成一种命令去贯彻。毛泽东问:"群众肯说真话吗?他们肯不肯说话?"张平化回答:"群众还是肯讲真话。"毛泽东说:"'六十条'也是教育干部的主要教材,这个教材经过群众和干部的讨论,对他们的教育就更深刻。将来在五月会议期间,按各省征求群众的意见把条例草案加以修改,再拿到群众中试行。修改后也还不能作为正式的文件,可以叫做修正草案,再在群众中广泛征求意见。"②

对于一个中央文件,毛泽东采取如此慎重的态度,经过如此广泛而深入的征求意见,从"大跃进"以来,实属罕见。以后毛泽东越来越看重"六十条",把它当作解决农业和农村问题的一个非常重要的文件。

随着调查研究的深入,毛泽东的认识也在深化。对于公社化以来由毛泽东和由中共中央决定的一些不符合实际的、不利于生产发展的决定,在一个一个地推翻。正如中共中央关于调查工作的那封信中所说:"不要怕实际检验推翻了已经作的判断和决定。"

胡乔木是刚从韶山大队调查回来向毛泽东汇报的。韶山是毛泽东的家乡,对毛泽东来说,这里是熟人、熟路、熟地方,听起汇报来,自然有一种亲切感。

胡乔木说:"看起来群众最关心的有三个问题:第一,超产奖励问题;第二,分配制度问题;第三,食堂问题。食堂问题在目前特别突出。干部很敏感,群众也很敏感,一谈就是食堂。原来我在长沙看到的情况,是食堂搞得好的。同时还有这么个原因,就是过去省委一贯强调这个东西,干部不敢议论这个问题,群众也不敢议论,所以就没有发现怀疑的言论了。这回'六十条'这一说,好些大队反映,说念这

---

① 指秧苗的行距和株距各为六寸。"大跃进"中瞎指挥,搞过度密植,许多地方批评过六寸乘六寸是"稀植",是保守。

② "毛泽东同张平化谈话简要记录",1961年3月31日。

一条的时候,群众最欣赏的是末了一句:'可以不办'①。我们在韶山大队为着先试探一下,找三个小队长和这三个小队的一部分社员,一起座谈'六十条'里面的主要问题。座谈会一开始,就对食堂问题展开了非常尖锐的争论。双方都举出理由,针锋相对。"毛泽东问:"你参加了?"胡乔木答:"我参加了。我们原来都没有这个思想准备。我原来对于食堂还是比较热心的,经过几次辩论以后,觉得他们提出不办食堂的理由是有道理的,是对的,应该考虑。"胡乔木列举了一些理由,肥料减少了,山林被破坏了。毛泽东说:"还有浪费劳动力。浪费劳动力,破坏山林,不能养猪,就是广东提的那几条。还有一条,是不是浪费粮食的问题。"胡乔木说:"他们也讲到这个问题。家里吃饭,多一点少一点,他就是量体裁衣了;而吃食堂呢,有那么多定额,反正要吃掉,吃掉了还觉得不够,吃得不好。"毛泽东又说:"还有一条,在食堂吃饭没有家里搞得好吃。"接着又问:"现在马上散行不行呢?"胡乔木答:"农村里头有些问题了。"毛泽东说:"锅灶、柴火、粮食。"胡乔木说:"主要还有房子问题。根据韶山公社五个大队的统计,八十九个食堂,已经散掉五十个,讨论'六十条'以后,估计还要继续散。"毛泽东又问:"他要维持干什么呢?"胡乔木说:"有个思想没有解放,因为省委宣传部宣传得比较久,都说食堂是社会主义阵地。"毛泽东说:"河北也是这么宣传的嘛,什么社会主义食堂万岁。"胡乔木说:"人民日报写过社论,也说公共食堂万岁。我觉得,第一,现在解散有利;第二,现在可以解散。"毛泽东:"要看现在有没有锅灶,有没有粮食,有没有柴火,有没有房子。"胡乔木根据实际调查的情况说:"我们倾向于快一点解决为好。虽然有些困难,分过了之后,群众还是会陆陆续续自己去解决的。"

  湖南调查组在食堂问题上态度的改变,说明要了解真实情况,特别是食堂这样的敏感问题,必须做深入的调查。走马观花不行,时间短了也不行,只调查一个地方也不行。胡乔木这次对食堂问题的汇报比上一次汇报深刻得多,具体得多了。他的汇报,把广大群众对解散食堂的迫切希望和要求,活灵活现地展示给人以身临其境的感觉。所以,毛泽东听完汇报后说:"听你这一讲,我现在到韶山去,也看不出什么名堂出来,还不是你讲的这一套。"这时,由中央明令解散食堂的条件还不完全成熟,但湖南调查组关于食堂问题再调查的结果,对毛泽东后来下决心全部解散食堂,肯定是有影响的。

  胡乔木又汇报分配问题。他说:"食堂问题也跟分配问题连在一起,如果把食堂问题解决了,分配的问题也就好解决了。"毛泽东说:"现在不是顺三七的问题,也不是倒三七的问题,而是保五保户和酌量照顾困难户的问题,其他统统按劳分

---

① 《农村人民公社工作条例(草案)》关于公共食堂的规定中,最后一句是:"在居住分散或者燃料困难的地方,也可以不办食堂。"

配。"所谓"倒三七",就是工资部分(按劳分配部分)与供给部分的比例。这样,毛泽东就从根本上否定了供给制。胡乔木紧接着说:"多数的社员跟干部都倾向于这个意见。但是还有一种办法,大队三七开,小队全部按劳分配。这样做的结果,大体上就是一九开,这样五保户有了保障,一些人口多劳力少的户,可以过得去。"毛泽东说:"这种户可以喂猪。"意思是说,对他们不必用供给制的办法照顾,但胡乔木仍继续申述自己的理由。毛泽东问:"他们赞不赞成呢?"胡乔木答:"这个意见可以得到多数的同意。"毛泽东又说:"还有另一种照顾的方法,湖北的办法,在分配工作时给他一些便利。"从这段对话中可以看出,毛泽东总想不采取部分供给制的办法而采取其他办法,来解决困难户的困难问题,尽量体现按劳付酬的原则。他再次强调:"基本原则是这么个原则,叫做不劳动者不得食,各尽所能,按劳付酬。这里是两个方面,一个是生产,一个是分配。分配中又有交换,按照价值法则实行等价交换。"

毛泽东向胡乔木提出另外一个他十分关心的问题:以生产小队为基本核算单位的问题。胡乔木认为:"现在由小队分配,恐怕还有点困难。因为大队可以超越小队范围组织一些生产、组织一些收入,这一部分收入是为小队服务的,作用很大。"

4月14日,胡乔木给毛泽东写了一封信,并附有四份材料。四份材料中,最显眼的是关于公共食堂的调查报告。报告说:"在韶山公社干部和社员讨论'六十条'的时候,我们遇到的突出的问题,就是公共食堂问题。从群众反映看来,大多数食堂目前实际上已经成了发展生产的障碍,成了党群关系中的一疙瘩。因此,我们认为,这个问题愈早解决愈好。"报告在列举公共食堂种种问题之后说:"在这种情况下,大多数食堂势在必散,而且散了并没有损失,反而对整个工作有利。"湖南调查组根据韶山一个食堂的经验证明,"群众要求散的食堂不但应该散而且可以散得很快很好"①。

这是毛泽东收到的第一个主张立即解散公共食堂的正式报告。4月15日,毛泽东把胡乔木的来信及四个附件批给张平化,请他印发湖南三级干部会议,予以讨论。16日晚,毛泽东召集刘少奇、陶铸、胡乔木、王任重开会。会上,"谈到食堂问题,大家都认为这是脱离群众、最不得人心的一件事。办了公共妨碍了生产的发展,对于救灾非常不利。"②过了10天,4月16日,邓小平根据毛泽东的意见,以中共中央名义将胡乔木的信及四个附件转发各中央局,各省、市、自治区党委,作为研究和解决食堂问题和有关问题的参考。在文件标题下面加了一个副题"胡乔木同

---

① 《胡乔木给毛泽东的报告》,原件,1961年4月14日。
② 《王任重日记》,1961年4月16日。

志关于公社食堂问题的调查材料",以突出食堂问题。

这是在食堂问题上的真正突破。曾几何时,"公共食堂万岁","公共食堂是社会主义的阵地","必须坚持公共食堂"等口号,喊得震天响。人们都把公共食堂看作人民公社的一项基本制度。在"反右倾"运动中,多少人因反对公共食堂而被批判甚至打成"右倾机会主义分子"的情景,人们记忆犹新。人们的思想被紧紧地禁锢着。况且,"六十条"对食堂的规定,总的精神还是要办。所以,在解散食堂问题上,要全党上下达到一致的认识,还需要一段时间,并且涉及修改"六十条"的问题。但从毛泽东的态度,特别是从转发胡乔木的调查报告来看,他是想在将要召开的中央工作会议上解决这个问题。

在这一年多的时间里,在改变人民公社体制调整农村生产关系方面,毛泽东走出了三大步:第一步,缩小社、队规模;第二步,取消食堂、供给制;第三步,改变基本核算单位。加上允许和鼓励社员发展家庭副业和经营自留地等规定,对于解放生产力,恢复和发展农业经济,稳定农村社会秩序,改善人民生活,起了至关重要的作用。从1962年到1966年,粮食生产以平均每年增加260亿斤的速度、棉花以平均每年增加六百万担的速度增长着。虽然这是恢复性的增产,但增产的幅度是相当大的,而且是连年增产。走出这三大步,实际上也是对原先设想的那种带有空想色彩的"一大二公"的人民公社制度在相当程度上的否定。农业迅速地恢复和发展,为"调整、巩固、充实、提高"八字方针的贯彻实施,为整个国家经济的恢复和发展,奠定了基础。

在每走出一步的时候,不是没有不同意见的争论。但是,最后取得基本一致的认识,并不是靠批判,更不是靠斗争,而是靠调查研究,各级党委第一书记带头到实践中去,"向群众寻求真理"。实践中提出的问题,总归要到实践中去寻找答案。

农村人民公社工作条例的制定,对农业生产的发展起了重大的积极作用。随着这个条例的制定,其他许多领域,在总结1958年以来经验教训的基础上,通过调查研究,也都相继制定了相关的条例,形成包括许多重要方面的一整套具体政策。被"大跃进"和"反右倾"运动打乱了的工作秩序逐步恢复,走上正常轨道,党内的民主生活也渐趋活跃起来。

大兴调查研究之风的1961年,给人们留下了深刻的为后人提供了许多值得借鉴的东西;毛泽东对怎样建设适合中国情况的社会主义,进行了有意义的探索①。

二、刘少奇的农村调查

刘少奇带头作调查。他深入湖南农村,先后在宁乡、长沙的几个生产大队,主

---

① 范伟达、王竞、范冰编著:《中国社会调查史》,复旦大学出版社2008年版,第140—148页。

要调查食堂问题、退赔问题、社员房屋问题、山林问题等问题。4月11日,在长沙与毛泽东会面,就农村工作问题交换了意见。刘少奇这次调查,历时44天,其中有30天住在农村。

"这次是来蹲点搞调查,采取过去老苏区的办法,直接到老乡家,睡门板,铺禾草,既不扰民,又可以深入群众。人要少,一切轻装简从,想住就住,想走就走,一定要以普通劳动者的身份出现。"

"这次是蹲点调查,不要影响省委的正常工作,李瑞山同志不要陪同去。这次调查,先秘密,后公开,先找人个别谈话,后开各种小型座谈会,深入民间,深入实际,既是私访,又是公访。"

"回家乡调查是个好办法,可以了解好多真实情况。住在老百姓家里,他们有什么话都会跟你说,给你反映你想了解都了解不到的情况。"

上面这些话都是刘少奇同志在农村调查的过程中说的,而且他也遵循着这些原则和方法,在这一段大兴调查研究之风的风气中,树立起了一个良好的形象,也给全党同志作出了表率。

刘少奇的农村调查大概可以分成三个阶段。4月2日至11日,了解"五风"危害、农民贫困的概况,听取湖南省委、宁乡县委以及中共中央在湘工作组的汇报;4月12日至30日,蹲点解剖麻雀,帮助天华大队解决食堂等问题;5月2日至5月16日,找"五风"猖獗的原因,得出"三分天灾,七分人祸"的结论,帮助湖南省委、宁乡、湘阴县委纠正"五风"危害、平反冤假错案和提出解散食堂,制定保留社员自留地,确定粮食、分配、住房等方面问题的政策及措施。

4月2日上午,湖南省委第一书记张平化向刘少奇简要汇报了湖南当时的政治经济形势。4月2日下午,两辆草绿色的帆布篷吉普车在宁乡的沙石公路上颠簸西行。刘少奇紧锁双眉,从车窗里观察一掠而过的田野。按季节,4月的湖南,应是青山堆翠、花红柳绿了,可是映入眼帘的,却是荒山秃岭,庄稼稀疏,房屋也被拆得七零八落,就像刚刚经过一场战争,到处是断壁残垣。看到这些,刘少奇双眉锁得更紧,不断地吸烟,心情十分沉重。当车行至离他的诞生地花明楼炭子冲16华里的王家湾时,一块挂着"宁乡县东湖塘人民公社万头猪场"的牌子跃入眼帘。他下车察看,里面仅有的几头母猪骨瘦毛衰。为弄清情况,他临时决定在猪场的饲料房里住下来。

随行人员用雨布遮住破烂窗户以挡风雨,又找了两块门板,准备架铺,可是在素称"鱼米之乡"的家乡,竟找不到铺床的稻草。刘少奇亲自在"万头猪场"绕了一圈儿,也没看到一根稻草。他走到屋后山坡上,突然发现一堆已经干了的人粪,没有臭味。他拾起一根柴棍,拨开那堆粪,仔细观察,不禁摇头叹息,说:"你们看,这里面全是不能消化的粗纤维,说明这人吃的是野菜、草根。农民吃饭已成了问题,问题大啊!"刘少奇这次穿的是一套布制服,戴一顶蓝布帽,着一双青布鞋,走村串户,微服私访,到了王家湾附近的麻豆山、潭湖塘等屋场,了解食堂和社员生产、生活情况,竟没有一个人认出他。之后,他来到宁乡县县委大院,大白天同县委书记康政走了个照面,也未被认出。直到这位县委书记发现了王光美,才转回来问:"刘主席呢?"王光美指着旁边的少奇同志说:"这不是!"康政惊呆了!①

刘少奇在王家湾住了6天6夜,在这里听取了宁乡县委负责同志和中央调查组负责人胡绩伟的汇报。4月8日下午告别王家湾,驶向韶山。9日下午,刘少奇离开韶山前往长沙。路经湘潭市郊许家圫时,他下车视察,与住在临时医院的农民交谈。当晚,回到长沙。10日,与中共湖南省委交换意见。刘少奇说:我在宁乡王家湾、湘潭许家圫看到的情况,说明粮食缺少,农民饿肚子了。这还是走马看花,察风观色。拟选择一个好的队,蹲下去,解剖一个麻雀。省委当即推荐了一个好典型——长沙县广福公社天华大队,这是全省的一面红旗,大队党总支书记彭梅秀是湖南省劳动模范、"三八"红旗手。刘少奇同意了省委的安排。

4月12日下午,刘少奇前往长沙县天华大队,住在队部王家塘一间不足19平方米的土砖房。房子阴暗潮湿,泥墙已块块剥落。面对这样的住处,地方干部感到不安。刘少奇却说:"这比延安时期好多了。"两条长凳和两块门板,架成一张床,加上大队部那张陈旧墨黑的长条桌和靠背椅,成了临时办公室兼卧室。刘少奇满意地笑了,说:"比在王家湾进了一步。"4月13日开始调查前,刘少奇叮嘱调查组成员:"搞调查研究,一定要实事求是,不要说假话。我们是为解决问题做调查,要照毛主席讲的办,甘当群众的小学生,不带框框,认真听取群众的意见,让群众把心里话讲出来。""好话坏话都要听,哪怕是骂我们的话,包括骂我这个国家主席的话都要听。听了不要贪污,要原原本本地反映出来。"当天下午,刘少奇召集大队干部座谈《农村人民公社工作条例》(即"六十条"),讨论公共食堂供给制、粮食、分配、住房等问题。座谈会一开始,他说:"'六十条'是个草案,是否正确,是否需要补充,哪些不正确,不合实际,要去掉,要纠正,请大家发表意见;要敢于讲话,一点顾虑都不要,一点束缚都不要,愿意讲的话都讲,讲错了也不要紧,不戴帽子,不批评,不辩论;要解放思想,不要怕不办食堂就不是社会主义,不要人民公社了,不办食堂还是社会主义;只看怎么有利于发展生产,有利于群众,有利于社会主义,有利于集体,有利于国家;在这五个'有利于'之下,可以不办,也可以办;可以大办,也可以小办;可以临时办,也可以常年办,都不妨碍社会主义。"接着,他又诚恳地说:"我是来向你们请教,向你们学习的。请你们帮助我们,哪些政策不对,要纠正,然后,我们帮助你们,纠正过往的失误。"然而国家主席恳切的言辞,并没能使天华大队的

---

① 中央文献研究室:《刘少奇传》,中央文献出版社1998年版,第860页。

干部开口,会场静若无人,只是不约而同地把目光集中到坐在刘少奇身边的大队党总支书记彭梅秀的身上。

刘少奇召开的座谈会遇到了田家英调查组所遇到的相同问题。没人愿意在大型的座谈会上讲出真话,即使会议是国家主席召开。

这样的情况,使得刘少奇改变计划,4月14日先找生产队干部个别交谈,然后再开会。在个别交谈中,有些干部隐隐约约地透露了一些心里话,但是到了生产队长会议上,却又言不由衷,或者欲言又止,没有一个敢说真心话。刘少奇启发说:"生活单干与生产单干不一样,生活单干还是社会主义,不是右倾,更不是反社会主义。"然而,仍没有人回答,人们似乎都在相互提防抓辫子。

南方仲春深夜,又冷又湿,寒气从四面八方侵袭着那间简陋的办公室兼卧室,刘少奇毫无睡意。他在沉思:"建国都十多年了,作为国家主席,想要听到人民的真实心声,怎么这么难啊!"

次日,刘少奇不要社队干部陪同,带着秘书径直往王家塘对面的施家冲生产队,请来了8位社员,其中有老年、中年、青年,还有两名妇女。刘少奇请秘书给他们敬上一杯茶。由于缺少凳子,他自己站着说:"今天请你们讲讲心里话。中央起草了一个'六十条',是个草案,听听你们的意见。公共食堂办不办,粮食怎样分配,你们的生产情况、生活情况,都请大家讲讲真心话。"说完,刘少奇脱下蓝布帽,露出满头银发,恭恭敬敬地向大家鞠了一个躬,然后说:"我怕耽误你们的工,让随我来的同志去帮助你们劳动。我们的同志不会做事,帮半天不够,明天再帮半天。"国家主席向普通老百姓一脱帽,二鞠躬,三帮工,霎时,使他的心与人民的心紧紧地贴在一起了。在这位近人情、知痛痒的国家领导人面前,与会者的心里话,就像倒螺壳一样滚滚而出[①]。

4月15日晚,刘少奇返回长沙,同湖南省委负责同志一起研究解散农村公共食堂等问题。4月17日下午,刘少奇返回天华大队。从这天晚上开始,直至30日,先后召开大队总支委员会、大队干部会、生产队干部会、工作组会议,研究解散食堂、做好退赔的思想工作和具体工作。刘少奇在各种会议上反复强调,解决问题,必须遵循实事求是的原则,从实际出发,真正按照群众的意愿办;必须遵循有利于调动群众的积极性和发展生产力的目的。这两条是相互依存、相互制约、缺一不可的。还有,无论是解散公共食堂,还是退赔住房、家具等等,必须坚持有领导有步骤地进行,千万注意不要造成"新的破坏",也不要给"五保户"带来新问题。

5月3日傍晚,刘少奇回到了旧居炭子冲,住在少年时代睡过的房子里。第二天,他请来少年时的朋友、农民通讯员黄端生,叙旧聊天。刘少奇没有忘记,进城的

---

① 参阅中央文献研究室:《刘少奇传》,中央文献出版社1998年版,第861—872页。

时候,毛泽东说过,我们是进京赶考,要能考上。为了保持战争年代形成的优良作风,必须时刻了解下情。为此,50年代初,刘少奇在故乡挑选了几位少年时的朋友和社队干部作农民通讯员,请他们经常反映农村真实情况。黄端生、成敬常、王升萍都是他的农民通讯员。在接下来的一段时间里,刘少奇分别与他的通讯员做了长时间的交谈,获得了很多关于农村的一手资料。

这次调查,成为刘少奇"模范执行中央决定、带头深入基层调查研究"的重要资历,成为他后来在各种会议上发表讲话的题材,也成为他订政策、发批示的参照。1962年1月在七千人大会上的讲话中,刘少奇提到:"我到湖南一个地方,农民说是'三分天灾,七分人祸'",凭的就是这次调查。

三、田家英的农村调查

在收到毛泽东的信函后,按照毛泽东的要求,田家英迅速组织了工作组奔赴浙江。调查组选择了富阳县东洲公社五星大队和嘉善县魏塘公社和合大队两个典型队,就食堂问题、农业大幅度减产的原因以及人民公社的生产规模和体制是否适合现有农业生产力的发展等问题展开调研。田家英作为调查组组长,一开始就向全体调查组人员提出,搞调研要坚持实事求是的科学态度。他说,调查研究有两种,一种是科学态度的调查研究,一种是主观主义的调查研究。我们主张科学态度的调查研究,这就是要了解真实情况,并且如实反映;而主观主义的调查研究,摘取片断材料来证明自己的观点,或者为了迎合上级,这种调查比不调查更可恶①。

经过一段工作,两个队的情况基本搞清楚了。嘉善县的和合生产队,地处杭嘉湖平原,土地肥沃,灌溉便利,过去一直是富庶的产粮队,每年为国家提供大量的商品粮。1958年以后,由于干部的强迫命令瞎指挥,粮食连年减产。1960年,粮食单产每亩只有290斤,但在"浮夸风"的影响下亩产竟报到1 000斤。高指标带来的高征购,挖了农民的口粮,造成群众生活困难,出现了逃荒和非正常死亡的情况。同时,这里的生产力也由于瞎指挥人为地遭到破坏,猪、牛、羊大批死亡,农具大量损坏……而五星大队由于干部作风正派,敢于抵制上面的瞎指挥,所以粮食没有减产,群众生活相对稳定。

田家英组织调查组专门召开了群众座谈会,让大家把心里话讲出来,但人们吞吞吐吐不敢多言。田家英发现,在这样的座谈会的形式上,大家估计的都太多了,都怕犯政治错误,所以不敢轻易发言,也不敢讲述实际的情况。

---

① 曾自:"一张珍贵照片——忆父亲田家英为毛泽东工作的日子",网络版http://www.people.com.cn/GB/paper81/6734/657341.html。

调查组针对上面遇到的问题,决定采取挨家挨户访问的形式,下到真正的基层了解情况。在走访中,他们对食堂问题作了进一步调查,发现绝大多数群众对办食堂有意见,认为食堂应该解散。听到群众的这种意见,田家英调查组确实是有些吃惊。针对这种情况,他又反复听取群众意见,不断取证,最终还是发现了公共食堂的诸多弊端,危害群众的根本利益。

两种典型的对比调查使调查组看到了问题所在。田家英指出:"我们这里为什么生产年年下降呢?怪天,没有灾害;怪人,老百姓是好的","不能怨天尤人,也不是什么民主革命不彻底,病根子是'五风'问题(即共产风、浮夸风、强迫命令风、生产瞎指挥风、干部特殊风)。"田家英通过对农村的调查,对于一些问题已经有了比较深入的了解。他所提出的"五风"问题是农村生产下降的关键,这一论断道破了当时农村问题的症结。其实,长期在基层工作的同志对"五风"早就有所反感,只因为怕被说成是"右倾",闷在心里不敢说而已。如果不是调查研究,没有这次比较扎实的访问,农村的这些问题也许还会继续被人们所忽视,在没有找到问题关键的情况下,提出的一系列解决的方案都无异于隔靴搔痒,不会有太大的实际意义[①]。

1. 棘手的食堂问题

调查组进村之后,发现群众有些疑虑,基层干部虽然忙于张罗但也在探听调查组的意图。如何打开这种"捉迷藏"的局面?田家英提出,先不忙于开会,要挨家串户,普遍接触,个别访问,就是地主富农,也一样串户了解。使调查人员同干部和群众很快地融洽起来,以便了解真实情况。调查组的意图通过这种形式,很快就传播开来。

问题是逐步揭开的。首先是食堂问题,因为食堂是当时非常尖锐的问题。1958年,公社化运动中,公共食堂是作为共产主义萌芽而普遍建立的,家家户户都取消了私灶,不管怎样分散,都必须到食堂打饭。"大锅饭"就是这样吃起来的,"共产风"也是从此刮起的。民以食为天,进入困难时期,粮食紧张了,食堂问题就突出地摆在群众面前,成了不可绕开的问题。下去调查的同志都知道,在此之前,为调查食堂问题,有些同志受到了严厉的批判。可是,群众首先向我们提出的恰恰就是这个问题。后来群众说,这是试调查组的胆量的。在调查组内部讨论,大家感到有压力而产生疑虑时,田家英谈了一段非常感人的发自肺腑的话:压力的确是存在的,调查是有一定风险的,可是,我们是共产党员,党中央要求我们,一切从实际出发,我们的任务就是,排除一切干扰,了解真实情况,原原本本向中央反映。我们不直接处理问题,这由中央考虑决定;反映问题不夹杂个人的私心杂念,但要依据

[①] 曾自:"一张珍贵照片——忆父亲田家英为毛泽东工作的日子",网络版 http://www.people.com.cn/GB/paper81/6734/657341.html。

客观材料,分析问题,不能把公说公有理、婆说婆有理的东西,一股脑端上去。只要情况是属实的,材料是准确的,我负责向中央反映,如果要打屁股,也首先打我的屁股。大家放心收集群众的意见,在吃饭问题上,群众是有话要说的。于是,专门调查食堂问题的座谈会召开了。尽管我们已经做了说服工作,在七八个人的会议上,还是没有人大胆直言,群众也有被批判的经验了。我们听到的只是简单地颂扬食堂的声音,几乎来回重复"食堂好,食堂好",准备记录的同志,除了写下不同的姓名之外,发言内容都是一样的。会开得很沉闷,发言的人似乎言不由衷。散会之后,一位中年妇女迟迟不走,把调查组的同志拉到一旁,悄悄地问:你们是真听意见,还是让我们表态?会上那么多人怎么敢讲?其实,她对食堂意见很大,一连讲了几条罪状:一是老人小孩病人无法照顾;二是干部有私心,多吃多占;三是人人感到不方便;四是下地干活的壮劳力吃不饱;五是浪费大,谁都不节约。经过串门访问的结果,证明这位中年妇女的意见,是代表了多数人看法的。禁区就这样突破了,使我们了解到真实情况。田家英把这些情况反映给毛泽东同志,毛主席确实给予了极大的关注。

2. 深入见真情

田家英的调查采用的方式是找人聊天,被调查者感到他是个朋友,一见就可以谈"知心话",用不着说"应付话",所以他能很快地把握真实情况。他自己说,这叫深入见真情。

在浮夸风盛行的情况下,调查粮食产量是一大难题,从调查中分析,有个生产队在"共产风"、"浮夸风"、"命令风"、"干部特殊风"和"瞎指挥风"流行的情况下,以老农和生产队干部为核心,有组织地抵制了"五风"。

对"共产风"和"浮夸风",他们都采取了一套对策,既顶住了"五风",又能继续生产,所以他们没有遭到"五风"带来的伤害。田家英听了这些生动的事实之后,立即肯定了他们的这套"防风林"的做法。

经过调查,查阅了大量的材料,田家英对我国农村合作化的历史得出如下的结论:互助组和初级社是群众最满意的,因为当时真正遵循了自愿、平等、互利的原则。到了高级社的初期,还是正常的,高级社后期,就有些操之过急了。公社化是一哄而起的。现在看来似乎是很简单的问题,可是在当时,不突破很多框框,就很难作出这个肯定的判断。

3. 声泪俱下的讲演

毛主席在信上提出要作比较调查,即调查一个好的生产队,再调查一个坏的生产队。我们调查了比较好的富阳的五星大队以后,转到差的环二大队,没有经过县里的安排,我们是通过一个在五星队乞讨的孩子了解到一些情况后去的。田家英在调查访问时,偶然遇到一个十多岁的孩子在乞讨,他当时就把这个孩子作为访问对象,从这个孩子口中,了解到他讨饭的原因以及他家乡的困难情景。在田家英的倡议下,以这个孩子提供的情况为线索,调查组跟踪转移到富阳环山村的环二大队进行调查。环二大队是个落后队,调查组的同志在这个队调查期间,心情是非常沉重的。由于口粮短缺,男女老少一致反映饥饿使他们无法生产。我们进村后,逐户串访,相迎的每张脸,几乎都是两腮塌陷,眼大无神,接着便是一阵诉苦或哀号;看看他们的家里,不仅生产资料所剩无几,就是生活资料也当卖一空,有的床上仅有一床破被甚至是一张草席,我们走访一次,不知要流多少眼泪。他走过多少农村,第一次见到这样的惨相,像遭过一场洗劫后的情景。在这个大队里不仅没有看到耕畜,而且全队没有一只家禽。当食堂开饭的时候,人们眼巴巴盯着的是大锅里的稀粥。因为每人每天平均只有4两或者3两米。当调查组的同志们端起自己的稀粥时,一口也吃不进,并不是因为别的,而是在我们面前一群孩子正伸出他们的空碗,你怎么能咽得下?只好把粥分到这些空碗里。大锅粥无法填饱群众的肚子,不少人靠做绿肥用的红花草充饥。这个队,群众的生活状况是这样,可以想象它的生产已难以为继。生产队长是个老实农民,他虽然每天照例喊人、派活,但响应者寥寥无几,因为主要劳动力已经弃家外出,一往江西,二往外村,有的另谋生路,有的出去讨饭。据调查,1960年,一个劳动日只有0.4302元,农民说,还抵不上一支香烟。结果是,劳动一年,只有2.53元钱,换不回口粮。全队224户,弄得户户倒挂,都成了欠债户,全队共有803人,人均欠债48.18元。连续3年没有一个姑娘嫁到这个队。

为什么地处"鱼米之乡"的富春江流域,竟然出现了这样的生产队呢?调查表明,主要是"五风"危害的结果,当口粮发生严重不足时,仍然虚报余粮,增加征购数量,群众到野外自寻野果野菜充饥时,个别负责干部不仅不向上级反映真实情况,反而认为是"往人民公社脸上抹黑"的"捣鬼行为",是"走资本主义道路",进行严厉批判,以致发生吊打群众的事件。这样,引起了群众的极端不满,情绪非常低落。

调查组的到来,牵动了全体社员,引起了广泛的议论。在召开的社员大会上,连久病不起的老人,也被人扶到会场。每个调查组的成员都被围得紧紧的。当田家英在会上讲话时,多少双渴望的眼睛盯着他。他首先说,我们来自北京,是中央机关的工作人员,对不起各位父老,我们的工作没有做好,使大家挨饿了!他十分激动,满脸泪水,仍然大声说,共产党的干部,都是人民的勤务员,只能老老实实地为人民服务,没有欺压老百姓的权力!人民群众的困难,就是我们的困难,人民群众的疾苦,就是我们的疾苦。你们的情况,我了解了,诚恳地接受你们的委托,我一定及时地向党中央、向毛主席反映群众的呼声,反映这里的真实情况。目前的困难总是可以克服的,总是有办法克服的。当干部的遇事要和群众商量,要和群众一起克服困难,我相信会好起来的。这时,会场由寂静变成了欢呼,几乎每个人的脸上都挂着泪珠。一位老人以发自内心的深情说:"这才是毛主席身边的人呐!"田家英气愤地斥责了曾经打骂过群众的干部,说这不是共产党的作风。他答应负责将这里的问题向县委和省委反映,并建议采取急救措施,恢复这个队的生产,解决群众生活困难问题。他特别在会上宣布调查组成员的姓名和他们在北京的地址,以便同社员联系,也使社员放心。散会时,群众说,多少年没有听到过这些"暖心的话"了!多少人争着同他拉手,抚摩他的衣服,依依不舍,久久不散。

4. 浙江调查和"六十条"试点工作

田家英同志很重视历史的调查,通过座谈和典型户调查,对这个队从解放前、土改后到互助组、初级社、高级社、公社化的历史得到系统的了解。回顾过去,社员普遍怀念初级社。从高级社以来,产量基本上是逐年下降,生活一年不如一年,"工分一年比一年挣得多,钞票和口粮一年比一年少"。贫农社员王老五说:"小社(初级社)那年(1956年)、生产生活最好,粮食亩产400斤,口粮足,钞票多,吃得饱,力气足,心里高兴。"当时他曾想,小社分这么多钱,大社(高级社)更有得分了。哪知道从此以后,年年没钱分,年年倒欠。一部分上中农对于高级社时,耕牛、农具入社折价款(扣除股份基金以外的部分)未退赔,意见很大。

在汇报和"瞎吹"中,有的同志主张办好公共食堂。对于食堂问题,我曾做过调查,我主张办农忙食堂。但是在1959年庐山会议以后的反右倾运动中,受到批评,仍然心有余悸,故虽有不同看法,但未表态。其他同志也未提出异议,这个调查组也未就食堂问题开展调查和讨论。而富阳调查组调查了公共食堂问题,得到田家英同志的支持,并向毛主席作了汇报。

田家英同志把这个生产队的历史和现状,向毛主席作了汇报(当时毛主席住在杭州),同时也汇报了富阳调查的情况,并提出了中央搞一个人民公社工作条例的建议。毛主席听了汇报以后,作了重要指示。田向我们作了传达:规模问题,和合生产队太大了,是否分成三个队;起草一个公社工作条例,规定公社三级怎样工作;食堂问题,可以多种多样;退赔问题;自留地问题;干部手脚不干净问题,等等。

"六十条"(草案)是在毛主席直接指导下制定的,但是首先建议起草一个人民公社工作条例的,是田家英同志。在整个调查和试点工作中,表现了田家英同志热爱人民、关心群众疾苦的感情;实事求是、深入下层的作风;坚持真理、敢于直言的勇气。

5. 从湖南调查到安徽调查

七千人大会后,1962年2月25日,毛主席指示田家英组织一个调查组,到湖南作调查,主要了解贯彻执行"六十条"的情况和问题,并指定去湖南湘潭县的韶山、湘乡县的唐家托和宁乡县的炭子冲。3月上旬,田家英带领工作组先去湖北武昌

(毛主席当时在武昌)。3月22日,毛主席在武昌东湖招待所接见了调查组全体成员,作了几点指示:要同当地干部,省地、县、社各级干部相结合,不要乱指挥;头脑里不要带东西(即思想框框)下去,只带一件东西,就是马克思主义;要作历史的调查,这是马克思主义的历史主义观点;看到坏人坏事不要乱说,好的可以说;参加轻微的劳动。

3月底,调查组全部到达湖南,分三路到达韶山大队、大平大队(即唐家托)、炭子冲大队。

田家英同志在武昌出发前就对全体调查组成员讲,这次调查一定比前两次调查有新的水平。经过初步的历史调查以后,他把调查的重点,放在怎样尽快恢复生产的问题上。大量调查表明,稻谷亩产要恢复到1955年的水平,按正常年景,需要三四年。

第三节　重提阶级斗争及其失误

一、包产到户风波

一段时间以来,为了克服农村面临的困难,在安徽等地曾经实行过"责任田"、"包产到户"等做法,对恢复农业生产有明显成效。在5月中央工作会议上,中央农村工作部部长邓子恢提出,有些地区,特别是受灾地区和山区分散地区,如果适合搞包产到户,农民也有搞包产到户的积极性,那就让他们搞[①]。会后他在中央党校、解放军总后勤部和政治学院等单位作报告,系统地发表了包产到户的意见。

6月底,田家英结束了湖南调查,回到北京。他在调查中遇到一个突出而又出乎他意料的情况,就是一些地方的农民普遍要求包产到户或分田到户,因而他逐渐萌生了用包产到户和分田到户渡过暂时困难的想法。5月初他到上海向毛泽东汇报,曾反映过农民要求包产到户的情况。

在毛泽东7月回到北京的头几天,7月2日,中央书记处召开了一次会议。

这次书记处会议讨论了包产到户问题。邓小平说:"恢复农业,相当多的群众提出分田。陈云同志作了调查,讲了些道理。意见提出是好的。"还说:"不管是黄猫黑猫,在过渡时期,哪一种方法有利于恢复,就用哪一种方法。我赞成认真研究一下。分田或者包产到户,究竟存在什么问题。你说不好,总要有答复。对于分田到户要认真调查研究一下,群众要求,总有道理。不要一口否定,不要在否定的前

---

① 邓子恢在中央工作会议上的发言记录,1962年5月9日。

提下去搞。过渡时期要多种多样。现在是退的时期,退够才能进。总之,要实事求是,不要千篇一律。这几年就是千篇一律。"①

7月8日,毛泽东在他的住处召开由刘少奇、周恩来、陈伯达、田家英等人参加的会议。"会上,毛泽东介绍了河南、山东两省的夏收情况,说形势并不那么坏,建议刘少奇等找河南、山东、江西的同志谈谈,了解一下农村的形势。毛泽东表明了他对包产到户的反对态度,批评田家英回到北京不修改'六十条',却热心搞包产到户、分田单干。他指定陈伯达为中央起草关于巩固人民公社集体经济、发展农业生产的决定。"②会后的第二天、第三天(9日和10日),刘少奇、周恩来、邓小平先后同河南省委第一书记刘建勋、山东省委第一书记谭启龙谈话了解情况。

"同一天(7月18日),中央紧急下发了《关于不要在报纸上宣传'包产到户'等问题的通知》。7月20日,毛泽东同前来参加北戴河中央工作会议的中央局第一书记谈话。他批评了包产到户和分田到户的意见。他说:'你们赞成社会主义,还是赞成资本主义?当然不会主张搞资本主义,但有人搞包产到户。现在有人主张在全国范围内搞包产到户,甚至分田到户……对农民,要让他自愿,如果有的人非包产到户不可,也不要采取粗暴态度。问题是要分析农民的基本要求是什么,我们如何领导。有人似乎认为我们和农民搞了几十年,现在好像不行了,难道我们就这样脱离群众?有人说恢复农业要8年时间,如果实行包产到户,有4年就够了,你们看怎么样?难道说恢复就那么困难?……下边的同志说还是有希望的。目前的经济形势究竟是一片黑暗,还是有点光明?'毛泽东这一番不同寻常的谈话,使人们在北戴河会议召开前夕,已经隐约地感到一种紧张的气氛。"③

二、党的八届十中全会

1. 对"单干风"的批判

在党中央领导全国人民克服严重困难、进一步调整国民经济的重要时刻,党的八届十中全会于1962年9月召开。全会召开前,党中央在北戴河召开了一个月的工作会议,又在北京召开了近一个月的八届十中全会预备会议。

7月25日至8月24日,中央召开北戴河工作会议,原定议题是讨论农村、粮食、商业和国家支援等问题。在8月6日的大会上,毛泽东作关于阶级、形势、矛盾问题的讲话。随后又在各中心组会上多次插话,继续阐发6日讲话的观点。这样,

---

① 《邓小平文选》第一卷,人民出版社1994年第二版,第322—327页。
② 周恩来同中共黑龙江省委书记处负责人谈话记录,1963年6月18日。《毛泽东和他的秘书田家英》(增订本),中央文献出版社1996年版,第93页。
③ 逄先知、金冲及主编:《毛泽东传(1949—1976)下》,中央文献出版社2003年第一版。

北戴河工作会议的重点就转为讨论阶级斗争问题。

八届十中全会于9月24日至27日召开。毛泽东首先作关于阶级、形势、矛盾和党内团结问题的讲话。随后,陈伯达、李先念、薄一波和李富春分别作关于农业、商业、工业和计划的那个问题的说明,朱德、刘少奇、周恩来、邓小平、彭真等先后在大会发言。全会通过了所讨论的各项文件,增选陆定一、康生、罗瑞卿为中央书记处书记,决定撤消黄克诚、谭政的中央书记处书记职务,增选中央监察委员会委员和候补委员各21人;决定组织两个专案审查委员会,分别对彭德怀等人进行审查。9月29日,《人民日报》发表了《中国共产党第八届中央委员会第十次全体会议的公报》。

这次全会,肯定了全党和全国人民在严重困难形势下表现出来的团结一致、奋发图强的奋斗精神,指出党的迫切任务是要继续贯彻执行以农业为基础、以工业为主导的发展国民经济的总方针,对国民经济进一步进行切实的调整、充实、提高。

但是,这次全会错误地开展了对所谓"黑暗风"、"单干风"和"翻案风"的批判,对党的工作产生了重要的消极影响①。

对所谓"黑暗风"的批判,实际上是针对七千人大会以后西楼会议和5月中央政治局常委扩大会议对形势的估计。毛泽东批评说:现在有些人把形势说成一片黑暗了,他们思想混乱,丧失信心,看不见光明。对所谓"单干风"的批判,是针对当时各地出现的包产到户,和党内一些同志对包产到户及分田到户的支持。

实际上,所谓"黑暗风"和"单干风"是两个密切相关的问题。问题的症结在于怎样估计形势。七千人大会后至北戴河会议前,毛泽东曾两次离开北京外出视察,先后经过上海、杭州、南昌、长沙、武汉、郑州等主要城市,一共在外地停留了近四个月时间。在同当地党政军领导人的接触中,他把很大精力放在了解调整中的政治经济形势,特别是农业生产和农村所有制问题方面。几个月下来,他逐渐形成了自己对形势的看法。而这些看法,同北京的中央一线领导人之间是有分歧的。

在北京,主持中央一线工作的领导人对形势的看法仍有很大保留,认为整个经济形势还处在比较大的困难之中。这就是西楼会议和5月中央工作会议上刘少奇代表中央所说的,当前"应该说是一个很困难的形势","最困难的时期还没有过去"。特别是对于农村的看法,刘少奇、陈云、邓小平等认为,在非常时期,鉴于形势需要,农村可以实行包括包产到户在内的各种形式的生产责任制;在偏远地区甚至可以实行分田到户等多种经营形式,以稳定农民,尽快恢复和发展生产。

全会对所谓"翻案风"的批判,则是反映着对历史问题的看法存在分歧。经过

---

① 中共中央党史研究室著:《中国共产党历史第二卷(1949—1978)下册》,中共党史出版社2001年第一版,第706页。

对所谓"翻案风"的严厉批评,为"右倾机会主义分子"平反的工作就此停止。同时,以邓子恢为部长的中央农村工作部被指责为"成立十年没有办一件好事"而予以撤销,包产到户等生产责任制的改革试验也被迫中断。

2. 重提阶级斗争的由来及其失误

八届十中全会所开展的错误批判是与毛泽东在阶级斗争问题上"左"倾错误理论的发展直接相关的。但在思想根源上,则同如何正确认识社会主义和社会主义社会一定范围内存在阶级斗争问题密切相联。

在八届十中全会及准备阶段的会议上,毛泽东联系对苏联赫鲁晓夫观点的批评和对国内形势的观察,反复提出阶级矛盾和阶级斗争问题。在修改全会公报时,毛泽东加写了一段话,强调无产阶级和资产阶级之间的阶级斗争,社会主义和资本主义这两条道路的斗争存在于"由资本主义过渡到共产主义的整个历史时期(这个时期需要几十年,甚至更多的时间)",在这个时期,"被推翻的反动统治阶级不甘心于灭亡,他们总是企图复辟。同时,社会上还存在着资产阶级的影响和旧社会的习惯势力,存在着一部分生产者的自发的资本主义倾向,因此,在人民中,还有一些没有受到社会主义改造的人,他们人数不多,只占人口的百分之几,但一有机会,就企图离开社会主义道路,走资本主义道路。在这些情况下,阶级斗争是不可避免的。这是马克思列宁主义早就阐明了的一条历史规律,我们千万不要忘记。"毛泽东还说:阶级斗争和资本主义复辟的危险性问题,我们从现在起,必须年年讲,月月讲,"使得我们有一条比较清醒的马克思主义的路线"。这样,就把如何认识和处理社会主义中的阶级斗争这一重要而又复杂的问题,再一次严重地提到全党的面前。

在对生产资料私有制的社会主义改造基本完成以后,除了外部敌人的进犯和颠覆以外,在社会主义社会内部,阶级斗争仍将在一定范围内长期存在,在一定条件下还可能激化,这是一个重要事实。正视确实存在的阶级斗争事实,正确地加以处理,并对此保持清醒的认识,是完全必要的。但作为执政党,如果把社会主义社会中一定范围内存在的阶级斗争扩大化和绝对化,就不仅会混淆敌我和是非界限,而且发展了自1957年反右派斗争以后提出的无产阶级同资产阶级的矛盾依然是我国社会的主要矛盾的观点,并由此断言两个阶级、两条道路的斗争在社会主义建成以前的整个过渡时期(那时估计是十几年)始终是我国内部的主要矛盾,这就失去了清醒。

八届十中全会把对彭德怀、邓子恢等的批判当作无产阶级反对资产阶级的斗争。不仅事情的性质被完全判断错了;而且又进一步断言以阶级斗争为主要矛盾的过渡时期,应该延伸到共产主义的高级阶段到来以前,这个论点就更是不清醒的了。后来这个论断被称作党的"基本理论和基本实践",在"文化大革命"中被确定为"我党在整个社会主义历史阶段的基本路线"。这表明毛泽东在1962年八届十中全会后把社会主义社会中一定范围内存在的阶级斗争扩大化和绝对化了。这使党在阶级斗争问题上"左"的观点进一步系统化,为政治上"左"倾错误再度发展,作了理论准备。

同新中国成立后头八年相比,1958年以后我国建设事业所付出的代价是巨大的,社会发展的步履是相当沉重的。这种情况的主要原因,正如邓小平后来在总结这段历史的经验教训时所说:"一九五七年后,'左'的思想开始抬头,逐渐占了上风。"① 尤其是进入60年代以后,尽管对国民经济实行调整并取得很大的成效,但"左"倾错误在经济工作的指导思想上并未得到彻底纠正,并且在政治和思想文化方面还有发展。从整个十年的情况来看,在社会主义改造胜利完成后,由于对社会主义建设长期缺乏认识以及骄傲情绪的滋长使得急于求成的思想迅速发展起来。由于缺少对现实国情和时代特征的全面把握和深刻认识,既未科学把握社会主义规律,又对资本主义世界出现的新变化缺乏深入的了解和研究,尽管一再强调实事求是,按社会基本矛盾运动的规律办事,事实上还是违背了客观规律。想把事情办好却事与愿违。这同思想方法上的主观主义密不可分,是没有把革命热情与科学精神很好地结合起来的必然结果。由于思想方法上的主观主义越来越严重以及党内外民主被严重削弱,"左"倾错误的发展也就不可避免了。

"总的来看,社会主义建设所犯的错误是在探索中产生的,有些错误是由于越过了真理的界限而来的。在社会主义经济建设的速度问题,力争现实可能的、讲求效益的、持续协调健康发展的较快速度,是必需的和正确的。但越过这个界限,追求主观臆想的、盲目冒进的高速度,那就是错误的,并且造成严重损失。在社会主义生产关系的变动问题上,适当调整不适应生产力发展要求的部分,以求在新的生产关系下面保护和发展生产力,是必需的。但越过这个界限,片面夸大生产关系对生产力的反作用,追求脱离生产力发展水平的'一大二公',特别是在所有制问题上过于求纯、急于过渡,那就是错误的,并且造成严重损失。在社会主义条件下的阶级斗争问题上,承认一定范围内存在阶级斗争,警惕和平演变和政权被颠覆的危险,是必要的和正确的,完全否认阶级斗争的存在,看不到这种斗争和危险,是错误的。但是,把党内和人民内部的一些矛盾视为国内外阶级斗争的反映,看成敌我矛盾;把一定范围内存在的阶级斗争扩大化、绝对化,对阶级斗争的形势作出不符合当时当地实际的夸大估计;把正确的思想观点、政策主张、做法以及艺术和学术上的不同流派、不同观点,当作资产阶级意识来反对,当作阶级斗争动向来批判,也是

---

① 邓小平:《政治上发展民主,经济上实行改革》(1985年4月15日)《邓小平文选》,人民出版社1993年版。

错误的、极其有害的。"①

包产到户,可以说是同农业合作化相伴随而生的一种现象。它反映了广大农民对家庭经营的积极性,具有很强的生命力,尤其是在手工作业的技术条件下。后来的实践证明,它是集体经济的一种经营方式和经营层次,仍然保留了集体经济的部分优点,在这个基础上,仍然可以实行双层经营,以至条件具备时发展为规模经营。从农业合作化以来,几次出现要求包产到户的浪潮,都被当作资本主义来批判而受到压制。中国农村的集体经济在走了一段弯路之后,毛泽东总结经验,找到以相当于初级社规模的生产队为基本核算单位的三级所有的体制,作为中国农村集体经济的形式。他认为就当时来说这是比较理想的形式。应当说,这种体制,由于基本核算单位规模小,加上有一些比较切合当时实际情况的政策措施,同公社化初期那种"一大二公"的人民公社相比较,甚至同高级农业生产合作社相比较,都是有利于发展生产的,在相当程度上发挥了积极的作用。但是,它的局限性和某些不合理性也是显而易见的,仍然不能充分调动农民的生产经营积极性。许多农民要求包产到户,正是这种情况的反映。对于毛泽东来说,不论是实行包工到组,还是包工到户、到人,他都可以接受,并且认为这是一种进步的经营管理方法。但是,一联系产量,即一搞包产到户,他就认为是资本主义道路,是一条危险的道路。所以,包产到户问题成为毛泽东在1962年重提阶级斗争的直接导火索。在中国,社会主义农业究竟怎么搞,采取什么样的形式,这是需要根据是否有利于发展生产,是否符合农民的要求,在实践中去探索的。

既然是探索,就难免会有曲折。社会主义建设事业是艰巨复杂的,党的探索不可能沿着一条笔直的大道通往认识的王国。十年间,成功与挫折交替,正确与失误交织,充分表现了党的探索过程的复杂性。这种复杂性,不仅体现在领导者个人的思想当中,而且体现在全党集体探索的过程之中。从毛泽东的思想发展来看,他既提出过许多有重要价值的正确观点和主张,推动了社会主义改造的完成和社会主义建设事业的发展,同时又逐步形成了"左"倾错误思想。其他中央领导人也在不同时期不同问题上程度不同地有这种情况。党内许多干部和党员也是如此。

十年中的"左"倾错误暂时地被限制在一定范围之内,还没有达到支配全局的程度,无论在规模、程度、性质上都不能同"文化大革命"的错误等量齐观,两者是有质的区别的。但是,正如不能不看到两者的区别一样,也不能不看到两者的联系,历史证明,前者是后者的先导和准备。

---

① 中共中央党史研究室著:《中国共产党历史第二卷(1949—1978)下册》,中共党史出版社2001年第一版,第710—714页。

第四节 调查研究的理论升华

一、从必然王国向自由王国发展

一段时间以来,毛泽东在纠正错误、总结经验的时候,常常讲到认识问题,强调人们对客观世界的认识要有一个过程。在七千人大会上的讲话,系统地发挥了这个问题。他详细地回顾了中国共产党对于如何进行民主革命,是经过了24年全党的认识才完全统一起来这一历史过程。然后他说:"我讲我们中国共产党人在民主革命时期艰难但是成功地认识中国革命规律这一段历史情况的目的,是想引导同志们理解这样一件事:对于建设社会主义的规律的认识,必须有一个过程。必须从实践出发,从没有经验到有经验,有较少的经验,到有较多的经验,从建设社会主义这个未被认识的必然王国,到逐步地克服盲目性、认识客观规律、从而获得自由,在认识上出现一个飞跃,到达自由王国。"①

他坦诚地说:"在社会主义建设上,我们还有很大的盲目性。社会主义经济,对于我们来说,还有许多未被认识的必然王国。拿我来说,经济建设工作中间的许多问题,还不懂得。工业、商业,我就不大懂。对于农业,我懂得一点。但是也只是比较地懂得,还是懂得不多。""我注意得较多的是制度方面的问题,生产关系方面的问题。至于生产力方面,我的知识很少。社会主义建设,从我们全党来说,知识都非常不够。我们应当在今后一段间内,积累经验,努力学习,在实践中间逐步地加深对它的认识,弄清楚它的规律。"②

1961年中央工作会议结束后,毛泽东在武昌会见蒙哥马利元帅。蒙哥马利向毛泽东提了两个问题。他先问:"主席对解放十二年后的中国的看法如何?以及主席现在考虑的是哪些问题?"毛泽东说:"我们对搞社会主义没有经验,包括社会主义革命、社会主义经济建设。要取得经验需要一个过程。我们过去搞反帝反封建,或者说资产阶级民主革命,也没有经验,后来才有了经验。我们搞社会主义,情况也大体相同。"毛泽东向蒙哥马利大致地介绍了中国民主革命(包括孙中山领导的革命)的情况。

蒙哥马利又问:"在1949年,你们所面对的问题主要是什么?主席当时主要考虑的是哪些头痛的问题?"毛泽东说:"1949年,全国很困难,首先是恢复经济的问

---

① 中共中央文献研究室编:《毛泽东1949—1976(下)》,中央文献出版社2003年版,第1203页。
② 同上书,第1203页。

题。那时候,革命性质由民主革命转变为社会主义革命。"蒙哥马利进一步提问:"当时按照轻重缓急来说,哪些问题占首要地位?"毛泽东说:"首先必须解决土地问题;还有经济恢复问题,其中包括工业;扫除帝国主义的残余问题就是这些问题。怎么干社会主义革命、社会主义建设,我们没有干过,没有经验。过去那一套我们会办的事情没有了。要办的是社会主义革命和社会主义建设,而我们没有经验。"①

在赴苏联参加十月革命纪念活动回国以后,周恩来等便抓紧进行政府工作报告的起草工作。12月11日,周恩来把起草好的政府工作报告初稿送毛泽东审阅。13日,毛泽东就把修改稿退回,上面加写了两段话。一段讲人类认识规律,另一段讲赶超世界先进水平。这两段话,很能反映毛泽东的世界观、历史观,反映他对发展和振兴中国的信念与理想。

其一:

"人类的历史,就是一个不断地从必然王国向自由王国发展的历史。这个历史永远不会完结。在有阶级存在的社会内,阶级斗争不会完结。在无阶级存在的社会内,新与旧、正确与错误之间的斗争永远不会完结。在生产斗争和科学实验范围内,人类总是不断发展的,自然界也总是不断发展的,永远不会停止在一个水平上。因此,人类总得不断地总结经验,有所发现,有所发明,有所创造,有所前进。停止的论点,悲观的论点,无所作为和骄傲自满的论点,都是错误的。其所以是错误,因为这些论点,不符合大约一百万年以来人类社会发展的历史事实,也不符合迄今为止我们所知道的自然界(例如天体史,地球史,生物史,其他各种自然科学史所反映的自然界)的历史事实。"

其二:

"我们不能走世界各国技术发展的老路,跟在别人后面一步一步地爬行。我们必须打破常规,尽量采用先进技术,在一个不太长的历史时期内,把我国建设成为一个社会主义的现代化的强国。我们所说的大跃进,就是这个意思。难道这是做不到的吗?是吹牛皮、放大炮吗?不,是做得到的。既不是吹牛皮,也不是放大炮。只要看我们的历史就可以知道了。我们不是在我们的国家里把貌似强大的帝国主义、封建主义、资本主义从基本上打倒了吗?我们不是从一个一穷二白的基地上经过十五年的努力,在社会主义革命和社会主义建设的各方面,也达到了可观的水平吗?我们不是也爆炸了一颗原子弹吗?过去西方人加给我们的所谓东方病夫的称号,现在不是抛掉了吗?为什么西

---

① 中共中央文献研究室编:《毛泽东1949—1976(下)》,中央文献出版社2003年版,第1171页。

方资产阶级能够做到的事,东方无产阶级就不能够做到呢?中国大革命家,我们的先辈孙中山先生,在本世纪初期就说过,中国将要出现一个大跃进,他的这种预见,必将在几十年的时间内实现。这是一种必然趋势,是任何反动势力所阻挡不了的。"①

二、调查研究有关的论语

1. 大兴调查研究之风

"这一次中央工作会议,开得比过去几次都要好一些,大家的头脑比较清醒一些。比如关于冷热结合这个问题,过去总是冷得不够,热得多了一点,这一次结合得比过去有进步,对问题有分析,情况比较摸底。当然,现在有许多情况,就中央和省一级来说,还是不摸底。我们是向着摸清底的方向去做,这就进了一步。省委的书记、常委、委员,包括地委第一书记,他们就摸底吗?如果摸底就不成问题了。但是应该说,也比过去进了一步,在用试点的方法去了解情况。我希望同志们回去之后,要搞调查研究,把小事撇开,用一部分时间,带几个助手、去调作研究一两个生产队、一两个公社。在城市要彻底调查一两个工厂、一两个城市人民公社。一个省委第一书记,又要调查农村又要调查城市,这就要好好部署一下。去做一调查,就是要使自己心里有底,没有底是不能行动的。了解情况,要用眼睛看,要用口问,要用手记。谈话的时候还要会谈,不然就会受骗。要看群众是不是面有菜色,群众的粮食究竟是很缺,还是够,还是很够,这是看得出来的。"

"这些年来,我们的同志调查研究工作不做了。要是不做调查研究工作,只凭想象和估计办事,我们的工作就没有基础。"

"所以,请同志们回去后大兴调查研究之风,一切从实际出发,没有把握就不要下决心。调查研究工作,并不那么困难,时间并不要那么多,调查的单位也不要那么多。比如,在农村搞一两个生产队、一两个公社,在城市搞一两个工厂、一两个商店、一两个学校,加在一起也只有十个左右。这些调查并不都要自己亲身去搞。自己亲身搞的,农村有一两个、城市有一两个就够了。要组织调查研究的班子,指导他们去搞。比如宝坻县江石窝的调查,就不是我们中央去搞的,是中央农村工作部搞的。我看,这是他们的一大功劳。泗阳县通海口的材料,是湖北省的同志搞的;信阳的调查,是信阳地委搞的;灵宝县的调查,是河南省委的同志搞的。调查研究极为重要,要教会所有的省委书记加上

---

① 《毛泽东文集》第8卷,人民出版社1999年版,第326、341—342页。

省委常委、省一级和省的各个部门的负责同志、地委书记、县委书记、公社党委书记做调查研究。他们不做调查,情况就不清楚。公社内部平调的情况,公社的党委书记不一定都知道。一个公社平均有三十个生产队左右,他怎么会知道那么多呢?不可能嘛!但是,有一个办法,三十个生产队他调查三个就行了,一个最坏的,一个中等的,一个最好的。"

根据中央档案馆保存的讲话记录稿刊印①。

2. 没有调查就没有发言权

我们的口号是:不做调查没有发言权,不做正确的调查同样没有发言权;一切实际工作者必须向下做调查。对于只懂得理论而不懂得实际情况的人,这种调查有必要;很多同志还保存着一种粗枝大叶、不求甚解的作风,甚至全然不了解下情,却在那里指导工作,这是异常危险的现象;许多新接任工作的干部喜欢一到就宣布政见,这种纯主观地"瞎说一顿",一定要弄坏事情,一定要失掉群众,一定不能解决问题;许多人未经调查研究、未经分析,但经常有指示,夸夸其谈,结果都是一纸空文;一个党和它的党员,只有认真地总结群众的经验,集中群众的智慧,才能指出正确的方向,领导群众前进。离开群众经验和群众意见的调查研究,任何天才的领导者也不可能进行正确的领导;事物是运动的、变化着的、进步着的,因此我们的调查也是长期的。民主革命阶段要进行调查研究,社会主义革命和社会主义建设阶段还是要进行调查研究,一万年还是要进行调查研究工作。这样,才能不断地认识新的事物、获得新的知识。

没有调查,没有发言权。

毛泽东《反对本本主义》(1930年5月),
《毛泽东选集》第二版第一卷,第109页

3. 正确的调查来源与研究

系统的周密的社会调查,是决定政策的基础;天天忙于决定这个、决定那个,很少调查研究实际情况,这种工作方法必须改变。要看到片面性总是来自于忙于决定政策而不研究实际情况;要绝对禁止少数人不做调查,不同群众商量,关在房子里作出害死人的主观主义的所谓政策;一个人或者邀集一堆人,不做调查,而只冥思苦索地"想办法"、"打主意",须知这是一定不能想出什么好办法、打出什么好主意的。必须周密调查各方面的实际情况,精细研究调查所得的材料,正确把握它的规律,这样做出来的决议和指示才是正确的。这才是行动上的唯物主义,而不是口头上的唯物主义;必须通过从群众中来的方

---

① 《大兴调查研究之风》(一九六一年一月十三日),《毛泽东文集》(第八卷),第233—237页。

法,通过做系统的周密的调查研究的方法,对工作中的成功经验和失败经验做历史的考察,才能找出客观事物所固有的而不是人们主观臆造的规律,才能制定适合情况的各种条例;我们应该用百分之九十以上的时间去弄清情况,用不到百分之十的时间来决定政策,这样决定的政策才有基础;调查不仅是调查问题,而且要提出解决问题的办法,调查不只是认识世界,而且要改造世界;凡是忧愁没有办法的时候,就去调查研究,一经调查研究,办法就出来了,问题就解决了;按照实际情况决定工作方针,这是一切共产党员必须牢牢记住的最基本的思想方法、工作方法。

毛泽东《反对本本主义》(1930 年 5 月),
《毛泽东选集》第二版第一卷

调查就像"十月怀胎",解决问题就像"一朝分娩"。调查就是解决问题。

毛泽东《反对本本主义》(1930 年 5 月),
《毛泽东选集》第二版第一卷

实际政策的决定,一定要根据具体情况,坐在房子里面想象的东西,和看到的粗枝大叶的书面报告上写着的东西,决不是具体的情况。倘若根据"想当然"或不合实际的报告来决定政策,那是危险的。所以详细的科学的实际调查,乃非常之必需。

毛泽东《〈兴国调查〉前言》(1931 年 1 月 26 日),
《毛泽东文集》第一卷,第 254 页

要引导同志们的眼光向着这种实际事物的调查和研究,就要使同志们懂得,共产党领导机关的基本任务,就在于了解情况和掌握政策两件大事,前一件事就是所谓认识世界,后一件事就是所谓改造世界。就要使同志们懂得,没有调查就没有发言权,夸夸其谈地乱说一顿和一二三四的现象罗列,都是无用的。

毛泽东《改造我们的学习》(1941 年 5 月 19 日),
《毛泽东选集》第二版第三卷,第 802 页

系统的周密的社会调查,是决定政策的基础。

毛泽东《中共中央关于调查研究的决定》

4. 转变领导作风和改善工作方法的基础一环

各级领导班子要搞好,领导人的作风要转变,要解决官僚主义、不深入的问题;要是不做调查研究,只凭想象和估计办事,我们的工作就没有基础;必须有系统地改善各级领导机关的工作方法,使领导工作人员有足够的时间深入群众,运用典型调查的方法,研究群众的情况、经验和意见,而不是把绝大部分

时间用在坐办公室、处理文件、在领导机关内部开会上面;情况明是一切工作的基础,我们犯错误首先是因为情况不明。情况不明,政策就不正确,情况不明,一切无从着手。只有通过调查研究,情况明了来下决心,决心就大,方法也就对。

在全党推行调查研究的计划,是转变党的作风的基础一环。

毛泽东《改造我们的学习》(1941年5月19日),
《毛泽东选集》第二版第三卷,第802页

5. 领导干部要亲身从事社会经济的实际调查

凡担负指导工作的人,一定都要亲身从事社会经济的实际调查;中央和省、直辖市、自治区两级党委的委员,除了生病和年老的以外,一年一定要有四个月的时间轮流到下面去做调查研究;做领导工作的人要依靠自己亲身的调查研究去解决问题,书面报告也可以看,但是这跟自己亲身的调查是不相同的。我们了解情况主要不靠报表,也不能靠逐级的报告,要亲自了解基层的情况,要和工人、农民接触,要增加感性知识;原料都是从工人、农民中间来的,我们可以加工,我们是个制造工厂;不做调查研究工作对实际情况就不摸底。不做亲身的典型调查,满足于在会议上听报告,满足于看书面报告,或者满足于走马看花的调查,这些毛病要改正。

凡担负指导工作的人,从乡政府主席到全国中央政府主席,从大队长到总司令,从支部书记到总书记,一定都要亲身从事社会经济的实际调查,不能单靠书面报告,因为二者是两回事。

毛泽东《反对本本主义》(1930年5月),
《毛泽东选集》第二版第一卷,第117页

现在中共中央这样规定,领导干部每年有四个月要离开北京外出,下去调查……我这个脑筋不产生任何东西,没有原料。蹲在北京使人闷得慌,官气太厉害,一跑出去就觉得有点东西。原料都是从工人、农民中间来的,我们可以加工,我们是个制造工厂。

毛泽东在第十四次最高国务会议上的讲话
(1958年1月28日)

6. 要做系统的由历史到现状的调查研究

认识世界不是一件容易的事。马克思、恩格斯努力终生,做了许多调查研究工作,列宁、斯大林也同样做了许多调查;像我们这样一个大政党,对于国内和国际的政治、军事、经济、文化的任何一方面都要研究,都要做系统的由历史到现状的调查研究;许多同志还不了解没有调查就没有发言权这一真理,还不了解系统的周密的社会调查是决定政策的基础,还不知道领导机关的基本任务就在于了解情况和掌握政策,还不知道粗枝大叶、自以为是的主观主义作风是党性不纯的第一表现;必须力戒空疏,力戒肤浅,扫除主观主义作风,加重对于历史、时代环境、对于国内外省内外县内外具体情况的调查研究;研究问题、制定政策、决定计划,要把各种方案拿来比较,不但要和现行的比较,和过去的比较,还要和国外的比较,这样可以把情况弄得更清楚、判断得更准确。

像我党这样一个大政党,虽则对于国内和国际的现状的研究有了某些成绩,但是对于国内和国际的各方面,对于国内和国际的政治、军事、经济、文化的任何一方面,我们所收集的材料还是零碎的,我们的研究工作还是没有系统的。二十年来,一般地说,我们并没有对于上述各方面作过系统的周密的收集材料加以研究的工作,缺乏调查研究客观实际状况的浓厚空气。"闭塞眼睛捉麻雀","瞎子摸鱼",粗枝大叶,夸夸其谈,满足于一知半解,这种极坏的作风,这种完全违反马克思列宁主义基本精神的作风,还在我党许多同志中继续存在着。

毛泽东《改造我们的学习》(1941年5月19日),
《毛泽东选集》第二版第三卷,第796—797页

7. 调查研究要有正确的态度和方法

没有满腔的热忱,没有眼睛向下的决心,没有求知的渴望,没有甘当小学生的精神,调查研究是一定做不好的;要真正联系群众,和群众做朋友,然后才能调查出真情况来;调查有两种方法,一种是走马看花,一种是下马看花。走马看花不深入,要把中国考察一番,单单采取新闻记者的方法是不行的,而要下马看花;我们是为了解决问题而调查,不是为调查而调查。调查研究就是发现、揭露、解决问题;大略的调查研究可以发现问题,但是还不能解决问题,要解决问题还须做系统的周密的调查研究,这就是分析的过程。对具体问题做出具体的分析,是马克思主义的灵魂;要从个别问题深入,把一个地方研究透彻,然后再研究别个地方,明了一般情况便容易了。"到处只是问一下子"的研究方法是显然不对的;要注意找调查的典型,调查的典型可以分为先进的、中间的、落后的,每类调查两三个,即可知一般情形;在一切活动中找出几个令人满意和令人不满意的典型,经过深入研究,求得工作改进,这样可以使我们同现实发展情况保持密切联系;开调查会,是了解情况最简单易行又最可靠的方法,是比什么大学还要高明的学校;开调查会每次人不必多,调查人必须有调查纲目,必须眼看口问手记,并同到会人展开讨论;党的领导机关的负责同志,既要亲身搞调查研究,也可以组织调查研究班子,指导他们去搞,还可以找敢于讲真话的知心朋友和身边工作人员,通过他们去倾听基层、干部、群众的

呼声;在调查研究中,找有各种不同看法的人交换意见,并多注意听反面的意见,也是一种方法,而且是一种重要的方法;弄清"实事"不容易,为了弄清"实事",需要交换、比较、反复;调查研究既要详细占有材料,又要抓住要点,材料搜集得愈多愈好,但一定要抓住矛盾的主导方面;如果做了调查,结果却找不到主要矛盾在什么地方,那是方法不对。如果调查的都是一些次要的东西,把主要的东西都丢掉了,那仍旧是没有发言权。

毛泽东《反对本本主义》(1930年5月),
《毛泽东选集》第二版第一卷,第116页

第九章 扭曲异化的"文革调查"

"文化大革命"在中国历史甚至世界历史上也许千年不遇,可谓"史无前例"。这段历史给我们提供了深刻的经验教训。物极必反,否极泰来,在痛定思痛的严肃反思中,党和人民获得了新的空前的觉醒和进步。邓小平说过:"现在的方针政策,就是对文化大革命进行总结的结果"。有了"文革"的教训,我们才懂得必须改革开放,深入了解什么是社会主义?建设什么样的社会主义,怎样建设社会主义?胡绳也分析说:"作为伟大的民族英雄,毛泽东是一心想中国富强的,问题是他过分相信了革命可以解决一切、不断革命,继续革命,一直到'文化大革命',这条路走到了尽头。如果没有'文革',中国的改革不可能来得这么快,这也许是'文革'的一点'历史意义'吧?"。"文化大革命"有一个很重要的特点,就是把我们的失误、弊端、缺点、弱点发展到极端,暴露得淋漓尽致,许多假、丑、恶的现象以赤裸裸的形态表现出来,正是以它的千错万错教育了人们。

科学地研究"文化大革命",正确地总结"文化大革命"的历史教训是很有意义的事。通过对"文化大革命"的起因、过程、性质、理论、对象、组织、方法的理论分析,探讨在"文化大革命"中的国民经济、政治体制、文化教育、对外交往、党和人民的"抗争"等各方面的现实及原因,深刻总结"文革"的历史教训,展示共和国的历史性转折——从"文革"到改革的社会历史发展逻辑,理智地而不是情感去审视共和国历史上这特殊的一页,是我们特别是"文革"亲历者的责任和使命。本章节仅就"文革调查"这一侧面作一些理论探讨和分析。

第一节 不符合中国实际的继续革命理论

1965年11月《文汇报》发表的《评新编历史剧〈海瑞罢官〉》是"文化大革命"的导火线。这篇文章的发表及其导致的更加猛烈的文化批判,起初曾受到中央一线领导一定程度的抵制,这进一步加深了毛泽东对中央出修正主义的忧虑,使他下决心发动一场更加激烈、广泛的反对"修正主义"的运动。经过1965年5月中央政治局扩大会议和同年 8 月党的八届十一中全会,"文化大革命"开始全面地发动起来。10 月中央工作会议后,运动范围由文化、教育领域及党政机关,迅速扩展到工矿企业和广大农村。

在全面发动"文化大革命"的时候,毛泽东于 1966 年 5 月 7 日给林彪写了一封信,《五·七指示》;又于 1966 年 7 月 8 日致江青一封信。如果说《五·七指示》代表了毛泽东的"立"的主张,那么可以说致江青的信代表了毛泽东"破"的意见。这两个纲领性的文献,对于理解"文化大革命"很有益处,是打开"文革"之锁的两把钥匙。

毛泽东在《五·七指示》里,勾勒出他所向往、憧憬的社会。这是怎样一个社会呢?这是以阶级斗争为纲、限制和逐步消灭分工、限制和逐步消灭商品、在分配上大体平均的社会,是自给自足或半自给自足、小而全、封闭式的社会。毛泽东的构想,大体上是军事共产主义的模式。这种模式与《共产党宣言》里所说的"小资产阶级的社会主义"有若干相同之点或相似之处。这不是欧洲历史上的、马克思主义产生以前的空想社会主义,而是有中国特色的空想的社会主义。幻想不发展社会主义的生产力和商品经济就能到达理想境界,这实际上也是几千年来的与自然经济相适应的原始的集体主义和平等观念在当代的一个变奏曲。正如马克思所批评的:留恋那种原始的丰富,是可笑的,相信必须停留在那种完全空虚之中,也是可笑的。如果说这在以前抗日根据地是十分必要的话,在生产资料私有制的社会主义改造基本完成以后则弊端丛生。中国已经进入社会主义社会,时代已经到了 60 年代,怎么可以以抗日根据地为理想境界呢?如果说这在军队中或许可以实行的话,那么怎么可以要求全国与军队一律呢?但是毛泽东无疑认为他对社会主义社会的如此构想不仅是正确的,而且是伟大的。他通过《五·七指示》向全党全军全国宣布了他的建设"新世界"的纲领,也就在根本上说明了为什么要发动"文化大革命"这个问题。

1979 年 9 月 27 日,叶剑英在党的十一届四中全会通过的《庆祝中华人民共和国成立三十周年大会上的讲话》中说:"……发动文化大革命的时候,对党内和国内的形势作了违反实际的估计,对于什么是修正主义没有作出准确的解释,并且离开了民主集中制的原则,采取了错误的斗争方针和方法。"如果要提供一个代表作,那就是毛泽东在 1966 年 7 月 8 日在武汉给江青写的信。在这封信中,毛泽东对形势特别是党内上层的状况作了完全违反实际的估计。他虽然批评了林彪的"吹",但又肯定了林彪的"打鬼"。他虽然对林彪关于"政变"的"提法"不安,但并未否定林彪在政变问题上对彭真、罗瑞卿、陆定一、杨尚昆的污蔑,他认为"有些反党分子……他们是要整个打倒我们的党和我本人",对形势作了极其严重的估量,而这是毫无根据的。决策的根据是对形势的估量,对形势估量的严重错误造成决策的严重错误。值得注意的是毛泽东对全世界的党的估量也是错误的,这也深刻地影响了他的决策。在这封信中,毛泽东对修正主义也没有作出准确的解释。他在晚年所说的"马克思主义"和"修正主义"、"社会主义"和"资本主义"、"左派"和"右派"常常是混淆是非的,乃至有人认为"不能以通常的意义去理解毛泽东在简述自己的思想时所使用的那些语词。如'无产阶级'与'资产阶级'、'社会主义'与'资本主义'、'修正主义'、'阶级斗争'等"。诚然,当时许多人都没有弄清楚什么是修正主义,但首先是毛泽东没有弄清楚,甚至把改革潮流看做"修正主义思潮",这就影响了许多人。对修正主义没有弄清楚,这是对形势作出错误估量的一个极为重要的原因。同时,毛泽东写这封信本身就是离开了民主集中制的原则,发动"文化大革命"本身就是离开了民主集中制的原则。如果真正由中央来决策,那是断然不会发动"文化大革命"的。最后是采取了错误的斗争方针和方法。错误的斗争方针是"天下大乱",错误的方法是"五大"(大鸣、大放、大辩论、大字报、大串连)。正是因为存在以上种种问题,才以"天下大乱"为斗争方针;"天下大乱"是毛泽东致江青的信的核心和要害。

如果说《五·七指示》回答了建设一个什么样的社会主义社会的问题,毛泽东致江青的信则回答如何建设社会主义社会的问题。这两个纲领性的文献是姊妹篇[①]。

一、对马列主义理论的扭曲

"文化大革命"是一场由毛泽东发动和领导的,有着明确的理论和纲领的大规模政治运动。这场政治运动的理论基础就是"无产阶级专政下继续革命的理论",这一理论是"阶级斗争为纲"的政治路线在理论上的极端表现。在"文化大革命"的政治氛围中,马克思主义被极"左"的理论和政治逻辑曲解为共产党的"斗争哲学",对党和国家的马克思主义理论事业造成了不可挽回的损失。从中国马克思主义学术发展的角度总结"文化大革命"的历史教训,探讨这场政治运动的历史、政治、社会、心理、文化和思想基础,对于党和国家的社会主义事业来说,是一项严肃的理论任务。

探讨和阐述新中国马克思主义理论事业的曲折发展,"文化大革命"及其指导思想——"无产阶级专政下继续革命的理论"是不可回避的重要一环。

"文化大革命"全面发动以后,这个理论的主要论点基本形成。1967年11月6日,《人民日报》、《红旗》杂志、《解放军报》发表题为《沿着十月社会主义革命开辟

[①] 王年一著:《大动乱的年代》,河南人民出版社2005年第二版,第2—7页。

的道路前进——纪念伟大的十月社会主义革命五十周年》的编辑部文章。这篇经过毛泽东审定的文章把这些论点概括为六条,正式定名为"无产阶级专政下继续革命的理论"。文章确认,毛泽东关于"无产阶级专政下继续革命的理论"的要点:①必须用马克思列宁主义的对立统一规律来观察社会主义社会;②在社会主义历史阶段中还存在着阶级、阶级矛盾和阶级斗争,存在着社会主义同资本主义两条道路的斗争,存在着资本主义复辟的危险性;③无产阶级必须在上层建筑其中包括各个文化领域中对资产阶级实行全面的专政;④社会上两个阶级、两条道路的斗争,必然会反映到党内来,党内一小撮走资本主义道路的当权派,就是资产阶级在党内的代表人物;⑤无产阶级专政下继续进行革命,最重要的,是要开展"无产阶级文化大革命";⑥无产阶级文化大革命在思想领域中的根本纲领是"斗私、批修",文章称这个理论是"马克思主义发展到一个崭新阶段",即毛泽东思想阶段的一个极其重大的标志,在"马克思主义发展史上,树立了第三个伟大的里程碑","具有划时代的意义"。九大政治报告进一步称这个理论是照耀着中国社会主义革命和社会主义建设航向的"光芒万丈的灯塔",是对马克思列宁主义的理论和实践的一个伟大的新贡献,根据这个理论发动的"文化大革命"是完全必要的,是非常及时的。"无产阶级专政下继续革命的理论"是毛泽东关于社会主义阶段阶级斗争的"左"倾错误观点发展到"文化大革命"时期的总概括,也是"文化大革命"的总的指导思想。它的核心在于认为在无产阶级夺取政权之后,还要进行一个阶级推翻另一个阶级的"大革命"。历史已经证明,它违背了马列主义、毛泽东思想的基本原理和实事求是这个精髓,脱离甚至歪曲了社会主义改造完成后中国的实际,在理论上和实践上都是错误的①。

二、无产阶级专政理论问题

1974年下半年,毛泽东在考虑并确定四届人大和国务院领导人选的同时,在一些谈话中提出若干有关社会主义和无产阶级专政的理论问题,他仍然在力图从社会主义经济基础和社会制度本身去寻找"产生资产阶级"的根源,避免党内、国内出现修正主义。

1974年10月20日,毛泽东会见丹麦首相保罗·哈特林时说:"总而言之,中国属于社会主义国家。解放前跟资本主义差不多。现在还实行八级工资制,按劳分配,货币交换,这些跟旧社会没有多少差别。所不同的是所有制变更了。"

---

① 中共中央党史研究室著:《中国共产党历史第二卷(1949—1978)下册》,中共党史出版社2001年版,第806—807页。

12月26日,毛泽东约来长沙向他汇报全国人大筹备情况的周恩来作了一次单独长谈,除了关于召开四届全国人大及其人事安排问题外,谈的另一个方面的内容就是理论问题。他谈到:"列宁为什么说对资产阶级专政,要写文章。要告诉春桥、文元把列宁著作中好几处提到这个问题的找出来","大家先读,然后写文章。要春桥写这类文章。这个问题不搞清楚,就会变修正主义。要使全国知道"。"我国现在实行的是商品制度,工资制度也不平等,有八级工资制,等等。这只能在无产阶级专政下加以限制。"他还讲:列宁说,"小生产是经常地、每日每时地、自发地和大批地产生着资本主义和资产阶级的"。工人阶级一部分,党员一部分,也有这种情况。无产阶级中,机关工作人员中,都有发生资产阶级生活作风的。"所以,林彪一类如上台,搞资本主义制度很容易。因此,要多看点马列主义的书。"①毛泽东的上述谈话,当时被概括为关于无产阶级专政理论问题的重要指示。

毛泽东关于无产阶级专政理论问题的谈话,是"无产阶级专政下继续革命的理论"的组成部分。长期以来,按照马克思、恩格斯在19世纪对未来社会的某些设想,毛泽东一直认为,商品经济、按劳分配、八级工资制是一种与资本主义有着密切联系的不平等的"资产阶级法权"。1958年实行人民公社化的时候,他就曾批评过"资产阶级法权"。后来纠正"共产风",他批评了那种企图废除商品、货币的主张,肯定社会主义条件下的商品生产和商品交换还有积极作用,但没有改变对商品经济性质的认识。随着"文化大革命"的发展,毛泽东把商品经济与"变修正主义"、"产生资产阶级"联系起来,与"林彪一类如上台"的忧虑联系起来。因此,限制等级制度和破除特权思想,避免社会因贫富悬殊而产生两极分化现象,是他一直致力解决的重要问题。与"文化大革命"发动初期不同的是,这时,他对出现修正主义的危险的关注,已经由党内上层转向社会基层,由党内"走资本主义道路的当权派"扩大到党内外新生的"资产阶级分子"。毛泽东关于理论问题的谈话,反映了他对社会主义的进一步思考。不过,他显然误解或教条化理解了马克思关于"资产阶级法权"的论述,与此相联系,表明他对于什么是社会主义,社会主义同资本主义的本质区别是什么,也存在不少模糊认识。这是他晚年发生失误的一个重要原因。

"学习无产阶级专政理论"运动在全国展开后,经济生活的许多领域采取了限制"资产阶级法权"、限制"小生产"、铲除资本主义"土壤"的各种措施。原本很有限的商品流通范围和市场调节作用受到进一步限制。供销合作社被并入国营商业,工业部门的自销门市部除了个别的外,一律交由商业部门经营,城镇集市贸易被严加限制。许多小商小贩、手工业者被取缔,或被组织参加集体生产劳动,不少地区以商品生产和交换为主要经济活动的大小城镇日趋衰落。在农村,许多地方

---

① 毛泽东关于理论问题的谈话要点,1974年12月。

再次刮起"割尾巴"风,把农民的自留地、宅基地、家庭副业等都当作"资本主义尾巴",加以取缔、禁止。农民的自留地被减少,家庭手工生产和经营的项目受到严格限制。受此影响,市场上农副产品严重不足,城市的猪肉、禽、乳、蛋的供应日趋紧张。日用消费品证限量供应的范围越来越大,有的地区最多时达50多种。人民生活受到严重影响。

按照这些极"左"理论的逻辑,社会主义时期"阶级关系新变动"是有其现实根据的。一是所谓分配上的差别。姚文元说道:"资产阶级法权的存在,则是产生新的资产阶级分子的重要的经济基础。""资产阶级法权"是马克思用于描写社会主义经济特征的一个概念,马克思认为,在社会主义经济和社会关系中,由于实行等量交换的按劳分配原则,因此还存在着类似资本主义社会那种形式上平等而事实上不平等的属于资产阶级性质的法定权利。马克思的这一概念成为江青集团批判社会主义按劳分配原则的根本理论依据。在他们看来,由于按劳分配的存在,资产阶级法权不可避免成为资产阶级新生的经济基础,因此,在社会主义社会,仍然存在资产阶级与无产阶级之间的殊死斗争。二是所谓政治上和思想上的阶级差别。康生就明确断言,是不是存在着阶级,在资本主义社会主要是从经济方面看,社会主义社会主要是从政治思想方面看。毛远新指出:"我们现在看阶级斗争,划分阶级,不单是看占有不占有土地,支配不支配整个财富利润,更重要的是从政治上看。"在这些极"左"理论看来,列宁关于阶级划分的定义在社会主义社会已经不够全面了,应该还要从政治和思想上划分阶级。这些极"左"观点认为,从政治和思想上区分出"资产阶级"这一革命对象,不仅是马克思主义发展的理论需要,而且还是无产阶级专政下继续革命的政治需要。

无产阶级专政下继续革命的理论和毛泽东关于无产阶级专政理论问题的谈话都是不符合马列主义的经典理论和中国实际的。

第二节 影射史学与"经典"调查的泛滥

毛泽东"左"的思想路线和政治路线指引下的"批判修正主义运动"在"文化大革命"期间泛滥成灾,任何中立和客观性的学术活动都可能被批判为修正主义、资本主义和封建主义在阶级斗争中的政治和理论表现。因此,在这样的政治逻辑和社会氛围中,开展正常的学术活动已经不可能了,一切理论活动在反对"封资修"和推进"斗批改"的政治运动中都转化为"为现实阶级斗争服务"的所谓"理论武器"。在"文化大革命"时期,这种"批判修正主义"的理论和政治运动最终演变成为针对这一时期政治人物和政治运动的影射理论。在这种极端政治化的社会动乱中,党和国家的理论生活遭到了空前的破坏,彻底沦为政治和权力斗争的理论工具,以致于"文革"期间各种形式的影射文学、影射史学极度泛滥。

一、"批判《海瑞罢官》"——影射史学的出笼

1965年11月10日,上海《文汇报》发表了姚文元的文章《评新编历史剧〈海瑞罢官〉》。这篇文章点名批判吴晗,将《海瑞罢官》中的"退田"、"平冤狱"与1961年"右派刮起"的"单干风"、"翻案风"联系起来。该文捕风捉影地说道:"他们鼓吹什么'单干'的优越性,要求恢复个体经济,要求'退田',就是要拆人民公社的台,恢复地主富农的罪恶统治"。"他们失去了制造冤狱的权利,他们觉得被打倒是'冤枉'的,大肆叫嚣什么'平冤狱',……为他们'翻案',使他们再上台执政"。

新编历史剧《海瑞罢官》中的主人公海瑞,就是"代表地富反坏右的利益反对无产阶级专政和社会主义革命的右倾机会主义的化身",就是"支持在庐山会议上因反对总路线、大跃进、人民公社而被党和人民'罢'了'官'的右倾机会主义分子重新上台执政,为地富反坏右的反革命复辟开路"①。该篇文章的发表,以及随之而来的群众性批判运动,成了点燃"文化大革命"的导火索。

现在的资料已经说明,姚文元这篇文章的发表绝不单纯是学术或理论事件,而是引发一场有预谋、有规划的社会运动的政治事件。他的这篇文章之所以在"文化大革命"初期具有如此之大的影响,是因为它是在江青等人直接炮制,并在毛泽东支持下发表的。姚文元的文章出笼后,在全国激起不同的强烈反应,各地报刊反应大相径庭,表明了在《海瑞罢官》问题上,两军对垒的政治战局已经拉开。然而一般人只不过把它看作史学界的又一场学术争鸣罢了,以致在此后的一段时间里,关于《海瑞罢官》的争论还局限在理论层面,焦点集中于"清官"、"让步政策"、"道德继承"等问题展开激辩,甚至有人撰文批判姚文元的文章将历史和文学问题无限上纲的错误。面对学术界的反弹和各方面的挑战,江青等人采用了所谓"引蛇出洞"的策略,张春桥、姚文元等明示"要放手贯彻'放'的方针,要让反面意见放个够"。与此同时,他们积极物色"左"派人物,以便"组织文章,伺机反击"。1966年,在康生的支持下,戚本禹抛出《〈海瑞骂皇帝〉和〈海瑞罢官〉的反动实质》一文,文章写道:《海瑞罢官》实际上"是借着古人的躯壳,为一小撮被人民'罢'了'官'的右倾机会主义分子鸣冤叫屈,它的真正主题是号召被人民'罢官'而去的右倾机会主义分子东山再起"②。关锋抛出《〈海瑞骂皇帝〉和〈海瑞罢官〉是反党反社会主义的两

---

① 姚文元:"评新编历史剧《海瑞罢官》",《文汇报》1965年11月10日。
② 戚本禹:"《海瑞骂皇帝》和《海瑞罢官》的反动实质",《人民日报》1966年4月2日。

株大毒草》一文,更加露骨地写道:"庐山会议前夕,吴晗写了《海瑞骂皇帝》;庐山会议后我们党罢了右倾机会主义分子的官,吴晗同志又'破门而出'(挺身而出也)写《海瑞罢官》","实质上都是配合右倾机会主义分子反党反社会主义的政治活动"①。1966年12月21日,毛泽东在杭州同陈伯达的谈话中指出:《海瑞罢官》的"要害问题是'罢官'。嘉靖皇帝罢了海瑞的官,1959年我们罢了彭德怀的官,彭德怀也是'海瑞'"。毛泽东的这番话从政治上为《海瑞罢官》定了性,而后相关的理论批判不可遏止地向政治运动推进。

由姚文元的文章引发的对《海瑞罢官》的批判,先是波及史学界,而后扩展到理论学术界的各个领域,并随着工农兵的介入而酿成一场群众性的政治运动。从这个意义上说,江青等人利用影射文学或影射史学拉开了"文化大革命"的序幕。

二、"评《清宫秘史》"——影射史学的推进

"文化大革命"期间,理论和学术成为林彪、江青集团篡党窃国的舆论工具,无时不在学术问题上寻找借口,对他们的权力障碍进行理论和政治围剿。1967年4月,《红旗》杂志发表了戚本禹的《爱国主义还是卖国主义——评反动影片〈清宫秘史〉》一文,掀起了影射文学或影射史学的又一高潮。这又是一场有领导、有组织、有目的的政治批判运动。1967年3月底,北京出版社一份红卫兵小报指出,刘少奇吹捧《清宫秘史》是爱国主义影片,还自诩为"红色买办"。3月31日晚,中央人民广播电台播出戚本禹在《红旗》杂志第5期发表的文章《爱国主义还是卖国主义——评反动影片〈清宫秘史〉》,第二天,《红旗》杂志大量发行,影片《清宫秘史》也开始在全国各地放映,"供批判用"。

其实,《清宫秘史》只不过是一部以戊戌变法为历史题材的普通影片,该片剧本创作于抗日战争时期,作者有感于民族危亡,将戊戌维新运动视为爱国主义运动,这是无可厚非的。但是,在"文化大革命"时期,影射文学和影射史学极端泛滥,这部影片也无法幸免。戚本禹在文中诬陷说:"反动影片《清宫秘史》……公开站在帝国主义、封建主义和反动资产阶级的立场上","美化帝国主义,美化封建主义和资产阶级改良主义,歌颂保皇党,污蔑革命的群众运动和人民反帝、反封建的英勇斗争,宣扬民族投降主义和阶级投降主义。"②文中抛开晚清的历史环境,虚构19世纪末叶中国社会变革的两条道路之间的斗争。他说:"19世纪末叶,中国的社会改革已经出现了两条道路:一是资产阶级改良主义道路,即企图用自上而下的变

---

① 关锋、林杰:《海瑞骂皇帝》和《海瑞罢官》是反党反社会主义的两株大毒草》,《红旗》杂志1966年第5期。

② 戚本禹:"爱国主义还是卖国主义——评反动影片《清宫秘史》",《红旗》杂志1967年第5期。

法维新的方法通向资本主义，……这只能是一条虚伪的、行不通的、反动的道路。……另一条道路是广大群众起来，用武装斗争的办法进行革命。太平天国革命和义和团革命走的都是这条道路。"①在此基础上，文章把变法维新派影射为"走资本主义道路的当权派"，把"义和团运动"比附为"红卫兵运动"，开始将批判的矛头指向所谓的"走资本主义道路的当权派"，并指出"对资产阶级改良主义抱什么态度，实际上是对社会主义道路和资本主义道路抱什么态度的问题"。文章进一步总结道：围绕反动影片《清宫秘史》而展开的斗争，是"资产阶级同无产阶级两个阶级的斗争，是马克思列宁主义、毛泽东思想同资产阶级改良主义、修正主义思想的斗争，是资本主义复辟和无产阶级反复辟的斗争。归根结底，是资本主义同社会主义谁战胜谁的斗争"②。

戚本禹这篇批判文章其意绝不仅仅在影评，而是利用毛泽东对影片《清宫秘史》的评论，向刘少奇等党和国家领导人开展大规模政治斗争的信号。例如，在这篇文章中，戚本禹以"八个为什么"向"党内最大的走资本主义道路的当权派"捏造了"八大罪状"③，为了迫害党和国家的领导人，大肆制造舆论，为"文化大革命"推波助澜。

三、"评法批儒运动"——影射史学的高潮

中国古代思想尤其是儒家思想自然成为影射史学的重要理论资源。在"评法批儒"运动中，孔子及其儒家作为理论和政治挞伐的目标，法家和与此相关的帝王将相成为政治称颂的历史主题，并由此盗用中国思想史和中国史，来影射"现实社会的阶级斗争"。

"文化大革命"期间，这场"评法批儒"运动随着斗争对象的变换经历了三个阶段：第一阶段，影射的目标主要指向刘少奇等领导人。1969年7月《红旗》杂志第6—7期刊登以"史反修"为笔名的文章《孔家店的幽灵与现实的阶级斗争》，该文将"孔家店"与现实的所谓"复辟"问题联系起来，指责刘少奇的《论共产党的修养》是宣扬孔孟之道。第二阶段的主要影射目标是林彪集团。分别于1970年11月和1971年12月开展的批陈运动和批林运动，开始将影射的对象由刘少奇转向林彪、陈伯达等人。第三阶段的影射目标主要是周恩来等人。1974年，"评法批儒"的影射学术开始将矛头指向周恩来等"党内的现代大儒"，鼓吹"现实社会和政治领域"中的"儒法斗争"。

---

① 戚本禹："爱国主义还是卖国主义——评反动影片《清宫秘史》"，《红旗》杂志1967年第5期。
② 同上。
③ 同上。

"文化大革命"的"评法批儒"运动在"批林批孔"运动中达到高潮。"九一三"事件发生后,"文化大革命"暂时进入"低潮"时期。1971年周恩来主持中央日常工作,提出反对无政府主义,"落实毛主席的干部政策、知识分子政策、经济政策"等一系列政策主张。1972年10月14日,《人民日报》编辑部发表了《无政府主义是假马克思主义骗子的反革命工具》,批判极"左"思潮和无政府主义。然而,毛泽东在12月27日一次谈话时说:"林彪是极右,修正主义,分裂,阴谋诡计,叛党叛国。"1973年7月4日,毛泽东在与王洪文、张春桥的谈话中指出:林彪"尊孔反法"。江青集团立即利用毛泽东这一提法,在"儒法斗争"上大做文章,各种批判文章纷纷出笼,利用周恩来的姓氏、将对"周公"、"周孔"的批判矛头指向周恩来。

"批林批孔"是借题发挥,实质是要解决现实问题。毛泽东批准开展运动,目的是肯定"文化大革命"的理论和实践,防止"右倾翻案"这不仅因为林彪在私下赞赏过孔孟的话(次数极少),更因为毛泽东认为这对"反修防修"有普遍意义。他认为,"文化大革命"这一场深刻的历史变革,受到抵制,这与历史上法家坚持变革和儒家反对变革有相似之处;批孔和肯定法家的进步作用,可以进行一次"思想政治路线方面的教育",使人们接受"文化大革命"的理论和政策。

1974年2月1日,《红旗》杂志在短评《广泛开展批林批孔的斗争》中说:

> 只有通过对孔孟之道的批判才能进一步认清林彪反党集团搞复辟倒退的反革命罪行及其修正主义路线的极右实质,才能挖出林彪反动思想的老根,清除林彪和孔子的反动思想影响,也才能进一步认识无产阶级文化大革命的必要性,以巩固和发展无产阶级文化大革命的伟大成果。

"文化大革命"中的影射文学和影射史学,在"批林批孔"和"评法批儒"运动中达到高峰,严重歪曲和篡改了中国思想和历史的本来面目。为了在党内揪出所谓的"现代大儒",鼓吹儒法斗争"继续到现在"[1],把整个中国历史说成是儒法斗争史,以此任意剪裁和编造中国思想史,不加任何分析地将儒家和孔孟之道批判成一切机会主义分子的思想根源,为了影射现实,肆意歪曲和伪造中国古代思想和历史。

四、所谓"复辟回潮"和"反潮流"的调查典型

在"批林批孔"运动中,江青一伙制造所谓"复辟回潮"的典型和"反潮流"的典型,为攻击周恩来等人提供"现实根据"。

江青在1974年2月制造了"蜗牛事件"。1973年,四机部向"总理、洪文、剑

---

[1] 《人民日报》社论:"在斗争中培养理论队伍",《人民日报》1974年6月18日。

英、德生、江青、春桥、文元、登奎、国锋、吴德"打报告,建议从国外引进彩色显像管生产线。周、王、叶、李、江、张、姚、纪、华、吴一致同意。同年年底,四机部派人赴美国考察,美国康宁公司送给考察组成员每人一件自产的玻璃工艺品蜗牛。1974年2月,四机部第十设计院一人就此事向江青诬告。2月10日清晨,江青驱车到四机部,下车伊始,大放厥词:"这是美方在污蔑我们","说我们爬行"。又说引进彩色显像管生产线是"屈辱于帝国主义的压力",是"崇洋媚外"。她对四机部领导人叫道:"蜗牛放在哪里?给我拿来,中央要用它作展览。"又要四机部把蜗牛退给美国驻华联络处,提出"抗议"。她还说:"美国这条生产线,我们不要它的了。"四机部党的核心小组迅即召开大会传达江青的讲话,会上谴责美方。水利电力部、邮电部召开声讨大会。

外交部经过调查,确认蜗牛系该公司生产的圣诞节礼品,送给我方毫无侮辱之意。外交部又据周恩来两次指示,作进一步调查核实,无讹,遂提出不必退回和交涉的意见。周恩来同意外交部的报告,毛泽东也表示同意。周恩来主持的中央政治局会议决定:江青在四机部的讲话是错误的,不印发,不传达,已印发的立即收回。这一事件虽告平息,但给引进先进技术工作投下了阴影。

江青一伙发动对"无标题音乐"的批判。这件事发生在1973年冬至1974年春。"无标题音乐"是16世纪欧洲资本主义国家启蒙时代发展起来的古典音乐。1973年秋,我国邀请一个第三世界国家的两位器乐演奏家来华演出,所演大都是无标题音乐。这是周恩来和中央其他几位领导人批准的。江青等人全盘否定资本主义的音乐遗产,连恩格斯赞扬过的贝多芬的第五交响乐《命运》也被他们勒令禁演,发动对"无标题音乐"的批判,指责它"无社会内容"。批判从北京、上海开始,波及全国一些地方。

江青一伙又举办所谓"黑画"展。《人民日报》1977年5月22日所载文化部批判组《一个精心策划的反党阴谋——揭露"四人帮"批"黑画"的真相》说:"1974年春,北京、上海等地先后出现了不寻常的所谓'黑画展览'。……这究竟是怎么回事呢?1971年年底,敬爱的周总理指示要搞好宾馆布置,指出宾馆布置要朴素大方,要体现我国悠久的历史和独特的民族文化,要挂中国画。关于出口工艺品,周总理也制定了明确的方针,并且说风景画不能叫'四旧';有关部门根据周总理的指示精神,组织美术工作者创作了大批美术作品。……'四人帮'却抓住一点,借题发挥,策划了一出声势浩大的'批黑画'的丑剧,向党发动了猖狂的进攻。""1974年1月2日,阶级异己分子姚文元在上海市委的一次会上,煞有介事地拿出一本外贸部编印的出口画样本《中国画》,怒气冲冲地对画册横加指责,什么'黑山黑水'啊,什么'翻案'、'回潮'啊,给这本画册定下一大堆吓人的罪名,说它是'迎合西方资产阶级和修正主义的货色',是一本地地道道'克己复礼'的画册。他当场下令'要查一查,进行批判'。……'四人帮'安插在文化部门主管美术的那个亲信,秉承'四人帮'的旨意,派人四处收集出口工艺品、出口画和宾馆画的'黑材料'上报'四人帮'。同时,还派人搜集周总理的有关指示和国务院及外贸部、轻工业部等部门关于出口中国画、出口工艺品和宾馆布置的文件,并以'借用、参考'名义,从外贸部门骗取了印有中国画的年历等实物。他们要耍阴谋手段,在周总理很关心的、为毛主席革命外交路线服务的美术作品上大做文章,寻找'复辟'、'回潮'的'根源',……1974年,为了配合'四人帮'三箭齐发,'批林批孔批周公','四人帮'在文化部门的几个亲信接连召开黑会,密谋开展所谓'反击美术领域黑线回潮复辟逆流'。紧接着派人到北京饭店、国际俱乐部以及其他单位用连骗带诈的手段,收集了700多幅作品,从中挑选了200余幅在北京举办了一个'黑画展'。……上海宾馆画本来是王、张、姚和他们的余党审查过的,但为了栽赃陷害,他们出尔反尔,把这些作品打成'黑画',也开'黑画展',恶毒地攻击外事部门执行的是'右倾投降主义路线'。一时间,上下呼应,南北配合,刮起一阵反党妖风"。1974年2月15日至4月5日,所谓"黑画"先后在中国美术馆和人民大会堂展出,展出了18名作者的215幅作品。展览前言中特别点出:"这批画……的产生是得到某些人公开鼓励支持的","特别值得我们深思"。后来,初澜在《坚持文艺革命,反对复辟倒退——反击美术领域文艺黑线回潮》中再一次强调:"值得注意的是,这些反动倾向十分露骨的黑画、竟然得到某些人的鼓励和支持,为之开绿灯。"

他们又制造了"《三上桃峰》事件"①。1974年1月23日至2月18日,国务院文化组举办的华北地区文艺调演在北京举行。调演期间,于会泳等人认定晋剧《三上桃峰》是吹捧"桃园经验"、为刘少奇翻案的大毒草。他们的逻辑很简单:"桃峰"即"桃园",歌颂三上桃峰即歌颂"桃园经验",歌颂"桃园经验"即歌颂王光美,歌颂王光美即为刘少奇翻案。《三上桃峰》毫无为刘少奇翻案之意。而初澜于1974年2月29日在《人民日报》发表《评晋剧〈三上桃峰〉》,发动"击退"所谓"反革命的修正主义文艺黑线的回潮"。一时间,破字猜谜、烦琐考证、罗织构陷之风横行,文字狱频频出现。江青一伙从《三上桃峰》开刀,对全国文艺界又进行一次洗劫。在这个事件中,山西省文化局干部赵云龙因对江青一伙的"左"倾文艺理论提出过意见,被逼死。

---

① 详见王昭:"《三上桃峰》事件始末",《蓝盾》1987年第4期。

五、毛泽东接连批示发表一批调查报告

为了指导各条战线的"斗、批、改",毛泽东亲自抓了"六厂二校"的典型①。1968年下半年至1970年间,"六厂二校"几乎提供了"斗、批、改"的所有主要经验。这是实践和完善"无产阶级专政下继续革命的理论"在各个方面推行"左"倾错误的一个重要行动。在当时,大多数各级领导干部还被当作"走资派"打倒,很多教授、专家、医生、工程师、作家、艺术家被当作"反动权威"批斗,各地"清理阶级队伍"中又人为地制造出一批"阶级斗争"对象,整党中出现严重的派性和无政府主义,各部门各单位普遍存在着不敢抓生产和业务的倾向。在这样的背景下,"六厂二校"经验提出"犯走资派错误的好人"的概念,推动了"解放"干部的工作;提出"一批二用"的政策,多少改善了被称为"反动权威"的专家们的境遇;提出清理阶级队伍要"注意政策"、"给出路",强调"抓革命、促生产"等,对抑制极端化倾向、稳定局势、缓和矛盾起到了一定作用。但是,"六厂二校"经验并不是对"文化大革命"错误指导思想的纠正,而恰是以它为基础和归宿的。在"左"的基础上抑制一些极左做法这样的二重性,是这些经验突出的特点,反映了希望通过"斗、批、改"来结束"文化大革命"这一基本思想的内在矛盾。

1. 毛泽东的点

在"斗、批、改"中,毛泽东亲自抓了"点",他的"点"就是"六厂二校"。毛泽东很重视"六厂二校"的经验。"六厂二校"的经验,即进驻这些厂、校的八三四一部队和首都工人毛泽东思想宣传队的经验。

经毛泽东批准,中共中央、中央文革小组1968年5月25日转发了《北京新华印刷厂军管会发动群众开展对敌斗争的经验》,12月3日转发了《北京新华印刷厂革委会在对敌斗争中坚决执行党的"给出路"政策的经验》,1969年1月29日转发了驻清华大学毛泽东思想宣传队的《坚决贯彻执行对知识分子"再教育""给出路"的政策》,中共中央5月8日转发了《北京市北郊木材厂认真落实党对民族资产阶级和小资产阶级的各项政策》,1970年3月15日转发了北大宣传队《发动群众总结经验,团结起来落实政策》、《关于清理和改造阶级敌人的情况报告》、《整党建党的情况报告》,5月29日转发了《北京二七机车车辆工厂整党建党情况报告》和《上海国棉十七厂关于整党建党情况的报告》。新华社总社记者等多次报道六厂二校

---

① "六厂二校",指的是北京针织总厂、北京新华印刷厂、北京北郊木材厂、北京化工三厂、北京二七机车车辆工厂、北京南口机车车辆机械厂以及北京大学、清华大学。毛泽东派中央警卫部队8341部队进驻这些工厂和学校。进驻北京大学、清华大学的还有首都一些工厂的工人,与前者共同组成工人解放军毛泽东思想宣传队。他们与这些厂校的革命委员会一起执行"斗、批、改"的各项任务。

革委会或宣传队的经验。六厂二校革委会或宣传队在《人民日报》、《红旗》杂志发表多篇文章，介绍他们的经验。这些厂、校革委会或宣传队的经验，当时对全国的"斗、批、改"有指导意义。

2. 六厂二校的经验

总的说来，六厂二校革委会或宣传队的经验是"左"倾的。它的要害是以阶级斗争为纲；贯彻"无产阶级专政下继续革命的理论"。正如《北京日报》1959年3月17日社论《认真学习六厂一校①的先进经验》所说，它根本的一条就是："狠抓阶级斗争和路线斗争，认真学习、努力掌握毛主席关于无产阶级专政下继续革命的学说，广泛发动群众，不停顿地向一小撮阶级敌人发动猛烈的进攻。"这些经验是在充分肯定"文化大革命"的理论和实践的前提下得出的，从根本上说是错误的。例如，驻清华大学毛泽东思想宣传队在《坚决贯彻执行对知识分子"再教育""给出路"的政策》中说："在清华大学的知识分子中，一种是在解放前受资产阶级培养'教育出来的知识分子，一种是解放后在修正主义路线毒害下，受资产阶级知识分子培养教育出来的知识分子。总的来看，前一种人比较复杂。……他们的世界观基本上是资产阶级的。后一种人虽然与前一种人有所不同，但长期受反革命修正主义教育路线的毒害，其中多数人也是出生于非劳动人民的家庭，世界观也没有得到很好的改造。""大叛徒、大内奸、大工贼刘少奇及其在清华的代理人蒋南翔为了推行修正主义的教育路线，在清华大学把许多教授、讲师安插在各系的党政领导岗位上……这些人大多是从旧社会过来的，世界观基本上还是资产阶级的，是属于资产阶级的知识分子，他们是刘少奇及其代理人推行修正主义教育路线的一支基本力量。""选定梁思成、刘仙洲、钱伟长三个典型，发动师生员工以毛泽东思想为武器，抓住他们的要害问题，紧紧围绕着两条路线斗争这个纲，集中批判了他们的学术是在什么路线指导下，为谁服务和怎样服务的问题。"《北京新华印刷厂军管会发动群众开展对敌斗争的经验》中说："由于中国赫鲁晓夫及其代理人，尤其是彭真反革命集团的直接把持和控制，国民党反动派的残渣余孽仍然受到重用，其中许多人还篡夺了我们的各级领导权。"北京大学宣传队《关于清理和改造阶级敌人的情况报告》说："北大两大派在毛泽东思想的基础上实现了革命大团结以后，于7月上旬转入清理阶级队伍工作，截至9月2日，告一段落。初步查清北大前身（旧北大、燕大）中统、军统、国民党、三青团等51个反动组织；在现有4711名教职员工中，清出叛徒3人，特务55人（其中潜伏特务17人），历史反革命分子21人，现行反革命分子9人（内含学生1人），地、富、坏分子14人，共102人，其中大部分人已定案处理。"（按：其中绝

---

① 当时八三四一部队还未进驻北京大学，所以这里说"六厂一校"。

大部分是冤假错案。)《南口机车车辆机械厂军管会迅速改变南口厂"老大难"面貌的经验》提出一个重要经验,就是"狠抓一个纲:以阶级斗争为纲,认真落实毛主席关于对敌斗争的各项无产阶级政策"。《红旗》杂志1969年第6期、第7期合刊发表的《改革不合理的规章制度——北京市北郊木材厂的调查报告》说:"只有彻底废除叛徒、内奸、工贼刘少奇的'利润挂帅'、'物质刺激'、'生产第一'、'专家治厂'的反革命修正主义企业路线才能破在要害处,只有坚决贯彻毛主席的无产阶级办企业路线,突出无产阶级政治,全心全意地依靠工人阶级,才能立在根本上。"诸如此类,举不胜举。以上所举,都不是片言只字的错误,而是六厂二校革委会或宣传队总结出的经验中普遍存在的根本性的错误。因此,从总体说来,从根本说来,六厂二校的经验是应予否定的。

在若干具体问题上,六厂二校大体上贯彻了毛泽东自八届十二中全会以来关于"缩小打击面"的指示。较之当时全国许多单位乱揪乱斗乱打乱关的实际做法,六厂二校的做法又有所谓"落实政策"的一面。它们在一定程度上纠正了当时普遍存在的极端的"左"倾错误。例如:在《北京新华印刷厂革委会在对敌斗争中坚决执行党的"给出路"政策的经验》中,说到该厂原党委书记李某,"他只是执行了修正主义路线,犯了严重错误;他虽然是旧市委派来的干部,但与黑线只是一般的工作关系,没有其他问题。……于是确定可以解放他"。毛泽东在这里批注:"像这样的同志,所在多有,都应解放,给予工作。"相对于极端的"左"倾错误而言,这是比较正确的。在《北京新华印刷厂用毛泽东思想统帅定案工作的做法和体会》中,说到"把好人与坏人区分开,正确解决未解放的干部问题",讲到"七个区别"(如"把与反革命修正主义分子有过工作关系的人,同搞阴谋的反革命修正主义分子区分开"),也有部分正确之处。相对于极端的"左"倾错误,它们有比较正确的一面,也是六厂二校经验的共同点。这些经验的推广,纠正了极端的"左"倾错误。

3."是时候了"

"是时候了",毛泽东8月19日(编者注:1968年)说的这句话,短短四个字,却很值得注意。它流露出毛泽东此时此刻的心境,认为他期待很久的那个时候终于到了。

形势确实发展得很快。1968年8月10日、14日、20日、28日和9月1日,中共中央、国务院、中央军委、中央文革先后批准云南、福建、广西、西藏和新疆成立革命委员会。这样,全国除台湾省以外的29个省、自治区、直辖市都已成立革命委员会,当时称为"全国山河一片红"。这在毛泽东心目中是一件有着标志性意义的大事。九月七日,《人民日报》、《解放军报》联名发表了题为《无产阶级文化大革命的全面胜利万岁》的社论,宣称:"它标志着整个运动已在全国范围内进入了斗、批、改阶段。"①

八九月间,毛泽东接连批示发表了一批调查报告,并为有些调查报告写了"编者按"或作了修改。它们包括:《上海工人技术人员在斗争中成长》、《农村的教育革命必须依靠贫下中农》、《从上海机械学院两条路线的斗争看理工科大学的教育革命》、《从江镇公社"赤脚医生"的成长看医学教育革命的方向》、《柳河"五·七"干校为机关革命化走出条新路》等。在关于"五·七"干校的批语中,他写道:"广大干部下放劳动,这对干部是一种重新学习的极好机会,除老弱病残者外都应这样做。在职干部也应分批下放劳动。"②这以后不久,他又提出知识青年上山下乡的问题。在不长的时间内集中地发表那么多有着毛泽东所写编者按或批语的调查报告,引起人们的广泛注意。它同前一阶段毛泽东言论的调子形成明显反差,说明毛泽东这时的主要注意力已不在继续发动疾风暴雨式的群众斗争,而更多地转移到斗、批、改上来,转移到怎样建立符合他理想的新体制和新秩序上来,也就是更多地从"破"转到"立"上来,尽管他所设想的那种新体制和新秩序事实上是行不通的,甚至产生了不少流弊。既然"是时候了",召开中国共产党第九次全国代表大会的问题便突出地提到毛泽东的议事日程上来。③

第三节 "一句顶一万句"和个人崇拜

文化大革命中"早请示,晚汇报"、"一句顶一万句"的顶礼膜拜和对伟大领袖、伟大舵手毛泽东的个人崇拜达到了登峰造极的程度。"唯上唯书"盛行,唯心主义泛滥,毛泽东的语录就是最高指示,毛泽东的号令就是前进方向,根本不需要人们对社会实际的调查研究和分析思考,辩证唯物主义的优良调查传统消失殆尽、荡然无存。

一、毛泽东时代的个人崇拜

毛泽东的个人崇拜始于1940年代的延安。从1958年以后,在中国形成了一个以毛泽东为最高权威的个人崇拜时期,于是发动了反右派斗争,造成大批冤、假、错案。在"文革"开始后,更是达到登峰造极的地步,最大的表现是人人读《毛主席语录》和跳忠字舞。1981年的十一届六中全会发表《中国共产党中央委员会关于

---

① 1968年9月7日《人民日报》。
② 毛泽东对《柳河"五·七"干校为机关革命化走出条新路》一文的批语,手稿,1968年9月30日。
③ 逄先知、金冲及主编:《毛泽东传(1949—1976)(上卷)》,中央文献出版社2003年版,第1527—1528页。

建国以来党的若干历史问题的决议》,对毛泽东的历史地位作出了新的较中肯的评价。那么对毛泽东的个人崇拜是怎样一步步愈演愈烈的呢?

1956年,面对社会主义改造的显赫胜利和"一五"计划的超额完成,以及因苏共二十大反对斯大林个人崇拜引发的波匈事件等国际国内出现的新情况、新问题,鉴于对形势的分析,毛泽东不能再支持对个人崇拜的批评了,也不能一味地反对所有的个人崇拜。1957年右派向党"进攻",又进一步强化了毛泽东的这一认识。从1958年开始,毛泽东对待个人崇拜的态度发生了重大变化。毛泽东的个人专断作风和对毛泽东的个人崇拜很快地发展起来。

1958年1月,在南宁会议上,毛泽东严厉批评了周恩来主管下的国务院经济部门搞分散主义,并编了一个口诀:"大权独揽,小权分散;党委决定,各方去办;办也有决,不离原则;工作检查,党委有责。"毛泽东特别强调:"集中,只能集中于党委、政治局、书记处、常委,只能有一个核心。"①

1958年3月,毛泽东在成都会议上明确指出:"个人崇拜有两种,一种是正确的崇拜,如对马克思、恩格斯、列宁、斯大林正确的东西,我们必须崇拜,永远崇拜,不崇拜不得了。真理在他的手里,为什么不崇拜呢?……另一种是不正确的崇拜,不加分析,盲目服从,这就不对了。"②事实上,毛泽东对他认为需要个人崇拜一事并不讳言。在成都会议上,陈伯达有个长篇发言,其中讲到王明说延安整风搞出了两个东西:一个民族主义,一个个人崇拜。毛泽东插话说:"说个人崇拜就是崇拜我。不崇拜我就崇拜他。我看,崇拜我好一点。"③陈伯达说到,我们是国际主义者、马克思主义者,我们有权威,有代表人,有中心人物、中心思想,但并不是个人崇拜。毛泽东接过话茬说:"怎么不是个人崇拜?你没有个人崇拜怎么行?你又承认恩格斯,你又反对个人崇拜。我是主张个人崇拜的。"毛泽东还说:"打死斯大林,有些人有共鸣,有个人目的,就是为了想让别人崇拜自己。列宁在世时,许多人批评他独裁。说政治局只五个委员,有时还不开会。列宁回答很干脆:与其你独裁,不如我独裁好。因此,只要正确,不要推,不如我独裁;也开点会,不全独裁就是。不要信这个邪,你反对个人崇拜,反到天上去,无非想自己独裁。"④

反对个人崇拜,是因为"有个人目的,就是为了让别人崇拜自己",此言一出,实际上给反对个人崇拜的人扣上了一顶大帽子,封住了别人的嘴。上有好者,下必甚焉。有对反冒进的严厉批判在前,又有对"正确的崇拜"的提倡在后,毛泽东的真实意图已经是明明白白的了。所以,伴随着大跃进热潮的临近,党内高层开始合

---

① 逄先知、金冲及:《毛泽东传(1949—1976)》(上卷),中央文献出版社2003年版,第768页。
② 同上书,第802页。
③ 席宣、金春明:《"文化大革命"简史》,中共党史出版社1996年版,第32页。
④ 李锐:《大跃进亲历记》(上卷),南方出版社1999年版,第188页。

力为个人崇拜升温造势。成都会议上,对毛泽东的颂扬不绝于耳。有人说:毛主席的思想具有国际普遍真理的意义。有人说:主席比我们高明得多,我们的任务是认真学习,但是主席有些地方是我们难以赶上的。有人说:要宣传毛主席的领袖作用,宣传和学习毛主席的思想。高级干部要三好:跟好、学好、做好。柯庆施的调子更高,他说:"对主席就是要迷信","我们相信主席要相信到迷信的程度,服从主席要服从到盲从的程度。"①"党中央的一些重要领导人如此集中地颂扬毛泽东个人,这是在新中国成立以来从未有过的。"②

1958年5月,八大二次会议上对于毛泽东的称颂更加突出。比如说,中国出现毛泽东,如同"德国出马克思,俄国出列宁一样";毛泽东是当代最伟大的马克思主义者;毛泽东思想是活的马克思主义,学马列要以"学毛著为主"等。随后,1958年夏,中央政治局候补委员、中央理论小组负责人康生又提出:"毛泽东思想是马列主义的顶峰。"诸如此类的颂词反复出现,调子一次比一次高,这表明,个人崇拜的氛围已经在党内高层形成并且日渐浓厚。

在中共党内个人崇拜之风日渐显露的形势下,彭德怀为反对党内个人崇拜而作出了自己的努力。然而,庐山会议最终成了全党动员,维护和树立毛泽东个人"绝对权威"的会议。同时,也导致对毛泽东的个人崇拜再度升温。作为毛泽东的接班人,刘少奇首先表现出坚定拥护个人崇拜的姿态。1959年8月17日他在中央工作会议上发表了长篇讲话,进一步赞扬毛泽东,鼓吹个人崇拜。康生也不甘落后,1959年底,他公开提出:"毛泽东思想是马列主义的最高标准、最后标准。"③1963年,毛泽东进一步发展了他的所谓反对笼统地反对个人崇拜的观点。6月14日,他在《关于国际共产主义总路线的建议》这个重要文献中说:"提倡所谓'反对个人迷信',实际上是将领袖和群众对立起来,破坏党的民主集中制的统一领导,涣散党的战斗力,瓦解党的队伍。"1965年毛泽东接见埃德加·斯诺时更加直言不讳地说,中国现在确实存在个人崇拜,而且需要更多的个人崇拜。

"文革"开始后,个人崇拜恶性发展,演变成新的"造神"运动。林彪、江青、康生等人利用广大群众被运动所煽动起来的对领袖的狂热,把毛泽东本人和毛泽东思想吹捧到无以复加的程度。当时最流行的说法有:一、"天才说"。1966年9月18日,林彪在《关于把学习毛泽东著作提高到一个新阶段的指示》中说:"毛主席这样的天才,全世界几百年,中国几千年才出一个,毛主席是世界上最伟大的天才。""毛主席比马克思、恩格斯、列宁、斯大林高得多,现在世界上没有哪一个人比得上

---

① 薄一波:《若干重大决策与事件的回顾》(修订本)(下卷),人民出版社1997年版,第1332页。
② 逄先知、金冲及:《毛泽东传(1949—1976)》(上卷),中央文献出版社2003年版,第802页。
③ 席宣、金春明:《"文化大革命"简史》,中共党史出版社1996年版。

毛主席的水平。"①二、"三个里程碑"说。1967年5月18日,《伟大的历史文件》一文中指出:毛泽东是继马克思、恩格斯、列宁、斯大林之后的"第三个伟大的里程碑"。三、"四个伟大"说。1966年8月31日,林彪在接见外地来京革命师生大会上说:"毛主席是我们伟大的导师,伟大的领袖,伟大的统帅,伟大的舵手。"②还有"树立毛泽东思想的绝对权威"说等等。至于毛泽东的塑像、雕像、语录、像章,更是铺天盖地,无处不有,无人不有。

二、林彪在个人崇拜发展过程中的作用

面对国际国内出现的新情况、新问题,从1958年开始,毛泽东对个人崇拜的态度发生了重大变化。在党内明确不准反对个人崇拜,而要搞个人崇拜。以成都会议上提出两种个人崇拜为起点,到1959年的庐山会议已经把对毛泽东的个人崇拜公开提出来了。面对毛泽东对个人崇拜态度的变化,林彪从毛彭冲突中认清了毛泽东晚年的致命弱点,意识到搞个人崇拜是"得一人者得天下",是谋取个人权位的捷径。于是,利用人民对毛泽东的感情,竭力鼓吹个人崇拜,在全国范围内开展了"造神运动"。

林彪制造个人崇拜大体上可以分为三个阶段。

第一阶段,从庐山会议到1962年七千人大会以前。在这个阶段中,林彪频繁地颂扬毛泽东。

1959年庐山会议后,林彪担任了国防部长,开始主持中央军委工作。他利用讲话、谈话、下达指示、主持起草会议文件、给《毛泽东选集》撰写介绍文章等各种机会,一再颂扬毛泽东:毛泽东同志是"当代伟大的马克思主义者";毛泽东思想是"当代最高最活的马克思主义",一定要把"毛泽东思想真正学到手",一定要"用毛泽东思想把我们的头脑武装起来";"学习毛泽东思想是一本万利的事";学习毛泽东著作"要带着问题学";"要读毛主席的书,听毛主席的话,照毛主席的指示办事,做毛主席的好战士"。林彪几乎没有放过任何一次赞颂毛泽东的机会。

第二个阶段,从七千人大会的召开到"文革"开始。以七千人大会为标志,林彪把个人崇拜推进到一个更高的阶段,这一阶段的特点是:不顾事实、真理和原则,阿谀奉承毛泽东。

1962年1月召开的七千人大会,总结了1958年以来我党错误地发动"大跃进"和人民公社化运动导致三年困难局面的原因,认为主要是毛泽东同志在巨大胜

---

① 《毛泽东思想万岁》,战士出版社1968年版。
② 同上。

利面前,头脑发热了,不谦虚谨慎了,不实事求是了。与会代表纷纷作了批评和自我批评。可是,林彪却作了一个与整个会议气氛极不协调的发言。他说:"困难局面的出现,恰恰是由于我们有许多事情没有按照毛主席的指示去做而造成的,如果按照毛主席的指示去做,如果听毛主席的话,那么困难会小得多,弯路会弯得小一些。""过去的工作搞得好的时候,正是毛泽东思想不受干扰的时候,凡是毛主席的思想不受尊重,受到干扰时,就会出毛病。几十年的历史就是这个历史。"本来,毛泽东对"大跃进"、人民公社等失误及其导致的三年困难时期负有重大责任,但林彪反而说这是没有按毛主席的指示办事的结果,阿谀之相显露无遗。

第三阶段,整个"文革"时期。"文革"开始后,林彪等人煽动了一场波及全国的、旷日持久的"造神"运动。

1966年,林彪发表了著名的"5·18"讲话,极力颂扬毛泽东和毛泽东思想,大讲天才论,声称:"毛主席的话,句句是真理,一句超过我们一万句。"[①]同年9月18日,他又讲:"毛主席这样的天才,全世界几百年,中国几千年才出一个。毛主席是世界上最大的天才。……在学习马克思列宁主义经典著作中,我们要百分之九十九地学习毛主席著作。"[②]

《毛主席语录》是林彪授意解放军总政治部编辑出版的毛泽东著作的摘录,中国人民人手一册。林彪凡公开露面,必手举语录频频晃动。"万岁不离口,语录不离手。"在林彪的带动下,整个中国掀起了轰轰烈烈的造神运动。人们手举"红宝书",早请示,晚汇报,天天读,唱语录歌,做语录操,跳忠字舞,个人崇拜由此达到了登峰造极的程度。造神运动伴之以惩罚与镇压,凡是反对者、怀疑者,甚至偶有口误、笔误者,都要予以惩处,或批判,或斗争,直至押入监狱,判处徒刑。这又使造神运动带上了恐怖气氛,增加了它的威势。

持续不断的造神狂热,最终形成以下一些观念:

第一,由于毛泽东是"当代最伟大的天才",他可以"洞察一切",他的话"句句是真理",所以用于检验人们思想和言行正确与否的标准只有一个,这就是语录标准,就是毛泽东不时发出的"最新最高指示"和他以前说过、写过的每一句话。第二,对于毛泽东的每一句话,每一条指示都必须"毫不走样"地贯彻执行,"一切照办"。革命与反革命,马列主义与修正主义,社会主义与资本主义,无产阶级与资产阶级的界限,归结到一点,就是对毛主席的态度,实际就是对待个人崇拜的态度。第三,毛泽东最伟大的贡献,最能体现他伟大天才的,是他创立了"无产阶级专政下继续革命"的理论,发动了"史无前例的无产阶级文化大革命",这是马列主义崭新

---

① 许全兴:《毛泽东晚年的理论与实践》,中国大百科全书出版社1993年版。
② 同上。

阶段的主要标志。因此,对待毛泽东和毛泽东思想的态度,又集中表现为对待"继续革命理论"和"文化大革命"的态度。

这三条也是"文革"期间达到顶峰的个人崇拜的主要内容。

第四节 刘少奇冤案和清队专案组的内查外调

毛泽东说过:"斗批改,清理阶级队伍,搞了很多人去搞调查,没有目的地到处乱跑。还有抓人太多,关人太多,解放的人太少。有些人站队站错了,还没有转过来,一个学校那么多教师、教员都不要,怎么办呢?你不改造他?就是叛徒、特务、死不悔改的走资派也要给出路。对走资派也要区别。有些走资派,开始执行了资产阶级反动路线,镇压群众很厉害;但所谓死不悔改,难道一万年也不改吗?不做工作又怎么改呀?这些人都不要怎么行?都把他们推到帝国主义、修正主义那里去了。我们讲钱伟长、梁思成(钱是著名力学家,梁是著名建筑学家。——引者注),可以作为典型,要找标兵嘛!有人说,人家有历史问题。有历史问题不要紧,人都是有历史的嘛。人就是历史。有的人和美国、国民党有关系,就是有嘛,不要怕嘛!那都是摆在那里的嘛!拼命搞外调,又搞不清楚问题,盲目地乱跑,结果花了很多时间精力,问题还是搞不清。为什么不要他坦白、叫他自己交代呢?关的人太多,统统放了,只要不是杀人、放火、放毒、破坏,至于写几条反动标语,那有什么要紧?有的人放出来,只要不继续杀人就行了,可以继续进行教育。他再杀人,再抓嘛!这是第一。一个是关,一个是放。一个不关不行,我们说是大部不抓,一个不杀。现在那么多教授、干部,不解放是不妥当的。我们历来讲坏人是少数,可以教育争取的是大多数。一讲就是一窝黑,几十个,甚至四分之一,三分之一,了不起了。开始有些老工人、解放军,一讲就是一窝黑,一个样,那样不是把人都推到帝国主义、修正主义那里去了?"①

一、国家主席刘少奇的厄运

1966年12月18日成立"王光美专案组",目标至少部分地是对着刘少奇的。江青、康生、谢富治、戚本禹等人在1966年年底、1967年年初鼓动打倒刘少奇,上文已经说过。《红旗》杂志1967年第1期发表了经毛泽东审阅过的姚文元的长文《评

---

① 逄先知、金冲及主编:《毛泽东传(1949—1976)下》,中央文献出版社2003年版,第1543页。

反革命两面派周扬》,这篇文章有一条长注,其中说:"鼓吹《清宫秘史》的'大人物'当中,就包括有在当前这场无产阶级文化大革命中得出资产阶级反动路线的人,他们反对毛泽东思想的反动资产阶级世界观,他们保护剥削阶级、仇恨革命的群众运动的本质,早在建国初期吹捧《清宫秘史》时就表现出来了。"这时就给刘少奇强加了"罪名"。据《快报》报道,中南海"革命群众"1967年1月12日到刘少奇家中贴大字报,叫刘少奇、王光美出来看大字报,并要他们回答问题。中南海"革命群众"1月23日又斗争刘少奇、王光美。斗争时,有人按了他们的头,并令王光美站在桌子上"'示众'"。1月23日下午,林彪在军委碰头会扩大会议上说:"刘、邓的问题要下达,毛主席已经批准了。"2月1日,经毛泽东审定的《红旗》杂志第3期社论《论无产阶级革命派的夺权斗争》指出:"谁是党内走资本主义道路的当权派的头面人物,革命群众已经看清楚了"。当时谁都知道,这是指刘少奇。

由于种种原因,党内(包括党内上层)没有人为刘少奇鸣不平,这是值得深思的。倒是党外知名人士章士钊毅然上书①。1967年3月初,章士钊对他的女儿章含之说:"这个运动再搞下去,国家要完了。不能打倒刘少奇!这些家伙(按:指江青一伙)要把中国毁掉。""我要给毛主席写信,请他制止打倒刘少奇。毛、刘分裂就会使国家分裂。"章士钊在给毛泽东的信中说,毛、刘团结乃共产党领导核心坚强的保证。假若刘少奇同志确实犯了错误,望毛、刘两位领导赤诚相待,好好谈谈,刘可做检讨,但切不可打倒刘少奇。3月10日,毛泽东回复如下:"行严先生②:惠书敬悉。为大局计,彼此心同。个别人情况复杂,一时尚难肯定,尊计似宜缓行。敬问安吉!毛泽东三月十日。"3月间,毛泽东派人把当时中央整理的有关刘少奇的材料送给章士钊阅读。章士钊看过之后,接连数日情绪低沉,对章含之说:"刘少奇同志的这些'罪状',纯系蓄意置他于死地。"从以上事实和以下事实可以断定,毛泽东在1967年3月下定决心打倒刘少奇。

1. 打倒刘少奇的一篇长文

中外为之瞩目的是,《红旗》杂志1967年第5期(3月30日出版)上公然发表了打倒国家主席刘少奇的文章。这就是戚本禹的长文《爱国主义还是卖国主义?——评反动电影〈清宫秘史〉》。这篇长文是毛泽东审阅批准发表的。它是在"大联合"、"三结合"问题上遇到极大困难,全面夺权受挫的背景下发表的。毛泽东1967年5月在一次谈话中说过,在"一月风暴"后,一再着急大联合的问题,大联合未能奏效。后来发现这个主观愿望不符合阶级斗争的客观规律,因而

---

① 详见章含之:"我与父亲章士钊",《文汇月刊》1988年第4期。
② 章士钊,字行严。

中央不再捏合,改为促,用大批判来促进大联合。所谓"大批判",就是批判刘少奇意图显然是这样的;使"造反派"目标集中到打倒刘少奇上来,通过批判刘少奇达到"大联合"的目的。戚本禹的文章的最大特色,是以"权威"的姿态第一次在中央报刊上批判所谓"党内最大的走资本主义道路的当权派",宣称:"一定要把党内最大的走资本主义道路的当权派拉下马,让他靠边站。"这篇文章把"帝国主义、封建主义、反动资产阶级的代言人"、"帝国主义买办"、"帝国主义、封建主义反革命宣传的应声虫"等罪名强加于刘少奇,又把一些罪名强加于邓小平、陆定一、周扬和胡乔木。文末对刘少奇荒谬地提问八个"为什么"并给出了"答案":

> 为什么你要在抗日战争爆发前夕,大肆宣扬活命哲学、投降哲学、叛徒哲学,指使别人自首变节,要他们投降国民党,叛变共产党,公开发表"反共启事"、宣誓"坚决反共"?
>
> 为什么你要在抗日战争胜利以后,提出"和平民主新阶段"的投降主义路线?
>
> 为什么你要在解放以后极力反对资本主义工商业的社会主义改造?反对农业合作化,大砍合作社?
>
> 为什么你要在社会主义三大改造完成以后,竭力宣扬阶级斗争熄灭论,积极主张阶级合作,取消阶级斗争?
>
> 为什么你要在三年困难时期,与国内外牛鬼蛇神遥相呼应,恶毒攻击三面红旗,鼓吹"三自一包"、"三和一少"的修正主义路线?
>
> 为什么你要在一九六二年还重新出版过去那种不要革命,不要阶级斗争,不要夺取政权,不要无产阶级专政,反对马克思列宁主义,反对毛泽东思想,宣扬腐朽的资产阶级世界观,宣扬反动的资产阶级唯心主义哲学的、欺人之谈的大毒草《论修养》?
>
> 为什么你要在社会主义教育运动中提出和推行形"左"实右的机会主义路线,破坏社会主义教育运动?
>
> 为什么你要在无产阶级文化大革命中,勾结另一个党内最大的走资本主义道路的当权派,提出和推行资产阶级反动路线?
>
> 答案只有一个:你根本不是什么"老革命"!你是假革命、反革命,你就是睡在我们身边的赫鲁晓夫!

《人民日报》4月1日刊登了戚文,全国"造反派"集会游行,热烈欢呼打倒了刘少奇。把刘少奇定为敌我矛盾性质的"党内最大的走资派",就为后来更加任意地诬陷他,硬把他打成"叛徒"、"内奸"、"工贼",提供了条件。光是"走资派"还不一定打得倒,需要强加以更大的罪名①。从1967年5月18日起,"王光美专案组"就把"狠抓刘少奇自首变节问题"放在第一位了,指导思想是"左"的,"专案审查"大权实际上掌握在江青、康生、谢富治等人手里,"文化大革命"又搞得很糟,决定了刘少奇不会有好一点的命运。

打倒刘少奇决不只是打倒一个人,这意味着要打倒许多人。《人民日报》4月8日社论《高举无产阶级的革命的批判旗帜》说:"十七年来,正是这个中国的赫鲁晓夫,在文学、史学、哲学、政治经济学、教育学、新闻学等各个领域,在党、政、军、工、农、商、学各界,扶植和保护了党内一小撮走资本主义道路当权派和一小撮资产阶级反动学术'权威',散布了大量的修正主义毒素。在关键时刻,这些牛鬼蛇神总要在他们的后台老板鼓动下,纷纷出笼,跳出来向党发动猖狂进攻。而党内一小撮大大小小的走资本主义道路当权派和一小撮形形色色的资产阶级反动学术'权威',正是这个中国的赫鲁晓夫推行反革命修正主义路线的基干力量。"这里说得清清楚楚,被打倒的许多"走资派",都算是刘少奇的"代理人"。

2."革命大批判"

打倒刘少奇不只是意味着打倒许多人,还要求"在思想上夺修正主义的权"。自戚本禹的文章发表之日起,开展了矛头对着"党内最大的一小撮走资派"和"反革命修正主义路线"的所谓"革命大批判"。

4月8日,《人民日报》发表重要社论《高举无产阶级的革命的批判旗帜》,号召开展"革命大批判"。同日,《光明日报》发表重要社论《打倒中国的赫鲁晓夫》。4月11日,《解放军报》发表重要社论《为彻底批判党内最大的走资本主义道路的当权派而战斗》。4月20日,江青在北京市革命委员会成立和庆祝大会上说,"在当前无产阶级革命派联合夺权的这个阶段中,应该开展对党内最大的一小撮走资本主义道路的当权派的大批判运动"。5月8日,《人民日报》、《红旗》杂志发表《〈修养〉的要害是背叛无产阶级专政》。5月11日,中共中央通知:"五月八日,红旗杂志编辑部和人民日报编辑部发表的《〈修养〉的要害是背叛无产阶级专政》,是经过政治局常委扩大会议通过,并经我们伟大领袖毛主席亲自批准的重要文章。这篇文章击中了《修养》一书的要害,也击中了党内最大的走资本主义道路当权派的要害。""希望各单位的革命同志,认真地组织学习和讨论,进一步深入地开展对党内最大的一小撮走资本主义道路当权派的大批判运动。"这篇批判文章混淆了是非,混淆了敌我。历史证明,刘少奇的《论共产党员的修养》是经过中共中央审定的马

---

① 把刘少奇打成"叛徒"、"内奸"、"工贼",情形极为复杂,本书限于篇幅,不予述及。好在有些书(如《历史的审判》等)述之甚详,请参看。

克思列宁主义、毛泽东思想的伟大著作①。

这次所谓"革命大批判"的特点是：第一，规模大，范围广。全国报刊连篇累牍地发表批判文章，各个领域、各个方面都有代表作，对刘少奇等人大肆攻击，目的是从政治上、思想上把刘少奇等人搞臭。江青1967年9月5日说："现在对党内头号走资本主义道路当权派的大批判运动正在全国展开，各个战线上都在向他开火。要把他批倒、批臭、批深、批透。我曾经在一个场合讲过，要做到家喻户晓。使他臭得比当年苏联的托洛茨基还要臭。"第二，政治宣判，不容许讨论，不容许提出异议，不容许被批判者申辩。第三，若干"权威"的批判文章是江青等人组织、授意或在其影响下写成的。他们假"革命大批判"之名，行造谣、陷害之实。他们利用权力，利用中央报刊社论的名义，发表批判文章，欺骗性极大。第四，以"左"倾思想批判正确的或比较正确的思想。"革命大批判"所批判的所谓"唯生产力论"、"阶级斗争熄灭论"、"福利主义"、"三自一包"、"三和一少"、"利润挂帅"、"物质刺激"、"卖国主义"、"洋奴哲学"、"智育第一"、"三名三高"、"业务挂帅"、"技术第一"等，都在不同程度上以"左"倾思想批判了正确的或比较正确的思想，混淆了是非，制造了混乱。第五，先定罪名，后拼凑材料。深文周纳，断章取义，随意引申，任意污蔑，歪曲历史，无限上纲。"革命大批判"践踏了社会主义民主和法制，传播和助长了"左"倾思想，推广了主观主义形而上学的否定一切的方法，影响深远。"革命大批判"是应该彻底否定的。它从反面说明了在建设什么样的社会主义和如何建设社会主义问题上的错误主张。它没有也不可能"大联合"，反而加剧了群众之间的分歧。

3."刘少奇专案组"始末

在"文化大革命"中，"刘少奇专案组"采取弄虚作假、刑讯逼供等恶劣手段伪造证据，于1968年9月炮制出三本所谓"罪证材料"，将中共中央政治局常委、国家主席刘少奇打成"叛徒、内奸、工贼"。设立这个专案组，既没有中共中央的文件，也没有全国人大常委会的决议，更没有通过中共中央全会和全国人民代表大会。

中共十一届三中全会以后，中央纪律检查委员会和中央组织部对刘少奇一案进行了复查。结果证明，在江青、康生、谢富治主持下搞出来的《关于叛徒、内奸、工贼刘少奇罪行的审查报告》，完全是凭伪证拼凑成的，所有指控都不能成立。

伪证为什么能够制造出来？原因很复杂。主要是林彪、江青一伙有意诬陷，而"文化大革命"中的极"左"路线，则为他们的非法活动提供了条件。1966年底，"打倒刘少奇"的舆论和行动从北京蔓延到全国。12月，北京地区一些老红卫兵，

---

① 吴黎平在《正气磅礴大义凛然——重读〈论共产党员的修养〉》（1980年3月5日《文报》）里说：《论共产党员的修养》最初在延安《解放》杂志1939年第81—84期发表，我是责任编辑。文章经毛泽东审阅，毛泽东给我一信，信中说，这篇文章"提倡正气，反对邪气"，写得很好，很重要，应赶快发表。

因为刘少奇鸣不平,被中央文革下令抓了起来。中央政治局常委、书记处常务书记陶铸,也因为有过一些保护刘少奇、邓小平的言论,被打成"中国最大的保皇派",于1967年1月被突然打倒。在"打倒一切、全面内战"的局势之下,社会秩序一片混乱,法制破坏殆尽,使江青等人得以为所欲为,大售其奸。

伪证是怎样制造出来的?现在看来,直接的手段主要是弄虚作假、逼供信。间接的手段大体有以下三个方面。

一是先定性,后罗织罪名。1966年12月下旬,在尚未对刘少奇作任何审查的情况下,江青一伙就宣称刘少奇是打倒对象,鼓动造反派采取"倒刘"行动。12月31日江青对刘少奇女儿说:"刘少奇的问题早就定了,现在不解决,是因为怕全国人民转不过弯来。"到了1967年,设立了刘少奇专案组,但还没有进行调查取证,可江青、康生等人在不同场合的讲话中,提到刘少奇时总要毫无根据地冠以"反革命"、"大叛徒"等帽子。1967年3月30日发表的戚本禹《爱国主义还是卖国主义》一文,以权威的口吻宣称:"你(指刘少奇)根本不是什么'老革命'!你是假革命、反革命,你就是睡在我们身边的赫鲁晓夫!"8月4日康生对专案人员说:"刘、邓、彭、罗、陆、杨等是老干部、老革命吗?他们是一贯的反毛泽东思想的大叛徒、老反革命。"谢富治曾对专案组工作人员说:"对刘、邓、陶要作拼死的斗争,坚决打倒。办案就是伟大的革命,就是你死我活的斗争。"

在专案组关押的人中,有相当一部分是江青、康生,谢富治直接指示的。1981年1月最高人民法院特别法庭在对林彪、江青反革命集团主犯的判决书中说:"1967年,江青等人为了制造诬陷刘少奇的伪证,决定逮捕关押河北省副省长杨一辰(原中共满洲省委组织部干事)、中国人民大学教授杨承祚(原辅仁大学教授、王光美之师)、天津市居民王广恩(原奉天纱厂协理)和刘少奇的炊事员郝苗等11人。"实际上这11人仅是江青一人单独指示的,还不包括她和别人共同批的在内。

江青一伙抓人是非常随意的。"人大三红"的这份材料上有这样一句话:"据×××一家交代,转让给王光美的保姆祁妈只在王光美家干几个月就走了。"江青对这句平平常常的话竟如获至宝,在旁边批道:"一定要找到祁妈!请东兴同志注意。"这个叫祁妈的人当然也很快被"找到"并关了起来。可是,祁妈只是一个普普通通的保姆,她的名字叫孙淑珍。在她莫名其妙地被关了两年之后,专案组1969年10月在《重点审查对象表》中写道:"孙淑珍,北京市崇文区南里街道托儿所保育员。关押地点:陶然亭监狱。关押原因:给杨承祚、袁绍英和王光美当过保姆,有参与美特务活动嫌疑。经查实,本人历史未发现政治问题,与王、杨、袁系雇佣关系。处理意见:释放原单位。"江青为迫害刘少奇随意关人捕人,由此可见一斑。

专案组关押人用了逮捕、拘留、监护、隔离审查、办学习班等不同名义,但目的都是一个,就是要从这些人身上逼出能将刘少奇定罪的口供。他们将人抓来之后,采取勒令交代、长期隔离、日夜审讯、轮番批斗、软硬兼施等手段,编造假情况,拼凑假证据。1968年9月"刘少奇、王光美专案组"整理上报的三本所谓"罪证材料",主要就是这种逼供信的产物。

专案的本意是指需要专门处理的重要文件或案件。在"文化大革命"中,它被作为审查、打倒干部的一种常见的方式。难以计数的干部被列为专案审查对象,造成了大量的冤假错案。林彪、江青集团更是把专案作为他们篡党夺权的一个工具,通过设立和操纵专案机构,罗织罪名,将一大批功勋卓著的老一辈革命家和高级干部打成叛徒、特务、反革命。"刘少奇专案组"是其中最突出的一个。1978年12月中共十一届三中全会总结了这方面的沉痛教训,指出:"会议认为,过去那种脱离党和群众的监督,设立专案机构审查干部的方式,弊病极大,必须永远废止。"①

二、"清理阶级队伍"

1967年11月27日,江青在北京工人座谈会上说:"在整党建党的过程中,在整个无产阶级文化大革命的过程中,都要逐渐地清理队伍。"这也未必只是江青个人的意见。在这之后,上海等极少数地方就开始了"清理阶级队伍"的活动。多数省、市、自治区还没有成立革委会,谈不上开展"清理阶级队伍"的活动。

在反"右倾"的狂潮中,姚文元于1968年5月13日把《北京新华印刷厂军管会发动群众开展对敌斗争的经验》②送毛泽东参阅。5月19日,毛泽东在批示中特别指出:"在我看过的同类材料中,此件是写得最好的。""建议此件批发全国。"5月25日,中共中央、中央文革小组转发这一材料,要求全国各地"有步骤地有领导地把清理阶级队伍这项工作做好"。"清理阶级队伍"即在全国开展。

《北京新华印刷厂军管会发动群众开展对敌斗争的经验》说:"这个厂的军管人员,在发动群众狠抓阶级斗争中,十分注意掌握党的方针、政策。他们的基本做法是:放手发动群众,严格区分两类不同性质的矛盾,牢牢掌握斗争大方向,团结一切可以团结的人,调动一切积极因素,最大限度的孤立和狠狠打击一小撮阶级敌人。"这只是表面文章,实际上并不"严格区分两类不同性质的矛盾"。这个材料说:"北京新华印刷厂的军管人员,在发动群众开展对敌斗争中,是很坚决的,不论是对特务、叛徒,还是对一小撮走资派,他们都带领群众,狠揭狠批。特别是对那些恶毒攻击伟大领袖毛主席和林副主席、恶毒地攻击中央文革、反对无产阶级司令部的现行反革命分子,一旦发现,就狠狠打击,毫不留情。"显然,这是很"左"的。揪

---

① 黄峥:"'刘少奇专案组'始末",刊《回首文革》,中共党史出版社2000年版,第845—860页。
② 原载《文化革命动向》,第1220期。

"五一六分子"打击了一大片,"清队"又打击了一大片。

为什么要"清队"?"清"哪些人?政策界限是什么?如何"清队"?这类问题,中共中央从未发一个文件作系统而明确的说明,只是转发了一些"经验"材料,只是十分笼统地要求"准"。这是"清队"中各地各单位自行其是的根本原因。多次如此了,不明确概念,不说明政策界限,却要求全国行动起来,出现种种偏差以后又文过饰非。

究竟为什么要在全国开展"清队"活动呢?这与毛泽东自1967年夏起在实际工作中把重点整"走资派"转为重点打击群众组织中的"坏人"紧密关联。在1967年1月以后,"大联合"和"三结合"迟迟不能实现,毛泽东认为原因之一是坏人作祟。他在1967年视察三大区时就说过:"群众组织里头,混进了坏人。"后来在九届一中全会上回顾时也说过:"工厂里确有坏人。"在多数省、市、自治区革委会已经成立的1968年5月,在反"右倾"的声浪中,他要求全国开展"清队"活动。在这一活动中清理出为数极少的坏人,在客观上抑制了无政府主义。由于指导思想犯"左"倾错误、政策界限模糊和派性严重存在,"清"错了数以百万计的人。不少人在"清队"中因不堪蹂躏而自杀。《广西文革大事年表》1968年9月20日记:"……立即掀起了所谓'斗、批、改'和清理阶级队伍的新高潮。自治区各部门,各地、市、县,各大、中学校,几乎每个单位都揪出几个、几十个甚至一百余个干部、教师、教授、工人,扣上'叛徒'、'特务'、'民党残渣余孽'、'坏头头'、'反革命'、'反军干将'、'牛鬼蛇神'、'右派'等罪名关进'牛棚'和私设的牢房以及监狱。全区有15万多干部职工受到残酷批斗和惩罚性劳役。"1972年2月10日记:"自治区党委向各地、市、县委和柳铁(按:柳州铁路局)党委发出《关于在城市、县城的街道铺开社会清队工作的意见》的文件。……制造了大批冤假错案、据……20个市、县的不完全统计,在'清队'中揪斗了28 500多人。定为伪军、警、政、特和地、富、反、坏、右等各类人员8 769人,逼死310多人。"

第五编

中国特色:改革开放时期

(20世纪80年代至今)

第十章 党和政府在新时期的调查研究

改革开放之后,我国党和政府组织了许多社会调查,其中包括家喻户晓的六次人口普查和经济普查也包括许多鲜为人知的专业领域的调查。实行的主体形成了以国家统计局为中心,各部委机构分别开展的格局。除了实行调查之外,党和国家还担负着管理的职责,它们通过制定相关法规政策,规范统计解释指标,限定调查人员资格来实行对于我国境内调查的管理。执行主体的特殊性也同样使党和政府的调查获得了与学术界和商业界调查截然不同的鲜明特点。

第一节 党政领导人对调查研究意义的论述

深入实际进行调查研究,坚持理论与实际相结合,由此制定和执行正确的路线方针政策,是我们党领导革命、建设、改革的基本经验和基本工作方法。毛泽东、周恩来、刘少奇、朱德、邓小平、陈云等老一辈革命家,曾经对调查研究问题发表过许多重要而精辟的论述,他们还经常深入基层亲自做社会调查,撰写了许多调查报告。他们调查研究的实践和成果,对于指导党和人民的事业沿着正确的道路发展,起了重要的作用[1]。

1978年改革开放三十多年,是我国经济高速增长,人民生活水平不断提高的历史时期。党和国家领导人带领人民走出了一条有中国特色的发展之路,在探索的过程上,社会调查和研究对我们认识当前形势,从而制定正确的方针政策,同样发挥着不可磨灭的作用,因此,对调查研究的历史意义,党中央领导人都有着深刻和重要的论述。

---

[1] 《老一辈革命家论调查研究——〈毛泽东周恩来刘少奇朱德邓小平陈云论调查研究〉出版发行》,新华网 www.xinhuanet.com。

一、邓小平：办事情，做工作，必须深入调查研究

1978年6月2日，邓小平同志在全军政治工作会议上发表讲话，他就对"调查研究"的重大意义进行了阐述。他说：

> 毛泽东同志从参加共产主义运动、缔造我们党的最初年代开始，就一直提倡和实行对于社会客观情况的调查研究，就一直同理论脱离实际、一切只从主观愿望出发、一切只从本本和上级指示出发而不联系具体实际的错误倾向作坚决的斗争。毛泽东同志在一九二九年为古田会议写的决议中就尖锐地反对主观主义的指导，认为这种指导，"其必然的结果，不是机会主义，就是盲动主义"。一九三〇年，毛泽东同志专门写了《反对本本主义》这篇文章，提出"没有调查，没有发言权"的科学论断。他坚决反对在共产党内讨论问题的时候，开口闭口拿本本来，以为上了书的就是对的这种错误的心理。毛泽东同志说："盲目地表面上完全无异议地执行上级的指示，这不是真正在执行上级的指示，这是反对上级指示或者对上级指示怠工的最妙方法。"他又说："我们说马克思主义是对的，决不是因为马克思这个人是什么'先哲'，而是因为他的理论，在我们的实践中，在我们的斗争中，证明了是对的。我们的斗争需要马克思主义。我们欢迎这个理论，丝毫不存什么'先哲'一类的形式的甚至神秘的念头在里面。
>
> ……毛泽东同志在一九四一、一九四二年发起了伟大的整风运动。毛泽东同志的《〈农村调查〉的序言和跋》、《改造我们的学习》、《整顿党的作风》、《反对党八股》等著作，就是这次整风运动的主要文献。毛泽东同志在整风运动中反复强调实事求是、从实际出发的根本观点和根本态度。他说："'实事'就是客观存在着的一切事物，'是'就是客观事物的内部联系，即规律性，'求'就是我们去研究。我们要从国内外、省内外、县内外、区内外的实际情况出发，从其中引出其固有的而不是臆造的规律性，即找出周围事变的内部联系，作为我们行动的向导。""这种态度，就是党性的表现，就是理论和实际统一的马克思列宁主义的作风。这是一个共产党员起码应该具备的态度。"而与此相反的反科学的反马克思列宁主义的主观主义的方法，则"是共产党的大敌，是工人阶级的大敌，是人民的大敌，是民族的大敌，是党性不纯的一种表现"。毛泽东同志告诫全党同志不应该把马克思主义的理论"看成是死的教条"，"把马克思列宁主义书本上的某些个别字句看作现成的灵丹圣药，似乎只要得了它，就可以不费气力地包医百病"。如果这样，"就阻碍了理论的发展，害了自己，也害了同志"。他指出："真正的理论在世界上只有一种，就是从客观实际抽出

来又在客观实际中得到了证明的理论"。根据这种马克思主义的根本观点,毛泽东同志在党的七大的报告中,把理论和实践相结合的作风,规定为我们党的三大作风的第一项。

无论在我们党的自身建设还是整个国家的经济发展过程中,通过社会调查研究可以使"理论联系实际",对我们了解现实状况,发挥了积极作用。

邓小平同志曾指出:"我们办事情,做工作,必须深入调查研究,联系本单位的实际解决问题。"转变各级领导人的作风,解决官僚主义和不深入实际的问题。"工作能不能落实,关键在于领导干部是不是以身作则,深入部队,调查研究,从实际出发,分析问题,解决问题。"(《在全军政治工作会议上的讲话》,一九七八年六月二日)

对经济运行状况进行调查研究,才能做出符合实际的分析,使党和国家制定的经济增长目标符合现实情况,"一九八二年工农业总产值增长百分之八左右,大大地超过了原定的增长百分之四的计划。……这里就提出一个问题,如果我们的年度计划定低了,而实际增长速度高出很多,会产生什么影响?对这个问题,要抓紧调查研究,作出符合实际的分析。"经过调查研究而制定的计划,才会是"积极的、留有余地的、经过努力"能够达到的。(《各项工作都要有助于建设有中国特色的社会主义》,一九八三年一月十二日)

对干部和群众进行教育,改善社会风气,要通过调查研究,了解影响社会风气的重要思想问题。"对一部分干部和群众中流行的影响社会风气的重要思想问题,要经过充分调查研究,由适当的人进行周到细致、有充分说服力的教育……群众关心的实际生活问题和时事政策问题,各级领导一定要经常据实讲解,告诉大家客观的情况以及党和政府所作的努力,并且对群众所反映的不合理现象及时纠正。"(《在中国共产党全国代表会议上的讲话》,一九八五年九月二十三日)

二、胡锦涛:构建和谐社会要加强调查研究

中共中央总书记胡锦涛同志在 2005 年 2 月 21 日中共中央政治局第二十次集体学习时指出:"加强调查和研究着力提高工作本领,把和谐社会建设各项工作落到实处"[①]。

他发表了讲话强调,要加强对构建社会主义和谐社会重大问题的调查研究和理论研究,着力提高构建社会主义和谐社会的本领,把社会主义和谐社会

---

① 《胡锦涛强调:构建和谐社会要加强调查研究》,新华网 www.xinhuanet.com。

建设的各项工作落到实处①。他指出,调查研究是我们的谋事之基、成事之道。各级党委、政府和领导干部要切实加强对本地区本部门和谐社会建设有关情况和工作的调查研究,全面分析和把握社会建设和管理的发展趋势,为制定政策、开展工作奠定坚实的基础。要加强对社会结构发展变化的调查研究,深入认识和分析阶层结构、城乡结构、区域结构、人口结构、就业结构、社会组织结构等方面情况的发展变化和发展趋势,以利于深入认识在发展社会主义市场经济和对外开放的条件下我国社会发展的特点和规律,更好地推进社会建设和管理。要加强对社会利益关系发展变化的调查研究,深入认识和分析我国社会利益结构、利益关系等方面情况的发展变化和发展趋势,以利于完善政策措施,更好地统筹各方面的利益关系和利益要求。要加强对维护社会稳定工作的调查研究,深入认识和分析公共安全、社会治安等方面情况的发展变化和发展趋势,以利于健全维护社会稳定的有效机制,保证广大人民群众安居乐业。各级领导干部要深入基层、深入群众、深入实际,通过开展广泛深入的调查研究,切实提高思想认识水平,切实提高政策水平,切实提高工作水平,努力把构建社会主义和谐社会的各项工作落实好。

2004年1月12日,中共中央总书记胡锦涛在中央纪律检查委员会第三次全体会议上发表重要讲话,强调在全党大力弘扬求真务实精神、大兴求真务实之风。

重视和加强调查研究,是中国共产党的优良传统和作风。不断完善中央调研决策制度,使之趋于民主化、科学化、程序化,成为历任领导集体矢志不渝的努力方向。十六大以来,中央高层高度重视调查研究,身体力行,率先垂范,不畏酷暑严寒,不间断赴各地作实证调查研究,走上田间地头、深入生产一线、进入寻常百姓家,听真话、察实情、解民意,问计于民、求智于民,向群众学习,向实践学习,为决策提供充足而科学的依据。

这一时期,中央高层的调查研究呈现出三大特征:有计划、高密度、科学化,标志着中央"从群众中来、到群众中去"的治国决策机制在常态化、科学化、制度化方面的阶段性进步。中央高层率先垂范调查研究,为全党、全社会树立了榜样。

当前,我国正处于建设全面小康社会的关键时期,也是各种社会矛盾的凸显期,新事物、新情况、新问题层出不穷,要妥善应对各种风险、推动经济社会科学发展很不容易。可以说,与以往相比,我们面临的不确定因素更多,所要解决的矛盾和问题更复杂;影响决策的因素增多,决策时效性增强,决策风险性增大,正确决策的难度增大。科学决策,归根到底只能来自亿万人民的伟大实践。而调查研究是

---

① 《把和谐社会建设各项工作落到实处——在主持中共中央政治局第二十次集体学习时的讲话》,载《人民日报》2005年2月23日。

形成科学认识的前提、科学决策的基础。这就说明,搞好调查研究更为重要、迫切,要求更高。各级领导干部必须加深对新形势下加强调查研究极端重要性的认识,亲自下基层了解情况,亲自下工夫对重大问题进行调查研究,真正做到:没有开展调查研究不实行决策,没有做好调查研究不轻易决策,真正通过深入扎实的调查研究,更好地推动科学决策的形成和实施①。

三、习近平:调查研究关系党和人民事业得失成败

调查研究不仅是一种工作方法,而且是关系党和人民事业得失成败的大问题。

重视调查研究,是我们党在革命、建设、改革各个历史时期做好领导工作的重要传家宝。马克思主义的辩证唯物主义、历史唯物主义世界观和方法论,党的实事求是的思想路线,党的从群众中来、到群众中去的根本工作路线,都要求我们的领导工作和领导干部必须始终坚持和不断加强调查研究。只有这样,才能真正做到一切从实际出发、理论联系实际、实事求是,真正保持党同人民群众的密切联系,也才能从根本上保证党的路线方针政策和各项决策的正确制定与贯彻执行,保证我们在工作中尽可能防止和减少失误,即使发生了失误也能迅速得到纠正而又继续胜利前进。回顾我们党的发展历程可以清楚地看到,什么时候全党从上到下重视并坚持和加强调查研究,党的工作决策和指导方针符合客观实际,党的事业就顺利发展;而忽视调查研究或者调查研究不够,往往导致主观认识脱离客观实际、领导意志脱离群众愿望,从而造成决策失误,使党的事业蒙受损失。

学习和掌握正确方法,努力提高调查研究水平和成效。

调查研究,包括调查与研究两个环节。衡量调查研究搞得好不好,不是看调查研究的规模有多大、时间有多长,也不是光看调研报告写得怎么样,关键要看调查研究的实效,看调研成果的运用,看能不能把问题解决好。从目前领导干部开展调查研究的实际情况看,有调查不够的问题,也有研究不够的问题,而后一个问题可能更突出。有的同志下去,只调查不研究,装了一兜子材料,回来汇报一下写个报告就了事;有的领导干部连调研汇报也不听,调查材料也不看。这种调查多、研究少,情况多、分析少,不解决什么问题的调查研究,是事倍功半的。我们要充分认识到,调查研究的根本目的是解决问题,调查结束后一定要进行深入细致的思考,进行一番交换、比较、反复的工作,把零

---

① 《胡锦涛:大力弘扬求真务实精神、大兴求真务实之风》,新华网 www.xinhuanet.com。

散的认识系统化,把粗浅的认识深刻化,直至找到事物的本质规律,找到解决问题的正确办法。

调查研究方法也要与时俱进。在运用我们党在长期实践中积累的有效方法的同时,要适应新形势新情况特别是当今社会信息网络化的特点,进一步拓展调研渠道、丰富调研手段、创新调研方式,学习、掌握和运用现代科学技术的调研方法,如问卷调查、统计调查、抽样调查、专家调查、网络调查等,并逐步把现代信息技术引入调研领域,提高调研的效率和科学性。

建立和完善制度,保证调查研究经常化。

我们党有重视调查研究的优良传统,在新的形势下要大力弘扬。在坚持和加强调查研究方面,我们党相继制定了一系列行之有效的制度,要在实践中不断健全完善,切实抓好贯彻落实,使调查研究真正成为各级领导干部自觉的经常性活动。

坚持和完善先调研后决策的重要决策调研论证制度。陈云同志说:"领导机关制定政策,要用百分之九十以上的时间作调查研究工作,最后讨论作决定用不到百分之十的时间就够了。"这是很有道理的。决策是一个提出问题、分析问题、解决问题的过程。为了防止和克服决策中的随意性及其造成的失误,提高决策的科学化水平,必须把调查研究贯穿于决策的全过程,真正成为决策的必经程序。该通过什么调研程序决策的事项,就要严格执行相关调研程序,不能嫌麻烦、图省事。对本地区、本部门事关改革发展稳定全局的问题,应坚持做到不调研不决策、先调研后决策。提交讨论的重要决策方案,应该是经过深入调查研究形成的,有的要有不同决策方案作比较。特别是涉及群众切身利益的重要政策措施出台,要采取听证会、论证会等形式,广泛听取群众意见。要在建立、完善落实重大项目、重大决策风险评估机制上取得实质性进展,使我们的各项工作真正赢得群众的理解和支持,从源头上预防矛盾纠纷的发生。①

第二节 党政领导人新时期的调查研究实践

一、围绕着中国特色社会主义开展调查研究

1976年10月,我们党一举粉碎"四人帮",从危难中挽救了党和国家,但"文化

---

① 《习近平:谈谈调查研究》,《学习时报》2011年11月21日。这是习近平同志2011年11月16日在中央党校秋季学期第二批入学学员开学典礼上的讲话,发表时作了文字处理。

大革命"遗留下来的政治、思想、组织和经济上的混乱还极其严重,并没有得到应有的澄清,广大干部群众强烈要求纠正"文化大革命"的错误理论、方针和政策,彻底扭转十年内乱造成的严重局面。在改革开放和发展社会主义市场经济的新的历史条件下,针对建设中国特色社会主义进程中出现的新情况新问题,邓小平同志针对"两个凡是"的教条,反复强调要从实际出发,坚持实践是检验真理的唯一标准。"如果一切从本本出发,思想僵化、迷信盛行",那"就要亡党亡国"。怎样做到从实际出发呢?邓小平同志仍然强调:先做调查研究,然后才有发言权。由此可见,重不重视调查研究,不是一般的小问题,而是关系到能否坚持党的思想路线的大问题,丝毫马虎不得,在党的十一届三中全会前后,邓小平同志着力恢复和确立了党的实事求是的思想路线,领导全党在调查研究的基础上,在各条战线上进行了大量的拨乱反正的工作。

1. 十四大围绕中国特色的社会主义开展调查研究

20世纪80年代末、90年代初,党和国家的发展处于又一个紧要关头。随着苏联的解体,东欧国家的剧变,国际社会主义运动出现低潮,长期以来的东西方两极冷战结束了。世界的这种大变动、大改组,对中国有着巨大的影响。一方面,世界出现多极化趋势,西方国家加紧了对原社会主义国家的争夺和渗透,一些发展中国家抓住经济全球化进程加快的时机呈现强劲发展势头。中国尽管挫败了西方国家的"制裁",但面临的严峻挑战仍然存在。另一方面,这种复杂的形势使相当一部分干部和群众的思想发生困惑。一些人对社会主义前途缺乏信心,对改革开放提出了姓"社"还是姓"资"的疑问,对党的基本路线产生了动摇。这样,能不能在国内外的各种压力和困难面前,毫不动摇地坚持党的基本路线,把改革开放和社会主义现代化建设继续推向前进,就成为进入20世纪90年代后党必须解决的重大问题。

(1) 邓小平同志南方讲话

1992年1月18日2月21日,邓小平同志在88岁高龄之际,先后赴武昌、深圳、珠海和上海等地视察,深入城市、农村、企业开展调查研究,沿途发表了重要讲话。邓小平讲话的中心是坚定不移地贯彻执行党的"一个中心、两个基本点"的基本路线,坚持走有中国特色的社会主义道路,抓住当前有利时机,加快改革开放的步伐,集中精力把经济建设搞上去。在讲话中,邓小平同志主要强调了以下几点:

一是坚持党的"一个中心、两个基本点"的基本路线,一百年不动摇。邓小平同志说:革命是解放生产力,改革也是解放生产力。要坚持党的十一届三中全会以来的路线、方针、政策。关键是坚持"一个中心、两个基本点"。不坚持社会主义,不改革开放,不发展经济,不改善人民生活,只能是死路一条。基本路线要管一百年,动摇不得。

二是加快改革开放的步伐,大胆地试,大胆地闯。邓小平同志说,改革开放胆子要大一些,敢于试验。姓"资"还是姓"社"的问题,判断的标准,应该主要看是否有利于发展社会主义社会的生产力,是否有利于增强社会主义国家的综合国力。是否有利于提高人民的生活水平。关于计划与市场的关系问题,邓小平同志说,计划多一点还是市场多一点,不是社会主义与资本主义的本质区别。计划经济不等于社会主义,资本主义也有计划;市场经济不等于资本主义,社会主义也有市场。计划和市场都是经济手段。社会主义的本质,是解放生产力,发展生产力,消灭剥削,消除两极分化,最终达到共同富裕。

三是抓住有利时机,集中精力把经济建设搞上去。邓小平同志说,抓住时机,发展自己,关键是发展经济。我国的经济发展,总要力争隔几年上一个台阶。他强调,发展才是硬道理。现在,我们国内条件具备,国际环境有利。再加上发挥社会主义制度能够集中力量办大事的优势,在今后的现代化建设过程中,出现若干个发展速度比较快、效益比较好的阶段,是必要的,也是能够办到的。

四是坚持两手抓,两手都要硬。邓小平同志说,要坚持两手抓,一手抓改革开放,一手抓打击各种犯罪活动。这两只手都要硬。他强调,在整个改革开放过程中都要反对腐败。对干部和共产党员来说,廉政建设要作为大事来抓。还是要靠法制,搞法制靠得住些。邓小平同志还强调,在整个改革开放过程中,必须始终注意坚持四项基本原则,反对资产阶级自由化。

五是正确的政治路线要靠正确的组织路线来保证。邓小平同志指出,中国要出问题,还是出在共产党内部。对这个问题要清醒,要注意培养人,要按照"革命化、年轻化、知识化、专业化"的标准,选拔德才兼备的人进班子。

六是坚定社会主义信念。邓小平同志说,一些国家出现严重曲折,社会主义好像被削弱了,但人民经受锻炼,从中汲取教训,将促使社会主义向着更加健康的方向发展。我们要在建设有中国特色的社会主义道路上继续前进。

邓小平同志南方讲话的发表,极大地推动了我国改革开放的进程,是建设有中国特色的社会主义道路上的又一座里程碑。这些谈话科学地总结党的十一届三中全会以来的基本实践和基本经验,从理论上深刻回答了长期困扰和束缚人们思想的许多重大认识问题,是把改革开放和现代化建设推向新阶段的又一个解放思想、实事求是的宣言书。党中央政治局认为,这篇谈话不仅对当前的改革和发展,对开好党的十四大,具有十分重要的指导作用,而且对整个社会主义现代化建设事业,具有重大而深远的意义。

(2) 党的十四大胜利召开

从党的十二大以后,我们党逐步形成一种惯例,历届党代会和要作出重要决策的中央全会,中央除领导同志亲自调研、召开常规座谈会听取各方面意见外,还要委托中办、中央政策研究室、中央财经小组等单位拟定一些重大研究题目,布置给全国比较有代表性的研究机构。同样,在十二大召开之前,党中央也在全国范围内开展了广泛深入的调查研究。特别是邓小平同志到南方亲自调研以后,党中央迅速将邓小平同志的南方谈话传达到全党,国务院也相继作出一系列加快改革开放和经济发展的决定。全党以邓小平同志南方谈话精神为指导,进一步统一思想,为开好党的十四大作了充分准备。

1992年10月12日至18日,中国共产党召开第十四次全国代表大会。以邓小平同志南方谈话和党的十四大为标志,中国社会主义改革开放和现代化建设事业进入新的发展阶段。

2. 十五大围绕社会主义市场经济开展调查研究

十四大以后,我们党领导全国各族人民解放思想,开拓进取,继续沿着有中国特色社会主义道路阔步前进。在建立社会主义市场经济体制的深刻变革进程中,既实现经济快速增长,又成功地进行宏观调控,在各个领域取得了巨大成就。

(1) 继续探索建立社会主义市场经济体制

为落实抓住机遇,加快发展的决策,国务院调整经济发展计划作出了加快发展的各项部署。1993年11月,党的十四届三中全会通过关于建立社会主义市场经济体制若干问题的决定,使十四大提出的经济体制改革目标和基本原则具体化。决定指出:社会主义市场经济是同社会主义基本制度结合在一起的,建立社会主义市场经济体制,就是要使市场在国家宏观调控下对资源配置起基础性作用。为实现这个目标,必须坚持以公有制为主体、多种经济成分共同发展的方针,进一步转换国有企业经营机制,建立适应市场经济要求,产权清晰、权责明确、政企分开、管理科学的现代企业制度。这个决定勾画了社会主义市场经济体制的基本框架,规定了国有企业改革的基本方向,是90年代进行经济体制改革的行动纲领。

按照建立社会主义市场经济体制的要求,从1994年起,国有企业改革从以往的放权让利、政策调整进入转换机制、制度创新阶段。国务院和各地先后选择2 700多户国有企业进行建立现代企业制度试点,推行公司制、股份制改革,为建立现代企业制度进行了有益探索,出现了邯郸钢铁总厂等一批在市场竞争中经济效益连年提高的先进典型。

同时,党中央和国务院还大步推进财政、税收、金融、外贸、外汇、计划、投资、价格、流通、住房和社会保障等方面的体制改革。粮、棉、油等主要农产品,钢材等重要生产资料的价格相继放开;中央银行的职能加强,商业银行的企业化改革逐步推进;外贸体制和外汇管理体制改革取得重大进展。国家宏观调控体系逐步健全,市场在资源配置中的基础性作用明显增强,加快经济发展的条件更加具备。广大干部群众热情高涨,中国大地呈现改革开放全面推进、经济建设迅猛发展的蓬勃景象。

在加快改革和经济发展的过程中,由于一些地方和部门对邓小平同志南方讲话精神理解不够全面,认识上发生偏差,同时由于旧的调控机制逐渐失效,新的宏观调控机制尚未完善,致使一些新的问题出现,影响了国民经济的健康发展,这主要是房地产热、开发区热以及乱集资、乱拆借、乱设金融机构等,投资规模过度扩大,物价上涨和通货膨胀出现加速之势。党中央迅速进行了针对性调查研究,及时发现了这些问题,果断作出加强宏观调控的决策。

经过三年的努力,宏观调控取得显著成效,过度投资得到控制,金融秩序迅速好转,物价涨幅明显回落,通货膨胀得到抑制。与此同时,国家依然保持了较高的经济发展速度,实现了从发展过快到"高增长、低通胀"的"软着陆",避免了大起大落。

(2) 国有企业改革工作在深入调查研究的基础上继续深化

国有企业改革一直是我国确立社会主义市场经济体制进程中的重中之重、难中之难。国有大中型企业是国民经济的支柱。搞好国有大中型企业,对增强我国经济实力,提高人民生活水平,保持社会稳定,建设有中国特色的社会主义,具有十分重要的意义。我国经济体制改革的目标是建立社会主义市场经济体制,而不是搞资本主义市场经济,重要的是要使国有经济和整个公有制经济在市场竞争中不断发展壮大,始终保持公有制经济在国民经济中的主体地位,充分发挥国有经济的主导作用。如果失去公有制经济的主体地位和国有经济的主导作用,也就不可能建设有中国特色的社会主义。所以,搞好国有企业特别是大中型企业,既是关系到整个国民经济发展的重大经济问题,也是关系到社会主义制度命运的重大政治问题。在国际关系中,经济因素的作用不断加强,以科技和经济实力为基础的综合国力的竞争,越来越成为决定一个国家国际地位的主导因素。我们要在激烈的国际竞争中占据有利地位,关键是要提高科技水平,增强经济实力。这首先取决于公有制经济特别是国有大中型企业的发展壮大。在建设社会主义市场经济体制的过程中,国有经济和整个公有制经济只能搞好,只能加强,而决不能削弱;只能使它们形成新的优势,而决不能使它们失去优势。

党的十四届三中全会通过了《关于建立社会主义市场经济体制若干问题的决定》,指出:"建立现代企业制度,是发展社会化大生产和市场经济的必然要求,是我国国有企业改革的方向"。建立现代企业制度,是项复杂的系统工程。在企业存在的困难和矛盾中,有些是企业本身的问题,有些是国民经济中深层次问题的反映。所以,既要转换企业经营机制,还要进一步抓好宏观经济管理体制改革和各项配套改革,为解决当前企业面临的问题和困难创造条件。在当时来说,缺乏经验是我们面临的主要困难。过去在计划经济体制下,国有企业的生产经营活动主要依据政府的行政指令和计划来安排,没有经营自主权,也不承担盈亏责任,造成企业吃国家的"大锅饭",职工吃企业的"大锅饭",企业缺乏活力,国有经济整体效益受到影响。建立现代企业制度就是要从根本上解决这个问题,使国有企业转换经营机制,成为法人实体和市场主体,做到自主经营,自负盈亏,自我发展,自我约束。

(3) 党的自身建设在深入调查研究中得到加强

1997年9月12日至18日,中国共产党召开第十五次全国代表大会。根据党的十五大确定的任务,从1998年11月开始,全党在县级以上党政领导班子、领导干部中集中时间,分期分批开展以讲学习、讲政治、讲正气为主要内容的党性党风教育。党中央对这次"三讲"教育高度重视,作出全面部署,进行精心指导。中央政治局常委带头认真总结经验,检查和改进工作中的不足,深入思考改革和发展中的一些重大战略性问题,推动"三讲"教育扎实、有序地开展,并分别到7个县(市)进行调研,指导工作。全党共有70万党政领导干部参加了"三讲"教育,其中省部级领导班子成员达2 100多人。党内外干部和群众对"三讲"教育十分关注,表现出很高的参与热情,仅直接听动员报告、参加民主测评和帮助整改的就有500万人以上。

"三个代表"的重要思想提出后,全党进行认真学习,并以此为思想武器和行动指南开展深入的思想政治教育。2000年底,中央进一步决定,用两年左右的时间,在全国农村开展"三个代表"重要思想的学习教育活动。全面加强农村基层党组织建设。这些推进党的建设新的伟大工程的有力措施,为全党在充满希望和挑战的21世纪完成自己光荣的历史使命,作了最重要的思想理论准备。

3. 十六大以来党中央开展的几次重大调查研究活动

党的十六大以来,以胡锦涛同志为总书记的党中央率先垂范身体力行。一次次深入基层一线,在许多省、市、区,在西柏坡、井冈山、延安等革命老区,在黄河滩区的田间地头,都留下了总书记的足迹;和困难群众一起在炕头包饺子、和艾滋病人亲切握手交谈……使人们看到了党和政府对困难群众的倾心关注,看到了党和政府改善困难群众生活状况的坚定意志,看到了党和政府以人为本的治国理政新气象,更看到了中国实现共同富裕、全面小康、和谐社会的美好希望。这段时期,党中央开展了几次大规模的专题调研,影响很大。

(1) 围绕科学发展观的提出开展调查研究

党的十六届三中全会提出,"坚持以人为本,树立全面、协调、可持续的发展观,促进经济社会和人的全面发展",这是党中央首次明确指出关于科学发展观的概念。2004年3月14日在中央人口资源环境工作座谈会上,胡锦涛同志对科学发展观的实质内涵作了明确的阐述。他指出,"坚持以人为本,全面、协调、可持续的发展观"是我们以邓小平理论和"三个代表"重要思想为指导,从新世纪新阶段党和国家事业发展全局出发提出的重大战略思想。坚持以人为本,就是要以实现人的全面发展为目标,从人民群众的根本利益出发谋发展、促发展。不断满足人民群众日益增长的物质文化需要,切实保障人民群众的经济、政治和文化权益,让发展的成果惠及全体人民全面发展,就是要以经济建设为中心,全面推进经济、政治、文化建设,实现经济发展和社会全面进步。协调发展,就是要统筹城乡发展、统筹区域发展、统筹经济社会发展、统筹人与自然和谐发展、统筹国内发展和对外开放,推进生产力和生产关系、经济基础和上层建筑相协调,推进经济、政治、文化建设的各个环节、各个方面相协调。可持续发展,就是要促进人与自然的和谐,实现经济发展和人口、资源、环境相协调,坚持走生产发展、生活富裕、生态良好的文明发展道路,保证一代接一代地永续发展。

胡锦涛同志提出科学发展观以后,又亲自深入河南、江西、湖北、宁夏等地就科学发展观的贯彻落实开展调查研究。在这些调研中,他指出,新世纪新阶段,我国发展站在了一个新的历史起点上,我国发展在新世纪新阶段呈现出一系列新的阶段性特征。他将其主要之点概括为八个方面。这些阶段性特征,表现在经济、政治、文化、社会、外交等各个领域,既有作为主导方面的成绩和进步,又有存在的问题,特别是形势发展提出了许多新的课题。社会发展是一个螺旋式上升的过程,在不同的时期会呈现出相应的阶段性特征。新中国成立以来特别是改革开放以来,我国取得了举世瞩目的发展成就,我国社会从生产力到生产关系、从经济基础到上层建筑都发生了意义深远的重大变化,这是必须看到和充分肯定的一个历史性的巨变。但与此同时,我们还要看到"两个没有改变":首先是我国仍处于并将长期处于社会主义初级阶段的基本国情没有变,与此相应,人民日益增长的物质文化需要同落后的社会生产之间的矛盾这一社会主要矛盾没有变。因此,当前我国发展的阶段性特征,并没有超出、也没有改变社会主义初级阶段这个基本的判断和立足点,从根本上来说,恰恰是社会主义初级阶段基本国情在新世纪新阶段的具体表现。强调认清社会主义初级阶段基本国情,不是要妄自菲薄、自甘落后,也不是要脱离实际、急于求成。而是要坚持把它作为推进改革、谋划发展的根本依据。当前我国发展的阶段性特征,既说明我们党立足于社会主义初级阶段制定的基本路线、基本纲领和各项方针政策是完全正确的;同时,又向我们提出了新课题、新任务,要求我们始终保持清醒头脑,迎接新的挑战。着力解决新形势下更加凸显出来的问题,推动理论和实践的进一步发展和创新。

(2) 围绕构建社会主义和谐社会的提出开展调查研究

马克思主义经典作家认为,未来理想社会是社会生产力高度发达和人的精神生活高度发展的社会,是每个人自由而全面发展的社会,是人与人和谐相处、人与自然和谐共生的社会。这就是说,社会和谐是科学社会主义的应有之义,是我们党不懈奋斗的目标。在我国社会主义的发展道路、发展阶段、发展战略、根本目的、根本任务、发展动力、领导力量、依靠力量等方面取得了一系列新的重大认识,为深化对社会主义本质的认识、建设中国特色社会主义提供了强有力的理论指导,也为我们提出构建社会主义和谐社会的重大战略思想和重大战略任务奠定了理论基础。把社会和谐明确为中国特色社会主义的本质属性,有利于更全面地坚持科学社会主义的基本原理,有利于更全面地体现党的奋斗目标和全国各族人民的共同理想,从而也有利于更好地建设中国特色社会主义,更好地实现最广大人民的根本利益。

(3) 围绕先进性教育活动开展调查研究

2005年,党中央决定在全党开展以实践"三个代表"重要思想为主要内容的保持共产党员先进性教育活动。这是党中央为提高党的执政能力、保持党的先进性而采取的一项重大举措,是推进党的建设新的伟大工程的一项基础性工程。

根据中央统一安排,在先进性教育活动中,每位中共中央政治局常委联系一个地方或单位。中共中央总书记、国家主席、中央军委主席胡锦涛同志参加先进性教育活动的联系点是山东省寿光市。4月7日至8日,胡锦涛同志来到寿光,同当地党员干部一起参加先进性教育活动,并进行深入的调查研究。在调研期间,胡锦涛同志通过听、看、讲的方式,全面深入地了解寿光开展先进性教育的基本情况,掌握了第一手资料。

(4) 围绕抗震救灾工作开展调查研究

2008年5月12日14时28分,四川汶川县(北纬31度,东经103.4度)发生8.0级地震。地震造成了巨大的人员伤亡和经济损失,灾区的重建更将是一个长期的浩大的工程。不管从哪个角度看,这都是新中国成立以来发生的最为严重的一次自然灾害。这次特大地震发生在人口稠密的四川,而且受灾最严重的地区又多山、多河,救灾不仅规模大,而且难度大。这就对整个抗震救灾的决策者和组织者提出了很高的要求,必须要本着对人民、对历史高度负责的精神来进行决策和指挥。而做到这一点的基本要求,就是科学决策。科学决策,就是按照客观规律办事,就要实事求是,必须进行认真的调查研究,组织专家充分论证,反复听取各方面的意见,使抗震救灾工作做到有力、有序。

短短几天里,中央政治局两次召开常务委员会会议,抗震救灾总指挥部召开十次会议,研究部署抗震救灾工作。余震频频的抗灾一线临时搭就的安置帐篷里,紧张忙碌的野战医院里,到处有他们的身影。他们的行动,使"以人为本"、"执政为民"的理念落地有声,扎根百姓心中;他们的声音,给了灾区人民最大的安慰和鼓舞,给了战斗在抗震救灾一线的人们最大的支持,为夺取抗震救灾最后胜利提供了最重要的力量。

(5) 围绕当前国民经济运行情况开展调查研究

2007年以来,国际经济形势风云突变,国际环境发生了很大变化,特别是美国次贷危机发生以后,世界经济走势不明朗。

世界经济环境的变化,使得中国的经济环境、经济形势也在发生很大的变化。世界经济环境变化对于中国经济的影响,应该说是多方面的,有直接影响,也有间接影响。有的影响已经显露,并且还会继续显露。比如像原油、谷物、石油,食用植物油、矿产品等初级产品价格持续上涨,明显地加大了我们控制通货膨胀的压力和威胁,也增加了控制通货膨胀的难度。有些因素在短期内,还没有构成直接和实质性的威胁。比如美国经济减速,虽然减少了外部需求,也使得我们的出口增速和去年同期相比,出现了比较大的回落。国际经济形势的剧变,使得中国宏观经济发展的不确定性增加,政府宏观调控难度增大、困难增多。

7月4日至5日,习近平同志深入深圳、东莞等地乡镇、企业、社区、港口、研究机构,对进一步推进粤港澳合作、加强和改进党的建设等问题进行调研。一路上,习近平同志边看边听边问,对广东的工作给予充分肯定。他说,30年来广东作为我国改革开放的前沿阵地,在建设和发展中国特色社会主义伟大历史进程中发挥着窗口作用、试验作用、排头兵作用。改革开放以来,广东经济社会发展取得了举世瞩目的伟大成就,从生产力到生产关系、从经济基础到上层建筑、从城乡基础设施建设到人的精神面貌发生的意义深远的重大变化雄辩地证明:只有社会主义才能救中国,只有改革开放才能发展中国、发展社会主义、发展马克思主义。在调研中,习近平同志十分注意了解粤港澳互利合作情况。在深圳考察盐田国际集装箱码头有限公司、威明实业有限公司、虚拟大学园等港方投资或合作项目时,当了解到有些港资企业受国外消费需求下降、石油和原材料涨价等因素影响,生产经营出现较大幅度下滑的情况时,习近平同志鼓励他们通过多种方式克服当前困难,并叮嘱随行的地方和部门负责同志要采取措施帮助类似企业,为他们排忧解难。

4. 十七大以来深入调查研究与贯彻科学发展观

在新的发展阶段继续全面建设小康社会、发展中国特色社会主义,必须坚持以邓小平理论和"三个代表"重要思想为指导,深入贯彻落实科学发展观。科学发展观,是对党的三代中央领导集体关于发展的重要思想的继承和发展,是马克思主义关于发展的世界观和方法论的集中体现,是同马克思列宁主义、毛泽东思想、邓小平理论和"三个代表"重要思想既一脉相承又与时俱进的科学理论,是我国经济社会发展的重要指导方针,是发展中国特色社会主义必须坚持和贯彻的重大战略思想。

"我党提出科学发展观是与当前的时代背景有着密切关系的。从国际情况来看,和平与发展仍然是当今时代的主题,争取较长时期的和平国际环境和良好周边环境是可以实现的;世界科技进步日新月异,经济全球化深入发展,国际生产要素重组和产业转移加快,我们有可能利用有利的时机和条件加快发展。从国内情况来看,实现加快发展的有利条件也很多,我们必须十分珍惜和切实用好这一重要战略机遇期。"①

5. 十八大重申改进调查研究狠抓作风建设

2012年11月8日9时,中国共产党第十八次全国代表大会在北京人民大会堂隆重举行。吴邦国主持大会。胡锦涛向大会作题为《坚定不移沿着中国特色社会主义道路前进　为全面建成小康社会而奋斗》的报告。十八大选举产生的新的中共中央政治局在12月4日召开会议,审议中央政治局关于改进工作作风、密切联系群众的八项规定,分析研究2013年经济工作。中共中央总书记习近平主持会议。

会议强调,领导干部特别是高级干部作风如何,对党风政风乃至整个社会风气具有重要影响。抓作风建设,首先要从中央政治局做起,要求别人做到的自己先要做到,要求别人不做的自己坚决不做,以良好党风带动政风民风,真正赢得群众信任和拥护。要下大决心改进作风,切实解决群众反映强烈的问题,始终保持同人民群众的血肉联系。

会议一致同意关于改进工作作风、密切联系群众的八项规定。规定要求,中央政治局全体同志要改进调查研究,到基层调研要深入了解真实情况,总结经验、研究问题、解决困难、指导工作,向群众学习、向实践学习,多同群众座谈,多同干部谈心,多商量讨论,多解剖典型,多到困难和矛盾集中、群众意见多的地方去,切忌走过场、搞形式主义;要轻车简从、减少陪同、简化接待,不张贴悬挂标语横幅,不安排群众迎送,不铺设迎宾地毯,不摆放花草,不安排宴请。要精简会议活动,切实改进会风,严格控制以中央名义召开的各类全国性会议和举行的重大活动,不开泛泛部署工作和提要求的会,未经中央批准一律不出席各类剪彩、奠基活动和庆祝会、纪念会、表彰会、博览会、研讨会及各类论坛;提高会议实效,开短会、讲短话,力戒空话、套话。要精简文件简报,切实改进文风,没有实质内容、可发可不发的文件、简报一律不发。要规范出访活动,从外交工作大局需要出发合理安排出访活动,严格控制出访随行人员,严格按照规定乘坐交通工具,一般不安排中资机构、华侨华人、留学生代表等到机场迎送。要改进警卫工作,坚持有利于联系群众的原则,减少交通管制,一般情况下不得封路、不清场闭馆。要改进新闻报道,中央政治局同志出席会议和活动应根据工作需要、新闻价值、社会效果决定是否报道,进一步压缩报道的数量、字数、时长。要严格文稿发表,除中央统一安排外,个人不公开出版著作、讲话单行本,不发贺信、贺电,不题词、题字。要厉行勤俭节约,严格遵守廉洁从

---

① 参见李一帆著:《新时期调查研究读本》,中国方正出版社2009年版,第284—314页。

政有关规定,严格执行住房、车辆配备等有关工作和生活待遇的规定①。

改进工作作风密切联系群众八项规定全文如下:

> 中共中央总书记习近平主持政治局会议一致同意八项规定,抓作风建设先从中央政治局做起,要求别人做到的自己先要做到,要求别人不做的自己坚决不做,以良好党风带动政风民风。
>
> **改进调查研究**
>
> 中央政治局全体同志要改进调查研究,到基层调研要深入了解真实情况,多到困难和矛盾集中、群众意见多的地方去,切忌走过场、搞形式主义;要轻车简从、减少陪同、简化接待,不张贴悬挂标语横幅,不安排群众迎送,不铺设迎宾地毯,不摆放花草,不安排宴请。
>
> **精简会议活动**
>
> 要精简会议活动,切实改进会风,严格控制以中央名义召开的各类全国性会议和举行的重大活动,不开泛泛部署工作和提要求的会,未经中央批准一律不出席各类剪彩、奠基活动和庆祝会、纪念会、表彰会、博览会、研讨会及各类论坛;提高会议实效,开短会、讲短话,力戒空话、套话。
>
> **精简文件简报**
>
> 要精简文件简报,切实改进文风,没有实质内容、可发可不发的文件、简报一律不发。
>
> **规范出访活动**
>
> 从外交工作大局需要出发合理安排出访活动,严格控制出访随行人员,严格按照规定乘坐交通工具。
>
> **改进警卫工作**
>
> 坚持有利于联系群众的原则,减少交通管制,一般情况下不得封路、不清场闭馆。
>
> **改进新闻报道**
>
> 出席会议和活动应根据工作需要、新闻价值、社会效果决定是否报道,进一步压缩报道的数量、字数、时长。
>
> **严格文稿发表**
>
> 除中央统一安排外,个人不公开出版著作、讲话单行本,不发贺信、贺电,不题词、题字。
>
> **厉行勤俭节约**
>
> 要厉行勤俭节约,严格遵守廉洁从政有关规定,严格执行住房、车辆配备

---

① 新华网,北京12月4日电。

等有关工作和生活待遇的规定①。

二、中南海的调研政治

国家领导人不时出现在田间地头,彰显了中国政治运转的反官僚"基因"。不过,这条"延安道路"的打造,如今已是不同一般的缜密。

1. 调研点的反复敲定

2004年春节,时任浙江省委书记的习近平到浙江嘉兴调研时,他深有感触地对当地官员说:"我来浙江工作1年多时间,到今天已经把全省11个市和90个县(市、区)都跑遍了,其中有些市县去了多次。"

习近平此前有一个观点广为人知:当县委书记应该跑遍所有的村;当地委书记应该跑遍所有的乡镇;当省委书记应该跑遍所有的县市区。但从省部级官员晋升为中央政治局委员,直至政治局常委,遇到的问题不再局限于一省一市范围,心中关注点也更为宏观博大。领导人除了每天翻阅大量地方上报的信息材料外,有时仍需要亲身下去摸底调研。

如今,主题调研越来越成为中共高层搜集掌握下面信息的方式。这种调研主要分三个大的方面:一是针对已出台政策的贯彻和落实;二是了解各自分管领域的情况;三是应对重大突发公共性事件和自然灾害。

在选择基层调研点时,典型性是其考虑的一个重点。"比如农民工问题,首先会想到农民工输出大省江西、河南等省,然后省里再选择一个典型的市或者县,再往下一层层选,并结合当时的热点话题……这样上下不断协调沟通,最终确定调研方案。"

中央领导人行前都有一些要求,但因为调研时间太短,"可能去一个地儿就一两个小时,你说要全方位全了解不太可能",所以在调研之前,常常由相关部委负责人或被调研省份的书记一把手亲自完成决策辅助性信息。

2. 调研安排异常严密

领导人出行调研通常都有自己要关注的东西,工作人员做好包括调研时间、调研地点等方面的方案后,再由领导定夺。调研内容有一个系列的提纲,主要是最近热门的话题,包括领导本人关注、部委提供、专家建议及国外消息四个来源。

按目前领导人基层调研的行事规则,中央领导下基层调研,事先拟制的调研行程方案为绝密等级,不为普通官员和民众所知,只是在中央领导人集中调研某地后,才会通过官方喉舌以新闻通稿的形式统一发布。有时被调研县市的某一点,直

---

① "抓工作作风先从中央政治局做起",《解放日报》2012年12月5日。

到领导人到来前,普通民众才会被匆匆告知。

2006年春节,胡锦涛到安塞县沿河湾镇侯沟门村与村民一起过春节,并到康海发家包饺子、吃年夜饭。那天,当康海发看到胡锦涛在一群人陪同下,往自家走来时,他竟激动得慌了神。"提前一个礼拜,只听说是有个中央领导要来,也不知道是谁,没想到是总书记。下去跟总书记握手后,我都不知道他的警卫怎么把我架上来的。"但紧张的情绪很快便被化解,"他特别亲切,拿我们陕西土话来说,特别喜乐。有时候一个县委书记还有点官架子,但他一说一笑,让人很放松。"康海发回忆。

看上去气氛甚为宽松的调研活动,其实事先安排异常严密,调研地点圈定了当地需考察的三个村子,调研主题分别为:该村近年来发展变化情况、生态环境综合治理及产业开发与农村经济发展推进新农村建设、农村科学发展问计于民等。

在某个村庄、工矿企业或机关单位,领导人停留多少时间,方案上都分别建议了时间。胡锦涛到安塞调研时,与沿河湾镇方塔村党支部书记白光荣聊了很长时间。但白光荣回忆,在他汇报期间,不断有人在后面拽他的衣服。

3. 平均每月一次

领导人基层调研的频率有多高?据清华大学国情研究中心统计,2002年10月到2007年9月的五年间,中共中央政治局九常委到全国各地调研考察累计达352次,人均39次;其中,温家宝调研次数最多,达76次;其次是胡锦涛,达48次。而在2007年10月至2011年8月共计不足四年的时间里,第十七届中央政治局常委会九位领导人在国内考察调研次数共达到386次,人均43次,其中温家宝调研次数达到了创纪录的84次,平均不到16天就外出进行一次考察调研;胡锦涛、贾庆林、李长春和习近平的考察调研总次数也达到40次以上,基本做到了平均每月外出做一次考察或调研。

清华大学国情研究中心的统计还显示,在第十六、十七届中央政治局党委会中,成为调研主题频率最高的是"五年规划执行与预研"、"践行科学发展观",分别有95次和105次。

4. 调研之后互动频频

跻身党和国家领导人之后,日常政务繁忙,即使是曾经熟悉的某一位师长、故交,想要联系本人也是一件困难的事。但领导人还会通过书信往来等方式了解调研点的发展变化。

"或许今年这段时间会收到习副主席的来信呢!"2012年3月21日,年已60的姜银祥再次产生美好的期盼。姜银祥此前是淳安县枫树岭镇下姜村的党支部书记,下姜村是习近平在浙江任省委书记的工作联系点,习近平任浙江省委书记时,先后去下姜村调研7次,"4次直接到我们村里,3次是我到镇里直接向他汇报。"

习近平以后辗转上海、北京任职,与下姜村的联系仍不断。"这么多年来,基本上是每年一封信。"姜银祥说,2009年春节前,已去北京任职的习近平主动给下姜村来信,问询村里的发展情况,并祝乡亲们春节快乐。

三、领导干部努力提高调研水平和成效

1. 深入基层,调查研究,了解国情民情

毛泽东同志有句话,世界上怕就怕"认真"二字。搞好调研,关键是要"认真"。认真走下去,认真搜集信息,认真调查情况,认真研究问题,认真地去伪存真、去粗取精,在"认真"二字上做文章。

第一,要善于学习。

学习是提高调研人员素质的一个重要途径,也是开展调研的第一位的准备工作。学习什么?学习党的理论,学习党的路线方针,学习文件,学习必要知识,学习别人的经验,总之要进行广泛的学习。

第二,要善于捕捉信息。

一定要善于抓信息,把大量的信息搜集起来,加以分析。哪些信息是有用的,哪些信息是没用的,把有用的信息尽可能地收集起来。只有在大量收集信息、占有材料的基础上,才能提出有创见的看法,才能作出一篇有见地的好文章。在捕捉信息时,要舍得力气、舍得花时间、下工夫去挖掘素材,不能浅尝辄止,也不能却步不前。

第三,要善于作文章。

调研结论要见诸文字,调研工作的成果就是调查报告。调查报告写得好坏,是调研工作如何的一个标准。调研工作开展的怎样,从量上来说,要看写多少调查报告,从质上来说,要看写多少有用的调查报告、有价值的文章。这里有一个善于作文章的问题。一定要把调研报告写好,要在善于作文章上下工夫。善于写理论说明实际的文章的人才,是非常需要的人才。

第四,以好的学风抓好调研。

我们党历来都十分重视学风建设,毛泽东同志就把学风问题提高到党风的高度来重视。就哲学社会科学研究而言,学风就是要以马克思主义为指导,围绕中心,服务大局,面向现实,服务现实。其本质就是理论联系实际的问题。

组织专家学者深入基层,调查研究,了解国情民情,是推动党的理论创新、推动哲学社会科学体系创新的一项基础性工程。充分发挥好中国社科院"三个定位"的作用,就必须深入实践,捕捉和研究重大理论和现实问题,及时准确把握我国思

想理论领域和经济社会发展过程中出现的一些新情况、新问题①。

2. 调查研究是一项基本功

我们搞调查研究,就是要深入到实践当中去,了解真实情况,获得第一手的感性认识;然后,经过对这些感性材料的"整理和改造",经过"概念、判断和推理的阶段",使感性认识上升为理性认识,形成各种工作思路、方针政策乃至重大的战略决策。而这些理性的认识以及据此产生的工作思路、方针政策是否正确,是否符合实际,仍然要拿到实践中去检验,并加以修正和完善——这又是一个调查研究的过程。

搞调查研究,还应当深入群众当中去。人民群众是社会实践的主体,因此,真正深入社会实践就必须深入群众,具体了解群众的生活和工作,了解他们的思想和愿望,了解他们有哪些问题、哪些疾苦需要解决以及应该怎样去解决,等等。经过这样周密细致的调查,才有可能拿出真正符合群众心愿、又为群众所需要的工作方案和方针政策。

大家都清楚,没有对实际情况的深切了解,是不可能制订出切实可行的工作计划和政策措施的。而了解情况的唯一方法,就是向社会向实际生活实践作调查。现在我们有些做领导工作的同志,了解下情的手段太过贫乏,除了开会听汇报,就是看下面送上来的汇报材料,此外似乎再也没有别的招数了。当然,听汇报、看材料也能了解一些情况,但只是间接的情况,很难做到具体、真切,有时还可能会被一些不真实的汇报误导,从而在制订工作方案和政策措施时出现偏差,甚至大的偏差。有些同志也下去搞"调研",但或者是蜻蜓点水,浅尝辄止;或者是走马观花,一天跑好几个"点"。这样的"调研"究竟能得到多少实情真知,实在是很值得怀疑的。至于有些人稍稍看了看听了听就发议论、作指示,这样的态度和做法就更不可取了。

"66年前,毛泽东同志在为刊印他的《农村调查》所写的序言中说:'现在我们许多同志,还保存着一种粗枝大叶、不求甚解的作风,甚至全然不了解下情,却在那里担负指导工作,这是异常危险的现象。'今天我们所处的时代与66年前是大不相同了,但对于广大担负各级领导工作的同志来说,调查研究的重要性丝毫也没有降低。毛泽东同志的这段话,在今天依然令人振聋发聩,对于我们搞好调查研究工作仍然是一种极大的激励和鞭策。"②

3. 少一些"接接送送"

应酬过多是目前干部工作中一个比较普遍的现象,过多应酬已经成为影响领

---

① 王光伟:"做好国情调研,繁荣发展哲学社会科学",《中国社会科学晚报》2009年5月12日。
② 陈大维:"调查研究是一项基本功",《解放日报——解放论坛,中国新闻名专栏》2007年11月18日。

导干部读书学习的两大主要因素之一。事实的确如此,一些领导干部成天被"公关"类事务缠身,为应酬所累。有的沉湎于各种形式的迎来送往,陪吃陪行陪玩;有的醉心于各种名目的宴请酬酢,大吃大喝大侃;有的到处串门聊天,经常朋党聚会。总之,应酬过繁、过杂、过度。

应酬过多的问题涉及多个方面,但主要还是思想问题、人品问题。减少应酬,关键在于领导干部要端正思想,正确对待权力、地位和利益。应酬的目的五花八门:有的是为了经营人脉,编织关系;有的是为了疏通关节,打通门路;有的是为了接近领导,讨好上级。多数则是顾虑太多不敢抵制造成的,怕得罪领导,怕怠慢朋友,怕疏远关系,怕影响仕途,该推不敢推、当拒没能拒。可见,只有树立正确的人生观和价值观,摒弃私心杂念,克服患得患失的心理,轻仕途重事业、轻名利重百姓、轻自己重群众,才能少忙应酬,多干实事。

"当然,减少应酬并不是一点都不要应酬,而是要从繁杂的应酬中摆脱出来,把更多的时间和精力集中到工作上、投入到学习中。领导干部身居要职、肩负重任,少不了必要的工作应酬。关键是要切实按照胡锦涛总书记要求的那样,真正树立八个方面的良好风气,少应酬、多干事、常学习。"①

4. "轻车简从"才能摸到实情

市委主要领导下基层调研,既无警车开道,又未前呼后拥,随行人员只有一名秘书、一名警卫,要求被调研单位,谁汇报工作谁参加,不搞陪会。这一改往常,对见惯了领导下基层提前踩点、安排项目、确定汇报内容,以及到一个地方前呼后拥、走马观花、"蜻蜓点水"现象的我们,仿佛吹来了一缕清风,耳目一新。

作风无小事,小事见作风。作风建设历来是党的建设重要组成部分。是否"轻车",能否"简从",看似小事,实则关系到党坚持全心全意为人民服务的宗旨,关系到党在广大人民群众心目中的威望。

领导干部轻车简从下基层,是了解实情、真情的需要。"没有调查就没有发言权,没有调查就更没有决策权。"重视调查研究,是我们党的优良传统。坚持调查研究,是我们党保持同人民群众密切联系的重要渠道。大兴调查研究之风,必须深入基层掌握真实的情况,不仅要深入群众,而且要心系群众,真正与群众零距离接触,才能了解人民群众真正在想什么、做什么、欢迎什么、反对什么。只有了解了实情,才能作出符合实际情况,适应现实需要的决策。

"领导干部轻车简从下基层,也是思想作风的反映。作风是思想的外在表现,有怎样的思想,就一定会表现出相应的作风。轻车简从只是廉洁奉公、务实为民的一个小小的举措,群众却都会看在眼里、夸在嘴边。广大人民群众正是从各级领导

---

① 戴者春:"少一些'接接送送'",《解放日报——解放论坛,中国新闻名专栏》2007年11月25日。

干部的一举一动中,看出党的干部思想作风是否端正。各级领导干部都要从小处做起,从轻车简从这类'细节'做起,通过改进作风的实际行动,有力推动反腐倡廉建设,在全社会形成良好的风气,共同推进我们的各项工作不断取得新的进展。"①

5. 下基层要多讲辩证法

2009 年,中组部在全国组织系统部署推进"万名组织部长下基层"活动,受到了广大干部群众的关注和欢迎。下基层,是各级干部深入学习实践科学发展观的有效途径,但实践起来并非易事,需要坚持以全面的观点来认识,按照辩证的方法来践行。

"下基层既是政治要求,也是工作需要。当今时代是信息时代,通讯发达、联系方便,为什么还要求各级干部下基层呢?基层丰富多彩的实践需要广大干部坚持从群众中来、到群众中去的工作路线,一线千头万绪的问题需要各级干部坚持深入基层、深入实践的工作方法。各级干部只有经常深入基层,才能更加适应实践工作的需要,才能更好掌握领导工作的主动权。

下基层既要让群众得实惠,也要使干部受教育。达到什么目的、完成什么任务,是广大干部下基层要厘清和解决的首要问题。从根本上说,干部下基层就是要倾听民声、了解民情、集中民智,为群众办实事、解难事、做好事,最大限度地实现、维护和发展人民利益,增进群众福祉。同时,下基层也是锻炼干部、培养人才的重要途径。

下基层既要'人到身入',也要'心到神入'。各级干部以怎样的态度和方法下基层,是影响下基层实际效果的重要问题。态度不同、方法不同,效果往往大不一样。因此,广大干部下基层,要带着责任,多为基层提供服务;要带着感情,多为群众排忧解难;要带着问题,多为工作求计问策。

'工作要上去,干部要下去。'各级干部只有走进基层,走近群众,才能成为群众的贴心人,当好发展的带头人,才能增强工作的创造性,提高发展的科学性。"②

第三节 党政机构组织的调查研究

一、重大国情国力的普查

1. 发展脉络

普查是国家为了取得某项重大国情国力资料,而专门组织的一次性大规模全面调查。

---

① 刘伦贤:"'轻车简从'才能摸到实情",《解放日报——解放论坛,中国新闻名专栏》2007 年 12 月 23 日。
② 戴者春:"下基层要多讲辩证法",《解放日报——解放论坛,中国新闻名专栏》2009 年 6 月 3 日。

回顾我国的普查历史,自新中国成立以来,以1950年的全国工矿企业普查为肇始,我国已先后共完成了17次重大国情国力普查,包括人口普查6次、农业普查2次、工业至2012年普查3次、水利普查1次、第三产业普查1次、基本单位普查2次和经济普查2次。其中第一次全国工业普查和第一、第二次全国人口普查这三次普查是在改革开放前进行的,另外14次普查都是在改革开放以来在党和国家政府的领导下开展的。总体上看,我国的普查工作经历了从无序进行到建立制度、从单项到多项、从不定期到实施周期性普查的发展过程。

1996年5月15日,经八届全国人大常委会第19次会议通过《全国人民代表大会常务委员会关于修改〈中华人民共和国统计法〉的决定》,又据此对《统计法》的相关条款进行了相应修改,修订后的《统计法》第二章第十条明确规定:"统计调查应当以周期性普查为基础,以经常性抽样调查为主体"。2000年6月2日经国务院批准修订的《统计法实施细则》中规定:"国家建立周期性的普查制度。周期性普查由国务院和地方各级人民政府统一领导,组织统计机构和有关部门共同实施,所需要的经费由中央和地方财政共同负担"。至此,周期性的普查制度被正式纳入法治轨道。

新中国成立以来的17次重大国情国力普查

1	1950年	第一次全国工业普查
2	1953年	第一次全国人口普查
3	1964年	第二次全国人口普查
4	1982年	第三次全国人口普查
5	1985年	第二次全国工业普查
6	1990年	第四次全国人口普查
7	1993年	第一次全国第三产业普查
8	1995年	第三次全国工业普查
9	1996年	第一次全国基本单位普查
10	1997年	第一次全国农业普查
11	2000年	第五次全国人口普查
12	2001年	第二次全国基本单位普查
	2003年	第二次全国第三产业普查(只发文,未实施)
13	2004年	第一次全国经济普查
14	2006年	第二次全国农业普查
15	2008年	第二次全国经济普查
16	2010年	第六次全国人口普查
17	2012年	第一次全国水利普查

注:数据截至2012年。

2. 普查概况

(1) 人口普查

① 1982 年第三次全国人口普查

与第二次全国人口普查相隔十多年以后,1979 年 11 月成立了国务院第三次人口普查领导小组及其办公室,并决定 1982 进行第三次全国人口普查。

第三次全国人口普查的标准时点为 1982 年 7 月 1 日零时。此次普查与前两次普查比较项目增多,涉及了政府和国际上关心的我国人口状况的 19 项基本调查内容,全面提升了普查的技术难度。1982 年 10 月,国家统计局以公报的形式向全社会公布了这次普查的主要数字,全国总人口总数为 10.31882511 亿人。这次普查,不仅取得了准确、丰富的有关中国人口的详细资料,同时也获得了运用现代化计算技术进行普查数据处理的经验,既加快了国家统计现代化建设的步伐,又扩大了中国统计的国际合作与影响,使普查质量和数据处理的周期都达到了国际先进水平。

1986 年,第三次全国人口普查工作结束之后,国务院在对今后全国人口普查工作安排意见的批复中指出:"国务院原则同意今后每 10 年进行一次全国人口普查(即在年号末位逢零年份进行普查),两次普查中间进行一次 1% 的人口抽样调查。1990 年进行第四次全国人口普查,1987 年进行 1% 人口抽样调查"。同时还明确:"今后人口的普查、抽样工作,由各级统计部门负责"。随后,在 1987 年 1 月,《中华人民共和国统计法实施细则》中又对普查做了这样的规定:"国家一般每 10 年进行一次重大国情国力(人口、工业、农业、建筑业、服务行业等)普查。在两次普查中间进行一次人口状况的简易普查"。至此,我国周期性普查制度的雏形开始显现。

② 1990 年第四次全国人口普查

1989 年 5 月国务院发出《关于进行第四次人口普查的通知》,决定于 1990 年进行第四次全国人口普查,并成立国务院第四次人口普查领导小组。普查的标准时点为 1990 年 7 月 1 日零时。这次人口普查工作与前三次相比,除普查的内容增加、登记的总人口增加外,还增加了三个难度:一是流动人口大量增加,人户分离状况日趋严重;二是农村出生不报户口现象严重;三是禁止土葬的地区存在死亡人口漏登问题。1990 年 10 月,国家统计局向社会发布普查结果,全国总人口为 11.60017381亿人。

③ 2000 年第五次全国人口普查

2000 年 1 月 25 日,国务院朱镕基总理签署总理令,发布了《第五次全国人口普查办法》,普查对象是具有中华人民共和国国籍并在中华人民共和国境内常住的人(自然人),普查登记的标准时间是 2000 年 11 月 1 日零时。国家统计局于 2001

年3月28日发布此次普查的结果:2000年11月1日,全国总人口为12.9533亿人。在这三次全国人口普查的五年后,国家统计局分别在1987年、1995年和2005年进行了全国1%人口抽样调查。

(2) 工业普查

① 1950年第一次全国工业普查

中央人民政府政务院财政经济委员会发出了《关于全国各公营、公私合营、及工业生产合作社的工矿企业进行统一的全国普查的训令》。此次普查不仅为中央政府初步理清了家底,为具体了解全国工矿企业的基本情况,为计划经济奠定了基础;同时这次普查也促进工矿企业及时完成了清产核资任务,为新中国恢复经济建设提供了依据。

② 1985年第二次全国工业普查

经过30多年的风雨变迁,中国工业经济出现了根本性的改变。1983年11月,国务院发出《关于认真做好第二次全国工业普查准备工作的通知》,决定1986年第一季度进行第二次全国工业普查工作。此次工业普查历时近6年,共调查了35.8万个乡以上独立核算工业企业。通过这次普查获得了建国以来,也是中国历史上从未有过的最为完整、最为系统、最为详尽的工业信息。

③ 1995年第三次全国工业普查

为查清全国工业资产的底数,1995年1月1日国务院发出《关于进行第三次全国工业普查的通知》,普查对象是全部工业企业,重点是国有企业、乡镇企业和外商投资企业。国家统计局、全国工业普查办公室1997年2月发布普查结果:1995年末,全国工业企业和工业生产单位为734.2万个,从业人员14 735.5万人,资产总额为7 7231.2亿元。

(3) 第三产业普查

① 1993年第一次全国第三产业普查

进入20世纪90年代,全国第三产业发展很快。1993年6月,国务院发出了《关于开展全国第三产业普查工作的通知》。普查的范围是从事第三产业的所有单位,普查的年度为1991年和1992年。此次普查结果显示,截至1992年底,全国第三产业单位共有2 183.8万个,其中从事第三产业的城乡个体户1 688.6万个。

《通知》中同时提出了"建立普查制度"的要求,并决定,"从1993年起,每十年对第三产业进行一次全面普查,其间第五年,对重点行业进行一次统计调查"。

在开展第一次全国第三产业普查工作的同时,国家统计局正式开始研究建立国家普查制度的问题,并于1994年向国务院呈报了《关于建立国家普查制度改革统计调查体系的请示》。

② 2003年第二次全国第三产业普查(只发文,未实施)

2002年9月11日,国务院办公厅发出《关于进行第二次全国第三产业普查的通知》,有关准备工作也已进行。但2003年突如其来的非典疫情使我国第三产业遭受了严重冲击,这不仅增大了普查的组织实施难度,还将导致普查数据不能准确反映第三产业正常年份的情况,普查不可能达到预期的效果。为此,国家统计局与国家发改委、财政部共同研究并报请国务院批准,推迟第二次全国第三产业普查。

(4) 基本单位普查

① 1996年第一次全国基本单位普查

为了如实反映我国各类基本单位的变化情况,1996年1月29日,国务院发出了《关于开展第一次全国基本单位普查的通知》,决定1996年进行第一次全国基本单位普查。普查对象为所有法人单位及法人单位所属的产业活动单位,普查的标准时点为1996年12月31日。国家统计局、第一次全国基本单位普查办公室1998年2月发布统计结果:到1996年末,除农户、个体户以外,我国共有法人单位440.2万个,产业活动单位635.1万个。

② 2001年第二次全国基本单位普查

2001年9月1日,国务院办公厅发出《关于认真做好第二次全国基本单位普查的通知》,普查时间为2001年12月31日,普查对象为中华人民共和国境内的法人单位及所附属的产业活动单位。2003年1月17日国家统计局和第二次全国基本单位普查领导小组办公室发布了统计结果:到2001年末,我国共有法人单位510.7万个,产业活动单位708.8万个。

(5) 农业普查

① 1997年第一次全国农业普查

为准确掌握农业生产要素的规模与结构,进一步查清农村劳动力的使用、转移以及乡镇企业和农村小城镇发展的基本情况,1994年10月,国务院发出了《关于开展第一次全国农业普查的通知》,决定1997年进行第一次全国农业普查。普查的标准时点是1996年12月31日。此次普查以全国详查的土地面积原始数据为基础,通过土地管理部门正在进行的土地变更调查,取得农业用地普查所需的标准时点数据。

第一次全国农业普查共发布5份公报,分别为:

第1号:第一次全国农业普查取得重大成果

第2号:农村生产经营单位的数量和结构

第3号:农村从业人员和农业机械

第4号:农村镇区规模及其社会经济状况

第5号:关于土地利用现状调查主要数据成果的公报

(6) 经济普查

1994年,我国开始实行周期性的普查制度。国家实行周期性的普查制度,定期取得全国人口、农业、工业、第三产业和基本单位等方面的基础数据,客观全面地反映重大国情国力的发展变化情况,为研究制定国民经济和社会发展规划及相关政策提供基础性资料,保障党中央和国务院各项决策的正确性和有效性是十分必要的,同时也为国民经济核算和统计调查体系改革奠定了基础。但是同时也暴露出一些问题,如普查项目设置过多,普查的时间比较分散和普查涵盖面不全等。

其他,由政府主导的重大社会调查项目还有:全国公路普查:(交通部《2002年公路水路交通行业发展统计公报》)、中国农民工调研[①]、农村贫困状况检测(国家统计局2004年中国农村贫困状况监测公报)、妇女地位调查(中国妇女社会地位抽样调查:第一期:1990年;第二期:2000年)、全国群众安全感调查(2001—2005)(2001年至2005年,国家统计局组织进行了五次全国群众安全感抽样调查)、国家卫生服务调查(第一次:1993年;第二次:1998年;第三次:2003年)

3. 逐步完善周期性普查制度[②]

(1) 周期性普查的积极作用

实行周期性的普查制度,为研究制定国民经济和社会发展规划及相关政策提供基础性资料,保障党中央和国务院各项决策的正确性和有效性是十分必要的,同时也为国民经济核算和统计调查体系改革奠定了基础。

一是摸清了"家底",深化了对我国基本国情国力的认识。

二是掌握了丰富的基础资料,为党中央、国务院和地方各级政府实行科学决策特别是加强和改进宏观调控提供了重要依据。

三是为国民经济核算提供了大量基础数据,为提高核算质量和推进统计调查体系改革奠定了基础,使我国统计工作在与国际一般规则接轨方面向前迈出了重要一步。

(2) 实行初期存在问题

但是,在进行第一轮普查总结中发现,由于普查制度确立的时间尚短,加之农业普查、第三产业普查和基本单位普查又是首次进行,因而在实施过程中也暴露出一些问题,主要是:

一是普查的次数过多,基层负担太重。

二是在普查周期的安排上,与国家及地方编制国民经济和社会发展计划衔接不够紧密。

---

① 徐京跃、李菲:"国务院发布《中国农民工调研报告》",新华网2006年4月16日。
② 邓筱琳:"中国普查制度的形成和发展",《中国经济景气月报》2004年,中华人民共和国国家统计局 www.stats.gov.cn。

三是在普查项目的设置上,国民经济各行业的涵盖面不全。没有将属于国民经济重要支柱产业的建筑业包括进来,不能全面反映国民经济的整体状况,因而影响了普查作用的综合发挥。

四是普查立法严重滞后,被调查者的配合与支持程度日益降低,组织实施工作的难度越来越大。

因此,对国家普查项目和周期安排进行适当调整是十分必要的。经国家统计局、国家发展和改革委员会、财政部研究,并报请国务院批准,2003年8月11日国家统计局、国家发展改革委员会、财政部联合下发了《关于调整国家普查项目和周期安排的通知》,决定调整国家普查项目和周期安排。

(3) 调整国家普查项目的基本思路

经国务院批准,国家普查项目和周期安排如下:

农业普查每10年进行一次,改在逢6的年份实施。因其涉及全国广大农村和农户,具体组织、填报和审核汇总的工作难度很大,需要单独实施。农业普查以从事第一产业活动的单位和农户为对象,主要普查农、林、牧、渔业的发展变化情况。

人口普查每10年进行一次,仍在逢0的年份实施。以自然人为对象,主要普查全国人口和住房以及与之相关的重要事项。

调整后的国家普查项目,不仅在数量上有所精简,而且在周期安排上也更趋合理,表明中国普查工作正进一步朝着制度化、法制化方向发展。

二、第六次全国人口普查评述

根据国家普查项目和周期安排的有关规定,国务院决定于2010年开展第六次全国人口普查。此次人口普查标准时点为11月1日零时,人口普查主要调查人口和住户的基本情况,内容包括:性别、年龄、民族、受教育程度、行业、职业、迁移流动、社会保障、婚姻生育、死亡、住房情况等。人口普查的对象是在中华人民共和国(不包括香港、澳门和台湾地区)境内居住的自然人。2011年4月28日,国家统计局局长马建堂发布2010年第六次人口普查登记(已上报户口)的全国总人口为1 339 724 852人。

《国务院关于开展第六次全国人口普查的通知》提出,为加强对此项工作的组织和领导,国务院决定成立第六次全国人口普查领导小组,负责人口普查的组织和实施。普查领导小组办公室设在国家统计局,具体负责人口普查的日常组织和协调。人口普查所需经费,由中央和地方各级人民政府共同负担,并列入相应年度的财政预算,按时拨付、确保到位。

通知要求,国务院有关部门要充分发挥各自职能,各负其责、通力协作、密切配合。对普查工作中遇到的困难和问题,要及时采取措施,切实予以解决。地方各级人民政府要设立相应的普查领导小组及其办公室,认真做好本地区普查工作。要充分发挥街道办事处和居民委员会、乡镇政府和村民委员会的作用,广泛动员和组织社会力量积极参与并认真配合做好普查工作。

通知还要求,各级政府、各有关部门要严格执行《中华人民共和国统计法》和人口普查的有关规定。人口普查取得的数据,严格限定用于普查目的,不得作为任何部门和单位对各级行政管理工作实施考核、奖惩的依据,不得作为对普查对象实施处罚的依据;各级普查机构及其工作人员,必须严格履行保密义务。要切实做好人口普查的宣传报道工作,做到家喻户晓,人人皆知。要通过报刊、广播、电视和互联网等媒体广泛深入宣传人口普查的重要意义和工作要求,引导广大普查对象依法配合普查,如实申报普查项目,为普查工作顺利实施创造良好舆论环境①。

"中国人口普查—2010"标志,单标志　　"中国人口普查—2010"标志,上下式

人口的状况很大程度上是一个国家经济社会发展的基本反映,2010年进行的第六次全国人口普查,取得了关于我国人口总量、结构、素质、分布、迁移等大量的基础数据,揭示出我国人口的基本状况和十年来的发展变化,是一笔极为宝贵的信息财富,对制定"十二五"期间的经济社会发展政策具有重要参考价值。

1. 人口的数量变化

(1) 人口总量

第六次全国人口普查登记的2010年11月1日我国人口总量(大陆31个省、自治区、直辖市和现役军人的人口,不包括港、澳、台的人口)为13.40亿(1 339 724 852)人,与第五次全国人口普查2000年11月1日零时的12.66亿(1 265 825 048)人相比,十年共增加7 390万(73 899 804)人,增长5.84%,年平均增长率为0.57%。而1990年到2000年的十年之间,我国人口净增长1.3亿,年均增长是1.07%,也就是10.7‰。两个十年相比,后一个十年比前一个十年人口净增长减少了约5 600万人,年平均增长率从1.07%下降到0.57%,下降了0.5个百分点。

---

① 佚名:《第六次人口普查》,http://baike.baidu.com/view/4507294.htm。

这表明我国计划生育的基本国策得到了很好地贯彻和执行,人口过快增长的势头得到有效的控制,从而有效缓解了人口增长对资源环境的压力,为改善人民群众的生活创造了好的条件,为经济社会平稳较快发展奠定了好的基础。同时,中国作为世界上人口最多的国家,人口总量普查数据也表明我国认真履行《国际人口与发展大会行动纲领》和联合国千年发展目标的承诺,为实现全人类自身发展的可持续作出了中国人应有的贡献。

(2) 家庭户规模

这次人口普查,大陆31个省、自治区、直辖市共有家庭户4.02亿(401 517 330)户,家庭户人口为12.44亿(1 244 608 395)人,平均每个家庭户的人口为3.10人,比2000年第五次全国人口普查的3.44人减少0.34人。

对比历次普查平均家庭户规模,家庭户规模从1964年的4.43持续缩小,这主要是受我国生育水平不断下降、迁移流动人口增加、年轻人婚后独立居住等因素的影响。

2. 人口的构成变化

(1) 性别构成

大陆31个省、自治区、直辖市和现役军人的人口中,男性人口为6.87亿(686 852 572)人,占51.27%;女性人口为6.53亿(652 872 280)人,占48.73%。总人口性别比(以女性为100,男性对女性的比例)由2000年第五次全国人口普查的106.74下降为105.20。相比2000年,2010年的总人口性别比有了明显下降,为历次普查总人口性别比的最低值。

(2) 年龄构成

大陆31个省、自治区、直辖市和现役军人的人口中,0—14岁人口为2.22亿(222 459 737)人,占16.60%;15—59岁人口为9.40亿(93 9616 410)人,占70.14%;60岁及以上人口为1.78亿(177 648 705)人,占13.26%,其中65岁及以上人口为1.19亿(118 831 709)人,占8.87%。同2000年第五次全国人口普查相比,0—14岁人口的比重下降6.29个百分点,15—59岁人口的比重上升3.36个百分点,60岁及以上人口的比重上升2.93个百分点,65岁及以上人口的比重上升1.91个百分点。

我国人口年龄结构的变化,说明随着我国经济社会的快速发展,人民生活水平和医疗卫生保健事业的巨大改善,生育率持续保持较低水平,低龄人口比重在下降,而老龄人口比重在提高,我国的老龄化进程在逐步加快,"未富先老"现象也在逐步加剧。

(3) 民族构成

大陆31个省、自治区、直辖市和现役军人的人口中,汉族人口为12.26亿

(1 225 932 641)人,占91.51%;各少数民族人口为1.14亿(113 792 211)人,占8.49%。同2000年第五次全国人口普查相比,汉族人口增加6 654万(66 537 177)人,增长5.74%;各少数民族人口增加736万(7 362 627)人,增长6.92%。汉族人口占91.51%,比2000年人口普查的91.59%下降0.08个百分点;少数民族人口占8.49%,比2000年人口普查的8.41%上升0.08个百分点。少数民族人口十年年均增长0.67%,高于汉族0.11个百分点。对比历次人口普查民族构成情况,少数民族人口所占比例从1964年的5.76%持续上升,从而表明我国实行的多民族平等和保护少数民族相结合的政策取得了预期的成效。

3. 人口分布及迁移

(1) 城乡分布

大陆31个省、自治区、直辖市和现役军人的人口中,居住在城镇的人口为6.66亿(665 575 306)人,占49.68%;居住在乡村的人口为6.74亿(674 149 546)人,占50.32%。同2000年第五次全国人口普查相比,城镇人口增加2.07亿(207 137 093)人,乡村人口减少1.33亿(133 237 289)人,城镇人口比重上升13.46个百分点。

1990年—2000年,我国城镇人口比重上升了9.86%,城镇化率每年约为1%;2000年—2010年,城镇化率每年约为1.3%,这表明2000年以来我国城镇化率在加快,城镇人口在增加,城市化水平不断提高,标志着我国工业化和现代化水平的不断提高。

(2) 地区分布

在大陆31个省、自治区、直辖市中,2010年常住人口总量排在前五位的分别是广东省、山东省、河南省、四川省和江苏省;而2000年人口普查排在前五位的分别是河南省、山东省、广东省、四川省、江苏省;广东取代了河南成为中国人口第一大省。大陆31个省、自治区、直辖市和现役军人的人口中,东部地区人口5.09亿,占31个省(区、市)常住人口的37.98%;中部地区人口3.59亿,占26.76%;西部地区人口3.62亿,占27.04%;东北地区人口1.10亿,占8.22%。

与2000年人口普查相比,东部地区的人口比重上升2.41个百分点,中部、西部、东北地区的比重都在下降,其中西部地区下降幅度最大,下降1.11个百分点;其次是中部地区,下降1.08个百分点;东北地区下降0.22个百分点。

地区间常住人口占全国总人口比重的变化表明更多的人口从西部内陆落后地区向东部沿海发达地区迁移、流动。这种趋势反映了人口的流动和经济的发展水平是相协调一致的。人口的迁移既促进了人口流入地区的经济发展,满足了其对劳动力的需求,也提高了人口流出地区的收入水平,改善了人口流出地区的发展条件。所以流动人口的增加,沿海发达地区人口占比的提高在某种程度上反映出中国经济活力在增强,也促进了城乡之间以及东西部地区之间更加均衡地发展。

(3) 人口流动

大陆31个省、自治区、直辖市的人口中,居住地与户口登记地所在的乡镇街道不一致且离开户口登记地半年以上的人口为2.61亿(261 386 075)人,其中市辖区内人户分离的人口(一个直辖市或地级市所辖的区内和区与区之间,居住地和户口登记地不在同一乡镇街道的人口)为3 996万(39 959 423)人,不包括市辖区内人户分离的人口为2.21亿(221 426 652)人。同2000年第五次全国人口普查的1.44亿相比,居住地与户口登记地所在的乡镇街道不一致且离开户口登记地半年以上的人口增加1.17亿(116 995 327)人,增长81.03%。

第六次人口普查登记出来的流动人口为2.21亿人,比2000年增加了1.17亿人,这是多年来我国农村劳动力加速转移和经济快速发展促进了流动人口大量增加的结果。这么多人口在流动,说明我国经济活力在增强,国家的人口流动性在增强,是我国近十年来经济社会快速发展的写照。

4. 人口的素质变化

(1) 各种受教育程度人口

大陆31个省、自治区、直辖市和现役军人的人口中,具有大学(指大专以上)文化程度的人口为1.20亿(119 636 790)人;具有高中(含中专)文化程度的人口为1.88亿(187 985 979)人;具有初中文化程度的人口为5.20亿(519 656 445)人;具有小学文化程度的人口为3.59亿(358 764 003)人(以上各种受教育程度的人包括各类学校的毕业生、肄业生和在校生)。

同2000年第五次全国人口普查相比,每10万人中具有大学文化程度的由3 611人上升为8 930人;具有高中文化程度的由11 146人上升为14 032人;具有初中文化程度的由33 961人上升为38 788人;具有小学文化程度的由35 701人下降为26 779人。

(2) 文盲人口

大陆31个省、自治区、直辖市和现役军人的人口中,文盲人口(15岁及以上不识字的人)为5 466万(54 656 573)人,同2000年第五次全国人口普查相比,文盲人口减少3 041万(3 041 3094)人,文盲率由6.72%下降为4.08%,下降2.64个百分点。各种受教育程度人口和文盲率的变化,反映了十年来我国普及九年制义务教育、大力发展高等教育以及扫除青壮年文盲等措施取得了积极成效,中国人民的全社会受教育程度明显提升,人口的素质在持续不断提高[①]。

5. 六普的具体实施

从11月1日零时开始,第六次全国人口普查拉开帷幕,中国在和平年代最大

---

① 王家伟、段玉山:"从第六次人口普查看我国10年人口变化",《地理纵横》2011年第13期。

的社会动员就此展开。在10天时间内,600万普查员深入4亿多户家庭,对13多亿人口进行调查。普查的主要数据,在2011年4月公布,所有数据汇总和深度分析将持续到2013年。

第六次全国人口普查推进到今天,在顺利完成浩浩荡荡的入户访谈后,又进入了细致的复查阶段。

(1)中国到底有多少人

"作为和平时期最大的'社会动员',人口普查是一个国家现代化、科学管理社会的反映。而1982年第三次全国人口普查通常被看做中国现代化人口普查的开端。此后,中国的人口普查开始了与世界接轨的旅程。"

据瞭望东方周刊记者李静报道说,其实在1982年之前,中国的人口普查并非10年一次。曾任国家统计局副局长的孙兢新说,第一次、第二次全国人口普查都是根据当时国家的情况,随机决定普查时间。结果,中国的第二次和第三次人口普查之间相隔了18年。在此期间,作为世界第一人口大国,人口数据为中国在参与国际活动时最受关注的问题之一。

令孙兢新印象深刻的是,1974年,为准备一次联合国大会,周恩来曾专门要求国家统计局拿出中国一些宏观情况的统计数据。

包括孙兢新在内的14个人成立了名为国家计划革命委员会生产组统计小组的机构。统计小组很快整理出了包含国民经济收入等十几个宏观指标的数据表。然而,唯有人口没有具体数字。因为此前近20年没有进行人口普查,无法掌握当时的人口总量。最后只能在1964年第二次全国普查的基础上估算了7亿多的数据。

(2)调查问卷

中国人口普查中的人口访谈方式一直未曾变化。但在数据录入上,1953年的'一普'、1964年的'二普'都是人工录入、人工汇总数据。那时,算盘与计算尺是经常使用的计算工具。自1982年"三普"开始使用计算机处理数据,加快了运算速度。而自2000年'五普'开始,使用'光电录入'技术节省了大量人力物力和财力。

'六普'也沿用'光电录入'手段,以保证数据录入工作的顺利进行。'六普'还在人口地图的绘制上使用了遥感技术。但在某些西部省份,由于技术水平的局限,遥感技术仍然未能使用。在科学技术日新月异的时代,这是另外一个让人遗憾的地方。

在中国采取以建筑物找人的方式完成入户普查工作的过程中,美国却自1960年起以邮寄问卷的方式进行人口普查,大约有72%左右的问卷借此回收。

这个在媒体上热烈炒作的做法,只在像美国这样具有特殊国情的国家中才彰显意义。要知道,2010年美国的调查问卷仅包括10项内容,即姓名、性别、出生日期、种族、有时是否居住或暂住在其他地方、住房单元是自有还是租用、电话号码、住所有几个人居住等信息。

这是美国有史以来最短的普查问卷,在其张贴的中文版宣传画册上,说这个问卷是'十全十美'的问卷。

正因为如此,很多专家才说,美国的普查问卷只有10个变量,而我国2010年普查问卷的短表仅个人内容就12项——比美国还长。他们希望我们的问卷比美国短,认为这样调查任务会完成得更好。但需要知道,美国实际上是在对其国民收入等变量十分了解的基础上才删减了'收入'这个变量的。因为美国每年进行一次'全美社区调查',在这个以全国居民社区为抽样框抽样的调查中,美国国土之上的所有居民的生活状况全部可以被推论到。

英国政府中虽然有人热议取消普查,但已经拟制的2011年普查问卷却长达32页、多达56个问题,包括工作、教育、公民身份、种族背景、第二家庭住址、使用语言、健康状况、宗教及婚姻状况等。因此,普查问卷之长短,完全取决于国家对人口数据的需求状况,而不应'以短制胜'。

另外,美国在普查中十分重视科学技术的使用:1890年使用长片穿孔技术进行数据处理,1950年使用计算机,2000年普查使用电子成像技术。据估计,全美普查中的信息技术成本约占人口普查全部费用的四分之一。

(3) 流动人口挑战普查准确性

"如果仅从各项投入来看,人们有理由对此次新中国成立以来规模最大、动用人员最多的全国人口普查抱以期待,特别是将误差率控制在合理范围内。此前已有媒体报道说,第六次全国人口普查数据误差率将不会超过千分之五。

李静在瞭望东方周刊上发表文章说,1982年'三普'的净误差率为千分之零点一五,1990年'四普'净误差率为千分之零点六。

第五次全国人口普查办公室专家咨询组组长孙兢新在接受记者采访时表示,从理论上讲,自'三普'开始,中国就已拥有了完整的质量管理系统,试图确保准确性。但在实际操作中,数据准确性一直遭遇着各种挑战。

人口普查的数据准确性在2000年'五普'中遭遇了最为严峻的挑战。全国人口普查入户调查前都会安排一个摸底过程,通常摸底的人数和最后登记的人数基本相当。然而,'五普'摸底数据汇总上来后却出现了预料不到的情况:总人数少了。

'人口统计有连续性,除了四普数据,每年国家还有一个千分之一的人口抽样调查。1999年的抽样调查结果是12.59亿,这个数字是各方面基本认可的。2000年的普查结果不会比这个少。'第五次全国人口普查办公室主任卢春恒解释说,'搞人口普查首先要交人口总量。总量如果不够,就没法交账了。'

为了解决这一问题,全国普查办要求各地紧急复查补漏。原先规定10天的普查登记时间,复查补漏又用了20天。通过'事后质量抽查'推算,'五普'的漏报率达到了1.81%,比'四普'漏报率扩大了30倍。

事后,卢春恒和同事们总结漏报原因,最终发现是在方法上出现了问题——'五普'首次使用'常住人口'的概念统计人口,其中规定居住半年以上或离开户口登记地半年以上就算'常住人口'。

'但是一个流动人口,年初离开原住地,待了几个地方,每个地方都不超过半年。这样他在哪都不算常住人口。结果在流入地、流出地都没登记,而且很多地方也不愿意多算,怕人口指标冒了,最终这部分人就没有认定。'卢春恒坦言,虽然在设计'常住人口'时已经考虑到可能出现这样的问题,但没想到影响会这么大,'实际存在的情况,比想象中复杂许多'。

中国社科院人口与劳动经济研究所研究员张翼在瞭望东方周刊撰文说,除了流动人口,某些新富阶层家庭户的'拒访'、超生家庭户可能存在的瞒报问题,以及城市政府对流动人口"突增"而造成人均GDP降低的担忧等,也会影响到普查数据的质量。

要消除国民对普查的顾虑,或者鼓励国民配合政府部门的普查工作,就必须投入大量人力、物力和财力,以完成正常的普查任务。在'六普'入户调查之前,李克强副总理还专门发表了广播电视讲话,号召全国人民配合调查,争取使普查数据真实、准确、完整。

国家在'六普'之前,于2010年5月24日还颁布了《国务院人口普查条例》,并在这个特殊的条例中申明:人口普查数据不得作为对地方人民政府进行政绩考核和责任追究的依据。

尽管普查的宣传与社会动员工作历时日久,但很多人还不知道《国务院人口普查条例》的具体内容。再加上'超生户'对'社会抚养费'的担心,可以肯定,低年龄段人口的漏报问题不可避免。"①

三、机关作风和行业作风评议

1. 政府绩效评估

遵循政府绩效评估的职能定位和民主原则,是对政府绩效有效管理的前提和基础。这样的前提和基础旨在理清两个基本问题:一是,在任何情况下,政府的职

---

① 《第六次人口普查挑战来自流动人口》,《扬子晚报》2010年11月29日,据瞭望东方周刊张翼、李静等相关文章综合。

能总是有限的,一方面,对于政府自身来说,不能认为可以做任何的事情;另一方面,对于社会来说,也不能要求政府承担所有的责任。二是,从归根到底的意义上说,良好的政府绩效究竟如何,应该得到人民的认可和认同。人民对于政府的拥护、支持和赞成,是政府良好绩效的最为有力的说明。

政府绩效评估既是政府内部管理的一个重要工具,在现代民主政治取向下,也是人民规范政府行为的重要手段。其基本的方法是,评估主体根据各级不同政府以及政府不同部门的职能定位,设定特定的政府绩效评估体系,对政府的作为及其业绩进行评估,以测定一定政府或者政府部门的管理水平和管理效率。

(1) 政府绩效必须以其准确的职能定位为基础

长期以来,我们一向有一种"政府万能"的理论和实践传统,尽管由于市场经济体制改革提出了政府职能转变的问题,但是在理论和实践上至今没有能够解决政府的性质及其职能的根本问题。乃至于到目前为止,政府依然有一种"无所不管"、"无所不能"的思维惯性和行为惯性。

这种传统的思维惯性和行为惯性,不仅影响到政府职能的准确定位,影响到政府及其官员的行为,而且同样也反过来影响到社会成员对于政府的认知和评价。尤其是,在将社会发展的正效应归于政府绩效的同时,社会往往也把社会发展进程中所发生的一些问题归于政府的作为或不作为。这种情况在实际上又导致了政府的负荷日益加重,以及政府职能的不断扩张。

另一方面,恰恰是有一些传统上公认为是政府职能和责任的领域,我们的政府尚没有引起高度的重视,因为没有能够引入政府绩效的范围。譬如说,社会秩序和道德风尚问题等。由此我们不可回避这样的严峻现实:在 GDP 逐年增长的情况下,社会秩序、两极分化、人伦关系、道德风尚等等的状况却越来越成为当下的关注热点,甚至也越来越成为影响社会和谐发展的重要因素。

(2) 政府绩效的评估权最终在于人民

政府绩效的评估权最终在于人民,即如邓小平同志所说,要以人民"拥护不拥护、支持不支持、赞成不赞成"为准则。

从归根到底的意义上说,一个具体的政府或政府部门是否有绩效、到底有多大的绩效,其最有发言权或评价权的只能是人民。古希腊思想家亚里士多德在谈到对于不同政体的评价时就曾说过,对一桌菜肴好坏的评价权应该在于食客而不是厨师,对一座房屋好坏的评价权在于住户而不是建筑师。这个道理也应该成为我们今天对于政府绩效评估的一个基本原则。

从归根到底的意义上说,良好的政府绩效究竟如何,应该得到人民的认可和认同。就是说,人民对于政府的拥护、支持和赞成,是政府良好绩效的最为有力的说明。

"总而言之,政府绩效评估仅仅是政府内部管理的一种手段,要推进政府变革和发展,诚如胡锦涛同志在十七大报告中所指出的,还是要加快行政管理体制改革,建设服务型政府。要抓紧制定行政管理体制改革总体方案,着力转变职能、理顺关系、优化结构、提高效能,形成权责一致、分工合理、决策科学、执行顺畅、监督有力的行政管理体制。"[1]

2. 指标化定量化

发展目标的指标化和定量化,是国际社会的通行做法。虽然我国过去制定的"五年"计划和长远规划也重视计划或规划目标的指标化,但是在定量化方面比较薄弱,很多计划或规划目标是定性的,事后我们难以进行定量评估。

制定主要国民经济与社会发展目标指标体系的理论基础是,正确认识和处理在市场经济转型和开放条件下政府与市场的关系,要区分三种不同作用,即政府与市场各自不同的作用和它们之间的互补作用。根据公共产品、私人产品和混合产品的不同类型产品或服务,来划分三类不同领域:由政府提供或干预的非竞争性公共服务领域;私人产品和服务的竞争性市场领域;由政府适当干预、指导并利用市场机制的混合产品和服务领域。

主要国民经济与社会发展目标的指标体系可以分为三类:责任性、预测性和指导性。

第一类是政府责任指标,是指政府在规划期内必须实现和完成的主要目标,既要体现政府的政治承诺,又要体现政府需要履行的主要职能,并通过有效动员和利用公共资源(公共财政、公共投资、公共项目)投入,以实现政府责任目标。它既是约束性指标,即这些目标是用来约束政府行为的;也是计划指标,但根本不同于计划经济时期直接干预经济活动主体的计划指标,而是在市场经济环境下和一定发展水平阶段和公共财政能力条件下,关于政府提供公共产品或服务的有目标、有计划、有步骤的实施指标。

第二类是预测性指标,主要是基于市场机制作用的经济增长、产业发展、城市化、国际化发展趋势性指标,政府主要是创造有利条件,提供良好环境,保证公平竞争,最大限度地发挥市场的作用和经济活动主体的作用。

第三类是指导性指标,它是介于上述两类指标之间的指标,是指在规划期内政府希望发展的重要目标,不仅需要政府目标方向的合理引导、政策的适当干预、恰当的宏观管理,而且更需要政府建立有效的激励制度,设计有效的激励政策,积极动员社会各种力量,鼓励社会和私人投入,扩大社会和私人的广泛参与[2]。

---

[1] 桑玉成:"政府绩效评估的职能定位与民主原则",《文汇报》2008年10月6日。
[2] 胡鞍钢:"尽可能将发展目标指标化定量化",《文汇报》2005年12月21日。

3. 上海的政风行风整改

2009年,上海市42个部门和行业向社会作出公开承诺。

  2004年以来,我们每年度组织上海市有关部门和行业向社会作出关于加强政风行风建设的"公开承诺"。今年,继续组织公安等42个部门和行业,按照努力把上海建设成为行政效率最高、行政透明度最高、行政收费最少地区之一的目标要求,作出了新的"公开承诺"。现予公布,望各部门和行业认真"践诺",并敬请广大市民监督。

上海市纠正行业不正之风办公室
2009年7月16日

  如,环保部门:①在市环保局行政许可事项受理窗口提供相关资料信息的查询,设立公众意见箱,发放服务合理化意见征询表。②环境信访投诉受理率100%,处理率100%,力争办结率97%。③对于各类环境突发事件,环保应急热线接电后中心城区30分钟、非中心城区60分钟、远郊区县90分钟内赶赴现场处置。

  又如,文化执法部门:①公开、公平、公正查处违法案件,做到严格执法、秉公执法、文明执法。②安排专人24小时接听举报电话(12318)。受理举报耐心细致、规范有序、反馈及时准确。对一般违法经营行为举报,5个工作日内完成核查工作。③认真组织迎世博集中执法行动,突出重点,解决文化市场存在的突出问题。④加强文化执法队伍建设,严格执行《上海市文化执法工作人员廉政守则》,违者依法依纪严肃查处。

  再如,民政部门:①全市婚姻登记机关实行婚姻登记办理与婚姻服务分离,婚姻登记中心停止有偿婚姻服务。②全市殡仪馆实行24小时遗体接运电话预约服务;各殡仪馆推出低消费成套服务项目。③对市级民间组织提供"网上年检"服务,网上业务咨询24小时内答复。④全市养老机构做到服务协议所承诺的服务内容兑现率为100%。

  "窗口"测评:电力海关居首——36个行业接受社会公众满意度调查

  本市36个"窗口"行业2005年社会公众满意度评议调查昨天公布:总体满意评价得分为79.321分。社会公众满意评价得分:电力、海关两大"窗口"行业获冠亚军;旅行社/宾馆、居住物业管理和公共交通居末三位。与上年相比,旅行社/宾馆行业排序下降9位,降幅最大,其中旅行社社会公众满意评价得分为68.008分。

  2005年度社会公众满意度评议调查测评结果首次采用五色预警系统分析,并向社会公布(见下面表)。分析显示:2005年社会公众对电力和海关两个行业满意度较高,得分均超过 85 分,满意度标识呈现"绿色";市政道路收费等 16 个行业满意度标识呈现"蓝色";银行等 15 个行业满意度标识呈现"黄色";而公共交通、居住物业管理和旅行社/星级宾馆三个行业得分均未超过 75 分,满意度标识呈现"橙色"。市文明办有关负责人指出,2005 年社会公众满意评价虽然没有出现"红色"警戒标识,但呈现"橙色"的三个行业得分都已接近 70 分的警戒线,应引起相关部门的高度重视。

通过对 2002 年至 2005 年 4 年间的数据进行比较,社会公众对"窗口"行业精神文明创建活动成效基本认可,4 年间满意评价总体得分接近 80 分。得分高的行业数不断增多,跻身于 80 分的行业 2005 年达到 50%,而 2002 年仅占 21.9%。同时,综合 4 年资料评估,行业创建成效表现为五类。第一类:稳步上升,成效显著,社会公众评价满意的有电力、自来水、民航、燃气、绿化、民政等。第二类:有波动,但仍呈现上升趋势,社会公众评价趋向满意的有公安 110/出入境管理、轨道交通、工商行政管理、图书销售、影剧院等。第三类:波动起伏,呈现下降趋势,社会公众满意程度走低的有铁路、公共交通、居住物业管理等。第四类:起伏不定,创建活动徘徊,社会公众满意评价时高时低的有司法公证、银行、汽车维修、医院、电信、超市等。第五类:持续下降,创建活动效果不明显,社会公众满意评价连年下跌的有旅行社/宾馆等。

公众反映最突出的十大问题:
1. 公交车辆行驶中为拉客长时间赖站、余车;
2. 商业零售过程中普遍存在对顾客劝购、诱购;
3. 旅行社不遵守合同、不履行事前承诺,损害出游者的利益;
4. 节假日、上下班高峰、雨雪天等特殊特定情况时乘客外出打出租车难;
5. 银行办理业务长时间排队等候;
6. 医院存在开大处方、乱收费的现象;
7. 居住物业的维修基金使用情况未能公示;
8. 家庭装饰装修工程竣工后不按实结算;
9. 轨道交通运营效率不能满足客运需要;
10. 移动通信业促销广告缺乏诚信,存在蒙骗欺诈行为①。

---

① "36 个行业接受社会公众满意度调查——'窗口'测评:电力海关居首",《解放日报》2006 年 4 月 10 日。

"窗口"行业公众满意评价表

行业	2005年 得分	排序	与2004年排序变化	行业	2005年 得分	排序	与2004年排序变化
电力	85.201	1	3	海关	85.083	2	−1
市政道路收费	84.392	3	—	出入境检验检疫	83.313	4	−2
自来水	83.304	5	—	公安110/出入境	83.103	6	4
航空港民航	82.380	7	—	司法公证	82.324	8	−2
燃气	81.779	9	1	图书馆	81.768	10	4
工商行政管理	81.426	11	2	民政系统	81.393	12	3
绿化	80.858	13	−1	铁路运输	80.528	14	−5
轨道交通	80.453	15	−4	邮政	80.433	16	—
上海移动	80.346	17	4	图书销售	80.052	18	
银行	79.215	19	1	出租汽车客运	79.011	20	2
医院	78.374	21	−4	上海电信	78.340	22	1
气象	78.335	23	6	汽车维修	78.250	24	−5
影剧院	77.743	25	2	房地产交易登记	77.615	26	
长途汽车客运	77.527	27	−1	环境保护	77.501	28	−4
市容环卫	77.010	29	1	排水	76.811	30	1
商业零售	76.648	31	−3	家庭装饰装修	75.140	32	—
超市	75.062	33	1				
旅行社/星级宾馆	72.518	34	−9	居住物业管理	72.254	35	−2
公共交通	70.067	36	−4				

第四节 政府对社会调查的管理

一、统计调查的法律框架制度

我国对社会调查进行集中管理的最权威的机构要数国家统计局,通过执行一系列的法律以及规章制度,国家统计局规范着我国境内绝大多数的社会调查。它的法律制度框架如下。

1. 统计法律

目前,我国唯一的一部统计法律是1983年12月8日由第六届全国人民代表大会常务委员会第三次会议通过的《中华人民共和国统计法》。《统计法》对统计工作的基本原则、统计组织和统计管理体制、统计调查、统计资料管理、统计人员管理、统计信息工程建设、民间及涉外社会调查活动管理、统计法律责任等方面作了规范。此外,还有18部法律中有关于统计活动的规定。

《统计法》是统计工作的基本法。其他法律中涉及统计活动的,除《刑法》外一般只规定要建立某一领域的统计制度,并不涉及统计活动的具体规范和法律责任。

2. 统计行政法规

现行有效的统计行政法规主要有《中华人民共和国统计法实施细则》、1980年国务院批转国家统计局的《关于统计报表管理的暂行规定》和《统计干部技术职称暂行规定》、1990年国务院批准、国家统计局发布的《关于工资总额组成的规定》、2000年第277号国务院令发布的《第五次全国人口普查办法》、2004年第415号国务院令发布的《全国经济普查条例》等。此外,还有国务院制发的法规性文件,如《国务院关于加强统计工作的决定》(1984年),《国务院关于实施新国民经济核算体系方案的通知》(1992年),《国务院批转国家统计局关于建立国家普查制度改革统计调查体系请示的通知》(1994年),《中共中央办公厅、国务院办公厅关于坚决反对和制止在统计上弄虚作假的通知》(1998年)。

3. 地方性统计法规

目前,全国31个省、自治区、直辖市人大常委会都制定了地方性统计法规。

4. 统计规章

国家统计局现行有效规章25件,包括《统计执法检查规定》、《统计违法案件通告制度》、《部门统计调查项目管理暂行办法》、《统计人员持证上岗暂行规定》等。国务院其他部门制定的统计规章30多件,包括《计划生育系统统计调查管理办法》、《铁路统计工作的若干规定》、《金融统计管理规定》、《环境统计管理暂行办法》、《药品监督管理统计管理办法》等。同时,一些省(区、市)也制定了地方政府统计规章。

除了理解我国统计的法律框架之外,我们还应该更加清楚在这个框架内部的主要内容,大致涉及十个方面:

(1) 统计法基本原则

《统计法》对统计工作的基本原则作了规范。一是保障统计工作统一性原则。二是统计机构依法独立行使职权原则。统计机构依法独立行使职权,不受任何单位和个人的侵犯。三是统计调查对象依法履行义务原则。四是维护统计调查对象合法权益原则。五是保障统计信息社会共享原则。国家应建立公布统计资料的制度;各级人民政府统计机构应积极做好统计信息咨询服务工作,促进统计信息的社会共享。

(2) 统计组织和统计管理体制

《统计法》在总则中规定:"国务院设立国家统计局,负责组织领导和协调全国统计工作。""各级人民政府、各部门和企业事业组织,根据统计任务的需要,设置统计机构、统计人员。"

我国《统计法》设定的统计机构分为三类,政府综合统计机构、部门统计机构和企业事业组织统计机构。

(3) 统计调查管理

设定统计调查方面的法律规范,除了《统计法》及其实施细则外,主要还有《关于统计报表管理的暂行规定》、《部门统计调查项目管理暂行办法》等。主要内容包括:

① 统计调查项目审批程序。根据《统计法》的规定,我国的统计调查项目分为三类:即国家统计调查项目、部门统计调查项目和地方统计调查项目。

② 统计调查方法。统计调查应当以周期性普查为基础,以经常性抽样调查为主体,以必要的统计报表、重点调查、综合分析等为补充,搜集、整理基本统计资料。发往基层单位的全面定期统计报表,必须严格限制。凡通过抽样调查、重点调查、行政记录能取得统计数据的,不得制发全面定期统计报表。

目前我国已建立周期性普查制度。人口普查、农业普查每 10 年进行一次,分别在尾数逢零、六的年份实施;经济普查每 5 年进行一次,在尾数逢三、八的年份实施。

③ 统计调查项目的法定标志。按照规定程序批准的统计调查表,必须在右上角标明表号、制表机关、批准或者备案机关、批准或者备案文号、有效期限等法定标志。

④ 统计标准。国家制定统一的统计标准,以保障统计调查中采用的指标含义、计算方法、分类目录、调查表式和统计编码等方面的标准化。国务院各部门可以制定补充性的部门统计标准,但不得与国家统计标准相抵触。

⑤ 统计调查者身份证明。《统计法》第二十三条规定:统计人员依照规定执行职务,依法对统计调查对象进行统计调查时,应当出示县级以上人民政府统计机构颁发的工作证件。

(4) 统计资料管理

按照我国统计工作的管理体制,统计资料实行统一管理、分级负责的原则。《统计法》第十三条规定:"国家统计调查和地方统计调查范围内的统计资料,分别由国家统计局、县级以上地方各级人民政府统计机构或者乡、镇统计员统一管理。""部门统计调查范围内的统计资料,由主管部门的统计机构或者统计负责人统一管理。""企业事业组织的统计资料,由企业事业组织的统计机构或者统计负责人统一管理。"

(5) 统计人员管理

为加强对地方统计局局长的管理,1984 年国务院《关于加强统计工作的决定》规定:地方各级统计局局长、副局长的调动,应征得上级统计部门的同意。

为提高统计人员业务素质,《统计法》第二十五条规定,各级人民政府的统计机构、各部门和企业事业组织,应当依照国家规定,评定统计人员的技术职称,保障有技术职称的统计人员的稳定性。1998年国家统计局也制定了《统计人员持证上岗暂行规定》。

(6) 统计信息工程建设

为了开发统计信息资源,实现运行高效、数据准确,《统计法》及其实施细则都对统计信息工程建设作出了规定。《统计法》第五条规定:"国家有计划地加强统计信息处理、传输技术和数据库体系的现代化建设。"

(7) 统计经费管理

《统计法实施细则》第五条规定:"按照规定审批统计调查计划,切实解决经批准的统计调查需要的人员和经费。"第十二条第一款规定:"周期性普查由国务院和地方各级人民政府统一领导,组织统计机构和有关部门共同实施,所需要的经费由中央和地方财政共同负担。"

(8) 民间及涉外调查管理

《统计法》规定:"禁止利用统计调查窃取国家秘密、损害社会公共利益或者进行欺诈活动。"《统计法》及其实施细则还设定了涉外调查机构资格认定制度和涉外社会调查项目审批制度。

(9) 统计执法检查

《统计执法检查规定》对检查机构、检查人员、查处违法案件的范围和分工、查处违法案件的程序,包括立案、调查、处理、结案的程序以及对违法案件的通告等做了具体规定。

(10) 统计法律责任

根据《统计法》及其实施细则的规定,统计法律责任包括行政责任、民事责任和刑事责任。

二、涉外调查管理办法

(一) 涉外调查活动

1. 涉外调查活动含义

涉外社会调查活动,是指中国境内的外资企业、外方控股的中外合资经营企业、外方占主导地位的中外合作经营企业、外国企业分支机构及外国企业常驻代表机构、其他国外组织驻华机构委托国内具备资格条件的调查机构,在我国境内进行的合法的社会调查活动和国内调查机构接受境外的组织、个人及涉外机构的委托、资助或与境外组织和个人以其他形式合作进行的各种合法的社会调查活动。

按照实施涉外社会调查活动的主体划分,涉外社会调查活动分为以下几种类型:

(1) 境外的组织和个人委托、资助国内调查机构进行的社会调查活动。

(2) 涉外机构委托、资助国内调查机构进行的社会调查活动。

(3) 在中国境内的外国企业分支机构及外国企业常驻代表机构、其他国外组织驻华机构和港澳台企业分支机构以及港澳台企业常驻代表机构、其他港澳台组织驻境内机构所进行的社会调查活动。

(4) 外资调查机构、中外合资调查机构和中外合作调查机构进行的社会调查活动。

(5) 中国境内为外资企业、外方占控职的中外合资经营企业、外方占主导地位的中外合作经营企业进行的社会调查活动。

2. 涉外调查活动特点

(1) 涉外性

这主要表现在:一是调查活动起因于或服务于境外的组织和个人;二是进行调查活动的国内调查机构受境外组织和个人的制约。

(2) 自愿性

政府统计调查是强制性调查,被调查者有如实接受调查并进行填报的义务,如不接受调查则为违法。而涉外社会调查为自愿性调查,被调查者有权拒绝接受调查,调查者不得强迫被调查者接受调查。如果把这种自愿性调查以政府统计的名义转为强制性调查,就是一种违法行为。

涉外社会调查活动中的自愿性的含义:

① 涉外社会调查机构人员进行调查时不得以政府统计机构和政府统计人员的名义进行。

② 各级政府机构下属的事业单位,以及其主管的社会团体进行涉外社会调查时,不得以政府统计机构和政府统计人员的名义进行。

③ 各级政府内部有关部门承接的涉外社会调查,其组织调查时,不得以政府统计机构和政府统计人员的名义进行。

④ 经政府统计部门审批进行的涉外社会调查活动,不得只标注批准机关、批准文号而不标注本项调查属于自愿性调查。在标注了本项调查属于自愿性调查,而对被调查者进行解释时,不得只说明批准机关。

(3) 复杂性

一是涉外社会调查的内容异常丰富,涉及政治、经济和社会生活的方方面面;二是实施涉外社会调查的机构较多,且构成复杂,管理难度较大;三是实施调查的方式方法多样;四是涉及的法律法规广泛。

3. 涉外调查的积极作用

近年来,我国的各类涉外社会调查活动发展迅速,调查机构遍布全国,调查内容极其广泛。这项活动的开展对促进外商来华贸易和投资,促进我国的改革开放发挥了积极作用。加强对涉外社会调查活动的管理,既是依法治国的要求,也是适应我国进一步改革开放的需要,目的是规范涉外社会调查活动,维护国家安全,保护委托调查者的利益。

4. 涉外调查中存在的隐患

涉外社会调查在我国作为一个新兴的行业,由于缺乏规范,在发展中也出现了良莠不齐、鱼龙混杂、规模不大、有些调查质量不高等问题,有的个人和机构利用涉外社会调查刺探国家机密,损害国家安全和社会公共利益;有的不具备调查力,提供虚假资料,损害委托者利益,影响我国对外开放的良好形象;有的为争夺涉外调查项目,互相拆台,搞不正当竞争等等。因此,加强监督管理,完善审批制度,依法规范调查已成为开展此项活动的应议之题。

5. 涉外管理办法的几点思考

(1)坚持《涉外社会调查许可证》制度,加大对违法涉外社会调查活动的查处力度。境外组织和个人需要在我国境内进行社会调查时,应当委托我国国内具有从事涉外社会调查资格、取得《涉外社会调查许可证》的机构进行。涉外调查活动应依法进行,不得利用这项活动刺探国家机密、损害国家安全和社会公共利益,不得进行欺诈活动,不得利用调查结果骗取金钱或荣誉,不得提供不真实的调查结果给委托方损害他人的利益,不得刺探他人的秘密和损害他人的名誉,不得进行不正当的竞争。因此,一是要把查处违法涉外社会调查列入统计执法检查的重点之一;二是要建立统计、安全、公安、保密、工商、民政、经贸和外经贸等部门组成的联合查处通报联系制度;三是应发动群众尤其是被调查者检举揭发违法涉外社会调查活动,并对举报人予以奖励。

(2)加强审批制度,提高工作效率。任何机构进行涉外社会调查活动,都要事先报省级以上政府统计机构审批;经过批准后进行的涉外社会调查活动需要在调查表首页显著位置标明批准机关和批准文号。在加强审批制度的同时,要努力简化审批手续,切实提高办事效率,一是涉外社会调查审查只对合法性进行审查,不对调查的科学性和合理性进行审查;二是涉外社会调查审批要有利于我国的改革开放,特别是对于准备来华投资和贸易而进行的调查,应给予积极支持,优先办理,进一步为国外投资者创造良好的投资环境。

(3)切实做好调查资料的审核工作。调查形成的资料,在提供给境外组织、个人和涉外机构之前,必须经审批机关审核。其内容不得涉及国家秘密,不得损害国家安全和社会公共利益。这里的国家秘密主要是指:国家事务重大决策中的秘密事项;国防建设和武装力量活动中的秘密事项;外交和外事活动中的秘密事项;国民经济和社会发展中的秘密事项;科学技术中的秘密事项;维护国家安全的秘密事项;追查刑事犯罪中的秘密事项;其他经国家保密工作部门确定应当保守的国家秘密事项。加强对涉外社会调查活动的管理,既是依法治国的要求,也是适应我国进一步改革开放的需要,目的是规范涉外调查活动,维护国家安全,保护委托调查者的权益,进一步简化对涉外社会调查特别是涉外社会调查的有关手续。

(二)《涉外调查管理办法》

为了加强对涉外调查的规范和管理,维护国家安全和社会公共利益,保障调查机构和调查对象的合法权益,根据《中华人民共和国统计法》及其实施细则,制定本办法。本办法所称涉外调查,包括:

(1)受境外组织、个人或者境外组织在华机构委托、资助进行的市场调查和社会调查;

(2)与境外组织、个人或者境外组织在华机构合作进行的市场调查和社会调查;

(3)境外组织在华机构依法进行的市场调查;

(4)将调查资料、调查结果提供给境外组织、个人或者境外组织在华机构的市场调查和社会调查。

本办法所称市场调查,是指收集整理有关商品和商业服务在市场中的表现和前景信息的活动;本办法所称社会调查,是指市场调查之外,以问卷、访谈、观察或者其他方式,收集、整理和分析有关社会信息的活动;本办法所称境外,是指中华人民共和国关境外;境内,是指中华人民共和国关境内;本办法所称境外组织在华机构,是指经我国政府批准,境外组织在境内设立的分支机构和常驻代表机构;本办法所称涉外调查机构,是指依法取得涉外调查许可证的机构。

从事涉外调查,必须遵守我国法律、法规、规章和国家有关规定。任何组织、个人不得进行可能导致下列后果的涉外调查:

(一)违背宪法确定的基本原则的;(二)危害国家统一、主权和领土完整的;(三)窃取、刺探、收买、泄露国家秘密或者情报,危害国家安全、损害国家利益的;(四)违反国家宗教政策,破坏民族团结的;(五)扰乱社会经济秩序,破坏社会稳定,损害社会公共利益的;(六)宣传邪教、迷信的;(七)进行欺诈活动,侵害他人合法权益的;(八)法律、法规、规章和国家有关规定认定的其他情形。

涉外市场调查必须通过涉外调查机构进行,涉外社会调查必须通过涉外调查机构报经批准后进行。境外组织和个人不得在境内直接进行市场调查和社会调查,不得通过未取得涉外调查许可证的机构进行市场调查和社会调查。

关于贯彻《涉外社会调查活动管理暂行办法》若干问题的通知

国统字[2000]24号

为维护国家整体利益和形象,保障涉外社会调查管理工作的顺利开展,现就贯彻《涉外社会调查活动管理暂行办法》(以下简称《暂行办法》)中的若干问题通知如下:

一、要全面、准确地贯彻"两办通报"精神,坚持维护国家安全与促进改革开放相统一的原则

首先,必须认识到,涉外无小事,无论是保守国家秘密、维护国家安全,还是维护我国的改革开放形象、促进招商引资,都是重要的政治责任。必须把实施《暂行办法》与一般的业务管理区别开来,始终作为一项严肃的政治任务对待和处理。其次,涉外社会调查的内容、形式、方法十分复杂,《暂行办法》尚不可能用法定的规范名称进行分类和界定,贯彻中同样不能用一个概念、一种模式来硬性管理。党中央、国务院要求的是从政治上把好涉外社会调查关,而不是限制商业投资性的市场调查。对其中易于判定的市场调查必须采取从快、从简的管理办法,对依法经营的调查机构必须体现扶持、维护的管理方针。再次,统计部门目前尚无管理涉外社会调查的经验,掌握批准或不批准的标准、依据、尺度难度较大,容易出现随意性,或延长审批时间,从而影响《暂行办法》的社会效能。为此,各级统计部门的领导和从事涉外社会调查管理工作的同志要认真学习、全面领会"两办通报"精神,提高对涉外社会调查管理工作的重要性、复杂性的认识。

二、管理涉外社会调查必须坚持全国统一性的原则

首先,党中央、国务院授权国家统计局负责管理涉外社会调查的审批、资格认证等工作,关于《暂行办法》的解释权必须集中于国家统计局。不能发生外国政府、国际组织及外资、合资企业投诉我国管理涉外社会调查政出多门、政令不一、合法调查受阻等问题。其次,按照"两办通报"关于审批工作由地级以上人民政府统计机构负责的精神,为防止各地方理解不一、规定不一,《暂行办法》规定,只由国家统计局和省级统计局实施。目前,个别省以下地方也制定了涉外社会调查管理的行政规章,在实施中必须注意不得和国家统计局的实施办法相抵触,不得对已获得国家或省级统计局批准的涉外社会调查项目和机构另行增加管理约束,避免造成不良影响。对管理中已经出现的不统一问题,有关地方负责此项工作的同志应及时与国家统计局政策法规司民间与涉外调查管理处联系,妥善解决。再次,开展涉外社会调查管理是一项严肃的政府行为,不是有偿服务。国家统计局严格按照有关规定,不收取调查机构审批费和认证费,所需工作经费系由国家财政负担。为此,各地方均不得采取有偿审批的做法,更不得对国家统计局已批准的调查加收任何费用。

第十一章　高校学术机构的社会调查

现代中国社会科学的发展,始于 19 世纪末叶。一百多年的风风雨雨,它已经对我们的社会发展产生了深远的影响。一百多年来所积累起来的关于现代中国及其历史的新知识系统,同一个世纪以来的自然科学积累起来的新知识一起,构成了中国从传统社会走向现代社会的必不可少的条件。

现代中国社会科学成长之所以如此迅速,与中国数千年延续不断的丰厚学术文化积累有着密不可分的关系,同时,开放的时代我们也不断吸取全世界各个国家的精神生产的优秀成果。更为重要的原因是,它从诞生开始,便立足于中国社会大变动的实践,与中华民族的伟大复兴运动息息相关。

中国社会科学的发展,始终面临着一个如何更加贴近中国实际以及与时俱进、不断创新的问题。她既要创造性地继承和扬弃传统学术遗产,又要批判吸收西方社会科学的有益成果,还要不断地反对教条化、公式化的倾向。因此,从我国社会科学发展伊始,社会调查便有着不可或缺的作用。通过社会调查,取得中国社会发展、转型的第一手资料,我们才能够知道我们需要发扬什么、抛弃什么,知道如何在中国博大精深的传统文化与丰富多彩的其他各种文明中的文化汲取有益的成分。

众所周知,由于我国特殊的历史原因,社会科学曾经陷于停滞不前的境地,意识形态为纲的学术研究指导方针一定程度上影响了社会科学的发展。好在改革开放的三十多年来,在老一辈社会科学工作者的引领以及新一代学者的努力下,一方面挖掘我们传统文化中的精萃,另一方面博采众长,吸收国外最前沿的知识、理论,中国社会科学得到了长足的发展。在社会调查方面,计算机技术的发展使大规模的社会调查数据统计定量研究分析成为可能,而伴随着信息时代的到来,调查方法也越来越丰富多样。本章着重介绍改革开放以来学术界的社会调查研究。

第一节 社会学恢复重建与社会调查的再次兴起

一、社会学的恢复重建

十一届三中全会后各条战线进行拨乱反正。1979年3月15—18日,全国哲学社会科学规划会议筹备处在北京召开社会学座谈会,决定成立中国社会学研究会,推选费孝通教授为会长。至此中国社会学开始恢复和重建。3月30日邓小平在《坚持四项基本原则》讲话中指出:"政治学、法学、社会学以及世界政治的研究,我们过去多年忽视了,现在也需要赶快补课。"1980年1月18日经国务院批准,中国社会科学院社会学研究所正式成立,费孝通教授任第一任所长。4月复旦大学分校(现为上海大学文学院)设置社会学系,这是社会学在中国大陆恢复之后大学中最早设置的社会学系。5月25日—7月3日中国社会科学院社会学研究所和中国社会学研究会联合举办第一期社会学讲习班。参加这期讲习班的学员有高等院校教员、社会科学研究人员和实际工作者共40余人。他们来自12个省、市、自治区的社会科学院(所)以及北京大学等10所大专院校和一机部、司法部、团中央、全国妇联、人民日报社等22个单位。这期学习班引进了西方当代社会学的一些基本知识和方法,为社会学在我国的恢复和发展播下了种子。

中国社会学在20世纪50年代受到错误的对待,专业教学和科研工作中断了近30年。改革开放,百废待兴,经济发展、现代化建设事业需要社会学。1979年春节,时任中国社会科学院院长的胡乔木同志约请会见费孝通教授,商谈恢复重建中国社会学事宜,请他出山来担此重任。费先生自接受重建中国社会学的使命以后,就全力以赴地工作起来。开始是很艰难的,真可说是白手起家,筚路蓝缕。先是说服动员已经改行多年的老社会学工作者归队,接着开办讲习班,培养中青年学者,邀请国内外专家讲授社会学理论和方法。他亲自讲课,亲自主持编写《社会学概论》等教材,亲自写文章、作演讲,宣传重建中国社会学的重要,争取社会的支持;并运用他的声誉与智慧,到各省及多所著名大学去动员他们成立社会学学会、社会学所和社会学系。那几年,中国社会学的重建工作开展得有声有色,社会学在全国各地发展起来,适应了改革开放后国家经济社会大发展的需要。

1."黄埔一期"·风云际会南开班

1981年初,受中国社科院和国家教育部委托,南开大学开办了国内第一个本科层次的社会学专业班,由费孝通先生主持,从北京大学、中国人民大学、复旦大学、中山大学、武汉大学、兰州大学、云南大学等国内主要重点大学选派43名恢复高考后第一届——77级大三优秀学生集中学习社会学。该班许多毕业生已成为我国和国际社会学界的知名学者。

1980年费孝通应邀来南开大学讲学。刚落座,他就开宗明义地说:"我这次来一是看看老朋友,二是宣传社会学……"在他带动下,当时在座的滕维藻校长、郑天挺、王赣愚、吴廷璆都觉得有必要建立社会学。滕维藻当下询问苏驼、赵文芳的意见(当时两人分别任哲学系党总支书记、副主任)。他们两个表示同意。费孝通提议先办一个专业班培养师资,然后建系。学员可以从重点大学三年级中的优秀生中挑选。

会后,杨心恒等马上行动起来,迅速起草了相关的申请文书,报请教育部批准。1980年教育部以高教一字第104号文件批准南开大学设立社会学专业,并批准南开大学从全国重点大学三年级学生中选拔学员举办社会学专业班。最后,从18所重点高校中选拔了43名学员,其他学院和研究机构也派了一些人旁听。

后来去了哥伦比亚大学读博士,现在任教于香港浸会大学的阮丹青回忆,当时决定从英美文学转学社会学时,家里人很不解。她母亲曾说研究莎士比亚多好呀,为什么要去学社会学呢?尽管社会学并不广为人知,但这次学员的选拔各个学校非常认真。北京大学潘乃穆花了一个多月物色学生。南京大学把他们品学兼优的班支书推荐过来了,这就是现任江苏社会科学院院长的宋林飞。

专业班的师资非常强大。费孝通、王康通过海外关系聘请了彼特·布劳(美国哥伦比亚大学)、林南(美国纽约州立大学)、伯格(联邦德国)、芭芭拉·贺萨(联邦德国)等外籍专家。

这里边最有名的当属彼特·布劳(Peter Blau)。这位大胡子、秃顶的美国老头,来华前已经功成名就,是社会学理论中"交换理论"的代表人物,其60年代的著作《美国的职业结构》至今仍被频繁引用。布劳是个夜猫子,早上起不来,所以他的课安排在下午。一次,阮丹青陪布劳出去。当时天津还没有出租车,俩人只好坐公交车。上车后,大家看见来了一个白胡子老头,纷纷给布劳让座。他很不解,问阮。阮丹青不好意思说他老,只好说:他们觉得你长得太像马克思了。布劳竟信以为真。巧的是,布劳跟马克思一样都是犹太人。

专业班的学习非常紧张。通常上午下午各有一名老师讲授(主要是用英文),晚上大家整理笔记、复习,一直到11点图书馆关门。布劳来华前曾经担心这些学生的接受能力,但是他惊奇地发现,这些年轻人并不比他在美国教的研究生差。

费孝通为这个班倾注了很多心血。尽管非常忙,但是他短短一年之内,来了南开4次。他还通过自己的社会关系,为这个班提供了周到的支持。

专业班的学员没有让费孝通失望。他们如饥似渴地吸收社会学知识,还积极投身社会调查。宋林飞搞的苏南剩余劳动力调查、宋丁搞的天津老年人生活状况调查,后来都在刊物上发表。当年的学习委员周雪光,现任教于美国杜克大学社会学系,其对中国转型的研究在美国社会学界颇有影响。文体委员边燕杰曾任教于明尼苏达大学,现任香港科技大学社会科学部主任。43个人里边走出了30多位社会学教授,10多位主任、院长。风云际会的南开社会学专业班也因此被人称为社会学界的"黄埔一期"①。

南开社会学专业班开学典礼照片

南开社会学专业班学员、现复旦大学社会学教授、本书作者范伟达(右)与费孝通教授合影

在美国亚特兰大社会学年会上,左起依次为:边燕杰教授、林南教授、范伟达教授、周敏教授(当年林南教授为南开社会学专业班老师,边燕杰、范伟达为专业班学员)

---

① "费孝通与南开社会学",中国青年网,http://www.youth.cn2005-01-1015:14:00。

南开大学社会学专业班毕业典礼合影(1982.1)

南开大学《社会学师生录》社会学同学会

岁月飞逝　成绩安在

——费孝通

社会学专业班部分师资：

费孝通	季晓凤	陈　道	王　康	张之毅
吴承毅	雷洁琼	林耀华	吴泽霖	全慰天
袁　方	赵凤鸣	佟庆才	苏　驼	林　南
布　劳	贺碧云	李哲夫	丁克全	刘　源
宗　力				

社会学专业班43位学员：

郭鲁晋	王　颖	王来华	李　军	丘海雄
谢　文	王建民	宋　丁	李建设	李觉敏
任　昕	周雪光	王　勋	何　娟	董遵坼
林克雷	范伟达	林征宇	韩广生	王思斌
郭申阳	折晓叶	李晓丽	孙立平	王　玲
彭华民	宋林飞	阮丹青	白红光	梁向阳
张友琴	曹建民	边燕杰	方　明	江山河
宣兆凯	边馥芹	余燕菊	蔡　禾	王依依
马和健	周　华	严　健		

社会学专业班旁听学员：

黄渭梁	金　榜	张雅芳	徐世民	张　青
夏文信	史新社	李友梅	周　路	王　辉
李再龙	潘允康	冯全民		

当时费孝通认为，在新形势和新问题面前，社会学不是个恢复问题，它既不应恢复这门学科旧有的内容，也不应照搬西方社会学的内容，而应当是个重新创建的事业。社会学的恢复者们就是在这样复杂和困难的条件下，加速培育新一代的社会学者。这是一个艰巨的任务。从重建社会学开始就一直遵循着一个方针：以马克思主义为指导，结合中国实际，为社会主义建设服务。这就是说重建社会学的基本准则很明确：一是以马克思主义为指导。当前是生活在社会主义社会里，我们要反映的是社会主义制度下的社会情况，它应该是客观的、实事求是的。要做到这一点，就应当以马克思主义科学的世界观和方法论做指导。二是要结合中国的实际，不能照抄外国学者的成果来建立中国的社会学。当时中国的社会学家对中国社会了解还很少，缺乏系统科学的认识。但是他们决定要自己来搞，搞出一个社会学的中国学派。三是我们要为社会主义建设服务。我们的知识是要为我们实际生活服务的，所以有应用的一面。当时的目的是清楚的，概括地说就是要把自身的社会生活作为客观存在的事物加以科学的观察和分析，以取得对它正确如实的认识，然后根据这种认识来推动社会的发展。当时费孝通认为社会学是一个从整体出发研究社会的学科，做得好，可以为国家、为社会主义的发展做出贡献。我国正处于社会主义初级阶段，这是逐步摆脱贫穷、摆脱落后的阶段；是由农业国逐步变为现代化工业国的阶段；是通过改革和探索、建立和发展社会主义经济、政治、文化体制的阶段；是全面奋起，勤俭建国、艰苦创业，实现中华民族伟大复兴的阶段。处在这样一个空前大变革的过程中，新生事物层出不穷，只要我们从实际出发，解放思想，实事求是，到处可以发现值得研究的问题，如果能抓住问题，群策群力，全力深入，不懈努力，一定能逐步积累反映中国社会发展过程的科学知识，建立起具有中国特色的中国社会学。这种社会学是从群众中来到群众中去的，理论联系实际的，为人民事业服务的。我们社会主义国家有条件可以发展这种社会学，也只有发展这种社会学才能在世界学术讲台上取得我国应有的地位。

2. 社会调查·恢复重建打头阵

社会调查在此时也随着社会学在中国的恢复重建而进一步显示了它的重要性。

党的十一届三中全会以来，在党中央领导人大力倡导和亲自带领下，社会调查的优良传统得到了迅速的恢复和发扬。近三十多年是我国建国以来政治经济形势

最好的时期之一,也是社会调查之风最盛,社会调查成果最大的时期之一。这个时期社会调查工作具有以下几个显著的特点:

第一,思想上更加重视。粉碎"四人帮"以后,特别是党的十一届三中全会以后,党和国家领导人反复强调实事求是、调查研究的极端重要性并且身体力行,带头调查,哪里有困难、有问题,哪里有新情况、新变化,哪里就有他们的身影和足迹。1978年以来,中央报刊经常在毛泽东诞辰纪念之际,公开发表毛泽东关于调查研究的重要论著,全面系统地宣传毛泽东关于社会调查的理论和实践,这对于提高广大干部对社会调查的认识也起了良好的作用。

第二,工作上更加开展。改革开放以来,全国规模的冤假错案调查,使数以百万计的干部和群众得到了平反昭雪。1979年以来的农业生产责任制调查,促进了农村经济体制改革的不断深入和发展。1981年开始的全国农业资源调查,为农业区划工作提供了可靠的依据。1982年春进行的建国以来第一次大规模的工人阶级状况调查,为弄清我国工人阶级的现状提供了全面系统的资料。1982年夏,我国还进行了世界上规模空前的第三次全国人口普查,为弄清我国人口状况这一基本国情打下了基础。在此以后,还进行了第一次全国工业普查、第一次全国城镇房屋普查、第一次全国残疾人抽样调查以及城市经济体制改革调查、社会主义精神文明建设调查等等。党和国家组织的这些规模空前的社会调查对拨乱反正、建设具有中国特色的社会主义起了很大的促进作用。

第三,理论上更加彻底。邓小平指出:"实事求是,是无产阶级世界观的基础","是毛泽东思想的出发点、根本点"。实事求是思想路线的恢复,为端正社会调查的指导思想打下了良好的基础。我们党的全部历史经验证明,不做调查会犯错误,不做正确的调查同样会犯错误。坚持实事求是这一彻底唯物主义的思想路线,对于保证社会调查的科学性具有决定性的意义,这正是20多年来社会调查工作取得巨大成就的一个根本原因。

第四,方法上更加科学。我们党的传统调查方法,如典型调查、实地调查、口头访问、开调查会等,都是无产阶级革命导师们在当时历史条件下,通过长期调查实践逐步摸索总结出来的有效调查方法,它们在历史上都起过巨大的作用。但是,这些调查方法本身往往带有感性直观的性质,而且调查范围比较狭窄,调查方法比较简单,调查手段比较落后,已越来越不适应社会主义现代化建设的客观需要。近几年来,我们从国外引进了一些现代调查方法,特别是比较多地使用了普查、抽样调查、问卷调查、民意测验等调查方法。这些调查方法一般都具有调查范围的广泛性,调查方法的客观性,调查手段的先进性和定量调查的精确性等特点。这样,把传统的调查方法和现代调查方法结合起来就使我们的调查研究工作在广泛性、科学性、准确性等方面提高到了一个新的水平。

第五,组织上更加健全。几年来,从党中央、国务院到地方各级党政机关都建立或健全了各种各样的调研机构和咨询机构,许多部门还在全国各地基层单位设置了为数众多的长期观察点和信息点,同时还改革了决策工作制度,大力加强了各种社会信息的搜集、整理、储存和加工工作,从而使党政机关的调查研究工作朝专业化、制度化、经常化的方向迈进了一大步。此外,社会科学院、高等院校、各级党校和各类干校以及各种新闻出版单位,也都在一定程度上发挥着"信息站"、"智囊团"、"思想库"的作用。经过几年的努力,一个全国规模的多类型、多层次、多渠道的调查研究网络在客观上已初步形成。

3. 硕果累累·首届"费孝通学术成就奖"颁发

由中国社会学学会、中国社会科学院社会学研究所、光明日报社、吴江市人民政府等4家单位共同发起、联合主办的首届"费孝通学术成就奖",2012年10月18日在江苏吴江举行。社会学家、中国社会科学院荣誉学部委员、社会学研究所研究员陆学艺,社会学家、中国人民大学理论与方法研究中心主任郑杭生获得这一社会学领域大奖。

陆学艺教授长期从事农村问题的调查和研究,是我国著名的三农问题专家。他在改革开放初期对家庭承包制实践的研究,在上世纪80年代中期对农村形势的判断,显示了他的学术勇气和社会担当,也对社会实践产生了重大影响。他始终坚持社会调查,先后组织了"中国百县市经济社会调查"和"中国百村调查"等大型调查活动,开创并长期组织社会形势年度报告的研究与编写。他对中国社会结构和社会流动的研究,对社会建设和社会改革的研究,在学术界和社会上引起广泛的反响。陆学艺教授的这些研究和学术活动,对于推动中国社会学的发展,扩大社会学在中国的影响作出了重要贡献。

郑杭生教授长期从事社会学理论研究和教学工作,他提出了社会良性运行和协调发展的思想,并在社会转型、社会结构、社会互动和社会建设等方面,提出了一

些具有特色的社会学理论观点和概念。通过组织和编写的社会学教材,推动了中国社会学的学科建设和发展。他注重和强调理论与实践的结合,并组织撰写基于大规模的经验调查资料的社会发展系列研究报告,体现了社会学的社会关怀和实践取向。他挖掘本土思想资源,结合当代中国社会现实,努力进行理论探索,为推动中国社会学发展作出了重要贡献。

中国社会科学院学部委员、社会学研究所所长李培林在颁奖典礼上表示,本次评奖设有资格审查委员会、评审委员会和监事会,在近10位候选人中,按照公开公平公正的原则和实际取得的社会学研究成果评选产生,以弘扬费孝通先生创导的"实事求是、学以致用"的学术思想和"志在富民、矢志不渝"的崇高精神,进一步推动中国社会学的健康发展①。

二、改革开放以来社会调查研究综述

中国大陆自1979年恢复重建社会学学科以来,走过30多年的发展历程。这30多年是中国的工业化和现代化建设高速发展、社会各个领域发生巨大变革的时期。伴随着中国各个方面的发展,作为一门经验性和综合性的学科,社会学学科也蓬勃发展。一方面,社会学研究者努力把握时代的脉搏,研究和分析在社会变迁中产生的各种社会现象和社会问题;另一方面,我国各个领域的社会实践和学科又不断对社会学研究的对象、主题、研究类型和研究方法提出新的要求和新的看法。30多年来,社会学的方法不断改进演化,总结与概括起来可以把这30多年国内社会学研究按照社会学研究方法领域的发展历程大致分为以下三个阶段:

第一个阶段是从社会学恢复重建的20世纪80年代(1979—1990年);

---

① "首届'费孝通学术成就奖'在吴江颁发",中国社会学网,www.sociology2010.cass.cn,2012年10月19日。

第二个阶段是社会学茁壮成长的20世纪90年代(1991—2000年);

第三个阶段是社会学春天到来的21世纪至今(2001年至今)。

(一)社会调查研究的第一阶段(社会学恢复重建时期)

1. 对社会研究方法的兴趣

在这一阶段,中国社会学界的首要任务就是抓紧时间补课。在这种学科刚刚建立的时期,对西方社会学研究方法的关注和引进成为最重要的方面之一。也正是在这一时期,社会学完成了在中国从无到有的历程。当时的学者普遍认为,西方社会学的理论是为资产阶级利益服务的,我们要建设为无产阶级利益服务、为社会主义建设事业服务的社会学,必须以马列主义、毛泽东思想作为理论基础。既然西方社会学的理论不可取,那么我们不能全盘接受,但西方的社会学方法是先进的,方法本身不具有阶级性,因此,积极借鉴学习西方社会学中先进的研究方法成为学习社会学的重点。这一点,正如许多学者所指出的:"在引进、借鉴美国社会学的初期,我们更多地表现出的是方法兴趣而非理论兴趣"(张宛丽,1989);"学习美国社会学定量分析的研究方法,是中美社会学初期交流的主要内容"(邓方,1989);"其中有关实证研究的技术,尤其是建立在概率论基础上的统计学,曾引起了中国社会学新一代的普遍重视和欢迎。他们认识到这些定量分析方法对于偏重定性分析的中国传统研究方法,将是一种有益的补充和平衡"(戴建中,1989)。在这为期将近六年的补课时间,中国社会学为封闭将近30年的中国社会学走出了第一步,也奠定了一定基础,人们通过学习西方社会学的视野,尤其是社会学的方法,慢慢走上了社会学研究的正轨。

2. 首届社会调查方法学术研讨会召开

1986年11月,在天津召开的"全国首届社会调查方法学术研讨会",正式标志着这一领域中一个新的阶段的开始。在拥有了一定的理论基础和方法论基础后,社会学者们从事经验研究的热情空前高涨,他们积极尝试运用问卷调查方法和其他社会学方法来研究各种各样的社会现象和问题。在这一时期,使用问卷方法来收集资料的经验研究十分普遍。根据对《社会学研究》1986—1992年所发表的调查报告的统计,在总共86项研究中,采用问卷方法收集资料占了56%。学者们逐渐开始运用"抽样"、"问卷"、"统计分析"等西方社会调查方法,从事实践的社会学研究。可以说,这一阶段正是从理论的象牙塔落实到实践的土地上的时期。

3. 社会学恢复重建后的首次定量调查

在1980年代社会学恢复的初期,费孝通先生和雷洁琼先生就开风气之先,主持了小城镇问题调查和五城市婚姻家庭调查。这之后的二十多年来,社会学研究者在中国社会学的田野中进行了大量的调查研究。这里说的社会调查包括了定量的抽样、问卷调查和定性的个案、访谈调查。中国的社会学研究者在社会学恢复以后进行了大量的定量的社会调查,调查的类型也十分丰富。从调查的规模看,既有地区性的调查,也有全国规模的调查;从抽样方法看,既有概率抽样的调查,也有非概率抽样的调查;从调查的时间维度看,既有单一时点的横截面调查,也有多时点的调查。定量调查所涉及的内容也十分广泛,既有微观层面的意识调查也有宏观层面的结构调查。

谈到定量调查,我们不能不提到1979年进行的《中国青年生育意愿调查》,这应当是社会学恢复以来首次定量的社会调查。调查是由联合国教科文组织委托、由中国社会科学院社会学所组织实施的。调查在北京和四川两地进行。研究者根据当时所掌握的资料提出初步的理论假设,在此基础上设计了调查方案。调查并未照搬西方同类调查的问卷,而是首先在北京访问了近50个不同职业的青年,在访谈的基础上设计了调查问卷。调查内容包括家庭结构、理想的家庭形式、理想的子女数等等。调查对象是15—30岁的青年。在当时的社会背景下,调查采用了分行业、按单位抽样的方法,在16个单位中抽取了七千多个样本。这是社会学恢复以后的第一次社会调查,现在回过头看,限于当时的条件,从研究设计到调查实施都存在一些问题,仍可以看出调查的参与者使这一调查尽量规范化的努力。参与这一研究的老社会学家张之毅先生在这一调查报告的注解中指出了问卷存在的问题后写道:"总的来说,这次调查是成功的,我们有意让青年人趟天下,放手让他们亲自去搞,这样就容易使他们较快成长起来",这也许正是这一调查的意义所在①。

(1) 该书的"调查设计经过及其内容"章节

"我们这次调查研究工作是从1979年11月开始着手的。首先根据研究题目我们进行了一段时间的摸底调查。我们来到北京市东城区共青团委员会,在该组织的大力协助下,分别召开了共青团干部座谈会、未婚男青年座谈会、未婚女青年座谈会、已婚女青年座谈会,先后咨询了近五十人。参加座谈会的所有人员,都是该区各行业的青年。他们当中有中学教员、医生、售货员、废品收购站的工人、饭店招待员、房屋修缮工人和建筑工人,等等。此外,我们还同北京经济学院学生会主办的人口研究小组的十几个学生进行了广泛交谈。半个月的咨询工作使我们感到,青年们虽然赞同实行计划生育,但他们希望生育的儿女数目却又各不相同,影响他们生育意愿的因素也是多种多样的,诸如:文化水平、经济地位、传统观念、家

---

① 陈婴婴:"改革开放以来中国社会调查的进展"。张子毅、杨文、张潘仕、张仙桥、薛寅、王荣芬、浓崇麟:《中国青年的生育意愿——北京、四川两地城乡调查报告》,天津人民出版社1982年第一版。

庭背景、职业、性别、年龄等。根据摸底调查所获得的初步资料,我们设计出了调查问卷。

我们确定的研究对象是:北京市和四川省城乡部分地区15—30岁的青年。由于人力所限,我们只能把主要精力放在北京市的调查工作上。四川省的调查工作,除了1980年4月我们曾在江津县作了半个多月的调查外,问卷的发放及回收工作,我们均委托给共青团四川省委员会的有关部门。在问卷发放之前,我们曾亲赴四川省与承办单位的同志共同商议了问卷发放的有关事宜。

我们根据已经掌握的情况和资料,提出了一些初步的研究假设。第一,青年的社会经济地位不同,则其生育意愿不同。因为处于不同社会经济地位的人,有其不同的物质需求。人们为了达到某种物质需求,也常常在自动地调整个人的生育意愿。第二,青年的文化教育水平不同,则其生育意愿也不同。因为具有不同文化教育水平的人,构成其不同的精神需求。人们为了满足不同的精神需求,常常在生育意愿上做出不同的选择。第三,青年所受传统伦理观念影响的程度不同,则其生育意愿也不同。生育问题上的传统伦理观念,在中国是以多育多男为显著标志的,因而,受这种传统伦理观念影响程度不同的青年,必然反映出不同的生育意愿。"

(2)该书的"结论"章节

"这次调查虽然存在了这样或那样的缺点,但所取得的资料经过整理后,表现得相当有规律性。

这样一条规律:随着个人社会经济地位的提高,意愿生育的子女数愈少;随着个人文化教育水平的提高,意愿生育的子女数愈少;随着一个地区的经济和文化的发展水平愈高,意愿生育的子女数愈少。发展趋势是,经济将愈来愈发达,文化教育水平将愈来愈提高,所以新型的小家庭形式将愈趋发展,意愿生育的子女数将愈趋减少。一句话,新型小家庭和少育将继续发展,生育制度也将从重量转向重质。

这种变化,即:在家庭形式上由旧式大家庭转向追求新型小家庭。在意愿生育子女数目上由"重量轻质"转向"重质轻量"。

根据这次调查研究,我们发现在生育意愿上所反映的青年思想,主要是与传统观念毫不相干的一种新思想。

百分之八十甚至九十以上的青年是拥护计划生育政策的,这个资料是相当令人欣慰和相当可信的。青年人生育意愿和国家计划生育政策的要求相当接近,毫无疑问,这是使我国计划生育政策得以贯彻的重要保证。

另一方面,根据我们的调查来看,我们也不得不承认在青年生育意愿和计划生育的要求之间仍然存在一定距离,就是计划生育主要要求青年生育一个孩子,而青年中有相当大的一部分人意愿生育两个孩子,二者之间的差距是"一子"之差,这个差距在数目上看来很小,但要克服这一差距,却是存在着一定困难的。特别是意愿生育两个孩子的,以农村青年居多,这就更为不容忽视。"①

(二) 社会调查研究的第二阶段(社会学茁壮成长时期)

1. 中国社会学会方法研究会成立

1992年12月15日至17日,"中国社会学会社会调查研究方法专业委员会成立大会暨学术研讨会"在天津召开,这可以看作是对第二阶段社会调查实践的一个动员和总结。来自全国各地的社会调查研究方法的理事们参加了大会。大会由社会调查研究专业委员会筹备组组长苏驼教授、筹备组成员范伟达、王汉生同志分别主持。袁方教授和王庆基副所长分别代表中国社会学会和中国社会科学院社会学所向专业委员会的成立表示祝贺并作了报告。袁方教授在报告中指出:"成立社会调查研究专业委员会,对于更好地发挥社会学认识社会、改造社会的作用来说是非常必要的,也是非常及时的……社会学的学科结构由理论、方法、应用三部分组成,而方法正是从理论过渡到实际应用的桥梁、媒介和中间环节……特别在建设具有中国特色的社会学过程中,对于正确全面地了解国情,是理论和实践结合,为社会主义两个文明建设作贡献来说,社会调查研究方法更是十分重要的一环……我国老一辈社会学家十分重视社会调查研究方法,曾做过许多有价值的社会调查研究,对社会调查研究方法的理论和应用做出了重要的贡献……既然有了专业委员会这样一个具有共同目标的学术群体,就要发挥团体的作用。"②中国社会学会社会调查研究方法专业委员会(简称中国社会学会方法研究会)的正式成立标志着我国社会学界在社会学研究方法领域中开始逐步走向系统化和规范化。

中国社会学会社会调查研究方法专业委员会成立大会纪要

中国社会学会社会调查研究方法专业委员会成立大会暨学术研讨会于1992年12月15日至17日在天津市社会科学界联合会会议室举行。中国社会学会会长袁方教授、中国社会科学院社会学研究所副所长王庆基同志、中国社会学会副会长、天津市社会科学院院长王辉同志、中共天津市委副秘书长、天津市委研究室主任王鸿江同志、天津市社会科学界联合会常务副主席喻宗浩同志、人民日报社驻津记者站肖荻同志、光明日报社驻津记者站路清歧同志以及来自全国各地的社会调查研究方法专业委员会的理事们参加了大会。大会由社会调查研究专业委员会筹备组组长苏驼教授、筹备组成员范伟达、王汉生同志分别主持。

袁方教授和王庆基副所长分别代表中国社会学会和中国社会科学院社会

---

① 张子毅、杨文、张潘仕、张仙桥、薛寅、王荣芬、浓崇麟:《中国青年的生育意愿——北京、四川两地城乡调查报告》,天津人民出版社1982年第一版。

② 中国社会学会秘书处编:《中国社会学通讯》,1993年第二期(总第12期),第4—5页。

学研究所向专业委员会的成立表示祝贺,并做了报告。

苏驼教授代表社会调查研究方法专业委员会筹备组报告了专业委员会的筹备经过。范伟达同志主持了对社会调查研究方法专业委员会章程的讨论和修改,并获得了大会的通过。王汉生同志主持了专业委员会理事长和副理事长的选举。理事们选举苏驼同志为理事长,吴军、王汉生、方明、范伟达同志为副理事长。经正、副理事长讨论决定白红光同志为秘书长,林彬、青连斌、风笑天同志为副秘书长。

会议期间,专业委员会与天津市社会科学界联合会共同举办了全国社会调查研究方法学术研讨会。与会同志围绕着如何使社会调查研究方法在社会主义现代化建设中更好地发挥作用这一中心议题进行了交流、讨论。

会议期间,到会理事还就专业委员会今后的会员发展、学术活动、专业培训和开展市场调查咨询服务等项工作进行了讨论。①

这次学术研讨会的中心议题是如何使社会调查研究方法在社会主义现代化建设中更好地发挥作用。围绕这一主题与会同志就五个问题进行了交流、讨论。

(1) 社会调查研究方法如何在政府决策中进一步发挥作用问题

在讨论中有的同志认为,首先要解决为政府决策服务在应用性研究领域中发挥作用有没有学术价值这一认识问题。有的同志认为,要在政府制定决策中发挥作用,就要加强对应用性范式的研究。目前,我们的研究范式还主要停留在学术性研究领域中,对应用性研究领域涉及不多。由于研究目的不同,政策研究要求调查成果要更有针对性、可行性。要对某一问题提出具体的、切实可行的解决办法或方案,以便于领导决策。还有的同志认为,当前要重视市场调研。现在国家正处在计划经济体制向社会主义市场经济体制转型的时期,市场变化已成为现代经济生活关注的一个热点。可以搞市场专题调查,为企业组织制订经营目标和营销策略服务。市场经济实质上是消费者至上经济,消费者的需求是多层次的、复杂多变的,各个企业组织都要设法掌握这种信息,这就为我们提供了一个庞大的长期的客户市场。市场调查活动不但能丰富我们的实际知识,还可以带动我们的方法做研究。

(2) 社会调查研究方法如何在学科建设中进一步发挥作用问题

有的同志认为,提高社会学整体研究水平就要把社会调查研究方法作为一门科学进行普及,每个搞研究的人都要认真扎实地掌握这门基本功。完成这一任务需要有一套规范化的教科书。目前国内出版的有关社会调查方法的书籍有几十本,这对调研方法的普及有贡献,但带来的问题是各种书籍不规范,有的只是调查

---

① 中国社会学会秘书处编:《中国社会学通讯》1993年第二期(总第12期),第1—2页。

知识的介绍,不能满足严格训练的要求。这使许多初学者认为调查研究很简单,看一看就会。这种错误观念导致的结果是不适当地使用各种调研方法比不会更糟糕。与会同志对由袁方教授主编的国家教委统编教材《社会调查研究方法》编写大纲进行了专门讨论,希望这本教材在编写过程中更好地体现思想性、科学性、先进性、实用性的要求,反映出这十几年国内的研究水平,使其真正具有中国特色。有的同志建议应增加社会调查研究案例教材,典型的案例分析能够将研究者如何考虑问题、组织思路,如何选择适当的研究手段,怎样针对研究结果下结论直观地再现出来便于理解。由于它和分支社会学相联,也可以帮助读者开阔视野扩展知识领域。与会同志一致认为,社会学学科要上新台阶,社会调查研究方法必须先有高起步。自1981年以来,国内学者通过举办讲习班的形式请国外学者讲授了以抽样、问卷、统计分析、计算机应用为主的定量分析方法,但那些还处在初、中级阶段。对于目前国际上一些经验研究所采用的技术,当时学者们还不熟悉,以致成为进行国际学术交流的"拦路虎"。鉴于国内大多数同志较少有机会走出去,与会同志建议采取请进来的方式,首先提高教育者的水平,继而推进整个学科的实用技术和操作水平。山东大学社会学系介绍了他们开设调查实践课的经验。

(3) 社会调查研究方法中国化问题

与会的同志通过讨论取得了共识,社会调查研究方法要进一步发挥作用就必须中国化,而不能盲目地崇拜外国。随着改革开放,社会调查活动得到了空前发展,在实际调查中提出了许多有关方法的问题需要解决。例如:问卷方法如何更好地适应中国国情;主体在调查研究中的作用;主观指标在调查研究中的使用等等。这些问题都要在实践的基础上从调查研究理论的角度进行总结提高,以适应具有中国特色的社会主义现代化建设需要。这些实际问题的解决就意味着具有中国特色的研究方法体系的建立。有的同志提出"调研方法科学化、调研组织网络化、调研内容系列化、调研知识学科化、调研成果商品化、调研人员专业化、调研理论高精化、调研技术精密化"作为建设有中国特色的研究方法体系的发展方向。建议将机制分析作为研究方法的突破口。机制分析的定义是:机制是动态作用联系,事物在运动中有着许多作用联系的键条,朝着一定的向度彼此作用,对事物做因素、条件、结构、功能四大分析之后,再加以动态综合,便是机制分析,探明了机制就意味着现象的描述进到本质的说明。从国外学习归来的同志结合他们在国内外较长时间研修的体会认为,国外的社会情况和国内不一样,国内对国外的研究方法必须根据国内的实际情况加以调整才能行之有效。国外的研究方法不是样样都高明,中国人立足于本土设计出的研究方法完全可以比他们更漂亮。如费孝通教授在小城镇研究和边区开发研究中对社区研究的方法和设计。研究方法必须借鉴和吸取国外的先进技术,同时与国内的理论研究与经验研究结合在一起进行创造性的研究并独立地发展才可以取得成果。有些来自实际调研部门的同志认为,必须寻求适合研究中国人行为特色的方法,首先要吃透被调查者的反应特征和心理特征。中国人"社会倾向"性高,愿意揣测调查者的调查意图,也容易做出取悦于调查者的回答,这些会使资料的可靠性受到影响。例如:天津市城市社会经济调查队过去使用一个样本调查不同项目,好处是调查员和被调查者熟悉,便于开展工作,但问题是被调查者逐渐掌握了调查规律,可以很快地悟出调查意图,做出不真实的回答。调查组后来采用一个调查项目换一个样本的方法,在经费困难的情况下,也坚持样本轮换周期要尽可能地短,以提高资料的可靠性。对于居民户家庭收入的调查,他们认为调查对象不愿讲真话,除了有利害关系(某些特殊阶层会涉及收入合法性,纳税等问题),以及传统的怕"露富"的心理外,还有一个特殊原因是中国的多数夫妻都有经济保密问题,所以居民家计调查中的家庭收入必须背靠背地搞。对调查到的数据还要按照对个案研究概括出的规律加以调整,因为填报的收入总比实际收入低。

(4) 社会学研究方法论的问题

在讨论中,学者们认为要发挥社会调查研究方法的作用还有一个深层次的方法论问题,并对如何看待西方社会学方法论和如何对待马克思主义方法论进行了讨论。有的同志认为,西方社会学研究方法论已走向综合。20 世纪中期占统治地位的是实证主义方法论,实证方法的核心是操作化,其中心思想是:理论概念必须能由经验指标加以量度,只有这样,经验事实才能在抽象层次上被分析,并能对理论做出检验。实证主义方法试图象自然科学那样对事物进行精确分析和客观解释,以建立演绎性的理论体系。这种方法论带动了操作方法和定量方法的发展。20 世纪 70 年代后实证主义方法论的统治地位开始解体并走向衰落,原因在于对社会现象的认识还需要结合对人的历史境遇和文化世界的理解与洞察。实证主义学派如符号互动、现象学社会学、知识社会学、批判理论共同反对自然主义决定论,强调社会行动的主观意义,在这种方法论的指导下,人文科学的方法得到了发展,如追踪访问、参与观察、个案研究等。目前在西方社会学中没有哪一个学派能占据统治地位,尽管分歧大,但通过争论社会学方法论中却出现了相互补充的现象,产生了一些新的综合。方法论的综合带动了具体方法在应用中的变化,方法的综合不在于制定统一的社会学方法,而是要根据所研究的具体现象和所依据的具体理论来选择适当的方法,这点是非常重要的,一、二种研究方法是不能"包打天下"的。

还有的同志认为,马克思主义实践观应是我国应用性研究领域的指导思想。我党历来重视调查研究并将其作为一种工作方法,这种调研是有明确目的的——

"调查就是解决问题"。一方面马克思主义把社会现象作为客观外在事物加以研究,承认其经验性,强调事实先于理论而存在,认识来源于实践;另一方面对认识(理论)的检验也要在实践中进行,强调不仅要认识世界而且要改造世界,也就是说调查研究不仅仅是对社会现实的单向认识,它本身还要参与社会现实的构造与再构造。这与实证主义和反实证主义重视对"知识的贡献",只强调理论的认识功能有着显著的不同。研究方法主要是基本方法和技术手段,但是将哪些研究手段引入社会调查研究方法体系则取决于方法论倾向和社会需要。我国县级以上的党、政、企、事业单位都有专职的调研机构,这些部门的职能就是为领导决策服务,通过调研成果参与决策。政策分析、对策论的知识和技术都是调研活动的组成部分,并在运用中得到发展。

(5) 调查技术需要改进的问题

为了发挥社会调查研究方法的作用,还涉及调查技术改进问题。有的同志指出,问卷方法过于简单化致使其失掉应有的作用是当前的一个主要问题。目前问卷调查方法已成为调查研究中普遍使用的一种方法,但在使用中出现许多错误,关键是过于简单化。问卷调查是和抽样方法、统计分析联系在一起的,有验证理论的作用。所以,首先要有理论框架,理论框架中的概念要有严格的定义,不能是一种模糊的感觉。然后是对概念的操作化,把所要调查的内容变成人们熟悉而又容易回答的问题,并对这些问题的效度进行反复的检查。这些步骤都完成后才能去搜集资料。问卷调查的准备过程需要较长的时间和耐心细致的策划,而目前大多数问卷调查的准备过程很草率,缺少理论支持,问卷中所设计的指标、提出的问题效度低,继而造成搜集上来的资料不可信或者用处不大,使人们对该方法的科学性和作用提出疑问。有的同志分析,造成使用简单化的原因是调研人员对问卷方法学习得不透彻,缺少严格的训练,加上又不按研究程序办事。还有的同志认为应该对运用问卷方法的调研人员发出诚恳的告诫:问卷调查不要轻易地搞,要搞就必须下大气力,否则就会造成浪费。

在诸种调查方法中问卷方法是比较复杂的。需做技术改进的第二个问题是抽样框问题。在抽样实践中,取得一套良好的抽样框往往是一个很困难的实际问题,而抽样框的质量又决定着抽样的质量。因此,应该做一下提高调查质量的基础性工作。还有的同志提出建立文献库和数据库问题。建立文献库和数据库在发达国家是一个普通的惯例。文献库可将所有的调查报告和论文目录加以收集并分类整理,输入计算机供各地研究者查询,避免各地研究者重复别人劳动,浪费人力物力。数据库则便于某个研究者来查证另一个研究者所做的分析是否正确。有时可能是作者的疏忽造成错误的结论,这时如果别人发现可疑之处,重新分析可以排除这个错误。容许他人查证是确保研究水平的最好办法之一。另外数据库还便于研究者利用别人已收集到的资料(在一定规则内)来作不同分析,将已收集到的资料加以充分利用。目前建立文献库和数据库的技术条件已经具备,需要解决的是建立互惠互利的规则和应遵守的道德准则等问题①。

经过十多年的方法交流和学术活动后,中国社会学会方法研究会在2009年换届产生了新一届理事会成员,由范伟达教授任方法研究会会长、白红光教授任秘书长、苏驼教授为名誉会长。

名誉会长苏驼教授

会长范伟达教授

秘书长白红光教授

附:

中国社会学会社会调查研究方法专业委员会
(2009年后部分理事名单)

名誉会长:苏　驼

会　　长:范伟达

副 会 长:白红光　　夏传玲　　邱泽奇　　马京奎　　丘海雄

秘 书 长:白红光(兼)

副秘书长:青连斌　　风笑天　　史希来　　罗　静
　　　　　王彦斌　　王佳妮　　沈岱易

理事:(50名)

范伟达　复旦大学社会学系教授、市场调研中心主任
　　　　上海社会学会调查研究方法专业委员会主任

白红光　南开大学社会学系教授、系主任

夏传玲　中国社科院社会学所研究员、方法研究室主任

---

① 中国社会学会秘书处编:《中国社会学通讯》1993年第二期(总第12期),第13—20页。

邱泽奇　北京大学社会学系教授
马京奎　国家统计局社会科技司司长
青连斌　中共中央党校社会学系教授
风笑天　南京大学社会学系教授
丘海雄　中山大学社会学系教授
郝大海　中国人民大学社会学系副教授
王彦斌　云南大学社会学系教授
夏传龄　中国社科院社会学所副研究员
罗　静　中国社科院城市环境研究中心博士后
王汉生　北京大学社会学系教授
林　彬　北京大学社会学系副教授
史希来　中国人民大学社会学系副教授
冯　波　中国传媒大学社科学院教授、教研主任
张文宏　上海大学社会学系教授、副院长
李　煜　上海社科院社会学所副研究员、室主任
刘　欣　复旦大学社会学系教授、系主任
瞿铁鹏　复旦大学社会学系教授
潘天舒　复旦大学社会学系副教授
张　彦　上海财经大学社会学系教授、系主任
罗新忠　上海新闻报社总编助理、办公室主任
郭　强　华东理工大学社会学系教授
邝春伟　华东师范大学社会调查研究中心主任
范　冰　中共上海市委宣传部党校教师
沈岱易　神州调查数据采集中心主任
郭大水　南开大学社会学系副教授
尹海洁　哈尔滨工业大学社会学系教授
王佳妮　哈工大研究生院(深圳)党委宣传部
董运生　吉林大学社会学系副教授
林聚任　山东大学社会学系教授、系主任
倪安儒　山东大学社会学系副教授
陈文江　兰州大学社会学系教授、副院长
冯世平　兰州大学社会学系副教授
赵文龙　西安交通大学社会学系副教授、系主任
郑丹丹　华中科技大学社会学系副教授

锺金洪	安徽大学社会学系教授、副系主任
王　进	中山大学社会学系副教授
张友琴	厦门大学社会学系教授、副院长
纪德尚	郑州大学社会工作系教授、系主任
贺银凤	河北省社科院社会学所研究员
王晓华	深圳大学传播学系教授、系主任
梁幸枝	广州社情民意研究中心主任
史绍乐	贵州省社科院社会学所研究员、所长
刘崇顺	武汉市社科院社会学所研究员、所长
卜长莉	长春理工大学法学院教授
谭建光	广东青年干部学院教授、主任
范晓光	浙江省社科院社会学研究所助理研究员
范广伟	社科文献出版社总编助理、出版中心主任

2. 全国第二届社会调查方法学术研讨会综述

由中国社会学会社会调查专业委员会、华中理工大学社会学系和社会调查研究中心联合主办的"全国第二届社会调查方法学术研讨会",于1996年11月10—12日在武汉华中理工大学举行。这是与1986年11月在天津召开的"全国第一届社会调查方法学术研讨会"整整相隔了10年之后的又一次全国性学术会议。来自北京、天津、上海、湖北、江苏等12个省、直辖市、自治区的40多位代表参加了会议。开幕式上,宣读了中国社会学会社会调查方法专业委员会理事长苏驼教授主题报告,总结了十年来我国社会调查事业在方法论、具体研究方法、具体研究技术等方面取得的成果,概括了这一领域的队伍建设、组织机构和主要学术活动的状况。会议收到论文21篇,发言提纲12份。会议以大会发言和小组专题讨论相结合的方式进行,与会代表本着总结、交流在社会调查研究上取得的成果和经验,明确以后的发展方向,以及促进社会调查研究的规范化和国情化的基本指导思想,分专题进行了研讨。现就其中两个专题的内容综述如下:

(1) 社会调查和社会研究的概念

关于"社会调查"概念的讨论,是由风笑天(华中理工大学社会学系教授)对社会调查所作的定义引起的。他认为,社会调查,指的是一种以结构式问卷为工具,从一个取自总体的样本那里收集资料,并主要通过定量地分析这些资料来认识社会现象及其规律的社会研究方式。它具有使用一定规模的随机样本,使用结构式、标准化的资料收集工具和程序,所收集的是一个时间点上的横切资料以及主要依赖定量分析的特点。因此,普遍调查、典型调查、个案调查都不属于这个意义上的社会调查范畴,实验、实地研究、文献研究也被排除在外。

水延凯（湖北孝感市委党校教授）等人持不同观点。水延凯认为，社会调查是社会调查研究的简称，是人们有目的有意识地通过对社会现象的考察、了解和分析、研究，来认识社会生活的本质及其发展规律的自觉活动。调查属感性认识阶段，而分析、研究属理性认识阶段，我们不能把调查与研究分开，更不能把个案调查、典型调查、观察、实地研究等从社会调查概念中排除出去。风笑天的定义考虑到了同国外学者的概念的"接轨"，但我们更应当考虑到与长期以来在我国学术界和实际工作部门形成的社会调查概念"接轨"。范伟达（复旦大学社会学系副教授）认为，风笑天将"社会研究方法"和"社会调查方法"区分开来，从逻辑上讲是有意义的。但这种分区，目前还不易为国内学者，特别是实际工作者接受。我国学者和实际部门的工作者，对毛泽东和中国共产党所倡导的社会调查已经有了一个根深蒂固的概念。刘崇顺（武汉市社会学所研究员）认为，社会调查方法的概念不宜理解得过窄。在我国长期以来形成的社会调查概念，比国外的概念要宽泛得多，内容也丰富得多。过分狭义的社会调查概念，不利于社会调查对实际工作部门的指导。

风笑天还区分了"传统社会调查"和"现代社会调查"。他认为，这两种方法的差别突出地表现在：前者以典型调查、个案调查为主要调查方式，据研究者的主观分析、判断，选取几个具体个案或典型作为调查对象，采取无结构的自由访谈、座谈会收集资料，对资料主要作定性分析。而后者以抽样调查为主要调查方式，以一个一定容量的随机样本作为调查对象，主要以自填式问卷或结构式访问的方法收集资料，并主要用定量方法分析资料。风笑天认为，前者适应的是"传统"社会，而后者所适应的是"现代"社会。两者的方法论基础是社会学的人文主义和实证主义方法论。

林彬（北京大学社会学系副教授）认为，应当区分社会研究与社会学研究、社会调查与社会学调查、应用研究与理论研究的概念，并探讨它们之间的联系与相互作用。关于社会调查与社会学调查的关系，他引用费孝通先生的观点，认为社会调查只是对某一人群社会见闻的搜集，而社会学调查或研究，是要依据对某一部分事实的考察，来验证一套社会理论或假设。社会学研究是社会研究的一部分。社会研究包括学科研究和非学科研究。在这两类研究中都包含应用研究和理论研究、实证研究和非实证研究。

（2）社会调查的具体方法、技术和工作规范

"李煜（上海社科院社会学所助理研究员）对开放式问题在定量研究中的应用作了探讨。他认为开放式问题与封闭式问题的区别并不仅仅是在形式上是否提供了可供选择的答案，更为本质的差别是有没有对问题的答案做了提示，而这又使得两种问题在设问、适用条件、优缺点上有很大不同。他还对调查过程中开放问题

的操作技巧以及开放问题资料量化分析的技术作了探讨。周长城(华中理工大学社会学系副教授)对标准化访谈中的提问、追问、答案记录等技术和调查员的态度作了说明。陈恢忠(华中理工大学社会学系副教授)对反提问技术、近似提问技术、分解提问技术以实例作了说明。

史希来(中国人民大学社会学系副教授)介绍了概率归纳法对社会学研究的意义,简要说明了列联表分析、Log 线性模型的应用和高维列联表的压缩方法。肖明(北京广播学院统计调查研究所讲师)结合舆情调查的实际数据,简要介绍了多元统计分析方法因子分析、聚类分析、多元回归分析等的应用。刘欣简要说明了 Logistic 回归分析的基本思路和在社会学研究中的作用。杨胜坤(贵州社科院社会学所副研究员)探讨了两极测量法在社会测量中的应用。

王铁(武汉市社科院城市发展所副研究员)结合自己开发、应用的成果,展示并介绍了 GIS 地理信息系统在社区研究、统计结果的直观展示和比较、抽样框的管理及应用、调查资料数据库的共享等方面的应用和开发潜力。王铁、陶冶等提出建立我国社会学界的资料数据库问题。

冯小双(《中国社会科学》杂志社编辑)、范伟达、白红光、唐灿(中国社会科学院社会学所助理研究员)、陶冶等,对目前我国社会调查的规范问题发表了意见。冯小双认为,目前对社会调查方法的应用有两个误区,一是将社会调查神话了,认为社会调查无所不能,不管适用不适用,什么问题都去搞调查。二是不讲科学规范地滥用,比如,有的调查只有 10 个人的样本,甚至还以此为基础作推论。此外,有些调查者不讲职业道德,调查时随便作诱导,甚至伪造数据。范伟达认为,目前国内市场调查、咨询业星罗棋布,但却各自为政。若没有规范的约束,就很难树立好的形象和声誉,很快就会被国外的同行挤垮。唐灿认为,由于对调查方法的神话和无规范的应用,目前国内社会调查的声誉已经受到了影响。比如有几家大报就已经开始拒登有大批数据的文章,它们对个案研究性的文章更感兴趣。现在应当由社会学界牵头,以实际行动来挽回社会调查的声誉。白红光、陶冶等还在发言中探讨了社会调查职业道德规范应包括的具体内容和具体措施。

与会代表在我国社会调查必须坚持科学化、规范化以及必须加强社会调查工作者的职业道德规范建设等方面具有高度的共识"[①]。

3. 90 年代我国社会学经验研究及研究方法的特征

林彬、王文韬 2001 年在《对当代中国社会学经验研究及研究方法的分析与反思》一文中曾对我国 20 世纪 90 年代社会学经验研究论文进行过内容分析。他们分析道:

[①] 刘欣:"全国第二届社会调查方法学术研讨会综述",《社会学研究》1997 年第 2 期。

"90年代中国社会学的发展是在对80年代的认识基础上进一步展开的。社会学界对80年代到90年代初期的发展状况认识不一。一些学者强调中国社会学的主体(本土)性格,如费孝通强调,重建时期的社会学是一门'密切结合中国的实际,为社会主义建设服务的社会学'(费孝通,1994)。阎鹏认为,与1949年以前的中国社会学和70、80年代台湾、香港等地区的社会学相比,80年代中国(大陆)社会学更强调研究中国社会现实的问题,表现出'主体性格'和'中国特色'(阎鹏,1990)。而另一些研究者则认为,重建时期的中国社会学受到西方社会学(特别是美国社会学)的理论和方法的影响,从而使中国学者认识到本国传统与当代社会学的差距,促进了中国社会学的发展(邓方,1990)。此外,许多研究者指出,80年代中国社会学的实用性格,其具体表现是问题取向、政策取向和经验取向,而相对地忽视学术研究和理论研究。

80年代以来中国社会结构的变迁,促进了中国社会学的恢复和重建。这种促进作用主要表现在几个方面:①社会改革对具体、专业的社会学研究的需要;②社会开放使当代国外社会学理论与方法传入我国,促进了社会学的学科建设;③改革以来教育体制的完善,促进了专业社会学人才的培养。但在重建初期,由于我国社会学研究队伍的成员大多数是其他专业'转行'的,或来自实际部门的调查研究人员,缺乏社会学的专业基础和系统训练;因此,在这一时期的研究中,学科与非学科、专业与非专业的区别不明显。比如,冠以'社会调查报告'的文章任何人都可以写,而不需要长期的专业训练。这种分工不明确的现象,在重建初期是不可避免的。直到80年代末期,随着大批受过社会学专业训练的人员加入研究队伍,这种状况才逐渐改变。80年代社会学重建时期的主要特征正如许多研究者所概括的:表现出实用性格、经验取向、政策取向和问题取向,以及学科制度化、专业化程度较低;调查报告和研究论文缺乏理论性和学术性。但这是就整体和主流而言的。应当看到,80年代后期,在社会学的一些研究领域和研究者群体当中已逐渐形成了学科意识,在研究论文和研究方法上开始注重学术性和规范性,这为90年代社会学研究的进一步发展和提高打下了基础。

为了分析90年代我国社会学经验研究的特点,我们对1990—2000年4月发表在中国《社会学研究》上的所有经验研究论文(共341篇)进行了文献内容分析。在分类定义的基础上,我们对每一篇经验研究论文的发表年份、研究者单位、研究主题、研究目的、研究程序,以及主要的研究方式、抽样方法、资料收集方法、资料分析方法等9个变量进行归类和编码,通过分析得出以下结果和概括:

(1)受过系统专业训练的研究人员成为社会学研究的主力军。研究者队伍的整体素质有了很大提高。

(2) 社会学研究的主题与我国社会的现实问题有密切联系,研究重点随社会发展而发生变化。

(3) 目前中国社会学仍存在重经验(描述)、轻理论(解释),重应用研究、轻学术研究的倾向。但随着学科制度化和专业化的发展,90年代以来,在一些分支学科和研究领域中,已较为重视学科理论研究和学术研究。

(4) 统计调查与实地研究方法的科学化和规范化程度有了很大提高,并成为社会学学科研究的两种最主要的方式。90年代后期,实地研究方法的应用比例明显增加,反映了研究方法的多元化趋势。

(5) 文献研究作为社会科学研究的传统方式,在中国社会学经验研究中仍被广泛运用。90年代的文献研究主要是利用现存统计资料和官方文献进行描述性研究。

(6) 近几年来,经验研究中具体的调查方法和分析方法也呈现出多样化趋势,这不仅反映了方法论倾向的变化,而且也反映了社会结构变化对研究方法精细化的要求。

(7) 与80年代相比,研究论文的质量和研究方法的科学性都有很大提高,但在具体方法的应用上仍存在一些不足,与国外社会学的发展水平相比还有较大差距。"[①]

同时他们还指出,80年代社会学重建时期的主要特征:表现出"实用性格、经验取向、政策取向和问题取向,以及学科制度化、专业化程度较低;调查报告和研究论文缺乏理论性和学术性。"(林彬,王文韬,2000)但是,这样的评论并不包括一些特殊的案例。我们可以看到,90年代初期,学科意识在社会学的一些研究领域和研究者群体当中已逐渐形成,在研究论文和研究方法上,学者们也渐渐开始注重学术性和规范性,这为90年代社会学研究的进一步发展和提高打下了基础。90年代以后,社会学研究方法的运用越来越广泛,问卷调查、社区研究、个案研究、参与观察、统计资料分析、"焦点小组访问"、"内容分析"、"社会网分析"等各种方法被广泛运用到社会调查研究当中。而总的说来,社会学者最常用的方法仍然是问卷调查和社区研究。

林彬通过对1989—1993年所发表的经验研究报告的分析,列举了几项在研究方法上具有一定开拓意义或启发意义的研究。比如林南、卢汉龙、潘允康、卢淑华等人运用抽样问卷调查方法,对上海、天津、北京等地市民生活质量的研究;阮丹青、周路、布劳等人运用社会网的方法对天津居民社会网的研究;朱庆芳、王永平等

[①] 林彬、王文韬:"对当代中国社会学经验研究及研究方法的分析与反思",《社会学》2001年第3期。

人对社会发展指标及小康社会指标的研究;时宪民运用参与观察和个案调查的方法对北京市个体户进行的研究等等(林彬,1994)。90年代中后期,社会调查研究在方法上相对来说变得更为规范,也更为成熟了。经验研究方面出现了一批在研究方法上有一定代表性的例子。这其中包括刘达临、潘绥铭等人关于中国人的性观念的研究,李银河有关婚姻家庭的系列研究,徐安琪等人关于婚姻质量的研究,全国妇联关于妇女地位的研究,沈崇麟、杨善华等人关于城乡家庭的研究,风笑天关于独生子女的研究等等。

(三) 社会调查研究的第三阶段(社会学春天来临时期)

1. 努力构建社会主义和谐社会

2005年2月21日下午,中共中央政治局进行第二十次集体学习,中共中央总书记胡锦涛主持。他强调,要加强对构建社会主义和谐社会重大问题的调查研究和理论研究,着力提高构建社会主义和谐社会的本领,把社会主义和谐社会建设的各项工作落到实处。

中央政治局这次集体学习安排的内容是努力构建社会主义和谐社会。中国社会科学院社会学研究所李培林研究员、景天魁研究员就这个问题进行讲解,并谈了他们的有关看法和建议。

中央政治局各位同志认真听取了他们的讲解,并就有关问题进行了讨论。

李培林[1]

景天魁[2]

---

[1] 中国社会科学院学部委员,社会学研究所所长、研究员、博士生导师。社会学研究所学术委员会主任、中国社会学会副会长,《社会学研究》主编。1987年毕业于法国巴黎第一大学(索邦大学),获博士学位。主要研究领域:发展社会学、组织社会学、工业社会学。

[2] 中国社会科学院学部委员、社会学研究所研究员、博士生导师。社会学研究所学术委员会副主任、中国社会学会顾问。1987年毕业于中国社会科学院研究生院,获博士学位。主要研究领域:社会发展理论、社会保障制度。

胡锦涛总书记在主持学习时发表了讲话。他指出,调查研究是我们的谋事之基、成事之道。各级党委、政府和领导干部要切实加强对本地区本部门和谐社会建设有关情况和工作的调查研究,全面分析和把握社会建设和管理的发展趋势,为制定政策、开展工作奠定坚实的基础。要加强对社会结构发展变化的调查研究,深入认识和分析阶层结构、城乡结构、区域结构、人口结构、就业结构、社会组织结构等方面情况的发展变化和发展趋势,以利于深入认识在发展社会主义市场经济和对外开放的条件下我国社会发展的特点和规律,更好地推进社会建设和管理。要加强对社会利益关系发展变化的调查研究,深入认识和分析我国社会利益结构、利益关系等方面情况的发展变化和发展趋势,以利于完善政策措施,更好地统筹各方面的利益关系和利益要求。要加强对维护社会稳定工作的调查研究,深入认识和分析公共安全、社会治安等方面情况的发展变化和发展趋势,以利于健全维护社会稳定的有效机制,保证广大人民群众安居乐业。各级领导干部要深入基层、深入群众、深入实际,通过开展广泛深入的调查研究,切实提高思想认识水平,切实提高政策水平,切实提高工作水平,努力把构建社会主义和谐社会的各项工作落实好。

2. 社会学春天的来临

自从十六大后中央新领导层提出建设社会主义和谐社会的思想以来,社会学研究在中国快速升温。从十七大报告展示的社会建设蓝图中,社会学家们看到了自己毕生从事的研究事业的远大发展前景。

2007年夏季的一天,中国人民大学法律社会学研究所所长周孝正教授应召来到一位中央高层领导人工作的地方。出乎他意料的是,这位领导人把他领进自己的书房,两人畅谈社会学话题。

"我们谈了一些广泛、宏大的话题,甚至一些哲学问题,"几个月后,周孝正向记者透露说,"包括'五四'以来的科学与民主话题,在谈话中我表达了一个意思:科学的特质是用来'求真'的,而不是用来'求善',应当发展美育作为补充,用以替代宗教在西方的那种功能,引导人们'求善'。"

作为经常在媒体上谈论教育、医疗等民生话题的资深社会学专家,周的被召见传达了一个信息——社会学在中国政治生活中的地位在上升。

这一信息在近3年间已被反复印证。在周之前,2005年2月21日,另两位更具资历的社会学家走入中南海,给中共中央政治局的委员们讲课。

那次中央政治局集体学习的内容是努力构建社会主义和谐社会。中国社科院社会学所的景天魁和李培林教授分别作了题为"探索社会和谐的奥"、"深度透视和谐中国"的报告。

事后,两位学者的讲课内容被《人民日报》全文登载,在最高级别的党报上发表。

高层的频频问策,使得中国的社会学研究在短时间内迅速升温。2006年,由中国社科院社会学所组织的全国社会心态研究全面铺开。调研包括民众的社会感受、社会情绪基调、社会共识和社会价值观等内容,每张问卷作答时间长达1小时。

这项调研最后形成了长达200万字的研究报告,并被上呈到了最高决策层。主持这项研究的王俊秀博士高兴地发现,在随后(2006年10月)召开的十六届六中全会的报告中,专门有一段提及了"注重促进人的心理和谐,加强人文关怀和心理疏导……塑造自尊自信、理性平和、积极向上的社会心态"。

而最新的消息是,国家发展改革委员会,这个一向主要关注全国宏观经济的中枢部门,正在酝酿成立一个社会发展研究机构,这个机构将从原来的经济研究所中独立出来,成为一个高级别的机构,专门从事研究与经济发展相关的社会问题。这之前,这类政界与学界的良好互动,更多时候是发生在经济学领域。

而中国社会在世纪之交面临的深刻转型,也给社会学提供了丰厚的研究土壤。

"人均GDP达到1 000美元后,中国的经济和社会发展进入了一个新阶段。在这个阶段,人与人之间的收入差距明显拉大,社会分化加剧,形成不同的利益集团。"景天魁说,因此,在这一阶段,对公平的社会诉求将会明显增强,从而成为社会保障加速发展的推动力。

近年来,景天魁的研究范围深入到了社会分配领域,包括从理顺收入分配关系,到用政府资源整合、调动和引导社会资源,从近期判断到远景规划。

而更多的社会学者也将触角伸向社会政策研究和社会问题分析。清华大学社会问题专家孙立平的一本《断裂》,就把视线直接投向了社会结构问题的断层面。"最近几年,社会学者确实比较吃香,上镜率很高。"浙江省社科院主办的杂志《观察与思考》的主编邹建中说。而他主管下的杂志也已经从原来注重一般理论探索的刊物,转变为突出社会和民生问题的新闻刊物[①]。

3. 第36届世界社会学大会在中国北京召开

社会调查研究的第二阶段也可以第36届世界社会学大会在中国北京召开为其标志。第36届世界社会学大会于2004年7月7日至11日在中国北京举行。大会主题是"全球化背景下的社会变迁"(social change in the age of globalization)。这次国际社会学大会充分展示了我国社会调查研究及其方法在新世纪来临之际所体现的新的特点和未来走向。

首先,社会调查研究进一步与理论研究和政策研究更密切的结合起来。2005年2月,胡锦涛总书记在中共中央政治局第二十次集体学习时强调,要加强构建社会主义和谐社会重大问题的调查研究和理论研究,着力提高构建社会主义和谐社

---

① 《社会学春之声》,世纪经济报道,http://www.sina.com.cn,2007年10月17日。

会的本领,把社会主义和谐社会建设的各项工作落到实处。并就调查研究的近期努力方向作了针对性的部署,即要加强对本地区本部门和谐社会建设有关情况和工作的调查研究,要加强对社会结构发展变化的调查研究,要加强对社会利益关系发展变化的调查研究,要加强对维护社会稳定工作的调查研究。由"当代中国社会结构

变迁研究"课题组所撰写、陆学艺主编的《当代中国社会阶层研究报告》就是一部代表作。调查研究与和谐社会建设的密切结合,昭示着中国社会学研究的春天到来。

其次,社会调查研究更重视对社会转型和社会变迁的研究,同时将横贯研究与纵贯研究紧密结合起来。在第36届世界社会学大会的近百个论坛中,复旦大学主办了"全球化与浦东社会变迁"主题论坛,向国内外与会者展示了中国大陆首例十年追踪调查权威报告。该项纵贯研究从1993年启动,研究通过透视微观家庭来纵览宏观社会,通过个体的价值、意向和行为的变迁来衡量社会变迁的程度,同时通过了解民意来促进政府工作决策的民主化、科学化的进程,调查采用问卷抽样调查和个案深度调查相结合的方式,对新区的社会发展、社情民意进行一项纵贯研究,每隔5年进行一次大规模调查,每年进行一次专题调查,整个计划已进行了近15年。

同时,社会调查研究更注重现实社会问题特别是和谐社会建设中所面临的重大课题进行研究。本世纪初,《世纪图景——21世纪国人生活权威调查》[①]一书曾以叩响新世纪的大门为总论,展开了对国人心声、阶层呼声、地区差异全方位的研究,涉及了世纪话题中的发展与进步、科教、环保、户籍、经济图景、贫富差距等一系列的现实社会问题。在2006年和2007年的方法专题论坛中,专家学者也围绕社区建设、公众参与、社会幸福感、国企改制、精英流动、新农村建设、社会和谐治理等一系列热点问题进行了报告和讨论。

再次,社会调查研究在方法论和研究方法上有了深层次的推进和发展。为了总结、积累我国学术界和高教界在教学和研究方面的经验,教育部制定了"十一五"国家级教材规划选题,其中复旦大学范伟达《社会调查研究方法》(复旦大学出版社)、南京大学风笑天《社会学研究方法》(中国人民大学出版社)、江苏省社科院宋林飞《社会调查研究方法》(江苏教育出版社)、上海财经大学张彦《社会统计学》

---

① 范伟达主编:《世纪图景——21世纪国人生活权威调查》,中国社会出版社2000年版。

(高等教育出版社)等教授编著的教材被列为"十一五"国家级教材规划。教材建设是推进研究方法深入的有效手段,学术团体各种学会也是进行方法研究探讨的重要平台。

4. 丰富多彩的社会调查研究学术研讨活动

近几年来,中国社会学会方法研究会每年举行一次社会调查研究方法的年会或论坛:

2006年太原:民意调查与和谐社会。
2007年长沙:调查研究与和谐社会建设。
2008年长春:中国社会调查三十年。
2009年西安:中国社会调查六十年。
2010年上海:首届"中国调查"学术研讨会。
2011年南昌:第二届"中国调查"学术研讨会。
2012年银川:社会管理调查研究的理论和方法。

中国社会学会方法研究会在长沙全国社会学年会上主办的"调查研究与和谐社会建设"专题论坛上,国内许多专家学者与会并作了精彩的报告和交流。

5. 地方省市建立调查研究方法专业委员会

为了更好地进行社会调查方法的研究,相关省市如上海、湖南、山西等也开始建立调查研究方法专业委员会。

(1)上海市社会学学会社会调查研究方法专业委员会

上海市社会学学会社会调查研究方法专业委员会成员合影

上海市社会学会于2007年7月10日成立了"上海市社会学学会社会调查研究方法专业委员会",由范伟达(复旦大学)任主任,刘欣(复旦大学)、张文宏(上海大学)、蒋逸民(华东师范大学)、李煜(上海社科院)任副主任,刘欣兼秘书长,冯艾(复旦大学)、张彦(上海财经大学)、纪晓岚(华东理工大学)任副秘书长,旨在进一步推动社会调查研究在学术领域的发展。

上海社会调查方法专业委员会是上海市社会学学会的分支机构,由来自高校学界、政府部门、研究机构、新闻单位、调查行业等各方面的有关领导、专家、学者组成。

上海市社会学学会社会调查研究方法专业委员会成立大会纪要

上海市社会学学会社会调查研究方法专业委员会成立大会暨"社会调查研究方法:理论与实践"学术论坛于2007年12月15日在上海市社会科学研究院举行。市社会科学界联合会秘书长朱耀人研究员、市社会学学会会长邓伟志教授、市社会学学会秘书长潘大渭研究员、国家统计局上海调查总队袁建民处长、上海市民政局陶志良处长、上海市妇女联合会章黎明秘书长以及来自上海高校学界、政府部门、研究机构、新闻单位、调查行业等各方面的方法专业委员会的委员、会员、专家同仁参加了大会。成立大会由复旦大学社会学系主任、上海市社会调查研究专业委员会秘书长刘欣教授主持。

(2)湖南省社会调查方法专业委员会

2010年元月16日,湖南省社会学学会社会调查方法专业委员会在湖南省中南大学公共管理学院成立。

专业委员会成立大会由中南大学公共管理学院副院长车文辉主持。会上先由专业筹备委员会主任董海军报告了委员会筹备情况,由社会学学会秘书长杨盛海代表省学会宣读了关于同意成立社会调查方法专业委员会的批文。紧接着,方向新对专业委员会的成立表示热烈祝贺并作重要讲话,他强调了社会调查方法专业委员会成立对社会学研究的意义。同时,中南大学公共管理学院院长李建华在讲话中突出了社会学专业推动院系建设的重要性,表达了对新成立的社会调查方法专业委员会的良好祝愿,并承诺公共管理学院一定会全力支持专业委员会的发展。

大会上会议代表审议了社会调查方法专业委员会章程,并选举产生了第一届理事会和常务理事会。中南大学社会学系董海军副教授当选为会长;湖南女子大学科研处处长王凤华、湖南省统计局民调中心副主任张新沙、湖南师范大学公共管理学院社会学系副教授周秋良、湖南团省委办公室副主任周建武当选为副会长;中南大学公共管理学院副院长、社会学系副教授车文辉当选为秘书长;并聘请风笑天教授等人为高级顾问,聘请方向新研究员等人为顾问。

"社会调查方法专业委员会是湖南省社会学会继民俗专业委员会之后成立的第二个专业委员会,它的成立既充分彰显了湖南省社会学会发展的强劲势头,也是湖南省社会学学会研究活动细分和深入展开的需要。专业委员会以马列主义、毛泽东思想、邓小平理论为指导,坚持为人民服务、为社会主义服务的方向,紧密结合中国国情和湖南实际,开展社会调查方法理论研究、学术交流、人才培训、咨询服务、宣传普及和对外合作,并专注于社会调查方法的研究和应用。"①

(3) 山西省社会学学会社会调查专业委员会

"2012年11月3日上午,山西省社会学学会社会调查专业委员会成立大会在太原召开。出席大会的有省社科院、山西大学、山西财经大学、太原理工大学等的领导、专家教授,以及中国联通山西分公司、山西阳晨伟业科技公司等相关单位的领导。原山西省政协副主席、省工商联主席边鸣涛,山西省社科院党组成员、副院长杨茂林,山西省工商局纪检组长马春生,山西省社科联学会部部长尤晋鸣,山西省社会学学会会长秦谱德,山西省社会学学会副会长、山西省社科院社会学所副所长、人口研究中心主任谭克俭等参加大会,会议由山西省社会学学会常务副会长、山西大学马克思主义研究所所长乔瑞金主持。

会议上,边鸣涛做了重要讲话。他说:"山西省社会学会社会调查专委会的成立,是社会进步的重大标志。希望你们在工作中'有胆',就是敢于介入社会矛盾,查清事实真相;'有识'就是要有能力知识专长,看透问题本质。高举正义大旗,为社会、为政府服务"。省社科院副院长杨茂林也做重要讲话,强调社会调查的方法很重要,充分反映社情民意,为政府和社会服务。复旦大学市场调研中心主任、中国社会学学会方法研究会会长范伟达,山西省社会学会传媒专业委员会等友好单位也发来了贺信,对专委会的成立表示祝贺。

首届会长谭克俭在大会上作报告。他说:"在发达国家,社会调查活动已经很普遍很规范,许多大型的社会调查甚至被视为重要的国家资源;随着我国经济社会的发展和全球化的推进,社会调查在社会科学研究、经济、社会活动中的作用和地位越来越显著;社会调查专业委员会的成立,正是意在联络我省社会调查相关领域的机构和专家,联络在市场经济大潮中叱咤风云的实业家,立足社会调查,研究社会调查理论,探讨社会调查方法,培育社会调查网络,扶持社会调查组织,开展社会调查活动。我相信,在有关领导的关心下、有关部门的支持下,我们的社会调查事业将走向辉煌,走向全国,走向世界。"

山西省社会学学会会长秦谱德指出:社会调查是我们党的优良传统,也是我们党的宝贵财富。我们取得革命胜利离不开社会调查,我们搞经济建设也离不开社

---

① 中国调查研究网,www.srchina.org.cn。

会调查,在社会学开展起来以后,社会调查有了全新的内容和方法。山西省社会学学会社会调查专业委员会的成立,标志着山西省第一个民间社团社会调查组织正式诞生。会议上,秦谱德为了社会调查专业委员会的发展壮大提出了"聚人才、广调查、表民意、创财路"十二字方针,并希望社会调查专业委员会开拓进取,努力工作,为山西省转型跨越发展提供服务,成为社会学会的一支重要力量。

山西省社科联学会部部长尤晋鸣强调:要坚持正确的政治方向,坚决依法按程序办事。山西省社会学学会社会调查专业委员会副会长、秘书长,省社会事务调查中心主任刘宏生宣读了《山西省社会学学会社会调查专业委员会章程》,并对今后的发展规划作了说明。

在欢乐、祥和、热烈的气氛中完成各项议程。会后,出席成立大会的会员代表和领导、贵宾合影留念。"①

三、新世纪以来我国社会调查研究方法的新特点

本书作者对新世纪后(2001—2012)的 337 篇社会学经验研究论文进行了内容分析,并与林彬、王文韬对 90 年代的分析进行比较,发现了一些新的变化,得出了一些新的结论。

内容分析在原有分类定义的 9 个变量(发表年份、研究者单位、研究主题、研究目的、研究程序、研究方式、抽样方式、资料收集方法、资料分析方式)基础上,增加了研究地域、课题来源、理论范式取向共十二个变量。

---

① "山西省社会学学会社会调查委员会成立了",山西省社会事务调查中心网站,2012 年 11 月 6 日。

变量的分类

变 量	分 类
研究者单位	(1) 高等院校 (2) 中国社科院 (3) 省市社科院 (4) 调查咨询部门 (5) 政府机构 (6) 其他
研究方式	(1) 实地研究 (2) 统计调查 (3) 实验研究 (4) 文献研究 (5) 纵贯研究 (6) 混合研究
被访对象的抽样类型	(1) 普查 (2) 随机抽样 (3) 非随机抽样 (4) 典型调查(重点调查) (5) 个案调查 (6) 其他(含不适用)
资料收集方法	(1) 参与观察 (2) 非参与观察 (3) 面对面访谈 (4) 焦点座谈 (5) 问卷调查 (6) 电话调查 (7) 网上调查 (8) 文献收集 (9) 实验法 (10) 田野调查 (11) 数据库(含档案诉案卷等) (12) 其他
资料分析方法	(1) 简单统计分析 (2) 中级统计分析 (3) 高级统计分析 (4) 定性资料分析 (5) 文献资料分析 (6) 实验数据分析 (7) 比较研究(含事件史) (8) 其他
研究程序	(1) 演绎逻辑 (2) 归纳逻辑 (3) 混合逻辑 (4) 其他

续表

变量	分类
研究目的	(1) 学科理论方法研究 (2) 实证经验应用研究 (3) 理论与经验研究动态组合 (4) 比较研究 (5) 其他
研究主题分类	(1) 理论方法 (2) 自然环境 (3) 人口劳动 (4) 社会经济结构、阶层、企业、代际社会流动 (5) 城乡(城乡关系)社区建设互动、社区公共服务、居民社区认知 (6) 群体(家庭、婚姻)组织、青少年、结构性、妇女、社会网络 (7) 政治制度(政治参与)、权力关系、民主协商、上访信任、政治信任、村民选举 (8) 教育科技(文化)、BBS、网络资源 (9) 生活方式、满意度、社会心理、时间分配、信任 (10) 社会问题(社工、社保、环保)城轨行为等、家庭老年化、小姐 (11) 社会控制(集体行动)、社会、诉讼、守则标准、自杀 (12) 社会变迁(变革)灾后重建 (13) 社会现代化(现代化转型)
理论范式取向—实证主义	(1) 人文主义 (2) 批判理论 (3) 整合取向 (4) 无明显取向
理论范式取向—研究地域	(1) 城市(海外) (2) 农村 (3) 城镇 (4) 全国 (5) 跨国 (6) 其他
课题来源	(1) 博硕学士论文 (2) 中外合作课题 (3) 海外基金资助 (4) 国内立项资助 (5) 自选课题 (6) 其他

分析研究结果表明：

1. 研究者队伍的整体素质有了很大的提高

高等院校、科研部门的研究人员理所当然是经验研究的主力军,海外高校研究机构的研究人员在国内专业刊物上发表报告论文的比例显著提高。

国内高等院校研究人员的报告论文发表比例比 90 年代有很大提升,从 169 篇次(49.6%)到新 12 年的 252 篇次(69.0%),上升了 19.4 个百分点,若将报告论文分为两个时段分析,2001—2005 年为 91 篇,2006—2010 年达 110 篇,2011—2012 年达 51 篇;海外高校研究人员(大多为留学人员或海归人员)的报告论文数十年间有 50 篇(13.7%),其中 2001—2005 年 16 篇,2006—2010 年达 26 篇,2011—2012 年 8 篇。

作者单位(含 2 个以上)	f	%	2001—2005	2006—2012
1. 高等院校	252	69.0	91	161
2. 中国社会科学院	40	11.0	15	25
3. 省市社会科学院	9	2.5	4	5
4. 专业研究部门	0	0	0	0
5. 政府机构	14	3.8	11	3
6. 海外高校研究机构	50	13.7	16	34
总计	365	100.0	137	228

海外学者或中外合作的研究项目在该杂志上发表的论文报告,如:中美家庭代际关系比较研究(馥琴、约翰·罗根)、信任的基础:一种理性的解释(王绍光、刘欣)、渐进转型与激进转型在初始进入和代内流动上的不同模式(梁玉成)、网络脱生:创业过程的社会学分析(边燕杰)、下海:中国城乡劳动力市场转型中的自雇活动与社会分层(1978—1996)(吴晓刚)、跨国公司行为守则与中国外资企业劳工标准(余晓敏)、中国的户籍制度与代际职业流动(吴晓刚)、现代化转型与市场转型混合效应的分解(梁玉成)、中国民众如何看待当前的社会不平等(怀默霆[Martin K. Whyte])、"洋八股"与社会科学规范(彭玉生)等。

2. 研究课题来源更趋多样化和规范化

研究表明,新世纪以来,研究课题来源更趋多样化和规范化,其中国内主项资助的占 55.7%,海外基金资助及中外合作课题也可占到 9.5%,其余为硕博士论文或自选课题。

在对 210 篇注明课题来源的报告论文分析中,我们看到入选国家级研究机构的成果 90% 以上为国内外主项资助和硕博士论文的节选,这就保证了研究项目的高起点、高质量,更彰显了研究成果的学术性、权威性和学界的认可度。其中 2001—2005 年入选的报告论文中有 18 篇是国内立项资助的,而到了 2006—2010 年,这些国内主项资助的篇目骤增到 64 篇,几乎是前五年的 3 倍以上,2011—2012 年,国内主项资助的篇目也达到 35 篇。

课题来源	f	%	2001—2005	2006—2012
1. 硕博士论文	24	11.4	10	14
2. 中外合作课题	13	6.2	3	10
3. 海外基金资助	20	9.5	7	13
4. 国内主项投资	117	55.7	18	99
5. 自选课题	33	15.7	0	33
6. 其他	3	1.4	0	3
总计	210	100.0	38	172

从获国内外基金立项资助的机构来看,由国家级的、地方级的和所在机构单位的以及海外基金会的相关机构,例如:国家哲学社会科学重大招标课题;国家社科基金(青年项目);国家自然科学基金资助(项目号:70973058);教育部留学回国人员科研启动基金资金项目(教外司留[2009]1001号);中国青少年发展基金;国家哲学社会科学重大指标;市教委E研究建设计划项目;国家留学基金会;国家社科基金项目;国家社会科学基金资助;国家教委211工程;全国教育科学规划"十五"重点项目;教育部专项资金;教育部人文社科;教育部人文社会科学重点论文基地年度重大项目资助;教育部社科基金青年项目;北京市教委重点实验室规划项目;上海市重点学科社会学建设项目;上海市社科规划青年课题;上海浦江人才计划科研项目;上海市教委、市教育发展基金会;上海市重点学科建设项目;上海哲学社会科学规划课题基金;浙江省哲学社会科学规划重点课题基金项目;孙治方研究基金项目;曙光计划项目;中山大学青年教师培育项目;山东大学"985"工程第二期引进人才科研启动经费;信孚教育集团与中山大学人类学系的"中国田野调查基金"。海外:福特基金项目;香港特区政府大学研究资助局资助;香港特区政府大学研究资助局"重点研究项目";香港乐施会资助;挪威应用社会科学研究所(Fafo)资助;日本住友财团资助;联合国科教文组织MOST项目种子资金赞助。

3. 社会研究的主题与现实问题密切结合

社会研究的主题与我国全面建设小康社会的现实问题密切联系,研究重点随"四位一体"的社会发展而变化。

其中对社会经济结构尤其是阶层结构、城乡结构、群体组织结构方面的调查研究尤为深入,与社会利益相关的生活方式、社会问题尤其是政治制度、文化教育方面的课题得到了重点关注,与社会稳定相关的社会控制、社会变迁方面的调查研究也引起了专家学者的高度重视。当然,在生态环境方面研究的成果发表当属欠缺,在十八大提出"五位一体",关注生态文明建设的当今,这方面的研究关注度也必然引起学界的重视。

主题分类	f	%
1. 理论方法社会学史	36	10.7
2. 自然环境	1	0.3
3. 人口劳动	15	4.5
4. 社会经济结构	56	16.7
5. 城乡社区	30	8.9
6. 群体组织	63	18.8
7. 政治制度	48	14.3
8. 教育科技文化	24	7.1
9. 生活方式	13	3.9
10. 社会问题	16	4.8
11. 社会控制	25	7.4
12. 社会变迁	6	1.8
13. 社会现代化	3	0.9
总　计	336	100

例如,在社会阶层的研究上,发表了《对剥夺地位与阶层认知》(刘欣)、《社会变迁与工人社会身份的重构》(佟新)、《农民工在中国转型中的经济地位和社会态度》(李培林、李炜)、《中日城市的阶层结构与中产阶层的定位》(刘欣)、《"殊途异类":当代中国城镇中产阶级的类型分析》(李路)、《中国城乡居民的中学教育分流与职业地位获得》(王威海)、《"上下分河轨迹":社区空间的生产》(黄晓星)、《选择性应付:社区居委会行动逻辑的组织分析——以 G 市 L 社区为例》(杨爱平)。

在社会网络与资本的研究上,发表了《中国城市居民的社会网络资本与个人资本》(王卫东)、《社区社会资本测量:一项基于经验数据的研究》(桂勇、黄荣贵)、《权力还是声望?——社会资本测量的争论与验证》(尉建文等)、《利益分化与居民参与》(王星)、《社会质量研究与其新进展》(张海东等)、《社会网络与女性职业性别隔离》(童海)、《上海居民文化资本与政治参与》(金桥)。

在经济结构、城乡社区、劳动就业的研究上,发表了《劳动力市场结构变迁与人力资本收益》(刘精明)、《"居住权"与市民待遇——城市改造中的"第四方群体"》(赵晔琴)、《农村流动人口的"半城市化"问题研究》(王春光)、《深圳人职业声望评价的特点》(迟书君)、《社会、市场、价值观:整体变迁的征兆——从职业评价与择业的取向看中国社会结构变迁再研究》(许欣欣)、《我国居民收入与幸福感关系的研究》(邢占军)、《房子与骰子:财富交换之链的个案研究》(赵丙翔等)。

在政治制度建设、利益群体维权抗争的研究上,发表了《乡镇自治中的国家意识形态》(费树荃)、《英文文献中的中国组织现象研究》(周雪光、赵伟)、《业主维权运动:产生原因及动员机制》(张磊)、《机会空间的营造——以 B 市拆迁居民集团行政诉讼为例》(施芸卿)、《互联网与业主集体抗争:一项基于比较分析方法的研究》(黄荣贵、桂勇)、《"气场"与群体性事件的发生机制——两个个案的比较》(应星)、《中国社会政策变迁中专家参与模式研究》(朱旭峰)、《行政与权力的生产与再生产——以上海市 J 居委会直选过程为个案》(耿敬等)、《当代中国超强信仰的经验研究》(夏昌奇等)、《集体性抗争行动结果的影响因素》(俞志元)、《中国政府的治理模式:一个"控制权"理论》(周雪光)。

在互联网虚拟社区的研究上,发表的《BBS 互动的结构与过程》(白淑英、何明升)、《网络的生产——以一个地方性黑市经济的演化为关键案例》(唐丽)、《虚拟社区中的规则及其服从——以天涯社区为例》(郭茂灿)、《互联网使用与中国城市化》(汪明峰)、《韩国人推特网络的结构和动态》(张得镇)。

在婚姻家庭性别、社会心理、青少年的研究上,发表的《夫妻关系"定势"与权力策略》(郑丹丹、杨善华)、《传播的畸变——对"SARS"传播的一种社会心理分析》(周晓虹)、《论"过日子"》(吴飞)、《社会心理现象计算机模拟及方法论意义》(沙莲香、刘颖、王卫东、陈禹)、《行为取向、行为方式与疾病—— 一项医学社会学的调查》(王召平、李汉)、《艾滋病、污名和社会歧视:中国乡村社区中两类人群的一个定量分析》(刘能)、《环境关心的性别差异分析》(洪大用)、《身体的社会形塑与性别象征》(郑丹丹)、《现代化转型与市场转型混合效应的分解》(梁玉成)、《中国城市家庭变迁趋势和最新发现》(马春华等)、《青少年新社会行为测评维度的建立与验证》(张庆鹏等)、《何以肩负使命:志愿行为的持续性研究——以大学生支教项目为例》(罗婧、王天夫)。

在调查技术方法、民族志及其他相关领域和专题的研究上,发表的《社会调查质量研究:访员臆答和干预效果》(严洁、邱泽奇等)、《社会科学中的因果分析》(彭玉华)、《跟踪调查中拒访行为分析》(孙妍等)、《数据误差的调整效果的评估》(李春玲)、《追踪调查中的追踪成功率研究》(梁玉成)、《"经验研究"与"理论研究"》(徐冰)、《倾向值匹配与因果推论:方法论述评》(胡安宁)、《孙本文与 20 世纪上半叶的中国社会学》(周晓红)、《国外多元视野"幸福"观研析》(丘海雄)、《混合研究方法的方法论、研究策略及应用——以消费模式研究为例》(朱迪)、《中庸实践思维体系构念图的建构效度研究》(杨中芳)、《个案研究的意义——基于知识的增长》(王富伟)、《逻辑、想象和诠释:工具变量在社会科学因果推断中的应用》(陈云松)、《方法与伦理》(卜玉梅)、《没有历史的民族志》(张丽梅等)、《虚拟民族志:田野》等大批优秀的调查报告与论文。

4. 理论研究、学术研究上有了长足进步

目前,我国的社会研究,尽管仍然沿袭重经验研究、应用研究的传统,但在理论研究、学术研究上近10年较上世纪90年代有了长足的进步,为学界所重视和践行。

从研究主题分类统计上看,90年代"理论研究方法社会学史"方面的社会研究论文只有7篇,占总体的2%,而新世纪以来"理论方法"方面的研究就有23篇,占总体的8.7%。从"研究目的"分类统计上看,理论性的经验研究论文只有18篇,占5%,而这10年,"学术与理论方法研究"的理论性的社会研究论文就有21篇,占总体的7.9%。

在理论和方法的建设上,我国的高校教师在近十年来又出版了一批高质量有影响的方法教材:

> 艾尔巴比:《社会研究方法(上下册)》,华夏出版社,2000年。
> 袁方:《社会研究方法教程》,北京大学出版社,2000年。
> 范伟达:《现代社会研究方法》,复旦大学出版社,2001年。
> 风笑天:《现代社会调查方法》,华中理工大学出版社,2001年。
> 风笑天:《社会研究方法》,高等教育出版社,2006年。
> 郝大海:《社会调查研究方法》,中国人民大学出版社,2007年。
> 仇立平:《社会研究方法》,重庆大学出版社,2008年。
> 陆汉文等译:《社会研究方法基础》,高等教育出版社,2008年。
> 范伟达:《社会调查研究方法》,复旦大学出版社,2011年。
> 张彦:《社会研究方法》,上海财经大学出版社,2011年。
> 陈振明:《社会研究方法》,中国人民大学出版社,2012年。
> 许彦彬:《社会调查研究方法》,山东人民出版社,2012年。

在新世纪后的《社会学研究》刊物上也发表了不少理论方法类的研究文章,例如《也谈科学的方法应予以科学的应用》(徐道稳)、《质性研究方法刍议:来自社会性别视角的探索》(熊秉纯)、《全面小康社会建设评价指标体系研究》(陈友华)、《研究假设的有效性及其评价》(孙建敏)、《社会研究中的因果分析》(王天夫)、《证伪在社会科学中可能吗?》(张杨)、《贫困指数:构造与再造》(陆康强)、《计算机辅助的定性分析方法》(夏传玲)、《应答率的意义及其他——对中国"高"调查回收率的另一种解读》(郝大海)、《应用Kish表入户抽样被访者年龄结构扭曲问题研究》(张丽萍)等。

这一方面说明,采用理论假设检验的演绎逻辑程序的应用得到了进一步的提升,社会研究的科学性、规范性和严密性在进一步加强,同时也不能得出归纳逻辑开始受到"冷遇"或不如以前重视的结论,相反,从 12 年中演绎逻辑占 41.6%,归纳逻辑占 55.4% 的比例来看,两种程序之运用旗鼓相当,归纳逻辑仍略占优势,正说明了采用归纳程序的实地研究、文案研究等方法正在进一步的加强,而出现了混合逻辑等程序的报告论文。

研究程序

	f	%
演绎逻辑	139	41.6
归纳逻辑	185	55.4
混合逻辑	3	0.9
其他	7	2.1
总计	334	100.0

5. 研究方式多元化的趋势进一步突现

新世纪,采用统计调查与实地研究方式收集第一手资料的进一步加强与提升,同时纵贯研究特别是"作为第三次方法论运动的"混合研究方式开创了新的局面,研究方式多元化的趋势进一步凸显。

90 年代有学者研究中曾分析道:从 80 年代中期开始,统计调查(主要是问卷调查)就成为我国调查研究中广泛应用的研究方式。所谓统计调查(survey)是指运用结构式的调查方法、抽样方法和统计分析方法进行的调查研究(袁方,1997)。但到 90 年代后期,实地研究方式的应用明显增加,这说明,我国经验研究方法从偏重问卷调查走向多元化。实地研究来自多个学科和不同的研究传统,这些多样化的研究方法在对社区、群体、组织等目前社会学的主要课题进行较长期、深入的微观研究方面,发挥着不可替代的作用。

统计调查与实地研究这两种主要的社会学研究方式,经历了不同的发展历程。统计调查方式是在 80 年代的问卷调查、抽样调查的"热潮"之后,通过反思和学习才逐渐完善的。1995 年以来举办的几期"社会学研究方法高级研讨班",1997 年在上海举办的"社会学研究课题设计"培训班,以及近几年福特基金会资助的"中国社会学研究课题"项目,都促进了规范的实证研究方式的普及与提高。此外,近几年在专业刊物(如《社会学研究》)上发表的较规范的实证研究论文,以及海外中国学者发表的学术论文都起了很大的示范作用。

"实地研究方式的发展则汇集了不同学科、不同研究传统的方法:①1949 年以前中国社会学的社区研究传统(以费孝通的农村研究为代表)。②1979 年以前我国的政策研究人员较熟悉的典型调查、蹲点调查的传统。③文化人类学、民族学的田野调查(field work)和民族志(ethnography)方法(90年代以来在一些分支领域,如社会人类学、民族社会学、农村宗族研究,研究者逐渐掌握了规范的、国际通用的田野调查方法和民族志方法)。④历史学的口述史研究方法(这种方法在近几十年被推广应用到社会科学的其他学科,如政治学、人类学、社会学、经济学;90年代,我国社会学家在一些分支领域的研究中,也运用和发展了这种方法)。此外,还有来自犯罪社会学、医学社会学传统的个案研究法、生活史研究法等等。在90年代的经验研究中,各种不同来源的实地研究方法,一方面,在各自的研究传统和研究领域中进一步发展,另一方面,通过交流和借鉴又形成一些综合式的研究方法,例如参与观察结合个案研究、在社区研究中运用口述史方法等。"①

在杂志上刊登的定性研究和纵贯研究的调查报告,如《下岗职工的再就业服务与求职行为——上海的案例研究》(顾东辉)、《向非农职业流动:农民生活史的一项研究》(刘精明)、《关系运作制度化的过程分析——华东地区A县乡镇政府机构改革的个案研究》(王波)、《"青春无悔":一个社会记忆的建构过程》(刘亚秋)、《草根动员与农民群体利益的表达机制——四个个案的比较研究》(应星)、《城乡结合社区的研究—广州南景村50年的变迁》(原杨庆堃调查点)(周大鸣、高崇)、《纵贯性数据与生长模型在社会科学实证研究中的应用》(宋时歌)、《代际关系变动与老年人自杀》(陈柏峰)等。

对比90年代的分析,我们可以看到21世纪这12年在研究方式的变化上有如下几个明显的特点。

(1)统计调查与实地研究方式所占比例均比90年代有明显的提高

研究方式	新世纪以来		上世纪90年代	
	f	%	f	%
1. 实地研究	110	30.4	81	23.8
2. 统计调查	171	47.2	90	26.4
3. 实验研究	5	1.4	1	0.3
4. 文献研究	53	14.6	169	49.6
5. 纵贯研究	4	1.1	0	0
6. 混合研究	19	5.2	0	0
合计	362	100.0	341	100.0

实地研究从90年代占23.8%上升至21世纪以来的30.4%;统计调查从90年代占26.4%上升至新世纪以来的47.2%。与90年代相同,这两种方式各领风骚,

---

① 林彬、王文韬:"对当代中国社会学经验研究及研究方法的分析与反思",《社会学月刊》2001年第3期。

虽统计调查比例略高于实地研究,但绝不能由此得出我国社会研究方法占主流地位(甚至有的断言绝对优势)的是统计调查方式这一简单的结论。

(2) 文献研究作为社会研究方法三大组成部分之一也占其有三分天下

虽则从比例上仅占有14.6%,然而与实验研究同样为社会研究方法三大组成部分之一研究方式相比仍显示其在社会研究中的重要作用。尤其从这十年的报告论文分析中看到,文献资料、统计资料、档案资料、数据库的开发利用有了长足的进步,研究者对于二手资料的收集运用也比20世纪八九十年代有了新的途径和手段。可能由于统计口径的不一致,林、王在20世纪90年代在广义经验研究的研究方式统计中,文献研究所占比例高达49.6%。几乎一半左右的研究者都是基于对二手资料的研究分析撰写其研究报告论文的,而非研究者亲自收集一手资料进行的研究,这样大大降低了其研究成果的原创性和权威性。因而,新世纪这十年"文献研究"所占比例与90年代可能由于统计口径不同而缺失纵向的可比性。

例如:

(1) 本文(王晶文)所采用的数据为2004年卫生部"新型农村合作医疗家庭健康询问调查"数据的一个子样本。本文采用了Kakwani指数研究农村医疗筹资系统的垂直公平性问题,采用PII指数研究农村医疗筹资系统的水平公平性问题。本研究中,A曲线代表医疗筹资之前标准的洛仑兹曲线,B曲线代表医疗筹资只有标准的洛仑兹曲线,C曲线是一条创新曲线。

——王晶:《中国农村医疗筹资公平性研究——基于全国八个农业县医疗筹资系统的实证研究》,《社会学研究》2008年第5期。

(2) 本研究的数据来源为2000年在中国5省(吉林、陕西、河南、湖南、广东)10市及一个直辖市(天津)所做的"中国城市改革开放与社会变迁"调查。

(3) 中国城市就业者进入市场部门的多元逻辑斯蒂克回归模型(2000年)

——吴晓刚:《1993—2000年中国城市的自愿与非自愿就业流动与收入不平等》,《社会学研究》2008年第6期。

(4) 公民性测量工具的编制:①信度;②结构效度;③构念效度。

——杨宜音:《当代中国人公民意识的测量初探》,《社会学研究》2008年第2期。

(5) 2005年全国城乡居民生活综合研究(CGSS2005)的农村问卷,来自中国综合调查(CGSS2005) http://www.cssod.org/show-survey.php?surveyid=26。

(6) 2006年东亚社会调查的家庭主题调查数据(东亚三国四地),来自www.chinagss.org/index.php。

(7) 2011年"当代中国社会结构变迁研究";第五次全国人口普查数据;2005年1%人口抽样调查数据;1997—2001国家人口计生委、全国计划生育生殖健康抽样调查数据;中社科全国:中国社会和谐稳定(CGSS 2008);中国居民营养和健康调查(CHNS)等。

(3) 21世纪这十年中,作为第三次方法论运动的混合研究方式在我国学术研究的领域中异军突起,这是十分令人欣慰和可喜的现象。

比例为5.2%的19篇报告论文已采用混合研究的方式,其间2001—2005年有5篇,2006—2010年已达11篇,2011—2012年则为3篇。这说明,我国学术界正在打破实证主义和人文主义两个阵营的壁垒,而在两者结合的走向上迈开了步伐。

例如:

(1) 问卷调查在东北地区C市和S市进行,共发放问卷1 070份,最终获得有效问卷976份,有效率91.2%。访谈资料取自于课题组成员多次赴C、S两市田野调查所获得的50万字的访谈素材。

——毕向阳:《制度与参与:下岗失业人员交纳基本养老保险行为研究》,《社会学研究》2005年第2期。

(2) 研究资料主要以问卷调查及深度访谈的方法来采集;问卷的总体回收率是13%,包括来自医生的180份回收问卷,其中2/3的回复者为男性。同时,研究者也向公立和私立医院医生发出了访谈的邀请,最后获得12名女性以及3名男性接受个别深度访谈,接受的比率低于5%,绝大部分受访者在35—54岁之间。本文分析以深度访谈的资料为基础,力图以当事者的角度与话语突出医疗界中性别意识,并辅以其他田野方法获得的材料,例如到受访者的工作场地的探访和观察。

——谭少薇:《性别和医学的实践——香港后殖民时代的"传统"与"现代"》,《社会学研究》2007年第5期。

(3) 在为期两年的研究中,我们采取了半开放的公共论坛、田野调查和问卷调查等三种社会学研究方法,对B市多种都市运动类型(包括失地农民维权、拆迁市民维权以及小区业主维权等)进行了研究,其中集团诉讼是一个重点案例。所有经验均来自对集团诉讼个体和群体的追问、座谈,以及大量以文本形式出现的"材料",包括法律材料汇编、信访信、举报信、各个诉讼阶段的诉状等。

——施芸卿:《机会空间的营造——以B市被拆迁居民集团行政诉讼为例》,《社会学研究》2007年第2期。

(4) 本文利用定性和定量资料对这一问题做尝试性的回答。定性资料来自广东珠三角地区企业家的访谈:他们利用人际社会网络了解信息、发现机会、获取资源、创办企业,以满足市场需求,实现成功梦想。基于这些创业故事,我提出"网络——市场"互动关系的理论模型,用以解释企业从社会网络脱生的过程。定量资料是珠三角地区830个企业的问卷调查,通过这些数据检验和评价理论模型的解释力。

——边燕杰:《网络脱生:创业过程的社会学分析》,《社会学研究》2006年第6期。

(5)本项研究的经验资料主要来自这样几个方面:其一,2003年2月10日至5月20日止的相关报刊文献,其中包括有关SRAS病毒流行及公众反应的新闻报道和市民与专家访谈。其二,2003年5月1—4日和5月24—25日,由南京大学社会学系先后两次完成的"非典型肺炎流行的公众反应与社会后果"千户问卷调查。该调查对象是北京、上海、广州、重庆和南京全国五大城市的2 000余户居民(每次1 000人/户以上),调查通过电话访问系统进行,通过当地局号随机生成的电话号码抽取调查样本。其三,2003年5月1—4日进行的同一研究项目的专家访谈。南京大学社会学系的教师和博士研究生通过电话访问系统,就与SRAS流行的公众反应和社会后果相关的10个问题,对北京、上海、广州、南京、武汉和杭州的30位经济学家、社会学家、政治学家、心理学家、大众传播学家和人类学家进行了深度访谈。

——周晓虹:《传播的畸变——对"SRAS"传言的一种社会心理学分析》,《社会学研究》2003年第6期。

(6)本文主要通过三种方法来获取资料:文献回顾、档案分析和深度访谈。首先,由于中国劳工群体的"消费主体性"还是一个鲜有人探究的新问题,我们通过主题检索有代表性的学术期刊数据库(ProQuest和中国期刊全文数据库),广泛收集了现有的中英文相关文献,并在总结评述文献的基础上,梳理出有关工人主体性研究的基本理论概念和分析范式,从而为深入讨论本文的主题建立理论基础。其次我们通过收集数据,分析中国消费革命中的阶级、城乡、地区差异,从而勾勒出"新生代打工妹"消费行为的社会结构背景。最后,我们利用过去10多年来在深圳、福建等地的田野研究中获得的深度访谈资料,为分析打工妹的生产、消费主体性提供实证基础。

——余晓敏、潘毅:《消费社会与"新生代打工妹"主体性再造》,《社会学研究》2008年第3期。

6. 资料收集方式出现了新的方法和手段

这10年中,社会研究中的资料收集方法出现了新的方法和手段,反映了知识经济和现代化大潮的作用、影响和需求。编者在新世纪初就预言,"21世纪已经来临,面对知识时代,研究方法将会在理论上、技术上、手段上都有新的突破。作为信息化的时代,电话调查、网上调查将逐渐成为调研手段的主流,折射民主化进程的民意测验和促进经济全球化的市场调查将会蓬勃发展。"(范伟达:《现代社会研究

方法》,复旦大学出版社 2001 年版)

对 21 世纪这 12 年的研究报告论文的内容分析表明:作为实地研究方式采用观察法(参与、非参与)、访谈法(结构、无结构)、座谈会(焦点访谈)、田野调查方法收集资料的比例占总体的 33.4%,比 20 世纪 90 年代的 29% 上升了 4.4 个百分点;作为统计调查方式采用问卷调查(面访调查)、电话调查、网上调查等方法收集资料的比例也占总体的 35.2%,比 90 年代的 48.8% 下降了 13.6 个百分点,作为文献研究方式采用文献收集,数据库(档库)资料分析等方法收集资料的比例占总体的 27.4%,也比 90 年代的 20.9% 上升了 6.5 个百分点。其中,电话调查(CATI 系统运用推广)、网上调查以及对现有数据库(含档案等资料)的利用开创了社会研究方法的新局面。

资料收集方法

	f	%
1. 观察法参与、非参与	6	1.6
2. 访谈法(结构、无结构)	53	13.8
3. 座谈会(焦点访谈)	5	1.3
4. 问卷调查	102	26.6
5. 电话调查	30	7.8
6. 网上调查	3	0.8
7. 文献收集	40	10.4
8. 实验法	15	3.9
9. 田野调查	64	16.7
10. 数据库(档案等)	65	17.0
总　计	383	100.0

7. 分析方法和研究报告论文更具科学性

研究方法的科学规范的重要衡量标准,与 90 年代相比,分析方法的合适选择更具针对性,中高级统计分析的运用更加普遍与自如,定性分析(展性研究)的方法更加规范和普及。文献分析、实验分析、比较分析、事件史分析等资料分析的方法在报告论文中都有所体现。

资料分析方法分类统计

序号	资料分析方法	F	%	90 年代(%)
1	简单统计分析	15	4.3	29.7
2	中级统计分析	73	21.0	16.9
3	高级统计分析	90	25.9	10.5

续表

序号	资料分析方法	F	%	90年代(%)
4	定性资料分析(实地调查定性分析)	125	35.9	31.4
5	文献资料分析	29	8.3	7.6
6	实验数据分析	3	0.9	0.6
7	比较研究分析(含事件分析)	7	2.0	0
8	其他	6	1.7	0
总计	—	348	100.0	100.0

从分析统计表中可以看出,简单统计分析的比例从90年代的29.7%降至2000年后的4.3%,而中高级统计分析的运用比例分别从27.4%上升至46.9%,尤其是高级统计分析方法,如多元回归分析、结构方程分析、网络分析等上升的比例达到了25.9%(2000—2005年有21篇,2006—2010年也翻3番达到43篇,2006—2010年也有26篇)。定性资料分析和文献资料分析的方法也较90年代有所提升。

90年代在社会研究方法运用上所存在的某些不足,如一定数量的论文没有提出明确的理论假设,问卷调查中非随机抽样的比例过大(占39%),统计分析的水平普遍偏低。如使用中,方法统计分析的人群过于集中,以及实地研究中大量使用内容和可靠性十分有限的官方文献资料,都在2000年后有了明显的改进和提高。

在调查研究报告中,作者都说明了所采用的资料分析方法,例如:

(1)由于因变量是一个二分的定类变量,可以运用二分式的对数比例回归模型进行分析。

——杨伟民:《当前中国的社会保险在社会分层中的作用》,《社会学研究》2005年第5期。

(2)本文使用两组数据。第一组是1986年到1995年"中国城市家庭收入与消费调查"的部分样本。另外的数据来自"中国单位调查"。城市收入(对数形式)的多层性回归模型(HLM)(1993)。

——王天夫、王丰:《中国城市收入分配中的集团因素:1986—1995》,《社会学研究》2005年第3期。

(3)本文的资料来自2000年7—8月在北京城市地区进行的大规模问卷调查,对网络规模变项经过对数转换以后再引入OLS回归模型(李沛良,2001:262—263)。

(4)关系种类回归分析;

网络规模和关系种类的回归分析;

"结构洞"与交往频率。

——张文宏:《城市居民社会网络资本的阶层差异》,《社会学研究》2005年第4期。

(5) 进行网络分析,本文所使用的资料来自笔者于2002年暑假对南京市玄武区的红山街道、雨花区的赛虹桥街道进行的访谈式问卷调查。

研究发现:①网络规模;②紧密度;③趋同性与异质性。

——王毅杰、童星:《流动农民社会支持网络探析》,《社会学研究》2004年第2期。

(6) 由于变量(特别是因变量)多为定类和定序变量,所以采用了最优尺度回归和多重回归分析。

——张海东:《城市居民对社会不平等现象的态度研究——以长春市调查为例》,《社会学研究》2004年第6期。

(7) 本研究所使用的数据来源于1996年在武汉市进行的入户问卷调查。以初职单位所有制为因变量建立多元线性回归模型。

——余红、刘欣:《单位与代际地位流动:单位制在衰落吗?》,《社会学研究》2004年第6期。

(8) 本文采用的数据资料是中国社会科学院社会学研究所"中国社会结构变迁研究"课题组于2001年11—12月收集的全国抽样调查数据。

多元回归模型列出了5个logistic方程的回归系数和比率比(odds ratio)。

——李春玲:《文化水平如何影响人们的经济收入——对目前教育的经济收益率的考查》,《社会学研究》2003年第3期。

(9) 用以检验我们理论假设的是2002年4月完成的对上海50个居委会及440个单亲家庭和500个双亲家庭的入户问卷调查资料。

建立多维模型和综合模型,以单亲样本资料建立回归模型。

——徐安琪、张结海:《单亲主体的福利:中国的解释模型》,《社会学研究》2003年第4期。

(10) 不同变量F检验的结果,7个自变量在与不满意度因变量作的Anova分析。

——李汉林、渠敬东:《制度规范行为——关于单位的研究与思考》,《社会学研究》2002年第5期。

(11) 本研究数据来自国际合作项目"人口流动对中国农村妇女的影响"。本研究主要利用定量分析方法,主要采取双变量列联表分析和logistic回归分析。

——尤丹珍、郑真真:《农村外出的妇女的生育意愿分析——安徽、四川的实证研究》,《社会学研究》2002年第6期。

（12）子代职业地位获得的 Logistic 模型。

——李路路、李升：《"殊途异类"：当代中国城镇中产阶级的类型化分析》，《社会学研究》2007 年第 6 期。

（13）我们的解决方法是利用"多类别条件 Logistic 回归模型"，对不同职业类别之间流动机会多变量分析。

——吴晓刚：《中国的户籍制度与代际职业流动》，《社会学研究》2007 年第 6 期。

（14）本研究所使用的数据来自笔者与课题组成员共同承担的 2005 年国家哲学社会科学重大招标课题"城市化进程中的农民工问题"的问卷调查。

所以本文使用的统计分析方法是二分对数偶值模型（binary logit model），简称对数偶值模型。

——蔡禾、王进：《"农民工"永久迁移意愿研究》，《社会学研究》2007 年第 6 期。

（15）地位获得的 AC 模型分析地位流动模型的 APC 模型分析。

——梁玉成：《现代化转型与市场转型混合效应的分解——市场转型研究的年龄、时期和世代效应模型》，《社会学研究》2007 年第 4 期。

（16）第一，双变量 ANOVA 分析；第二，多变量路径分析。

——洪大用、肖晨阳：《环境关心的性别差异分析》，《社会学研究》2007 年第 2 期。

（17）使用离散风险模型可以通过常规的二分变量 Logit 模型来估计，事件史模型。

——吴晓刚：《"下海"：中国城乡劳动力市场转型的自雇活动与社会分层（1978—1996）》，《社会学研究》2006 年第 6 期。

（18）首先，通过验证性因子分析建立个人资本总量的测量模型，在前面两个测量模型的基础上，进一步建立潜变量之间的路径模型，最终所拟合出的结构方程模型的全模型见图。

——王卫东：《中国城市居民的社会网络与个人资本》，《社会学研究》2006 年第 3 期。

（19）政策精英社会资本的整体结构分析（OLS）。

——朱旭峰：《中国政策精英群体的社会资本：基于结构主义视角的分析》，《社会学研究》2006 年第 4 期。

（20）数据来源于北京大学社会学系王汉生教授所主持的福特基金会资助项目"城市劳动力市场融合研究"。

——谢桂华：《市场转型与下岗工人》，《社会学研究》2006 年第 1 期。

(21) 前后两个时期受访者地位获得的 Logistic 回归系统。

——李路路:《制度转型与阶层化机制的变迁——从"间接再生产"到"间接与直接再生产"并存》,《社会学研究》2003 年第 5 期。

(22) 数据来自 2007 年 5 月笔者参与的一次问卷调查,调查范围为 S 市某区。以多项逻辑斯蒂回归作为统计模型。在具体分析中,本研究有 4 个模型,分为两组嵌套模型,因变量为"公平感"和"态度倾向"。

——翁定军:《阶级或阶层意识中的心理因素:公平感和态度倾向》,《社会学研究》2010 年第 1 期。

(23) 对数回归(logistic regression)旨在检视社会人口变量、移民压力对那些精神健康状况不好的男性和女性的影响,并辨识出其中的风险因素。路径分析的目的在于探索移民压力、迁移意义和社会支持对精神健康的影响路径。

——何雪松、黄富强、曾守锤:《城乡迁移与精神健康:基于上海的实证研究》,《社会学研究》2010 年第 1 期。

(24) 数据来自 1996 年"当代中国生活史和社会变迁"抽样调查(Treiman, 1998)。本研究使用事件史的分析方法,具体的统计分析模型是离散时间风险模型。事件史指数模型离散时间风险模型。

——吴愈晓:《家庭背景、体质转型与中国农村精英的代际传承(1978—1996)》,《社会学研究》2010 年第 2 期。

(25) 使用的数据来自社会科学院重点课题"中国社会变迁调查(第二阶段)。"

EGP 阶层分类图式;条件独立模型;关联效应不变模型;UNIDIFF 模型。

——高勇:《社会樊篱的流动——对结构变迁背景下代际流动的考察》,《社会学研究》2009 年第 6 期。

(26) 本文使用 2006 年东亚社会调查的家庭主题调查数据,东亚三国四地亲子之间凝聚力模型。

——杨菊华、李路路:《代际互动与家庭凝聚力——东亚国家和地区比较研究》,《社会学研究》2009 年第 3 期。

(27) 本研究使用了多层次模型统计方法。

——陈福平:《强市场中的"弱参与":一个公民社会的考察路径》,《社会学研究》2009 年第 3 期。

(28) 本文使用的调查数据来自张文宏主持的《城市新移民研究》课题结构方程模型中的 MG(产生模型)分析方法。

——张文宏、雷开春:《城市新移民社会认同的接管模型》,《社会学研究》2009 年第 4 期。

(29) Kish 表抽样的概率分析,Kish 表应用改进的仿真分析。

——张丽萍:《应用 Kish 表入户抽样被访者年龄结构扭曲问题研究》,《社会学研究》2009 年第 4 期。

8. 研究向更加广阔的地域和纵深方向发展

从研究的地域看,2000 年后研究城市和乡镇农村的报告论文比例相当,全国性的研究成果大幅上升,加上跨国研究已接近三分之一的比例,这说明,我国的社会研究正在向更加广阔的地域更加纵深的方向发展。

研究地域分类统计

序号	地域	F	%
1	城市	117	35.2
2	农村	55	16.6
3	城镇	33	9.9
4	全国	98	29.5
5	跨国	10	3.0
6	其他	19	5.7
总计	—	332	100.0

第二节 经济领域的调查

马克思早在 1859 年 1 月的《〈政治经济学批判〉序言》中就告诉我们:"物质生活的生产方式制约着整个社会生活、政治生活和精神生活的过程。不是人们的意识决定人们的存在,相反,是人们的社会存在决定人们的意识。"

胡锦涛总书记在 2005 年 2 月 19 日在省部级主要领导干部提高构建社会主义和谐社会能力的专题研讨班上讲话:"我们党明确提出构建社会主义和谐社会的重大任务,就是要求全党同志在建设中国特色社会主义的伟大实践中更加自觉地加强社会主义和谐社会建设,使社会主义物质文明、政治文明、精神文明建设与和谐社会建设全面发展。这表明,随着我国经济社会的不断发展,中国特色社会主义事业的总体布局,更加明确的由社会主义经济建设、政治建设、文化建设三位一体发展为社会主义经济建设、政治建设、文化建设、社会建设四位一体。"①

---

① 《胡锦涛总书记在省部级主要领导干部提高构建社会主义和谐社会能力专题研讨班上的讲话》,人民网,www.people.com.cn,2005 年 2 月 19 日。

一、农村改革与"三农"

1. 鲜红的手印《小岗村》:万里实地考察

安徽省凤阳县,有个出了大名的小岗村,见证小岗村出了大名的一张纸,现在静静地躺在了历史博物馆里。多年来有关这张纸上的内容是真是假的争论一直没有停止过,但事实上,一张纸的真假并不重要,重要的是曾有过一些人,他们曾经有力地书写过有关自己,同时有关亿万人的历史。

这张纸就是那个有名的契约,是在1978年深秋的一个夜晚,18个农民集体签署的。在鲜红的手印中间,是这样几行简单的字:

> 我们分田到户。每户户主签字盖章,如以后能干,每户保证完成每户全年上交的公粮,不在向国家伸手要钱要粮。如不成,我们干部坐牢杀头也甘心,大家社员也保证把我们的小孩养活到18岁。

其中,"不再向国家伸手"的"再"写成了别字。如果看到实物,就会发现字迹实在让人不敢恭维,但就是这么一张写在毛纸上的契约,却有着摄人心魄的震撼力。契约上的文字是生产队副队长严宏昌写的,按了手印的18个农民代表小岗村18户的户主。小岗村本有20户,115人,签协约时有两户人家外出讨饭去了。在1978年之前,这个村先后有67人饿死,6户人家死绝,全村人均年收入不到19元。农民的劳动几乎没有半点积极性可言。在公社体制下,人们"上工大呼隆,下地似绵羊",上工一天的工分算下来,还不够买一包最便宜的劣质烟。这里的地势低洼,土壤肥力不高,粮食产量历史上就很低。

其间万里担任安徽省委第一书记。1978年3月,新华社记者张广友随同万里到安徽定远县考察,万里在与一位农民交谈时问道:"你有什么要求?"农民敞开身上穿着的破棉袄,拍着肚皮说:"没有别的要求,吃饱肚子就行了。"万里说:"这个要求太低了,还有什么要求?"农民仍旧拍着肚皮说:"这里面少装点山芋干子就行了。"事后,万里对张广友说:"我们的农民多好啊!他们的要求不高啊!可是,解放28年连农民这么低的要求都没有满足!"万里还深有感触地对张广友说:"国民党反动派向农民要粮要钱,但不管你种什么。我们可倒好,农民种什么,怎么种,都要管。农民生产产品的分配也要管。吃多少口粮,也要拿到省里会上讨论。农民的种植权、产品支配权,我们全管了。农民还有什么权利?我们这些人瞎指挥,什么都管,就是不管农民死活。以致三年困难时期饿死那么多人,教训很惨痛啊!"

作为大家立誓的凭据,那张按满了手印的契约诞生,现在听起来也是那么富有传奇色彩,严宏昌本想把身上带的香烟包撕开,在锡纸上写下大家的约定——那是一包当时一毛四分钱的"淮北"香烟——严宏昌却被会计立华拦下,理由是纸太小了,按不下那么多手印。生产队计工员严立符回家拿来了纸,那是从平时派工用的大白纸上裁下的信笺大小的一块,送到了严宏昌面前。严宏昌首先在字据上签上了自己的名字,并盖上了章,随后,他又另起一行依次写上了全村20户户主的姓名。

参加会议的18位户主,除严宏昌、严立学、韩国云带了自己的章在名字上盖了外,其余15人均在自己的姓名上按下手印。外出讨饭的关友德手印,由叔叔关庭珠代按;严国昌的手印由其儿子严立坤代按。接下来是连夜抓阄分牲畜、农具。很快,一切都办妥了,整个过程显得宁静而悲壮。

小岗村实行"大包干"后,第二年打了13万多斤粮,相当于1955年到1970年15年粮食的总和,这年,小岗村向国家上交粮食2.5万斤,红薯0.5万斤,油料作物2.5万斤,还第一次偿还了国家贷款800元。在实行了"包产到户"以后,小岗一带居然风调雨顺起来,而在此之前,他们刚遇到了一场罕见的大旱灾。取得这样的丰收,固然有"老天"的帮助,另一方面,也是与农民们种植积极性的被激发紧密相关的。在当时,田里种什么,种多少,都要上级开会决定,严宏昌本着"瞒上不瞒下"的原则,花生作为新年主要种植的油料作物,果然取得了大丰收。事实上,安徽省委第一书记万里,对农民自发的"包产到户"是持支持态度的。在大多数人为小岗农民的做法惶惶不安时,万里却大胆而冷静地放手让农民去干。1979年2月,在安徽省委的支持下,安徽省山南区搞起了包产到户试点,结果在山南的影响下,安徽肥西县40%的公社都开始试验包产到户。1979年,凤阳粮食产量比历史最高水平增长了99.9%,调出的粮食超过了1953年以来26年调出粮食的总和。

邓小平在《关于农村政策问题》谈话中讲:"农村政策放宽以后,一些适宜搞包产到户的地方搞了包产到户,效果很好,变化很快。安徽肥西县绝大多数生产队搞了包产到户,增产幅度很大。'凤阳花鼓'中唱的那个凤阳县,绝大多数生产队搞了大包干,也是一年翻身,改变面貌。有的同志担心,这样搞会不会影响集体经济。我看这种担心是不必要的。"①

"也是在1980年,被推崇16年之久的'大寨神话'轰然倒塌,高度集中的农业生产生活制度范本,走到了它的尽头。但在这里可能有必要强调的是,'大寨精神'与'大寨模式'实在是两个不同的概念。"②

2. "半城市化":国家统计局农调总队的调查

(1)城市"暂住者"

不同于其他市场经济国家的永久的、家庭为主导的人口迁移,发端于20世纪

---

① 《邓小平文选》,第二卷,人民出版社,第315页。
② 姜文泽:《改变》,中国华侨出版社2009年版,第18—28页。

80年代的中国乡城劳动力转移呈现迥然不同的"中国路径",农村人口的城市化过程被分割成两个子过程:第一阶段从农民转变为城市农民工,第二阶段从城市农民工转变为市民。目前,中国"乡—城"迁移的主要类型是"劳动力迁移",这种迁移大部分是暂时的。农民工虽然居留城市,但似乎攒够了钱就要回到农村老家,或者农村是最后的养老之地,很多女性在结婚以后就不再外出。据国家统计局农调总队2005年调查,在1.26亿外出劳动力中,只有2 600万是举家外出的劳动力,近80%的流动劳动力作为个体在流动。农民工呈现出"候鸟式"的流动,主要有两种表现形式:一是"钟摆式",以年为周期在城乡和地区之间流动;二是"兼业式",以农业生产季节为周期,利用农闲时间外出打工,2004年季节性外出打工的人数约占农民工总量的20%。农民就业还呈现出高流动性。据农业部固定观察点数据显示:2003年全部外出劳动力中,外出时间3个月以内的占9.7%,4—6个月的占14.5%,半年以上的占75.8%,其中10个月以上的常年性外出的占60.2%。农民工在一个单位工作3年以上的只占20%—30%。这种很强的流动性,既表现为地域之间和城市之间的流动,也表现为工作岗位的转换。

城市化是什么?最根本的一条,就是城里来了一批原来并不生活在城里的人。中国城市化的核心问题,不是草坪、喷泉、玻璃幕墙的高楼,而是农民工问题。既然中国城市化主要是靠农村外出劳动力在城乡间候鸟式的往复流动来实现的,这些流动的农民工所遇到的问题,以及围绕农民工所产生的城市问题,就是中国城市化的核心问题。与城市本地劳动者相比,农民工面临着"同工不同酬,同城不同权",可称之为"半城市化",这种状况是由就业、生活和交往等多个层面正式和非正式的社会排斥所造成的。

(2) 就业排斥

普遍认为中国城镇劳动力市场对农村移民存在着歧视,这种差异表现在职业限制、报酬歧视、福利差异等多方面。一些大城市在流动人口的管理上,原来的思路是控制总量、压低人数。为了达到总量控制的要求,过去政府只有靠行政手段,主要采取"堵"和"轰"的行政性手段,就是通过清理、收容遣送从"出口"处减少数量。2004年,超过1/3的农民工月收入水平在500—800元之间,月均生活消费支出为291元,平均月收入结余489元,收入水平仅相当于城镇职工的58%,生活消费支出相当于城市居民的49%,农民工当前的收入水平还无力承担城镇住房、子女教育和其他消费支出,更谈不上在城市定居。

中国的城市劳动力市场流动性高,但并不是一个统一的整体。由于存在各种制度性歧视,外来劳动力和本地居民往往只能进入特定的市场阶层,农民工和城市本地居民所面临的是典型的二元分割劳动力市场。在城市失业和下岗问题的压力下,许多城市颁布了有关农民工就业的管理政策。农民工更多就业于制造业小企业、服务业、私营小商店、小餐馆、小商贩等,外来劳动力比本地劳动者就业于公有制单位的概率低55%。如果农村移民可以获得与城镇居民相同的待遇,超过6%的蓝领移民可以得到白领工作,反之,城镇居民只有14%的人会继续从事白领工作,另外22%的原白领只能找到蓝领工作。

城镇劳动力市场在城镇职工和农民工之间存在着"同工不同酬"的现象。与城市本地劳动力工资水平相比,农民工收入低。孟昕、张俊森研究发现他们的月收入仅为当地职工的61%,而且他们的工作时间更长。根据2005年《中国劳动统计年鉴》数据,户籍为外省农业户口的劳动者平均每周工作时间为54小时,比本地居民高出近11小时。除了移民和非移民之间存在绝对工资额差异外,两者工资决定机制存在明显的差异。王美艳的研究表明两者工资差异的43%是由歧视因素造成的。不过农民工面临的报酬歧视环境正在改善。最新的研究表明,农民工和城市工人的收入差距主要来源于福利性收入,而不是工资收入,通过对2001年和2005年调查数据的比较分析,被拖欠工资的农民工的比例大幅度下降了。

(3)生活排斥

现行的城市管理体制是以"户籍属地管理"为依据,将户籍人口和外来流动人口置于两个不同的管理体系,在管理内涵、管理方式、管理手段各不相同的情况下,各自独立运行的管理模式。对非户籍人口,主要由公安机关出面,提供以治安管理为主的控制性和防范性管理。流动人口管理是以税费征收为实际利益驱动。城市外来人口管理上突出矛盾表现为政府重管理轻服务而造成的服务"缺位",对农村流动人口形成事实上的生活排斥。

农村流动人口在城市的居住方式,大体包括四种类型:用人单位提供的宿舍或工棚、城市居民区、城乡结合部的乡村和在乡村自建聚居区。在北京和上海的流动人口中,多数流动人口不得不住在条件更差、更为拥挤的住房中,其人均住房面积只有城市居民的1/3,1/3住在用人单位提供的宿舍或工棚里,1/2以上靠租房,拥有房屋所有权的流动人口比例不足1%。建设部的调查也表明务工人员人均居住面积普遍较小,生活设施不配套,不同程度存在安全隐患。重庆市务工人员所租住的房屋中有46%不同程度存在阴暗潮湿现象和安全隐患,其中17%没有自来水,61%不附带卫生间,57%不附带厨房。农村流动人口很有可能住在"贫民窟",而市场化分配模式,如商品房贷款、旧房转让、租赁等在很大程度上忽略了流动人口群体的需要。一方面,政府担心形成"贫民窟",另一方面,农民工实际上被排斥在有效的住房保障之外,反而助长了"贫民窟"的形成。

(4)户口限制

"流动人口实际上是一个中国独有的概念。居民不生活在其户籍所在地的即被视为'流动人口'。流动人口是一个存量概念,不管迁移是何时发生的,即使某人在其常住地居住超过10年以上,只有其户口没有迁移,就仍被视为流动人口,这将被相关管理部门视为与当地户籍人口需要不同对待的群体。学术界按是否获得户籍将人口迁移分为两类:法律上的迁移和事实上的迁移,或称为正式的迁移和非正式的迁移。中国户籍制度的独特性质,使得中国的国内迁移与大多数国家不同,更接近于国际非法劳工迁移的特征。户籍制度中城乡迁移管理的主要部分是转户口,转户口程序十分复杂,运行方式类似于美国的移民签证。改革以来,中国城市户籍制度的改革经历了由指标配额管理到征收城市增容费放宽限制再到大城市设置人口准入制度三个阶段。

当前,大城市控制外来人口规模的方法从增设城市增容费,到限制特定行业就业人员,再转变到人口的准入制度,工作居住证制度。限制标准越来越高⋯⋯"①

3. 求解三农难题:"温三农"用脚做学问

"媒体朋友送他外号'温三农'。

有人说他是中国研究'三农'问题最权威的专家,有人说他是农民的代言人,有人说他是用脚做学问的知识分子。面对这些赞誉,温铁军一向自谦:我只是一个农村问题的调查员,或者说实验员。

行走于乡间20多年,致力于农村建设30余载,他的足迹踏遍中国大大小小的村庄,他的目光总是深情地投向农村、农民。

时至今日,他仍在以实践求解'三农'难题。

2003年12月,著名经济学家吴敬琏在'CCTV年度经济人物'颁奖会上动情地说:'中国的农民很不容易,我常常觉得,9亿农民就像希腊神庙里的柱子,他们托起了大厦。而温铁军就是中国农民的代言人。'

因为肯为农民说话,求告无门的农民们排着队找温铁军'解决问题',他们写信,递条子,甚至不远千里跑到北京找他。虽然,有太多求助无法一一解决,但温铁军不遗余力地为农民奔波着。

多年来,他把自己的部分收入,如奖金、稿费、讲课费等,一并交给办公室,'专款专用'于乡村建设、扶贫、资助农村贫困大学生等。5年来,20多万元就这么捐出去了。

在温铁军那儿,农民和基层干部得到了前所未有的尊重。他总是微微前倾着身子,全神贯注地倾听农民说话。这个姿势曾让许多无处诉苦的人潸然泪下。

尊重,理解,倾听,之所以能保持这样的姿态,是因为温铁军经历了让他深刻了解农村、了解现实的两个11年。

1968年到1979年,他曾先后在山西汾阳插队,到苏北当兵、当职工。17岁就

---

① 李强:《中国社会变迁30年(1978—2008)》,社会科学文献出版社2008年版,第120—129页。

下乡插队的北京少年,曾把农村想象得很美好,但真到了农村,强烈的反差,贫困和落后令他震撼。

1987年到1998年,温铁军先后在'中央书记处农村政策研究室'和'农村改革试验区办公室'工作,曾在国务院批准建立的试验区——覆盖21个省区的164个县(市)8 000万人口的地区,开展了30个项目的试验,进行了大量的农村实地调查和比较研究。在这期间,他还参加了世界银行、联合国、欧盟和国外多个大学的课题调研和专题培训,学会了用世界眼光看待中国的'三农'问题。

'这是我人生中非常重要的两个11年,前者教会我贴近农民,尊重农民;后者夯实了我后来的研究基础。如果要我总结,还是晏阳初当年那一句,没有农民,谁能活在天地间!'

行走乡间20余年,温铁军对农民的疾苦有太多的切身体会,这些经历让这位始终被责任感驱使的知识分子,义无反顾地留在了对新农村建设之路的摸索中。

如今,这样的生存与执著,正在山东,在安徽,在河南,在宁夏,在海南,在福建,在漫漫求索之路上,奔跑着。"①

4. 村官调查:《中国大学生村官发展报告》

"2011《中国大学生村官发展报告》(下简称《报告》)根据连续4年重点调查得出的数据表明,任职期满的大学生村官中,备受瞩目的'国家机关公务员和事业单位去向'的为56.1%,占半壁江山。让服务期满的大学生村官'流得动',在各级党政部门和社会各界的支持下,已逐渐成为令人欣慰的现实。另一项调查则显示,有77%的大学生村官有被乡镇借调的经历,其中23%的人被长期借调到乡镇而不在村里工作。如何让大学生村官真正'下得去'深入农村基层第一线,还需要得到社会各界的高度重视和努力。

(1) 2011年将有6万多大学生村官面临期满分流,农村创业是方向

《报告》主编、中国农业大学教授胡跃高指出,《报告》显示,全国2006年、2007年共选聘大学生村官6.2万人,期满后共流出3.5万名,占总数的56%。按照三年期满'流得动'的情况,《报告》预计,2011年将有6万多名,2012年将有7万名大学生村官面临期满后的出路问题。

备受瞩目的'国家机关公务员和事业单位去向'的加在一起共56.1%,占大学生村官总数的半壁江山。胡跃高教授认为,国家机关和事业单位对大学生村官的吸纳能力毕竟是有限的,公务人员趋于饱和,吸纳比重将逐渐下降。以北京为例,2010年与2009年相比,续聘留任村干部和进入企业的比例有所上升,分别由7%和23%提高到16%和29%;考录公务员和考取事业单位的比例有所下降,分别降

---

① 来源:《解放日报》2006年7月14日,第14版,吕林荫。

低5%和6%。

2009年，中组部、教育部等部门联合下发了《关于建立选聘高校毕业生到村任职工作长效机制的意见》，明确指出大学生村官任职期满后的5种出路：一是鼓励担任村干部，二是推荐参加公务员考试，三是扶持自主创业，四是引导另行择业，五是支持继续学习深造。

自2009年开始，每年都有一批大学生村官面临期满后的出路问题。据北京市首届大学生村官论坛报道，近两年卸任的4 000多名村官92%已走上了新岗位，其中四成以上从事各种各样的涉农工作。

《报告》显示，目前全国共有1.95万名大学生村官有了创业项目，其中独立创业的5 916人，合作创业的1.36万人。胡跃高指出，除了留任农村外，在农村自主创业将成为大学生村官期满分流的大趋势，也是最能体现大学生村官价值的方向。

胡跃高认为，当前大学生村官的'流进流出'类似于中国高等教育的'严进宽出'，呈现出'轰轰烈烈进'却'平平稳稳出'的怪象，而非'红红火火出'。他认为应该进一步加强对大学生村官考核制度的执行能力，并建议将'创业能力'作为考核的重要指标，'如果有了创业能力，不仅能做好村支书带村民致富，也能做一名优秀的企业家。'

如果大学生村官留在农村创业，最大的阻力是什么？《报告》显示，46.9%的大学生村官认为'缺乏资金'，其他依次是'鼓励及相关优惠政策还不够'、'具体资源和环境限制'、'缺乏有效的项目'、'信心和勇气不足'。在被问及'如果自主择业，你会选择进城还是留下创业'时，耐人寻味的是高达56.3%的大学生村官表示要看政府的政策。

（2）逾三成大学生村官每周在村时间3天以下

2010年12月在大学生村官网上进行的一项调查显示，仅8%的大学生村官表示没有被借调过，自始至终在村里工作，而高达九成的大学生村官表示被借调过。

'大学生村官到村任职，应对其上级组织即乡镇政府甚至县级政府的运行模式有所了解，才能更好地在基层开展工作，这对大学生村官不仅是一种锻炼，更是一种必要的培训。'胡跃高认为，被乡镇借调无可厚非，但要把握借调的度，时间不宜超过3个月。

《报告》2008—2010年的调查数据显示，近35%的大学生村官每周在村工作时间在3天以下，而只有16.6%的大学生村官每周7天均在村里。其中，西部地区有1/3左右的大学生村官基本不在岗，中部地区有超过1/3的大学生村官每周到岗时间不到5天。2010年9月进行的调查再次显示，有77%的村官有被乡镇借调的经历，其中23%的人被长期借调到乡镇而不在村里工作。

调查表明，被借调到乡镇的大学生村官大部分精力被用在收发文件、撰写材料、接听电话等日常琐事上,有些人在某种程度上还成了'乡官',这显然有违大学生村官工程实施的初衷。

调查发现,部分大学生村官自身的'求功'心理在一定程度上阻碍着'下得去'。在2010年大学生村官被借调的原因调查中,"主动要求、锻炼自己"的比例占一成,且有超过一半的大学生村官表示在乡镇借调期间的进步更快。另外,有一些基层干部认为大学生村官缺乏基本工作经验,怕'出乱子'、'捅娄子',便不敢放手,以致于一些大学生村官在进村'最后一公里处'被'搁浅'。

对大学生村官的管理在一些地方因为不太明确,也成为阻碍'下得去'的原因之一。《报告》显示,在调查中问及日常工作的具体负责指导单位时,21%的大学生村官回答是党委组织部门,54%回答乡镇政府,还有23%回答是村委会,另有2%回答无人指导管理。多部门管理带来管理责任不明确,使得一部分大学生村官处在缺乏管理的状态。大学生村官被有些部门借调,其他部门也索性'睁一只眼,闭一只眼'。

(3) 要'待得住、干得好',县级组织部门是关键

'做好大学生村官政策的落实工作,县委、县政府和县级组织部门在其中扮演着至关重要的角色。'凭借近年来对大学生村官发展报告的编辑把关和一线实地调查的经验,胡跃高分析,一旦县级组织部门认真管理,整个县的大学生村官工作就能抓好,就会有成十上百的大学生村官成批成才,没有县里的重视和认可,只能是某一两个村里的苗子自己偶然成才。

在2011《中国大学生村官发展报告》中,胡跃高特意将县域报告——山西省大同市屯留县大学生村官发展报告单列展示,称其为'屯留模式'。

在山西屯留,全县合作社从2009年年底的289个发展到目前的450个,数量增长的动力便来自'屯留模式'。即以大学生村官加农民专业合作社为主导模式,在农村带领农民群众创业致富,同时让大学生村官锻炼成才。其创新之处在于,屯留政府部门创造政策环境,鼓励大学生村官领办、合办、参与农民专业合作社。

胡跃高认为,屯留在艰苦的条件下探索形成的'屯留模式',给大学生村官提供条件'待得住',更提供机会'干得好',对全国中西部地区具有较强的示范和指导意义,对东部地区也具有重要的启示价值。"①

二、企业改革与变迁

1. 企业自主权试点:胡耀邦调查

经过将近三年的改革,中国在政治上完成了一次"洗礼"、改革成为舞台上的

---

① 邱晨辉:"'流得动'渐成现实'下得去'仍需努力",《中国青年报》2011年4月22日。

主流,通过对"四人帮"的公开审判更是让全民对"左"倾思想深恶痛绝。在农村,起灶于安徽凤阳的联产承包责任制开始大面积普及,农民的生产积极性被极大地调动起来。在城市,国有企业的改革试点面越扩越广,在零售商业领域出现了零星的个体经济。按当时很多观察家的话说,"是开国以来少有的很好的经济形势"。而与此相伴,中央财政却出现了严重的困难。最显著的标志是1979年、1980年两年连续出现巨额财政赤字,据《中国经济年鉴(1981)》披露的数据,1979年赤字170余亿元,1980年120余亿元。到1980年物价稳不住了,商品价格上涨6%,其中城市上涨8.1%,农村上涨4.4%。

究其原因,财政危机在很大程度上是变革过程中所带来的。为了改善工人和农民的生活水平,在过去的三年里,中央出台了一系列的政策,包括职工提薪、奖金发放、安置就业、政策退赔、农产品提价以及扩大企业和地方财权等,使财政支出大幅增加。与此同时,经济的复苏势必带动基础建设的复兴,各地的基建规模不断扩大,渐渐到了预算无法控制的地步。而国有企业的放权让利改革一方面让中央财政的收入少了一大块,另一方面,这一改革的总体成效又实在让人不能满意。1980年年底,胡耀邦敦派中央办公厅专门组织了一个调查组对四川、安徽、浙江的扩大企业自主权试点进行调查,拿出来的调查报告《经济体制改革的开端——四川、安徽、浙江扩大企业自主权试点调查报告》称:试点改革情况不容乐观,一方面,放权仍然有限,在企业留利、原材料供应、劳动管理体制、工资制度、计划外生产等方面企业权力还很小,对搞活企业的作用有限。另一方面,集中管理的价格体制和不合理比价,使各工业部门利润水平相差悬殊,最为典型的是,成本利润率石油行业比煤炭行业高出100倍,造成苦乐不均、不公平竞争和相互攀比。调查组还发现,在没有预算硬约束的制度下,试点企业出现"截留税利,乱摊成本,滥发奖金和补贴"等行为,放权让利改革效应递减。财政分级管理使地方利益强化,"少数地区已经开始出现'割据'的苗头,不但上下争利,而且阻碍经济的横向联系"。在城乡之间、地区之间争夺原料、重复建设、盲目生产、以小挤大、以落后挤先进的混乱现象也有所发展。对外经济交往中也出现了多头对外、自相竞争、"肥水落入他人田"的现象。针对这一现状,邓小平及时提出了警示。

在这样的情形下,中国改革开放后的第一次宏观调控在1978年后的第三个年头开始了[①]。

2. 步鑫生神话:联合调查组进驻海盐

很显然,国家希望让改革的步子走得更快一点。自两年前开始的治理整顿,固然起到了遏制经济过热的效果,但是也挫伤了各地改革的积极性。到1983年秋

---

① 吴晓波著:《激荡三十年》,中信出版社2008年第一版,第58—59页。

天之后,如何振奋全国人心,唤起改革的热情,让舆论的重心再次回到发展的主轴上成为主政者最大的课题。在这样的大背景下,浙江北部小县城里的一个裁缝出身的厂长走到了时代的镁光灯下。

11月16日,浙江海盐县衬衫厂厂长步鑫生一早去上班,他打开报纸,突然满脸通红,眼皮乱跳,在头版头条的位置上,他赫然看到了自己的名字。这篇题为《一个有独创精神的厂长——步鑫生》的长篇通讯当日刊登在了所有中国党报的头版。在没有任何心理准备的情况下,步鑫生成为当年度最耀眼的企业英雄。

夏天,一个叫童宝根的新华社浙江分社记者曾经前来海盐县武原镇采访,步鑫生小心翼翼地接待了他。童记者在厂里转了两天,还找了一些人座谈。在海盐县里,步鑫生是一个不太讨上级喜欢的人,他从三年前当上厂长后,就开始在厂里按自己的想法搞改革,一些不太勤快的人被他克扣工资,甚至还开除了两个人。他在厂里搞奖金制度,打破"铁饭碗"和"大锅饭",提出"上不封顶、下不保底。"这很是让一些老工人不满意,时不时的,总是有些告状信写到县里和省里让他日子很不好过。不过,由于他管理抓得紧,工厂效益不错,生产出的衬衫品种和花样也比较多,所以在上海、杭州一些城市还很受欢迎。童记者离开后再没有回音,他也没有挂在心上。

童宝根回到杭州,觉得步鑫生这个人很有趣,于是写了一篇《一个有独创精神的厂长——步鑫生》,他对这篇报道心里也没有底,就先试着发了内参——这是新华社一个很独特的新闻产品,它不用公开发表,而是供中央领导人"内部参考"。谁也没有想到,11月6日,总书记胡耀邦会从成堆的"内参"中挑出这篇报道,写下了一段批示,认为步鑫生的经验可以使广大企业领导干部从中受到教益。十日后,新华社便将童宝根的通讯向全国报纸发了"通稿",胡耀邦的批示以"编者按"的方式同时发出。

让人感兴趣的是,童宝根的通讯和"编者按"并没有让步鑫生一下子成为全国典型。也许是一些人对"编者按"的背景不了解,在12月的《浙江工人报》上发表了一篇针锋相对的新闻稿《我们需要什么样的独创精神》,指责步鑫生专断独行,开除厂工会主席,发行量上百万的上海《报刊文摘》转载了这报道,就这样,步鑫生从一开始就成了一个有争议的企业家。很快,一个联合调查组进驻了海盐。调查的结果是,步鑫生是一个有缺点和弱点的改革家,他很像苏联卫国战争时期的一个红军将领夏伯阳,此人脾气暴烈,小错不断,但骁勇善战,以他的事迹拍成的电影《夏伯阳》在中国放映后一直很受中国观众的喜欢。胡耀邦又在这个调查报告上写了批示,认为应当抓住这个活榜样,来推动经济建设和整党工作。步鑫生争议一锤定音,1984年2月,新华社播发了浙江省委支持步鑫生改革创新精神的报道,并且配发了"中共中央整党工作指导委员会办公室"的上千字长篇按语。

步鑫生被选中为典型,有很偶然的戏剧性因素,却也似乎有必然性。当时国内,通过强有力的行政力量,经济过热现象已被控制,治理整顿接近尾声,在邓小平等人看来,重新启动发展的列车,恢复人们的改革热情又成了当务之急,而在国有大型企业中确乎已经找不出有说服力的"学习榜样",相对而言,受调控影响较小的中小国营或集体企业倒是有一些亮点,特别是那些与日用消费品市场比较紧密的企业,其效益并没有受到太大的影响。就这样,企业规模不大的衬衫厂及其有小缺点的经营者便"意料之外、情理之中"地脱颖而出了。在新华社两次大篇幅报道,尤其是"中央整党委员会"的按语出现后,全国各主要新闻单位"闻风而动","步鑫生热"平地而起,仅新华社一家在一个多月里就播发了27篇报道,共计字数3.4万字,各路参观团、考察团涌进小小的海盐县城,中央各机关、各省市纷纷邀请步鑫生去做报告,他被全国政协选为"特邀委员"。他用过的裁布剪刀被收入中国历史博物馆。

在一些新闻记者的帮助下,步鑫生很快发明了一些朗朗上口的"改革顺口溜",分配原则是"日算月结,实超实奖,实欠实赔,奖优罚劣",生产方针是"人无我有,人有我创,人赶我转",管理思想是"生产上要紧,管理上要严",经营思路是"靠牌子吃饭能传代、靠关系吃饭要垮台","谁砸我的牌子,我就砸谁的饭碗"、"治厂不严、不逼,办不出立足坚稳的企业。不管、不紧,到头来,工厂倒闭,大家都受害"。这些朴素而容易背诵的改革格言迅速传遍全国,成为许多企业挂在厂内的标语口号和企业精神。步鑫生的这些观念对于无数白手起步的民营企业主算得上是一堂最最生动的启蒙课,日后很多在那个时期创业的企业家都回忆说,正是步鑫生的这些话让他们第一次接受了市场化商业文化的洗礼。

"步鑫生神话"渐渐生成,他成了一个管理专家、经营大师。美联社记者在1984年5月20日的一篇新闻中生动地描述说:"他的工人威胁要杀他,他的妻子由于过度担忧终于病倒而住进精神病院。但是,浙江海盐衬衫总厂厂长步鑫生先生,顶住了压力,成为中国改革浪潮中的一名佼佼者。这位52岁的裁缝的儿子,在昨天会见西方记者时,讲述了他同'吃大锅饭'的平均主义战斗的经过。"

这样的形象无疑是高大、勇敢和受人拥戴的,是那个时代所一再期待和呼唤的,至于它是不是步鑫生的真实面目则似乎是不重要的。

萧山的鲁冠球现在还清晰地记得他去海盐参观的情形:通往海盐武原镇的沙石路上车水马龙挤满了前去"参观学习"的人们,当时的步厂长炙手可热,据称,连厅局级干部要见一下他都很难,我们的面包车还没进厂门,就被门卫拦下了:"步厂长今天很忙。下次吧。"好说歹说,最后他同意我们车子绕厂区开一圈,这样也算是学习过了。在厂区里,我碰到两位熟悉的《浙江日报》记者,在他们的引见下,步厂长终于同意见我们一面。他是一个说话很生动的人,很会做比喻。他说了15分钟,我们就退了出去,后面又有一拨人进来了。

"步鑫生热"在1983年年底到1984年年初的出现,让国内沉闷多时的改革氛围为之一振。中央的政策也从"调整、改革、整顿、提高"的八字方针悄然变成了"改革、开拓、创新"的新提法。在对步鑫生的学习运动中,扩大企业自主权、推行厂长负责制、打破"铁饭碗"和"大锅饭"等被搁置起来的改革理念再次成为主旋律。①

3. 汽车倒卖案:102人的庞大调查组进驻海南

从1984年6月起,孤悬海外、百年寂寥的海南岛突然成了一块噪动的热土,全中国嗅觉敏感的商人都夹着钱包往那里赶,一场百年一遇的金钱狂欢正在那里上演,大戏将持续半年,最终以悲剧落幕。

海南岛那时还隶属于广东省,1984年1月,邓小平南方谈话之后,中央即决定开放沿海14座城市,比邻香港和深圳的海南理所当然地成为开放的重点区域。当时的海南行政区党委、公署主任雷宇"激动得夜不能寐"。他后来回忆说,当时他算过一个细账,"海南岛要发展,必须要有原始积累,靠什么呢?靠中央?很重要,但不够。靠外援?不可能。有一快捷的办法是自己'草船借箭'。"

雷宇的"草船借箭",便是把中央给的特殊政策转化成真金白银。早在1983年4月,中共中央国务院曾经批转过一个文件《加快海南岛开发建设问题讨论纪要》,其中指出:"海南行政区可以根据需要,批准进口工农业生产资料,用于生产建设;可以使用地方留成外汇。进口若干海南市场短缺的消费品(包括国家控制进出口的商品)。"不过,这个《纪要》又明文规定"上列进出口物资和商品只限于海南行政区内使用和销售,不得向行政区外转销。"雷宇的"草船借箭"则把后面的这段文字给轻描淡写地"忽略"了,事实上,在当时的深圳,靠进口国家控制商品来赚钱的公司比比皆是。

为了又快又多地利用政策,完成原始积累,雷宇和他的部属们很自然地想到了汽车,跟进口一些小家电、办公设备等相比,它无疑是利润最丰厚、也是内陆市场最欢迎的一个重量级商品。当时雷宇的算盘是,"进口1.3万辆转卖到内地,赚两个亿就行了。"

出乎他预料的是,闸门一开,事态迅速地变得不可收拾。1984年的海南,是一个官贫民穷的偏远之地,当时全岛的财政收入只有2.856亿元人民币,用雷宇的话说,"连开工资都不够,当时的公社改成乡和镇要挂牌子,有的公社连挂牌子的钱都没有,征兵写标语买宣传纸的钱都没有,这是真的。"而如今,弄到一张批文,倒卖一辆汽车就可以赚个上万元,这对于海南人来说,无疑是在家门口挖到了一口大油

---

① 吴晓波著:《激荡三十年》,中信出版社2008年第一版,第95—97页。

井。一时间,全岛陷入疯魔,人人争跑批文,个个倒卖汽车,连雷宇事后都无奈地承认,"连幼儿园都来搞汽车批文,因为批文可以变钱,跑到外省卖批文,外地没有批文,海南岛可以有批文啊。他转手之间把这些批文给别人,那不就赚钱了吗?"

这年夏天,海南岛几乎人人都在谈论汽车。随便到哪间茶楼、饭馆、旅馆、商店、机关、工厂、学校、报社,直至幼少园、托儿所,听得人头昏脑涨的一个词汇,就是"汽车"。以后有篇报告文学描写过一个细节:"这天早上,一位在机关扫地倒茶的阿婶,扳着手指,给在门口收邮件报纸的阿伯算账,进口一辆12座的日本面包车,只需四五千美元,进口一辆日本超豪华皇冠只需5 700美元。以美元和人民币牌价比率1:2.8计算,打了关税,还是有100%,甚至200%的惊人利润。两个人越算越欢喜,因为他们刚刚搞到了一张进口汽车批文。"

在1984年上半年,海南的进口汽车才2 000多辆,到7月份,区政府一下子批准了1.3万辆汽车进口,比上半年的月平均数高出36倍。黑市外汇变得公开化了,价格疯狂飙升,美元和人民币的比率成了1:4.4,甚至到了1:6。人们带着大包小包的人民币,涌到珠江三角洲换港币。深圳、北京等地的一些人也从海南的政策中嗅到了金矿的气味。当时其他地方进口家用电器、汽车、摩托车及零配件等,都要直接由国务院审批,但海南岛却拥有自己进口的特权,谁都判断得出其中的利益空间。于是,"到海南去倒汽车"成了那时最诱人的商机。

一场史无前例的汽车大狂潮,在这个贫穷的孤岛上正式启动了。区直属的94个单位,有88个着了魔似地卷入了汽车狂潮中。在党政机关的影响下,全岛各行各业都气粗胆壮地做起汽车买卖。仅半年,全岛便出现872家公司,个个直奔汽车而去。

那是一个酷热难当的夏天,汽车像潮水般涌进海南岛,全部停在海口市内外,密密层层,一望无际,在阳光下五彩缤纷,闪闪发亮,形成了一个蔚为壮观的场景。工商局积极为来自全国各地的买家办理"罚款放行"手续。只消罚款四五千元,盖上一枚公章,这辆汽车就可以堂而皇之地装船出岛了。在这中间,贪污、行贿、受贿、套汇,所有作奸犯科的活动均在阳光下公然进行。事后清查,在短短半年里,海南一共签了8.9万辆汽车进口的放行批文,对外订货7万多辆,已经开出信用证5万多辆,进口用汇总额高达3亿美元。

9月,海南大量进口汽车引起中央关注,国务院派人前来调查,海南行政区政府的上报材料与实际情况大有出入:"第一,海南进口的所有汽车,都是在岛内销售的(所有汽车发票上都盖着'只限岛内使用'和'不许出岛'的字样,这是事实)。第二、目前已经到货的车,不足1.5万辆(这也是事实,但上报材料没有提及已经发货,正朝着海南破浪而来的那几万辆汽车);第三、海南对进口物资的管理,十分严格,一律不准出岛,违者要受处分。"就在行政区政府上报这份材料的同时,成千上万的日本汽车,正在海口市的港口源源不断地卸下。从9月25日至10月10日,海南至少又批准了8 900多辆汽车进口。11月25日,雷宇在一份致国务院特区办的电报中仍称,"到目前为止,海南岛进口的汽车全部是在岛内销售的。"

汽车并不是钻石,成千上万地进口、出岛,却让全天下的人都视若无物,这未免太过猖狂。到年底,国务院特区办已经不再相信海南的报告。12月,雷宇被召到广州,省政府明确命令他停止汽车进口。至此,狂潮才戛然消歇。1985年初,由中纪委、中央军委、最高人民法院、最高人民检察院、国家审计署、海关总署、国务院特区办,以及省委、省府等机构102人组成的庞大调查组进驻海南。1985年7月31日,新华社播发通电《严肃处理海南岛大量进口和倒卖汽车等物资的严重违法乱纪》称:

"中共海南区党委、海南区政府的一些主要领导干部在1984年1月1日至1985年3月5日的一年多时间里,采取炒卖外汇和滥借贷款等错误做法,先后批准8.9万多辆汽车,已到货7.9万多辆,还有电视机、录像机、摩托车等大量物资,并进行倒卖。这是我国实行对外开放以来的一个重大事件。海南行政区党委和某些负责人违背中央关于开发海南的方针,从局部利益出发,钻政策的空子,滥用中央给予的自主权。这一严重违法乱纪行为,冲击了国家计划,干扰了市场秩序,破坏了外汇管理条例和信贷政策,败坏了党风和社会风气,不仅给国家造成很大的损害,也给海南的开发建设增加了困难,延缓了海南岛开发建设的进程。"

不久后公布的调查数据显示,在一年时间里,海南非法高价从全国21个省市及中央15个单位炒买外汇5.7亿美元,各公司用于进口的贷款累计42.1亿元,比1984年海南工农业总产值还多10亿元。除了汽车之外,还进口了286万台电视机、25.2万台录像机。

雷宇被撤职后转任广东一个农业县的副书记。行政区委常委、组织部长林桃森于一年后被以"投机倒把"罪判处无期徒刑。一直过了很多年,人们仍然可以在大江南北的道路上看到一批挂着"粤"字牌照的高挡走私车,它们都是早年海南案的产物。

在中国改革史和企业史上,"海南汽车倒卖事件"带有很强的"寓言性"。一个地区为了发展经济,令制度的许多欠缺渐渐跟不上经济发展的需求,中国改革的渐进特征日益明显,开始进入漫长的灰色地带。

根据何博传在《山坳上的中国》中的数据,1985年中国进口汽车等于1950—1979年进口汽车的总数。海南事件后,利用政策空子,倒卖走私进口汽车的现象一直没有被真正制止,其后续余波一直延续到2000年的厦门远华赖昌星走私案。从1983年到1987年,各地政府动用外汇大量进口汽车,数额高达160亿美元,相当于当时两个美国克莱斯勒汽车公司的固定资产净值。

其他商品的进口倒卖也同样没有停止过。1988年1月到9月,通过海关进口的录像机为2万台左右,而实际流入国内的在33万台以上。新华社记者去北京最大的两家国营商场调查,其销售的录像机绝大多数是从广东贩来的走私货,有的已是二手货甚至三手货①。

4. 温州模式:费孝通的长篇调研报告《温州行》

温州是中国改革开放历史上一个不得不提的地方。这里三面环山,一面向海,自古出行不便,而且地少人多,从许多年前开始,温州人就以行走天下、云游经商出名。到了改革开放初期,政策一到,这里的民营经济迅速发展。

1985年1月被抓的"五金大王"胡金林,在被押66天之后便重见天日,至此,"八大王"事件得以彻底解决。这一年,温州开始走上以"小商品、大市场;小规模、大协作;小机器、大动力;小能人、大气魄"为主要特征的经济发展之路,到1985年全市已有80多万农村劳动力离开耕地,转向经营家庭办和联户办的工业商业、交通运输业和其他服务行业,家庭工业企业达13.3万家,被称为"国民经济史上的一个创举"。媒体报道后,也开始有了著名的"温州模式"这一说法②。

这种趋势在1992年之后变得加速起来,那些善于利用和占有政府资源的乡镇企业迅速壮大,并以各种千奇百怪的方式完成了产权的清晰化。十多年后,鲁冠球和他的万向集团便成为中国最大的私人公司之一。

这是那些靠创办乡镇企业暴富起来的企业家们的"致富潜规则"——他们充分利用了各级政府的急切和天真心理,以创造公共财富和承担社会职能为理由和承诺,获得低成本的政策扶持。与城市里的国有企业相比,他们有着体制上的宽松性,同时土地成本和劳动力成本的低廉让他们具备更强的竞争力——客观地说,这些乡镇企业确实活跃了一方经济,提供了大量的就业机会。

2月,中国最知名的社会学家、76岁的费孝通悄悄来到了偏远的温州。50年前,这位自幼体弱的燕京大学毕业生回家乡吴江养病,进行了20多次的田野调研,写出了《江村经济》,这本小册子后来成为中国社会学研究的巅峰之作。

他对温州感兴趣,是因为看到了一篇报道。在上一年的5月12日,上海《解放日报》的头版发表了题为《乡镇工业看苏南,家庭工业看浙南,温州33万人从事家庭工业》的报道,附发的评论首次提出了一个新的名词:"温州模式"。也是从此开始,集体经济的苏南模式与私人经济的温州模式成为中国民营公司的两大成长模型。一直对家乡苏南农村颇为熟悉的费孝通对传说中的"温州模式"产生了浓厚

---

① 吴晓波著:《激荡三十年》,中信出版社2008年第一版,第120—123。
② 节选自姜文泽:《改变》,中国华侨出版社2009年版,第88—92页。

的兴趣。

"汽车驶进金华以南地区,只见公路两旁不时出现一块块木牌,上书'货运温州'、'活跃山东'等字样,这是我在江苏未曾见过的新鲜事。"费孝通在后来的文章中写下了他对温州的第一个印象,那条国道线是当时国内最繁忙也是最危险的公路,翻车死人事件每天都在发生,跟集体企业为主力的苏南相比,温州的基层政府要寒酸得多,没有高档接待室,也没有暖气设备,费孝通一行在乡镇政府的接待室里听介绍,四周窗子的玻璃是残缺不全的,冷风丝丝吹进,他虽然穿着呢大衣,可清鼻涕仍不由自主地淌下来,双脚也冻得难受,有点坐不住。不过,在温州看到的景象还是让这个睿智的老人很兴奋。在当时国内,对温州的批判和讨伐之声不绝于耳,"八大王事件"的余波仍在荡漾。而开明的费孝通则认为,"用割的办法不能奏效的、割了还会长出来。"他撰写的长篇调研报告《温州行》在10月份的《瞭望》杂志刊出,产生了很大的影响,这位老人后来又三赴温州,每次都写下长文。

《人民日报》记者孟晓云也在这时到了温州,她写了新闻报道《市场篇》。

在新闻的一开篇,她就用了一个颇有寓意的场景:"傍晚,过了6点,国营商店关了门,个体户便活跃起来。"

乡镇企业最让人惊奇的地方是,它们是怎么从几乎空白的状态中突然发展起来的。在那些农村,没有工业化的基础,没有原材料,没有技术,没有熟练工人,甚至连销售的渠道也没有。这些一无所有的农民是怎么占有市场,并击败装备精良(至少有设备、有工人,还受到国家政策上的支持)的国营企业的?唯一可能的答案便是,他们所有的生产要素都是从国营企业那里"借"来的,他们的很多设备是国营企业淘汰下来的,他们的技术是城市里的,工程师在周末偷偷下乡传授的。他们的工人有不少在国营企业里受过最基础的培训,而他们的市场往往是国营企业不屑做的。这就是"创世纪"的状态,乡镇企业唯一可倚重的是,那些农民创业者比城里的厂长们更热爱他们的企业,他们认为这是自己的"事业"。这种态势到1986年已经发展得非常清晰,跟鲁冠球们的方兴未艾相比,国营企业在市场上的竞争乏力,已经日渐成为一个很难逆转的事实。在这一年的报纸新闻上,出现最为频繁的字眼是"联营";那些城市外的泥腿子们冲进了城里,他们以极低的价格买走了国营工厂里闲置的机器设备,它们被搬进粗粗建成、还没有粉刷过的厂房里,夜以继日地隆隆作响,与此相似的是,那些能够得到国家贷款支持的国营工厂大量购买先进的外国设备。

越来越多的工程师接受农民厂长们的私下聘用,一到周末就坐上停在家门口的小汽车卷着图纸到乡下去上班了。而更受欢迎的方式是,乡镇企业与国营企业达成联营的协议,这样就可以用最少的资金获得后者的技术援助,以及使用那些培植了很多年的知名品牌。在江浙一带流传着一个关于"星期日工程师"的故事。

1986年,浙江省萧山县一个叫徐传化的农民创办了一家生产液体皂的化工厂,他请了杭州国营一大厂里的一个专业技术人员,后者经常在液体皂加工的最后一道程序时让徐家父子走开,独自从自己的口袋里拿出一包白色粉末倒入未凝结的液体皂中,完成徐家父子在几口大缸里的液体皂生产过程。在支付了几年技术服务费后,徐传化决定花2 000块钱买下那个神秘配方。在付了钱后,技术员告诉他,那包白色粉末其实就是盐。传化集团后来成为中国最大的印染助剂生产企业之一①。

5. 抓大放小:朱镕基诸城搞调研

通过股票上市为国有企业输血解困,毕竟只能解决少数大中型企业的难题,量大面广、数以三十万计的中小国有企业仍然是一团乱麻。就这样,颇有争议的"诸城经验"进入了决策层的视野中。

1996年3月,中国社科院的经济学家吴敬琏突然接到通知,要他参加一个视察组前往山东诸城,带队人是朱镕基副总理,同行的还有国家经贸委副主任陈清泰以及此前已到过诸城搞过调研的国家体改委副主任洪虎。视察组20日到诸城。山东的官员对朱镕基的态度忐忑不安,因为就在这几天的《经济日报》上刊登了一组调查报告,有人对一些地方的股份制试验提出了批评,认为会造成国有资产的流失,如果这是中央的态度,那么诸城无疑是个最大的反面典型了。诸城经验的"始作俑者"陈光日后回忆说,"那时候我的人生就好像一枚半空中的硬币,连自己也不知道会翻到哪一面。"视察组原定调研三天,三天后,朱镕基临时决定推迟行程,再看半天。24日,朱镕基在济南召集山东省、地、市、局四级干部开会交流,充分肯定了诸城的小企业改制做得好。多日来一直把心悬到半空中的山东干部们这才长出一口气。

对"诸城经验"的肯定是决策层对国有企业改革思路的一次战略性大调整,在某种意义上,这标志着开始于1978年以机制改革为主题的国有企业改革运动的终结。一些经济学家据此提出了"抓大放小"的新改革方针,那些没有竞争力也无关国计民生的中小企业将被"放掉",政府将主抓那些有成长潜力、具备资源优势的大型企业及盈利能力强的产业。事实上,吴敬琏之所以被点名同行,正是因为他在1995年的最后一期《改革》杂志上发表了《放开放活国有小企业》一文,明确提出"放小"很有可能成为深化国有企业改革的一条新路,这一思路与他的老同事周叔莲在三年前提出的"重点扶持,其余放活"主张一脉相承。根据有关部门的统计,当时全国有32万家国有企业,列为大中型国有企业的有1.4万家,其余都是中小企业。在"抓大放小"的战略被确立后,从1993年起在东南沿海一带暗潮涌动的地方国营及集体企业的产权清晰化试验开始浮出水面。企业变革进入一个全新的、

---

① 吴晓波著:《激荡三十年》,中信出版社2008年第一版,第139—141页。

以所有权改革为主题的时期,各种悲喜大戏即将一一上演。

"抓大放小"的战略,看上去很容易理解,执行起来却绝不容易。譬如"抓大",抓哪些大,如何抓,都是难题。在1996年,当这个战略刚刚被提出来的时候,"抓大"是跟火热蓬勃的民族企业振兴运动结合起来的,它的背后有个光芒万丈的"世界500强梦想"。

正如我们在之前已经描述过的,国内市场的繁荣及新兴企业的集体胜利,让中国的企业家们第一次信心爆棚。他们突然发现,原来世界并非想象中的那么遥远,那些不可一世的跨国公司似乎并非不可追赶。于是,进入"世界500强梦想"在这一年成了企业家共同的梦想。

"世界500强"是美国《财富》杂志的一个排行榜,它以销售额和资本总量为依据对全球企业进行排名,每年10月准时公布。1989年,中国银行成为第一个出现在"世界500强"排行榜中的中国公司。但是在当时,并没有多少人知道这个评选,企业家们也并不在意,每年数百亿美元的销售额对他们来说遥不可及。1995年,《财富》杂志首次将所有产业领域的公司纳入评选范围,也正是在此刻,中国的新兴公司第一次将进入"世界500强"作为自己的目标。1995年底,张瑞敏第一次明确提出,海尔要在2006年前进入"世界500强"排名,当年海尔的销售额是"世界500强"入围标准的1/18。随着海尔的高调宣示,在随后的半年时间内,至少有近30家左右的公司提出了自己进入"世界500强"的时间表。曾有人这样评论:进入20世纪90年代中期,每年一度的"世界500强"排行榜像工商界的奥运盛会,吸引着来自东方的炽热目光。渐渐地,"世界500强"变成了一种图腾,深深地植入中国企业家的"集体无意识"之中①。

6. 中国的底气:国家经贸委的反倾销调查

中国终于有底气昂首挺胸地说"迎接中华民族的伟大复兴"了。回望过去,中华民族的兴盛时期似乎还没有过去很远;展望未来,中华民族的伟大复兴即将到来。

"伟大复兴"的底气在哪里?度过2002年的人心里都清楚。在这一年中国国内生产总值将首次突破10万亿元,国家统计局公布的数字显示,上世纪末,中国国内生产总值平均每2至3年增长1万亿元。进入新世纪,国内生产总值从2001年的9万多亿元增长到10万多亿元仅用了1年的时间。国家发展计划委员会预计,到2020年,中国国内生产总值将达35万亿元,人均超过3 000美元,相当于当时中等收入国家的平均水平。根据国家统计局国民经济核算司司长许宪春的推算,2000年,中国成为世界第六经济大国,到2020年,中国将有望成为世界第三经济大

---

① 吴晓波著:《激荡三十年》,中信出版社2008年第一版,第304页。

国,到2050年,中国有望超过日本,成为世界第二经济大国。

正是在这样的年度里,中国共产党第十六次全国代表大会召开,除了选出新一届中央领导人之外,这次大会最引人注目的部分,是宣布20世纪末我们胜利实现了现代化建设"三步走"战略的第二步目标,人民生活总体上达到了小康水平,并进一步规划未来,明确提出了"全面建设小康社会,加快推进社会主义现代化"的战略任务,要求"在本世纪头二十年,集中力量,全面建设惠及十几亿人口的更高水平的小康社会"。

这是如此地鼓舞人心!"小康",而且是全民"小康",这是一幅多么美好的图景! 中国人加快建设步伐的热情被激发起来。

底气的另一个来源是世界市场上出现得最多的中国制造商品。事实表明,虽然在2002年进军世界杯的中国足球拿了个鸭蛋,拉着9个球的饥荒回来,球场上丧失的一点点自尊却被中国制造的世界杯吉祥物之流找了回来,中国制造的商品数以十万、百万件计地进入了世界杯商业圈,并在那夏天赚得盆满钵满。

虽说近现代大国的兴起源于制造业的兴起,就像当年的美国和"亚洲四小龙"一样,但中国制造的商品之所以能迅速占领市场,是因为价格过于便宜,这也是不争的事实。正是这样的竞争手段让西方国家感到非常头痛,甚至暴怒,对于中国人的"倾销"手段切齿痛恨。在西方国家一次次"反倾销"之后,中国商品似乎被贴上了一个标签,这个标签意味着中国商品一直在用低于正常价格的方式占领他国市场,人们也开始有了这样的思维惯性。但就在这一年里,思维惯性刹了个车,《中华人民共和国反倾销条例》开始实施。不久,国家经贸委新设立的产业损害调查局在北京举行了一场特殊意义的产业损害裁定听证会。会上四川川化味之素、泉州大泉和广西桂元三家公司代表中国饲料——赖氨酸盐酸盐产业,提起了对原产于美国、韩国和印度尼西亚的进口饲料赖氨酸进行反倾销调查。对于加入世贸之后引来的"狼",中国人开始学会"与狼共舞"①。

第三节 政治领域调查

一、利益结构变化

1. "实事工程"百姓受益

搭准时代脉搏,反映社情民意,进一步畅通社情民意反映渠道,充分表达人民

---

① 姜文泽著:《改变:回望中国改革开放的30年》,中国华侨出版社2009年第一版,第294页。

群众的意见,《解放日报》与有关单位携手,开展社会调查,加强社情分析,开辟"社会调查"专版。

本期,我们和复旦市调中心、神州调查公司合作,就2004年上海"实事工程"开展了调查。92.68%的受访市民表示,在去年的"实事工程"中受益。其中,市民对"新建公共绿地"的成效评价最高,对就业最为关注。政府信息公开,年轻市民感受最深,表示确实享受到了信息公开的快捷便利;而旧社区改造和城乡医疗一体化,让低收入者和老年市民受益匪浅;交通堵保畅,成效有目共睹,但顽症尚需整治。今年上海市的"实事工程"仍是市民关注的热点之一,我们根据调查数据,依次列出了市民关注度较高的17个项目,供政府部门决策时参考。

这次调查采用"概率与元素的规模大小成比例"(PPS)的抽样方法实施。调查对象为16周岁以上的上海市民。样本分布十几个区县,并进行了年龄、性别、文化程度和收入的人群差别比较,有效样本为600份。调查数据采用国际通用的SPSS软件包进行统计分析。

《解放日报》"告读者"

新年期待

新年的钟声还在耳边回响,2004年的温情还在身边萦绕。我们身边一个又一个变化正融入或已经融入我们的生活,正在改变或已经改变我们城市的点点滴滴。市民对今年的"实事工程"正充满期待,最后,我们把市民选择的期待按照比例列表如下:

2005年市民期待的实事项目	%	2005年市民期待的实事项目	%
增加就业岗位	68%	扩大优质高中教育资源	25.70%
休息日方便市民办事	39.80%	新增养老床位	24.20%
建设社区卫生服务中心	36.20%	减少道路停车泊位	23.80%
居住区生活垃圾箱房排水改造	35%	住房屋顶平改坡工程	20.80%
增加廉租住房	34.80%	公共场所无障碍设施改造完善	19.80%
新建小区公交配套	29.70%	重大工程配套商品房开发	18.50%
危棚简屋改造	29%	百万家庭网上行	16.80%
市级医院急症室改造	26.80%	科普场馆建设	15.30%
河道综合整治	26.30%		

(《解放日报》2005年1月3日)

2. 居民利益结构变迁

2004年12月上海社会科学院社会学研究所成立了"上海社会变迁中长期研究"课题组,通过系统的社会调查,对改革开放以来上海社会变迁的过程、逻辑、特征、问题以及发展趋势进行实证分析。作为"上海社会变迁中长期研究"的基础研究,"上海居民利益结构变迁和社会认同"是该课题组首次开展的一项实证研究课题。调查对象涉及九个中心城区和浦东、闵行、宝山三区。

调查抽样:获得样本1 764人,多层次随机抽样。

(1) 居民收入结构的现状

① 最近两年城市居民收入稳定,但整体收入水平偏低

调查数据显示,2004年的上海城市地区人均年收入为17 879.19元,2005年为17 825.88元,考虑到调查误差因素,也可以认为两者之间的差距非常微小。可见,被访者2004年和2005年连续两年的个人年度收入非常稳定。被访者2004和2005年连续两年的年度收入皆主要集中分布在6 001—12 000元、12 001—18 000元两个档次上。2004年年度收入处于这两个收入档次中的被访者比例分别为41.3%和18.8%,两者合计占到被访者总数的60.1%;2005年年度收入处于这两个档次中的被访者比例分别为39.9%和21.1%,两者合计占到被访者总数的60.1%。若将年度收入在6 000元以下的被访者计算在内,2001年和2005年大约分别有72.1%和72.5%的被访者其年收入处于全部被访者年收入的平均线(17 879.19元和17 825.88元)以下。也就是说,2004年和2005年连续两年都有几乎四分之三的被访者年收入不到整体的平均水平。收入分配结构还呈现比较明显的"金字塔形",与我们期望的"橄榄形"收入结构还有较大的距离。

② 不同职业群体收入明显分化,一线生产劳动者的收入明显偏低

在八大职业类别的被访在业人员中,警察、军人以及机关企事业单位负责人2005年平均月收入分别为3 938.0元和3 144.0元。月均收入与上述两类职业群体最为接近的是专业技术人员,他们平均每人每月的收入为2 897.9元。月均收入位居第三的是办事人员、商业工作人员。这两类职业群体的平均月均收入分别达到2 202.2元和2 039.4元。月均收入第四的是生产工人和服务性工作人员。这两类职业群体的平均月均收入分别达到2 202.2元和2 039.4元,大致接近全部被访者月均收入平均线。农林牧副渔人员的月均收入处于最低层次。在我们界定的"城市地区",该类职业的被访者月均收入只有597.6元,大大低于总体的平均收入水平。

③ 工作单位所有制性质对收入有显著影响

调查发现,被访者工作单位的所有制性质对收入分化具有显著的影响。三资企业工作人员的整体收入水平是最高的。2004年和2005年其人均月均收入分别为3 179.9元和3 178.4元,是各类单位的工作人员中唯一月均收入超过总体月均收入两倍的群体。而且,该类被访者中月均收入在3 000元以上的高收入者的人数比例2004年和2005年均为40%左右,在各类单位工作人员中是最高的。另据计算,该类被访者中月均收入在5 000元以上的人数比例也是最高的,2004年和2005

年分别为12.8%和12.6%。整体收入水平排在"三资企业工作人员"之后的依次是党政机关、私营企业和国有事业单位的工作人员,而国有企业工作人员的整体收入水平则处于中间偏下的层次。

整体收入水平最低的两类单位的工作人员是集体事业和集体企业工作人员,他们的人均月均收入分别在1 000元和1 350元左右,均低于平均线。其中,2004年和2005年集体事业单位工作人员月均收入低于平均线的人数比例分别为78.1%和81.3%,并且无一人的月均收入超过3 000元。集体企业工作人员中2004年和2005年月均收入在平均线以下的人数比例分别有67.5%和70.0%。虽然这两年均有人月均收入在3 000元以上,但进一步的交互分析表明,这些人基本上都是集体企业的负责人。总体上看,集体企事业单位工作人员的整体收入水平甚至还不如非正规就业人员。

与人们的正常印象出入较大的是个体户群体,他们的整体收入水平并不高。但是,这个群体内部的收入分化程度却大于其他各类单位的工作人员群体,比如,2004年和2005年该类人员中月均收入超过3 000元的人数比例分别为19.6%和17.6%,但月均收入在平均线以下的却均高达52.9%,甚至有2.0%的人属于贫困人口,这一数字在各类单位工作人员群体中都比较高。

④ 月均收入随着教育程度的增高而增长

调查结果表明,被访者的月均收入随着教育程度的增高而增长。从人均月均收入来看,收入水平最高的是具有本科和研究生及以上学历的被访者,2004年和2005年的月均收入均在3 000元以上,虽然这两类人员的收入差距不是很大,但就月均收入超过3 000元的人数比例而言,具有研究生及以上学历的被访者2004年和2005年的数字均高出本科学历人员20个百分点。具有大专学历的人员其月均收入在2 166元附近。收入水平次低的是初、高中学历人员,收入水平最低的是教育程度在小学及以下层次的人员,他们的人均月均收入只有700多元,而且2004年和2005年月均收入低于平均线的人数比例都非常接近96.0%。

(2) 阶层结构的认知出现分化

① 经济能力成为衡量社会地位天平上的重要砝码

改革开放以来,全社会的社会地位结构发生了非常大的变化。与此同时,划分和评定个人社会地位的标准也发生了相应变化。调查数据显示,48.5%的居民认为,改革开放以前人们在评价个人社会地位的高低时,"家庭成分"是最为重要的标准。相比之下,有66.1%的居民认为,改革开放以来"收入水平"迅速演变成最重要的评价标准。虽然"职业"、"职务"和"教育程度"这三项标准始终被人们纳入重要评价标准之列,但更具对比性的是,改革之前的重要评价标准还包括了"个人道德修养"和"对社会的贡献",而改革之后它们的位置则被"财产"和"消费水平"

所替代。从以上调研结果来看,改革之前公众评定个人社会地位高低的主要依据是非经济因素(包括家庭成份、道德修养和社会贡献等。)而今天,社会大众评价个人社会地位的基本尺度与视角彻底改变,收入、财富和消费等经济能力成为地位衡量天平上的最为重要的砝码。从这个意义上讲,目前评价人们社会地位的主要标准转向了物质功利,市场经济已经塑造了一种更加"理性化"的大众意识形态。这样一种理性精神是与市场经济相适应的,具有进步的意义。但是,如何在这样一种"个人理性"的价值观念基础上引导出更高程度的"社会团结",塑造出一定程度的"社会理性"是一项需要继续探索的重要任务。

② 36.4%的居民认为传统的阶层划分已不能反映社会结构的现实状况

社会地位评价标准的变化同时也伴随着人们对社会阶层状况认知的变化。建国以来,我们的主流意识形态将新中国的社会结构表述为工人阶级、农民阶级和知识分子阶层三大群体。那么,面对阶层分化的社会现实,上海居民怎样认识这种划分方式呢?统计显示,36.4%的人认为这样的划分已经"不能反映"或"完全不能反映"中国社会结构的现实状况,有25.7%的人认为"比较能够反映"和"完全能够反映"中国社会结构的现实,还有26.9%的人认为"不大能够反映"。总体而言,认为传统的表述不能适应现实社会的比例居多。改革开放以来,中国社会阶层的分化是一个客观事实,而用来描述社会阶层结构的政治话语还不能及时有效地适应这种变化,也是一个客观事实。正视社会阶层的分化需要探讨两个方面的问题:一个是中国的社会结构到底发生了怎样的变化?这是一个社会学的问题,需要收集资料进行客观的描述、分析和实证;另一个则是在这样的社会变革之后,不同社会阶层的地位、作用和相互关系如何确定?这是一个政治学的问题,需要依赖一定的价值体系来确定。目前,我们在这两个方面的社会研究和理论建设都还有很大的欠缺。

阶层观念的变化还表现在对工人阶级的界定上。在上海居民的头脑中,从事体力和服务劳动的群体依然被认为是工人阶级的主体。但是,在受访者中,66.4%的人并不认可知识分子(专业技术人员)是工人阶级的一部分这样的说法;至于私营企业主和个体工商户群体,认可他们属于工人阶级队伍的人数也仅在10%左右;对于政府机关工作人员,更有90.8%的人不认为属于工人阶级。统计数字还表明,关于企事业中的办公人员群体究竟是否属于工人阶级,是唯一给上海居民带来一定思想困惑的问题。尽管有42.3%的人认为这一群体是工人阶级的组成部分,但却有57.5%的人无法作出明确的回答。看来,"白领"与"蓝领"的区分,已经造成了工人阶级的分化以及认同分歧①。

---

① 李宗克、李骏整理:《上海市居民利益结构分化与社会观念调查——上海社会科学院社会学研究所"上海社会变迁中长期研究"课题组》,《社会科学院》2006年8月31日。

3. 国家与生命历程①

周雪光②

"知识青年到农村去,接受贫下中农的再教育,很有必要。要说服城里干部和其他人,把自己初中、高中、大学毕业的子女送到乡下去,来一个动员。各地农村的同志应当欢迎他们去。"

——毛泽东,1968

1968年,当巴黎大学生走上街头、抗议法国政府增加学费的时候,当加州伯克利大学和其他美国大学校园里的学生们正从事反越战抗议的时候,中国的中学和大学里的学生们则乱作一团。"文革"中经过了两年的"红卫兵造反"后,政府机关和教育机构已经陷入瘫痪:大多数政府官员被打倒,学校也停了课(Pepper,1996;Unger,1982)。学校里的学生们无法毕业或升入高年级。他们在城市里也不会被

---

① 周雪光、侯立仁:《文革的孩子们——当代中国的国家与生命历程》。谨以此文献给上山下乡的那一代青年,他们历尽磨难、坚忍不拔、勇敢抗争,对今日中国做出了贡献。像这一代中的许多人一样,上山下乡的经历也从不同方面深刻影响到我们的家庭以及我们自己。十分欣慰,我们能以我们的学术研究来讲述这个故事,也感谢ASR支持这个讨论。本篇论文的一个更早的版本曾向1997年于多伦多举行的ASA年会提交过。我们感谢戴慧思(Deborah Davis)、埃尔德(Glen Elder)、谢宇、山口和雄(Kazuo Yamaguchi)、ASR的编辑及评审人提出的建设性评论,以及摩恩(Phyllis Moen)和图玛(Nancy Brandon Tuma)在这项研究中提供的合作。在数据收集过程中,曾得到复旦大学社会学系、中国人民大学社会学系、天津社会科学院,尤其是范伟达、李强、潘允康和彭希哲等人的惠助,在此表示感谢。这项研究得到国家科学基金(SBR-9413540)、ASA/NSF学科发展基金,以及教育学院斯宾塞研究基金的资助。——作者原注

本文译自"Children of the Culture Revolution: the State and the Life Course in the People's Republic of China", *American Sociological Review*, 1999, Vol.64(February: 12-36),译者毕然,校者应星。——编者注

② 1959年生,山东淄博人。1982年复旦大学本科毕业;1981年参加南开大学社会学班培训;1991年斯坦福大学社会学博士毕业。现任美国杜克大学社会学教授和香港科技大学商学院组织管理系主任。同时担任美国社会学会、美国管理科学院会员,担任《美国社会学评论》、《美国社会学杂志》和《管理科学季刊》的编委,长期从事组织社会学和社会分层领域的研究工作,其研究工作发表在《美国社会学评论》、《美国社会学杂志》、《行政科学季刊》、《组织科学》、《比较政治研究》等刊物。

安排工作①。在这种情境下,毛泽东的指示(见上,经常被作为"上山下乡"政策的标志)开启了"文革"中最深入的政治和社会运动之一(Bernstein,1977)。在为期12年的一段时期里,1 700多万的城市"知识青年"(大多数只是初中或高中毕业)被强迫到农村地区去生活和工作。上山下乡政策对一代中国城市青年的生命历程产生了深刻的影响。在"文革"的孩子们(也就是那些在1967年至1978年之间参加工作的城市青年)中间,大约有三分之一的人被送到农村,许多人在那里呆了十多年。

我们从20个城市的居民中抽取了一个具有全国代表性的样本,通过对这个样本生命历程事件的分析,我们考察了这个具有戏剧性的历史阶段。我们处理了关于社会分层和生命历程的社会学分析中两个主要的论题:首先,我们研究了涉及广泛的社会政策事件如何经由社会分层结构与过程产生间接的影响。大多数社会分层研究已经集中讨论了稳定的制度结构与过程。然而,在中国及其他国家社会主义社会,政治环境与国家政策多变无常,这赋予了社会分层过程与众不同的特征。上山下乡这一历史事件在一个绝无仅有的历史情境中,戏剧性地展现了国家政策与社会分层结构之间的互动。

其次,我们考察了国家政策如何形塑和改变了个体生命历程的机制。晚近对于工业化市场社会中生命历程的研究,强调了国家和社会政策在形塑个体生活中所起的作用(对此的回顾可参见 Mayer 和 Schoepflin,1989)。我们将研究置于中国的情境之中,希望借此阐明由政策导致的生命事件,诸如上山下乡的经历,如何影响到个体后来的生命历程及经济状况。

(1)模型和方法

在分析下乡和返城事件时,我们使用了适用于离散时间事件史分析的 Logit 模型(Allison,1995)。事件史模型可以让人们结合随时间变化的变量(time-varying covariates)来解释事件发生的概率。而且,因为在我们所研究的时期内,在参加工作的问题上存在不容忽视的时滞(delays)现象,所以,任何特定年份"风险集"(risk set)中都可能发生显著的变化(比如中学毕业后参加工作),而事件史模型则能够恰当地包容这样的信息(Tuma 和 Hannan,1984)。模型采取如下形式:

$$\log[P_{it}/(1-P_{it})] = x(t)'\beta$$

其中,P指的是假定某个事件尚没有在个体i身上发生时,该个体在时间t经历这个事件的条件概率,x是一组时变变量的向量,β是相应参数估计值的向量。

我们使用皮尔逊卡方检验的方法来验证零假设:在那些留在城市中的人和那些经历下乡后返城的人之间,在主要的生命历程事件中,观察不到实质的差异。在

---

① 徐蓓:《六项女性调查,透出哪些信号》,《解放日报——解放周末·女性》2006年3月17日。

对收入决定因素的分析中,我们使用了传统的最小二乘法(OLS),估计出一个多元线性回归模型,模型中纳入了被访者的背景特征作为协变量(covariates),如文化程度、职业、单位性质以及居住地。

(2)"上山下乡"事件的历史模式

我们先来描述一下"文革"期间上山下乡事件的历史模式。其一从1967年至1978年对初职风险率(hazard rate)的估计。这里的风险率测量的是那些在"风险集"中的人(比如完成教育的个体)当年进入某种特定类型工作的几率。尽管上山下乡政策在1968年底之前并没有开始执行,但上山下乡运动在1967年就已经发起并得到官方的支持。大规模的上山下乡运动是在1968年开始的,这体现在1968年和1969年之间从事农业生产的风险率达到顶峰(粗实线)。注意在高峰年份(1968年和1969年),上山下乡运动影响到更广泛的群体,包括1966年至1969年积压的中学生(初中生和高中生)。进入其他类型工作去向的风险率表明城市中不同工作的机会。正如人们所能看到的,1970年代,城市中的工作机会普遍减少了。

其二显示了知青返城的风险率。在1979年正式取消上山下乡政策之前,部分知青通过各种途径回到城市。1979年的高峰反映了上山下乡时代的终结。大多数知青在1980年代早期返回了城市。1980年代中期风险率的降低符合城市改革开始这一情况,那个时候,国家对劳动力的控制减弱了。因此,城市改革可能为那些仍然留在农村的人回城创造了新的机会。注意,尽管1980年代出现的第二个高峰也较高,但这个高风险率的出现主要是由于仍然处于风险集(即仍然留在农村)中的个体数量相对较小所致。

进入不同类型工作以及返城风险率的变化,表明下乡政策的贯彻执行,在各个时期并不是一以贯之的,对各个社会群体的影响也不是整齐划一的。

(3)下乡经历的后果

下乡的经历如何影响到这些青年后来的生命历程?鉴于这个群体在农村地区呆了很长一段时间(平均六年),我们认为这段经历对这个群体产生了持续的影响。现在我们就评估一下下乡经历的后果。

(4)后来的生命历程

为了考察下乡经历对于知青们后来生命历程的影响,我们首先比较一下那些留在城市里面的青年和那些下乡的青年主要生命历程事件的经历:①结婚年龄;②初育年龄;③教育(大学)成就;④在城市中就业时初职的职业类型与单位性质。

既然下乡的时间长短不一,存在不容忽视的差异,我们也就认为下乡经历所产生的影响,也会随着在农村逗留的时间长短而有所不同。对于那些能够较早回城的人来说,下乡经历的负面影响可能是无足轻重的。但是对于那些留在农村较长时间的人来说,负面的后果就可能加剧了。基于这种考虑,我们把知青分成两个群体:①留在农村时间少于6年的群体;②留在农村时间多于6年的群体。

下表中报告了这些比较的描述性统计和皮尔逊卡方检验输出的统计量。我们只选择了那些适合每个特定分析条件的被访者,所以这些不同事件的样本规模有所变化。(例如,只有那些18岁或18岁以上的人才纳入"结婚年龄"的分析。)还有样本规模的一些变化,是由于与事件相关的信息缺失造成的。

主要生命历程事件群体间差异的统计描述与卡方检验:1967年至1978年参加工作的中国城市青年

事件/自变量	无下乡经历	下乡少于6年	下乡多于6年
婚姻			
结婚平均年龄	26.5	26.6	28.2
18—25岁	37.7	36.1	15.9
26—30岁	53.8	56.6	65.6
31岁及以上	8.5	7.4	18.6
被访者数	1 456	366	372
对自变量的皮尔逊卡方检验:$\chi^2=82.8$; d.f.=4; $p<.001$			
生育年龄			
初育平均年龄	27.4	27.4	29.1
18—25岁	25.7	24.8	11.7
26—30岁	59.1	64.0	60.2
31岁及以上	15.3	11.2	28.1
被访者数	1 246	339	334
对自变量的皮尔逊卡方检验:$\chi^2=57.7$; d.f.=4; $p<.001$			
教育获得			
1977年以后上大学的比例	8.4	14.2	9.5
被访者数	1 607	401	400
对自变量的皮尔逊卡方检验:$\chi^2=12.6$; d.f.=2; $p<.002$			
初职的单位性质			
政府机关	10.3	11.7	5.3
事业单位	6.7	8.1	11.6
国营企业	50.3	52.8	46.1
集体企业	28.0	21.4	32.4
合营企业	1.0	0.5	1.6
私人企业	3.7	1.5	3.2
被访者数	1 960	394	380
对自变量的皮尔逊卡方检验:$\chi^2=32.3$; d.f.=10; $p<.001$			
初职的职业类型			
干部	3.1	5.9	9.3
专业人士	13.7	11.4	10.4
办事员	3.6	5.7	6.3
服务业工人	11.1	12.9	12.5
产业工人	63.0	58.1	61.0
军人/警察	5.6	5.9	0.5
被访者数	1 799	387	367
对自变量的皮尔逊卡方检验:$\chi^2=59.3$; d.f.=10; $p<.001$			

结婚年龄与初育年龄。就结婚年龄与初育年龄来说,在那些留在城市里的青年和那些被遣送下乡少于六年的青年之间几乎没有什么差异。然而,对于那些在农村地区工作多于6年的人来说,结婚与生孩子的事件几乎都推迟了2年的时间。我们进一步把每一类型的被访者都划分为3个年龄组(18至35岁,26至31岁,31岁及以上)。卡方检验使得我们拒绝了零假设:在结婚年龄和初育年龄问题上,3个年龄段人群与他们下乡经历交互分类形成的各组之间没有差异。自从1970年代以来,由于政府推行计划生育政策,所有的城市青年都推迟了他们结婚生子的时间。我们推测,如果没有这些政策,在这些群体之间观察到的差异会变得更加突出。

教育成就。因为"文革"期间多数城市青年都是中学毕业,所以这里我们只关注大学教育。我们比较了1977年全国高考入学考试恢复以来大学的招生情况。自从1977年以来,大批"文革"的孩子(既包括高中毕业生也包括初中毕业生)参加了高考,努力恢复他们中断的学业。卡方检验表明,在这3个群体之间存在显著差异。描述性统计则表明,在农村待了不到6年的知青接受高等教育的比例最高(14.2%)。也许知青们艰苦的生活经历激励他们下定决心要通过教育途径重新在社会中找到他们的位置。但是,1977年恢复高考对于那些在农村呆了6年以上的人来说来得太迟了;他们的入学率(9.5%)比那些在农村待的时间较短的人明显要低。

在城市就业时初职的职业类型和单位性质。在劳动力市场中所处的位置是与经济报酬高度相关的。因为对个人来说,工作可能会随时间而变化,所以我们只比较了3个群体在城市中参加的第一份工作的类型。对于知青来说,这个工作指的是返城后的第一份工作。卡方检验表明,职业类型和单位性质在3个群体中间明显不同。然而,描述性统计表明,与那些留在城市中的人相比较,那些具有下乡经历的人在地位较高的单位和职业中(政府和/或事业单位;干部以及专业职业)趋向于拥有相近的比例。这可以部分归结为知青中较大比例的人获得了大学教育这样一个事实,正因为如此,他们才得以进入这些单位和职业。

总而言之,我们的证据表明,下乡经历对那些知青以后生命历程中的重大生活事件产生了显著的影响。被访者在农村待的时间越长,其对生命历程的影响也越严重。然而,在农村的经历也可能激励了知青们改善他们社会处境的决心。他们完成高等教育的比例较高,他们在地位较高的单位和职业中工作的比例较高,都体现了这一点。

(5) 收入的决定因素

下乡的经历对于1976年以后个人收入有什么影响?我们的因变量是被访者总收入(包括基本收入、奖金,以及兼职收入)的对数。在我们的模型中,纳入了测量性别、工作经验、文化程度、职业、单位性质以及居住地等变量。为了检验不同时期影响因素的变化,我们估计了三个年份(1978年、1987年和1993年)的收入模型。为了在有和没有下乡经历的群体之间进行比较,我们创造了一组交互变量,以测量下乡经历对收入另外的影响。这些交互项可以让我们发现下乡经历通过什么途径影响到个人收入。

1978年,女职工比男职工的收入平均要少11%。工龄(通过对就业年数一阶和二阶效应测量)对收入有负向的影响。但是,只有二阶效应统计上显著。1978年的时候,对人力资本(通过文化程度测量)还没有显著的回报。由于我们的样本中只包括一组青年队列,所以,到1978年的时候,对工作经验和人力资本的回报可能还相当有限。

那些在政府部门、国营企业和合营企业工作的被访者的收入,都显著高于那些在集体企业中工作、没有下乡经历的人(参照类)。职业群体之间的收入没有什么差异。只有服务业工人的收入显著高于没有下乡经历的产业工人(参照类)。由于私营企业主数量很少,我们在这个分析中略去了这个群体。

下乡的虚拟变量的效应所显示出的结果表明,下乡事件在1978年的时候对收入没有显著影响;在农村待的时间长短也不影响收入。在考察交互效应时,多数协变量(单位性质和职业类型)对1978年的收入呈现负向的影响,但是这些效应不够显著,这表明没有统计上显著的差异可以归结为下乡的经历。在下乡政策被废止之前,那些较早返城的人中较大比例获得了较高的学历文凭,其中许多是高干子弟。他们的人力资本和其父母的政治资源可能帮助他们重新找到较好的单位和职业,并因此减轻了下乡经历所带来的负面后果。

1987年收入的决定因素。到了1987年,多数知青已经回城好几年了。中国的城市正处于从1985年已经开始的激动人心的改革进程之中。因此,在我们的分析中,收入的决定模式既体现了下乡经历的影响,也体现了正在进行中的城市改革的影响。

与1978年的模式相比较,性别间的收入差异增加了,但是在1987年,工龄和文化程度没有显著影响。与受雇于集体企业、没有下乡经历的人(参照类)相比,那些在国营企业工作的人有更高的收入;与那些在合营企业中的人相比也是这样。在所有的职业群体中,私营企业主收入最高。这些结果体现了城市改革初期的影响。在这场改革中,与那些在政府机关和事业单位中工作的人相比,工业和服务业组织中的分权使得职工们拿到了更多的奖金(Walder,1989)。在各职业群体之间,干部、专业人士和服务业工人所得要多于产业工人。

主要的协变量和下乡经历之间交互项的效应与在1978年的情况类似,没有显示出对于返城青年的经济状况,至少是对于作为测量指标的个人收入有统计上的显著影响。考虑到这些知青们所经历的社会错位(social dislocation),这些结果不免多少有点令人感到惊奇。一个貌似合理的解释是,在1980年代,政府采取了政策,扶植知青在城市就业(劳动政策法规司,1990b:371-374)。最有意义的一项政策规定是,在工资定级和晋升的时候,知青在农村待的年头要计作工龄。这些政策可能有助于减少两个群体间收入的差距。

1993年收入的决定因素。到了1993年,影响收入的变量中出现了显著的变化。总的来说,不同性别在收入上的差异再一次拉大了,但是经历过下乡的女职工与没有下过乡的女职工相比,收入明显要高。这表明,有下乡经历的女工人在改变其社会地位方面要比那些留在城市里的女工人更积极。在1993年,大学教育与更高的收入显著相关。

到这个时候,单位性质也重要起来。对于那些留在城里的人来说,在政府机关、事业单位、国营企业和合营企业中工作的人,与那些在集体企业中工作、没有下乡经历的人(参照类)相比,收入都要高。不过,对于在政府机关、事业单位、中央政府所属企业以及集体企业中工作的知青来说,收入明显要比在相同性质的单位中工作的同事们低。例如,对于一位知青来说,在其他情况相同的条件下,从他或她在政府部门中的职位上得到的收入回报只是-0.087(0.240—0.327)。即使是有下乡经历的私营企业主,相对于那些没有下乡经历的同行来说,收入也较低。就有无下乡经历来说,不同职业之间收入没有显著差异[①]。

3个年份知青收入决定因素的变化,揭示出改革开放之后发生在中国城市中意义深远的变迁。在"文革"的孩子们中间,最近几年,受过高等教育已经成为获得较高收入的一项重要影响因素。现在,与产业工人相比,干部和专业人员显然得到了比以往更多的收入。更重要的是,单位性质对于决定经济状况来说变得越来越重要。私营部门的崛起对于收入分配产生了深远影响,在城市各职业群体中,私营企业主现在的收入最高。这些情况反映了再分配制度和市场机制共存其中的多面向的改革进程所造成的影响。

二、城市文明指数

1. 城市竞争力调查

中国社会科学院2009年4月14日在北京发布的《2009年中国城市竞争力蓝皮书:中国城市竞争力报告》显示:中国城市经济增长速度领跑全球,但城市竞争力总体仍处于全球中等水平。

---

① 徐蓓:"六项女性调查,透出哪些信号",《解放日报——解放周末·女性》2006年3月17日。

报告由中国社会科学院财政与贸易研究所倪鹏飞博士牵头,众多城市竞争力专家共同携手,国内著名高校、国家权威统计部门和地方科研院所近百名专家历时大半年联合完成。

(1) 四城市跻身世界一流

本次报告的年度主题为"城市,中国跨向全球中",旨在将中国城市置于全球坐标体系上探讨其地位和成因,并提出建议。

从报告上看,今年的一个重要变化就是中国的城市整体起飞,一改过去东部沿海一枝独秀的状况。有279个城市的综合经济增长率超过10%,占全部294个城市的95%。而从全球的角度来看,中国城市的经济增长速度令人惊讶,全球经济增长速度最快的前10个城市中,有8个属于中国,而在前50名中,中国有40个城市入围,占到了80%,形成了中国城市经济发展领跑全球的局面。

报告显示,在世界城市网络联接度方面,中国香港、北京、上海和台北四个城市已跻身世界城市前列,成为世界城市网络的重要节点,其中,香港和北京跻身全球624个城市中的前十位,是世界城市网络中的次级节点,与芝加哥、洛杉矶、华盛顿、首尔等世界城市同级,成为亚太地区的中心城市;上海、台北分别居19位和22位,是世界城市网络中的重要中转节点。

针对这一现实,项目负责人倪鹏飞形象地解释说,"城市,中国跨向全球中,这个'中'有三个含义:一是中国城市的总体将由现在的全球中下层次,向中等层次跨越;二是中国最好的城市跨向全球的中心,向顶级层次迈进;三是中国的向外开放、与世界接轨,都在进行中。"

(2) 港深沪列全国三甲

报告结果显示,香港、深圳和上海名列中国城市综合竞争力的前三甲。而前20名则依次为香港、深圳、上海、北京、台北、广州、青岛、天津、苏州、高雄、杭州、澳门、大连、无锡、佛山、厦门、沈阳、宁波、东莞和长沙。

从总体来看,东南高西北低的格局未变,珠三角、长三角、环渤海和台湾四大区域分享中国城市竞争力前十名城市,城市群中心城市是中国城市军团的中坚力量,长三角城市群、珠三角城市群已经成为区域发展的引擎,而环渤海地区城市提升速度最快;江苏成为城市发展水平最高的内地省份,而内蒙古则成为增长最快的省份。

在硬件竞争力方面,上海表现突出,人才竞争力、资本竞争力、金融控制力、科技创新能力、基础设施竞争力等方面都位居全国前列,其中科技创新能力、基础设施竞争力、经济区位优势高居全国第一。

而软件竞争力方面,香港表现出强大的优势,在城市制度竞争力、城市政府管理竞争力、城市开放竞争力等方面高居榜首。在软实力打造方面,内地城市与香港还有着一定的差距。

倪鹏飞认为,对于大国来说,无论是世界级城市还是金融中心,都应当不止一个。对于上海来说,应当借鉴东京的经验,依托整个国家的经济发展和本土跨国企业的成长,将自己打造成为世界经济中心。而对于香港,则应借鉴伦敦模式,即自身的发展并不依赖国家的发展,而是依托自己的国际区位优势,服务世界。

(3) 金字塔形城市体系初成

倪鹏飞表示,课题组还给城市竞争力下了个最新的定义——它表现一个城市同其他城市相比较,利用环境和吸引转换要素,提供产品和服务、占领市场,又好又快、可持续地创造财富,为居民提供福利的能力。他还透露,在竞争力的测度方面,课题组研究出了新的指标——地均GDP,并且开发了一个新的模型。

《2009年中国城市竞争力蓝皮书》显示,目前中国已初步形成金字塔形城市体系:中国已形成以50强为核心,50—150名为中坚,150—294名为基础的高中低相称的城市体系;中国已形成了以特大城市为先导,大中城市为主体的城市体系。

《蓝皮书》显示,东南地区城市综合竞争力遥遥领先,发展速度都较快,对全国其他地区城市的发展起了绝佳的示范效应,但省与省之间、各省内部的城市之间差异较大。环渤海地区则表现为中心城市突出,增长势头强劲,但经济效率差强人意。东北地区城市竞争力总体处于全国中等水平,与东南、环渤海地区相比差距较大,但城市间差距较小,经济规模辽宁一枝独秀。中部地区各省间发展相对均衡,但总体较为落后,综合增长竞争力在内地最低,产业层次在全国也处于比较低的位置,但省会城市的经济规模在全国较强。西南地区发展的空间较大,但与发达地区还有着明显差距,虽然城市整体发展步入快车道,但大部分城市仍处于前工业化阶段,水平有待提升。西北地区的发展在全国处于中等偏下的水平,内部差异较大,该地区对于资源的依赖性强,发展成本较高。

(4) 2030年城市化率将达65%

在分析现状的同时,报告还就中国未来城市发展做出了战略目标,即在2030年形成多层次、开放型的城市体系。

预计到2030年,中国的城市化率将达到65%以上,城市人口达10亿人左右,城市数量1 000个左右。将形成世界顶级城市1个,世界城市3—5个,国际化城市15个左右,国家级城市30—50个,以及一大批区域和地区型城市;中国城市群人口将达到8亿人左右,形成1个世界级城市群,2个国际级城市群,7个国家级城市群,若干个区域性的中小城市群。

国家统计局总经济师姚景源表示,现在我国的城市化率是44.9%,与发达国家相比尚有很大差距,往后再看30年,中国经济增长最重要的载体就是城市化。国务院发展研究中心研究员李善同表示,从金融危机以后,大家把新经济增长点的目光,都集中到了城市化上。城市发展不一定看重城市的规模,更重要的是要提高城市的功能。

报告还建议实施重点突破、大国支撑、成本领先、产业驱动、开放带动、梯度推进、集约增长、以民为本、科技创新、永续发展等十大战略,将提升城市竞争力作为国家区域政策的中心,制定面向2030年的城市体系发展规划、改善城市发展制度环境、完善行政管理体制、加强适应城市化变革的法治建设;各地则要从优化城市产业结构、优化城市空间布局、推动城市科技创新、开发城市人力资源、营造城市生态环境、建设"和谐城市"等方面努力。①

2. 世博系数指标

上海市迎世博第一次文明指数测评结果17日在此间公布,"78.95分"——借助世博会,上海清醒地看到了自己当前的文明水平和差距。

17日是中国2010年上海世界博览会(简称上海世博会)开幕倒计时500天。上海市市长、上海世博会组委会副主任委员韩正承认,经过6年多的积极筹办以及"迎世博600天行动计划"第一个100天的努力,上海办博工作进展顺利,但离市容市貌明显改观、各项窗口服务明显优化、城市管理明显改善、城市文明程度明显提高、市民文明素质和精神面貌明显提升的"五个明显"目标仍有很大差距,未来500天的办博冲刺任务艰巨。

据国家统计局上海调查总队副总队长刘稚南介绍,上海在全国城市中率先开展文明指数测评,是为了发现上海存在的各种问题,采取有针对性的改进措施,是上海世博会"城市,让生活更美好"主题的一次探索和实践。

在上海文明指数测评78.95分的总得分之下,还有三个分项测评:环境文明77.64分,秩序文明78.75分,服务文明80.69分。其中,环境文明、秩序文明涉及62条考察要求、1 047个考察地点、5 353个考察项目;服务文明共涉及41个窗口行业、2 715个窗口网点、820个居委会。

测评结果显示,上海全市19个区县在三类文明中存在18个较为突出的问题,包括:环境卫生问题突出;占道经营和跨门营业现象严重;生活垃圾清运不及时,溢漏现象时有发生;集贸市场管理亟待加强;建、构筑物等立面清洁问题尚需加大管理力度;公共场所乱涂写、乱张贴、乱晾晒、乱搭建等"四乱"现象急需遏止;机动车、非机动车乱停、乱放成为普遍现象;在小区绿地上搭建、悬挂、晾晒现象较为严

---

① 夏俊、尤莼洁、周楠、李强:《城市,中国跨向全球"中"——解读〈2009年中国城市竞争力蓝皮书〉》,《解放日报》2009年4月15日。

重;行人和非机动车闯红灯、违规带人、抢道现象较多;随地吐痰、乱扔垃圾、损坏公物现象依然存在;公共消防设施存在隐患;窗口行业从业人员态度不友好、服务不主动、语言不规范;对外来人员及老年顾客的服务存在歧视现象;行业缺乏完善的投诉处理流程,顾客投诉得不到及时处理;部分行业网点环境仍存在脏、乱、差状况等。

引人注目的是,上海文明指数测评对全市 19 个区县以及 41 个窗口行业进行了具体打分和排名,"追赶先进、鞭策后进"的导向性非常明显。

据介绍,从上海世博会开幕倒计时 500 天起,今后每隔 100 天,上海都要发布一次文明指数,直至世博会举行。

上海市文明指数测评工作由上海市精神文明建设委员会办公室、国家统计局上海调查总队和华夏社会发展研究院组成的课题组具体负责,第一次测评经过了近 4 个月的设计、采集和统计分析①。

3. 和谐社区指数

社区是否和谐,看"和谐社区指数"。日前,由市政治文明建设委员会办公室牵头制定研制的"和谐社区指数"在徐汇区康健、湖南、田林、徐家汇等社区测试成功。该指数将在全市各社区推行,成为各社区和谐度的体现。

和谐社区是构建和谐社会的基础。根据中央提出的目标和市领导将中央精神化为广大干部群众的生动实践、扎实做好构建和谐社会各项工作的要求,去年 4 月,市政治文明办牵头,联合徐汇区政府,组织有关专家和实际工作者,着手研制上海"和谐社区指数"。

"和谐社区指数"根据中央关于和谐社会六大特征的表述和上海社区实际具体设置,主要由"管理效率、安全保障、生活舒适、睦邻互助、组织协调、社会活力、社区归属"等七个方面指数加权汇总而成,具体由 21 项指标及其 70 余项观察或调查项目构成。如体现民主法治特征的有公共事务知晓率、居民投诉回应率、服务居民获益率等内容的测量;体现安全保障特征的有贫困对象扶助率、社区公共安全率、危旧房屋隐患率等。其他特征也都有相对应的指数、指标和项目内容。

"和谐社区指数"突出了社会客观性。与常见的工作考核体系不同,其内容不是业务部门指标的堆积,而是注重反映人民群众的需求和感受,注重对社区建设客观状况和事实的真实描述,注重解决群众普遍关心的问题。如体现"公共事务知晓率"指标的具体项目有:街道实事项目知晓率、街道政务知晓率、居民会议提案处理

---

① 吴宇:《上海迎世博测评文明指数:不到 80 分》,《新华日报》2008 年 12 月 18 日。

知晓率等;体现"居民投诉回应率"指标的具体项目有:投诉回应速度、重复投诉次数、投诉解决率等。此外,也建立了一些具有超前性、导向性的指标,如体现"社区活力"指标的"居民参与社区志愿者活动比率",体现"社会归属"指标的"社会发展信心度"等,以推动上海社区建设深入发展。

最近在徐汇区康健、湖南、田林、徐家汇街道20个居委会600户居民抽样测试显示,"和谐社区"总指数分值为88.81。在管理效率方面:公共事务知晓率和服务居民获益率较高,大多数居民都能了解有关社区政务信息,对居代会提案了解程度为74.7%,但对提案处理结果了解程度较低,为26.2%;在生活舒适方面:居民对小区环境尚满意,认为宠物粪便的处理成为影响小区卫生的重要因素;在生活质量方面,文化和旅游方面消费与家庭收入、教育程度成正比。

有关专家和实际工作者普遍给予该指数较高评价,认为测试结果能较准确反映所测社区的基本状况。湖南街道党工委书记石宝珍认为,这一"指数"将使社区工作者进一步确立"以人为本"的工作理念,突出为群众服务的工作重点,同时可以通过"指数"测试,及时调整和改进社区建设中的相关工作。

市政治文明办有关负责人介绍,"和谐社区指数"强调社会评估。主要通过专家学者以社会化方法征询社区群众意见来完成,注重居民对和谐的主观感受及对社区共同体的认同。指标不求多、不求全,而强调反映工作实效。

构建和谐社会要以和谐社区为基础,和谐社区就是让群众安居乐业、和睦相处、富有活力。通过一定的指数来反映居民的和谐感受与社区实际状况,这就是"和谐社区指数"的实质所在。它的产生,表明了"群众得实惠、管理出实效、基层出活力"在社区有了测量手段。这对当前上海推进和谐社会建设,无疑有积极的作用。

构建和谐社会,推进社区建设,最终是为了让广大社区居民得益。"和谐社区指数"是根据社区主体———居民生活感受和客观状况的调研结果提炼出来的,反映了百姓的心声,也体现了社区各项工作需要进一步改进的地方。各级领导干部和社区工作者可以以社区和谐指数为镜,根据发展需求和群众意愿,着力解决群众生活中的难题和困难,为群众提供更加便捷的公共服务,营造舒适的生活环境,我们的社区会更加和谐。这也是设立"和谐社区指数"的主旨所在。

建设和谐社区,离不开社区居民的共同努力。社区居民是和谐社区的建设者也是享受者,只有我们每一个人从自己做起,多一份谦让、多一份参与、多一份奉献,社区和谐指数才会不断走高,我们的生活质量也才会更好。

七方面指数加权汇总而成"和谐社区指数"①

指　　数	指　　标
管理效率指数	公共事务知晓率、居民投诉回应率、服务居民获益率
安全保障指数	贫困对象扶助率、社区公共安全率、危旧房屋隐患率
生活舒适指数	小区环境维护率、精神生活愉悦率、生活水平升降率
睦邻互助指数	小区邻里认知率、邻里个别交往率、邻里照应互助率
组织协调指数	党建活动凝聚率、行政管理协调率、社会公益参与率
社会活力指数	居民意愿表达率、个人参加团队率、居民自发活动率
社区归属指数	综合感受满意率、社区文化认同率、未来发展信心率

上海市文明社区、文明镇是由中共上海市委、上海市人民政府命名表彰先进的称号。文明社区的标准是:管理机制健全、社会秩序稳定、生活环境舒适、公共服务优质、人际关系和睦、道德风尚良好。文明镇的标准是:创建基础扎实、经济健康发展、公共管理规范、社会服务完善、社会风尚良好。

两年以来,各申创单位按照上海市精神文明创建2011版标准的要求,积极开展创建活动,现已申报上述先进称号。市级主管部门已根据标准开展了考评,形成了候选名单②。

三、政治建设教育

1. 一个公开又隐秘的群体

密集约访不仅在十七大前,过去5年,每次中央全会召开前后,"中央党校教授"都是媒体采访重点,甚至包括新华社——十六届六中全会前,新华社发表了一系列"吹风"稿件,"中央党校教授"成为有关话题的权威阐述者。

媒体的热情来自一贯经验:由于教授们经常和高级官员接触,高层的很多重要讲话都在中央党校发表,因此中央党校教授对趋势往往有更准确的理解。

真正吸引媒体的,是中央党校作为执政党理论智库的地位——这意味着接受采访的教授,或许就为他感兴趣的中央决策提供过智力支持。所以,中新社最近的一篇文章说,"被视为对十七大报告定调的'6·25讲话'就是出自这个充满传奇色彩的大院。"

事实上,"充满传奇色彩的大院"不仅是中央党校。中国社会科学院2006年的

---

① 洪梅芬:"'和谐社区指数'将全市推行",《解放日报》2006年2月24日。
② 《2010—2011年度上海市文明社区评选公示》,(文新传媒,来源东方网) http://www.news365.com.cn/xwzx/gd/201204/t20120405_343963.html。

总结要点就包括要做中央"思想库和智囊团"的目标,以过往的惯例看,该机构有专家参与了各方瞩目的十七大报告的起草。

国务院发展研究中心,这一以经济研究著称的国务院直属机构的众多专家,参与《政府工作报告》的起草和调研。

而在国家行政学院学习的副省长们则刚刚结束了一个以"社会保障"为主题的专题研究班,该院教授说,相关建议会以咨询报告的形式上报给国务院——这是国家行政学院为高层提供的咨询渠道之一。

同样不能忽视的是国家发改委宏观经济研究院,近年中央做出重大决策前,该机构都是与经济有关的调研课题的重要承担者,该院也参与每个"五年计划(规划)"的起草。

中央党校、国家行政学院、国务院发展研究中心……它们有一个共同的名字,即官方智库(或官方智囊机构)。改革开放二十多年来,中国高层智库体系日益发育,其数量已不下十个。

这是一个既公开又隐秘的群体:公开是因为这些机构早为人熟知,隐秘则是因为他们作为智囊机构如何为高层提供决策服务,公众却知之甚少。

一个普遍关心的问题是,智囊机构如何为高层决策提供参考?

因为定位不同,各机构参与的方式也有不同,从宏观层面说,这些机构的影响经常体现在中共党代会报告、中央全会相关决议、"五年计划(规划)"和《政府工作报告》的形成中。

上述文件往往是某段时间的纲领性文件,而智囊机构人员参与其中,并让自己的观点为报告所吸收,也成为其影响决策的最佳手段。中央党校、中国社科院、国务院发展研究中心和国家发改委宏观经济研究院等经常成为主要参与机构。

"中共十二大以后逐步形成一种惯例,历届党代会和要做出重要决策的中央全会,中央除召开常规座谈会听取各方面意见外,还要委托中办、中央政策研究室、中央财经小组等单位拟定一些重大研究题目,布置给全国比较有代表性的研究机构。"国家发改委宏观经济研究院原院长白和金对南方周末记者说,"之前一年,一些权威机构就会给我们分配任务。"至于渠道,"如果是上面布置下来的研究,当时就会说清楚如何上报。"

"十四大前,我们就领了一个任务,做关于社会主义市场经济基本框架的研究。"当时各方对"要不要搞市场经济,怎么搞市场经济"意见纷繁。

宏观经济研究院提出了社会主义市场经济体制的一些基本特征,比如"公有制为主体"、"充分发挥市场的优化配置作用和国家的宏观调控相结合"等,"这些提法对以后的一系列政策都有影响"。

而中央党校则经常参与党代会报告中相关理论部分的起草,原中共中央党校副校长龚育之撰文说,郑必坚(原中央党校常务副校长)相继参加了十五大报告(负责"邓小平理论的历史地位和指导意义")、十六大报告(负责前面总论部分)的起草,又参加了这期间各次中央全会的理论性纲领性决议的起草。

中国社会科学院亦是参与党代会报告起草的传统机构,例如中国社科院经济研究所研究员张卓元曾连续参与了几届党代会报告的起草工作,他也是十六大报告起草小组经济组的成员之一。

国务院发展研究中心原副主任陈清泰则是十四届三中全会、十五届四中全会、十六届二中全会、三中全会决定起草人之一,相对而言,这些决定都是关于经济问题的文件。

参与国民经济和社会发展"五年规划"("十一五"之前称"五年计划")也是上述智囊机构发挥影响的重要方式,"每一个五年计划的制定,我们都要做大量研究工作。"白和金说。白和金是国家"十一五"规划专家委员会成员。

智囊机构影响决策的另外一个直接途径则是成为政治局集体学习的讲课者,这或许是影响高层最直接的手段,"虽然前面的讲稿为集体智慧,但后面专家回答问题时可以讲述个人的观点。"有学者如是说。

2. 汇总高官意见的平台

引人注意的是,在核心官方智囊机构中,中央党校和国家行政学院因其学员都为高级官员,发挥了与其他智囊机构不同的作用。

两个机构还有就重大问题进行研究和交流的省部级官员专题研讨班。国家行政学院政治学教研部副主任王伟透露,国务院一个重大政策出台前夕,往往会先在国家行政学院办一个省部级专题研讨班。

第一次开办省部级干部专题研讨班是在1998年3月底。根据当时国务院领导的指示,主题为推进政府机构改革。"研讨班有一百人左右,各部至少有一个主管副部长,部分省的常务副省长、副省长,重庆市则是由担任市编委主任的副书记、市人大常委会主任参加。在研讨班上,中编办负责人介绍国家机构调整方案,人事部负责人讲人员分流的解决方案等。"

这些专题研讨班一般都紧扣当时的决策热点,比如1998年的题目是"金融改革与监管",2000年是"实施西部大开发战略"。"今年举行的两次研讨的题目分别是'社会管理'和'社会保障'"。

中央党校省部级官员专题研究班也有类似作用,不过研讨的话题往往更具理论色彩,带有"党口"的鲜明特色。

相对中央党校和国家行政学院,中央各部委研究机构的政策研究则更为具体。以国家发改委宏观经济研究院为例,每年大约要做三四百个课题。"一类为纵向课题,主要是上面布置的任务,每年大约有六十多个,量不大,但是规模很大。"白和金说。

另一类为横向课题,主要是中央各部委委托的课题,包括一些省市政府,甚至县政府也会委托他们,每年至少有二百多个,这一部分,委托单位要负担相应经费。

还有一种是应急性研究课题,一般在突发事件之后布置下来,往往要求短时间内拿出报告,有时甚至要求在一星期内拿出方案。

事实上,除去各种公开渠道外,智囊机构影响高层决策还有一种方式,即各种"内参",公开资料显示,这些内参一般可报送中办和国办。

中央党校教授周天勇曾在一篇名为《中央党校在党和国家政治生活中的地位和作用》的文章中提到,该校"有直接送中央有关领导的《思想理论内参》,也有内部发行的《理论动态》"。其中,《理论动态》曾发表《实践是检验真理的唯一标准》一文,该文章后来引发著名的真理标准问题大讨论。

中国社会科学院网站上的资料显示,该机构有名为《中国社会科学院要报》(信息专报)的内参,信息专报主要刊登社科界对重大问题进行调查研究、分析论证、对策建议的稿件,不定期出版,每期发表一篇稿件,4 000字左右。

社科院办公厅有关负责人曾表示,该机构"几乎每天都要向中办和国办报送材料"。中国社科院的数据说,这种增长态势自2003年以来表现尤为明显,2004年该院报送的信息材料达到四百多篇,是前一年的一倍。

国家行政学院有自己的内参名为《咨询与研究》。"我们的院长、国务院秘书长华建敏在学院开学典礼上特别讲道:'这个内参每期我都认真地看。'他看了之后还会有选择地转送给国务院有关领导,或批示给有关部门看。比如有关事业体制改革的内参,他就批给了人事部和中编办。"王伟说。

这些智囊机构的专家如果想让自己的建议能更快速的被接受,还要用更简洁易懂的形式来表达。"你要让相关部门很快明白你的意思。"国家行政学院政治学教研部主任刘峰说,"自己感觉很好,但上面根本不知道你说什么,中间环节就给刷下来了。"

另一个无法忽视的渠道则是智囊机构学者对相关官员的私人影响,这被称为"纳谏"。复旦大学教授孙哲于2004年发表在《复旦学报》上的一篇文章曾列举了智囊机构学者在外交领域施展私人影响的情况:"'纳谏'行为一般有三种基本形式,一部分体现在一些重要外交智囊撰写的内参告上,此类报告通常直接交给某些重要领导人或其秘书;一部分体现在思想库人员与领导私下接触的谈话、专题汇报中的外交设想中;一部分则是学者在研讨会发言或某些活动之后因发表某类看法受到领导重视,奉命完成的更为详细的专题报告。"

3. 新智库建设

"新智库目标"不是一个横空出世、标新立异的主观概念,它是时代发展和社会分工的必然产物。新智库建设本身,首先是对以往社会科学发展思路的有效继承和积极扬弃。

促进基础理论和应用学科的交叉融合,是新智库建设的重要手段。西方社会不会为我们提供现成的根本性思路,对此进行解答是新智库必然的社会责任。

在积极有效的国际学术交流中参与全球性课题研究,是新智库建设的重要抓手,同时,我们也获得了更多向世界说明中国的机会,而这正是新智库的历史使命。

上海社会科学院早就有强调基础、重视调研、关注社会、积极建言献策的传统,以及"思想库"和"智囊团"的美誉,这说明以往的理论建树和发展包含着社会科学工作者的杰出贡献。如在经济学领域,陈敏之在1980年就已经提出"住宅是商品"的观点,为后来房地产市场的兴起和福利分房制度的改革作了最初的理论准备。今后,就是房地产市场发生什么波动,我们也应该在坚持"住宅是商品"观点的前提下继续探索,毕竟单纯的福利分房的老路是走不通的。再如上世纪90年代初,经济学家姚锡棠等人就浦东开发的战略方针提出了富有创造性的建议:浦东应建设成为既有金融贸易中心,又有先进制造业的多功能综合经济中心;在尽量发挥外滩作用的同时,要下决心把中央商务区特别是金融中心放在浦东的陆家嘴;浦东开发的重要目标之一,是带动长江流域特别是长三角的发展。浦东和长三角的发展,印证了姚锡棠等人的战略判断。而在这个基础之上,面临新一轮发展的浦东新区和进入新智库建设的上海社会科学院结成了战略合作关系,正在共同推进关于浦东改革"先行先试"的战略研究。

其次,促进基础理论和应用学科的交叉融合,是新智库建设的重要手段。如果没有基础理论的支撑,应用研究的发展将陷于无米之炊的境地,而加强应用研究,会使理论研究具有更扎实的现实基础。例如,如何有效破解我们当前面临的老龄化社会问题,就是一个需要基础理论和应用学科交叉融合的时代课题。老龄化社会的到来,对于一个城市和一个国家而言,往往具有双重意义。一方面,它意味着基本人口的生命周期延长,其出现的必要条件是长期的和平、政局的稳定、疾病的控制、经济的发展等要素的支持。1949年,上海人的平均寿命只有30岁,而今天已经达到了80岁,其中的差距不就是社会进步的一个鲜明标杆吗?另一方面,老龄化社会的到来对于发展中国家及其经济中心城市来说,是一项长期的挑战。这种挑战的实质是随着社会生活质量的提高,必然要求公共财政以更大的投入来支撑专门意义上的老龄事业。这给政府决策和社会治理带来了新的情况,即如果大量具有创造财富能力的年轻劳动力逐渐消退,"未富先老"的格局对于医疗体系、社会心理、文化安排、救助制度等相关领域的发展会提出怎样严峻的挑战?这就必须在理论正确指导的前提下作出富有针对性的应用研究。而类似课题的逐渐解决,对于构建和谐社会将是个极大的促进。西方社会不会为我们提供现成的根本性思路,对此进行解答是新智库必然的社会责任。

再次,在积极有效的国际学术交流中参与全球性课题研究,是新智库建设的重要抓手。今后的中国,是个更加开放的中国。2008年北京奥运会的成功,使国际社会和我们都相信,开放的中国将拥有充分的发展资源。但是,开放条件下的发展,会直接面临全球化背景下的必然挑战。如世界范围内的石油价格波动对发展中经济的冲击、新一轮的国际粮食危机、全球气候环境的继续恶化与国际交涉、国际货币体系中的人民币升值、国家间贫富差距的继续拉大以及不同文明之间的共处与交流等全球性问题,既是对中国发展的直接挑战,也是世界需要中国的重要理由。国际社会十分需要也正在渴望聆听中国的声音、中国的见解,当然,这是理性的声音、智慧的见解。目前,经过改革开放30多年对外学术交流的积累,包括上海社会科学院在内的社科界,已经拥有了一批能够从事国际学术合作研究和直面全球性课题的人才。他们的研究成果,初步展示了中国学者的思维能力和中国社会的新兴活力。而新智库建设以此为重要抓手,不仅能够在学术发展方面及时地获得国际智力资源的支持,而且在提供相关决策咨询思路时,能够拥有更加全面的国际视野。同时,在积极有效的国际学术交流中,我们也获得了更多向世界说明中国的机会,而这正是新智库的历史使命①。

第四节　社会领域调查

一、中国社会结构调查

1.《当代中国社会阶层研究报告》

阶级与阶层研究是中国社会学研究的一个热点问题。1988年由中国社会科学院社会学所组织北京、上海、辽宁、河北、山东、贵州的社会学者组成《中国社会阶级阶层研究》课题组,在这六个省市的城市和农村进行了有关社会分层与流动的抽样调查。调查从六个省市抽取了4 658户城镇居民和4 723户农村居民进行了问卷调查。问卷内容包括职业结构、职业声望、代内流动及代际流动等等。这是中国社会学恢复后进行的首次社会分层与流动调查,可惜的是由于后来的政治形势和课题组内部的分歧,这一调查善始而未能善终,除部分研究者利用这一数据写作了一些论文外,对调查

---

① 汪荣华:《积极推进社会主义新智库建设》,来源《文汇报》2008年9月4日。

结果的全面报告始终未能公之于世，调查得到的数据也未能充分利用。

1999年由陆学艺先生主持的中国社会科学院社会学所《中国社会阶层结构变迁课题组》开始对社会分层与流动问题进行大规模的专题调查。研究分为两个阶段进行。第一阶段，作为前导性研究，课题组首先在广东省深圳市、安徽省合肥市、湖北省汉川市、贵州省镇宁县、江苏省无锡市、江苏省吴江市七都镇、辽宁省海城市、福建省福清市、北京燕山石化总厂、吉林长春第一汽车制造厂、天津南开大学等调查点进行了11 000份的问卷调查和约一千人的访谈调查；在此基础上，第二阶段，2001年开始，进行全国范围的抽样调查。调查采用多阶段复合抽样的方法，从全国3 300个市县级抽样单位中抽取了73个市（县、区）的408个居委会和村委会，并从中抽取了6 240名16—70周岁的常住居民进行问卷调查。问卷的内容包括了收入、教育、职业经历、职业声望、阶层认同等方面的问题。关于社会结构变迁的研究，是一项重大的课题，也是一项最基本的国情研究，是党和政府进行经济、社会发展重大决策的依据。这项研究要运用科学的方法，进行全国性大规模的社会调查，写出全面、系统、深刻、真实的研究成果，是很大的难题，确非某一学者、某一单位的力量所能独立完成的。国际上一些发达国家有专门的机构、专门的人员和专门的经费进行此项研究，一般是每隔五年或十年进行一次。例如日本是每隔十年全国调查一次，被称做"关于社会阶层和社会移动的全国调查"，出版的研究成果称为《日本的阶层结构》。这样的全国调查，日本是从1955年开始的，已经进行了5次，每次都有新的改进，其理论框架逐步成熟，研究内容逐步深入，研究方法逐渐完善。所以，这项调查的基本数据和研究结论，在社会上有权威性。

不同的社会发展阶段，有不同的社会阶层结构。工业化、现代化社会的社会阶层结构和传统的农业社会的社会阶层结构是完全不一样的，虽然前者是由后者逐步演变而来。所以，我们判断一个社会的发展阶段，不仅可以从这个社会的经济发展水平、产业结构来判断，也可以从这个社会的社会阶层结构来判断。从某种意义来说，从社会阶层结构的特征去判断这个社会的发展阶段，可以更可靠、更确定。

中国目前正在由传统的农业社会向工业化、现代化社会转变，正在由计划经济体制向社会主义市场经济转变。1978年以来，随着改革开放的实施，经济体制改革不断深化，原来的工人阶级、农民阶级、知识分子阶层分化了，产生了诸如经理阶层、私营企业主阶层和农民工群体等新的社会阶层，各个社会阶层之间的政治、经济关系也发生了并且还在继续发生着各种各样的变化。正确认识当前中国社会阶层结构的变化，可以拓宽和加深对目前中国正处于社会主义初级阶段的认识，有利于制定正确的经济社会发展政策[①]。

[①] 陆学艺：《当代中国社会阶层研究报告》，社会科学文献出版社2002年版，第3页。

该报告是"当代中国社会结构变迁研究"课题组在广泛调查研究的基础上写出的第一份研究报告,扼要概括了现阶段中国社会阶层结构与特征,初步分析了其中存在的问题及其成因,并根据培育合理的现代化社会阶层结构的基本要求,提出了一些解决问题的思路与对策。

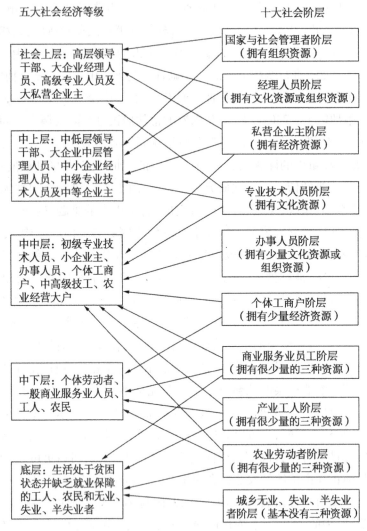

当代中国社会阶层结构图①

2. 百县市经济社会调查

为把握变迁中的中国国情,中国社会科学院提出对于中国国情进行大规模调查的计划,这就是"百县市经济社会调查"。调查由中国社会科学院社会学所组织

---

① 陆学艺主编:《当代中国社会阶层研究报告》,社会科学文献出版社2002年版,第9页。

实施,自1988年开始至1999年结束,共对中国31个省市自治区的119个县市进行了全面的综合调查。这一项目主要希望了解1949年以来、特别是改革开放以来各地政治、社会、经济、文化变迁的情况,要求每个调查点通过调查写出本地的调查报告,最终形成一百卷的《国情调查丛书》。调查历时11年,分四批完成。最初研究方法以典型调查和文献研究为主,问卷调查只是作为补充,由各调查点自行决定是否进行。自1990年第二批调查点开始,考虑到这样大规模的国情研究应有可供跨地区比较的定量的数据支持,开始使用统一的问卷进行抽样调查。作为国情调查重要组成部分的问卷调查,其内容涉及了较为广泛的领域,主要包括婚姻与家庭、人口与生育、就业与流动、居民收入与生活消费、社会关系与政治参与等诸多方面。其指标设计既有描述调查户人口、职业、收入、生活等方面的客观指标,也有反映被访人生活满意度、职业期望等方面的主观指标。调查采取概率比例抽样(PPS)和系统抽样相结合的多阶段分层抽样,每个调查点随机抽取300至500样本。由于统一的问卷调查从第二批点才开始,又由于各地参与调查研究人员的水平参差不齐,有些点的调查问题较多,未能完成调查,最后有82个县市成功地完成了问卷调查,约占全部调查点的70%。在这一调查中,除了努力使调查规范化外,建立一套适用于中国国情的有效的社会地位测量指标体系也是我们的目标之一。这一指标体系使用包括了户籍、工作地点、行业、职业、单位所有制、单位级别、单位内权力、就业形态等在内的一组指标来确定个人确切的社会位置。在历时11年百县市国情调查中,我们不断修改完善这一指标体系,努力使之更加切合中国的实际。

3.《当代中国社会分析》丛书

当代中国正在进行着一场前无古人的伟大事业,其复杂性和艰巨性远非世界上任何国家所能比拟。面对如此光荣而艰巨的历史使命,中国人民在中国共产党的领导下,正在运用马克思主义的科学理论,认识和分析中国的国情,努力探索和开创着一条中国特色的社会主义道路。

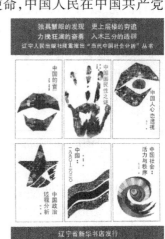

近一个世纪以来,中国的无数志士仁人为了祖国的富强、民族的崛起而上下求索、浴血奋战,而今,我们这一代跨世纪的中国人应该怎样奋斗呢?

求索中国社会的发展道路,《当代中国社会分析》丛书正是带着这样的希望、这样的思索向你走来。它将深深地植根于今日之中国,四顾寻觅他山之石,回首反思文化传统,举头眺望人类未来。

本书作者约请国内专家学者在深入调查研究的

基础上,策划写作一套系统研究和分析当代中国社会现实的综合性丛书。我们希望从政治、经济、社会、文化、心理等各个层面对当代中国的国情民意、改革态势、发展前景进行科学系统的分析和研究,力求观点新颖,方法科学,材料详尽,语言生动,融学术性、思想性、实证性和可读性为一体。它将为中国人了解自己所生活的社会提供参考,为国外朋友认识中国了解中国打开一扇窗户。然而,由于众所周知的原因,本书作者从1989年策划写作到该套丛书出版,只有其中一册《中国:1990—2020》得以问世①。

4. 中国综合社会调查(CGSS)

自2003年开始,由香港科技大学调查研究中心和中国人民大学社会学系共同主持的中国综合社会调查项目启动。香港科技大学方面由边燕杰教授担任主持人,中国人民大学方面由李路路教授担任主持人。2003年度是第一期调查。此次调查只包括城镇,共涉及了125个县级单位,559个居委会,5 900名被访者,收回有效数据5 894条。该年度的调查除了被访者个人和家庭基本情况以外,学术研究主题包括社会分层、社会流动和社会网络,具体包括以下几个方面:

(1) 住户成员部分:该部分收集被访者所在户的基本情况的数据,包括所有居住在该户中的家庭成员和其他居住在该户中的人,访问的内容主要涉及被调查居民户中每一位住户成员的年龄、性别、户口性质、职业身份、就业状况、民族等。

(2) 个人基本情况:该部分了解被确定被访者本人的一些情况,包括他/她的婚姻状况、受教育程度、职业类型、工作单位和个人收入等。

(3) 户口变动:该部分了解被访者及其家庭主要成员的户口迁移情况,包括同一区域内和异地迁移情况。

(4) 家庭情况:该部分主要了解被访者家庭的基本情况,包括父母和配偶的受教育情况、政治面目、职业类型、工作单位、住房、家庭收入和家庭生活等方面。

(5) 社会交往:该部分主要了解被访者的社会关系网络。

(6) 教育经历:该部分集中了解被访者接受教育的情况和经历,包括正规教育和在职培训两个方面。

(7) 职业经历:该部分主要了解被访者本人从第一个工作开始至今的职业经历。

(8) 目前职业:该部分了解被访者本人目前职业的状况,特别是获得目前职业的方式。

(9) 评价与认同:该部分了解被访者对于社会上其他人或群体的看法。

(10) 态度和行为:该部分通过一些社会上收到关注的或热点的问题,了解被

---

① 杨帆:《中国:1990—2020》,(《当代中国社会分析》丛书之一)辽宁人民出版社1991年第一版。

访者本人的看法。

CGSS 2005 是第一次同时覆盖城市和农村的 CGSS 调查,除了一份针对普通居民的问卷以外,还有一份在进行调查的农村地区的所有村庄的村长的调查问卷。问卷的主要模块有:

(1) 住户成员情况。
(2) 个人基本情况。
(3) 家庭情况。
(4) 心理健康。
(5) 经济态度与行为评价。
(6) 社区生活与治理。
(7) 农村治理①。

"中国综合社会调查"项目的第一期除了调查本身以外,还取得了以下一些重大收获:

第一,对在当前中国社会如何执行大型社会调查进行了积极的探索。例如,如何组织调查队伍,如何进行有效的质量监控,如何在实地调查中调动和利用政府资源,如何有效的提高应答率等,都进行了种种尝试并提出了有效的解决方法。

第二,对于社会调查研究方法中的一些基本问题进行了深入的研究。例如,如何在中国当前复杂又多变的城乡环境中进行抽样,如何在调查中有效地控制由于各方面原因所导致的误差,如何测量职业、行业这样的重要的、包含丰富信息量的、但又结构性不强无法用常规的方法进行观测的特征变量等问题,进行了大量的研究,获得了经验性的研究数据,提出了具有创新性的方法。

第三,形成了一整套科学的、切实可行的组织实施大型社会调查项目的标准操作流程和规章制度,初步建成了一个覆盖全国范围的高效而可靠的社会调查网络。

第四,通过 CGSS 数据向全社会的发布,推动了中国社会调查开放数据库(Chinese Social Survey Open Database,简称 CSSOD)的成立,在国内社会科学界不仅率先提出了调查数据全面开放的倡议,而且几乎是唯一的实践者。社会调查数据的共享对于社会科学学科的发展具有极其重要的意义。

第五,通过 CGSS 项目的实施,中国被接纳为国际社会调查协作项目(International Social Survey Programme,简称 ISSP)的成员,使得 CGSS 形成了一个进行广泛的国际交流与合作的平台②。

---

① 中国综合社会调查网,http://www.chinagss.org/announcement.php。
② 《中国综合社会调查》,http://baike.baidu.com/view/7832119.htm。

类似的调查还包括中国社会科学院社会学所中国社会形势分析与预测（社会蓝皮书）课题组历年所做的调查。从1998年开始，社会蓝皮书几乎每年进行有关社会心态、社会结构的调查。这些调查每年由不同的单位进行，调查的内容也没有很强的连续性。2006年，社会学所试图将这一研究发展为一项全国社会状况综合调查，问卷的内容包括家庭情况、个人工作情况、对各类社会问题的评价、社会态度等方面的问题。调查采用分层多段抽样，完成调查的有效样本为7 061个。社会综合调查中也存在与社会分层与流动调查类似的问题，即研究的交流不足，数据共享的水平较低。国际上类似的大规模综合调查通常伴随了社会学科内及跨学科的通力合作，这种合作提高了问卷调查的水平，相互间的交流与数据的共享又避免了因重复调查带来的资源浪费。在不同研究机构间展开合作与分工，整合现有资源使资源得到最充分的利用，进一步提高综合社会调查的水平，这已经是中国社会学界迫在眉睫的工作了[①]。

《社会调查实践：中国经验及分析》序

边燕杰[②]

经过两年半的努力，《社会调查实践：中国经验与分析》与读者见面了。这是继《华人社会调查研究：方法与发现》之后，香港科技大学同中国人民大学、中山大学合作，推出的第二本关于调查研究方法的著作。这本书由诸多调查片断入手，总结、条理和探讨了中国社会学者从事抽样调查的实践经验与问题，在问卷设计、调查实施和资料整理三个方面，借用《中国综合社会调查》（2003年城市部分），对影响调查质量的诸因素提出了一些原创性的分析，为社会调查方法的研究和教学增添了一份丰实的文献。

香港科技大学调查研究中心于1999年6月成立伊始，就确立了推动和实施《中国综合社会调查》项目的目标，并以此参加"社会调查国际协作计划"（ISSP）。中国尚未参加这一国际协作计划。在2003年之前，虽有地区性和全国性的大型调查研究，但作为长期性的、每年一次的"综合社会调查"仍然缺位。开展综合社会调查，并持续进行下去，不但需要大量的资金投入和调查人员，组织实施的具体准备，还必须

---

① http://www.chinagss.org/announcement.php.

② 边燕杰，男，西安交通大学人文社会科学学院院长，西安交通大学实证社会科学研究所所长，社会学系教授，博士生导师。美国明尼苏达大学社会学终身教授。南开大学哲学学士、法学硕士，美国纽约州立大学社会学博士，美国杜克大学社会学和亚洲研究博士后。曾任美国明尼苏达大学社会学系助理教授、副教授，香港科技大学社会科学部副教授、教授、讲座教授、部主任、调查研究中心主任、人文社会科学学院副院长。曾任北美华裔社会学家协会主席、美国社会学学会亚洲分会主席。

对调查研究方法和相关的中国现状,有一个明确而系统的认识。基于此,我们于2002年2月22—25日在珠海召开了关于"中国社会调查实践"的学术研讨会(以下简称"珠海会议"),集中讨论了抽样、问卷、实施等三个调查环节的中国实践经验。

……

本书各章从不同层面诠释中国社会调查的本土实践经验,既有社会学调查研究方法的全观性介绍和归纳,又有通过量化分析建立起来的新颖而独具原创性的观点和结论。希望该书为未来的调查实践,为探讨社会调查方法的研究者和学生,提供一个基于实践的学术语境,并以此推动关于中国社会调查的经验研究。①

二、城乡社区变迁调查

1. 费孝通小城镇研究

费孝通主持的小城镇调查起始于1982年。调查从江苏吴江开始,对苏南的小城镇展开调查,再向苏北、苏中的小城镇展开。整个调查从农村、集镇到县城,并触及中等城市和大城市,历时三四年,形成了十几个省市区的调查研究网络(韩明谟,1997)。这是一项综合性调查,涉及经济、政治、文化、体育、体制、规章制度等各方面,对城市社会,尤其是农村社会开展深入的调查研究,并就小城镇的发展状况,解决农村剩余劳动力、调整农村产业结构、小城镇发展的外部环境和内部因素、小城镇在城乡格局中的位置、小城镇与城乡关系以及城市化等问题发表了众多研究报告与论文,形成了小城镇建设的研究热潮。小城镇研究取得的成果,不仅为中国农村广大小城镇建设的健康发展提供了理论依据和具体建议,并且通过对各种类型、各种规模的城镇社区的系统,提出了许多解释社区发展的理论。

在小城镇研究中,"已有的研究基础"是通过实地调查奠定的,费孝通的研究也注重实地调查,力求在对小城镇的实际考察中形成与深化认识,从而提出"类别、层次、兴衰、布局、发展"的十字研究纲领。就小城镇研究发表的调查报告与论文集主要有:《小城镇大问题》(1984)、《论小城镇及其它》(1985)、《小城镇再认识》(1989)等。

费孝通谈小城镇研究

小城镇研究,是从农村研究的基础上提出来的。有人说我小城镇题目抓对了。其实,三十年代我在家乡调查时就提出了"人多地少、农工相辅"的看法。虽说那是四十多年前的事,但说明小城镇研究是有根的。那时想研究却

---

① 边燕杰、李路路、蔡禾主编:《社会调查实践:中国经验及分析》,牛津大学出版社2004年版。

又缺乏研究的条件,发展小城镇还没有成为客观的事实。现在经过了那么多年,明白了许多道理,我们从大量事实里看到了我国农业发展的趋势。中国要走出一条具有自己特点的社会主义道路,首先要使老百姓富起来。农村责任制成功了,接踵而来的自然是发展小城镇的问题,所以我说是时间到了。小城镇问题不是从天上掉下来的,也不是哪一个人想出来的,它是在客观实践的发展中提出来的。

1981年,我四访江村时,发现了农村建设中存在着许多值得研究的问题,特别是看到了农村的发展与小城镇建设的密切关系。所以,1982年就决定从农村升上一级,去调查研究作为农村政治、经济、文化中心的集镇。应该说这是客观现实要我们这么做,要我们去认识这些现象。

小城镇调查始终坚持了两条原则:一是实事求是,二是走群众路线。实事求是就是到现场去亲自观察,理论联系实际。走群众路线就是同各层次的实际工作者密切结合,和他们一起开展工作、讨论问题。从实事求是,走群众路线的原则出发,进入有计划有步骤的实地调查。我们第一步先了解江苏吴江县内各镇的基本情况,然后加以分类。分类的目的是在突出这些镇各自的特点,找出镇与镇之间的共性和个性。实际上做了定性分析的一部分。第二步是在分类的基础上进行分层,从高层次和低层次的关系上看镇与镇之间的内在联系。层次划分实际上规定了各镇"乡脚"的大小范围。第一步和第二步是横向的和纵向的分析,打破了以前在概念中兜圈子的习惯。第三步根据不同的类别和层次,定点、定人、定题。第四步进入实地调查,收集资料并进行分析综合。最后一步是请各方面的人员一起来听汇报交流,直到请专家"会诊",开创了理论工作者和实际工作者结合讨论问题的新局面。

我们在小城镇的调查中学到了不少东西,弄清了许多我们以前并不清楚的各种现象间的联系,因而使我们的理论研究不断走向深入。

……

小城镇研究的深入,需要我们花更大的气力。就拿"集"这一个字来说,抗战时,我在内地看到的"赶街",同现在苏北的大李集是不同的,前者是集,后者是集加镇。苏北所称的那些集镇,实际上还处在苏南的镇和云南的集中间。社会学研究所的张雨林同志,在苏北整整搞了半年工夫,就是想弄清楚这个"集"。其中很有些道理,现在的盐城天天"赶街",摊子正在逐步变成店铺,集也在逐步转化,在那块地方,集与镇的界线开始分不出来了。这里内容很丰富,值得我们去深究。

我们在分析一个个具体的镇的基础上,看到了一种现象,镇,如果不同政治相结合,它就可能衰落下去。但是,政治中心不一定是最好的经济中心。因为,经济中心是以自然条件与经济发展相结合而确定的,这是一个值得注意的课题。

一切事物都处在变化发展之中,对小城镇的研究,今后还会出现新的内容。"七五"规划将继续把这个研究深入下去,希望我们大家都做有心人。(费孝通著)①。

2.《黄河边的中国》

曹锦清,1949年生,浙江兰溪人,现任华东理工大学社会与公共管理学院教授、博导、社会发展研究所所长,中国著名社会学家、三农问题专家。1982年毕业于复旦大学哲学系,1986年在华东师范大学获硕士学位。曾任教于上海市城建学院,现为华东理工大学社会学院教授。著作《黄河边的中国》一书在当年引起学术界的热烈反响,成为观察研究中国农村社会的翔实的资料,荣获第五届"上海文学艺术奖"。

曹锦清

1996年曹锦清对河南进行考察,以日记的形式将"沿途所看、所听、所谈、所思、所虑"记录下来,写成了《黄河边的中国》。曹认为,观察转型过程中的中国社会,可以有两个不同的"视点"(或说"立场"),每一个"视点"可以有两个不同的"视角"。第一个"视点"的两个"视角"是"从外向内看"与"从上往下看";第二个"视点"的两个"视角"是"从内向外看"与"从下往上看"。何谓"外、内""上、下"?所谓"外",就是西方社会科学理论与范畴。"由外向内看",就是通过"译语"来考察中国社会的现代化过程;所谓"内",即中国自身的历史与现实尤其指依然活跃在人们头脑中的习惯观念与行为方式中的强大传统;所谓"上",是指中央,指传递、贯彻中央各项现代化政策的整个行政系统。"从上往下看",就是通过"官语"来考察中国社会的现代化过程;所谓"下",意指与公共领域相对应的社会领域,尤其是指广大的农民、农业与农村社会。所以,"从内向外看"与"从下往上看",就是站在社会生活本身看,在"官语"与"译语"指导下的中国社会,尤其是中国农村社会的实际变化过程。中原乡村社会是"向内、向下看"的理想场所。这不仅是因为中原乡村相对于"现代化"起步较早较快的沿海地带而言属于"内地"的范围,乡村社会相对于政府而言属于"下"的范围,更因为这片古老的黄土地是我们中华农耕文化得以发源、定形且连绵不断的基地。传统从来就是一种现实的力量,它即记录在历代典籍之中,并直接影响着各项制度的实际

---

① 《小城镇调查》中国经济网,2005《追忆费孝通》来源新华网 http://www.ce.cn/ztpd/xwzt/guonei/2005/zyfxt/zyll/200504/26/t20050426_3699678.shtml。

运作过程,不管这些制度是用什么样的现代名称。因而,在某种意义上,所谓"从内向外""从下往上"即从传统的角度去看现代化过程。这一视角的重要意义在于:中国现代化的目标、实现途径及速率,归根到底是受中国农民、农业与农村现代化的目标、途径与速度所制约的。对于乡村社会调查来说,第一个大问题是如何"入场",第二个大问题是如何保存"现场"。对于调查者来说,中国逐级划定的行政区划差不多是各级"诸侯封臣"的"封地",在大小"封疆"上,到处树立着一块无形的"闲人莫入"的告示。官吏的防范与村民的疑虑足以使陌生的调查者裹足难前。正式的"入场"方式只有一途,那就是通过官方的许可与支持,自上而下地逐级深入。这一"入场方式"的缺陷是,"入场"环节太多,应酬耗时太多,且官员陪同入场本身极易"破坏"现场,从而使调查失实。另一条非正式的"入场"途径:启用亲友关系网络。依据这条传统习惯所认可的途径,既可"入场",又能"保存现场"。

访谈式的田野调查,既不是单纯地按预先拟定好的理论框架去收集资料,也不是根据调查资料归纳出一般的结论。一切预设的理论框架差不多直接或间接地来源于"译语"。有了它很可能套裁"事实",从而歪曲真相;没有它,甚至无法发现"社会事实"。为了了解社会调查过程中必然遇到的这个"两难问题",所采取的方法是:暂时把预想的理论框架"悬置"起来。所谓"悬置",既非"抛弃",又非用以套裁社会事实,而是让一切可供借用、参考的理论、概念处于一种"待命"状态,调查者本人则时时处于一种"无知"与"好奇"状态,直观社会生活本身。"无知"是相对于"熟悉"而言的,而"熟悉"或"习以为常"恰恰是理解的最大敌人。只有"无知"、"陌生"而引起的"好奇",才能让开放的心灵去直接感受来自生活本身的声音,然后去寻找各种表达的概念。调查过程,其实是"理论"与"经验"两个层面往返交流、相互修正、补充的过程。只有通过这条艰辛之路,才能指望找到能够理解社会生活的真正理论。

曹教授在《黄河边的中国》一书中说:他并没有找到能够有效地理解农村社会并指明现代化出路的理论。他期待于这部"记实",只是替中原乡村社会保留一段信史,恰如摄制若干照片。在所看、所谈之中,夹杂着一些思考,这些思考远未形成理论,更多的是一些关切与忧虑。在中原大地沿路凡一切有墙的地方,差不多都写着诸如"大跨度,超常规,争一流","谁发财,谁光荣;谁贫穷,谁无用"之类的口号,一向"知足常乐"的村舍与村落也概无例外的卷入竞逐财富的攀比之中。各级政府官员都在制定雄心勃勃的追赶计划,然而,实际状况是日益庞大、逐渐凌驾社会之上的地方政府到处在与农民争食那块很难做大的老蛋糕,地方财政用于"吃饭"、"办公"尚且拮据,遑论"办事"。恰如陷入泥潭而高速运行的车轮,无法推动车身前进,徒耗能源而已。看来,单纯的超赶战略,已经走到了它的尽头。我们应该把注意的重心从"应该"如何转到"是怎样的"及"可能如何"方面来,并重新确立我们的"应该"——确定我们民族的主体意识与主体目标。这是一个关涉到我们民族前途与命运的大问题。的确,穷有穷病,富有富病,与穷病、富病相比,穷而急富之病更为可怕,因为此病可能使自我迷失,结果便是"邯郸学步"或"东施效颦"①。

3. 天津市民千户调查

天津市从1983年起由市政府出面,由天津社会科学院社会学所协助,每年在千户居民中进行一次户卷调查,迄今已连续进行了8年。这是政府决策科学化与社会学研究相结合的产物。从政府的角度说,它是政府试图运用社会学方法实行调查研究和决策科学化的一种尝试,从社会学角度说,它则形成了一种系列的追殊式调查。因此可以说千户居民户卷调查是中国社会学研究中一项具有开创性意义的工作。

(1) 由来与延续

1983年天津市人民政府办公厅参照中央农村政策研究室建立一套农村信息网络的做法,建立城市街道信息网,在全市36个街道办事处设立信息点,由市政府直接联系108个不同类型居民区的近千户居民,传递了许多信息。但是,经过一段时间实践,居民信息网也暴露了一些缺陷,比如说,它反映的下情一般比较零散,大多是居民自身的具体问题,其中绝大部分问题属于各有关部门和下级政府的职权范围。这类信息固然对市府了解下情,督促有关部门改进工作有一定好处,但是,对于宏观决策的参考价值并不太大。如何在现有网络的基础上,进一步增强其决策参考价值呢?市府办公厅在市社科院社会学研究所的直接参与下,决定改造原有信息网络,建立一套以居民户为基点的信息采集和处理系统,每年在1 000户居民中进行一次系统的调查。这就是千户居民户卷调查的由来。

第一次户卷调查成果能否为天津市政府最高决策者所肯定,关系到这一调查能否继续进行。当时天津市长李瑞环与专程来津参加户卷调查总结会的费孝通见了面。李瑞环说:"我看了户卷调查的报告,就是有一个问题不好理解,引滦入津工程的实现,千家万户喝上了甜水,可是为什么还有人对喝甜水不以为然呢?"(千户中认为引滦入津工程很好、较好的有974户)可是他接着又作了解释:"可能有的人认为,早应该解决这个问题,不再喝咸水,不值得表扬或者有人最迫切的不是喝甜水,而是住房问题。"首次户卷调查就这样被肯定了,调查成果中的一些建议,在市政府安排1984年工作中被采纳了。

第一次户卷调查能否得到社会学家的肯定呢?在天津市人民政府户卷调查总结会议上,请费孝通先生到会作了专题报告。费孝通指出:"天津开展的千户调查,是中国社会学发展道路上很重要的一步。这一步的意义在于社会学开始和行政管理结合起来了,开始用信息系统来了解、管理我们自己的社会了。""户卷调查已经

---

① 曹锦清著:《黄河边的中国》,"前言",上海文艺出版社2000年版,第1—4页。

有了一个良好开端,怎样推进和深入,还要看实践和明确目的。怎样使行政工作成为科学管理,这是第一步。在这里,科学知识就不脱离实际了,社会学同实际结合了,发挥了科学的作用,知识成了改变现实的力量。"《天津日报》记者整理发表了费孝通的长篇讲话,题为"迈开社会学研究的新的一步"。可见,户卷调查同时受到政府决策者和社会学界两个方面的肯定。

一次市政府办公会议上,李瑞环在谈到沟通下情、了解民意对于决策的重要时,举例提到了户卷调查。恰在这时,他被告知户卷调查明年不准备再搞了,他当即摇摇头说,这项调查对决策的参考价值很大,不但要继续搞下去,而且要总结经验,逐步形成制度。我们现在了解人民心愿的渠道不是太多,而是太少,已经开辟的渠道为什么又要关闭呢?

从此,户卷调查坚持进行下去,形成制度。

(2) 设计思想

天津市千户居民户卷调查,如前所述,既是政府机关工作的改革,又是社会学研究。

户卷调查是要通过了解城市居民对政府工作的评价、意见和要求,达到改进政府工作的目的。比如居民对某一项具体工作评价是"很好"、"较好"、"一般"、"较差"、"很差"五种中的一种。又如居民对政府今后抓好各项工作提出了不同的要求。这些只表明他们的态度,如果只根据他们的态度就确定我们的施政方针和政策还是不科学的。从社会学研究的角度看,要解决这一问题应当把态度调查和行为调查结合起来,把他们在想什么和他们在做什么联系起来,把态度测量和行为测量一致起来,才能去伪存真,得到真实可靠的资料依据,建立起科学的基础。因此,这次户卷调查的内容除去包括对市政府工作的"评价"、"意见"、"要求"等态度指标外,还包括城市居民的文化、职业、经济收入、年龄、住房、家务劳动等大量的背景材料和行为指标。通过态度指标去观察行为指标,通过行为指标去测量态度指标,这是比较可靠的。

(3) 实施办法

首先,抽取调查样本。天津市区有一百多万户家庭、四百多万人,要逐一调查每户家庭是很难的。所以,采取了抽样调查的方法,从样本的代表性和统计需要出发,以及调查要讲求实效、经济等原则,决定抽取一千户居民家庭作为调查对象,样本和总体的比例为1∶1 000。前5年的调查是追踪性调查,调查对象基本没有变更。从第6次开始,调查的样本遍布全市125个街道,是完全按照随机抽样的方法抽选的,户主的职业分类、男女比例、年龄分布和最近一次全市人口普查数据接近,具有更广泛的代表性。

其次,入户调查。在实施调查工作中,每次都首选择和培训好调查人员。参加入户调查的人员,都经过比较严格的挑选,要求具备对群众负责的精神、有一定文化知识、熟悉社会工作等条件。为保证调查的可靠性,每次调查问卷收回后,都组织力量认真进行复核,以免疏漏,影响调查结果的真实性。

第三,统计分析。经过编码登录,数据全部入电子计算机,用SPSS统计程序进行定量分析。处理数据时不仅采用频数统计,而且注重相关分析,把了解城市居民的态度指标和行为指标结合起来分析。

第四,搞好汇总。根据统计分析得出的数据和调查对象在开放题中以书面材料表达的意见,每次调查终结都写出调查报告,作为城市居民对市政府当年工作的评价和对下年度工作的建议、要求,上报给市领导和有关方面。

第五,开展回访活动。户卷调查工作结束后,市政府都要求各区、街召开被调查对象座谈会,进一步倾听群众的意见。

采取抽样调查法,并不是否认或排斥典型调查法,相反,进行抽样调查还需要与典型调查相结合,才能相得益彰。

(4) 对政府工作的作用

首先,有利于市政府进行正确的决策。

其次,有利于激发人民群众的社会主义热情。

再次,有利于机关干部队伍的建设。

此外,天津社会科学院社会学所的同志还在各种报刊上发表户卷调查的资料和文章多篇,对于宣传普及社会学知识,起了很好的作用[1]。

4. 浦东新区社会变迁追踪调查

浦东的开发开放是一项跨世纪的宏伟工程,为了实施"面向世界、面向二十一

世纪、面向现代化"和"振兴上海、开发浦东、服务全国"的战略任务,把浦东建设成为具有世界一流水平的外向型、多功能、现代化的新区,在开发起步阶段就需对浦东社会发展的现状及轨迹,对新区民众的观念及意向进行调查研究。1993年至今,复旦大学社会学系与浦东政府联合进行浦东社会变迁的纵贯调查研究。1993年为首次调查,每相隔5年进行一次大规模调查,每年进行一次专题调查,期望整个研究计划进行10—20年。

为了通过透视微观家庭来纵览宏观社会,通过个体的价值、意向和行为的变迁来衡量社会变迁的程度,同时通过了解民意来促进政府工作决策的民主化、科学化的进程,调查采用户卷抽样调查和个案深度调查相结合的方式,对新区的社会发展、社情民意进行一项纵贯研究。

---

[1] 王辉、潘允康、周路:《千户居民户卷调查八年》,天津社会科学院1991年版。

通过这样一项长期的研究,基本达到如下一些理论性与应用性的目标:①增进对新区社会、文化、政治状况的全面客观了解;②定期的纵观调查,可以把握和预测新区社会发展的趋势和方向;③协助政府探讨民众的实际状况及面临的问题,以供政府决策参考;④高校研究机构凭借逐年积累的信息资料,对有关重要指标进行深入分析,能推动教学和科研,深化我国的社会发展理论研究。

荣获国家"挑战杯"颁奖典礼上,后排中左为复旦大学党委书记程天权,中右为本书作者范伟达教授。

浦东社会变迁追踪调查部分报道

研究的总体为在新区具有正式户籍的16岁以上的家庭户居民与村民,采用分段类型系统抽样原则,抽取样本。本研究样本为1 000人/户,在新区518.26平方千米区域、140.67万人口中,根据自然行政区划和人口比例,同时兼顾产业形态及重点开发区的划分,按分段系统抽样法抽取1 000人/户①。

本书主编与复旦学子(研究生)合影(左起依次为:陈剑、范伟达、罗静、罗慧敏、林枫、付顺东)

在上海人民广播电台"市民与社会"直播室

---

① 摘编自《全球化与浦东社会变迁》,范伟达等主编,社会科学文献出版社2004年版。

浦东千户调查成果发布会　　　　　　　　浦东调查行程中

1993年首次调查完成容量为1 000份的样本,经过基本指标的统计,以性别、年龄、文化程度的人口资料来评估样本正误,表明该样本对浦东新区乃至上海市都具有一定的代表性。

1997—1998年,五年后第一次追踪调查,使用主要指标相同的问卷,使用同样的样本。由于原被访人/户搬迁、死亡、拒访等原因,此次调查追踪到了754人/户。

2002—2003年的第十年第二次追踪调查中,经过研究人员和调查人员的努力,追踪面访了1993年及1997年接受过调查的原被访对象483人/户。

2008年,我们进行了第十五年第三次的追踪调查,追踪到前三次接受过调查的原被访对象330人/户。

本研究每隔5年进行相应的专题调查,如上海市民的现代化素质调查、2000年二十一世纪调查、农民市民化调查等。2008年与解放日报调查中心合作专题进行了"改革开放30年来民生热点问题"的调查等。

经过对历经十五年四次追踪调查资料的对比,我们以民生问题的研究分析为例,得到如下几个方面的初步结论:

(1)市民生活改善与社会变迁进程休戚相关

浦东新区的每一次大的社会变迁都带来了新区市民的动迁和生活改善。1993年所访问的十个街道乡镇中到了1997年陆家嘴地区、金桥地区等被访户大量搬迁;其中由于陆家嘴金融区的开发,原被访的140多户全都搬迁到金杨小区等新建的居民社区;2002年再次调查时,洋泾、张江等地区的市民也大量搬迁;而此次(2008年)再次追踪,由于世博会的原因,周家渡街道许多居村委搬迁了,连农村地区的高南乡由于市政绿地等需要也暂时动迁,待建成新居再搬回原处。可见,在经济高速发展的地区,土地开发、经济开发的节奏快速,市民的社会流动加速。

案例：

浦东新区社会变迁调查个案研究

问卷编号：539

个人情况：

潘先生，男，1951年生，现年58岁，初中文化，原港务局开船，曾下岗现退休，群众，已婚，家中共有3口人。该被访者在1993年、1997年和2002年、2008年，连续四次接受了"浦东新区社会变迁"的追踪调查。

潘先生每隔5年对他生活质量的总体评价得分如下表：

	1993年	1997年	2002年	2008年
（1）住房	1	4	4	4
（2）工作	2	2	1	3
（3）婚姻	3	5	4	4
（4）家庭生活	4	5	4	4
（5）政府	3	4	3	5
（6）健康	3	4	3	5
（7）自然环境	2	4	3	4
（8）社会风气	2	4	3	4
（9）个人经济状况	2	2	1	3
（10）个人基本权益	2	4	2	4
（11）社会地位	2	4	2	3

注：5分为非常满意，1分为很不满意。

（2）经济社会协调发展，生活质量明显提升

在浦东的开放开发进程中，一开始就注重规划先行和经济与社会的协调发展是一个十分鲜明的特点。

我们在几次调查中都问及"您认为浦东新区目前的经济与社会发展是否协调？"时，八成以上的浦东市民认为"很协调"。由于在经济开发中注重社会事业的发展，人们的生活质量得到很快提高。

市民主观评价"生活质量提高速度"

	1993年(%)	1997年(%)	2002年(%)	2008年(%)
(1) 很快	7.3	3.6	7.3	13.9
(2) 较快	42.2	39.9	42.1	38.9
(3) 一般	35.1	40.5	37.2	40.3
(4) 较慢	8.3	11	6.4	3.7
(5) 很慢	2	3.1	2.6	3.2

我们的研究设计了十四个"城市居民生活综合评价"的指标来反映"生活质量"变化的情况。十五年四次追踪调查的资料显示,改革开放30年中,浦东市民的生活质量得到了较为明显的提升。

(3) 民生的需求阶段性和不同阶段的不同特征

人们的需求是多元化的,同时又是随着社会经济的发展变迁而不断变化提升的。

十五年的追踪调查,我们感受到浦东热土日新月异的快速变化。从九十年代初的开发启动,1993年元旦浦东新区政府正式挂牌那一年开始,我们进行了这项研究。调查的十五年中,深切体验到每隔五年都有新的实质性的变迁。1993—1997年,以形态开发为主;1998—2002年,则以功能开发为主;2003年—2008年,社会开发登上了浦东开发的主战场。

形态开发阶段,在当年"宁要浦西一张床,不要浦东一间房"的氛围下,我们研究所发布的"49.7%的浦东人不愿迁到浦西"的统计结果竟成为当时的一条重要新闻。"一年一个样、三年大变样"的形态开发成了那个阶段的主旋律和人们的需求主题。

到了功能开发阶段,人们已不满足于已布好了"棋子"(形态)的棋盘了,已不满足于当年还缺乏"人气"、一到晚上浦东仍然"灯火阑珊"的形态了,要激活已摆设好了的"棋盘",进行配套功能开发,不仅有新居高楼,还有相应的医院、交通、包括小孩入托等配套设施,进一步加强文化、教育、社区各方面的"联动"。

2002年后,十六大召开,"以人为本"、"科学发展"、"注重民生"的观念开始深入民心。浦东新区在开发初期就强调"浦东开发,不仅是土地开发,而且是社会开发"的基础上,加重了社会开发的力度,人们更贴切地得到了"受益"与"实惠"。

(4) 人的开发是社会开发和解决民生需求的终极目标

英克尔斯在上世纪60年代曾对印度等6个发展中国家进行过"人的现代化"调查。在我们的"浦东社会变迁"调查中,一开始就引用了英克尔斯的测量短表,用14个问题对浦东新区市民的现代化程度进行测量:

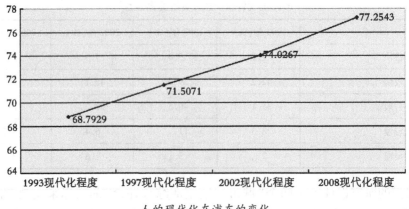

人的现代化在浦东的变化

如同英克尔斯的调查结论所言:"国家的现代化,首先是国民的现代化"。浦东新区的开发开放过程也证实了这一点,唯有人的现代化才能更有效地推进社会的现代化,而社会的现代化也促进了人的现代化。解决民生需求的终极目标仍在于人的全面发展。

5. 珠三角地区"城中村"调查

城市化是现代化重要的表现形式。"20世90年代中期后,中国的城市化进程进入了一个新阶段。'大规模'、'高速度'地重新配置城市空间,构成在权力与资本联袂推进之下的城市化新阶段的基本特点。对城乡土地的大规模占用"(沈原,2006)出现了一系列社会及经济问题。

李培林研究员通过对珠江三角洲地区"城中村"的研究,指出如果在市场经济和再分配经济之间存在着"混合经济"的话,那么"城中村"就是在城市和村落之间存在的"混合社区"。"城中村"的生活方式已经完全城市化了,村民们也都居住在市区甚至市中心城区。他们已经完全不再从事或基本不再从事从属于农业范围的职业,甚至他们的户籍也已经全部或大部分转为城市户口。"城中村"的村落特征显示出一些我们容易忽略的更深层的城乡差异的体制因素:①"城中村"嵌入市区的住宅用地和部分村集体房产用地至今还是归村集体所有。②"城中村"村落社区的管理由作为村民自治组织的村民委员会管理,管理的一切费用由村集体承担。③城中村的村民已经由于耕地的征用而几乎全部转为城市户籍,但他们仍然保留着"村籍"。

1992年开始,项飙主要采用人类学的田野调查方法研究"浙江村",关注社区的形成、运行过程和从"传统"到"现代"的转变过程。项飙开创性的研究成果《跨越边界的社区——北京"浙江村"的生活史》表明:浙江村的运营与美国的硅谷、北京的中关村高科技有异曲同工之妙,即通过社区的网络性结构激发创意,在没有资金、没有工业基础结构、没有庞大的组织系统的条件下,靠先进的经营思想从无到有地创造崭新的产业王国。对于"浙江村"的研究,不同的学者有不同的视角与理论界定。王春光关注其生产聚居格局的出现与演化结果。周晓虹将"浙江村"称之为"准社区",王春光称之为"准社区体系",项飙称之为"跨越边界的社区"。三个研究者都不约而同地把握住了"浙江村"作为一个具有复杂关系的特殊社区,一个新的社会空间①。

三、婚姻家庭群体调查

1. 五城市家庭研究

许多学者曾指出,家庭在中国社会里的重要性怎么强调也不过分,因此对家庭结构、家庭制度的研究也就成了中国社会学者最关注的问题之一。

中国五城市家庭研究,是全国哲学社会科学"六五规划中的重点科研项目。这一项目以家庭为中心,把婚姻作为家庭的基础和起点,生育作为家庭的基本功能,进行了广泛的调查与研究。《中国城市家庭——五城市家庭调查报告及货料汇编》一书是该研究项目的成果之一,它包括八个调查报告和经过电子计算机处理的单变量统计数字120项,双变量统计数字20项。通过阅读这本调查报告和资料汇编,可以了解我国城市家庭与婚姻的基本状况及其历史发展。它为人们探讨我国城市家庭、婚姻的发展规律,为研究城市家庭在社会主义精神文明和物质文明建设中的地位和作用,提供了宝贵的基础资料,也为党、政、工、青、妇等有关部门和一切关心我国家庭、婚姻状况的同志了解、研究我国城市家庭,提供了丰富的参考资料。

家庭是以婚姻关系为基础、以血缘关系(包括收养关系)为纽带共同生活的基本社会组织单位。马克思主义者认为,家庭是能动的要素,是在生产、交换和消费发展的一定阶段上产生,并随社会的发展而变化的。家庭关系是人类特有的社会关系,为一定的社会生产方式所制约,并影响社会的经济、政治、文化和道德风尚的发展。在由半殖民地、半封建的旧中国转变为社会主义新中国的过程中,我国的婚姻与家庭发生了很大的变化,城市家庭的变化更为显著。胡报郑同志曾指出:"家庭仍是我国社会的细胞,我们对婚姻家庭问题处理的好坏,直接影响社会的发展。"对于婚姻家庭问题要"抓它十来年,出现一个整个国家、整个民族家家和睦,人人相爱的新局面"。为此,北京、天津、上海、南京、成都五个城市的九个科研和高等院校单位合作,在五城市分别进行城市家庭婚姻状况的社会调查,并在此基础上进行研究。

五城市家庭调查包括家庭、婚姻、生育三个部分,18项,140个问题。调查对象

---

① 卢汉龙等主编:《二十世纪中国社会科学(社会学卷)》,上海人民出版社2005年版,第111—112页。

是已婚妇女。以一个居委会或居民段为调查点,采用问卷和访问相结合、以访问为主的调查方法,调查员经过训练,逐户对调查对象进行面对面的访问调查,取得了第一手资料。这次调查从选择的城市的地理分布看,北京、天津属我国北方大城市,上海、南京属我国东南沿海大城市,成都属我国西南内地大城市,具有较大的代表性;通过对这些城区的调查研究,可以为进行我国北方、东南、西南等大城市家庭、婚姻方面的比较研究提供有价值的参考资料。调查时间以1982年底为界限,调查工作于1983年初全部完成。共调查了八个居民点,4 385户家庭,5 057名已婚妇女。调查资料进行了电子计算机处理。

为了解中国城市家庭、婚姻的变迁,我们在调查已婚妇女本人的情况及其家庭现状的同时,还调查了她们结婚时娘家、婆家的家庭情况,如家庭人口数、类型、父母、公婆、文化、职业等和她们的已婚子女的家庭、婚姻等情况。由于已婚妇女的年龄分布是由20岁到94岁,结婚年代最早在1900年,最晚是1982年,因而调查所得资料包含着八十余年的我国城市家庭、婚姻的历史。这些资料,既能反映当前我国城市家庭、婚姻的现状,也可以从中观察其历史变迁;它在一定的广度和深度上展现出一幅我国城市家庭、婚姻丰富多彩的历史画卷。

由于五城市家庭调查是采用统一问卷、统一访问的方法,因而调查报告在内容和表达方式上有许多共同之处,这是必然的,由此可以进行初步的对比研究。又由于撰写报告时,各自选用的资料内容不同和观察问题的角度不同,以及执笔者的认识、观点的不同,因此各个报告所描述的侧重点又是不同的,在对某一社会现象及其发展变化的论述和分析上也不尽相同。考虑到这些不同点的存在,有助于加深和完善大家对问题的认识,对推动学术研究的发展也是有益的,所以我们保留了报告中各自的观点。读者亦可从中进行比较和鉴别。

五城市家庭研究项目由人大常委、中国婚姻家庭研究会会长、社会学家雷洁琼教授任学术指导,还得到政协副主席中国社会学会会长、社会学家费孝通教授的热情关注,并给予具体地帮助和指导。参加研究项目的单位和人员有:

中国社会科学院社会学研究所	刘　英(项目负责人)
中国社会科学院社会学研究所	沈崇麟
北京经济学院劳动经济系	刘金云
天津社会科学院社会学研究所	潘允康(项目负责人)
天津社会科学院社会学研究所	张雅芳
上海社会科学院社会学研究所	薛素珍(项目负责人)
上海社会科学院社会学研究所	杨善华
上海大学文学院社会学系	刘炳福
上海大学文学院社会学系	仇立平

复旦大学哲学系	范伟达
江苏省公安专科学校	夏文信
江苏省公安专科学校	宋　践
四川省社会科学院	李东山
成都市社会科学研究所	吴本雪

摘自五城市家庭研究项目组:《中国城市家庭——五城市家庭调查报告和资料汇编》,山东人民出版社1985年版。

1994年,作为五城市家庭调查的后续项目,中国社会科学院社会学所又组织了七城市婚姻家庭调查。调查仍由雷洁琼先生为学术指导,中国社会科学院社会学所、北京大学社会学系、上海市社会科学院社会学所、四川省社会科学院社会学所、广东省社会科学院社会学与人口学研究所、甘肃省社会科学院国情调查中心、哈尔滨市社会科学研究所等研究机构的研究人员共同参与了这项调查。调查在北京、上海、南京、广州、哈尔滨、成都和兰州七个城市进行,与五城市家庭调查相比,这次调查去掉了天津,增加了广州、兰州和哈尔滨,使初级样本的分布更为均匀。调查的对象为被抽中样本户中的已婚妇女和他们的丈夫;调查的内容与五城市调查基本相同。与五城市家庭调查相比,这次调查在抽样方面有较大的改进,在各城市内采用了分层多段概率抽样法,每个城市抽取800个户进行调查,最后得到有效样本5 664个。同时,对于农村家庭也开始进行比较系统地调查。在五城市家庭调查的基础上,两项关于农村婚姻家庭的调查也相继展开。1986年由中国社会科学院社会学所主持进行了全国十四省市农村婚姻与家庭调查。对上海、天津、黑龙江、吉林、河北、山东、江苏、浙江、安徽、福建、湖北、四川、贵州、广西十四个省、市、自治区的农村家庭进行了调查。这是一次大规模的协作,以上省、市、自治区的社会科学院和大专院校的社会学研究和教学人员参与了调查。问卷的主要内容除上述五城市调查的内容外,还包括了针对农村的家庭生产、家庭劳动力情况等问题。调查采用了多段分层定比随机抽样的方法,在十四省市中调查了7 258户农村居民。1987年,北京大学也进行了经济体制改革以来农村婚姻家庭变化的调查,调查根据经济发展水平从北京、上海、四川、黑龙江、河南、广东选择了14个县,对2 799个农户进行了问卷调查。在这之后,中国的社会学还进行了大量较小规模的家庭调查。这些调查取得了大量翔实的调查资料,使用这些资料,研究者写出了有关城乡家庭结构及其变迁、家庭关系、家庭经济与收入、家庭与婚姻制度等问题的大量的论文和著作,推动了婚姻家庭研究的发展。婚姻家庭的调查起步时,定量的社会学调查在被中断30年后,几乎是一片空白。上述调查通过大规模的调查和广泛的协作,不断提高定量调查的水平,为中国的社会学培养了一大批了解定量调查方法的研究骨干。可以看到,婚姻家庭调查中问卷设计、抽样及调查等方面的技术都日臻完善,并逐渐与国际水平接近。这些调查的另一重要意义在于,尽管开始时调查中存在这样那样的问题,但研究者及时将改革以来婚姻家庭的变迁"记录下来",为今后的这一领域的学术研究提供了宝贵的时间序列数据。注重学术积累是这一领域中的优良传统,研究者力图通过多次的横断面调查把握婚姻家庭变迁的过程和趋势,因此,每次调查的设计都将与过去调查的衔接和比较作为考虑的重要内容。例如几次城市调查的资料提供了分析20年来家庭结构变迁的非常好的数据。这样的定量调查目前仍在继续,2006年中国社会科学院社会学所把对五城市家庭的再度调查列入了计划,并将对过去调查过的居委会再次进行调查,目前这一研究正在进行当中。

2. 关于性别的调查研究

1989年至1990年,刘达临主持了全国两万例"性文明"调查,并于1992年出版了书名为《中国当代性文化》的调查报告。该调查的对象是中学生、大学生、城乡已婚者、犯罪分子,涉及15个省市、24个地区。发出问卷21 500份,回收20 712份,回收率达到96.3%,其中有效问卷为19 559份,合格率为94.4%。在有效问卷中,中学生6 092例,占31.1%;大学生3 360例,占17.2%;城乡已婚者7 971例,占40.8%;性犯罪分子2 136例,占10.9%。

自1989年开始,李银河采用了深入访谈个案史和问卷调查两种方法进行中国同性恋群体的研究。到1997年为止,积累样本共120人。在个案访谈中,大多访谈持续一两个小时;同有些调查对象前后深谈多次,将正在发展中的恋爱事件的最新进展也加在调查记录之中;问卷调查中共设计了70个问题,回答问题的有两类调查对象,一类是在社会上较为活跃的对自己的性倾向持有乐观肯定态度的人;另一类是曾经或正在心理咨询机构求治的对自己的性倾向持有悲观否定态度的人。因此,李银河认为该样本的代表性比起完全从寻求治疗的同性恋者当中所作的抽样,更能代表整个同性恋人群的一般状况。

3. 大学生婚恋观实证研究

受全国妇联"中国婚姻家庭研究会"委托,本书作者在2011年采用问卷调查的方式,在中国大陆的北京、天津、上海、深圳、哈尔滨、西安、成都、武汉、长沙、昆明十个城市的所在高校对1 200名在校本科生、研究生、博士生进行了"当代大学生婚恋观"调查。通过对样本的单双变量分析、聚类分析和多元回归分析,并且进行性别、年龄、城乡、月生活费等交互分类比较,较全面地考察了当代大学生在恋爱动机、恋爱自主、婚前性行为、同性恋以及毕婚、裸婚、婚房购买等热点问题上的意向和态度,并尝试编制了大学生婚恋观开放程度的量表予以测试。调查发现,我国大学生婚恋观总体上是健康和理性的,且呈现开放趋势。其开放程度呈正态分布,正处于从"保守"到"开放"的转型过程中。然而,有些非理性的观念和行为必须引起重视和引导。调查结论验证了研究假设,即具有不同性别、年龄、月生活费、城乡背景和所在不同城市高校的大学生其婚恋观开放程度不同。研究表明,我国高校的婚恋观教育已较前重视和有一定进步,但仍满足不了大学生青年群体的需求,应有一个较大的突破和改进,任重而道远。

(1) 研究目的和内容

本研究侧重于对大学生在恋爱、婚姻以及婚恋热点问题的态度和看法设计调查问卷。除被访对象个人的基本信息外,主要内容为:

A. 对恋爱所持的态度:有无恋爱经历、何时开始初恋、家人所持态度、恋爱自主意向、恋爱目的动机、如何看待大学生恋爱、与未来婚姻的关系、恋爱费用承担、恋爱费用多少、对婚前性行为、校外同居、同性恋的态度等。

B. 对婚姻所持的态度:你所理解的婚姻、婚姻幸福的条件、择偶的方式、婚外情、新婚房谁购买、婚后是否与父母同住、婚后夫妻分工及关系、生育子女的意愿、所在城市的结婚成本等。

C. 对当前婚恋热点问题的看法:毕婚、裸婚、婚姻法对婚前购房、财产分割的新司法解释、你所理解的婚姻"幸福"等。

(2) 研究假设和指标

本课题的研究假设为:具有不同性别、年龄、年级、生活费、城乡背景和所在不同城市高校的大学生其婚恋观的开放程度不同。

$$y = a + b_1x_1 + b_2x_2 + b_3x_3 + \cdots + b_nb_n$$
$$\hat{y} = \alpha + \beta_1x_1 + \beta_2x_2 + \beta_3x_3 + \cdots + \beta_nx_n$$

自变量:(X)

① 性别(X_1):男性和女性。

② 年龄(X_2):分为三个年龄段:17—21岁,本科大一至大三;22—23岁,为大四;24岁以上,为研究生博士生。

③ 年级(X_3):分为大一至大三,大四毕业阶段,研究生阶段。

④ 月生活费(X_4):被访者在校读书期间每月所有的生活费,分为200元以下,200—500元,500—800元,800—1 000元,1 000—1 500元,1 500—2 000元和2 000元以上七个档次。

⑤ 原籍(X_5):被访者来自农村还是城市。

⑥ 父母职业(X_6):按人口普查采用的指标进行职业分类,并简化为:白领、蓝领、其他三个层次。

⑦ 学校所在城市(X_7):此次调查的十个城市:北京、天津、上海、深圳、哈尔滨、西安、成都、武汉、长沙、昆明。

因变量:(Y)

婚恋观开放程度由以下9个维度构成
① 大学生婚前性行为
② 大学生校外同居
③ "试婚"是结婚的前奏
④ 校园中的同性恋现象
⑤ 婚姻与事业的重要性
⑥ 避孕套的获取途径
⑦ 如何看待"裸婚"
⑧ 期望的生育子女数
⑨ 婚后夫妻的分工关系
设定:"开放"赋作3分,"一般"为2分,"保守"则赋作1分。
(3) 抽样方法和样本
本次调查采用配额抽样的方法进行。
① 调查区域:北京A校、天津B校、上海C校、深圳D校、哈尔滨E校、西安F校、成都G校、武汉H校、长沙I校、昆明J校。
② 样本大小:在每个城市一个高校中抽取100名在校大学生进行调查,上海C校调查300名,以便深入对比分析。
③ 调查对象:本科生、研究生、博士生各占一定比例,兼顾性别、年龄、年级、专业及毕业班学生。
(4) 调查结论
通过对实证调查的数据初步分析,我们得出了一些初步的调查结论,有了一些可供探讨的研究发现。
我国大学生婚恋观总体上是健康和理性的,且呈现开放趋势。在择偶标准上看重个人品德(77.8%)、脾气性格(75.3%)和志同道合(43.2%)。评价婚姻幸福的条件也以"感情"(70.1%)、"性格"(64.4%)和"生活理念"(48.3%)为主要标准。对大学生恋爱,35.0%的学生认为是纯洁值得珍惜、43.6%的学生认为是好好经营可以修成正果。然而,在回答婚前性行为、校外同居、同性恋、夫妻婚后分工、婚后是否与父母同住等问题的看法时,呈现出相对"开放"的趋势。同时,与传统的男外女内的夫妻模式有所不同,仅6.7%的学生表示赞成"男主外,女主内"、而近乎一半的人认为"双方共同打拼,地位平等"(49.9%)、且有40.0%的同学认为"看个人能力和兴趣协商"。在问及"婚后与父母同住"的态度时,也有半数被访者表示"不赞成"(49.9%),仅有16.7%的学生表示"赞成"。
我国大学生婚恋观依其开放程度呈正态分布,正处于从"保守"到"开放"的转型过程中。通过对婚恋观开放程度的评分测试,我们尝试从9个维度进行综合分析,大部分人员仍处于"一般"状态,"很开放"和"十分保守"的成员人属少数。来自被访者的开放程度综合呈现正态分布。聚类分析发现,依大学生婚恋观开放程度可分为最开放、较开放、次开放、较保守、最保守五个群体。研究发现,较开放的群体,相对年长、有过恋爱经历居多、男生为主,父母职业以白领为主、月生活费至少800元以上超过1 000元的居多,高校大多所处沿海城市,学生原籍大多来自城市。而较保守的群体,相对来说年轻一些、女性为主、父母职业蓝领为主、月生活费在500元以上、高校所处内地城市,学生原籍大多来自农村。

调查结论验证了本次研究设计的理论假设,即具有不同性别、年龄、月生活费、城乡背景和所在不同城市高校的大学生其婚恋观开放程度不同。这些因素可作为考察大学生婚恋观成因的要素,也可作为深入研究和预测婚恋观趋势的依据。以性别、年龄作为人口统计特征的因素为例,交互分类或回归分析都显示男女性别对于婚恋观开放程度是一个重要的因素。如尝试过婚前性行为的男生比例(20.4%)明显高于女生(9.0%),而不知道哪里获取避孕套的女生比例(44.0%)则高于男生(26.1%)。同样,年龄也是很重要的影响因素,且不说尝试过婚前性行为的人随着年龄的增长而比例直线增长,从17—21岁的8.6%,22—23岁的16.2%到24岁以上的25.9%;从对"毕婚因经济不独立有负面影响"的判断上,则是年龄越大考虑越少。大学生月生活费的多少极大地影响着被访者的婚恋观及其婚前性行为。尝试过婚前性行为的被访者月生活费在500元以下的群体仅有6.6%,而1 500元以上的群体中竟高达32.5%。有否生育意愿也与月生活费多少相关,月生活费在1 000元以下的仅有4.2%—6.6%的被访者表示"不生孩子",而在1 000元以上的被访者当中则有9.8%的人表示"不生孩子"。看重经济在婚姻中的作用,也体现在如何看待"裸婚"这一选择上。所有被访者中仅有3.9%的人"非常赞同,爱情至上,不谈物质",而有48.0%的人表示"不太赞同,成立家庭需要有物质保障",9.0%的人不能接受"裸婚",认为"物质是婚姻的基础"。

大学生婚恋观问题上一些非理性的观念和行为必须引起重视,以防产生某种冲动极端的行为导致不良后果。例如,在婚前性行为问题上,14.4%的学生表示"尝试过",24.0%的学生表示"想尝试",其中,男生的比例更高,尝试过的男生为20.4%,想尝试的男生占36.4%,一半以上的男性大学生已有或想尝试婚前性行为,而且选择"好奇心或欲望驱使而发生性行为"的占了40.6%,若不正确引导任其发展,后果难以想象。尤其在我们问及"你周围的同学或者朋友中,有没有发生过恋爱的过激行为"时,结果显示9.9%的人表示有"有,暴力行为",16.9%的人表示"有,争执导致受伤",甚至有6.2%的人表示"有,自杀行为"。高校内这种恋爱中的过激行为应引起各级领导、教研人员及相关部门的高度重视。

当代大学生的婚恋观教育任重而道远,需要社会、高校和家庭的共同探索和通力配合,在潜移默化中引导和培养大学生健康理性的婚恋观念和行为。社会教育将持续影响人的社会化过程,在当今这样的信息时代,社会的一举一动对身心尚未完全成熟的大学生有着很深刻的影响。应发挥正确舆论的导向作用,净化社会舆论环境,减少低俗文化对大学生的侵蚀,促进大学生形成良好的婚恋观。同时,在高校的婚恋观教育中,须把握大学生身心特点,更新教育观念,依据性别、年龄、地域、经济条件等不同因素,因材施教,有针对性地进行主题教育,性和性别教育,心理咨询和辅导,树立正确的婚恋观和人生价值观。在大学生成长的道路上,家庭也是其人生观、价值观和世界观形成的摇篮,是传送健康理念、知识的重要载体,父母有着义不容辞的责任,起着不可替代的作用。因此,要培养孩子独立意识和自主能力,帮助孩子认识自我,增强自信,在家庭教育中引导孩子树立正确的婚恋观。

四、社会问题控制调查

1. 禁毒调查
(1) 远离毒品、珍爱生命

此调查由复旦大学法学院 97 社会禁毒调查组于 1998 年 7—8 月暑假期间,在云南和上海实施。调查组在上海市戒毒康复中心和云南昆明市强制戒毒所实地问卷调查 229 名和个案深访 21 名吸毒者。在对调查资料统计分析的基础上,分析了吸毒者的人群特征,从个体心理特点、同辈群体交往、社会转型效应三个角度研究了吸毒成因,并提出防范吸毒的社会对策。

80 年代以来,贩毒、吸毒现象在我国某些地区不断蔓延。截至 1997 年底,全国登记在册的吸毒者超过 54 万,吸毒人员中 85% 是 35 岁以下的青少年。贩毒、吸毒现象已引起中央领导和社会各界的关注。为了配合禁毒活动,调查组于 1998 年 6—8 月在东部沿海的上海市和地处我国西南的昆明市进行调查。调查对象为两市戒毒所中的原吸毒者。调查方法是在两戒毒所原吸毒者中按 10% 比例抽取样本,并用分层整群方法抽取原吸毒者的 1% 进行深度访谈。具体情况是在昆明市戒毒所问卷调查 126 人,个案深度访谈 10 人。在上海市问卷调查 103 人,个案深度访谈 11 人。现对吸毒者的群体特征做简要介绍,并对其吸毒原因做初步分析。

调查结果指出,上海市吸毒者中,小学文化程度以下者占7.8%,初中文化程度者占56.2%,高中文化的占35.0%,大专以上文化者占1.0%。与此相应,上海市吸毒者的文化程度全部在初中以上其比例相应为:0%、46.0%、46.9%和7.1%。由此可见,两地青少年吸毒者的文化程度集中于初、高中水平.。这

是与我国教育的发展相关联的。但是如果更细微地比较两市情况则可以发现,上海市吸毒者的平均受教育水平较昆明市低。上海市吸毒者中初中以下文化程度的占64.1%,昆明市则为46.0%.相反,上海市吸毒者中高中以上文化程度的为36.0%,而昆明市为54.0%。说明昆明市毒品对较高文化程度者具有较大影响,这对"吸毒者受教育程度低"的旧观念是一个挑战。

在吸毒者的职业构成方面,上海市吸毒者中个体、无固定职业者、下岗待业人员占78.6%。但在昆明市,职业构成呈离散趋势,吸毒者中工人占19.0%,机关干部、专业技术人员、公司职员、商业人员共占22.2%,而个体户、下岗待业人员,无固定职业者的比例都低于工人。这说明在K市吸毒已向各阶层蔓延。

调查结果也显示,吸毒者中有许多是由于不健康的心理因素而走上吸毒之路的。在这些心理因素中所占比例最大的是好奇,在昆明市为72.2%,在上海市是74.8%。在因好奇而吸毒者中,有相当大的比例因不了解吸毒的后果而自堕泥坑。比如其中有44.2%的认为"吸毒是个人的事,无需他人多管",71.4%的认为"毒品很贵,吸毒是有钱人的身份象征",71.4%的认为"吸毒是时髦"。这些观念都对吸毒起了支持作用。其次是无聊和苦闷。在昆明市的吸毒者中因无聊而吸毒者为11.9%,在S市为22.3%,其中男性比例略高于女性。至于苦闷,昆明市有11.1%,S市有14.6%吸毒者因此而吸毒。在回答苦闷是吸毒的原因的人中18—25岁的占17.9%,26—35岁的占9.8%,36—55岁的占22.7%,而18岁以下的没有人认为苦闷是导致吸毒的原因,正所谓"少年不知愁滋味",也可以说13—19岁是吸毒的危险期。这一年龄段,他们有强烈的追求新奇的意识,又有一定的行动自由,这就可能使他们走上吸毒之路。

在深度访谈中,调查组发现有些人由侥幸心理和报复心理而吸毒上瘾。不少吸毒者反映开始以为吸一口没有事,自己不会上瘾,但实际上,当吸了第一口后,就会吸第二口。有的人是吸过第一口后,因"快感"而再次吸毒而不能自拔。也有的

吸第一口未尝得"快感"而再吸第二次,结果吸毒成瘾。报复心理使人走上吸毒之路似乎荒唐,但又实际存在。有些女性是男朋友或丈夫吸毒,劝说又无效而产生了"报复"念头,"你能吸我为什么不能吸?"在这种心理的支持下,她们走上吸毒的道路。

同辈群体是由地位大体相同的人组成的关系亲密的群体。成员之间互相影响,互相学习,可能使某些人"被拉下水"。调查结果显示,吸毒行为在相当大的程度上是受同辈群体负面影响的结果。在问及吸毒者是何人初次提供毒品时,昆明市的回答是熟悉的朋友占 73.8%,亲戚占 3.2%,爱人或同居者占 4.0%,其他人为 19.0%。在上海市相应的比例分别为 62.1%、0%、6.8%、31.1%。可见同辈群体在吸毒群体扩大中的作用。访谈资料显示,几乎所有吸毒者第一次吸毒都是在一个或几个有经验的吸毒者引诱下开始的。因此,可以说吸毒是一种典型的团伙行为。

在讨论吸毒时,我们必须注意到吸毒现象内在的扩散性,吸毒者为了继续满足他们吸毒的需要和获得维持自己吸毒习惯的足够资金,需要"招募"和扩大吸毒者队伍,即毒品的购买队伍。这样,海洛因等毒品就像传染病一样,不扩散。由于贩卖毒品是被严厉打击的对象,它只能在私下秘密进行,而亲近的"朋友"比较保险,于是后者成了吸毒传播的对象①。

本次对 103 位上海吸毒者的调查显示,瘾君子人均每月毒资耗费达 5 527.6 元,最高的甚至每月支出 1.5 万元。这组数据再次印证,吸毒成瘾而不倾家荡产的例子是极为罕见的。

在中低收入的吸毒人群中,这一现象表现得尤为明显。例如,人均收入 500 元至 2 000 元以下的吸毒者,每月毒资支出达 3 166 元至 3 812 元,支出高于收入 1.5 倍至 7 倍之间。个案调查显示,这些人吸毒前虽然多少有点积蓄,但几个小钱通常经不起一两年折腾。

高收入吸毒人群虽家底殷实,但他们的毒资耗费也水涨船高。通过本次调查可以看到:以无固定职业者、个体户组成的富有吸毒者群体,其平均每月用在购买

---

① 《青少年吸毒的成因与对策——沪滇两地比较分析》复旦大学法学院 97 社会禁毒调查组,课题主持人范伟达;《中国社会工作》,1998 年 6 月,作者单位:浙江省景宁县民政局。

毒品上的费用达到7 100元。

笔者曾采访过一位外号叫"宝山"的吸毒者,此君原是两家中型私营企业的老板,"宝山"说:"开始吸毒时,总认为自己赚的钱足够供一个班的人天天吸毒,可是万万没有料到吸毒使人变得懒惰,思路不清,再也没有心思经营企业,短短一年半时间,企业倒闭了,我也只能靠借钱维持。"

吸毒者普遍入不敷出,便使他们中的很多人"以贩养吸"或通过其他犯罪途径搞钱。在吸毒者中,还有一种"杀肥猪"的说法,即教会别人吸毒,然后分享他(她)的毒资。正是从这个意义上说,学术界普遍认为吸毒群体具有"再生性",一个吸毒者就是一个传染源,一个危险点,若不严加控制,后果不堪设想[①]。

复旦大学社会学系的调查报告认为,18至35岁是吸食毒品的高危年龄。

这份报告还进一步指出,我国禁毒形势严峻,吸毒人群有继续显现出向低龄化方向发展的趋势。

接受本次问卷调查的103位上海吸毒者中,有43.2%的人在18至25岁首次接触毒品。25岁至36岁首次接触毒品的比率为42.7%,云南的126位吸毒者中,在18至25岁和25至36岁两个年龄段内首次接触毒品的比例分别为72.2%和16.7%,另外云南还有10.3%的受访吸毒者在18岁以前就尝试过毒品。

吸毒问题为何在青年期表现的尤为突出,专家分析原因有三:其一:72%以上的吸毒者表示,他们尝试毒品的原因主要受好奇心驱使。通常,人们的好奇心和偷尝禁果的胆量和能力以青年期为最高,此后随年龄增加而下降。

其二:18岁至25岁既是吸毒高危年龄,又是人们消费欲望最旺盛的时期。在这个年龄段一些人把钱花在不该花的地方,继而难以自拔沦为瘾君子。

其三:九成左右的吸毒者在初中或高中毕业后就离开校门走向社会。18至25岁的年龄,正处于学校不再管,父母管不着,自己的小家庭又未建立的"监护——责任真空期"。在这个年龄段,年龄交往群体对人的观念、行为影响很大,所以调查数据也显示,在受访吸毒者中至少有相当一部分是在18至25岁被新老"朋友"拖下水的[②]。

本次调查发现,上海的吸毒者的职业状况以无固定职业者和个体户为最多。目前,吸毒仍是较多存在于低文化群体中的无知现象,但种种迹象显示,吸毒的确也存在着向较高文化层次人群蔓延的危险性。

正在上海戒毒康复中心进行强制戒毒的103人中,无固定职业者占总人数的37.9%,个体户占15.5%,这一比率大大高于公司职员(2.9%)、商业服务人员

---

① 范伟达:《月均毒资5千5,上瘾难有不破产》,《新闻报》1998年9月14日第2版。
② 朱春贵、蔡东晓:《吸毒高危年龄36岁以下》,《新闻报》1998年9月14日第2版。

(3.9%)和工人(6.8%)。

一些专家认为,这些无固定职业者中有相当部分属于"灰色收入"、"黑色收入"者。一方面钱来得"容易"便大肆挥霍,另一方面,他们本身就过着越轨的生活,对于"能否干某些事情",通常以"干过之后是否会被抓住"为标准进行衡量。上述两方面的原因均与这一群体毒瘾高发关系密切。

上海市民的平均受教育年限显然要超过云南居民,但从这次调查的比较研究结果看,初中及以下文化程度的吸毒者比率,上海多于云南十九个百分点,大专及以上文化层次吸毒者云南又多于上海六个百分点,鉴于云南吸毒现象较上海严重且吸毒者多于上海,并且云南吸毒高危人群有从无固定职业者、个体户向其他社会人群扩展的特点,有关人士认为,从现在起,上海就应加强在知识阶层中的禁毒宣传工作,如若不然,吸食毒品的丑陋现象,也有可能向高文化群体蔓延①。

(2) 国内首次新型毒品大型调查

"晚上你去的士高看看,个个在摇头、吸 K,你还以为现在是大灯一开满地都是针管的年代?我们已经是夕阳工业了,市场在淘汰我们!"——这是香港电影《门徒》中的一段台词。在人类与毒品的较量中,新的梦魇正在形成。

20 世纪末 21 世纪初以来,以摇头丸、冰毒、K 粉等为代表的新型毒品迅速泛滥,滥用群体从早期的一些亚文化群体蔓延到以青少年为主的社会各阶层,并且以一种"时尚、前卫"的面目,开始取代"传统"毒品——海洛因的毒枭地位。"吃了不上瘾"、"好玩"是吸食新型毒品者的普遍误区,更有甚者认为吸食新型毒品是一种最 High 的流行风潮和最时髦的娱乐活动。其实,新型毒品从出现的那一天起,就没有给人类带来任何益处,其引发的大量违法犯罪活动以及多种疾病的扩散流行,与传统毒品相比,可谓毫不逊色。

新型毒品并不是指最新研制出来的毒品。早在 1919 年,日本的药理学家就合成了后来被称为冰毒的甲基苯丙胺,并在二战期间作为抗疲劳剂应用于军队之中。二战后,这种药品被当作一种兴奋剂出现在东南亚和欧美等一些国家的夜总会、酒吧、迪厅和舞厅中,形成了冰毒在世界上的滥用与流行。近十几年来,以冰毒、摇头丸为代表的"舞会药"在全球范围形成流行性滥用趋势,滥用群体从早期的摇滚乐队、流行歌手和一些亚文化群体蔓延至以青少年群体为主的社会各阶层。

从全球范围看,世界毒品生产和消费格局也已发生显著变化,毒品生产和消费种类开始趋向多元,冰毒等化学合成品发展迅速,产量需求大增。与海洛因等传统毒品相比,新型毒品不需要原植物且具有加工工艺简单、隐蔽性强、成本低和周期短等特点,所以它更具有优势。

---

① 王宏、顾珺:《吸毒者职业构成》,《新闻报》1998 年 9 月 14 日第 2 版。

联合国禁毒署的一项资料表明：从1999年至2004年泰国共查获来自缅甸仇联军的冰毒40吨。但近三年来,由于泰国政府持续开展了大规模的扫毒行动,导致缅北冰毒"南下通道"严重受阻,因此转而北上向中国渗透。2005年,缅甸罂粟种植面积为49.2万亩,同比下降26%；鸦片产量为312吨,同比下降16%,一些毒品加工厂(点)正在越来越多地转向制造冰毒等化学合成毒品。

在我国,尽管海洛因仍是毒品消费的主流,但近几年来,该消费人群数量基本趋于稳定,始终保持在70万左右,而滥用新型毒品的人数却在迅速增加。目前东北三省使用新型毒品人数已超过传统毒品人数,华北及沿海等发达地区部分城市滥用现象也十分突出。2005年,云南缴获的海洛因总量及其占缴毒总数的比例同比分别下降36.9和29.3个百分点,缴获的冰毒数量和比例却大幅度上升,这表明毒品消费市场对冰毒等新型毒品的需求正在迅速增大。《2006年中国禁毒报告》指出,受境外易制毒化学品需求和毒品暴利刺激,我国易制毒化学品走私出境情况也屡禁不止。一些我国生产的易制毒化学品被走私至"金三角"、欧洲和北美洲。同时,易制毒化学品流入国内非法渠道问题尚未得到有效解决。

尽管新型毒品的流行态势已经十分严峻,但除了媒体报道之外,针对该问题的研究性文献至今十分少见。这一研究的缺失将直接影响政府对新型毒品管制和艾滋病防治的宏观政策制定,影响有关毒品的立法或法律对毒品概念的修改和解释。此外,由于冰毒的使用与多性伴等无保护性行为关系密切,因此,它对加速中国艾滋病的性传播将造成巨大的潜在威胁。

正是基于这一认识,2006年8月,在上海市禁毒办公室周伟航主任等人的支持下,由上海市禁毒专家委员会张声华主任领衔,上海社会科学院和市药品不良反应监测中心组织了近10名专家学者,就"新型毒品滥用的现状、发展趋势和应对策略"进行跨学科的实证研究。该项研究得到了上海市公安、司法、禁毒部门以及上海市和黄浦区自强服务总社的通力协作。

研究采用定量研究和定性研究相结合的方法,调查问卷由上海社会科学院和市药品不良反应监测中心的专家共同制定。样本人群主要来源于各拘留所、戒毒所和社区。研究小组完成656份面对面的调查问卷,并按年龄、性别和吸食种类分层,对其中的40名对象进行了个案访谈。

研究关注的焦点是：导致新型毒品流行的主要因素是什么？与传统毒品相比,新型毒品潜在的依赖性和对人体的危害性究竟有多大？滥用新型毒品与感染艾滋病病毒的风险关系如何？新型毒品的滥用是如何影响个人与其他人之间的相互关系以及如何对整个社会产生影响的？我们认为,为有效应对新型毒品流行的态势,需要在政策层面上对新型毒品及相关问题进行定位,包括对毒品使用者进行身份定位和对毒品打击的政策定位,并据此制定有效的应对新型毒品的法律政策。

调查发现,新型毒品使用者具有五大基本特征。性别差异:男性"势众",女性"速疾";年龄结构:低龄浪潮涌动;学历分布:"低等"密度高,"高等"势迅猛;职业状况:非稳定就业者占据"半壁江山";婚姻关系:四成"分崩离析"。

2. 艾滋病感染者调查

2004年7月11日,第15届世界艾滋病大会在泰国曼谷开幕,出席大会的联合国秘书长安南说:"我们听到很多有关大规模杀伤性武器、有关恐怖主义的言论,因为恐怖分子可以利用这些武器导致成千上万人死亡。然而,面对艾滋病这个威胁着数百万人生命的疾病,我们又采取了什么样的行动呢?"

2009年12月24日,联合国艾滋病规划署发布的《2009年全球艾滋病流行报告》显示:中国艾滋病感染者达74万,性传播已经成为中国艾滋病传播的主要途径,其中同性性行为所引起的艾滋病传播已经占到传播总数的32.5%。

中国艾滋病传播的特点与其他国家和地区不同,艾滋病患者呈局灶性出现,不是一人一户,而是一大片,一个村几个村,几十户几百户,几十人甚至上百人,故称为"艾滋病村"。

1996年,高耀洁第一次接触到艾滋病人。一天,她去某医院会诊时,遇到了一位女病人,身体极度消瘦,高烧不退,皮肤上还出现了暗紫色的斑点。高耀洁的脑海里闪过"艾滋病"的症状,但刚有这个念头,就被别的医生否定。那时,艾滋病对于国人来说,还很遥远。

"开始我也根本不相信。后来那个女病人被确诊是艾滋病,而且以前接受过输血。我叫她的爱人来检查,又叫她的孩子来检查,结果都是阴性。这下我才相信她是因为输血感染的。"高耀洁回忆着。此前,高耀洁也认为,艾滋病是那种做了"脏事"的人才会得的病。从此,艾滋病进入了高耀洁的眼帘。

为了揭开艾滋病感染的真相,已逾古稀之年的高耀洁,颤巍巍迈着34码的小脚,风雨兼程奔波在中原大地上。"那时候,每到一个疫区调查病情,都有点像打游击战。"老太太诙谐地说起当年一场漂亮的"战斗"———听说开封某地疫情严重,高耀洁带着记者赶了过去。一到那儿,他们就被客气地"请"上了回郑州的汽车。"我告诉司机要去开封娘家。"司机就在离开封40多公里的地方让他们下了车。高耀洁一行人在路边一晚5元钱的旅店住下。第二天,天还未亮,高耀洁就叫醒两位随行的记者。他们在路上用一顿饭"收买"了一个三轮车夫,坐着摇摇晃晃的三轮车抄小路进了村。那次,高耀洁一口气走了七个村子,被捂得结结实实的真相一个个地"炸开"……

类似这样"游击战"式的调查,高耀洁进行了六七年。从最初爆发的老疫区,到不断开拓新的疫区,高耀洁越"打"越明白"血浆经济"导致众多农民感染艾滋病的真相。

多年在现场调查奔波,高耀洁不但没有享受到退休后一日宁静的生活,还惹得身上老病复发。她有心脏病、高血压、低血糖、肺空洞,她的胃在"文革"中被切除了四分之三,不能吃高蛋白、油腻的食物。在外奔波时,她经常在颠簸的汽车里啃干粮,喝开水。

现场调查,使高耀洁在发布艾滋病消息时底气十足,成为第一个拉响中原艾滋病警报的人。

第五节 文化领域调查

一、精神生活

1. 关注"人类发展指数"

人类发展指数考虑了人均 GDP 增加的因素,又导入了健康长寿、个人安全、受教育程度和人力资本价值等,这是对发展理念的新诠释。

对于一国或地区来说,增长规模与增长绩效的良性互动是至关重要的。让每一个百分点的增长最大限度地转化为老百姓的收入和生活质量的提高,使他们从中得到更多的福利,才是增长的初衷。

人类发展这一重大问题涉及的方面远远不止 GDP 的升降,它涉及的是创造一种环境。在这种环境中,人们应当能够根据自己的需要和兴趣充分发挥自己的潜力,过上富有成效和创造性的生活。近年来,关于全球和有关国家 GDP 及其增长率的报道,经常见诸各种媒体。众所周知,GDP 是计量一国或地区一定时期生产的所有最终产品与劳务的市场价值,反映一国或地区经济总规模和投入能力的核心指标。所以,GDP 稳定增长作为宏观经济的主要目标之一,各国政府都给予高度重视。然而,GDP 也有不尽如人意的地方,如没有直接衡量那些使生活有意义的东西,像环境质量、闲暇时间和社会公平等。因此,从 1970 年代起人们就对 GDP 颇有微词,认为经济增长并不是全部,而且甚至完全可能同时导致环境质量恶化、闲暇时间减少和贫富差距拉大等问题。为了弥补 GDP 的缺陷,联合国自 1990 年首次发表《人类发展报告》以来,一直公布各国的人类发展指数(human development index, HDI),作为衡量人类发展的综合尺度。它测量国家或地区在人类发展三个基本方面即寿命、知识和体面生活的总体成就。寿命以"出生时预期寿命"指标度量,知识以"成人识字率"和"小学、中学和大学综合毛入学率"指标度量,体面的生活以"人均 GDP"指标度量。由此可见,HDI 考虑了人均 GDP 增加的因素,又导入了对人类发展的概括性揭示:健康长寿、个人安全、受教育程度和人力资本价值等,这是对发展理念的新诠释。联合国最近出版的一份有关 2001 年人类发展的报告,在发布各国 HDI 排位时,还将其与人均 GDP 排位作了比较。如 1999 年,中国 HDI 排位为 87 位,高于人均 GDP 7 个位次,属中等人类发展水平国家。而有些国家则出现人均 GDP 排位高于 HDI 排位的情形。由此说明,一国的经济发展水平与人文发展水平并不是高度正相关的。实现高的人类发展水平,就必须让教育培训和医疗保健事业获得一定程度的超前发展。这也正是夯实以人为本的物质基石,进而促进每个人的全面发展。中国的人类发展指数说明,我们的教育培训和医疗保健的发展相对于经济发展,具有一定的超前性,这是令人欣喜的。然而,对存在的问题我们也应当保持清醒的认识。例如,我们的教育的指导思想和办学模式,在如何提高人的综合素质,尤其是在培养创新意识和能力方面,仍还大有可改进之处。又如,贫困人口的教育与医疗问题,也应当受到高度重视。中国加入世贸组织后,势必对教育培训和医疗保健的进一步发展与开放提出更高的要求,我们要以深化改革来加以应对。总之,人类发展这一重大问题涉及的方面远远不止 GDP 的升降。事实上,它涉及的是创造一种环境。在这种环境中,人们应当能够根据自己的需要和兴趣充分发挥自己的潜力,过上富有成效和创造性的生活。人是各国的真正财富。发展涉及的是扩大人们过上他们所珍视的生活的选择。因此,它涉及的远远不止是经济增长。这种看待增长与发展的观点并不新鲜,而在只顾积累物质财富的现实社会中,它常常被人忘记。所以,在我们的新一轮发展中,切实关注人类发展指数,很有必要①。

2. "当代中国人精神生活调查"

据华东师大"当代中国人精神生活调查研究"课题组发布的通过问卷调查和其他方式研究得出的结论表明:"中国人自豪感指数高"。该课题于 2004 年春开

---

① 陈宪:《关注"人类发展指数"》,《文汇报》2002 年 5 月 15 日。

题,抽样调查遍及全国众多省市、自治区,样本4 000余份,调查对象为16周岁及以上的中国人。

(1) 对未来生活乐观积极

被调查者中,认为作为中国人非常自豪的为52.3%,比较自豪的为30.5%,两者相加比例高达82.8%。其中,个人年收入低的被访者回答"非常自豪"和"比较自豪"的比例高于个人年收入高的被访者。

被问到"现在的生活与过去五年的生活比较"时,分别有42.3%的人认为"好多了",42.2%的人认为"好一些",认为没有变化的占10.4%,有3.2%的人认为现在的生活比以前差一些。相对而言,西北和西南地区的人们回答生活"好多了"的人数要多于其他地区,拥有大学和硕士学历的人认为生活"好多了"的判断指数最低。

在回答"对现在的生活是否满意"时,比较满意的最多,占38.4%,其次是"一般"占37.1%。大致上城市人口的生活满意度低于农村人口;西南地区被访者生活满意度最高。从学历上看,学历越高的人生活满意度越差。

在问到"对未来生活的态度"时,有90.4%的人认为未来的生活一定会变好。在问到希望改善的方面时,居前五位分别是:住房条件和医疗条件、社会保障、教育投入、货币投入、就业环境。

(2) 半数以上能保持心情愉快

回答"您多数时候认为自己的心情如何"时,有58.9%的人认为自己通常情况是愉快的,另有34.4%和6.6%的人认为一般或不愉快。调查显示,人们的心情愉快指数随着文化程度和家庭收入的提高而逐渐提高。

对"生活中人们多少都有焦虑不安的时候,您的情况如何"这一问题,认为"有时会焦虑不安"的最多,占55.1%;其次是"很少焦虑不安"的,占32.5%;觉得"经常焦虑不安"的最少,占7.3%。32.4%的人用"睡觉"排解焦虑不安,其次是独处什么也不做、向友人或恋人述说、听音乐、看电视或电影、喝酒等。

调查显示,中国人接触最多的传播媒介是电视,占92.2%,其次是报纸、书籍、杂志、广播、网络等。大学及以上学历的在"电影"、"书籍"和"网络"三项上的选择明显高于大学以下学历的。而在"电视"的选择上,大学和硕士生的选择明显低于其他学历的群体。

中国人如何度过闲暇时间?"看电视、听收音机、读报"的最多,占全部回答的69.6%。闲暇时间做的其他事情还包括:散步、逛公园、看别人打牌、睡觉、养宠物等。

(3) 认为科学家生活有意义

调查中有一些"情境测试"问题。比如,问卷中给定了10种职业(科学家、艺术家、慈善家、运动员、教师、银行家、市长、警察、医生、厨师),假定他们都很有钱,让被访者选择,哪些人生活得较有意义。结果显示,认为科学家生活较有意义的比重最大,而选择银行家的比重最小。

问卷还设置了一题:几户人家的公用空间上放了一些垃圾,不知哪家邻居悄悄把垃圾清除掉了,您觉得最可能做这件好事的会是谁? 被访者中认为垃圾是普通市民清理掉的比重最大,其次是知识分子、党员干部,认为是做生意的人最少①。

3. "面向新世纪的上海人精神"问卷调查透视

(1) 改革与创新:上海人的心声

本次随机发放的400份有关"面向新世纪的上海人精神"讨论的问卷调查,主题是透过上海人对九十年代自身精神风貌的自我评判和对"面向新世纪的上海人精神"的自我定位,来显示世纪之交上海人精神世界的巨大变化。调查的主要内容细分为"改革意识"、"现代观念"、"创新精神"、"开放心态"、"竞争精神"、"社会公德"、"法制意识"、"国际视野"、"信用意识"、"科学态度"、"环保意识"、"行为举止"、"生活方式"等13个项目。

调查统计结果显示,99%的读者认为"九十年代以来上海人精神风貌发生了巨大变化"。由此表明,辉煌的九十年代,不但上海城市面貌的巨变有目共睹,对上海人精神世界的巨大跨越也感同身受。

调查表明,在有关九十年代以来上海人精神风貌变化的诸多方面中,"改革意识"被读者们列为变化最大的一项;而对面向新世纪的上海人迫切需要提高的素质这一问题,有关"加强社会公德建设"、"提高环保意识"的呼声最高,显示世纪之交的上海人已极具前瞻意识。至于如何用一句话概括"面向新世纪的上海人精神",读者的全部回答中,使用频率最高的是"创新"一词,上海人昂扬向上的精神风貌跃然纸上。

(2) 从行业看打分

本次接受调查的读者来自全市各行各业。300余份回收问卷中,标明职业的有机关干部和公务员88人,企业职工69人,科研人员、教师31人,学生27人,新闻出版从业人员17人,管理人员15人,文艺工作者12人,医务工作者9人,军人6人,新经济组织5人。

在"改革意识"被读者列为20世纪90年代以来上海人精神风貌变化最大的一项的同时,细分其余各项,可以看出,不同职业群体的读者,对上海人精神世界变化的判断,又有着不同的侧重点。

比如,对接受调查的机关干部和公务员的统计显示,"竞争精神"被列为上海人精神风貌变化的主要内容,这显然与干部人事制度改革的巨大影响密切相关;而

---

① 徐敏:"中国人自豪感指数高",《解放日报》2006年11月4日。

在科研人员和教师的眼中,"开放心态"的变化感受更为强烈,明显展示出当代知识分子从封闭到走出"象牙塔"看世界的心路历程;企业管理人员则把注意力集中在"现代观念"的建立,这从一个侧面反映出经济结构调整、现代企业制度的建立等等对精神世界的巨大影响;众多企业职工认为上海人"环保意识"的变化令人瞩目,显然是在他们眼里,"上海的环境变得更美了"这一看得见摸得着的直观感受更为强烈;至于年青一代的学生群体,他们把"生活方式"的变化放在更为显著的位置,则展示出年轻人的独特视野和个性。

(3) 不同的年龄,共同的定位

本次调查中,读者标明年龄的共有290人,其中60岁以上的老年人21人,35至60岁的中年人199人,18至35岁的青年人59人,18岁以下的未成年人11人。四个不同的年龄段,由于经历各不相同,心态千差万别,所思所想也就有着有趣的不同。

老年人历经坎坷,晚年躬逢盛世,社会稳定繁荣,把"法制意识"的增强放在第二位置,也是情理中事。展望新世纪,多数老人认为上海人尤其应当努力提高"环保意识",这暗含了上海作为老龄化社会的内在需求。

而社会的巨大变革,给上海中年一代带来了过去未曾有过的人生机遇,所以中年读者认为上海人"竞争意识"强,正是他们自己的切身体会。他们把"科学态度"放在新世纪上海人应当提高的诸种素质前列,无疑也正是看到未来的上海面临着新技术革命的挑战。

上海的青年一代,基本上成长在改革开放新时期。当今上海人的精神风貌,在他们眼里,"开放心态"当然就占据了重要位置。而"创新精神"被青年人作为新世纪上海人需要大力培养的重要精神素质,显然又从一个侧面展现了当代青年自强不息的风貌。

(4) 新上海、老上海:我们都是上海人

接受本次调查的读者中,表明自己是出生在上海的有232人,而"外地来沪人士"有70人之多,这虽在情理之中,却也颇令人惊讶。这些工作和生活在上海的"外地人",在上海的时间从一年到三五十年不等,其实很多人已是"老上海",当然也有不少人是初来乍到的"新上海人"。

令人意想不到的是,"外地人"眼里的上海人精神,和上海人自己看自己,有着惊人的一致:有关九十年代上海人的精神风貌变化,他们都首推"改革意识"、"现代观念"、"开放心态"、"竞争精神"这四项。一点微妙的区别是,"外地人"认为上海人的"现代观念"更强,而上海人认为自己的"改革意识"更浓[①]。

---

① 周学忠:"'面向新世纪的上海人精神'问卷调查透视",《文汇报》2000年11月17日。

二、文明指数

1. 神州调查——上海世博窗口服务测试

由上海世博会主运行指挥部窗口服务组办公室联合解放日报社会调查中心和上海神州市场调查公司开展的"中国2010上海世博会窗口服务满意度调查"显示,世博会运行1个月来,各类窗口服务总体运行平稳有序,全市范围内窗口服务总体满意度得分为81.78分;世博园区内窗口服务总体满意度得分为83.61分。

(1) 外地游客满意度评价最高

此次调查的对象按照世博游客的消费层次经抽样产生,其中世博园区外已参观过世博会的游客300名,世博园区内正在参观世博会的游客200名。

调查分为两块,一块是全市范围内窗口服务测评。主要包括：交通服务、餐饮服务、购物服务、旅游服务、住宿服务、娱乐休闲、通讯服务、医疗服务、公共服务、金融服务。另一块是世博园区内窗口服务测评。主要包括：交通服务、安检服务、展馆服务、饮食服务、购物服务、环境卫生、金融服务、无障碍服务、通讯服务、志愿者服务。

调查显示,无论是全市范围内窗口服务总体满意度,还是世博园区内窗口服务总体满意度,都呈现出：全国其他省区市游客的满意度评价均高于上海游客的评价,境外游客的满意度评价均低于上海游客的评价。

(2) 金融、志愿者服务分列首位

调查显示,在全市范围各类窗口服务满意度测评中,金融服务的总体满意度为85.81分,位居首位。而在世博园区内各类窗口服务满意度测评中,志愿者服务的总体满意度为园区十大窗口服务之首,得分为91.25分。其中,服务态度、服务水平、提供帮助的有效性均是最为满意。45.2%的被访者认为志愿者服务是最令他们"感动的人和事"。

此外,26.1%的被访者认为园区内的各项服务是令他们"感动的人和事"。游客认为园区入口和各个场馆设置的绿色通道十分人性化,园区的安全保障服务非常到位。此外,园区的环境卫生情况、餐饮品种及服务、饮水点和交通标识的设置均受到了好评。

(3) 餐饮服务有待改进

记者注意到,在全市范围及园区窗口服务的满意度测评中,餐饮服务的满意度排名相对靠后。全市范围的餐饮服务总体满意度为78.39分。游客对"食品安全"、"餐饮卫生"满意度最高;对"餐饮价格"满意度最低,仅为64.57分。

不约而同,世博园区内的饮食服务游客满意度相对靠后的服务项目,总体满意度仅为78.33分。游客对食品安全和食品卫生的评价最高。游客最不满意的是排队情况,就餐人数太多、时间集中,导致部分游客需要长时间等待甚至无法在餐馆内就餐。

在本次调查中,32%的被访者认为游客各种不文明行为是"不好的人和事"。被访者提到的游客不文明行为包括:乱扔垃圾、随地吐痰、破坏绿化、出言不逊、易于激动、插队、在禁烟区吸烟、不雅观地休息等①。

2. 提升公众人文社科素养

普及人文社会科学知识,提升公众人文社科素养,是繁荣发展人文社会科学的基础工程,是增强国家文化软实力的重要手段,是尊重公众文化权益的客观要求,是促进公众行为理性化、化解社会矛盾、推动社会和谐的重要途径,是凝聚人心、达成共识、促进发展的重要工具。贵州省在2008年开展了"全省首次公众人文社科素养及需求调研",并从中得到诸多有价值的启示。

① 提升公众人文社科素养:新时期提出新要求

20世纪80年代以来,思想解放的潮流与改革开放的伟大进程,更推动了人文社会科学知识的大普及和公众人文社科素养的大提高。伴随着这一进程,贵州与全国一样,公众人文社科素养也得到较大幅度的提升。特别是20世纪90年代后,在科教兴国的战略背景下,贵州省提出科教兴黔战略,对公众人文社科素养的提高产生了全面而重大的影响。而进入21世纪以来,中央高度重视哲学社会科学事业,贵州省的人文社科普及工作开始走上制度化轨道,这更推动了公众人文社科素养的提升。我们在调研中了解到,长期以来一系列积极的举措,使得贵州公众人文社科素养的提升取得了积极成果,对于推动经济社会的发展起到了较大的作用。但不容忽视的是,贵州作为一个"欠发达、欠开发"的省份,经济社会发展与全国一直有着较大差距,相应的公众人文社科素养水平也存在着极大差距。尤其面对新时期努力缩小差距,实现跨越发展的新使命,公众人文社科素养及需求状况呈现出一些新特征,必须引起高度重视。

一是普遍认识到人文社科素养与经济社会发展有重要的相关性,但就具体的作用却知之甚少。比如问卷调查中对于"即使没有人文社会科学知识,人们仍然可以生活、工作得很好,您对此的理解",有66.6%的被调查者反对此说法。但是,当问到被调查者对"科普"内涵的理解时,只有18%的公众选择涵盖人文社会科学知识的普及,表明大多数公众不清楚人文社会科学,普及是"科普"的重要组成部分。此外,被调查者对中国科学院、贵州省科学院、贵州省科学技术协会的了解程度按高低依次为52.2%、27.6%、20.1%。

---

① 谈燕、顾伯贤:《世博窗口服务总体平稳有序》,《解放日报》2010年6月3日。

二是公众普遍具有提高自身人文社会科学素养的期望,但缺乏提高的自觉行动。当问及"是否有必要开展人文社会科学知识的普及工作"时,37.9%的人以为非常有必要,50.5%的人认为有必要,总计占至了88.4%。

三是作为经济人的知识需求相对得到公众较广泛的重视,但作为生态人的素养需求还不为公众层面所重视。在问及"公众最希望获得的人文社会科学知识与信息"(可多选)时,选择时事热点问题的被调查者最多,占53.3%;选择生活教育的其次,占42.2%;选择法律知识的居第三,占42.0%。

② 历史基础和现实制约并存:提升公众人文社科素养任重而道远

除新中国成立以来我国为公众人文社科素养提升所奠定的宏观基础外,近年来各省宣传、教育和文化事业的创新,奠定了公众人文社会科学素养提升的工作基础。贵州2005年以来开展的"多彩贵州"系列活动,展示了贵州的文化风采,唤醒了贵州的文化自信;文化体制改革深入推进,恢复和新建了一系列文化设施,成立了一批文化事业和产业单位,丰富了人民群众的文化生活;报纸、刊物、图书、广播、电视、网络等文化媒体的壮大和发展,日益成为公众获取社科信息的重要工具;各种具有针对性的理论宣传、政治思想宣传活动每年都有新内容、新形式;各级各类教育网络的形成,成为提升公众人文社科素养的重要渠道。此外,贵州近年来开展的各种精神文明创建活动,人口、法制和国防教育活动等,也成为提升公众人文社科素养的途径之一。

但与此同时,贵州提升公众人文社科素养仍面临着若干不可忽视的现实制约因素。

一是人口综合素质偏低。人口综合素质偏低是制约公众人文社科素养提升的基础性因素。2007年,在贵州省总体小康进程监测指标体系的五大项指标中,唯有"人口素质"这一项指标的小康实现程度最低,才达到57.1%。

二是教育"欠发达、欠开发"。2007年,贵州省高校的毛入学率仅为11.5%,与全国平均相比,低11.5个百分点。

三是宣传文化工作基础较弱。长期以来,贵州省宣传文化系统资金投入不足,公共文化设施欠账太多,许多公共图书馆是有馆无书或有馆缺书。

四是民族地方的结构性制约。贵州省总人口中的39%是少数民族,对全省公众人文社科素养的影响举足轻重。但民族地方的经济总量更小,公共文化教育的投入更加不足,面临的困难更多,构成全省公众人文社科素养提升的结构性制约。

面对这些现实制约,新时期贵州公众人文社科素养的提升任重道远。

③ 创新人文社科普及工作:提升公众人文社科素养的行动策略

不容置疑,长期以来人文社科普及工作对于提升公众人文社科素养发挥了重要的作用。但与此同时,由于人文社科普及工作的创新力度不足,如针对性不强、形式单一、内容单薄、投入不足、制度化程度不高,也给公众人文社科素养的进一步提升带来制约。

一是坚持科普地位的平等取向。由于历史的原因,人文社会科学普及工作长期落后于自然科学普及工作。为改变这一现状,2004年中央3号文件明确提出,"提高全民族的哲学社会科学素质与提高全民族的自然科学素质同样重要",这为我们坚持人文社会科学普及和自然科学普及并重指明了方向。

二是坚持科普宗旨的人本取向,做好人文社会科学的普及工作,本身就是按照科学发展观关于全面发展要求的具体工作体现。科学发展观的核心是以人为本。因此,做好人文社会科学普及工作,要按照科学发展观关于以人为本的要求,坚持科普的目的是为了人民,动力上要依靠人民,形式上要方便人民的原则。

三是坚持科普重点的基层取向。由于种种原因,农村地区信息闭塞,接受人文社会科学知识的渠道太窄、速度太慢、效果太差。如中央的最新理论和政策,在信息层层传导中往往受到减损,最后到农村地区的时候,农民群众往往知道得不全或产生误解。因此,今后人文社会科学普及的重点应当放在农村基层地区,对农村基层地区在人文社会科学普及方面给予强有力的人、财、物支持。修复贵州省公众人文社会科学素养的短板,实现贵州省公众人文社科素养的整体提升。

四是坚持科普方式的多样取向。从今后发展的需要来看,应结合科普对象的特定性增强科普工作的针对性和层次性,为此必须结合科普对象的需求特点采取多种方式开展科普工作。特别是要发挥网络的作用,丰富科普方式,增强科普实效。

五是坚持科普动力的多极取向。人文社会科学的普及工作点多面广,但相比之下科普力量却极为薄弱,缺乏一支有力的成规模的科普队伍。为此,必须在坚持党委领导、政府支持的前提下,积极发挥社团、企业、公民的作用,为人文社科普及提供多极动力。党委政府要对社团、企业和公民参与科普工作的行为给以积极鼓励和支持,并对作出成绩的给予奖励,以此号召更多的组织和力量投身到人文社会科学普及活动中来。

六是坚持科普目的的多重取向。人文社会科学普及的目的应当是多样的。其中根本目的是尊重广大人民群众的文化权益,满足他们日益增长的精神文化需求。

基于上述价值取向,在具体的对策操作上,应当从如下六个方面入手。

一是加强人文社科普及的组织领导。坚强的组织领导是根本保证。

二是加强人文社科普及的队伍建设。高素质的科普队伍是基础。

三是加强人文社科普及的法制建设。完善的法制是重要保证。在这方面,最好能从国家层面出台相应的法律和法规,有立法权的地方也可以考虑。

四是加强人文社科普及的平台载体建设。有力的平台载体是工作抓手。在这方面,各地要努力创办具有品牌价值的科普讲坛,特别是要启动农村和农民科普工程,加强人文社会科学普及的网站建设等,形成平台科普格局。

五是加强人文社科普及的知识读本建设。通俗易懂的知识读本是重要工具。

六是加强人文社科普及的评价体系建设。在这方面,应当将调研工作定期开展,最好能形成全国性的统一行动。对专事社科普及工作的人员,要有专门激励措施,以提升他们的工作积极性和成就感①。

三、社会心态

1. 改革关键期武汉市社会心态调查

从党的十一届三中全会至今,改革已经走过了27个年头。毫无疑问27年来,改革取得了很大的成就,但不必讳言,也存在太多的问题和尖锐的矛盾。可以说,改革每推进一步,成就总是与问题相伴。因而,人们对改革的评价,也就随着改革的不断深入和利益格局的不断改变发生着变化。而不同时期对改革的不同评价,又对进一步的改革发生着重大影响。因为民心之向背,决定着改革之成败。

面对当前改革的成就和问题形成巨大反差的宏观背景,引发了人们对改革的思考、讨论,特别是因国企改制和医疗改革的种种争论,逐渐形成了一场对改革的深层反思和全面评价。如贫富差距问题,弱势群体社会边缘化问题,改革的成本与代价问题,改革成果的社会分享问题,社会底层甚至中层对改革的怀疑情绪问题,等等。

显然,以上这些问题表明,改革所面对的形势是严峻的。那么,武汉市民对改革的评价是怎样的呢?

(1) 武汉市民对改革的直面评价

① 对改革成效给予肯定的比例达历史最高点

我们以"二十七年改革的成效"为题,请武汉市民给出他们的评价。统计数据表明,认为"成绩巨大,前景光明"的占20.1%;认为"效果显著,问题不少"的占72.8%;认为"看不出什么效果"的占2.6%;而认为"效果不佳"的仅占3.4%。这个结果,既出乎我们调查前的预测,又让我们感到兴奋。因为,本次调查是在贫富差距扩大,社会矛盾较为突出,社会上出现一些对改革持怀疑态度和负面评价的情况下进行的。而本次调查最为重要的成果是,武汉市民认为"成效巨大,前景光明"和"效果显著,问题不少"(这仍是一种较为冷静的肯定性评价)占92.1%,对改革27年的成效,给予了充分的肯定,甚至达到了历史的最高点。

---

① 张微:《关于提升公众人文社科素养的思考》,《中国社会科学报》2009年8月25日第10版。

② 对改革前途有较强信心的占74.1%

与此相联系,武汉市民对改革的前途也表现出了较强的信心。

相信改革"一定成功"的占24.5%,认为"有希望成功"的占49.6%,对"成功失败难预料"表示同意的为22.5%,认为"失败的可能性大"的仅1.9%,"无法成功"的为0.9%。与对改革的评价一样,武汉市民对改革前途的看法较1988年抱有更为乐观的期待。此数据反映的是对改革成就的认定,对改革方向的认定。

③ 从生活体验感受到改革成功的占74.1%

这从武汉市民在对"从您的生活体验中,二十多年改革的最大成功是什么"(九项选择)这一问题选择中可以清楚的看到。认为"从一个物资匮乏的社会成为一个初步繁荣的社会"的占63.2%,占第一,"人们的生活水平普遍得到较大提高"占56.8%,列第二,"人们的言论自由度日益增大,价值观念日益多元化"占44%,列第三,"初步建立社会主义市场经济"占35.5%,列第四,"综合国力和国际地位得到很大提高"列第五。此五项选择占九项全部选择的76.8%。以上统计数据充分表明,武汉市民对改革较高的肯定评价和对前途较为乐观的信心,首先来自改革的经济繁荣、增长,更直接来自社会生活水平普遍得到提高的生活体验。

(2) 武汉市民对重大改革措施的反应

① 国企职工一定程度上承担了改革的成本与代价

对于改革国企职工的分流问题的回答主要集中在,"国企改革过程中一定要重视解决职工分流和退休人员安排"的占27.5%,列第一,这表明国企职工被买断工龄或下岗失业,承担了改革的成本与代价。

② 对医疗改革中的不公正反应强烈而明确

医疗改革是涉及全社会每个人生活质量和生活安全的改革措施。由于医革不断地商业化、市场化,政府支出相应减少,而群众个人支出却在不断增加。因此,武汉市民对医疗改革的反应,是较为激烈的。

选择"'小病'等全民免费治疗,'大病'采用医疗保险"的为27.7%,列第一位;选择"对现行医疗体制重新进行改革设计"的占23.7%,列第二;同时,还把"改善基层,特别是广大农村的医疗供给情况"列为第三。这三点充分说明,武汉市民对医疗改革中的不公正,反应强烈而明确。

③ 否定教育产业化的改革取向

教育改革,教育产业化的导向,使公众为此会出高昂的学费,使城乡居民尤其是农村居民不堪重负。

武汉市民对教育改革态度取向十分鲜明。对教育产业化,提高学费,扩大私立办学规模等选择极低,几项总计不到10%;而"国家应增加教育投资,减轻老百姓的负担"占43.7%,列第一,"义务教育主要由政府财政解决"占29.7%,列第二;显然,广大市民对教育产业化的改革取向,是否定的。

④ 城乡之间的巨大差距更表现在城乡二元结构体制的不公平上

"三农"问题是我国改革必须要解决的重大经济社会问题,甚至是政治问题。为此,我们从"农民真苦,农村真穷,农业真危险"征询武汉市民的看法。数据表明,"很同意"的占18.1%,"同意"为45.4%,"不同意"为24.7%,"很不同意"为2.9%。我们认为,63.5%的市民对"三农"问题的认识是正常的,这使我们感到,城乡之间的巨大差距,不仅仅是在物质财富上,更表现在城乡二元结构体制在现阶段表现出的明显不公正、不公平上①。

……

2. 幸福感—幸福指数报告

(1) 联合国首次公布幸福指数报告——丹麦人过得最幸福

据英国媒体4日报道,联合国近日在不丹举行幸福指数讨论大会,并发布了首份《全球幸福指数报告》。根据这份报告,丹麦成为全球最幸福国度,美国仅排在第11位,反观国民生产总值不高的哥斯达黎加却排在第12位,比英国(第18位)排名更高,凸显金钱买不到幸福。

① 财富并非决定性因素

据报道,《全球幸福指数报告》长达150页,时间跨度从2005年至2011年,调查对象是全球156个国家和地区。通常,富裕的国家和地区居民幸福感比较高,比如丹麦、芬兰、挪威和荷兰这四个人均收入排全球前15位的国家就包揽了幸福榜的前四位。

但是,财富的多寡也并非是国民幸福感的决定性因素。《全球幸福指数报告》制作者、美国哥伦比亚大学经济学家杰弗里·赛克斯说:国民生产总值并不能代表幸福程度,尽管一般来说,国家财富与国民快乐有一定联系,但两者之间没有内在必然关系。美国自1960年开始,人均国民生产总值增长了三倍,但幸福指数却停滞不前。

赛克斯补充说,经济增长带来一些弊端,诸如饮食不合理,引发糖尿病、肥胖等健康问题;沉迷于购物、电视、赌博,往往养成不健康的生活习惯。最重要的是,经济发展带来一些社会问题,"人们社区意识丧失,社会信任度下降,在变幻莫测的全球化经济时代,焦虑感在不断扩散。"现在,人们更看重社会支援、清廉度以及个人自由,这些远比财富重要。

② 全球总体比以前幸福

这份报告发现,失业之痛可与生离死别相提并论,这也就是经济陷于瘫痪的东

---

① 王铁、吴玲华等:"改革关键时期武汉市社会心态调查",《社会科学报》2006年7月13日第一、二版。

欧诸国连前20名都进不了的原因。此外,女性比男性更知足,而中年是人一生中最不顺心的时期。最不幸福的国家自然是那些战火纷飞的地区,尤其是撒哈拉以南的非洲国家,比如多哥、贝宁、中非共和国和塞拉利昂。

总的来说,研究发现,全世界作为一个整体,在过去30年幸福程度稍有上升。但让人思考的是,为了追求经济指标,在取得所谓的"进步"的同时,"人们也失去了一些本应该珍视的东西。"联合国秘书长潘基文说。

③ 衡量幸福感标准复杂

如何衡量幸福感,《全球幸福指数报告》有一套非常复杂的标准,这套标准包括9个大领域:教育、健康、环境、管理、时间、文化多样性和包容性、社区活力、内心幸福感、生活水平等。在每个大领域下,又分别有3至4个分项,比如教育领域下有读写能力、学历、知识、价值观等,总计33个分项。

尽管幸福国家多是富裕国家,但富裕国家民众认为社会关怀、廉洁和个人自由,比收入更能带来幸福感。工作安全感和良好雇佣关系,比高薪带来更大工作满足感。稳定的家庭和婚姻生活,为父母和孩子带来更大喜悦。在发达国家中,女性比男性幸福。在各年龄层中,以中年人的幸福程度最低。全球最幸福的10个国家:丹麦、芬兰、挪威、荷兰、加拿大、瑞士、瑞典、新西兰、澳大利亚、爱尔兰。全球最不幸福的10个国家:多哥、贝宁、海地、塞拉利昂、布隆迪、科摩罗、中非共和国、坦桑尼亚、刚果(布)、保加利亚。

(2)与国民幸福相关的若干指标

"国民幸福指数"(GNH)最早由南亚小国不丹国王上世纪70年代提出,如今已受到越来越多国家的重视,包括中国在内的许多国家的研究机构纷纷开始了"幸福指数"的研究。如何测量作为人的主观体验的幸福的社会指标?专家主要依据两种方法,一种是"自上而下",即从被试者整体满意度着手,探索整体满意度在各个特定领域的不同反映,另一种则是相反的"自下而上"。采用"自下而上"的研究方法时,社会心理学家主要询问被试者哪些因素直接影响了他们的生活满意度,最经常提到的领域是:收入、就业、人际关系、健康、休闲、住房和教育。

① 收入

在收入处于平均水平以上的人们中间,收入较高者与收入一般者的主观幸福没有显著差异。然而,在收入处于平均水平以下的人们中间,主观幸福水平会随着收入的减少而下降。经济收入对主观幸福的作用是一个颇具争议的问题。美国学者关于"美国人的生活质量"的研究发现,在体现生活满意度的12种社会指标中,"经济收入"只排名第11。况且,在现实生活中,富人不一定感到幸福,穷人不一定感到痛苦。如果经济收入对主观幸福没有影响的话,那么增加经济收入也就意味着与生活满意度没有多少关系。但是,答案也许并不那么简单。我们只有在考查了经济收入能在多大程度上使人感到幸福后,才能从中找到解释。为此,我们根据职业地位、经济收入和教育水平这三个维度,对社会阶层和类别在经济收入与主观幸福方面的关系进行了调查和分析。研究发现,工作满意度与生活满意度有着密切的联系。从因果关系的角度来看,两者的关系是双向的。在工作满意度中,尤其就不同的工作而言,个体之间存在着明显差异。社会心理学家曾经作过一项调查,询问被试者是否会再次选择同样的工作。结果发现,91%的数学教师和82%的律师回答说,他们愿意再次选择同样的工作;与之相比,在钢铁工人、码头工人和专司长途运输的驾驶员中间,只有16%的人回答说他们愿意再次选择同样的工作。此外,工作满意度也受到同事之间人际关系,以及工作环境的客观特征的影响。

② 社会关系

社会关系的三个主要变量——家庭生活、爱情与婚姻、友谊——影响着主观幸福的各个方面。在这三项变量当中,家庭生活与婚姻是最重要的两项因素。家庭生活有许多乐趣,这些乐趣是以刺激和情感为机制的。不仅夫妻之间互为刺激源,而且父母与孩子之间也互为刺激源,情感就是以此为基础得到增进的。家庭生活既有积极情感,也有消极情感,但在大部分时间里,既没有积极情感,也没有消极情感。许多家庭是在没有大起大落的情感波动中平静度日的。

家庭生活与婚姻对主观幸福的影响,具体来说有下列三个方面:

第一,心理健康。研究表明,大多数已婚男女的心理状况良好,常见的心理不适主要表现为:食欲不振、夜晚难以入睡或失眠、疲惫感、心境抑郁或苦闷、无助感、自卑感、孤独感、自闭性、人生失败感,以及感到活着没有意义等。其中,"疲惫感"的比重最高,达50.8%。

第二,生活压力。研究发现,在被调查者中间,约38.8%的人有着"下岗或待业等职业不稳定"的压力,而无此压力的只有38.0%;约24.5%的人为"子女教育"的压力所困扰,无此压力的只有31.4%;约25.0%的人经常感到"经济拮据",无此压力的只有38.0%。至于经常感到"工作紧张"、"家务繁重"的分别达到14.8%和7.0%。此外,研究还发现,年龄、文化程度、在业状况、收入、工作能力等,与生活压力有着更多的关联。

第三,婚姻质量。现代家庭的轴心正在从纵向的亲子关系向横向的夫妻关系过渡,两性伴侣关系成了维系家庭的第一纽带,婚姻质量在市民生活质量指标体系中的权重也相应上升。夫妻关系是否和谐和融洽,主要取决于夫妻双方的婚姻需求是否得到满足。

③ 教育

研究主观幸福与教育程度之间的相关,主要依据两种评价:一是接受教育的年限;二是教育程度与后来职业和收入的关系。然而,在主观幸福与教育程度的关系方面,研究的结论并不一致。有些研究指出,教育的作用已经随着时间的推移而下降。例如,美国在1975年的调查发现,44%的大学毕业生报告说他们感到十分幸福;到了1978年,感到幸福的大学生比例下降为33%。在英国和日本,教育对主观幸福的作用也不明显,而在其他一些国家,诸如墨西哥、菲律宾和尼日利亚等国家,教育对主观幸福的作用却较明显。这种情况似乎为我们提示了一个关键的变量,那就是在发展中国家和较为贫困的国家,教育对主观幸福的作用较大。

如果说教育对主观幸福具有某种作用的话,那么这种作用是如何运作的?有关研究发现,教育对主观幸福的作用主要表现在教育程度影响后来的职业,而不是影响后来的收入,尽管职业反过来也影响收入。美国的一个全国性调查表明,教育对主观幸福的作用是通过它对获得满意的工作、增强自控能力、更好地选择婚姻,以及主动地获得各种形式的社会支持所产生的影响而得以实现的。

④ 健康

健康既是主观幸福的原因,又是主观幸福的结果,而且,它能被视作生活质量的组成部分。在健康的问题上,主观幸福的测量把健康分为主观健康和客观健康。主观健康与客观健康并不等同。神经过敏的人常在主观上体验到不健康,而真正患有高血压的人,有时反而会认为他们的身体状况良好。研究发现,如果具体的疾病限制了个体活动的话,那么主观幸福与客观健康之间存在某种关系。

⑤ 住房

房屋资产将成为居民家庭财产中最为主要的一部分资产,不同收入家庭的房屋资产价值的差异,不仅印证了不同收入家庭之间的差异,而且强化了不同收入家庭之间幸福体验的差异。

若干研究已经指出,可将住房视作生活标准的一个组成部分。不仅住房的面积对生活的满意度产生影响,而且住房的设施也对生活的满意度产生影响。例如,被试者的住房满意度取决于某些变量,包括每人所占的房间数、房间的大小和房屋的配套设施等。

⑥ 休闲

社会心理学家已经发现,休闲活动的满足与生活满意度的关系要比其他变量与生活满意度的关系更加密切。社会心理学家借助纵向设计对休闲的作用进行过研究,并且揭示了其中的一些因果关系。例如,动员或鼓励人们去参加日常的锻炼,有助于降低焦虑和抑郁,增加自尊。此外,积极参加群体社交和志愿者活动,也具有强化主观幸福的作用。不过,已有研究发现,把观看电视作为主要的休闲方式,有时反而与主观幸福具负面关系,也许是因为长时间观看电视的人没有其他更好的事情可做。

21世纪是人类追求幸福的世纪,国家富裕和人民幸福则是我们经济增长的根本目的。所谓以人为本的科学发展观和建设社会主义和谐社会，其最终的落脚点都是为了增加人民的福祉，提高居民的幸福度。在"现代性反思"的视野中，我们不仅需要重新考量中国经济增长的历史过程和目标要求，而且更需要把"经济增长"与"人的幸福"作为一个整体，放置到与经济环境和发展目标相适应的居民日常生活结构中来重新定位。从宏观角度来看，经济增长不仅仅是一个国家在现代性发育中对物质形态的数量追求与欲望扩张，更是一种传统生活结构的破除和现代生活体系的重建过程，在这一过程中，人的心理和精神生活状况会因此而变得更加复杂多变，也会因此而变得越来越重要。对此，我们将不得不予以充分关注。

第十二章 新时期民意调查的兴起

第一节 民意调查概述

一、民意调查的由来与发展

民意调查(也称民意测验、舆论调查)是一种了解公众对某些政治、经济、社会问题的意见和态度的调查方法,也是了解社会与群众意见的测量手段。其目的在于通过大量样本的问卷调查来精确反映社会舆论或一般民意动向。

据说现代意义上的"民意"一词最早出现于18世纪中后叶尼凯尔(Jacques Necker)使用的法语 opinion publique(英语 public opinion)。民意一词具有多种含义,其本质含义已由"民意"这个词巧妙地表达出来了,即所谓"民意"是"指由很多人支持的意见、看法",同时,"这种意见、想法不能为社会所忽视"。在现代社会中,持这种看法的人在逐渐增加。

民意调查,对于广大民众来说,是一种很好的意见表达途径,为政府组织决策提供参考依据;对于政府组织来说,运用民意调查手段,能够有效地汇集意见,掌握了解广大民众的利益关切。因此,民意调查往往被称为"政治的温度计"。

1. 民意调查的由来

民意调查的历史十分悠久,如古代希腊召开公民大会,就要专门听取民意。到19世纪末20世纪初,民意调查越来越受到人们的重视,进行民意调查的部门由新闻部门发展到政府机构、企业、学校、军队和社会团队;民意调查的内容涉及总统选举、党派纷争、社会问题和市场调查等等。

民意调查作为社会调查的一个重要工具,是在20世纪初期开始逐渐应用的,但这种方法的科学化还得力于盖洛普等人。盖洛普在30年代初期依据费希尔的抽样理论,在民意测验中采用了科学的抽样方法,并在一系列预测中取得成功。尤其是他于1936年因准确地预测了罗斯福将当选总统而名声大振。美国的盖洛普公司经过70多年的发展,成为享誉全球的民意调查跨国公司,它在美国设有10个办事处，在全国20多个国家建立多个分公司，其调查网络覆盖全世界55%以上的人口和涉及3/4的经济社会活动。在现代，西方主要发达国家如英、法、德、意、俄、日等国的民意调查机构都很多，开展民意调查的活动十分频繁，民意调查对社会的影响也比较大。20世纪80年代以后，民意调查在我国也得到发展，许多省市、部门都开始采用民意调查的方法来了解社情民意。

盖洛普的成功与失败

1824年开始，美国的许多报社、杂志社、调查机构等经常进行总统选举投票预测（poll）。其中《文摘》杂志自1916年开始在每次选举中，都预测准确，占据了投票预测的霸主地位。可是在1936年的选举中，《文摘》杂志根据对200万人的调查结果预测兰登将以57%的得票率当选，选举结果大出所望，原来估计将以43%的得票率落选的罗斯福反而当选了。从此该杂志社运气日渐不佳，并最终招致了停刊的厄运。

与此相反，盖洛普（George Gallup）尽管只调查了3 000人，却对投票结果作出了非常准确的预测。以后盖洛普取代《文摘》杂志，主导着美国调查界。

那么，《文摘》杂志失败，盖洛普成功的原因究竟何在呢？

原因在于，《文摘》杂志根据该杂志的订阅者名单及汽车和电话拥有者的名单，先邮寄出约1 000万张预测投票表，然后根据回收上来的200万人的调查表，对选举结果做出了预测。选定这样庞大的调查对象从本质上讲是基于这样一种指导思想：调查的对象越多，预测就会更加准确。

可是这种方法有下面两个缺点：

1. 爱读本杂志的人及汽车和电话拥有者在当时多属中等以上阶层，他们比较富裕、保守，反对罗斯福民主党政策的人比较多。

2. 用邮寄方式回收调查表也是导致错误结果的原因。一般来说，在愿意以邮寄方式进行回答和不作回答的人之间，其性格等存在明显差别。

与此相反，盖洛普采用的是一种叫作"配额抽样"的方法。这种方法力求使调查对象在州、市、镇、村的大小、年龄、性别、社会阶层、人种等方面，能准确地代表美国的所有选民。盖洛普应用配额抽样法进行总统选举预测调查获得极大成功以后，该方法开始广泛应用于民意调查和市场调查。

可是在1948年的总统选举中，采用同样的方法预言杜威将当选，结果与预测恰恰相反，杜鲁门当选了，从此，盖洛普失去了在民意调查界神话般的地位了。不仅如此，其他调查机构也都出现了同样的失败，人们开始向民意调查投来了怀疑的目光。于是，由许多学者和专家组成了一个委员会，对失败的原因进行了研究，指出了配额抽样的缺点，即使在年龄、社会分层等方面考虑了抽样对象的几个特征，但其他特征还可能出现偏差。

因而,20世纪50年代以后,盖洛普民意调查就采用分层随机抽样的方法以消除配额抽样法主观因素的影响,再次获得了民意调查预测的成功。①

2. 民意调查的发展

近年来,民意调查呈现出一些新的发展趋势,主要有:

第一,更加重视运用现代媒体和互联网等新兴科技手段。20世纪70年代以来,计算机技术和信息技术在民意调查领域的不断应用,给民意调查带来了前所未有的发展机遇。这些新兴技术的广泛应用,促成了计算机辅助电话调查和网络调查的蓬勃兴起,网络调查将成为民调业内广泛采用的方式方法。

第二,民意调查继续在各国政治生活中发挥重要作用。政党政治需要广泛的民意支持。西方主要政党都通过塑造或动员民意,达到争取民心的宣传效果。国外在政党宣传和竞选中积极影响和塑造民意。

第三,注重针对全球性热点议题开展民调。一些民调机构除了接受委托的项目,绝大部分根据社会热点问题来确定调查主题。近年来这一趋势又有了新的变化,一些著名民调机构积极将民调议题集中在生态环保、国际反恐、限制核武器扩散等话题上,针对全球性热点议题的民意调查不断增多②。

二、民意调查的特点和作用

1. 民意调查的特点

(1) 抽样科学,可靠推断

作为民意调查的主体,社会成员数量巨大且分散。为了全面系统地了解民意,从理论上说进行普查是切实可行的,不仅因为普查精确度高,同时社会成员对于真实反映其想法的民意调查是渴望的。然而由于普查所面对的是巨额的费用、漫长的数据获取期、易逝的数据时效等问题,使得普查的实施相当困难。由此抽样调查的概念产生了。

抽样调查的经济性与准确性的博弈使得抽样调查成为民意调查的首选方法并成为民意调查的特点之一。抽样调查的经济性与准确性的博弈还导致抽样方法的发展,即由早期的方便抽样发展到定额抽样,再由定额抽样发展成随机抽样。

方便抽样是非随机抽样方法中的一种,是指研究者根据实际情况以自己方便的形式抽取偶然遇到的人作为调查对象,或者仅仅选择那些离得最近的、最容易找

---

① 参见范伟达编著:《现代社会研究方法》,复旦大学出版社2001年版,第266—267页。
② 参见中共中央组织部党建研究所编著《中外民意调查方式比较研究》,党建读物出版社2011年版,第6—7页。

到的人作为调查对象。这种方法不能通过样本推断总体,因此早期的民意调查不会准确,其娱乐性功能强于科学性。

定额抽样是按调查对象的某种属性或特征将总体中所有个体分成若干类或层,然后在各层中抽样,样本中各层(类)所占比例与他们在总体中所占比例一致。进行定额抽样时,研究者要尽可能地依据那些有可能影响研究变量的各种因素来对总体分层,并找出具有各种不同特征的成员在总体中所占的比例。然后依据这种划分以及各类成员的比例去选择调查对象,使样本中的成员在上述各种因素、各种特征方面的构成和在样本的比例尽量接近总体情形。由于在没有普查数据的基础上对于比例的把握是非常困难的,因此通过这种方法来获取样本、推断总体也会存在较大偏差,但定额抽样的精确度明显超过方便抽样。

为使抽得的一些个体能有代表性,就要求母体中每个个体被抽到的机会是均等的,并且在抽取一个个体后,母体的成分不变。抽取一个个体并记录其结果,就是做一次随机试验。基于这种办法来抽取个体,就被称为随机抽样。

(2) 程序科学,真实描述

民意调查发展到今天,已经形成了从整体设计、抽样方法设计、样本框建立、问卷设计、样本获取、数据处理和报告形成并发表的一整套规范的原则和程序。而这一整套程序自始至终都贯穿着这样一条主线:保证维护客观性,以使民意调查的结果相对于民意原貌的偏差降低到最小限度。这也是人们为什么采用民意调查方法了解民意的主要原因之一。

以民意调查的抽样程序为例,我们从民意调查所采用的抽样方法的演进历史中可以看出,抽样方法的每一次改进,在一定程度上缩小了调查者主观选择调查对象的随意程度。如果说采用方便抽样,访问员可以根据其调查的方便随意选择调查对象的话,定额抽样则在很大程度上限制了访问员的这种随意性,因为他必须按事先规定好的各种人口特征比例进行选样,以保证所访问的对象与总体的主要人口统计特征相符合。然而,即便这样,这种方法在实际运用中仍然留给调查人员随意性。例如,如果采用这种方法进行市民安全感调查,访问员往往不去肮脏的老城区,往往也只愿意在白天进行访问,这样一来,他们就可能系统地排除了经济地位低下的居民、上夜班的居民等。因此,调查结果的准确性就可能因忽略了这部分群体的意见而受到影响。这一缺点在随后采用的随机抽样中得到了克服。随机抽样依据随机原则确定样本,杜绝了调查人员在对象选择上的任何主观随意性。比如,在入户调查中,可能有多个受访者均符合受访条件,通常是开门的首先为访问员所接触到,而事实上,开门的有可能偏向是老人或者小孩。如何选择一个合适的受访者呢?民意研究中通常会通过 KISH 表来进行随机过滤或者采用生日最近方法来界定。

多年来,民意调查专家对保证问卷设计的客观性原则进行了难以数计的研究,提出了一系列方法和原则。严格遵循这些方法和原则,就能使调查结果比较接近于民意的原貌。比如,问卷设计不仅要切合调查目的,而且要切合调查对象,去掉词义含糊、可作多种解释的语句,尤其不能使用带有评价和感情色彩的词语,避免产生暗示或诱导效应。甚至在题目的编制和排列上,也注意到了前题对后题所可能产生的"烦序效应",并提出了相应的解决办法。民意调查的客观性原则同样也体现在民意调查实施的方式上。民意调查的目的是要了解社会成员对现实问题的真实看法,但是,在现实情境中,人们出于种种考虑,有时不愿意表露自己的真实情感。传统的开调查会的方法,虽然也有它特定的长处,但是在保证调查对象自由无碍地表述自己的真实思想方面也有其严重的不足。这是因为,当人们被召集在一起时,往往会因相互不甚了解或种种复杂的人事关系而不便在会上说出真话,特别是在涉及敏感性问题时,人们宁愿私下议论而不愿公开表态。民意调查采用问卷作为民意信息的收集工具,以独立应答不记名的方式进行,这些都能在相当程度上消除调查对象的顾虑,使其比较真实地表达自己的实际情况和想法。

2. 民意调查的作用

民意调查的应用范围很广,除用于政治、经济、社会等问题的调查外,还用于商业、教育、法律、医疗卫生、大众传播等方面。在这些领域,它的主要作用是:

(1) 为各级党政部门宏观决策服务

随着社会主义市场经济的建立和完善,各级政府和各级党政领导急需随时掌握和了解社会经济的发展态势、国家各项政策的落实、政策执行过程中出现的新情况和新问题等,这就需要通过民意调查取得在常规统计调查中难以取得的有关资料和信息,以快速、及时、准确提供给各级政府和各级党政领导,为宏观决策服务,为制订或评价政策、措施提供依据。在采取重要的政策或措施的前后进行民意调查可了解群众的有关意见、态度或评价。广播电台、电视台为检查节目效果和收视率进行的民意调查,都是为发现问题、改进工作、制订计划、采取相应措施服务的。

(2) 为社会服务及时捕捉和提供各种社会公众关注的信息

客观及时地反映社会舆论和大众心理的一般状况。例如,受上海市作协《萌芽》杂志社委托,由本书作者主持的上海、北京、广州、武汉、兰州五城市青年文学阅读意向调查表明,在受访者中有28.2%的人认为当今文学界是处于"衰微"状态,只有9.4%的人认为"繁荣",说明大家对当今文学现状的评价是低调的(《南方周末》,1996年3月29日)。又如,美国在1965年到1978年的民意调查表明:1965年有35%的公众对于夜间独行感到"害怕",1977年这一比例上升为45%[①]。

(3) 对大众心理进行分析和预测

---

① 袁方主编:《社会统计学》,中国统计出版社1988年版,第489页。

民意调查可对涉及人们主观态度的宏观社会现象进行较客观的分析和预测。例如,将全部调查对象按年龄、职业、收入、地区等分为不同类型,然后比较各类人的态度和心理。除了横向比较外,还可以纵向比较。国外每年都在民意调查中询问一些同样的问题,如"你认为目前生活状况与过去相比是'较好'、'停留原状'还是'较坏'？","你认为社会是在进步吗？"。复旦大学社会学系自1993年来所进行的浦东新区社会发展千户调查,向被访者询问"您认为新区政府的管理水平总体上是'高'还是'低'","您认为浦东新区目前的经济与社会发展是否协调"等问题。对这些问题的回答进行纵向分析就能发现社会心理的波动状态或一般趋势。

(4) 为企业生产经营服务

目前,我国已经建立了社会主义市场经济体制,其中心环节就是要使企业真正成为自主经营、自负盈亏、自我发展和自我约束的法人实体。企业为在激烈的市场竞争中定位和生存,就需要企业依靠民意调查等措施,及时了解和掌握市场的变化、市场的需求,了解本行业及相关行业信息等,以开拓市场,提高市场竞争能力。

三、我国民意调查历史及现状

中国素有民意调查的传统,也是得益于西方民调方法论影响较早进行科学化民意调查的国家之一。1922年1月,我国举行了第一次采用科学方法进行的民意调查,当时北京高等师范成立14周年纪念系列活动中,在留美归国的心理学硕士张耀翔的主持下,该校心理学研究室就当时部分时政热点对参加庆典活动的来宾进行了一次民意调查。调查形式采用匿名问卷,内容涉及总统选举、宗教信仰、社会风俗、公共管理等较为敏感问题。测验结果在《晨报》上公开发表,开了我国民意调查报道的先河。1923年12月北京大学教师也在校庆纪念日时,对参加庆典的来宾进行了类似的民意调查。

此后,类似的民意调查不断出现,这批中国早期的民意调查虽然开了我国民意调查的先河,但其社会影响力很小,中国并没有迎来民意调查事业勃兴的时代。民意调查的客观环境基础是开明的政治环境和社会成员的主人翁态度。没有这两点的支持,民意调查是不会有其应有的社会地位的,也不能充分发挥其应有的功能。旧中国政治腐败,对外媚颜屈膝,对内实行高压政策,民众在长期的高压统治下变得麻木。在这种政治下,民意调查只能是学术界的尝试和文人们的娱乐。从1922年中国首次举办民意调查到1949年国民党政府垮台长达27年的发展中,中国没有出现一家专门的民意调查机构,也没有进行过一次全国性的民意调查。

尽管如此,其间有三次民意调查活动还是颇有影响的。一次是1936年底至1937年初"上海报纸和上海读者调查",由当时上海民治新闻专科学校校长顾执中先生主持。它的特点有二:首次采用派访问员入户面访的调查方式;民意调查首次被直接用于指导社会实践。另一次是1938年2月重庆《新华日报》所进行的读者意见征询活动。该报于2月17日和19日连续两次刊登读者意见调查表,广泛征集读者对报纸内容的评价、意见及改进办法,称这些意见和办法是"极有价值的指示"和改进工作的"准则"。这也是中国共产党历史上所主办的第一次民意调查活动。第三次是《大公报》在旧中国所进行的一次社会影响最为强烈的民意调查。1942年10月10日该报主持的关于中国民众对抗战前途问题看法的民意调查,共收到读者调查回复答卷1230份,社会影响强烈。

新中国成立至1979年9月,整整30年里,起先是由于对实证社会科学的不重视,1957年后又受"左"的思想影响,导致中国的民意调查处于冰封期。到十一届三中全会后,冰封久远的民意调查才得以复苏。改革开放后的较早的一次民意调查是1979年9月《北京日报》内参部在北京维尼纶厂进行的民意调查。本次民意调查希望了解不同层次的企业职工对一些重大问题的看法,例如,对实现四个现代化的信心、对真理标准问题讨论的看法、最反感和最感兴趣的事情、认为我国急需解决的问题等。

1980年之后中国从事专业民意调查的机构相继诞生,并且由学术性机构为主导向商业机构为主导转变,由个体向组织化转变。自1982年以来,民调机构对社会、经济等方面公众关心的问题,如物价问题、党风问题、宣传舆论工具的作用、思想政治工作等进行过民意调查,并取得了一定的成效。1986年1月中国社会调查所成立,1988年复旦大学社会学系社会调查中心成立,1989年上海神州调查公司前身中调所上海调查处成立,1992年零点调查公司成立,1998年中国民意调查和市场研究第一次行业代表大会召开,2000年中国市场调查行业分会成立。改革开放以来,高校研究机构民间团体进行了大量的富有影响的民意调查。今天,对大多数中国城乡人民来说,民意调查并不是什么新鲜事了,人们对于民意调查的真实内涵也越来越明了。

1. 中国社会调查所

中国社会调查所(China Survey Service)始建于1986年1月,是中国大陆创办最早、规模最大的民间独立的服务型社会调查事业单位之一。

从1986年开始,中国社会调查所(以下简称中调所)开始采用"单向邮寄调查法"。采用较多的方式是把调查问题印在明信片上(邮资由中调所总付),问题的各种回答可用画圈方式选择,回信地址已印在明信片上,发信地址不必写。因此被调查者可以只画圈,而不必写字。这种方法不仅省时,而且结果真实。当然,问答卡可以送给被调查者,也可以采用随机抽样的方法。

从1990年3月开始,中调所与中央广播电台合办了《调查与回声》专栏节目,国务院有关部委已陆续使用这一专栏,进行各类专题民意调查。这一系列调查也是采取不具名址征答法,好处还在于,调查统计一是由独立专业机构来做,二是最大限度地减少了反馈信息的传递环节。这些对于实现调查技术的求真目标是很重要的①。

中调所在80年代末和90年代进行了多项民意调查,比如"关于妇女权益问题的调查"、"国民对当前新闻热点关注情况的调查"、"国民对捐赠人体器官的调查"、"国民对实行身份证制度的态度调查"等等。其中最为著名的就是中调所在1987年所进行的"十三大调查"。

中调所的"十三大调查"

1987年,党的十三大闭幕当天,中调所进行了一次创纪录的、以24小时为调查周期的面访调查。调查对象是当日(星期日)北京街头的百万流动群众。从当天上午9时至下午6时在北京各主要交通路口设抽样调查点,问答卡请被调查者自己填答,对不识字的被访者由调查员助填。当晚,对数千份问答卡连夜进行计算机数据录入、统计分析。第二天上午9时将统计结果报送中央有关部门,同时提供给首都主要新闻单位,对这次调查,中央电视台、中央广播电台、人民日报等作了报道。

不仅中国媒体,外媒也非常关注这次具有重要意义的民意调查,美国《新闻周刊》就以"北京开始兴起舆论业"为题发布了详细报道。

---

① 杜岩:"以真、快、广为目标加快调查技术现代化",载《北京日报》1991年2月2日,第710期。

中调所抓住北京住宅电话迅速增加、部分小区高度普及的新条件,从海湾战争爆发前一天开始,采用电话抽样调查方式进行了连续三天的受众调查,采用这种调查方法在我国尚属首次。调查结果显示,关于海湾消息的报纸阅读率战争后第一天为66%,第二天升至70%;电视收视率战争后第一天为84%,第二天升至90%;广播收听率3天分别为73%、84%、86%。

中调所与国家科委研究中心合作,于1986年至1987年对全国市民进行了"改革与发展中的社会心理调查"。最近由中调所编辑、辽宁人民出版社出版的《中国国情报告》(70万字),也引用了该项大型调查的数据。

为了及时完成全国性抽样调查,中调所自1986年起,与国家科委研究中心等单位合作,建立了民间的社会调查系统——全国社会调查网(公用系统),面训了500名兼职调查员,抽样点已遍布100多个城市,这些兼职调查员大都具有大专以上文化水平,许多离退休老干部也被吸收为社会调查员。

除此之外,中调所在1986年还进行了"北京市首次商誉调查",《中国青年报》进行了相关报道。在1987年进行了"首次国产冰箱信誉调查",《人民日报》(海外版)公布了调查结果。在1990年与商业部、中央人民广播电台、中国商报联合进行了"消费心理调查",《经济日报》发布了调查结果。中调所还与国家科委科技促进发展研究中心共同进行了"全民所有制职工对人员流动的社会心理反应调查",与宋庆龄基金会和北京市教育局合作进行了"小学生调查"等等。

1992年3月24日，中华人民共和国商业部发函同意中国社会调查所归口商业部信息管理办公室管理并更名为"中国市场调查所"。

1992年6月12日，中华人民共和国商业部发文同意将"中国社会调查所上海调查处"更名为"中国市场调查所上海办事处"。

2. 上海人如何看回归

"香港即将回归祖国,您的心情如何?" 98.2% 的上海市民回答:"激动、很激动。"

1997年6月由《新闻报》新闻调查工作室、神州调查公司、复旦大学团委调研部联手策划、组织了《上海市民迎回归》随机抽样民意调查。

调查结果显示,随着香港回归的临近,1 300万上海人的爱国主义热情日趋高涨。问卷调查中有96%以上的上海人表示,香港回归是我国综合国力和国际地位提升的表现,"一朝回归洗刷百年国耻"。

邓小平同志未能实现亲自到香港回归后走一走,看一看的愿望。但是,全体炎黄子孙永远铭记他的功勋。接受调查者中,有99.4%的上海人认为:"香港回归是邓小平一国两制理论构想的光辉实践。"

共有97.6%的上海市民对今后沪港经济良性互动,携手共荣有信心。上海市民对香港和香港人的了解逐渐加深,评价颇为良好。在本次调查的访问对象中,93%的人对香港国际金融、贸易、航运中心的地位表示认同;80%的人对香港人擅做生意、工作勤奋评价颇高。

这次调查还发现,上海市民中约有四成拥有至少一件香港回归纪念品。到7月1日这一天,94.2%的人打算为了喜庆改变生活习惯。其中29.4%人准备连续72小时收看电视转播的庆典盛况,17%的人有意参加公众庆祝活动,10.2%的人有约"亲朋举杯,共庆回归"的打算。

此次调查的策划、组织者认为,上海人在香港即将回归之际体现出来的激动与喜悦,同样属于全体中国人,属于一个曾经遭受百年耻辱,而今重新奋起的民族[①]。

3. 北京统计局:非典民意调查

2003年"五一"节日期间,北京市统计局信息咨询中心民意调查网就抗击"非典"工作,在城八区范围内,随机抽取1 800位市民进行了民意调查。调查结果显示:北京市民对"非典"的"恐慌"程度明显下降,对政府发布"非典"信息的透明度和采取的一系列防治"非典"措施以及市场商品供应等问题表示满意,预期"非典"发病率将下降,对北京市社会经济发展充满信心。

北京市统计局信息咨询中心民意调查网就北京市抗击"非典"工作,在城八区范围内,采取国际通用的电话等距调查方式,随机抽取1 800位市民进行了民意调查。调查显示,随着中央及北京市加大抗击"非典"工作的力度,北京市民对"非典"的态度更趋理性、平和,恐慌情绪明显减弱,市民抗击"非典"的信心增强。市民在回答"您和您的家人目前对'非典'的基本态度"时,有89.1%的市民表示要

[①] 《新闻报》,1997年6月23日,新闻调查版。

"加强预防",表示"恐慌"的市民仅占4.9%。与半个月前的调查结果相比,"加强预防"的市民比例上升了10.8个百分点,表示"恐慌"的市民减少了2.9个百分点。55.9%的北京市民在"五一"期间出过门,包括购物、遛弯和去公园等。

调查结果显示,市政府采取的稳定市场的有效措施,使"抢购"心态得到完全化解,市民对首都市场供应表示满意。市民在回答"当前的市场供应是否能满足您正常生活需要"时,97.6%的居民表示"能满足"和"基本满足"。调查结果表明,有91.5%的市民对北京市今年和今后的发展表示"很有信心"和"有信心"。

调查还表明,91.3%的市民对于政府发布"非典"信息的透明度,表示"满意"和"比较满意"。对于"目前政府发布的'非典'信息能否满足您对'非典'信息的需求"这一问题,表示"能满足"和"基本能满足"的市民比例为94.5%。在调查中,几乎全部被调查市民都拥护政府抗击"非典"的一系列措施,其中,99.9%的市民认为"很有必要"和"有必要"。98.5%的市民对于政府对"非典"患者和疑似患者采取严格的隔离措施表示理解和支持。

第二节　民意调查机构

一、民意调查机构案例

就我国目前介入民意调查的机构来看,主要有三类:一是政府及官办的民意调查机构;二是各种商业性调查公司;三是各学术研究单位。政府官办民意调查,表明了政府执政理念的改变。一直以来,政府对民意的了解都是比较被动的,成立民意调查机构,反映了政府对于民意由被动的接受上升成为主动的调查,对待民意的姿态,从消极转变为积极。政府及官方民意调查机构在进行民意调查方面的优势在于他们拥有充分的资源。一是物质资源,二是组织资源。政府民意调查机构所具有的权威性也是其他机构和组织不可能具备的。当然这类机构与组织也有其弱点,专业调查力量比较薄弱。

各种商业性调查公司进行民意调查的目的很明确,就是作为一项业务,通过业务的完成赚取利润。商业调查公司往往有较好的组织能力,有专门的调查实施机构及监督措施,有专职或半专职的调查力量,有较强的后期分析能力,而且能够保证时效性。但他们也有自己的弱势,一是对民意调查的设计不如政府部门了解情况,也不如学术研究机构有深厚的理论背景和专业知识;二是在商言商,由于目前商业调查的激烈竞争,往往资金投入较少,为了赚取利润不得不在科学性上有所退让,调查质量不能令人满意。

专门的学术机构在实行民意调查时最大的优势在于对科学研究方法的熟练掌握。学术研究机构往往依托各大专院校,可以动员大量教师与学生进行实地采访工作,因而督导员、采访员的质量上乘,容易进行质量监督,调查结果可靠程度高,其中也包括媒体调查机构。学术机构的弱点是组织动员能力差,很难找到政府支持的渠道。

1. 北京青年报——公众调查

该报的"公众调查"版是一块面对公众,反映公众心声和生活状态的版面。宗旨是为公众服务。因此,本版特向北京居民征寻调查主题,以使改版更加贴近公众,反映公众最想反映的问题。让调查进入百姓的世界,给公众一个量化的真实。例如,该报进行过"直面改革——京城千名居民心态及现状调查",结果显示:职业:有钱、安稳受尊重;选择:职员、干部列第一职业,是一个人安身立命的先决条件。拥有一份怎样的职业才称得上心满意足? 997 名受调查者在回答了不同角度的问题后,得到这样一张表格(单位:%):

选择	1	2	3
最愿意从事的职业	外企职员 21.26	机关干部 18.96	公司职员 16.26
认为最受尊重的职业	教师 32.30	科研与技术人员 20.16	医生和护士 11.63
认为最稳定的职业	机关干部 34.5	医生和护士 20.86	教师 20.36
认为最赚钱的职业	生意中介人 32.90	企业经理 24.17	外企职员 21.56
认为最刺激的职业	生意中介人 28.18	外企职员 14.54	企业经理 12.74

反腐倡廉第一事,民心高悬警示灯

- 百分之百的受调查市民认为:腐败是改革的头号敌人。
- 将近90%的受调查市民对政府惩腐倡廉寄托希望并抱有信心。
- 72%的老百姓说:腐败并不可怕,关键在政府下决心抓。
- 三分之二的受调查市民在遇到腐败现象时要向领导和社会反映。
- 只有不到5%的市民认识到群众监督与舆论监督在反腐败中的巨大威力。
- 高达79%的受调查市民对"改革将会提高自己的生活水平"抱有完全的信心。
- 65%的百姓表示遇到腐败现象,会向领导和社会反映,求得公正解决。

俗话说"群众的眼睛是雪亮的",这话在此次调查中又一次得到了印证。

看改革:医疗保险、退休保障、房租缴纳合理

奔小康:收入达标、住房无忧、社会风气良好

- 近85%的人认为将来医疗费用会增加很快而且非常高。
- 近80%的人认为尽管公费医疗目前有诸多弊端但仍有继续存在的必要。
- 超过三分之一的人期望退休金由单位负责。
- 三分之二的受调查者认为住房情况会好转。
- 67%以上的人接受房改基金应由个人单位国家三方共同承担。
- 三分之一的人愿意分期购买住房。
- 只有23%的人认为普遍的环保意识是小康的衡量标准之一,令人担忧。
- 绝大多数人关注贫富分化现象。
- 最突出的表现在房租改革上,62%的人认为住房会好转,认为变化不大的只有35%。
- 房租提高后,将有6%的人换更小的房子住,另有42%的人将继续租房,近25%的人选择买房,近20%的人表示"面对房改,不知所措"。

信任政府,理智面对:百姓眼中的"失业"

- 虽然有近一半的人对自己的失业问题没有考虑过,但有五分之一的人对此非常担心。
- 近40%的受调查者认为目前的失业现象比较严重,已成为一个引人注目的社会问题。
- 认为失业现象会有所加深的人中,认为政府和社会能够采取措施加以控制的占63%。
- 半数以上认为失业者的保障应由国家或单位负担,只有16%的人认为应该自己解决。
- 近44%的人认为造成失业是社会原因而非个人所致,也有近40%的人认为导致失业人员失业的主要原因是个人造成的。
- 社会主义市场经济的发展不但提高了人们的生活,期间所涵含的经济规律也改变着人们的观念,社会生产力的发展打破了"大锅饭"也使人们逐渐正视失业问题①。

2. 新华每日电讯——中国调查

新华每日电讯的《中国调查》也是广受读者关注的调查版面。该报定期反

---

① 参考《北京青年报》,新闻周刊,1994年3月17日,第5版。

映民众关注的各种热点问题。例如"怎样评估政府绩效",该报调查后发文道:

> 汶川地震发生以后,四川把抗震救灾一线作为考察干部、考验干部、培养干部的主战场,采取有力措施加强灾区各级领导班子和干部队伍建设,充分发挥其在抗震救灾中的领导核心作用和模范带头作用。抗震救灾工作中党政机关及其工作人员履行职责、依法行政和行政效能情况,也成为当地纪委监督考核的重点。
>
> 都江堰市委对原市民政局的党组成员、副局长肖蓉等三名抗震救灾不力的领导干部,就地免职;汉源县对抗震救灾期间忙于私人事务的富林镇流沙河社区副主任李军,给予党内警告处分和停职处理;北川县免去了脱离工作岗位10天的片口乡党委书记母贤武的职务。
>
> 实际上,不止是四川,在整个中国,"考核官员政绩、评价政府绩效"这两个政治生活中的关键环节正在悄然变化。
>
> 据《人民日报》报道:据报道,目前,广东有两份考核指标体系正在起草中。一份是对政府的考核指标体系,主要考察经济社会发展;另一份则是党政领导的考核指标体系,主要考察领导自身。新政的核心,就是这个经济总量连续23年居全国第一的省份要改变过去的考核方式。2008年5月,山东省德州、烟台两市的市长,分别带领市直部门"一把手"赶到济南,参加一年一度的"地市大考"。与往年不同,今年的考核首次增加了采用电话随机访问的形式,调查当地常住居民对该市党委、政府的评价。

在中组部下发的政绩考核相关办法中,不再唯GDP,而且引入了民意调查机制;而政府绩效评估,则有1/3省份先行探索。专家表示,考核官员政绩、评估政府绩效,这两个评价体系应科学设置、有效衔接,加快纳入法制轨道。

人们习惯把政绩考核比作"指挥棒",选什么人,用什么人,对于官员而言政绩考核的作用不言而喻,而当前推行方针、政策的一个杀手锏就是用好这个"指挥棒"。

在"全面落实科学发展观"的背景之下,近几年政绩考核的重要改革举措首推中共中央组织部2006年下发的《体现科学发展观要求的地方党政领导班子和领导干部综合考核评价试行办法》,这个"评官"的办法改变了以往单纯强调经济增长的考核方式。

按照中央组织部的考核办法,地方党政领导班子及其成员的实绩分析包括:上级统计部门综合提供的本地人均生产总值及增长、人均财政收入及增长、城乡居民收入及增长等方面统计数据和评价意见。

此后,在国家一些相关政策出台后,政绩考核的内容又在不断细化和丰富。同时,这个办法还给各地的探索留下了空间,规定各地可以结合实际,设置其他具有地方特色的实绩分析内容,于是,一些地方出台各种政策文件,"纳入政绩考核"常常会成为其中的重要条款。

作为一位长期研究政绩考核问题的学者,中国人事科学院院长吴江认为,科学的政绩考核指标设计,要求把履行职能职责与解决社会突出问题作为两个基本内容依据,并且把两者有机结合起来。比如,以职能职责考核为主,兼顾重点项目考评;以绩效结果导向为主,兼顾考核管理过程;以衡量组织长远目标实现程度为主,兼顾考察解决突出问题的表现;以稳定性考核指标为主,兼顾动态性考核指标。

目前在政绩考核中,还存在一些需要通过完善制度来解决的问题,比如考核主体太多,造成权威性减弱。各层级各部门都在往下考,到基层党委政府就要应付多达几十个考核部门的上百个政绩指标,谁的指标都很重要,不达标都有否决权。因此,要有考核主体和考核指标一体化的设计思路。

3.《解放日报》社会调查中心——社情民意调查

2005年5月,《解放日报》专门成立了社会调查中心,该中心由主任记者顾伯贤资深媒体人主持工作。最早关注并进行民意调查的机构之一的神州调查公司从2005至今与《解放日报》社会调查中心长期进行合作,定期进行民意调查,关注社会民生热点话题,取得了良好的公众反馈和社会关注,积累了丰富的实际操作经验和民意调查成果。

《解放日报》社会调查中心从2005年至今的民意调查议题如下:

2005年

上海市民抽样调查——"实事工程"百姓受益(解放日报2005年1月3日)

全国城市抽样调查——今天,我们怎样过春节(解放日报2005年2月7日)

和谐社会系列调查——加强道德建设,提升文明水平(解放日报2005年3月14日)

大学生就业抽样调查——首选:工作稳定和发展空间(解放日报2005年4月4日)

共同营造少儿成长良好环境(解放日报2005年5月23日)

红灯亮着你会穿马路吗?(解放日报2005年7月27日)

亲情让老年人首选——居家养老(解放日报2005年8月31日)

网民热切呼唤构建网络诚信(解放日报2006年9月28日)

有了电话、手机、网络——您还会提笔写信吗(解放日报2005年10月26日)

城市人和动物如何和谐相处?(解放日报2005年11月30日)

2006年

春节,上海市民如何消费(解放日报2006年1月18日)

上海女性社会地位调查(解放日报2006年2月28日)
手机实名制你赞成吗?(解放日报2006年3月29日)
上海市民礼仪素养认知度调查(解放日报2006年4月26日)
六月,你如何看"世界杯"(解放日报2006年5月31日)
上海市民城市生活跟踪调查比较(解放日报2006年6月28日)
家长代劳到何时:该放手时就放手(解放日报2006年7月26日)
上海市民结婚婚礼抽样调查(解放日报2006年8月30日)
文学名著:您还在读吗?(解放日报2006年9月27日)
广告受众说:我们心中有杆秤(解放日报2006年11月29日)
市民眼中的窗口行业"软肋"(解放日报2006年12月27日)

2007年
老年人再婚问题调查(解放日报2007年1月31日)
每年,您花多少钱买服务(解放日报2007年2月28日)
您会如何投资理财(解放日报2007年3月28日)
喜欢浦东的理由(解放日报2007年4月18日)
您愿意成为技能型人才吗(解放日报2007年5月31日)
今夏,您会怎样用水用电(解放日报2007年6月27日)
众说纷纭"毕婚族"(解放日报2007年7月25日)
网购:让人欢喜让人忧(解放日报2007年8月29日)
谁泄露了我的个人信息(解放日报2007年9月26日)
您心中的职业选择(解放日报2007年10月31日)
婚前体检,您会接受吗?(解放日报2007年11月28日)
今天,我们如何阅读?(解放日报2007年12月26日)

2008年
今年春节,市民怎么样花钱(解放日报2008年1月30日)
2008,老百姓期待什么?(解放日报2008年2月27日)
农村居民:外出旅游渐成时尚(解放日报2008年3月27日)
您所反感的不文明行为有哪些?(解放日报2008年7月30日)
上海和长三角女性创业意愿调查(解放日报2008年8月27日)
改革开放民生热点调查:30年的脚印,30年的变迁(解放日报2008年9月25日)
年轻人跳槽,究竟为哪般?(解放日报2008年10月29日)
楼市扑朔迷离,我们是否买房?(解放日报2008年11月26日)
年中盘点2008:我们的记忆(解放日报2008年12月24日)

2009年

迎世博上海社会环境调查:排队,让你感受到什么?(解放日报2009年2月25日)

投资理财:如何做您感觉温暖?(解放日报2009年3月26日)

大学生就业之路究竟怎样走?(解放日报2009年4月28日)

您对上海世博会有怎样的期待?(解放日报2009年5月27日)

社交网站:有些迷恋有些怨(解放日报2009年6月24日)

"新上海人"眼中的上海(解放日报2009年7月30日)

感受共和国60年辉煌(解放日报2009年9月30日)

购房仍是最大支出,世博概念拉动消费(解放日报2009年10月28日)

身边的世博,我们关注我们参与(解放日报2009年11月26日)

2010年

盘点牛年,展望虎年——2010:上海世博最期待(解放日报2010年1月28日)

社会诚信,不是可有可无(解放日报2010年2月25日)

让烟雾离我们再远些(解放日报2010年3月31日)

怎样营造"进得来,留得住"好环境(解放日报2010年7月28日)

世博百天窗口服务:中外游客的满意度显著提升(解放日报2010年8月25日)

后世博思考:多元、创新文化激励我们创造美好(解放日报2010年9月29日)

后世博思考:新理念、新挑战、新高度、新追求(解放日报2010年10月27日)

百姓关注的民生热点:物价、收入、住房位列前三(解放日报2010年12月29日)

2011年

居民休闲方式呈现多样化(解放日报2011年2月23日)

垃圾分类:您准备好了吗?(解放日报2011年5月25日)

在这里感悟历史的选择——上海红色景点调查探访(解放日报2011年6月29日)

受访者眼中的新能源汽车——成长的烦恼(解放日报2011年7月28日)

食品添加剂:魔鬼还是天使?(解放日报2011年8月31日)

面对老龄化,我们能做什么?(解放日报2011年9月28日)

执谁之手,与谁偕老?(解放日报2011年10月26日)

走进婚礼殿堂,期盼一生幸福(解放日报2011年11月30日)

我的人生旅途,该如何设计?(解放日报2011年12月28日)

2012年

老年人为啥容易被忽悠?(解放日报2012年3月1日)
微博:让我欢喜让我忧(解放日报2012年3月28日)
孩子的起跑线究竟在哪里?(解放日报2012年5月31日)
我们期待什么样的家庭医生(解放日报2012年6月27日)
您的车停在哪里——停车难的缓解之道(解放日报2012年7月25日)
质量问题最揪心,价格大战不靠谱(解放日报2012年9月29日)
家和万事兴——市民家庭幸福要素调查(解放日报2012年11月29日)
说说阿拉屋里厢的小康梦(解放日报2012年12月26日)
……

4. 广州社情民意中心

广州社情民意研究中心是我国创立最早的民调社会组织之一,成立于 1988 年,已有长达 24 年的历史。中心以"科学、严谨、客观、准确"为方针,重点开展民生事务和公共事务的民意调查及相关研究。中心的主要任务是,揭示公众意见和社会舆论的状况、特征及动态,为政府了解民众,为民众相互沟通,为增进社会共识,发挥积极作用。调查过的议题,包括物价、治安、房改、交通、环境、城市卫生、国企改革、就业、社会保障、看病就医等等国计民生大事小事,当突发性事件发生时,还会进行快速调查。

中心拥有规模较大的民调专业平台:高端数字技术支持的大型电话访问系统,具有年调查上千万原始数据的能力;电话访问、入户访问和专项访问管理体系,支持着大批量持续调查工作体制;独创的数字编码体系,可精确实施抽样并构建大容量和多层次的数据空间;研究、调查、数据处理和传播等工作部门,拥有社会学、经济学、政治学、心理学、行政学、统计学和传播学等多学科的专业团队,每年完成上百份各类民调报告。中心的调查地域覆盖全国,以及不同研究任务所确定的特定地区。开展的民调工作广泛依托社会各界的支持。由一批政界资深人士、学界权威人士和社会知名人士组成的顾问团队,从不同层次、以不同方式长期提供方向上和专业上的指导,为中心的发展做出了卓越贡献。

1998年起开展的民调报告举例:
住房制度改革的公民意向 1988-2-27
1988年价格改革的公众态度调查 1988-3-27
对广州市实施沿海发展战略与经济建设的看法和意见 1988-7-27
1989年广州市政府在公众中的基本形象 1989-4-27
广州市民看环境问题 1990-8-30
1990年关于广州市党群关系的民意调查 1990-11-30
1991年关于禁止燃放烟花、爆竹的民意调查 1991-12-27
1992年广州市民的环境意识及对广州市环境现状的评价 1992-7-27
1994年广州市民评价治安状况越来越差 1994-11-30
1995年广州市市民消费权益保护意识民意调查报告 1995-6-30
1995年广州市市民社会保障意识民意调查报告 1995-7-30
1995年广州市政府在市民中的基本形象 1995-8-30
关于广州市十届人大四次会议的公众舆论调查 1996-4-30
1997年市民对广州市环境现状的评价及市民环保意识调查报告 1997-8-30
1998年广州市政府政绩和公众形象民意调查 1998-5-27
1998年价格改革的公众态度民意调查 1998-7-27
社保专题民意调查 1999-7-27
市民对广州交通状况的评价 1999-8-27
家长看教育收费问题 2000-9-27
2001年广州地区司法公正民意调查 2001-8-27
2001年广州公众安全感调查 2001-12-27
公民政治参与状况广州民意调查 2002-5-27
2002年广州地区大学生就业观念调查 2002-6-21

2002年改善广州市饮用水质暨清洗蓄水池方案民意调查 2002-12-27
抗非典型肺炎广东民意调查 2003-4-28
2003年广州环境保护状况居民满意度追踪调查 2003-6-28
2004年广州市行风评议民意调查 2004-9-28
2004年广州环保状况公众评价调查 2004-10-28
广州市牲畜屠宰和肉品流通问题民意调查 2005-7-28
收入差距问题公众评价 2005-11-28
2006年广州社会经济状况公众评价调查 2006-8-28
2006年广州政务"窗口"服务满意度追踪调查 2006-10-28
2007年广州政务公开状况公众评价调查总报告 2007-6-29
2007年广州社会经济状况公众评价调查 2007-10-28
2007年广州社会治安状况公众评价 2007-12-28
2008年度广州个人生活感受公众评价调查报告 2008-11-29
2008年度广东居民最为关注的社会热点问题 2008-12-29
2009年公交月票卡使用的市民评价 2009-2-09
2009年珠三角地区环境状况公众评价调查报告 2009-6-29
2009年广州医疗保险状况公众评价调查报告 2009-8-29
2009年广州新能源发展和推广应用公众评价调查 2009-12-29
2010年物价状况公众评价 2010-9-29
2010年度广东省城市状况公众评价 2010-12-29

二、民意调查机构官办还是独立？

1. 官办民意调查的必然性

（1）作为民意调查所需要的基础信息，政府比一般的调查公司能够更加方便地获取到。一般的调查公司要做到这一点比较难，即使是基础信息由政府提供，这还是不现实的，因为有的调查所需要的基础信息是针对外部保密的，存在着信息泄漏的问题，安全性得不到保障。

（2）民意调查在中国的发展还不是很成熟，民意调查还存在各种各样的问题：没有形成统一的行业规范；有的调查机构为了达到目的导致"伪调查"的普遍存在；公众对于调查的不了解以及由于"伪调查"而造成的抵触情绪的存在等等。这些问题的解决需要政府的引导和修正。

（3）从政府自身来看，建立民意调查机构，旨在建立社会舆情汇集和分析机制，畅通社情民意反映渠道，倾听百姓疾苦，广泛收集公众有见解、有分量的意见和建议,为党和政府决策提供依据和参考。政府工作虽然本着为人民服务的精神,但是如果脱离了公众,没有充分听取公众的意见,其有的决策结果必然达不到起初的目的。因此做好工作的事前调查也是十分有必要的:不仅可以达到公众参政议政,共建和谐社会的目的,而且政府也可以通过与公众的沟通,广纳公众意见,更好地为公众服务。

(4) 从公众来看,公众也迫切需要与政府进行更多的沟通。为什么"焦点访谈"引起轰动之后,公众都排着队等待着栏目组的"访谈"?这在某种程度上反映了社会上民意堵塞与不畅。给公众增设一个表达思想的平台,增加一条通道,增大一些机会,使公众能够更广泛的思考社会问题,更多的参与社会参与改革,这样必将调动他们为社会做贡献的积极性,也必将对促进社会的发展大有裨益。给公众更多表达思想的机会是政府的责任的体现,更是政府掌握公众心理的一个活水源头。

2. 官办民意调查的优势

(1) 从调查员代表的立场来看,政府主办容易拉近调查员与公众的距离,公众更能够轻易地接受调查。

(2) 从调查的目的来看,政府主办主要是想了解公众的感受、愿望、倾向、评价、态度以及思想观念,是一种非赢利机构;而社会上的调查机构最直接的目的是盈利,它只是把调查当作一项"生意"。

(3) 从调查过程的及时性来看。及时性的保证在于人力、物力的投入和合理的安排,在这方面政府显然具有一定的优势。随着社会经济的发展,税收的增加,政府的财政能力也不断增强,官办民调资金支持力度也在不断增强;我国强有力的行政体制也为调查的顺利进行铺平了道路,政府可以利用"体制内资源"迅速动员足够的人员,组织专职队伍按时完成调查。

(4) 从调查结果的权威性来看,政府主办的严谨与否直接关系到公众对政府的信任,政府会更加谨慎、尊重客观事实,因此调查结果必然更用事实说话;社会上的调查机构则由于民意调查在中国的发展比较缓慢,还没达到较高的水准,其权威性和广泛性比较薄弱,因此其调查结果不能引起社会的高度关注及重视。官办民调机构的权威还表现在其人员构成的权威性。问卷设计者、咨询师、分析师都是一些资深的专家,他们的专业涉及心理学、社会学、统计学等各个领域。

3. 官办民意调查机构的质疑

官办民意调查的目的,是为人大和政府提供决策依据。因此,民意调查必须是客观、真实的,必须建立在科学调查的基础上。民意调查作为社会调查的一个分支,具有一套科学的调查规范,其调查范围、广度、代表性,以及调查问卷的设计都有严格的要求。换言之,有着科学性保障的民意调查才具有公信力,否则,民意调查的结果就没有什么意义。预设调查结论,是官办民意调查最容易出现的问题。即调查者已经先期得出了结论,而调查只不过是要证明这个结论,这种做法的危险在于误导人们的判断、误导国家机关的决策。有人曾指责这类所谓的"民意调查"是最大的骗局,它利用人们对民意调查的信任,而故意歪曲事实。在云南某地,政府部门就曾为城市拆迁工作进行"民意调查",调查结果是多数人同意拆迁,而实际上拆迁调查表只印制了 50 份,发到被调查者手中的只有十几份,回收上来的只有两份,由此得出的结论可想而知。拆迁既然是政府预设的结果,那么调查也就成了走走过场的"民主秀",以此为依据的政府拆迁决策岂能得到民众的支持?又岂能在实践中顺利推行?这样的"民意调查"可谓一文不值。

此外,民意调查既然要反映社会发展的客观现实状况,了解民众对社会发展诸方面的看法、态度与意愿,那么最基本的要求就是客观性和科学性的保证。

首先,让我们来看由官办机构进行的调查能否保证调查的客观性?这个问题要从调查主体的权威地位与调查主体的目的性两个方面进行分析。各级政府是社会的权威性组织,尤其是在中国这样的政治体制之下,政府的权威性地位使得它所发布的信息具有较大的导向性作用。从本质上讲,政府的确可以利用其权威性地位来保证调查信息的客观性,政府也应该这样做。从政府调查的目的性分析,人们对官办调查机构发布信息的客观性的质疑就具有一定的道理。政府进行民意调查的目的往往很直接、很明确,就是要为政府决策、了解政策执行情况或解决具体的社会问题收集信息。这种较强的现实目的性往往会导致民意调查的缺陷。

其次,让我们来看由官办机构进行的调查能否保证调查的科学性?调查的科学性要求主要靠科学的研究态度和掌握科学研究方法的人才来保证,因而官办调查机构进行的民意调查的科学性就会因事而异、因地而异、因人而异。例如前面通常进行的调查会采用定量的抽样调查的手段,抽样的科学性就成为数据结果客观性的保证,现在以国家统计系统为依托建立的民意调查机构在这方面就要有很大进步;由于政府进行调查的时间要求很紧,因而有的领导就不太注意科学性的要求,只要数据结果能反映一般情况即可,有无科学的代表性并不在考虑范畴;调查实施的方式是各自为政,因而大家的调查实施经验都不足,造成调查的人为误差增大等。

因此,这种经费有保障、与政府"血肉相连"的官办民意调查机构会不会有意无意地受到政府意愿的左右,其调查过程和结论会不会从提供决策依据蜕变成主动论证决策的"合理性",这些担心并非都是杞人忧天的,事实上,一些地方出现的"民意调查结果"已经证明了这种潜在危险。

4. 独立民意调查机构:用客观角度接触民众

民意调查是倾听群众呼声、创建和谐社会的一部分。在民主制度中,大众参与社会管理,随时对社会问题表达自己的意见,使政府了解公众想什么,对政府的工作是否满意,民众提出什么样的改进意见,都需要通过民意调查来把握。如果民意调查机构是独立于政府之外的,更能从客观角度反映群众的呼声。

独立的民意调查机构分布在社会不同角落,有庞大的调查队伍,随时可以聆听大众的各种呼声,感受公众的情绪。一旦社会发生危机性事件,出现民怨沸腾,能够及时通过民意调查反映出来,而且依据调查的多种问题答案,了解社会的不安指数及产生的原因。这对发出社会预警报告,为政府把握社会动荡的根源,及时采取应急措施有重大作用。

不管政府官员还是科研机构,目前对建立民营的舆论调查机构都不够重视,甚至存在一定的阻力。

第一,有许多地方官员看不到民意调查的好处,不愿意在他们治理的地方出现舆论调查机构。他们认为,这类机构容易暴露社会的阴暗面,增加社会矛盾,甚至可能煽动群众对政府的不满。还有人认为,民意调查是西方的东西,是伪科学手段,不能把它拿到中国来用。

第二,非政府部门对民意调查的无知,导致社会对民调机构的需求不足,这是一种无形的障碍。不仅政府和科研机构需要民意调查,一切优秀的社会团体或企事业单位如果想树立形象、创造品牌,都需要通过民意调查显示公众或消费者认同的程度。可是几乎所有的优秀企事业或社团都没有认识到民意调查有推广形象和品牌的作用,使创立民间舆论调查机构缺少市场需求。

此外,我国还没有关于民意调查业的相关立法,也是发展民间舆论研究机构的障碍之一。民间的舆论调查机构具有双重属性。在管理经营方面属于企业性质,应在企业法、公司法中拟订有关法律条文,规范其市场行为。在经营产品方面,它属于意识形态机构,具有很强的思想导向性,需要制定相关法规制约其在宪法范围内独立从事调查活动。

5. 建立多维、互补的民意调查格局

目前,我国民意调查正方兴未艾。总的来说,民意调查机构方面存在三大问题:一是重复的民意调查大量存在。由于调查机构各自为政,这种重复调查浪费了大量的人力、财力、时间,无法集中有限的资源办大事。二是民意调查结果的利用率很低。大量调查的结果以保密、学术专利、商业机密为由不能予以公布。三是政府及官办民意调查机构、商业性调查公司、各学术研究单位等三类机构之间的配合与协调不够,还需要进一步加强,并在合作的过程中各自提高自己的调查能力和科研水平,共同进步。因此,为了节约有限的资源建立多维、互补的民意调查格局以提高民意调查的科学性,必须充分重视多元合作的方式,使民意调查真正成为使全社会繁荣进步的重要工具。

所谓提倡创办民间的舆论调查机构,不是要全盘照抄西方民意测验的模式,而是根据我国的情况创造符合中国政治体制和社情民意的舆论调查方式。努力方向应是,官方的调查机关同民间的舆论调查组织以及学术团体的民意研究组织形成互补的调查格局,建立互动、互鉴、多维的民意信息提供机制。

民间舆论调查机构属于思想舆论领域,他们的工作有利于社会健康的发展,应把他们视为社会的公益事业。政府需要制定相应的政策,为这类舆论调查机构的生存提供资金、工商管理和法律保护。除了支持民间创办企业性质的民调机构,还要鼓励一切有条件的事业单位,比如高校新闻传播院系、报社、通讯社和广播电视部门创办民意调查机构。

总之,在政府官办民意调查机构之外,应该鼓励和培育更多的民间民意调查机构。而政府的责任是对这些调查机构和调查活动进行监督与规范。在健康的轨道上多向发展的民意调查,不仅是对政府民调的有益补充和辅助,也是提升政治民主化水平的必然趋势和要求。

第三节 民意调查的理论探讨

一、民意怎样被发现和表达

尽管民意调查得到广泛应用,实际上,民意调查仍有其明显的缺陷和局限:

(1)由于民意调查是用简化的方式来了解公众的一般态度,因此它很难作出深入的分析和理论解释。

(2)民意调查只限于询问一些公众熟悉、易答的问题,它获得的信息较为表面化、简单化、缺乏深度。对于公众不熟悉或缺乏了解的问题,回答的信度和效度有可能较低。

所以在应用民意调查的结果时应谨慎从事,应当认识到这种结果只是反映公众的一般意见、态度、印象或心理倾向,它无法给出更深入、更详细的信息。另外,对民意调查的结果还应做具体分析,因为公众对某一问题的回答有其特定含义。因此,在说明民意的一般情况后,还有必要分析民意的产生原因。在作具体分析时,应当结合其他方法去进一步收集资料,这样才能得出切合实际的结论。

当然民意调查又有其优点:

(1)能迅速地了解群众对某些问题的看法,及时反映社会舆论的变化情况。

(2)调查结果能推论总体的一般状况,具有较高的代表性。

(3)只需抽取较少比重的样本就能了解总体和全局的情况,相对来说,能节省人力、财力、且简便易行。

(4)应用领域较为广泛。正是由于上述优点,民意调查才能在现代社会调查中得到广泛应用。

民意怎样被发现和表达

京报网 www.bjd.com.cn　　日期:2006-07-31 09:56　　网络编辑:谢永利

本期话题主持人:黄月平

随着市场经济的发展,利益的分化和利益主体的多元化,普通百姓的利益诉求日益增多,新时期民主政治建设的不断进步,网络时代民意表达的渠道和空间不断拓展和扩大,民意表达、民意调查等活动日渐增多。这为我们构建和谐社会提供了新的动力、机遇,也增加了新的压力。近来,胡锦涛、温家宝同志多次强调要重视民意。倾听来自民众的声音,决策中体现民心、民意、民愿,在党和政府的执政理念中,开始占有极为重要的地位。如何认识和发现民意,如何科学、理性地分析民意,这是民意走上决策前台,构建和谐社会所提出的一个非常值得重视的课题,本刊特请几位专家就此问题进行了一些探讨。

话题嘉宾

邓伟志(上海大学社会学教授):收集民意并不难,与人民群众一起劳动三天,什么情况都能知道。当然,如果能运用多种方法调查,就更能摸到真实情况。

范伟达(复旦大学社会学教授):重视民意调查的目的不是单单为了追随民意、体现民意,而是为了更好地有针对性地形成和塑造民意。

喻国明(中国人民大学舆论研究所所长):只有对舆情民意进行科学了解和把握,政府决策才能获得认识上和行动上的方位感。

乔新生(中南财经大学法学教授):如果无视网络民意存在,那么就会闭目塞听;如果过于相信网络民意,则可能会偏听偏信。

二、民意调查就是民意吗?

近些年,在我国一些地方的统计局纷纷成立民意调查中心,希望更真切地了解民意。到底什么是民意调查?民意调查就是民意吗?

民意调查可以反映民意,但并不完全等于民意。所谓民意,是指社会各阶层对于某些问题所自主表达的意愿,是民众在相互交往中产生的集体意见。民意一词的使用始于18世纪,然而,无论中外,民意现象在远古时代就已经存在。法国人伏尔泰,英国人霍布士、洛克,甚至莎士比亚,都屡次提到大众意见的重要性。卢梭强调,任何法律,不论政治、民法或刑法,都必须以民意为基础。对于美国1878年宪法起草人来说,民意更成为民主政治不可分割的一部分。

民意调查,也称民意测验、舆论调查等,是了解公众对某些政治、经济、社会问题的意见和态度的调查方法。其目的是用科学手段收集或反映社会舆论或一般民意动向,被视为最直接、最迅速反映民意的"晴雨表"。客观的民意调查结果,是测度和应对民意的一种预警机制,更是促进政府与民众之间达到和谐的有效途径。民意调查的功能不仅在于反映民意,还在于能塑造民意。"塑造"并不是违背客观,而是试图从本质上反映客观,把握民意的本质,艺术地运作"选题—假设—观察—验证"的科学研究过程。

通过民意调查可以了解和反映民意,这一观点当今在学术界和民众中几乎已形成共识。民意调查基于科学的抽样方法、严谨的问卷设计、精确的统计分析以及慎重的数据解读,它能通过受访者样本推论总体民众的态度、情绪、意愿和感受。

在国外,民意调查经过数十年的发展,已形成一套较为成熟的运作过程和方法体系。自上世纪30年代,美国的盖洛普调查公司依据统计学家费希尔的抽样理论,采用科学的抽样方法,准确预测出罗斯福当选总统而名声大振。"盖洛普民意测验所"也因此成为世界著名的民意调查机构。随着科技的进步,民意调查的方法也逐渐丰富和发展。当代,既有传统的面对面访谈,也有采用电脑辅助电话调查(CATI)技术来完成的基本数据收集。互联网的发展,更直接推动了民意测验方式的转变,在线调查目前也成为业内广泛采用的一种民意调查手段。

在我国,调查业是一个新兴的朝阳产业。无论是社会调查、市场调查,还是民意调查,都在社会发展中起着不可或缺的作用。近年来,民意调查方兴未艾,全国各地民意调查机构不断涌现,这些被认为是我国民意调查机构的"出生潮"。有关媒体也与权威调查机构合作,在重大新闻事件方面反映民意。为了积极听取民意,政府部门将民意调查引入日常决策也渐成风尚。

当然,也应充分认识到,民意调查以及民意调查结论并不完全等同和体现民意。

首先,民意的收集与表达有多种形式和渠道,民意调查仅仅是其中一种。民众可以通过媒体表达自己的利益诉求,可以在街头巷尾、茶余饭后进行讨论和争论,也可以在互联网平台上讨论公共事务、表达意见。公众的选举活动,更是民意表达的一种重要形式。民意测验是一种普遍的民意表达方式,但是,开座谈会、市民信箱、蹲点调查、论坛博客乃至传统的"访贫问苦"等都不失为了解民意、体察民情的调查方式。

其次,民意调查本身也有其局限,不科学的民意调查甚至会歪曲民意、误导民意。民意调查有迅速了解民情、结果推论总体、调查科学客观、应用领域广泛等独特的优点,但也有其局限。例如,调查结果反映的可能是稍纵即逝的情绪和倾向,时效性较短;调查结果只能反映公众的一般意见、态度,无法给出更深入详尽的信息;对民意调查结果需要作具体的分析等。有人认为,美国每临大选,民意调查就空前繁荣。但是,这些民意调查的科学准确性也颇受质疑,有些人只是拿民意调查结果在投票前做文章。从当前国内民意调查的现状来看,部分发布民意调查的机构,并不完全具备做精确调查的实力和能力,许多调查还不够科学、严谨。

如何科学地进行民意调查、正确地反映民意呢?民意调查可否作为决策的依据,关键是可信度如何、调查方法是否科学。首先,调查者应做到价值中立,方法得当,手段完善。在民意调查的设计、实施、分析过程中,调查者在科学抽样、访员素质、问卷设计、现场实施、数据处理、数字解读、民调方法等各个步骤上,都应当一丝不苟。其次,访问员和研究人员的整体素质,也是影响科学调查的重要因素。目前,教育部和国家统计局已经联合推出调查分析师证书考试,并成为提升和培训合格调研人员的有效途径之一。这对于推进调查分析师职称化、规范调查行业的发展,有重要意义。

总的来说,在强调科学决策、倾听民意的今天,应积极鼓励和支持科学的民意调查,使之更全面、迅速、准确地反映和传达民意,并严守科学精神和方法,防止民意调查被"滥用"、"误用"和民意被"歪曲"、"假造"。"调查研究是谋事之基、成事之道"。民意调查的兴衰,更反映着一个国家民主化进程的程度。积极倡导民意调查,科学规范民意调查,从而更好地反映民意、体察民心、服务民众,真正做到以人为本、科学发展①。

1. "政党与民意调查"国际会议

《上海行政学院——艾伯特基金会 国际会议:政党与民意调查:理论、方法和实践》

2012年9月11—12日在上海行政学院海兴教学楼202会议室召开。

研讨会认为,民意评估是现代社会政府执政不可或缺的组成部分,民意调查也因此成为各党派和政府机构的工作重点。由于政治机构和政治人物只有获取合法性才能有效开展工作,而民意调查可帮助决策者与人民保持同步,获得公众支持,因此,民意调查直接影响执政的本质。现代民意调查源于19世纪美国媒体为预测大选结果而组织的非正式投票。时光荏苒,民意调查的方法和程序也在不断发展。同时,不同的社会政治背景也决定了各国的调查设计和开展形式因国情而异。因此,世界各国开展民意调查的方式在一定程度上反映了各国政府和政党不同的工作风格,民意调查在不同国家也因此被赋予了不同的政治意义。当前,社交媒体迅速普及,为各国调查机构提供了新的调查平台,与传统调查方法相辅相成,有利于推动民意调查进一步发展。更重要的是,互联网创造了一个崭新的社会空间,人们可以就生活方方面面畅所欲言。例如,通过社交媒体调查(即通过社交媒体评估网上意见沟通与交流,开展调查),焦点小组访谈可以达到前所未有的规模。

本次大会由上海行政学院与德国弗里德里希·艾伯特基金会(FES)上海办公室共同举办,旨在回顾民意调查发展历史,展望未来,介绍世界各国民意调查体系的基本理念和理论背景,探讨从概念设计、执行到调查结果的解读等涉及民意调查全过程的各类话题。此外,本次大会希望通过各国具体案例介绍,帮助与会者深入了解各国民意调查的前提条件与实践,并为各国学术研究人员和实践者提供一个"最佳实践"的交流平台。

会议的第一单元由史丽娜(Catrina Schläger,艾伯特基金会上海办公室主任)主持。

亚当·波林斯基教授(Adam J. Berinsky,马萨诸塞州剑桥麻省理工学院政治学教授,美国)介绍了"美国的民意调查":民意政策为什么会发明、如何发明以及由谁

---

① 《解放日报》2009年11月9日。

(比如,组织等)来发明,这些方法和理论是如何与时俱进的(比如,经由计算机化),美国民意调查发展的里程碑,民意调查研究今天的情形:结构(组织)、挑战与限制。

丽塔·穆勒-西尔姆(Rita Mueller-Hilmer, TNS Infratest,实证社会研究政治研究主任,柏林,德国)交流了"民意调查在欧洲/德国":民意调查研究组织,谁授权调查,以及目的为何,欧洲的调查代理处财务限制以及其他的限制。范伟达教授(复旦大学社会学系教授、市场调研中心主任)进行了点评。

会议的第二单位,研讨了"方法论及其在政党民意调查研究中的应用";第三单位就"民意调查:国际比较下的个案研究"为题进行了交流发言。

2. 民意调查方法的研发

就民意调查的发展历史来说,可以追溯到另外两个重要的源头:那就是市场研究及"假投票"。所谓"假投票"也称模拟投票,是尝试预测谁能赢得选举的需要。1851年,密西西比州的一位报人举办了全州性民意测验,是为第一次有记录的州民意测验。

早期美国人事先探测选举结果的方法,就是美国旅馆到处都有分发假投票的单子,任何人住进旅馆,都可将自己心目中的理想总统候选人登录在表格上,英国旅客白金汉在1840年住进宾州布朗维尔包尔旅社时,也提起笔乱点鸳鸯谱,写下他所喜欢的总统候选人。

20世纪最著名的民意假投票是《文学文摘》从1916年到1936年进行的。在19世纪20年代和30年代早期,《文学文摘》生意兴隆,风光一时。它预测1924、1928、1932年的大选都非常准确。在10个州的公民投票也显示禁酒令票卡都能掌握1926年到1932年的民意脉动。

民意调查的起源和发展与市场研究、新闻事业和社会调查的起源和发展密切相关。西方国家市场研究行为的产生是市场经济制度所决定的。市场研究对民意调查的最主要贡献,是有关调查方法的研发,以及培训了民意调查的几位核心先驱如乔治·盖洛普,由于曾受过市场研究方法的训练,因此将这些方法应用五民意及政治研究。

尽管民意一词的使用是18世纪才开始的,然而民意的现象,不论中外,在远古时代就已存在了。19至20世纪以来,民意的观念成为政治理论的主流。民意调查经过数十年的发展,已经形成一套较为成熟的运作过程和调查方法体系。随着技术手段的进步,民意调查的方法也在逐渐丰富和发展。技术的发展使数据收集的方式发生了戏剧性的变化。不仅传统的面对面访谈,从20世纪70年代开始,电脑辅助电话调查(CATI)技术也发展起来。信息技术和互联网的发展直接推动了民意测验方式的转变,如今网络调查也已经成为业内广泛采用的一种调查手段[1]。

---

[1] 温淑春:"国外民意调查发展研究综述",《理论与现代化》2007年第1期。

由于民意调查可以扮演双重角色,既可以反映民意,也可以塑造民意,决策者在利用民意调查时具有很强的灵活性。决策者是不愿被一堆统计数据牵着鼻子走的,而更希望利用民意调查来引导民意,为其政策服务。通过大众传媒,精英们塑造他们想要的公众态度,民意调查只不过是操纵民意过程中的一种工具而已。

有学者将国外的民意调查看作是公共舆论的"晴雨表",公共舆论作为国外政府决策的"风向标",民意测验就是议员利用公共舆论的一种好办法。竞选过程中9个重要的决策都依赖于民意测验。民意测验的结果,往往可以帮助选民发挥"临门一脚"的效果。当年林肯就表达了这方面的意见,我所想的,是做好人民希望完成的事情。对我来说,问题在于如何才能准确地把它找出来。民意测验为美国领导人提供了一个了解民意的渠道。

前总统肯尼迪的一位幕僚这样说:没有哪一位总统有责任遵从民意的指示……他有责任尊重民意,并以此来引导它,塑造它,告知它,拉拢它,并且战胜它。民意既是他的罗盘,又是他的刀剑。例如,1994年9月在克林顿命令美军入侵海地的前几天,《芝加哥论坛报》(Chicago Tribune)刊登了一幅漫画:满载军人的登陆舰正靠近海地,甲板上的克林顿口中振振有词:"难道不应该让民意测验人员打头阵吗?"

富兰克林·罗斯福总统首开雇用专业民意测验顾问的先河。1936年,盖洛普、克罗斯利和罗拍三家民意测验机构准确地预测出罗斯福将大选获胜,罗斯福本人因此成为民意测验的热衷者。他聘请普林斯顿大学的哈德利·坎特里尔(Hadley Cantril)考察与之相关议题的民意,尤其是民众对欧战的看法。

法国的报纸虽然全都标榜其独立性和公正性,但每家报纸的政治倾向也是公开的秘密。尽管民意调查机构标榜客观公正,但毕竟是靠客户来挣钱吃饭的,那么,客户"有倾向性的需求",自然不能不反映在调查的结果上。"调整"调查结果的方法很多,像调查时拟订的各种问题便有"文章"可作,民意调查常常成为政客们掌中的玩物,纷纷展开有倾向性的"民意调查",诱导选民投自己的票。民意调查的本意是反映民众意愿,但此刻却本末倒置。这不能不说是民意调查的一种悲哀。

通过民意调查,决策者得以了解民众对某项对外政策的看法,从而采取措施,通过宣传或其他手段调整民意。在诸多因素中,政府的政治宣传无疑是一个非常重要的因素。美国非常重视利用民意调查进行舆论同化,美国颇具影响的民意调查机构皮尤人与新闻研究中心,在皮尤基金会以及当时的美国国务卿奥尔布莱特的支持下,启动了"皮尤全球态度项目"(The Pew Global Attitudes Projects)。该民意调查的目的是展示全球公众舆论"对于美国在世界中的角色、美国的外交政策、美国领导下的全球化和现代化、美国文化、价值观和商业操作等在世界的扩展等问题的态度"。

民意调查如何对民意进行影响与塑造？民意测验本身就是新闻,民意测验改变了新闻本身。法国新闻媒体十分看重民意调查,认为它可以"客观公正地反映民情民意,对于读者来说,一份简单的调查数字表要比一篇记者报道更具有说服力。

约翰·扎勒(John R Zaller)总结了前人的研究成果,发现民众在回答问题时具有如下三个特点:第一,历时不稳定性,一些人在不同的调查中的确出现意见改变,意见表达中的波动是由"测量误差"所致。第二,回答效应,每个人可被假定为至少有两种考虑,一种关于共产党,另一种则关于公平对等原则。关键是看哪种考虑会被问卷凸显。第三,问题措辞效应,取决于问题如何设定,这说明问题的不同措辞方式通常对民众某一问题的统计学层面上的支持率有很大影响,而且即使根本的问题完全一致,民众也会有不同的反应。

民意调查及其机构具有塑造民意的可能性。问题的关键是,在现实的政治生活中,国外政府通过实施有关策略,利用民意调查及其机构影响和塑造民意。沉默螺旋理论认为,个体是孤立恐惧的,这种孤立恐惧使他们不断去确定,哪种意见及行为方式被环境所赞同或反对,以便采取哪种意见与行为方式,排除哪种。基于抽样调查产生的民意一经发表,本身又成为一种舆论,使沉默螺旋运转起来,这被有些政治学家称为"羊群效应"。也就是说,民意调查结果公布之后,它本身又会成为一种社会舆论,反过来对民众的态度产生影响①。

除了政府部门自设的民意调查中心外,更多的是独立于政府的商业调查公司。商业调查公司出卖的是调查结论,真实、客观的调查结论就是其商业信誉。因此,维护其调查结论的真实性、客观性也就是维护商业信誉、进而维护其生存之本的本能之举。因此在这些国家,商业调查公司的公信力常常成为调查免于受到预设结论左右的保证。有时政府为了使一项调查结论看上去更为公正,没有偏私,也会委托信誉好的商业调查公司进行调查。

---

① 陈月生:"国外政府利用民意调查引导民意研究综述",载《社科纵横》,总第22卷第2期,2007年2月。

第十三章 市场调查的茁壮成长

第一节 市场调查概述

一、市场调查的概念、功能和作用

1. 市场调查的概念

关于什么是市场调查,不同的学者曾给过诸多的定义,至今仍无一个权威性的统一定义。

美国市场协会将市场调查解释为:"市场调查是通过信息将商品生产者与商品消费者相互联结的纽带,这个信息用于确认市场机会,发现所存在问题,产生、提炼、评价企业所采取的市场行动,控制企业的市场表现,改进企业的营销策略。具体地说,市场调查是说明调查有关信息的主题,设计搜集信息的方法,管理和执行数据收集过程,分析其结果,交流所得的结论和它们内在含义的一个完整的工作过程。"这个定义概括了市场调查的实际操作过程,勾画了市场调查在企业经营活动中的作用。

中国台湾学者攀志育认为:市场调查可分为狭义的市场调查和广义的市场调查。

狭义的市场调查(market research)是:主要针对顾客所做的调查,即以购买商品、消费商品的个人或工厂为对象,以探讨商品的购买、消费等各种事实、意见及动机。

近年来,"市场营销"的意义更为广大。它不仅以市场为对象,而且以市场营销(marketing)的每一阶段,包括市场运营所有的功能、作用为调查研究对象。这是广义的市场调查,相当于 marketing research。

广义的市场调查包括从认识市场到制定营销决策的全过程。如产品分析,从商品的使用及消费角度对产品的形态、大小、重量、美观、色彩、价格等进行分析,同时,对销售的途径、市场营销的方法、销售组织、经销人员培训、广告作用、促销活动等问题进行分析[1]。

市场调查是以市场为对象,收集、记录、整理与分析企业经营活动有关的数据、资料的活动。市场调查对于企业而言,犹如医生诊断患者。不经市场调查,就无从了解市场情况,无法制定企业的经营战略。

市场调查不仅包括微观上以具体目标市场为对象的企业市场调查,也包括宏观上以整体市场为对象的政府市场调查。即它是对市场以及以市场为中心、以市场机制为导向的一切相关经济活动的调查,涉及市场及其活动的各个方面。

2. 市场调查的功能和作用

市场调查是运用科学的手段,对市场态势及市场活动的各个方面进行有效地分析、研究和预测。市场调查不仅是企业生产经营的依据,同时也是国家及相关机构进行咨询和决策的前提条件。

马克思曾经这样指出过:"商品价值从商品体跳到金体上……是商品的惊险跳跃。这个跳跃如果不成功,摔坏的不是商品,便一定是商品所有者。"[2]市场,作为一个实现商品体向金体转化的场所,作为一个资本投向的非人格化权威地位愈来愈突出了,为了自身的生存和发展,各个企业必须十分重视市场调查工作,以确保经营决策的安全和可靠,保持其可持续发展,避免在竞争中遭到淘汰。

(1) 市场调查的功能

市场调查的功能是指市场调查本身具有的基本作用,归纳起来,主要有认识功能和信息功能两方面[3]:

① 认识功能

市场调查是市场环境、市场供求和企业营销活动进行信息搜集、记录、整理和分析的一种调查研究活动,或者说是对市场经济现象的一种认识活动。因而,市场调查具有认识市场的功能。通过市场调查能够掌握市场环境、供求情况和企业营销状态、特征及其变化原因,消除人们对市场的未知度、不定度和模糊度。

② 信息功能

市场调查的目的在于准确、及时、全面、系统地搜集各种市场信息,如生产信息、供应信息、需求信息、消费信息、价格信息、市场营销环境信息等,为市场宏观调控和企业市场预测提供依据。市场调查的信息功能表现为市场调查所获得的市场

---

[1] 攀志育:《市场调查》,上海人民出版社1996年版,第3页。
[2] 《马克思恩格斯全集》,第23卷,第124页。
[3] 龚曙明:《市场调查与预测》,清华大学出版社、北京交通大学出版社2005年版,第3页。

信息是市场预测、决策的先决条件和基础。

现代企业生产经营决策,归根到底是谋求企业的外部环境、内部条件与经营目标这三者的动态平衡,其核心是如何及时把握整体市场情况及与本企业生产经营活动直接相关的市场问题,即市场信息,这就要求市场调查把现代市场营销与市场信息有机地结合起来,推动市场营销活动。市场调查的关键是发现和满足消费者的需求,为了判断消费者的需求,实施满足消费者需求的营销策略计划,这就需要对消费者、竞争者以及市场上的其他力量有充分的了解。近年来,许多因素的出现促使对信息的需求在质和量两个方面都大大提高。例如:由于企业跨国经营,这就需要更大更远的市场信息;由于消费者变得比以前更富有和更有经验,就必须获得更充分的信息以了解消费者对产品和其他市场服务的反应;由于要了解促销效果,就要对所使用的促销工具的有效性有足够的了解……

然而,市场调查也是一把双刃剑。市场调查的价值不可否认,但也不能完全迷信市场调查。市场调查既给企业决策提供必要的客观依据,同时也存在潜在的危险。市场调查的危险在于企业变成"市场导向",亦即只是被动地对市场做出反应,这种情况会损害对未来机遇的准备。更糟糕的是,过于依赖市场调查意味着"潜在需求"和"深层次发展"无法挖掘,而这两者都是很重要的概念。

(2) 市场调查的作用

市场调查的作用是市场调查功能的具体体现,根据市场调查的认识功能和信息功能,市场调查对企业经营的作用是多方面的,主要体现在:

① 市场调查是企业实现生产目的的重要环节。

企业生产的目的是为了满足民众日益增长的物质和文化生活的需要,为此,首先要了解民众需要什么以便按照消费者的需要进行生产,尤其是消费者需要在不断地变化,这就不但要调查,而且要及时进行调查。因此,市场调查是国民经济部门制订计划及企业实现生产目的的重要一环。

② 市场调查是企业进行决策或修订策略的客观依据。

③ 市场调查也是改进企业的生产技术和提高业务管理水平的重要途径。

④ 市场调查更是增加企业竞争力和应变能力的重要手段。

从图示对于市场调查的描述可以更好地理解市场调查的重要性。

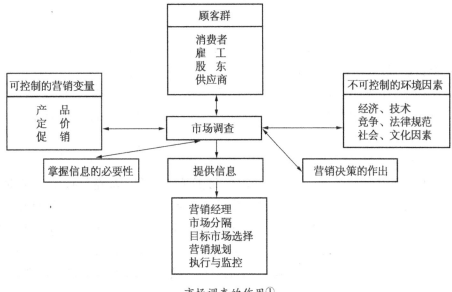

市场调查的作用①

市场调查的关键是发现和满足消费者的需求。为了判断消费者的需求,实施满足消费者需求的营销策略和计划,营销经理需要对消费者、竞争者和市场上的其他力量有相当的了解。市场调查的任务就是评估信息需求并向管理者提供相关、准确、可靠、有效和及时的信息。今天,充满竞争的市场环境由于决策失误而造成成本日益增加的状况都要求市场调查能提供充分的信息。在缺乏充分信息的条件下,很有可能出现错误的管理决策。

二、市场调查的内容与领域

市场调查的内容十分广泛,它要取得的是过去和现在有关市场的各种资料、数据和信息。归纳起来,有以下一些基本内容和一些相关的专项研究。

1. 基本调查内容

(1) 调查市场需求情况

市场商品需求,是指一定时期内消费者在一定购买力条件下的商品需求量。居民购买力是指城乡居民购买消费品的货币支付能力。市场需求调查就是了解一定时期在企业负责供应或服务的范围内,人口的变化,居民生活水平的提高,购买力的投向,购买者的爱好、习惯、需求构成的变化,对各类商品在数量、质量、品种、规格、式样、价格等方面的要求及其发展趋势等,了解消费者对服务、旅游方面

---

① 张华等编著:《市场调查与预测》,中国国际广播出版社2001年版,第7—8页。

的各种需求,特别充分重视农村广大市场需求及其变化等。

(2) 调查生产情况

就是要摸清社会产品资源及其构成情况,包括生产规模、生产结构、技术水平、新产品试制投产、生产力布局、生产成本、自然条件和自然资源等生产条件的现状和未来规划,并据此测算产品数量和产品结构及其发展变化趋势。通过调查,掌握工农业生产现状及其发展变化对市场将要产生什么样的影响,以及影响程度的大小等。

(3) 调查市场行情

具体调查各种商品在市场上的供求情况、库存状况和市场竞争状况,特别是影响市场商品价格运动因素的调查,供求关系运动对商品价格的影响。供不应求,价格就会上升;供过于求,价格就会下降。要了解有关地区、有关企业、有关商品之间的差别和具体的供求关系,即了解对比有关地区、企业同类商品的生产经营成本、价格、利润以及资金周转等重要经济指标,它们的流转、销售情况和发展趋势等。

2. 专项调查内容

(1) 市场环境调查

政治环境:国家政策、法令、条例、重大活动、事件。

经济环境:人口、国民收入、消费结构水平、物价水平。

社会文化环境:教育程度、职业构成、家庭类型、风俗习惯。科特勒说过:"营销环境一直不断地创造新机会和涌现威胁……持续地监视和适应环境对它们的命运至关重要……许多公司并没有把环境变化作为机会……由于长期忽视宏观环境的变化而遭受挫折。"①

(2) 消费者调查

购买本产品的消费者是个人还是团体,其性别、年龄、职业、居住区域、收入水平、消费结构、谁是主要购买者、谁是使用者、谁是购买决策者、消费者的欲望和动机、影响消费者购买决策的因素、消费者的购买习惯。消费者调查具体细分可分为:消费者需求分析、消费习惯分析、消费动机分析、文化背景分析、消费者地域特征分析、消费者人口统计特征分析以及阶层差异分析。

(3) 需求研究

产品的需求量和销售量是供不应求,还是供大于求;产品在市场上的占有率和覆盖率;市场潜在需求量有多少;同行竞争者的地位和作用、优势和劣势;细分市场对某种产品的需求情况;国内外市场的变化动态和趋势。

(4) 产品研究

---

① [美]菲利普·科特勒著,梅如和等译:《营销管理》,上海人民出版社2001年版,第164页。

生命周期;产品形式部分,包装质量;产品销售前、后的服务工作;分析老产品的性能,研究如何改进老产品;大力开发新产品;对竞争产品进行比较和分析。

(5) 大众传媒调查

销售排行榜是各种出版物的年度销售排行榜和月销售排行榜,评估出版物的受欢迎程度和出版单位发行工作的优劣;读者群与读者偏好调查;广告调查,消费者对广告的认知、记忆、评价;广告的诉求点是否与产品的市场定位一致及广告资源的分配;广播电视收视(听)率调查。另外,还有广告研究、价格研究、证券调查、房产调查、IT、汽车、家电、通讯、环保等各个行业的市场调查。

总之,市场调查的内容及范围十分广泛,其功能也愈显重要。

三、市场调查与高等教育

中国高等教育在社会主义市场经济大潮下必须服从与服务于经济建设这一中心和大局,市场调查是高等教育与市场经济相联系的重要途径和桥梁。

1. 市场调查对高等教育的独特作用

(1) 服务经济的渠道

市场调查作为社会经济调查的特定类型为贯彻党的教育方针"教育为经济建设服务,教育与社会实践相结合"提供服务经济、服务建设的渠道。高等教育中相关专业课程和相关科研成果通过市调这种方式为社会主义经济建设服务。

(2) 社会实践的途径

市调为教育与社会实践相结合提供了一条重要途径和一个广阔的舞台,并由此带动高校在教育方式、教育内容和教育方法等方面的改革。如复旦大学在全校开设"市场调查与预测"课程,在教育方式、内容、方法上作了一些有益的探索与尝试,取得了一定成效;在推动学生社会实习、勤工俭学方面也积累了一定的经验。

(3) 世纪新人的阵地

市调为高校培育新世纪所需人才作出了有力的保证。高等教育世界校长会议达成共识,21世纪所需人才或高等学校培养人才的目标应该定位在有知识、有能力、有人品的世纪新人。市调为高校培养目标的实现提供了理想与现实相结合的途径。高校学生在校期间及毕业工作以后都是市调行业的一支高素质的生力军。

(4) 教育产业的先导

中国高教业也面临产业化的需求,可以把教育作为产业来运作,已为大多数业界人士所认同。教育固然有其自身的规律,但是教育产业的兴起、科技成果的转化、人力资源的开发等教育与经济相结合部分的调研都离不开市场调查作为先导。

(5) 三个面向的窗口

中国的教育要实现"三个面向",即面向世界、面向现代化、面向未来。市调是实现教育三个面向的窗口。通过市调这一途径和窗口,我们可以及时了解国际上许多新方法、新技术、新潮流、新品种的日新月异的变化。通过市调可以敏锐地把握国际社会现代化的步伐。

2. 高等教育对市场调查的重大作用

(1) 出思想

学校这座象牙塔历来是"思想库",是出思想、出理论、出方法的神圣殿堂。市场调查的发展与提升离不开市场调查理论的创新和方法的突破。高校作为"思想库"、"智囊团"在总结实践经验的基础上"制造"产生新的理论、方法可以极大地推动市场调查的发展。可以这么说,市场调查理论和方法的每一个突破都会给市场调查带来革命性的机遇和变化。

(2) 出信息

高校既是"思想库"又是"信息库"。大量的国内外最新专业信息往往先通过高校专家学者的收集、消化、比较、整理、分析、研究而得以传播与扩散。在"信息爆炸"、"知识爆炸"的时代,用科学的方法和手段来收集、分析各类情报是至关重要的。高校的研究人员就往往具有这方面的特长。尤其是对经济、市场的宏观与微观的分析与把握,对最新动态的判别与分析,对现实运营状况的研究思路与对策的产生,都是高校的"专利"与"特权"。

(3) 出人才

高校为社会经济各行各业培养高素质的人才,这是毋庸置疑的。其中市场营销专业之热门,MBA 之火爆,都由于高校在培养经济型市场型人才方面起到了的独特作用。高校要为市场调查及其行业培养人才特别是高级人才(高手)更是当务之急。目前的中国市场调查业界,不仅需要一般的访问员、分析人才,更需要那种能通观全局,对市场有敏锐的洞察力、感悟力、能把握市场运行脉搏,又能结合具体案例进行策划、实施并能全程控制研究质量,并从中提炼出对策的高级人才。这种人才的培养应该是高等院校的重要任务之一。

(4) 出访员

高校为市场调查提供访员、督导已为业界各公司所目睹和认可,在校大学生是市场调查的一支生机勃勃的力量,这应该说是无可争辩的事实。无论是专业公司还是其他从事市场调查的相关机构,在访员、督导的选用上都经常会考虑到使用在校大学生这支力量。当然,业界也有其他一些议论,如认为大学生做访员工作责任心不强、吃不起苦累、用高智商的头脑制造或自填假卷。这些情况确实存在,但这只是大学生访员的一个支流。绝大多数大学生访员在市场调查上应该说有其天然的优势。首先他们抱着社会实践的热情,对市场调查有一种渴望、一种内在的参与动力,甚至一种好奇与神秘感;其次,他们的基本素质好,无论是政治思想素质还是专业身体素质,都优于其他群体,在外语、计算机及其相关专业上更是占有优势,在执行调查中的领悟能力、对各项相关专业的把握方面都是其他群体所无法比拟的。再次,大学生调查易于为受访者所接受和配合,特别是面访,大学生让被访者有种亲切同情感和放心感(戒备心理少),因而相对来说调查容易成功。现在,我们已进入新世纪,对于这个数字化的新世纪,许多传统的调查手段与方法将会被新的方式所代替。面对数字化时代、网络时代、虚拟社区,人们的生活方式会发生根本的变化,市场调查的方法手段也必然会创新和变更。对这些高新技术手段的掌握和运用,大学生群体有其独特的优势。因而,我们要扬长避短,因势利导,注意发挥在校大学生的优势,加强训练和督导,大学生队伍是可以为市场调查做出很大贡献的。

(5) 出教材

对社会相关群体,特别是专业市调公司、大中型企事业单位市场部成员需要进行市场调查培训的单位和个人,高校承担着责无旁贷的责任。人员的培训需要有合适的教材,中国的高校可以为教学、培训撰写理论联系实际的系列教材,以满足社会的需求。

21世纪的中国大地市场经济将更加规范蓬勃,市场调查作为应运而生的时代"宠儿",必将获得更大发展,高等教育与市场调查的紧密结合将成为一种不可阻挡的发展趋势。

第二节 市场调查的历史和未来

一、市场调查的历史回顾

市场调查的需要,是随着商品生产和交换的发展而产生的。在人类历史上,开展国内外贸易已有了千百年的历史。然而,市场调查形成一门学科,或者说一门应用科学,是在20世纪初,首先是在美国发展起来的。市场调查和预测的发展,在美国大致可以分为三个阶段:

1. 市场调查的开拓和建立时期

根据已有资料,第一项市场调查是一项选举调查,由美国的 Harrisburg Pennsylvanian 报纸于1824年7月进行。同年晚些时候,美国的另一家报纸 Raleigh Star 在北卡罗来纳州(North Carolina)也进行了一项调查。但第一项明确运用于营销决策的调查是 N. W. Ayer 广告公司于1879年进行的调查。该调查以本地官员为对象,了解他们对谷物生产的期望水平,旨在为农场设备生产者发展一项广告计划。

大约在 1895 年,学院的研究者开始从事市场调查。当时明尼苏达大学的心理学教授 H·盖尔(Harlow Gale)将邮寄调查引入广告研究。他邮出 200 份问卷,收回 20 份。紧随盖尔之后,西北大学的 W·D·斯考特(Walter Dill Scott)将实验法和心理测量法引入广告实践中。

1905 年美国宾州大学首先开设了一门课程,叫做"产品的销售"。1911 年,美国当时最大的一个出版商柯的斯出版公司,聘请派林(Charles Coolidge Parlin)担任该公司商业调查部经理。派林首先进行了对农具销售的调查,接着对纺织品批发和零售渠道进行了系统的调查,后来他亲自调查访问了美国 100 个大城市的所有主要百货商店,系统地收集了第一手资料并著书立说,为日后进行的分销普查,提供了分类的基本方法。当时他编写了一本名为《销售机会》的书,内有美国各大城市的人口地图、人口密度、收入水平和有关资料,受到了人们的重视。派林在市场调查的理论和实践方面的贡献,使他被推崇为这门学科的一位先驱。

与此同时,美国哈佛大学商学院建立了一个商业调查研究所,由马丁(Seldon O. Martin)任第一任所长。他们进行调查研究后提出的第一个报告是关于鞋店流通费用的报告。由于在开始调查时,各鞋店所用会计科目和记录各不相同,他们就逐个帮助,搞了一个统一的科目分类,以利进行系统的调查、比较和分析。后来他们又对杂货店、专业商店、百货商店等进行了调查,并发表了这些商业企业的流通费用的调查报告。

在市场调查的开拓时期,确定了实地调查法、观察法和实验法,也开始发展了调查表法和抽样理论,并对销售机构组织进行基本调查,开展了销售成本和费用的分析。市场调查这门学科开始建立起来,并打下了坚实的基础。

2. 市场调查的巩固和提高时期

从 1930 年到 1950 年,随着统计分析的进一步发展,市场调查的方法也逐步巩固和提高。市场调查发展成为市场销售调查研究,其范围也日益扩大到有关市场销售问题的各个方面。在这一期间,配额抽样、随机抽样、消费者与商店固定样本调查、统计推断、回归方法、简单相关分析、趋势分析等,都有所应用和发展;分配成本分析受到普遍重视;商店稽查也开始出现。市场预测工作中的科学性有了较大的提高,并开始取得良好的效益。

据说,问卷调查在 1824 年被报业界首先运用。1879 年艾尔斯(Ayres)公司曾经用它对各州的粮食产量进行过调查。但直到 20 世纪 20 年代以前,问卷调查形式极其有限。在第一次世界大战期间,军队用问卷来进行个人审查。期刊出版商们用这种逐渐熟悉起来的调研工具统计读者的意见。经济形势的几次变化使问卷调查得到了发展应用。当 1920 年代的"繁荣"时期让位给从 1929 年开始的大萧条时期,人们对运用问卷调查这种工具的兴趣越来越浓了。

3. 市场调查与市场预测相结合时期

自 1950 年以来,市场调查日益与市场预测结合起来。以后随着电子计算机在企业中应用的日益广泛,一个新型的现代企业信息系统逐渐形成,市场调查和预测已成为这一信息系统的重要组成部分,并日益发挥其在现代企业经营管理中的重要作用。

世界上第一台电子计算机是 1946 年在美国宾州大学诞生的。电子计算机的突出的功能使得计量经济学、市场信息管理以及市场预测技术都进入了一个新的阶段。与此同时,在调查技术上动机研究、运筹学应用、态度测量技术、多元回归和相关分析、因子分析和判别分析、实验设计、数理模式、贝叶斯分析和决策理论、量度理论、电子计算机数据处理和分析、销售模拟、情报贮存和校正、非数量多向量度法、经济计量模式等等,都有所创新和发展。

在市场调查技术的不断发展中,美国的大学及其研究机构都起了非常重要的作用。例如,以 1980 年诺贝尔经济奖获得者、宾州大学教授克莱因(L. R. Klein)为首创立起来的沃顿学院模型(Wharton School Model)及联结(Link)模型,密执安大学的密执安模型(Michigan Model)等,只要用户付给一定的费用,就可以每季提供由他们收集、分析的有价值资料(包括世界性资料)。

日本的市场调查研究理论是在第二次世界大战后从美国输入的,它的建立较美国推迟了 40 年,但发展很快,已有后来居上之势。其他如英国、联邦德国、法国等资本主义国家,市场调查和预测在战后也有很大的发展。

有人也把 1940—1960 年这段时期称为计量调查时代。数据普查,特别是商业普查使得人们开始应用统计分析。营销调研开始习惯于设定销售定额和确定合适的销售区域。这些需要会计技术,如用成本分析来决定分销成本。同时,营销调研者们也开始使用社会科学中的一些方法,如取样理论假设测试和运用统计原理来假定消费者的行为打算和态度,它们成为营销调研业的一部分工具。"人们为什么购买"及调研动机开始于这个阶段。在这个阶段,调研人员第一次开始借助于一项新的发明——计算机来帮助他们进行分析。

直到 1960 年代,营销调研业才得到了商业组织的真正认可。所以,有人也称 1960—1980 年为被组织接受的年代。随着营销观念的认可,营销调研在商业机构中成为正式的一部分。在这个时期,拥有自己独立营销调研分部的公司数量急速增长。在这个阶段,还发生了一些其他的变化。更多的公司开始涉及国际市场,而对这部分消费者和竞争市场,经理们很少能得到过去经验的帮助。全球通信及产品和服务的技术革新却越来越快。为了紧跟时代,公司导入了市场营销系统,市场调研就是其中最重要的组成部分。因此,市场调研在这个时期不仅得到了承认,而且成为了解远距离飞速变化的市场的重要工具。

从1980年到现在,有人也称为技术进步时代。各种技术在不断冲击着营销调研业。一个重要的因素是,1970年代后期个人电脑的飞速发展,以及由于个人电脑发展而引起的一系列技术应用。计算机辅助问卷程序的开发,使市场调研人员能够设计由计算机管理的调研;触摸式屏幕可以在调查过程中自动统计数据。复杂的和用户友好的软件,如SPSS,在这个阶段出现。直到现在,各种应用于市场调研业的技术还在不断发展。并且,毫无疑问它们会给调研业带来极大的冲击。苏格拉底软件公司的维苏Q(Visua Q)显示了技术发展是如何影响市场调研的。维苏Q是一个视窗界面的市场调研辅助设计计算机程序。它允许经理们运用储存的问题及回答表,设计一个多目标的问卷,如消费者的满意程度。维苏Q首先设计问卷,然后显示被访问者见到的屏幕。因此,它可以产生一个计算机辅助的电话访问(CATI)。如果进行个人访问,那么这个程序就可以生成一个计算机辅助的个人访问(CAPI)。如果将软盘寄给被访问者,那么这个过程就可以称为软盘访问(DBM)。调查者一旦收到数据,这个程序的数据管理功能就自动记录数据,以便提供给其他的各种扩展程序或统计分析程序,如SPSS。苏格拉底软件公司提供现场服务,使得经理们不必自己进行调查访问。维苏Q是众多发展了的软件包之一,它允许当今的经理充当一个调研者的角色,使他不仅是一个应用者,而且自己设计调研项目。

二、市场调查在中国

市场调查在我国的历史是非常短暂的。市场调查一度没有受到国内企业的重视。在20世纪80年代中期至90年代初,全国的专业化市场研究公司还寥寥无几。邓小平同志南巡讲话和党的十五大以后,由"计划经济"向"市场经济"过渡,市场调查开始受到人们的重视,专业化市场研究公司相继成立,到1998年,我国已有专业化市场研究公司500多家。2001年4月,中国信息协会市场研究业分会在广州宣告成立。同年12月,中国市场学会也在北京召开第三次会员代表大会,重申了WTO与市场营销调研的紧迫性。

1. 缘起

中国较早运用市场调查方法可以追溯到20世纪50年代,那时由中央政府组织各地统计机构开展了全国范围的职工家庭生活调查工作。70年代,亦曾运用抽样调查的方法,在中国59个城市,24个县城抽选13.9万户职工家庭,就收入等基本情况作了一次性调查。进入80年代后,国家的经济调查和预测工作开始走向正轨,各地普遍恢复和成立了城乡抽样调查队,建立了了解城乡居民收入、支出,家庭用品等基本生活数据为主要内容的固定样本,开展连续性的调查统计,为政府的宏观决策提供依据。而真正意义的商业市场调查的运用,则始于80年代的中期。当时随着我国改革的深入,对外开放的程度逐步加大,一批外资企业开始涉足中国内地市场,外国的产品也逐步进入中国市场。这些在国际上一直依赖市场研究作为他们开拓先锋和"指路明灯"的外资企业,自然首先想到的和要做的,就是要在中国进行市场研究,寻找自己产品进入中国的途径、方式和打开消费者发生消费行为大门的钥匙。于是,境外一些市场调查机构,纷纷受委托进入中国开展市场调查。为了开展数据收集,他们开始在中国国内寻找合作伙伴,并把初级的实地调查方法带到中国来。如广州的"华南市场研究公司",北京的"中国市场调查所",以及香港市场研究社(SRH)委托复旦大学社会调查中心与中调所上海办事处所进行的内地初期的各种调查项目。1993年8月6日《南方周末》报的记者曾以"'盖洛普'逐鹿上海滩"为题报道过我国80年代末和90年代初进行市场调查的一些"镜头"①。

下面,我们从广州、上海、北京成立的市场调研机构来认识国内市场调查行业的诞生印记。

(1) 广州:我国第一个市场研究公司成立(一位创业者的部分自述)

市场研究作为一项专业、一门产业,在中国本土诞生和成长,是我国改革开放之后以及从计划经济向市场经济转型过程中的新生事物。广州市场研究公司,是中国大陆第一家市场研究公司。作为这家公司的创办者之一并担任过公司第三任总经理的我,回想起当年的不寻常经历,不胜欷歔,更感自豪。

1987年夏,我从暨南大学经济学专业毕业,学校分配我到一家省属进出口公司工作。在那个计划经济盛行的年代,大学毕业后能分配到国有外贸公司工作,可谓天大的喜事。可我从小就对新生事物有较强的好奇心,喜欢挑战性的工作,热爱社会实践。从大三开始,我就参加省广告公司和外经咨询公司的兼职市场调查员工作,接触到市场研究。并在毕业前参加过当时走在改革

---

① 范冰、范伟达编著:《市场调查教程》(第二版),复旦大学出版社2008年版,第23页。

开放前列,以理论干预社会实践名满我国社科界的广州软科学研究所组织的社会问题调查实习。在实习中我学到了一些新的知识,也对社会问题有了更多更实际的了解,促使我产生了循这一途径,对中国的经济、社会问题有更多的探索和走在时代潮头的念头。于是,我毅然放弃了到外贸公司报到的机会,改派到软科学研究所工作。

随着改革开放的进一步深入,决策科学化民主化也开始被有关方面关注。以决策和管理咨询研究为主业的广州软科学研究所也应运而生,其开展工作的方式,以专家论证为主。当然也会借助于数据统计和社会抽样调查的方式,来完成所开展的业务。其中,亦与香港有关市场研究机构合作开展过一些市场研究项目。但囿于该所当时的国有编制和隶属关系的局限性,难以放开手脚开展真正意义的市场研究业务,而外商也因其所有制性质,对其客观性有疑虑,不放心将完全商业化的市场研究业务全盘交由其开展。这种局限性,在当时实际上也给一些更大胆尝试挑战,闯出一条新路子的人们腾出了空间和机会。1987年底,在所里负责访问调查业务的陈小章便和我、郑腾腾、陈炼、石屹这几位同事,及有志于此举即将投身过来的周志明、吴钢民等商量,凭着我们年轻人的闯劲和智慧,以及先前对市场研究业务的初步认知,与国家事业单位脱钩下海创办一家完全意义上的市场研究公司,走出一条完全企业化、市场化的市场研究新路子。

事非经过不知难。今天市场研究机构和业务已经遍地开花,已成为社会经济中一类正常的业态。据不完全统计,至今业内已有1 000多家市场研究企业,年营业额达57亿元人民币,正保持着每年15%的增长速度。可在当年,不要说是"市场经济",就是连"商品经济"还要在其前面加上"有计划的"四个字。在这样的背景和氛围下,要创办起一家独立的、专业性的市场研究公司,并开拓出业务新局面,困难有多大可想而知。

在当时的大环境下,"自筹资金、自主经营、自担风险、独立核算"的集体所有制的"红帽子"是创办我们这类型公司较为合适的选择。按当时的政策,集体企业必须有主管部门作为"婆婆"。当时的软科学研究所领导很开明和大力支持,同意软科学研究所作为市场公司的挂靠单位,并负责解决大学毕业生指标和户口,类似于今天的人才交流市场那样代管干部档案,公司每年上交管理费。说实话,要脱离软科学研究所,下海办市场研究公司,尤其在那个很重视国有单位身份的年头,毅然放下这个身份去闯去创,本身就是个风险。好在当时我们都年轻,多多少少都经历过一些改革开放的锻炼,在课堂上学习过一些市场学理论,参加过多次调查访问和数据收集的工作。大家在先前以各种身份在软科学研究所工作时,在参与香港市场研究有关机构的合作项目中,也了解到这个行业对中国经济和企业未来发展的必要性和重要性。从中也接触到先进的市场研究的理论和实务,对我国改革开放的路径的理解和年轻人的勇气闯劲,使我们很快就克服了当时很多人都难以逾越的心理障碍。

要办一家正式注册的企业,在当时也不容易,尤其是市场研究这种在中国企业登记目录中从未有过的专业性公司,那就更为困难了。当时,我们到广州市工商局登记注册要成立市场研究公司,无论我们怎样解释说明,负责登记注册的部门看过我们的申请登记表格,认为无此先例,暂不受理。还未迈开步,就当头挨了一棒。"开弓没有回头箭"。对此,我们没有泄气,大家聚在一起商量,认为千解释万解释,不如先做好业务才好解释。我们一边开展承接客户委托的市场研究项目,一边以项目收费作为支付开办公司的费用进行公司筹办工作。一开始,我们就与香港同行合作,开展一些日常消费品的街头访问调查。参加业务的除了全体创业者外,还邀请十多位在校大学生作为特邀访问员。香港同行也派资深项目经理进行现场督导,以确保质量。记得当时由于缺乏资金,开展街头访问项目所用的桌椅都是我凭关系到市13中学借用的。业务开展起来后,我们主动邀请工商部门派员到场巡视了解,以增加他们对市场研究业务的了解,由此逐步建立起彼此间的了解和信任。就这样,几次试验性的业务开展下来,我们既迈开了业务开拓的步子,也赚了一些钱,更使工商部门对我们的业务有了更多的更新的了解。我们的热诚和认真的态度也感动了他们,终于接纳和批准了我们的注册申请。1988年4月23日,我们正式获得广州市工商局核发的营业执照(注册号19043577-6)。这标志着我国第一家自筹资金、自负盈亏的专业市场研究公司的诞生。

拿到营业执照后,为了加快扩大公司的知名度和规模,我们着意策划组织好公司成立的庆典,时间定在当年即1988年的7月28日。具体工作由我和吴钢民负责。庆典力求做到轰动热烈,影响面广,以争取社会上对公司较大程度的认可,为公司的快速发展加油。为了争取有关方面重要人士的与会,我们想尽办法、出尽力气、用尽关系。经我们诚恳邀请,终于感动了有关方面。庆典在五星级的东方宾馆国际会议厅举行。记得出席公司庆典的有市委副书记邬梦兆,市委、市政府各部委都有正职或副职领导出席,广州地区包括中央驻穗主要媒体都派记者采访报道,多家大型外资企业和国有企业的领导或代表也前来祝贺。广州地区主要高校的市场学知名教授也悉数前来助威,香港市场研究业界也派代表出席致庆。成立庆典虽然已经过去20年了,但我回想起来,仍激动不已。最使我感动和受鼓舞的是,在庆典上何永祺教授代表公司专家顾问组和香港资料收集中心负责人之一的林达先生代表香港同行的致辞。其中,时任中国高校市场学会会长的何永祺教授在致词中讲到:"广州市场研究公司的成立,是我国商品经济进一步发展的必然现象,或者说得夸张点,是我国市场经济逐渐发育的重要标志之一"。林达先生的致词则讲到:"广州市场研究公司的成立,标志着市场研究行业在中国的诞生"。两位专家这两句带有"定性"意义的发言一直铭刻在我的脑海里。这触动了我的记忆,早在当年5月下旬的某日上午我在旅馆房间清洗播放广告带的录像机磁头时,偶尔抬头看看电视机播放的中央电视台新闻节目。电视主播正在播报:"据《经济日报》报道,我国第一家专业的市场研究公司在广州成立"。顷刻间,一股暖流从我心中涌起,我无法形容那一时刻我无比激动的心情。我为我能够作为中国第一家市场研究公司的创办者的其中一员,感到自豪和荣光。也就是那一刻,我立下了献身中国市场研究事业的豪情壮志。可以说,我就此走上了在中国市场研究也是我人生事业的充满挑战、充满崎岖、充满神奇的不归路。

(2) 上海:中国市场调查所上海办事处

中国市场调查所的前身是中国社会调查所。中国社会调查所(CHINA SURVEY SERVICE)始建于1986年1月,是中国大陆创办最早、规模最大的民间独立的服务型社会调查事业单位之一。

1992年3月中国商务部印发《关于同意中国社会调查所归口商务部信息管理办公室并更名的函》,"中国社会调查所"正式更名"中国市场调查所"。

市调案例:"盖洛普"逐鹿上海滩

下面的镜头,今日的上海市民早已司空见惯。

镜头一:上海淮海路国际购物中心,一群身穿清一色校服的高中女学生手持一叠叠抽样调查纸,向过往行人散发。原来,这是一家今夏投产的空调厂在搞市场调查,参加回答的市民只要把答案填写后寄给厂里,就可以获得一份纪念品。

镜头二:人称"江南第一学府"的复旦大学门口,20多位穿红着绿的大学生骑车整装待发,正在接受某市场调查公司布置的任务。他们此行的目的是上海某区的18个街道,通过街道把5 000份抽样调查问卷分发给居民……

镜头三:一个初夏的下午,上海柏树大厦内的某市场调查公司来了两位心事重重的客人。原来,他们是某保健品公司的正副经理。这家公司的产品功效早有科学定论,但是,说来也怪,销售就是雷声大,雨点小。无奈之下,正副经理走进调查公司"搬救兵"。调查公司的职员愉快地接受了这家企业的委托。

有人说市场是"斯芬克斯"的难题,有人说市场是"哥德巴赫"的猜想。为了叩开市场这扇大门,现代企业家殚精竭虑,他们有的"拍脑袋"孤注一掷,也有聪明的经营者想到借助科学的市场调查。由此,酿生了一批专吃"调查饭"

的市场调查公司。

"上海有中国最大的企业群,企业总数有10多万家,而且,这几年,上海一直是外商投资的热点,外商来上海,首先投石问路,进行一下市场调查。因此,我们的'饭'是不用愁的。"被称为"中国的盖洛普"的中国市场调查所早在去年初就进军申城,谈起调查公司的前景,公司员工无限乐观。在这家仅10人的上海办事处里,所有员工都是名牌大学的毕业生,青春而有活力。

(3) 北京:中国第一个市场研究行业分会的创办

柯惠新,1945年4月出生于广东兴宁,现任中国传媒大学电视与新闻学院教授、博士生导师、中国传媒大学调查统计研究所所长、北京市第八届和第九届政协委员、教育部高等学校数学与统计学教学指导委员会统计学专业教学指导分委员会委员、全国市场研究行业协会(CMRA)会长(第一届)、全国电视受众研究会和广播受众研究会顾问、中国质量管理协会专家组成员、中国信息协会常务理事、中国现场统计研究会常务理事。

20世纪90年代中期,伴随市场经济的迅猛成长,国内市场调查、研究公司呈现了一次爆炸式的发展。越来越多的调查公司开始从广东沿海一带向内地蔓延。

柯惠新

那个时期,从事市场调查业务的公司/机构开始自发地通过各种形式寻求行业互助。当时有三股力量:

① 由各级统计局、信息中心系统发展起来的调查机构,从1995年4月起,开展筹划申报《中国调查业行业协会》的活动,主要筹划者为华通的高余先和华通现代的何芳(当时的 ESOMAR 中国代表)等;

② 一些国有公司、高校、研究机构也在筹划成立《中国市场调查协会》,从1997年8月起,主要筹划者为央视调查咨询中心的陈若愚(李力为主要联络人),环亚的张文平和中国人民大学舆论研究所的喻国明参加了前期的筹划。1997年10月30日,央视调查中心的张海鹰和李力与中国信息协会的常务副会长高新民进行了正式的会谈,后者同意举办二级协会;

③ 各种合资、民营的调查公司组织了不定期的沙龙式交流活动,第一次沙龙由盖洛普的郭昕做东召集,于1997年10月18日在保利大厦举行,参加者有华南的华小荃、零点的袁岳、SOFRES的程玉、大视野的马旗戟、顿邦的娄健,共6人。达成了以非正式的联谊活动进行沟通的共识,实行每月一次召集人轮换负责制,并准备组织一次市场调查研讨会。

1998年3月1日,由大视野的马旗戟做东,在北京皇家大饭店召集了第四次沙龙。我认为这是我国调查业开始走向规范的具有转折意义的一次活动,其标志是民主选举(海选)成立了秘书处,建立了"联席会议"制度。这次活动的主要内容是讨论如何在同业间的沙龙联谊活动的基础上,为成立行业协会进行组织上的准备。为此:

① 一致同意建立秘书处,负责协会申报的筹备工作。由参会的两位媒体的朋友负责监票(中国经营报的范卫华和为您服务报的樊大玉),通过海选的方法,选出了"盖洛普、央视、柯老师、零点"(按照票数的多少排列)为第一届秘书处成员。

② 为了既能有效地、又能公平、公开地开展工作,决定建立"联席会议"制度:在筹备成立行业协会期间,由大家轮流当主席或召集人,负责组织轮值期间的相关工作。大家推举顿邦的娄健为第一任轮值主席,任期三个月。张文平为第二任轮值主席。

于是,一个以联席会议为运行方式的联盟筹备成立了,经过长期的磨合,调查业的同行们终于走向了联合的道路。此后的几个月,又连续地举行了三次同行的联席会议,范围从北京的同行逐步扩大到了外地的同行;秘书处也召开了四次工作会议。在这一阶段,联席会议主要做了七件事:

① 初步实现了中国调查业业内的沟通,为成立未来的《中国调查业协会》奠定了基础;

② 制定并通过了《中国调查业联席会议制度(草)》,使调查业内的活动制度化和组织化;

③ 签署了《中国调查业同业机构公约(试行)》,意味着中国的调查业开始行业自律,这是进行行业规范和促进行业健康发展的重要一步;

④ 进行了首次《对中国(内地)市场调查业的调查》,使我们得以掌握本行业现状的第一手资料,并可能在国际调查业中排列我们的位置;

⑤ 进行了报价调查研究,将有可能为国内调查机构提供国内外的报价参考体系,使国内调查业的报价有据可循,是报价规范化和科学化的必要步骤;

⑥ 与政府的有关部门进行了初步的沟通,促使民间调查业法规的制定者在制定政策时可能考虑到中国调查业的事迹;

⑦ 在 ESOMAR 中国代表的支持和帮助下,取得了 ESOMARCODE 的中译本初稿,作为中国调查业暂行承诺执行或参照执行的国际标准。

同时,作为"内部资料",联席会议发行了《中国市场调查》,编制了"中国调查公司、机构名录"(106家),为举办中国专业市场调查机构首届全国性会议,以及成立"中国市场调查行业协会筹备委员会",进行着紧锣密鼓的准备。

"联席会议"决定于1998年9月17—19日在北京怀柔碧湖宾馆召开首届中国市场调查业现状与发展研讨会,印象最深的是大会的气氛,那是一个众心所望的大会,朝气蓬勃的大会,高度自省的大会,民主透明的大会。

1998年9月18日上午,怀柔碧湖宾馆的会议大厅里座无虚席,连过道里都站立了不少人。这次大会共有近150家单位参会,其中市场调查机构126家,来自客户、广告公司和社会团体等机构20多家,当天共有近300人出席。

国家统计局的领导(贺铿副局长)、中国信息协会领导(许刚副会长)、国务院发展研究中心领导(张军扩副部长)、中国现场统计研究会理事长(陈希孺院士)、中国广告协会领导(孙英才副秘书长)等为大会致辞,大会还宣读了 ESOMAR 主席、WAPOR 主席和中国社会学学会会长袁方教授发来的贺信。

1998年9月19日下午,经过"阳光下"的"海选"程序,"中国市场调查行业协会筹备委员会"诞生了。并确认一旦"中国市场调查行业协会"申报成功,当天选出的"筹委会"各级成员,就自动转变为"中国市场调查行业协会"的理事会、常务理事会和领导小组成员。排名前10家为领导小组成员(即第一届 CMRA 的领导小组/会长工作委员会成员),这10家涵盖了国有企业、合资企业、民营企业、统计系统渊源的机构和高校调研机构,也包括了发起行业联合的原三股力量中的主要成员。

经过将近两年半的努力,2001年初,我们的二级协会(中国信息协会市场研究业分会,简称 CMRA)终于得到了民政部的正式批准。

至此,我们的行业组织终于拥有了合法的身份。以后几年,我们就像摸索跌撞前行的孩子那样,在实践中和与国际同行们学习的过程中,逐渐学会了按规则办事,逐步成长起来。2007年10月17日,在 CMRA 的双年会的换届"海选"中,我终于将会长的接力棒交到了第三届的新会长北京大学市场与媒介研究中心刘德寰老师的手中①。

2. 成长

如果说20世纪80年代中期至90年代初期是我国市场调查起步阶段的话,那么自90年代初邓小平南方谈话后至2001年市场研究企业分会的成立则为我国市场调查的成长阶段。自从我国的"计划经济"向"市场经济"转轨以来,在建立社会主义市场经济的浪潮中,我国的市场调查业快速成长。北京、上海、广州等城市,纷纷成立了专业性的市场调查公司,据有关报纸1997年的报道,全国已有市场调查机构500余家(一说800多家)。上海复旦市场调研中心等一批市场调查机构就是在这个时期相继成立和发展起来的。在这一时期,中国的市场调查业得到了长足的发展,开始成长了、长大了。当然,目前仅仅是个艰难的起步成长阶段,国内市场

---

① 柯惠新:"我参加了中国第一个市场研究行业分会的创办",刊《市场研究网络版》2008年第10期(卷首)。

亟须培育、开发、规范和发展。

20世纪80年代以来,中国市场调查业日益规范与完善,这是一个极富增长潜力的行业,一个日趋规范化、专业化并面向国际的行业。① 近几年来,伴随着中国经济的快速增长,各个行业对真实、准确、及时的市场调查成果的依赖度也在不断增强。同时,市场调查在中国经济部门决策、企业经营决策的机制变革中扮演了越来越重要的角色。中国市场调查行业的快速发展显示出中国出经济质量的显著提高,同时也凸显了市场调查对于经济增长发展的特殊拉动作用。在这个发展过程中,中国市场调查业不断成熟,呈现出一些重要的特点。

(1) 规模上极富增长潜力的行业

自20世纪80年代中期,市场调查进入中国以来,中国市场调查业一直呈现高速增长的态势。主要体现在市场调查公司数量的快速增长和营业额的高速增长两个方面。

从公司数量角度看,市场调查行业由80年代末90年代初的几家,增加到现在的1 000多家,而且有众多的广告公司、营销企业的业务涉及市场调查。据估计,目前我国以市场调查为主业的机构总量为1 500家左右,其中形成了一定规模的有400—500家,规模较大的机构近50家。

从市场调查的营业额角度看,在起步阶段(20世纪80—90年代),90年代中期,市场调查行业的增长速度基本保持在100%左右;目前市场调查行业的增长速度仍然保持在30%左右。虽然表面上,行业的增长速度好像是递减的,但是考虑到营业额的成倍增长,因此30%左右的增长速度属于高速增长。与GDP的增长速度相比,市场调查行业表现出强劲的增长态势,显示了市场调查行业的活力与发展前景。

在世界范围内,中国市场调查行业的发展是最快的(如下图)。2001年,世界市场调查业的增长率为4%,而中国内地达到27%,2002年更达到31%左右,远远超过世界平均增速。从营业额角度看,2002年行业营业额约为25亿元人民币,占世界市场占有率的1.4%,比2001年增加了0.2%,市场占有率的增速为16.7%。

---

① 《我国市场调查业的现状》,载《中国经营报》2001年4月17日。

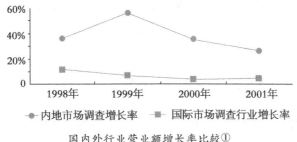

国内外行业营业额增长率比较①

从市场潜力角度看,2001年我国内地市场调查营业额相当于日本同业当年总营业额的21.5%、欧盟的3.6%和美国的3.7%,也只是英国、德国和法国的11%、14%和19%。这不仅显示了中国内地与世界发达国家的差距,同时也说明我国市场调查行业具有很大的发展空间和潜力。

(2) 服务范围不断扩大的行业

随着内地市场调查从业机构不断增长,市场调查需求更加活跃,市场调查行业在许多方面都取得了巨大的成绩,得到国际国内工商界的广泛认同,其服务对象由90年代初期和中期仅仅服务于大型国际跨国公司和少数国内企业,转变为现在几乎涉及所有全球500强机构、国内上市公司和知名品牌企业。

从服务对象角度看,中国国内市场调查行业也经历了三个阶段。

第一阶段,即市场调查的起步阶段,市场调查的服务对象主要是两类机构:一是以"宝洁"为代表的国际跨国公司。他们一直对市场调查有成熟与稳定的需求,不仅是市场调查的服务对象,也是国内市场调查业的"良师",许多市场调查公司都是在服务于国际跨国公司与学习国际跨国公司分析市场调查方法的过程中发展壮大起来的。二是国内竞争比较激烈的一些行业。在这个时期,家用电器、食品等行业日益市场化,竞争日益激烈,且也为了应对市场竞争,需要借助一些容易理解、方便传播的数字,因此以宣传为主要目的的调查一时成为热点,比如品牌排名、占有率排名、消费者评价排名等等,这种行为虽然最早接触到了国内企业的需求,但是也使得市场调查公司的专业形象受到一定的冲击。

第二阶段,进入90年代中期,国内民营市场调查公司、高校科研单位的市场研究机构纷纷建立,国外著名调查公司开始进入国内,市场调查的服务范围日益扩大,形成了制造企业、广告公司与媒体三大主体对象。

第三阶段,2000年以来,内地市场调查行业的服务对象迅速扩大,无论是国际跨国公司、三资企业,还是民营、私营企业都对市场调查具有了广泛的需求(如下图1),除了上述制造业企业、广告公司与媒体三大主体需求之外,房地产、通讯、邮

---

① 资料来源:《中国信息协会市场研究业分会行业调查1999—2002年》。以下各图均来源于本资料。

政、汽车、金融、医药等行业的市场调查需求也大幅增加(如下图2)。

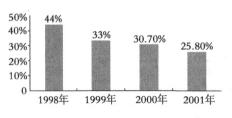

图1 境外客户营业额的比较变化趋势

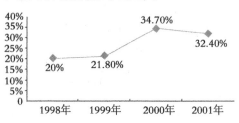

图2 非三大行业比例变化趋势图

3. 未来

正如我们所了解的,业内某些专家认为在不久的将来市场调查肯定会经历巨大的变化。

(1)因特网对市场调查的影响因素

精确预测市场调查的未来是很困难的,但是可以确信,今后市场调查无论在数量上还是质量上都会有极大的提高。研究的数量会越来越多,成本也一定会增加。与此同时,更加高级的方法将得到采用和改进。基于扫描仪的调研、数据库营销和顾客满意度调研将会越来越受重视。最重要的是,市场调查活动的范围将扩大,扩展到诸如非赢利组织和政府服务部门等领域。今后,没有正式市场调查部门的公司将寥寥无几。因特网或许是对市场调查影响最大的因素。市场调查行业面临很多挑战,例如如何使因特网融入调查过程以及如何吸引人们参与调研。

(2)我国市场调查业的发展趋势

"已经度过了初生的危险期,中国的市场调查业正在健康地成长。尽管她仍然少不了蹒跚学步,但是后起直追的步态却也惊人。它的成长应该归功于中国市场经济的发育,归功于企业管理机制的转变,而且,改革力度的加大和加入WTO后企业生存竞争压力的加剧,都会推动中国的市场调查业在今后几年内出现如下几个方面的变化:

市场调查业将成为热门行业,市场调查的需求将急剧膨胀。这表现在单一企业市场调查的内容开始覆盖营销全球,资金投入也不断增加,市场调查的需求从目前的家电、食品、药品等轻工行业向工业产品扩散。大量优秀人才(尤其是硕士、博士研究生)将集中到市场调查行业,专门培养市场调查人员的院系不仅会在不远的将来出现,而且得到迅猛的发展,其毕业生自然'皇帝的女儿不愁嫁'。

市场调查专业化。未来几年,专业市场调查机构将以更快的速度改善从业人员素质和设备、软件状况,其在市场调查方面的专业优势更加突出,吸引大量市场调查业务向专业研究公司集中。

市场调查规范化。迄今为止,发展中的中国市场调查业已经开始意识到规范市场调查的必要性,并且开始酝酿建立市场调查的行业协会,以开展同行业之间的学术交流,统一技术规范和质量标准,尤其有必要加强与国际市场调查界的交流,学习他们的技术和经验。如果说国际市场调查机构凭借其成熟技术和丰富经验在今天的中国还可以独领风骚的话,那么几年后的中国市场调查业将能够以其本地化的优势与之分庭抗礼。

市场调查技术现代化。技术现代化是与市场调查的专业化同步发展的。没有技术现代化也就没有现代化市场调查业,中国的市场调查业就不可能健康发展。技术现代化主要表现在:

更多、更广泛地使用专门设备从事信息的搜集和处理工作。自动仪将广泛使用于电视收视率监测;电话调查作为重要的调查形式被广泛使用;大规模的手工数据录入将被光电录入机取代。

随着市场研究对计算机依赖性的增加,一些专用软件将弥补目前所使用的通用统计分析、图文制作的不足,并加强营销决策能力。

市场调查产品的包装由印刷方式转变为电子方式,并通过数据传输实现,从而增加便捷、易保存、信息量大、共享性强的优点。

市场调查集约化。大量不能健康发展的小公司自生自灭,实力较强的公司通过兼并、改组、收购的方式完成集团过程。

市场调查国际化。加入WTO后外商来华投资急剧增加,国外客户及其需求大幅度增加。国际需求、国际标准和国际市场调查公司进军中国内地一起推动了中国的市场调查业在未来几年与国际规范接轨,在概念、研究方法和成果应用方面向国际标准靠近,呈现出国际化特点。

市场调查多元化。这包括:客户多元化,业务多元化,层次多元化。

市场调查产品化。专业市场调查成熟的一个标志就是调查产品化,也就是运用成熟技术向客户销售涉及营销环境、行业状况、消费行为、广告心理、媒体资料、广告效果、零售状况的知识产品,而不是依赖于一对一的委托服务。

市场调查实用化。目前,中国市场调查业的主要从业人员大部分是由社会学、心理学、经济学、管理学、统计学等学科转过来的,不可避免带有学究倾向。未来几年市场调查人员与客户的沟通将得到改善,使得调查工作针对性更强、调查成果更实用。

市场调查顾问化。市场调查服务内容从单一的信息采集发展到全面的咨询。市场调查机构和客户之间建立起稳定的业务关系,其中一部分发展为以长期合作和提供全面资讯服务为标志的顾问关系。

上述10个方面的变化说明,市场调查的专业化、规范化、现代化是市场调查业立身的基础,也是社会分工的必然要求,否则市场调查业就无以调查业必须自我完善,实现国际化、集约化、多元化、产品化和实用化。没有这样一系列变化,中国市场调查业就不会成熟起来,也就不可能承担起指导地球上偌大一块处女地的拓荒重任,这既是理性判断,也是必然趋势。"①

三、全球市场调查的趋势

1. 战略伙伴关系

"90年代是战略联盟的时代。"芝加哥Spectra Marketing公司的总裁汤姆·戴利说,"调查技术过于昂贵,行业领导地位也不是那么牢固,这些因素促使战略联盟成为行业发展的必然趋势。过去,当引进一种新的调查产品或服务时,其他企业需要两到三年才可以赶上来。但是,在现在,尼尔森公司下周就可以提供此项服务。无怪乎每个人都在问'我如何才能更快地聪明起来呢?'我想,战略联盟就是答案。"

建于1988年的Spectra Marketing是一家地区性的公司,通过建立一系列的战略联盟而发展壮大起来。同它结盟的大公司主要有信息资源公司(IRI)、Claritas公司、Market、Facts、唐纳利营销公司(Donnelly Marketing)的Carol Wright事业部。IRI是最热衷于战略联盟的几家公司之一,已经同Arbitron公司、花旗集团、VideOc-Cart及西蒙市场调查公司(Simmons Marketing Research)等建立了战略联盟关系。通过最后一种联盟关系,IRI公司有关美国市场消费者和商品购买的数据与《西蒙杂志》的读者数据结合起来。这使得联盟者能够将杂志读者感兴趣的商品做出排序。"1979年,我们投入几百万美元推出了行为扫描(behaviour scan),你甚至难以想象现在在其他任何地方能够以相近的投资复制这套系统",IRI的主席兼首席执行官吉恩·富尔格尼(Gian Fulgoni)说,"经营成本的上升和复杂程度的提高推动了战略联盟的发展。"

战略联盟中,客户与调查公司依据公司未来和共同发展的原则进行合作。战略联盟规定了一系列明确的行为规范,调查企业无需逐个项目竞标就可以提供服务。这些服务通常包括数据收集、产品或顾客跟踪系统、调查公司凭借所具有的特殊技术或生产能力而提供的其他调查活动。

在企业的大型市场调查部中,大约有一半与调查提供者建立了战略伙伴关系。战略伙伴关系在服务行业和包装类消费品行业最常见。这种伙伴关系的好处就是,随着对使用者的需求和顾客的深入了解,调查企业能够更好地协调有关活动和提高效率,也可以将资源集中于客户的项目而不是销售和制定协议。

---

① 参见娄健:"关于市场研究的研究",载《经济与信息》杂志,1995年第10期,本书作者略作改动。

2. 全球市场调查概况

战略伙伴不仅仅出现在美国而且也出现在全球各地。

大型跨国公司是全球市场调查的主要购买者。随着这些公司组织机构和战略的全球化，它们希望得到持续的战略咨询而不是一系列单个项目的咨询。计划建立全球战略联盟的调查提供者必须在一定数量的国家（或至少在这些国家的某些地区）设立办事处。另外，还必须拥有能够进行全球调查的人员和技术，甚至是高度专业化的技术。今天，一个全球市场调查提供者必须通晓全球营销。在全球40多个国家拥有办事处的世界第二大全球市场调查企业国际调查公司（Research International）的总裁菲利普·巴纳德（Philip Barnard）对全球问题作了一些预测。

"全球市场调查实践正在不断发展和趋于成熟。在这个变革时期，调查企业的调查人员和企业的调查人员都将面临新的机会。通过在国家、地区及企业（全球）层次上开展工作，几百家跨国公司大约占了全球调查费用的70%。据估计，仅美国的公司就占了全球营销调查费用的一半以上。"

"从结构上来看，全球市场大致包括30%的连续调查和70%的定制调查或专项调查。'连续'主要指辛迪加市场和对家庭、商店、医生等专门群体的媒体调查服务。扫描技术的使用、大规模计算的能力、数据库管理/决策支持系统以及专门小组的高价招聘和维护都意味着调查需要很高的投资。"

综上所述，该行业的进入堡垒是很高的，一旦在市场上取得了支配地位就会有很高的回报。然而，技术的发展和调查巨头之间价格竞争的加剧已经使得高额的利润在近几年有所下降甚至消失了。几个大公司抢占市场造成了高达数千万美元甚至上亿美元的损失。

（1）全球调查需求趋势

在近20年中，顾客的需求发生了许多变化，其中最主要的变化有以下几个方面：

使用者越来越广泛。购买和利用市场调查不再完全集中于生产包装类消费的公司，尽管它们仍是最多的一类企业。近几年增长最强劲的是消费者服务业（尤其是金融服务）以及公用事业/公共部门/受管制的行业等领域。全球的私有化政策加速了这个趋势。

市场调查边界拓宽。定制/专项调查机构不再局限于从事产品和信息传播调查和使用者关系及态度研究。由于受到全面质量管理运动的推动，顾客满意度、服务质量、企业绩效、品牌权益和战略定位等方面的测评也有了很大的发展。

国际化。这个明显的趋势有很多表现形式。首先，企业的全球化和地区/国际品牌的开发将"外面的"世界与公司营销人员和调查人员的日常生活拉近，尤其是在美国。在传统上，对于美国企业来说，"国内"与"国际"有明显的区分。

许多大型跨国公司确立了营销调查总的指导方针,以保证公司采用的方法和技术在全球范围内实现标准化和协调一致。然后,这些公司指定合适的调查提供者(或者更进一步,指全球合作伙伴)在全球范围内开展调查工作。这个过程也可以反过来运作,即国际化的调查企业为客户建立和精选全国调查方法的组合。

随着以前那些封闭经济的开放(尤其是中东欧以及亚洲)和拉美及亚太地区新兴国家经济的快速发展,国际化趋势得到加强。世贸组织、北美自由贸易区、欧盟和东盟等全球性和区域性贸易组织和协定更进一步推动了国际化趋势的发展。

(2) 全球调查供给趋势

调查供给的全球化在很大程度上反映了调查需求重点的变化,不过,有些供给趋势来自人们对市场调查认识的转变。营销调查被认为是商业服务或专业服务市场中增长最快的一个部门,而且与其他部门相比它受衰退的影响更小。

所有权的集中。尽管营销调查行业仍然是高度分散的(目前全球主要的调查企业有3 000多家),但是通过1980年代以来的并购还是创造了一小批大型的全球/区域性企业。其中,最大的25家企业约占全部市场的55%,仅D&B营销信息公司(包括尼尔森、IMS、SRG)几乎就占了全球调查业务的1/4。前4位的调查公司主要集中于辛迪加式的"连续"调查市场。

供给的多样化。在过去10年中形成的行业结构的特点是,一小部分企业成为上市公司或其子公司,其中有些已发展成为跨国公司(例如,提供辛迪加服务的尼尔森公司、从事定制调查的国际调查公司),但是,大多数调查企业是私人企业。传统的家庭作坊式的企业与专业机构、专业顾问和大型数据超市进行竞争。严格意义上的全球调查企业还很少,但是已经出现了一些比较强的地区性企业和几家全球网络企业,许多公司还在海外进行技术授权或特许经营。调查公司的广泛性和多样性为客户提供了广阔的选择空间。

专门化。客户需求不仅导致大型调查公司按照专业部门来进行重组,而且也推动了专业化供应商的发展。近几年增长最快的调查公司是专业化的企业,如Millward Brown公司。

国际化。许多调查企业现在通过与海外的子公司、网络或其他供应商通力合作,为客户开展多国调查。国际化的特许经营以及调查技术的授权已经得到了广泛的使用。[①]

[①] [美]阿尔文·C·伯恩斯等著:《营销调查》,梅清豪等译,中国人民大学出版社、PrenticeHall出版公司2001版,第28—29页。

第三节　市场调查行业与机构

一、市场研究行业组织

1. 中国市场研究行业 CMRA 简介

市场研究行业是在市场经济环境下自发产生的行业。90 年代中期,为了统一和规范行业执行准则、加强行业自律,一批业内代表联合发起"中国调查业联席会议",并于 1998 年在北京组织了首次全国规模的业内会议,通过"海选"的民主选举方式,成立了"全国市场调查协会筹备委员会"。2001 年 2 月经中华人民共和国民政部正式批准成立"中国信息协会市场研究业分会(英文名称:China Marketing Research Association 缩写为:CMRA)",并在广州召开了全体会员大会正式对外宣布分会成立。到 2002 年 12 月为止,中国信息协会市场研究业分会团体会员单位已达 200 多家,其营业额约占中国内地市场研究业总营业额的 90% 以上。全国几乎所有地区的市场研究机构都参与到协会当中,标志着行业初步走向成熟、完善、健全。

2002 年底 CMRA 在上海召开第三次全国会员大会,仍然采用"海选"的方式,改选了第二届常务理事单位并确定了分会的新的组织结构。

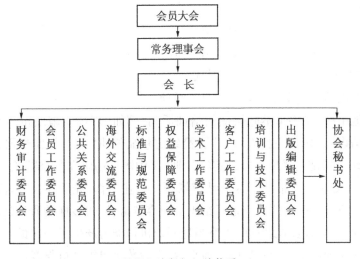

CMRA 的新组织结构图

根据市场研究行业的发展阶段,CMRA 将自己定位为沟通与服务的机构,其次是咨询与中介的机构。各工作委员会由常务理事会全体成员投票选举一家公司作为负责机构,其他业内会员单位自愿组成,各委员会负责在年初制订每年的工作计划,秘书处负责落实执行。各工作委员会的负责人即为分会的副会长,常务理事会除了选举会长外,还选举产生了一位常务副会长,协助会长协调秘书处和各个工作委员会的工作。会长和所有的副会长均为义务的兼职人员,秘书长和秘书处工作人员为公开聘用的专职人员。

CMRA 的沟通与服务包括:

(1) 会员组织以及行业标准建设工作

行业协会正式成立,会员数量规模达近 300 家,其中团体会员 200 余家,全国几乎所有地区的市场研究机构都参与到协会当中,标志着行业初步走向成熟、规范;两年一届举行全国会员大会,在行业内倡导和推行了《ESOMAR 准则》、《市场研究行业竞争合作公约》,充分提倡行业自律,为行业的健康有序发展打下了坚实的基础。

(2) 公共关系

加强了与政府有关管理部门的沟通,充分改善了行业生存与发展的社会环境,并与相关媒体建立良好的关系,通过媒体向公众传达市场研究行业的信息。

(3) 分会的网站建设

分会建立了自己的网站,网址为:www.cmra.org.cn。

(4) 编辑出版

具体包括:行业内刊《市场研究》的出版,行业名录、行业研究成果汇总成正式或非正式出版物。

(5) 与国外行业组织的横向交流

先后与英商会、美商会、ESOMAR、AMA 等国际行业组织建立了紧密有效的合作关系,获得了国际行业同行的广泛认可。

(6) 业内培训和学术及行业间交流活动

成功地组织、完成了不同层次的培训活动,例如"现场实施质量培训"、"统计分析技术培训"、"定性主持人培训"、"高级定量研修班"、"高级定性研修班"等多项培训活动,并出版了《现场操作实施手册》、《中国市场研究"宝洁"论文奖 2001—2003 获奖论文集》等;推动了区域性市场研究行业工作,先后在长春、沈阳、上海、广州、重庆、成都、烟台、北京等地区组织了内容丰富、形式多样的研讨活动,这些活动对培育和推动当地市场发展、提升当地同业机构能力产生了一定的影响;为会员与客户的交流创造了一个良好的沟通平台,先后数次组织会员与客户共同参加"汽车市场研讨会"、"家电市场研讨会"、"IT 市场研讨会"、"媒体市场研讨会"、"医药市场研讨会"、"中国市场研究优秀成果与客户应用峰会"等,推动了客户和市场研究机构的合作。

（7）推动行业竞赛——"中国市场研究'宝洁'论文奖"

以领导营销理念著称的宝洁公司不仅与国内市场研究咨询行业保持频繁互动，而且资助行业协会设立了"以鼓励市场研究咨询行业产生更多创新成果为宗旨"的宝洁奖，通过设立"宝洁论文奖"，推动了从业机构与人员对技术创新和研发的重视。

由政府与民间共同发起的中国市场信息调查业协会在2004年4月8日成立。国家统计局副局长朱向东先生任会长，国家统计局系统的机构以及市场研究行业的公司共同成为该协会的会员。协会将从五方面展开工作：

第一，组织制定全国市场信息调查业的发展规则，引导、促进国内市场信息调查业的健康发展。

第二，组织制定市场信息调查业行为规范和执业标准。市场信息调查业要健康发展，首先要有一套同业共同遵守的行业标准，包括从业人员的资质标准、从业企业的资质标准、服务标准、收费标准等等。

第三，监督行业行为，维护行业秩序。

第四，组织市场信息调查业者进行业务培训和交流。

第五，组织市场信息调查业者的国际交流活动。在市场信息调查方面，西方发达国家具有先进的理念、较高的技术水平和丰富的经验，值得借鉴。协会要通过适当的方式，加强与西方国家有关机构和协会的交流与合作，使我国的市场信息调查业尽快跟上国际业界的发展步伐。中国市场信息调查业协会的成立，说明中国政府越来越重视和关注市场研究行业在中国的发展。

2. 中国市场研究行业2007双年会

第五届中国市场研究行业双年会暨CMRA第三届会员选举大会于2007年10月15日—17日在北京召开。本届双年会凸显东亚市场研究特质，日本、韩国几十家市场研究公司与中国同行交流。为期三天的大会就技术进步、行业特质与市场研究、市场研究前沿的新技术与新方法进行了交流。

本届双年会也是CMRA常务理事、副会长、会长换届选举的大会。经选举投票，产生新一届常务理事、副会长和会长。名单如下：

名誉会长	中国传媒大学调查统计研究所	柯惠新教授
会　长	北京大学市场与媒介研究中心	刘德寰教授
常务副会长	央视市场研究股份有限公司	陈若愚总裁
副会长(排名不分先后)		
	北京环亚市场研究社	张文平总经理
	益普索(中国)市场研究公司	刘立丰总裁
	广州宝洁有限公司	谢阳清副总监

复旦大学市场调研中心	范伟达教授
零点研究咨询集团	袁岳董事长
北京捷孚凯市场调查有限公司	张弛总经理
北京世纪蓝图市场调查有限公司	张治烂总监
成都达智咨询有限公司	陈伟总经理
中国传媒大学调查统计研究所	沈浩教授
北京新生代市场监测机构有限公司	何建新总监

附：

我国的市场研究业从80年代中期起步，已经形成一个专门的行业类别。随着改革进程的不断深入，对市场研究服务的需求越来越强烈，行业不断扩展壮大。专业公司2 000余家，其他有此职能部门的组织和企业可达上万家。

为加强行业自律、行业交流，促进行业发展，业内百余家市场研究机构，于1998年召开首次行业会议，成立全国市场研究协会筹备委员会。

2001年2月经中华人民共和国民政部正式批准成立"中国信息协会市场研究业分会（英文名称：China Marketing Research Association 缩写为：CMRA）"。

现有协会刊物：《市场研究》

CMPA于1997年萌芽、1998年破土而出、2001年身份合法、2002年组织结构成熟、2005年步入成长期。CMRA的服务对象：服务会员、服务客户、服务行业。CMRA的主要特征：自下而上成立、民主决策、透明公开、提倡为行业发展做奉献，主要宗旨是为会员服务、遵循国际准则优势与劣势并存。

协会的宗旨：

（1）努力推动国民经济和市场研究事业的发展，在政府部门与企事业单位之间发挥桥梁和纽带作用。

（2）为会员、政府、企业及社会各界提供信息服务，加强与国家有关部门的沟通。

（3）促进对政策法律的理解和执行，加强行业自律，提倡有序竞争，确定行业道德准则、常规技术标准和参考报价体系。

（4）加强国际交流，形成对外交流的窗口；努力培育开发国内市场，提高国内企业对市场调查及其科学动作理论的认知水平。

协会的十项任务：

（1）中国市场研究行业规范公示。

（2）推动市场研究标准化、安全化、数据库等基础工作的建设。

（3）组织形式多样的培训班,宣传普及市场研究技术,组织出版有关的技术资料、刊物、书籍等。

（4）促进国际研究交流与合作,不断推进中国市场研究业的进程。

（5）推动各类市场研究机构和会员单位之间的横向联合与合作,促进市场研究资源的开发、利用和共享。

（6）对市场研究的方法及应用的理论与实践问题进行研究、探讨和交流。

（7）组织全国范围的各种新技术、新产品的演示推广和业务交流活动。

（8）协助制定本行业的发展规划。

（9）组织有关技术研究、开发、用户销售、维护等方面的协作。

（10）反映本行业的需求和意见,维护本行业的合法权益。

二、市场调查机构的类型

市场调查机构是一种服务性的组织机构。按照市场调查服务的独立程度来分,可分为非独立性调查机构和独立调查机构;按其提供的服务类型来分,可分为完全服务公司和有限服务公司;同时作为政府机构、大专院校、科研机构所属机构和其他相关的专业服务公司也是市场调查行业中一种具有特殊功能的类型。

1. 完全服务公司

完全服务公司(full-service supplier firms)有能力完成其委托人所要求的全部市场调查工作。这种完全服务公司能够自己找出问题,进行调查设计,收集和分析数据,并且完成最后的报告。显然,这是一些大的公司,有必需的部门和设备来完成整个任务。

市场调查公司。专营市场调查业务,提供综合服务。一般从研究方案、问卷设计、抽样技术、现场实施、数据分析到研究报告的所有市场调查环节都能独立进行设计操作,并能熟练运用入户调查、街头拦截、开调查会、个案访谈、电话调查、网上调查等各种方式收集资料,如美国的盖洛普市场调查公司、中国的华南市场研究有限公司、上海神州市场调查公司、大正市场调查公司和香港市场,它们能提供全套的综合的服务;同时该公司的报告和数据只提供给唯一的委托客户,但提供的服务式样是标准化的。

广告研究公司。不少稍具规模的广告公司,都设有市场调查机构,有的市场调查下属于广告研究公司,有的则独立成立市场调查公司。他们的服务对象为广告主,同时也接受一般企业的市场调查业务,因此会有助于市场调查的主管,以及储备训练有素的调查员。

辛迪加信息服务公司。C. Nielsen、Arbitron、Information Resources Incorporated。

它们收集一般的资料(如媒体受众研究资料和零售资料),但不是专门为某个客户服务,任何人都可以购买他们的资料。与顾客或广告研究公司相反,这类公司数量少,但规模大,主要提供受众的媒体资料和产品流通资料。美国营业额排名在前面的调查公司一般都是这类公司,中国的央视调查咨询中心下属的央视索福瑞媒介研究有限责任公司也都属于辛迪加服务公司。

经营顾问公司。它们以办理企业经营指导业务为主,但一般经营顾问公司都兼办市场调查业务。

定制服务公司。根据不同顾客的特殊要求进行定制服务。每个客户的要求都作为一个特定的项目进行。这些调查公司往往需要花费大量的时间与试市场、焦点(小组)访谈、消费者调查和行业调查等。

2. 有限服务公司

有限服务公司(Limited-service Supplier Firms)专门从事某个方面或某几个方面的调查工作。这些公司拥有专门的人才开展某种调查技术工作,如目测、佯装购买或从事某个调查领域的工作,再如对年轻人的调查,对某项体育项目如高尔夫球的调查。这些有限服务公司可以根据他们从事的不同领域进行进一步的分类,如现场服务、市场细分、数据输入服务、数据分析以及特殊调查技术服务。

现场服务公司专门收集数据。这些公司进行专门的电话访问、深度小组讨论、邮寄调查或入户调查。因为要在全国范围内进行访问,人员费用很高。因此,有一些公司就提供现场服务来快速有效地收集数据。对现场服务也可以进一步分类,比如,有的公司专门进行个人访问,有的专门进行邮寄调查,有些公司被称作"电话信息库",专门进行电话访问。有的调查公司提供的场外督导管理、案情摘要和现场审计。有的调查中心开展对消费者的售点拦截访问。快速调查公司提供经过培训的人员对行人进行拦截访问。

市场细分专业公司。对特定的调查对象进行数据收集,如小孩、少年、青年或位于特定区域的人们。有些营销调查公司针对某个特定的行业人员进行调查,如专门对非营利机构进行调查。这些有限服务公司对他们所从事的行业都有较深入的了解。

数据输入服务公司。专门编辑已完成的问卷,进行编码和数据输入,提供高质量的软件系统和数据输入服务。计算机使得调查人员能够在访问的同时将数据输入分析软件,从而极大地提高了效率。

调查样本公司和科学电话样本公司(STS)。是专门从事样本设计及分发的公司。该公司有自己的调查部。它从另一个公司购买样本,然后再把这些样本及调查问卷送到某个"电话信息库"来完成调查,这种情况非常少见。一个拥有全国样本的公司可以自己进行电话调查,从而节约时间。综合系统(genesys)样本公司也是一家样本设计和分发公司,它列出各种家庭及不同行业的样本、行政区样本和用于选择非正规样本的程序。

专门进行数据分析的公司。它们在调查过程中为数据分析和解释提供技术帮助,并采用复杂的数据分析技术,如联合分析。

专门化的研究技术公司。开发行业中非常专业的名单。例如,名字调查公司是一家对名字进行测试的公司,它可以测试品牌名、公司名等。微型测量公司利用计算机图像来测试、估价、修改包装货架外形和对广告用的标志作再设计。它们特别注重于用目光跟踪来测试这些交流载体①。

3. 其他专业机构

随着我国市场经济的运行,各级各省市的调查机构都应运而生。如政府信息设计部门、高校调查研究中心、科研单位的研究中心等。

信息统计部门。中央和各省市也建立市场调查机构,调查研究全国性和(省)市性的市场动态,预测市场趋势,为各行各业提供市场信息。如商业部就有商情信息中心,民政部也有社会调查中心,上海有经贸委的信息研究中心,各省市还有各级的城乡调查队等。这些市场调查中心的任务就在于运用国家的力量,组织全国或全省市的市场通信网,用以收集和交流国内外市场信息。同样,资本主义国家的政府也对收集经贸信息在组织上和经费上都给予大力支持。如美国商务部每5年或10年定期组织对商业制造业、农业、人口、住房等进行普查,对市场调查和决策起着重大作用。

高校、科研单位。在大专院校、经济研究单位,设立市场研究机构,运用科研人员的力量,有针对性地进行专题调查和预测。如中国人民大学、复旦大学、上海财经大学、上海交通大学、上海社科院等均有市场研究机构。在国外也是如此,如美国哈佛大学市场科学研究所,从事研究有关计量和预测方法的改进以及公共政策对市场销售的影响等;密执安大学调查中心,则集中研究消费者对购买耐用品的态度和意见,向外界提供每年度变化情况的研究资料。

4. 非独立性机构

上述调查机构大多为独立性机构,在市场调查行业中还有一些非独立性的机构。

这种机构至少可以起到四个方面的作用:①资料库作用;②模型库作用——做出市场活动计划和管理用的各种模型;③统计库作用——开展资料统计、处理活动;④反馈中心的作用。四种活动机构结合起来,就成为市场信

---

① [美]阿尔文·C·伯恩斯等著:《营销调查》,梅清豪等译,中国人民大学出版社、PrenticeHall 出版公司2001版,第27—28页。

息的写照。

非独立性调查机构的职能比较有限,很少直接从事第一手资料的调查研究。主要职责是搜集第二手商业情报资料,与专业化的调查公司联络,建议企业进行某些适当的市场调查。当企业需要进行第一手资料的调查时,它们要为企业选择合适的专业化的调查公司,同时参与、监督、审查接受委托的市场调查公司的工作。

5. 国内及海外在华调查机构举例

(1) 盖洛普公司

盖洛普公司由美国著名的社会科学家乔治·盖洛普博士于1930年代创立,是全球知名的民意调查和商业调查/咨询公司。盖洛普公司在长达60多年的时间里,用科学方法测量和分析选民、消费者和员工的意见、态度和行为,并据此为客户提供营销和管理咨询,取得卓越的学术和商业成果,处于全球领先地位。除了其全球著名的盖洛普民意调查外,盖洛普公司的商业研究和咨询产品主要分布在以下四个相互关联的领域中:①工作环境监测、培训和咨询;②员工选拔与培养;③顾客满意度和忠诚度测量与咨询;④战略性品牌和营销研究、测量与咨询。

多年来,盖洛普公司以其独特的研究和产品,为大批客户提供了高质量的服务,其中包括政府部门、著名跨国公司、医疗和教育机构,等等。目前,盖洛普在全球25个主要国家设有分公司,涵盖全世界60%的人口和70%的总产值。盖洛普共有3 000名分析、咨询和培训专家。10年来,其营业额平均年增长25%。

中国盖洛普咨询有限公司是盖洛普公司与中方投资者在华的合资企业,于1993年经中国中央政府批准成立,旨在为国内外客户提供高质量的商业和管理调查、研究、咨询和培训服务。公司共有80名学有专长和经验丰富的全职雇员和3 000余名兼职人员。总部设在北京,并在上海和广州设有办事处。

中国盖洛普公司由美国盖洛普公司控股和管理,将盖洛普的研究成果和管理方式与中国的市场特点和员工专长相结合,继而为客户提供一流服务。

中国盖洛普公司向客户提供盖洛普专有的商业和管理调查、研究、咨询和培训的全套产品,包括新产品测试、消费者态度和使用习惯研究、市场分层、广告效能监测、媒体策划、市场份额监测、品牌资产监测与管理、分销渠道研究、营销策略、企业形象评测与研究、客户满意度和忠诚度监测、员工满意度和忠诚度监测、工作环境质量监测、员工选拔与培养、管理层评估和培训、管理方法和领导学培训,等等。

中国盖洛普公司拥有全国50多个城市和部分农村地区的消费者抽样框,能精确进行各种全国或地区性消费者调查。公司还拥有全国主要行业的企业抽样框,能根据客户需要进行各种行业和企业调查。近来,公司根据市场发展,建立了先进的大型电话采访中心,大大提高了调查效率。中国盖洛普公司使用经过严格挑选和培训的督导和访员队伍自行搜集数据,并由其资深分析师根据盖洛普的研究方法和质量标准,对调查数据进行深层分析,继而为客户提供进行营销和管理决策的可靠依据和咨询建议。

中国盖洛普自成立以来,为大批国内外客户提供了优质服务,涉及食品、消费品、制药、电信、能源、汽车、电子、计算机、化工、金融、保险、服务等行业。由于其产品先进、质量优良和服务周到,公司在客户中和咨询界享有盛誉。

除客户委托的研究和咨询项目外,中国盖洛普公司自1994年起,进行两年一度的全国消费者生活方式和态度调查,涉及生活方式、价值取向、就业选择、收入水平、储蓄目的、消费习惯、投资意向、对外了解、品牌认知、媒体使用、耐用消费品占有率和购买意向等广泛内容。1999年,公司完成了第三次调查,共使用4 000多个全国范围的随机样本,用数据准确而生动地描述了近两年中国社会和经济生活的深刻变化。调查所提供的有关中国消费者和市场的丰富信息对广告商、营销人员、商务咨询人员、媒体、学术界和企业领导者有重大价值。

核心产品:工作环境与企业执行力监测、品牌忠诚度测量与管理、公司业绩影响分析。

营销研究/战略咨询:研究方法、营销计划、品牌资产监测、广告效能评估、品牌忠诚度测量与管理(CE11)、服务质量监测(QSA)、市场动态研究(MDS)、创意探索、市场细分、销售量预测、新产品测试、价格预测模型、商圈和选址分析、汽车诊所。

管理咨询:企业发展战略、公司结构(组织结构设计、商务流程重组)、绩效管理系统(平衡记分卡体系创建、平衡记分卡实施)、人力资源管理咨询、3P模型、工作环境与企业执行力监测(Q12)、人力资源管理策略、才干评估和职业发展(Strength Finder)、管理潜能开发培训(GMP)、领导学培训。

盖洛普—北京大学成功心理学中心进行的学术研究有人力资源开发、成功心理学、发展心理学、应用心理学;教育培训项目有人力资源开发和管理、学术论坛、成功心理学研究及其应用、儿童发展;出版期刊物有《盖洛普管理季刊》中文版以及出版成功心理学专业论文集及刊物。

人力资源管理咨询:3P模型、工作环境与企业执行力监测(Q12)、人力资源管理策略、才干评估和职业发展(Strength Finder)、管理潜能开发培训(GMP)、领导学培训。

盖洛普大学中国培训中心进行盖洛普优秀经理人培训(GMP)、人才选拔评估与管理、营销队伍建设与业绩管理、企业高级领导术、品牌资产测量与品牌管理、竞争战略、营销计划制定、客户关系管理(CRM)。

(2) 上海AC尼尔森市场研究公司

要想在当今错综复杂、瞬息万变的市场中获胜,仅仅知道人们在购买什么商品和服务还远远不够,必须要了解其行为背后的原因。AC尼尔森正是提供这样的服务。在世界各地,无论是在店铺、家庭还是大街上,尼尔森都专注于消费者研究,从而向客户提供他们迫切想了解的问题的答案。同时,尼尔森采用行业中最丰富最广泛的媒介和市场信息以及专业的服务和分析工具来回答这些问题。

客户主要依靠AC尼尔森来帮助他们辨别商业机会,并且构建可能是最好的成功决策的框架。也就是说,客户依靠AC尼尔森帮助他们赢得市场。他们相信尼尔森提供的信息,这些信息在市场研究行业以其快速、准确、质量高和覆盖面广独树一帜。他们依赖尼尔森研发的软件工具和分析技能以及尼尔森专业培训过的人员来向他们提供市场知识、专家意见和营销洞识。

AC尼尔森是全球领先的市场研究、资讯和分析服务的提供者,服务对象包括消费产品和服务行业,以及政府和社会机构。在全球100多个国家里有超过9 000的客户依靠AC尼尔森认真负责的专业人士来测量竞争激烈的市场的动态,来理解消费者的态度和行为,以及形成能促进销售和增加利润的高级分析性洞识。

AC尼尔森在中国主要提供以下三大市场研究服务:

① 零售研究

AC尼尔森公司于1992年开始在中国开展零售研究。为满足不断增长的客户需求,AC尼尔森公司加速拓展零售研究开展地域。目前,零售研究覆盖全国主要城市和城镇的70多类非耐用消费品,定期为客户提供有关产品在各地的零售情况报告。

AC尼尔森公司为有意在中国开展业务的客户提供准确而精练的见解和资讯,使他们能够对迅速增长的消费品市场做出商业投资和战略决策。AC尼尔森公司能够满足宏观和微观信息需求。

② 专项研究

AC尼尔森公司曾在中国100多个城市进行专项研究,内容包括单项和连续的定性、定量分析,帮助各行各业了解他们的消费者。AC尼尔森开发的独创研究工具包括预测新产品销售量的BASES,顾客满意度研究(Customer eQTM)和测量品牌资产的优胜品牌(Winning BrandsTM),以及广告测试服务,充分利用其全球的研究经验,为中国客户服务。最近推出的在线研究服务,帮助客户更及时地完成调研项目。

③ 媒介研究

尼尔森媒介研究与AC尼尔森同属于荷兰的VNU集团。尼尔森媒介研究的广告研究服务连续监测电视报刊广告投放情况,并根据公布广告定价计算广告花费。其结果可用来衡量媒介、产品和品牌所产生的收益,判断哪些广告载体在何时何处效果较好,同时了解竞争品牌的广告动态,从而完善自身的广告策略。素材丰富的广告库更随时可以提供各类产品的广告创意。目前,广告监测服务覆盖全国的1 200个电视频道和500多份报刊杂志。

(3) 上海神州市场调查公司(CMR)

上海神州市场调查公司(China Marketing Research)是以市场调查为主、方法研究为辅在社会经济各个领域广泛开展各类咨询的服务型市场调研机构,为中国信息协会市场研究分会理事单位。公司主要从事市场调查策划、经济信息咨询、企业文化交流、调研人员培训、广告效果研究、办公系统维护等业务。下设研究部、项目部、联络部、财务部、办公室等部门。

公司拥有一批社会学、经济学、市场学、金融学、管理学、心理学、统计学、计算机及现代高科技领域的高级专门人才。以中国社会调查方法研究会的理事会员为主体,汇集了北大、复旦、南开、中山、中国社科院、国家统计局等国内高校、科研、统计、管理等系统的一流研究力量,由高素质的市场调查专业人员(全部大学以上学历)操作,并在北京、上海、广州、武汉等地设有联络机构及由兼职调查员组成的全国市场调查网络。公司主要负责人兼任中国社会调查方法研究会副理事长、中国市场学会理事、上海复旦市场调研中心主任。

公司在市场调查研究中采用国际通用的规范化方法,运用先进的电脑统计技术,保证各项调研成果达到国内一流水准。公司与美国、日本、英国、香港、台湾等市场研究机构保持经常交往。

公司愿做各类企业的经济顾问,由专家教授挂帅定期对企业的内外形象、运行机制、促销活动、宏观调控等提出切实可行的意见和方案,并提供各种媒介和信息,提高企业的活力和产品竞争力。

(4) 北京零点研究集团

零点调查公司成立于1992年的零点市场调查与分析公司(零点调查),是在大陆经济市场化进程中产生并不断成长的独立的专业性调查研究机构。零点调查于2000年进行结构调整,投资成立了零点前进咨询有限责任公司和零点指标信息有限公司,形成三位一体的格局,是目前国内提供专业市场信息及咨询服务的集团公司。零点集团(零点调查、前进策略、指标数据)的总部设立于北京,并在上海、广州和武汉设有全资子公司,公司拥有100多名专职研究人员和咨询顾问,覆盖全国80%地级以上城市的调研网络。零点公司被北京市科学技术委员会和北京咨询业协会评为北京科技咨询信誉单位,并成为首批获得国家统计局颁发的涉外调查许可证的咨询公司之一。

公司通过零点品牌所确立的在调研技术领域的核心优势,通过扩展专业调研成果交易网络和以调研成果为依据的策略设计服务,全面提升调研业务的渗透力及使用价值,并将过去的朴素与推动型研究型态调整为系统的策略型研究。其业务范围为市场调查、民意调查、政策性调查和内部管理调查。"零点调查"接受海内外企事业、政府机构和非政府机构的委托,独立完成各类定量与定性研究课题。零点是广为受访对象、客户和公众所知的专业服务品牌。多年的发展经验使本公司更了解客户的需求,从而为客户提供更有针对性的服务。截至2004年底,"零点调查"共完成业务项目数千项,涉及食品、饮料、医药、个人护理用品、服装、家电、IT、金融保险、媒体、房地产、建材、汽车、商业服务、娱乐、旅游等30多个行业。耐用消费品与媒体娱乐、快速消费品和政府研究、IT电信金融保险是公司目前的三大重点研究领域。

(5)上海复旦市场调研中心

上海复旦市场调研中心是复旦大学下属最著名的调研中心之一,是中国最早以市场为研究对象的市场调研中心。作为复旦市场调研中心的有力后援,拥有国内一流人才的复旦大学为中心的经营与发展积极提供各个方面的服务和帮助,成为中心的头脑库、信息库。

复旦市场调研中心荟萃了社会学、管理学、经济学、心理学、计算机等方面的专业人才、操作人员和一组高素质、分布广的调查员网络。他们运用科学严谨的方法来设计模型、收集资料、统计分析。

已有的项目设计如下领域:护肤品、蓄电池、家用空调器、医用X光片、广告、银行、洗发水、不间断电源、大众传媒、咖啡、智能化大楼、彩妆用品、汽车、X光机、手表、快餐、电脑登录系统、办公机械、房地产、中式点心、大型综合商厦、营养口服液、消费行为模式调查等。

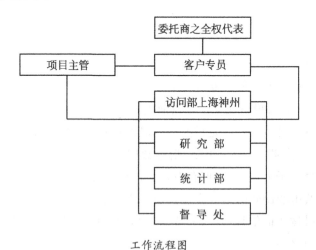

工作流程图

调查方式有:入户调查、个案研究、雪球式访问、街头拦截访问、案头资料研究等。

从为第一块力士香皂成功地打入中国市场起,中心已经在中国这日益发展的市场冲浪多年。多年来,中心不断进取、努力开拓,完成了一个又一个丰富而又多姿多彩的调研项目。轻松地冲浪于市场的风浪中。

中心曾为中英合资上海丽华的力士香皂进入中国市场开展市场调研。与上海社会调查所合作进行"上海地区汽水、果珍饮料的市场调查",为上海日化四厂、霞飞日化厂、中英合资旁氏有限公司等上海地区化妆品市场调查工作,为上海市百一店开展"消费者状况调查",为上海手表厂完成"东北地区的手表市场调查",为太阳神集团进行上海口服液市场的用户访问卷调查,为台湾元祖食品公司做了食品上市前的问卷调查,为上海华裕公司做了全国范围内的"UPS市场状况调查",为上海感光胶片厂做了"全国X光片的市场调查",为复旦大学科研处"智能型X光机"进行了国际市场预测,为日本国际协力机构(JAIDO)做"浦东中校企业用地调查报告",为张江高科技园区发展公司做"上海张江高科技园区发展公司公关宣传资料",为家化联合公司做"上海市区化妆品消费心态调研",为日本NTT作"全国银行系统调查"及"智能化大楼调查",为上海复华科技公司做"上海地区电脑登录系统调查",为中美合资上海赛恩营养食品有限公司做长期保健品市场追踪调查,为某公司投资PC电脑市场长期做"全国电脑生产厂家及市场发展调查",为日本某大型电器公司做"中国消费者行为调查。"

(6) 央视-索福瑞媒介研究有限公司

央视-索福瑞媒介研究有限公司(CVSC-SOFRES MEDIA,简称CSM)是央视市场研究股份有限公司(CTR)与世界领先的市场研究集团——TNS合作成立的中外合作公司,于1997年12月4日在北京注册成立。公司致力于专业的电视收视市场研究,为中国传媒行业提供可信的、不间断的电视观众调查服务。央视市场研究是国内最大的市场研究公司,拥有中国最大的媒介调查网络,在中国已有10多年的电视观众收视调查经验,对本地市场的了解和熟悉无人能够比拟。TNS是世界上排名第三的市场研究集团,拥有最优秀电视收视率分析软件,在欧洲同样拥有几十年的电视观众调查经验,她的加入为合作伙伴带来雄厚的先进技术力量。央视市场研究和TNS集团的合作,使CSM在当今世界纷纭复杂的市场中脱颖而出,既拥有丰富的本土经验,又具备先进的国际调查水准。公司所拥有的收视率调查系统具有健全的组织结构、科学严密的管理制度、不断扩大的调查对象、先进可靠的技术设备和最优秀的分析服务软件。CSM拥有世界上最大的电视观众收视调查网络。经过短短几年的运营,CSM已成为中国规模最大、最具权威的收视率调查专业公司。

覆盖全中国的收视调查网络和先进的收视监测技术标准使CSM成为中国收视研究市场上的领导者,并赢得了越来越多的客户信赖。至2002年,已有麦肯光明、精信、传力、星传、灵智等10多家4A国际广告公司、100多家电视台(国家级、省级和市级)、320多家国内广告公司和数家国内著名企业成为CSM的客户,定期享有CSM提供的丰富多样的收视率数据服务。CSM收视率已成为中国电视媒体市场的"通行货币"。"公正透明,及时准确"是央视-索福瑞公司一贯遵循的质量方针和服务准则。2000年3月21日,CSM公司通过了ISO9002国际质量体系认证,成为中国境内调查业中首家通过该标准的企业。

(7) 广东现代国际市场研究有限公司

现代国际市场研究有限公司(MIMR)1995年创立于广州,先后在上海、北京、成都设立MIMR的全资分公司及办事处。经过多年的发展,MIMR已成为国内知名的专业化市场研究公司,并一直致力于推动中国市场研究的发展,对行业做出了突出的贡献。ESOMAR(欧洲社情民意与市场研究协会)资深会员、AMA(美国市场营销协会)资深会员、2000年7月首批荣获国家统计局《涉外社会调查许可证》、中国市场研究行业协会常务理事。经营理念是运用市场营销要领为客户提供专业的市场研究服务,成为国内一流的大型专业化市场研究公司。

三、本土咨询业的突围

由于国外市场经济发展得早,所以调研类机构已经比较成熟,而国内调研机构起步晚,根基弱,在同一舞台竞争还面临诸多问题。

1. 本土咨询业突围

"外来的和尚会念经",这在中国咨询业日益激烈的市场竞争中体现得淋漓尽致,屈指可数的几个外国巨头吞噬了国内咨询业产值的80%。然而,2001年11月18日,在首届中国咨询高峰年会上,汉普管理咨询管理公司首席顾问张后启的发言令业界为之一振,本土咨询业卧薪尝胆20年,终于要与国际咨询业大鳄们一比高低了。

"我们弱小,所以我们更努力。"据张后启介绍,汉普自去年下半年开始,已从在华的国外著名咨询公司手中抢到80%的客户,其中,广州地铁和湘潭钢铁两个项目的产值均在1 000万元以上,虽然张拒绝记者透露他横刀夺爱的细节,但本地咨询业的春天似乎指日可待。

张后启认为,国内咨询之所以大有作为,关键在于上述变化最终根源于管理方法论的东西方差异。西方的管理思想是凡复杂的事物进行问题的分解,使其简单化,但它缺乏中国传统文化整体、系统的思想。

此外,社会经济形态已从过去的产品经济过渡到今天的知识经济、客户经济。工业时代的管理理论已不足以指导现代企业。而时代的变迁更导致管理手段的根本性变革。过去手工化的、单据驱动的、局部信息化的管理已发展到物流、资金流、信息流集成到一起的ERP。而目前，ERP也只是透过企业信息门户实现了完整计算机化管理的手段。

中企工易管理咨询有限公司总经理李显君认为，虽然洋咨询来势汹汹，但并不能赢家通吃。首先中国正处于经济转型期，洋咨询的解决方案那些成功的经验移植到中国未必会成功。例如，面对成本过高的问题，洋咨询一般会建议裁员，这在西方国家是一件简单的事，但中国的社会保障体系尚不健全，搞不好会引起社会问题。其次，洋咨询的收费标准一般是本土咨询的5—6倍，中国的大多数企业承受不起。

此外，李显君认为，本土咨询与洋咨询差距并不像有些人想象的那么大。据他介绍，国内不少咨询公司已开始着手建立研发体系和全球数据库，与国内国外的高等院校、科研机构都有广泛的接触。

"不以利小而不为"，在不断解决众多中小企业普遍的、基础的、但并不代级的管理问题的过程中，本土咨询业锻炼了人马，积累了经验，进而循序渐进地历练了我们自己的核心竞争力。

北大光华管理学院副院长张维迎教授认为，积累互补性的客观知识是本土咨询业长久不败的关键。张维迎指出，企业资源的动态独立性、不可模仿性、不可交易性和互补性，是企业竞争优势的根本。在产品经济时代相对封闭的市场中，众多资源在购买上的壁垒形成了企业相对容易获得的优势。但在今天知识经济时代，只有不随着人员流动而流动的客观知识和只有在众人合作中才能互补运用的互补性知识，才是企业最宝贵的财富。

目前，我国管理咨询业尚没有统一的行业标准，国家在政策导向、税收等方面没有任何的倾斜。更重要的是，行业准入制度建立严重滞后，给这一行业的发展带来诸多隐患。

2．本土咨询业处于"突破前夜"

"第七届上海青年咨询论坛"由上海市咨询行业协会主办，上海社科院外国投资研究中心、上海市管理科学学会等单位承办。上海市咨询行业协会汇集了本市一大批从事咨询业的单位和社会团体，每年举办的青年咨询论坛成为咨询业瞩目的一次头脑风暴。

与往届不同的是，本次论坛召开之际，我国社会经济正面临深刻的变革，经济结构转型、绿色低碳、企业重组等将成为未来经济生活的重要关键词。相应地，咨询业正面临新的挑战与机遇，就看谁有真功夫去捅开突破前的夜幕。

咨询业是一种人对人的服务。上海市咨询业行业协会副会长兼秘书长陈积芳认为，咨询业通过人对人的服务产生价值，是处于位置比较高端的现代服务业，行业的重要性不言而喻。

上海天强管理咨询有限公司祝波善指出,咨询是市场经济的产物,在走向商业社会的进程中,咨询业提供了思维,可以大幅降低企业运行成本;咨询业的发达与否本身是衡量投资环境是否良好的一个重要指标。在中国,咨询业作为新兴产业,目前单从产值或它在GDP中所占的比重来看,数量不大,但不能简单地依此来判定它对社会贡献的大小。事实上,咨询业1 000万元的营业额可能间接创造的是10亿元的社会价值,作为高智力的服务,其对社会经济发展的间接影响非常大。随着市场竞争的日趋激烈,寻求咨询、借助"外脑"逐渐成为企业提高竞争力,实现可持续发展的重要举措。

目前,许多外资咨询机构中国总部云集上海,麦肯锡、毕博、埃森哲、罗兰贝格、科尔尼等跨国咨询机构悉数到场,构筑起了上海咨询业高端阵地。

"洋咨询"对中国市场的扩张使一部分的本土企业发展越发艰难,不过,祝波善认为,改革进入"深水期",经济转型、体制改革、企业升级、区域发展、绿色低碳等等一系列正在展开的重大战役少不了咨询机构提供智慧、思维,咨询业的市场会非常大,外资机构的不断涌入正是看中了这个行业的广阔前景,本土咨询机构也面临发展的大好机会,关键是自身是否有绝技在身,对本土咨询机构而言,最大的竞争对手其实是自己。在新形势下,咨询机构不能靠"忽悠"别人来混饭吃,过去成功的经验不能再作为新的业务支撑。

数据显示,世界各国咨询业的产值平均占国民生产总值的1%,发达国家则为2%—3%。我国咨询业所占的比例还比较低,与国外咨询业相比,从技术、人才、经验、实力等方面而言,本土的咨询业还有着相当大的差距。不过,从另一面看,本土咨询机构也有着比国际咨询机构更具优势的地方,比如本土咨询机构提供的思想更加符合中国人惯有的思维方式,同时,本土咨询公司更了解中国国情,其实际操作能力也就更强,本土咨询机构没有条条框框的限制,比外资咨询机构有着更多的灵活性。

本土咨询机构的更加灵活性,也表现在商业模式的探索上。当"第七届上海青年咨询论坛"在讨论"模仿还是创新"这一行业性的发展方式选择问题时,上海万隆信息技术咨询有限公司副总经理陆雷、上海市科学技术委员会体改处处长吴寿仁、上海大事科技发展有限公司董事长谈德彬、博太商务咨询营销总监方华、上海天强管理咨询有限公司业务发展总监杨帆等讨论后认为,"模仿是基础,创新是发展",创新和模仿都是一种寻求成功的手段,成功的创新往往是从模仿开始。中国本土的咨询业应该提倡从无到有创造自己独特的运营模式,但也不应排斥"拿来主义"再加以改进,本土咨询业起步晚,与国外差距大,为尽快缩小这种差距,模仿是有理由的,但是要发展必须创新,要修正、要改良、要提高,只有这样,才能推动咨询行业技术和商业模式的不断升级,诞生重量级的本土咨询机构。

3. 调查方法的探索先锋——访神州调查 CEO 范伟达教授(人物专访)

Q:您当初创建神州市场调查公司和复旦大学市场调研中心的初衷是什么?

A:神州市场调查公司和复旦市场调研中心在中国市场研究业界应该说是创立比较早的。我是从 1982 年初大学毕业留校当教师后,就开始了调查的生涯。我专业的主攻方向就是调查研究方法。因而,1982 年起,除了教学、科研,就开始进行社会调查和经济调查,当然那时还不叫市场调查。

1989 年,一个偶然的机会,香港市场研究社(SRH)经人介绍到上海来找到了我,开始了我们和 SRH 的合作,在上海等城市开展市场研究工作。当时对市场调查的概念还不是很清晰,只是觉得我们用社会学的专业知识来进行市场调查在方法上很相似,问卷设计、抽样方法、入户面访、开座谈会等这些社会研究的方法在市场研究方面完全适用。

我们研究社会学专业的应该与经济学相结合,市场调查正好是社会学和经济学结合的一个很好的途径和桥梁。因此我进入市场调查领域,并不纯粹是 SRH 或者中国市场调查所有这个需求,或者说是一种偶然的巧合,而是一种理性思考的结果和科学研究的需要。

Q:作为社会学研究方法最早的一批研究者,请您谈谈方法发展的基本过程以及存在的问题?

A:作为社会研究或者市场研究来说,方法起着至关重要的作用。我们作为社会学研究者,之所以能和市场研究、市场调查如此紧密地结合,很重要的一点在于方法论和具体方法是相当一致的,可以说结合得相当完美。社会研究方法从某种意义上来说其实是一种社会科学研究方法,对社会学、政治学、新闻学、人口学、市场学、经济学、管理学等研究都是适用的,这种方法对社会科学研究有种普适作用。我在 1981 年教育部举办的南开社会学专业班学到不少海外比较前沿的方法,对于促进中国社会研究和市场研究起到了相当大的作用。1982 年在复旦留校以后,我主要就从事社会调查研究这方面的教学和科研,从 1980 年代初就开始社会调查,投入到这个领域。在 1980 年代,总体上还是以引进西方的一些方法,比如说抽样、问卷、测量等等这些方法为主;到了 1990 年代初,我们就比较注重如何把这些西方的方法和本土的传统方法很好地结合,推动本土的社会研究和市场研究,因此我们在 1993 年成立了一个中国社会学会方法研究会。也就是在这个成立会上,针对当时有的教师和研究者所困惑的研究经费缺乏的问题,我提出了一个想法,其实我们从事方法的研究者每个人手中都有一根点金棒,我们的方法就是点金术,是能够点石成金的,由于我在 1980 年代末和 1990 年代初已经和一些市场研究公司有了业务和项目的结合,因此感觉到我们这些方法是完全可以产生经济效益的,我的这个想法得到了与会者的热烈响应,纷纷提出可不可以成立一个机构或公司,把方法转化为money。大家就建议我以学会的名义在上海建立一个市场调查公司,现在的神州市场调查公司就是当时年会讨论的产物。所以神州市场调查公司是中国社会科学院主管的国家级学会主办的研究性机构,以市场调查为主,同时也进行方法的研究。

Q:市场研究行业的专业人才与其他行业相比有怎样的特点?

A:从方法研究角度来说,市场研究行业的人才需要具备这么一些基本的要求:人格、能力、洞察力。前两类要素中,我认为前者更为重要。

作为市场研究行业的人才,很重要的是取决于人格和品质,比如说责任心、亲和力、理解力、包括诚实、可靠这种基本品质。这些品质是业界研究人员最重要的素质,假如市场研究人员的品德不好,弄虚作假,不诚实,不诚信,怎么能够得到客户的信任。除此以外,还必须具备吃苦耐劳,锲而不舍,迎难而上,坚忍不拔的毅力,这个行业的各个环节都是很辛苦很艰苦的。

从能力角度来说,比较重要的是要有一种领导力,无论是一般员工还是部门负责人或者总监或主管,都要具备领导力。对员工本身来说,体现在对项目组织的领导能力。其次很重要的一点就是团队合作的能力,尤其是市场研究行业,各个环步、步骤、部门这间都要相互协调,并非单打独斗能进行的。另外还要具备一种学习力,就是不断学习的能力。在市场研究行业中,知识的更新是相当快的,包括方法和技术也在不断变化,这就需要不断学习。即使进了某公司,即使当了领导,也不能停止学习的追求,不断更新知识,否则就要落伍。还有一点就是要有专业的技能,一个人不可能样样都懂,样样能干,但至少在市场研究某一部分要有自己的特长,比如有些人擅长与客户的沟通,有些人擅长进行统计分析,有些人擅长进行研究设计,有些人擅长撰写研究报告,有些人擅长现场演讲汇报等等。

第三类素质是最高层次的、也是最难培养的,那就是捕捉市场信息的洞察力和领悟力,这是一种能在微观、中观、宏观上敏锐地捕捉市场信息的能力,这种能力是各种能力的综合体现,具备这种能力的人当然就是这个行业的领军人物。

Q:作为中国市场研究行业协会的副会长,对协会的工作很上心,在没有直接回报的前提下,您如何考虑这件事情?

A:现在我们国内有了市场研究行业协会,这是一件很可喜的事情。我们从1980年代初就开始投入社会研究和市场调查,走到现在也近30年了,我们一直与业界许多公司进行沟通合作,从行业协会第一届会议在广州成立开始,我们就是理事单位之一。

作为这一届的协会副会长,我的总体想法是:尽我自己的力量,为行业协会健康成长、为行业协会的各家公司尽力地提供服务。因为我们在业界起步比较早,无论是经验还是教训,都积累了不少。同时,在与各家公司的交往中,大家对我们也有很多的支持和帮助,我们也应该通过行业协会这个平台为大家提供一些服务。行业协会分工当中,要我负责编辑出版工作,对于这方面工作,我是很热心的,我本身也出版了一些专著和教材,如果能通过编辑出版委员会,为我们中国的市场研究行业做一些工作,也是一件很高兴的事情。

编辑出版委员会比较明显的就有两项工作:一项是行业协会的电子版本的网站,或者纸质版本的杂志,这项工作协会秘书处已经在做。

我想到另一个很重要的拓展是作为中国的市场研究行业机构,通过编辑出版这个口子,应该让业界的同仁、包括让国内各行各业特别是客户,以及让海外的同仁了解我们这个行业,除了电子版本和纸质版本的杂志以外,也可以仿照我们社会学曾经有过一本以书代刊的杂志,叫《中国社会学研究》,我们市场协会也可以出版一本以书代刊的《中国市场研究》,每年至少一本,反映我们这个市场研究行业的最新动态、最高水平、最典型的案例,把我们这个行业推广宣传出去。同时我也注意到很多公司在市场研究的推广中,在方法、技术乃至理论方面积累了不少经验和成功的案例,我们也很有必要把这些成功的案例汇集起来,通过专著的形式出版。

Q:作为副会长,您在工作中对协会及秘书处有哪些期望?

A:我国的市场研究协会总体来说还是个年轻的协会,还是一个刚刚起步的、在成长中的、各方面很努力但是还很不成熟的社团。秘书处做了很多工作,秘书处的同志也很辛苦,但正如有些会员所认为的,整个市场研究行业协会的工作还是不尽如人意的,总体上还没有达到所预期或者理想中的比较规范的运行状态。各个专业委员会,都有很多设想、建议、提案,但是在和整个协会沟通过程中往往无法决策,无从实施。这就涉及整个协会、秘书处和各委员会之间究竟是怎样的关系,学会的运行要靠会员单位、理事单位、常务理事单位总体的积极性,尤其是下设的11个委员会,如果说把协会各委员会的作用和功能发挥起来,那整个协会的工作就会生气勃勃、生龙活虎得多。现在协会、秘书处与各委员会之间工作的协调也没有一个章程,哪些是委员会就可以进行决策和实施的,哪些是需要和秘书处合作的,哪些是要通过会长会议才能通过进行决议的,其实协会的工作在很多方面都没有一个规章。我在想,我们要求业界各个调查公司的调查工作都要能够规范,首先市场研究行业协会的工作要规范,要有个秩序,有个规则,这样整个工作才会运行得顺利。总体上来说,协会工作本身的秩序和规范是保证协会工作顺利开展的必要条件,也是协会今后是否有号召力、凝聚力乃至在某些方面有一定决策权的基本条件[1]。

---

[1] 《市场研究网络版》,"人物专访"栏目,2009年第5期。

第六编

展望未来:研究方法新趋势

第十四章　调查研究方法的理论探讨

为了面对新问题和新理论提出的挑战,当范式经历了断裂、转换和修正时,就要有方法的创新。应运而生的各种新方法就是为了增进知识创新和学术交流对话而进行的方法和方法论创新,同时传统方法也继续保持其生命力或得以扬弃或改进①。

第一节　传统方法之生命力

学界通常会区分"现代的研究手段和研究方法"(简称"现代方法")和"传统研究方法和调查技术"(简称"传统方法")是鉴于以下两方面的原因和标准:

一个是时空上的原因与区分。国内学者往往把来源于以毛泽东农村社会调查和国内老一辈社会学家所作社会调查作为是"传统"的社会调查研究方法,而把来自现代西方社会学的社会研究方法作为"现代"的社会调查方法。在对西方的社会研究发展期限划分中,也有把20世纪初以前的社会调查研究作为"近代的"或"传统的"研究方法,而把20世纪初特别是二战以来的社会调查研究划归为"现代"的社会调查研究。

另一个是方法内涵上的差别和原因。不少学者把传统调查方法定义为以典型调查或个案调查为主,选取少量个案和典型作为研究对象,采用文案、访谈、观察、蹲点调查、个案研究等方式收集资料,主要依靠定性分析方法处理资料的研究方式;而将设立研究假设,以抽样调查为主,随机选取研究对象,采用问卷或其他结构式的方式收集资料,依靠统计分析等定量分析方法处理资料,验证理论假设的研究方式称之为现代调查的方法。

尽管在以何种标准来区分社会调查研究及其方法的"传统"和"现代"还有争议,但上述的标准设定还是有其一定道理的。

---

① 参见蒋逸民:"作为一种新的质性研究方法的层创方法",中国人大复印资料《社会学》2010年第8期。

一、文案研究

1. 文案调查综述

用于研究目的的数据的来源,首先是已有的历史和现成资料,如数据库、账簿、生产/销售记录、报纸、年鉴、各类研究报告、文献等;只有当这些数据不能满足研究分析时,才考虑重新进行其他的调查方法(如访问调查、观察、实验)来获得新的数据。

文案调查,是指通过搜集各种历史和现实的动态资料,从中摘取与调查有关的情报,在办公室内进行分析的调查方法,也叫间接调查法、资料分析法或室内研究法。

文案调查的对象是各种历史和现实的资料。此法的优点是可以充分利用第二手资料,节省调查费用。但是,调查人员必须要有较丰富的专业知识和分析能力,才能胜任。文案调查要求更多的专业知识、实践经验和技巧。各种调查方法都有利有弊,只有了解各种方法,才能正确选择和应用。

(1) 特点

与实地调查相比,文案调查有以下几个特点:

① 文案调查是收集已经加工过的文案,而不是对原始资料的搜集。

② 文案调查以收集文献性信息为主,它具体表现为收集各种文献资料。在我国,目前仍主要以收集印刷型文献资料为主。当代印刷型文献资料又有许多新的特点,即数量急剧增加,分布十分广泛,内容重复交叉,质量良莠不齐等。

③ 文案调查所收集的资料包括动态和静态两个方面,尤其偏重于从动态角度,收集各种反映调查对象变化的历史与现实资料。

(2) 功能

在调查中,文案调查有着特殊地位。它作为对信息收集的重要手段,一直得到世界各国的重视,文案调查的功能表现在以下四个方面:

① 文案调查可以发现问题并为其提供重要参考

根据调查的实践经验,文案调查常被作为调查的首选方式。几乎所有的调查都可始于收集现有资料,只有当现有资料不能为其提供足够的证据时,才进行实地调查。因此,文案调查可以作为一种独立的调查方法加以采用。

② 文案调查可以为实地调查创造条件

如有必要进行实地调查,文案调查可为实地调查提供经验和大量背景资料。具体表现在:通过文案调查,可以初步了解调查对象的性质、范围、内容和重点等,并能提供实地调查无法或难以取得的各方面的宏观资料,便于进一步开展和组织实地调查,取得良好的效果。

文案调查所收集的资料可用来证实各种调查假设,即可通过对以往类似调查资料的研究来指导实地调查的设计,用文案调查资料与实地调查资料进行对比,鉴别和证明实地调查结果的准确性和可靠性。

利用文案资料并经实地调查,可以推算所需掌握的数据。

利用文案调查资料,可以帮助探讨现象发生的各种原因并进行说明。

③ 文案调查可用于经常性的调查

实地调查更费时费力,操作起来比较困难,而文案调查如果经调查人员精心策划,具有较强的机动灵活性,能随时根据需要,收集、整理和分析各种调查信息。

④ 文案调查不受时空限制

从时间上看,文案调查不仅可以掌握现实资料,还可获得实地调查所无法取得的历史资料。从空间上看,文案调查既能对内部资料进行收集,还可掌握大量的有关外部环境方面的资料。尤其对因地域遥远,条件各异,采用实地调查需要更多的时间和经费不便的调查。

2. 数据库的建立

简单地说,数据库就是相关信息的结合。以现在而言,传统的文案研究在数据库的建立上体现了其强大的生命力。

(1) 辛迪加信息

辛迪加信息服务公司:如 A. C. Nielsen、Arbition、Information Resources Incorporated。它们收集一般的资料(如媒体受众研究资料和零售资料)但不是专门为某个客户服务,任何人都可以购买他们的资料。与顾客或广告研究公司相反,这类公司数量少,但规模大,主要提供受众的媒体资料和产品流通资料。美国营业额排名在前面的调查公司一般都是这类公司,中国的央视调查咨询中心下属的央视——索福瑞媒介研究也都属于辛迪加服务公司。

(2) 客户关系管理系统(CRM)

世界知名制药企业罗氏公司在中国正式启动建设一个代表世界最高水平的客户关系管理(CRM Customer Relationship Management)项目。

上海罗氏制药有限公司为此投资 370 万美元。该系统初期预计覆盖全国 30 个城市的 300 个主要医院的客户信息,这标志着罗氏公司的客户管理水平将在同行业中居于领先地位。

(3) 地理图形信息系统(GIS)

地理图形信息系统(geographic information system, GIS)一般包括一个人口统计资料数据库、若干数字地图、一台计算机和定向系统组合中添加数据的应用。

公用事业、石油公司、大型零售商和政府部门都早已使用这些系统,对大量不同类型的资料进行地理学式的演示和分析。

3."口述历史"

口述史学这一术语正式产生于20世纪40年代。第一个口述史学研究机构是哥伦比亚大学口述历史研究室(1948)。"事实上,口述史学就如历史一样悠久。它是历史的第一种形式"。它赋予历史学一个不再与书面文献的文化意义相联系的未来。它也将历史学家自己记忆中最古老的技巧交回到他们手中。

口述历史保存了即将失去的过去的"声音"——"口述历史对理解过去和今天以及保存即将失去的声音来说是一种非常理想的方式。"它必须是访谈者和受访者之间有意识的互动的产物,即伴随着问答的形式。

口述史学的兴起和发展见证了新史学运动的蓬勃发展,在方法论上实践起实证主义,在内容上历史不再是少数政治家的活动,不再是西方国家的专利。人们意识到,要展现历史,仅靠保存的史料是不够的,而口述史学的运用正弥补了这方面的缺陷。同时,科技的发展为更好的保存即将逝去的声音提供了手段,使得传统意义上的资料保存日益减少,更需要口述资料的保存。

崔永元与母校合作口述历史

2012年2月27日,在中国传媒大学举办了由CCTV著名主持人敬一丹主持的"中国传媒大学与崔永元合作成立口述历史研究中心及口述历史博物馆的签约仪式"活动。这次签约仪式出席的嘉宾,除了中国传媒大学的党委书记李培元、校长苏志武等学校50多位主管领导外,到场的嘉宾还有复旦大学教授钱文忠、著名书法家、艺术家都本基,以及长期公益支持崔永元收集口述历史的企业家,如慧聪网董事局主席郭凡生、蒙牛集团北京公司总经理王建邦、中美集团总裁陈逸飞、新光集团董事长周晓光等。

签约活动现场,中国传媒大学党委书记李培元首先致辞,表达了欢迎杰出校友崔永元携十年口述历史丰厚成果与母校合作;并表示此次合作,不但对中国传媒大学在口述历史学科领域占据一个独一无二的制高点外,同时也将有助于中国口述历史的学术研究、社会教育及中国口述历史的国际影响力的大幅推动和提高。

从崔永元的发言中了解到,口述历史,作为"人民记忆"、"微观历史",相对于宏观历史而言,具有其独特的社会及历史价值。从20世纪40—50年代在美国哥伦比亚大学创立至今,在世界各地,已经成为一种重要而别具意义的历史收集方法及专业学科。但口述历史在中国,还近乎空白。崔永元从2002年前后开始收集口述历史,截至目前,已逾十年,分别收录了6大领域、约4 000人左右的口述历史影像资料及图片、实物。如何让崔永元收集的口述历史能够为社会所用,并且能够推动口述历史成为一门专业学科,以更大的社会专业力量、公益力量,来推动中国口述历史收集持续传承,这也正是此次崔永元与母校中国传媒大学合作建立口述历史研究中心及口述历史博物馆的深层原因所在。

从活动现场了解到,中国传媒大学将为崔永元的口述历史提供一座约8 000平方米的独立大楼,用于建立中国传媒大学崔永元口述历史研究中心和口述历史博物馆。该口述历史研究中心,主要职能就是口述历史的收集、整理和研究等。而口述历史博物馆,将会把崔永元十年收集到的所有口述历史影像资料,建成数字化存储检索系统;除了保存、归类整理及永久传承之外,还将面向中国传媒大学全校师生及社会其他学术研究机构或个人免费开放,以供研究利用。同时,口述历史博物馆还将系统、分主题展出崔永元所收集到的各种相关史料、实物、图片等;包括电影馆、连环画馆、战争馆等等。

现场的嘉宾也纷纷发言,对崔永元与母校在口述历史领域的合作,表示充分的肯定和认可,认为这样的合作,更有益于口述历史将来的持续发展性。同时也表示,还将继续关注及支持崔永元所从事的口述历史收集,并尽可能带动更多社会力量参与其中[1]。

4. 文献的分析

文献分析种类繁多,而且在不断地完善。具体方法也因人而异,不同的研究者会有不同的思维视角和分析综合技术。但研究者还是会遇到某些共同的问题,会使用一些共同的方法和技术。这里我们简单讨论两种主要方法:传统分析和内容分析。

(1) 传统分析

传统分析实质上是一种信息推理分析方法。这种分析方法就是根据研究人员的需要和观察将文献资料的原始形式改变为研究人员需要的形式,实际上研究者从文献资料出发,加上自己的知识背景,运用创造性的演绎推理,导出一系列结论的方法。传统分析是一种独立的创造性过程。这种过程取决于该文献本身的形式和内容,取决于研究的目的和条件,取决于研究人员的丰富经验和创作直觉等。这种分析能抓住文献的主要思想和观点,把握文献的最深刻、最隐蔽的内容。这种分析的主要弱点是主观性。无论研究人员怎么认真、公正、客观地研究材料,但其解释多多少少总是主观的。在传统分析中要区分外部分析和内部分析。外部分析就是分析文献的"来龙去脉",弄清资料在何时、何地产生的;当时的研究目标如何,文献的可靠和可信度如何等。内部分析则是对文献内容的分析,包括弄清实际内容与文字内容之间的差别等。

---

[1] 资料来源:《解放日报》2012年3月9日,第14版。

(2) 内容分析

内容分析(content analysis)是一种搜集资料以及分析文本内容的技术。这里的"内容"指的是文字、意义、符号、标题以及其他可以沟通的信息。

内容分析通常被看作是形式化的数学分析、形式分析、文献研究中的量化分析方法。比如,拉扎斯菲尔德和贝尔森认为:"内容分析是一种对传播所显示出来的内容进行客观的、系统的、定量的、描述的研究技术。"在主流社会学研究中,内容分析是对确切的文件内容进行客观的系统的和定量描述的研究技术,它的基本特征在于将文字的、非定量的文献转化为定量的数据。这样,质的内容就变成可以测量的、可以进行精确的数量运算,分析的结果在相当大的程度上是客观的。当然也有些教材和研究者也有将内容分析视为定性研究方法的,从而进行定性的内容分析。这种分析方法主要通过研究者的阅读、收视,然后依据主观的感受、理解和分析,来解读、分析信息中所蕴涵的本质内容。这种分析方法与我们所介绍的传统分析方法较为接近。畅销书《2000年大趋势》的作者奈斯比特和阿布尔丹,便是使用内容分析法判断现代美国生活的主要趋势。

内容分析的主要步骤有这几方面:

① 选定文本。依据研究目的,选取适合研究专题的文本资料。这些文本要达到规范性的要求,保证研究资料的真实性和可靠性;当然,这些文本也要是可以找到的,如有的可利用公开出版发行的资本,有的也许要征集(如个人日记、传记等文献);有的则需要长期的积累,如《2000年大趋势》的作者为了出版每季的趋势报告,有规律地考察着每月数以千计的地区报纸,从而得出他们观察到的普通趋势。

② 进行抽样。首先要考虑什么是分析单位。假如分析单位是个别作者,抽样设计就可以选择适合研究问题的全部或部分作者;假如要分析文本材料,那么分析单位可能就是词、题目、体裁、段落、概念、语意或以上各项的合并。其次要考虑抽样方法。应该说任何常用的抽样方法都可以用于内容分析。我们可以将简单随机抽样或系统抽样方法用于某一国小说家、某一地区的法律、甚至某个名人的独白;我们也可以去分层抽样分各类报纸的社论立场进行分析;也可以用整群抽样的方法进行电视广告研究。然后我们便转入对原始资料进行转换的过程。

③ 分类编码。内容分析法本质上是一种编码运作。无论是定量研究还是定性研究,分类编码都是必需的;定量的内容分析主要以"数字"作为编码的代号,建立相应的"数据库";定性研究则以"文字"(为检索方便,也可以数字或符号作为类别的代码)进行分类编码,建立相应的"资料库"。内容分析中的分类编码包含着概念化和操作化的过程,这一过程中都包含着理论指导和经验观察的互动。其中还涉及显性编码和隐性编码之区分。显性编码是针对文本中可见的、表面的内容进行的编码,如某个字、某个动作在文本中出现几次,相对说比较明确;而要对文本

内容中隐蔽的、暗示性的意义进行编码,也就是隐性编码则较为困难,它要依赖编码者对语言及社会意义的知识和训练。

④ 分析归纳。建立"数据库"和"资料库"后,就可以进行资料的分析。定量的内容分析主要进行统计分析、单变量分析、相关分析、回归分析等都是常用的方法;定性的内容分析主要就是对资料进行归纳概括并抽象到一定的层面,也即不仅描述,而且试图找出模式以及变量间的关系。

显然,内容分析也有其局限性,因为文献中远不是所有丰富的内容都能借助形式指标来测量的。但这种分析方法在现代化过程中我们应予以研究和注意。这种分析,把非统计性材料转化为可以进行统计操作的资料,以便能被电子计算机识别,这样就大大加快了我们文献分析的进度和广度。这种借助于高速度大规模存贮计算机的协作,按照词的计算和词的结合所作的内容分析已经在国外发展起来。

总之,内容分析有它的经济性、非介入性和可重复性等优点,当然我们在进行分析时要注意效度和信度。

科学与艺术的拥抱

1984年以来,彭昆仑先后在《红楼梦学刊》等会议或刊物上发表了《中国古籍电脑化与社科研究手段现代化》等16篇论文。

彭昆仑,这位名不见经传的普通科技人员,以他全新的研究思路和方法,为长期以来依靠版本学、考证学、谱牒学等传统方法进行研究的红学界吹进一股清新之风,在红学界乃至古籍研究界引起震荡。

中国红楼梦学会会长冯其庸教授对彭昆仑的研究作出这样的评价:"这是红学研究的一大创举,是科学与艺术的拥抱。"

以拼成了"永远拼不成"的七巧板——红楼两年问题为例。

二百多年来,对《红楼梦》的年序、年龄问题(即"两年"问题)作过系统研究的红学大家不乏其人。从清代算起,有姚梅伯、王希廉,20世纪30年代有胡适、俞平伯、张笑侠,50年代有周汝昌、何心,"11岁"、"6岁"、"13岁"、"9岁"、"15岁"等等,诸家学说均有依据,如此各执一词,谁也说服不了谁。70年代末,有人断言:"《红楼梦》中的人物年龄是一块永远也拼不起来的'七巧板'"。

彭昆仑感到解决"两年"问题,必须采用社会科学与自然科学相结合、版本考证与逻辑判断相结合、微观分析与宏观判定相结合、正常信息检验与异常原因追踪相结合等综合考察和全面判定的方法。而如此浩繁的工作量,非计算机难以完成。

彭昆仑从《红楼梦》中选出有关72个主要人物蕴有时间和年龄信息的资料共八百余条输入电脑。从一千四百四十个"窗口"中选出近百个"窗口"作为优选"窗口",每一个"窗口"再确定一个上下时限。如红楼16年,黛玉的年龄下限为14岁,上限为18岁等,如此经过逐条测算,结果是"六岁论"有九十多个矛盾点无法通过,"13岁论"有七十多个矛盾点受阻,"9岁论"基本上全部通过。

这就是说,如果黛玉入都定为9岁,则其他人的相对年龄和故事发展年序都较为合理。

红学家们第一次听说中国人自己成功地应用电脑参与红学研究,二百年的疑案一朝廓清。红学家们更为激动的是,他们看到了红学研究乃至整个社会科学研究新的前景。①

二、定性研究

1. 定性分析方法的发展

定性研究方法一直是社会学研究领域中比较重要的研究传统,但并没有一个主流的范式。例如,克雷斯韦尔就把定性研究分为生活史、现象学、扎根理论、民族志和个案研究等五大传统(Creswell, 1998)。而且,在不同的时期,定性研究中的"主流"也不相同,例如,登青和林肯把北美的定性分析传统发展分为传统时期(1990—1950)、现代主义的黄金时期(1950—1970)、模糊时期(1970—1986)、表达危机时期(1986—1990)、后现代主义实验时期(1990—1995)、后实验研究时期(1995—2000)以及未来时期(2000以后)等七个阶段。传统时期的主流认识论是实证主义范式,现代主义和模糊时期的主流认识论是后实证主义,同时,释义学、结构主义、符号学、现象学、文化研究和女权主义等流派也开始兴起。众多的范式导致了定性研究的表达危机,人文科学和社会科学之间相互转向,文本和语境之间的界线逐渐模糊。到了后现代主义实验时期,研究者开始寻求新的社会科学研究的评判标准,包括道德、批判、地方性等等准则。在不同的阶段,定性研究的意义完全不同(Denzin & lincoln, 2000)。

在这种复杂的研究历史下,我们一般把定性研究理解为研究者走入具体的情境中,以一系列观察和阐释实践让具体的世界显现出来。这些实践把日常世界转换成一系列经验表象,例如,田野笔记、对话、照片、录音、便笺等等,它们存在于各种经验材料中,例如,个案材料、个人经验、内省纪录、生活史、访谈、器物、文化文本及其产品、观察文本、历史文本、互动文本和视觉文本等等(Den Zin & Lincoln, 2000)。

---

① 朱宏瑷:"科学与艺术的拥抱——记我国'电脑红学'创始人彭昆仑",《文汇报》1992年3月16日。

众多的材料虽然给研究具体社会现实带来各种视角,但同时也给定性研究的分析带来很大的困难。一种常见的研究态度即"拼装匠"风格的研究(列维-斯特劳斯,1987:22—23),包括方法拼装匠、理论拼装匠、阐释拼装匠和政治拼装匠。方法拼装匠在一个研究项目中动用所有现存可用的方法;理论拼装匠在不同的释义理论传统(例如,女权主义、批判理论等等)中不断转换视角,而非综合和融合不同理论流派;阐释拼装匠认为研究过程是研究者的个人成长史、性别、社会阶级、种族、民族以及研究地点中的人物相互作用的结果;政治拼装匠认为科学就是权力,所有研究发现均具有政治含义(Demin & Lincoln, 2000)。

因此,定性研究注定是多种研究方法、视角、不同研究者和政治角力的集成,研究过程就是一个三角测量的过程,即通过不同的方法试图对现象获得深度理解。三角测量是验证之外的一种研究策略,而非验证方法,它把不同的方法、经验材料、观点和观测者组合进一个研究,以增加研究的严谨、幅度、复杂性、丰富性和深度(Flick, 1998)。理查森甚至认为,三角测量并不能全面反映定性研究的形象,定性研究更像一个结晶过程,作者以不同的视角叙述一个故事。所形成的晶体不仅有外部世界的反射,而且具有内心世界的折射(Richardson, 2000)。

定性研究尽管面临着"表达"、"合法性"和"实践"的三种危机(Denzin,1997),但在过去的20多年里,定性研究方法还是有了长足的进步,主要表现在以下六个方面:

(1) 研究素材日益扩大:除了传统的参与观察、深度访谈、专题小组访谈(focus group discussion)之外,会话(conversation)、交谈(talk)、电视(television)、广播(radio)、档案(documents)、日记(diary)、叙事(narrative)、自传(autobiography)等社会过程中自然产生的素材,甚至社会学理论本身(理论的形式化),也开始进入定性分析的视野当中。所有这些资料,不仅可以以文本的格式存储,而且,图像、声音和视频等新型的多媒体介质作为原始的分析素材,也日益成为定性分析的新宠。

(2) 分析方法更加多样:定性方法的种类在最近的20多年中,更是有了一个质的飞跃。在比较传统的、源自语言学的方法,如内容分析(content analysis)、话语分析(discourse analysis)、修辞分析(rhetorical analysis)、语意分析(semantic analysis)、符号学(semiotics)、论证分析(argumentation analysis)、叙事分析(narrative analysis)、文化分析(cultural analysis, Bal & Gonzales, 1999)、知识域分析(domain analysis, Hjorland & Albrechtsen, 1995)等方法之外,社会学家也创造出自己独特的定性分析方法,如格拉泽和斯特劳斯(Glaser & Strauss, 1967; Strauss & Corbin, 1998)的扎根理论(grounded theory),海泽(heise, 1988, 1989)的事件结构分析(events tructure analysis)、拉金(Ragin, 1987)的定性对比分析(qualitative comparative analysis)、阿博特和赫里凯克(Abbott & Hrycak, 1990)采用最优匹配技

术的序列分析(sequence analysis using optimal matching techniques)、埃布尔(Abell, 1987)的形式叙事分析(formal narrative analysis)、鲍尔和加斯克尔(Bauer & Gaskell, 2000)等人的语料库建设(corpus construction)、阿特里德-斯特林(Aitride-Stirling, 2001)的主题网络分析(thematic network),海基伦(Hakkinen, 2000)则把神经网络(neural network)技术应用到定性分析领域。所有这些研究的一个共同特征是,把定性研究方法向更加系统、更加精确、更加严格、更加形式化的方向推进(kiser, 1997)。

(3) 认识论基础更加多元化:现象学、释义学和本土方法论(ethnomethodology)的认识论,一直是定性分析的大本营,但近年来,实证主义也开始逐渐为定性分析所接纳,解释(explanation)和阐释(interpretation)之间,由激烈的对立关系逐渐演变为相互融合。

(4) 研究过程更加透明、规范:定性分析的一个主要问题在于阐释过程中不可避免的主观性,为了尽可能消除"解释者偏见"(perspectivist biased)和主观选择性(subjective selectivity),定性分析开始遵循严格的程序模板(procedural templates)或程序规则(procedural regulations),并尝试引入定量分析中的"信度"、"效度"、"代表性"等概念,通过编码和对比,再加上传统的定性分析标准,如可解释性(accountability)、透明性(transparency)和连贯性(coherence),使得定性研究的过程更加规范、阐释的结果更加客观、研究的结论更加可信(reliable)。

(5) 研究过程更加有效率:这主要应归功于计算机辅助定性数据分析(CAQDA)软件的大量涌现。从上个世纪80年代以来,定性分析过程的数字化和计算机化,已是一个不可逆转的大趋势(Dohan & Sanchezjankowski, 1998)。这种发展趋势与定性研究者的理论取向无关,不管其理论立场是实证主义、符号互动论,还是本土方法论,有些定性研究者在自己的研究中,开始采用计算机来辅助定性资料的分析过程。据不完全统计,目前已经有20多种定性分析的软件,分别隶属于德国、英国、法国、美国等国家。其中有些软件是国外研究机构的科研成果,可以免费使用,但比较成熟的定性辅助系统大多是商业软件。这些定性分析的辅助系统,不仅使得研究者从处理大量文字材料的繁复劳动中解放出来,而且能够让研究者共享他们各自分析的细节,从而改变了定性研究的流程和研究集体之间的合作方式。同时,由于采用数据库结构,定性资料的管理也更加方便,这就为组织大型定性研究项目(包括多个研究地点、多个研究对象、历时的定性研究)提供了新的可能性。越来越多的定性研究人员开始走出他们的摇椅,坐到计算机屏幕前,湮没在访谈资料中的定性社会学家的形象已经一去不复返了。

(6) 定性研究和定量研究的结合更加紧密:在定量分析方法的教材中,定性研究常常被看作是定量研究的前期准备工作,但定性研究者却持完全相反的观点,他们一般认为定性方法是自成一体的,可以完成从形成概念到检验假设的全部研究过程(Strauss & Cobin, 1998)。但在实际的应用研究中,定性方法和定量方法常常是交织在一起的,例如,柯莱尔等人(Curralletal, 1999)在研究组织环境重要的群体过程时,通过内容分析把5年的参与观察资料量化,然后用统计分析来检验理论假定。格雷和登斯滕(Gray & Densten, 1998)在研究企业的控制能力时,利用潜变量(latent variable)模型把定性方法和定量方法有机结合在一起。雅各布斯等人(Jacobs, et al, 1999)在研究比利时的家庭形态对配偶的家庭劳动分工影响时,首先用定量方法对纵向调查数据进行分析,从定量分析的结果中,又延伸出对核心概念的定性研究。这三个研究分别代表了定量和定性方法相互融合的三个方向。柯莱尔等人的研究代表着定性方法的实践者试图将定性数据尽可能量化的取向,近年来涌现出的处理调查数据中开放题器的编码问题的工具软件(如 wordstat, Smart-text 等,请注意它们都是由著名的统计软件公司出品的处理定性资料的软件),处理定性资料的计算机辅助分析软件(如 Nvivo、MaxQDA、Kwalitan 等)也开始提供将定性资料转换到常用统计软件的数据接口,这些工具上的革新将加快这种趋势的发展。格雷和登斯滕的工作代表了"方法论多元论"取向,即在应用研究过程中,通过核心概念的测量模型把定性研究和定量研究结合起来。雅各布斯等人的工作则代表了一部分定量研究者对过度形式化的定量方法的不满,并试图通过定性方法加以弥补。在定量研究领域中,对"模型设定"(model specification)问题的关注,是定量方法重新试图返回定性研究这种取向的另外一种表现。

在国内,由于社会学恢复的时间还不是很长,我们有限的精力主要放在了定量方法的引进上,定性研究的引进和介绍都比较少。在福特基金会资助的方法高级研讨班上,曾讨论过一些定性研究方法。在定性方法研究方面,也有少数专著,如袁方和王汉生(1997)、陈向明(2000)等人的教程。但总体说来,我们对定性研究方法还停留在初步介绍的阶段,主要的介绍也局限在定性研究的研究设计和资料收集的阶段上,对定性分析方法的介绍则没有能够反映出当代定性方法的最新进展。特别是在定性分析工具(定性分析软件)的引进和研究上,基本上还是一个空白。虽然不乏一些出色的定性研究报告,但从方法研究上讲,我们才刚刚开始起步。当然,我们同时还应当注意到,在历史学领域中,我国对定性资料的鉴别、考据和分析,积累了大量的经验和知识,这也应当是定性方法研究的知识来源之一[①]。

2. 作为意义探究的深度访谈

(1)"深度访谈"的实质

作为定性研究中的方法,"深度访谈"在目前的社会学领域中有着重要的地

[①] 夏传玲:《计算机辅助的定性分析方法》,《社会学研究》2007 年第 5 期。

位。所谓深度访谈,在目前学界中指的主要就是半结构式的访谈(semi-structured depth interview)。(Catherine Hakim, 1987; Hilary Arksey and Peter Knight 1999; Tom Wengraf 2001)汤姆·文格拉夫(Tom Wengraf)提出了半结构式深度访谈的两个最重要的特征,第一:"它的问题是事先部分准备的(半结构的),要通过访谈员进行大量改进。但只是改进其中的大部分。作为整体的访谈是你和你的被访者的共同产物(joint production)";它的第二个特征是"要深入事实内部"[1]。

但是深度访谈最重要的目的还在于它的第二个特征,即所谓"深入事实的内部"。这包括两个方面,一个是何谓"深度",一个是如何能够深入事实内部?关于"深度",文格拉夫提出了两个方面:①"深度"了解某事乃是要获得关于它的更多的细节知识。②"深度"指的是了解表面上简单直接的事情在实际上是如何更为复杂的;以及"表面事实"(surface appearances)是如何极易误导人们对'深度事实'的认识的。"[2]换句话说,所谓"深度"的问题,是与如何达到深度的问题密切相关的。而深度访谈的实质,并不是仅由对待"深度事实"的态度所构成。如果不对深度访谈的具体方法做详细的讨论和清晰的认识,也很难达到访谈的目的。

因此,从意义的角度来看待"深度访谈"的实质,我们可以得出这样的结论:它是对被访人在访谈时赋予自己的话语的意义以及被访人赋予访谈场景(包括被访人当时的衣着、神情、行动和居家环境)的意义的探究[3]。一旦研究者明确了这一点,便可以以一种积极能动的态度和立场去实现这样的探究。而这种积极能动的态度和立场的标志就是在访谈当时和现场就开始这样的认知。在这个意义上,深度访谈既是搜集资料的过程,也是研究的过程。

那我们如何能够在保持与被访人之间的疏离关系的基础上,来获取足够"深度"的知识?访谈又应当如何展开呢?阿科瑟与奈特提出了与半结构式深度访谈相应的一种访谈方法,称之为"渐进式聚焦法"(progressive focusing)。这种方法是从一般化的兴趣领域入手,逐渐发现被访者的兴趣点,然后再集中展开。因为在访谈中,被访者会对他自己感兴趣的话题有更多的叙述和表达。在访谈中,这种半结构式的、开放式的谈话目的是为了"从人们的话语中了解人们在情境中的问题领

---

[1] Tom Wengraf, 2001, Qualitative Research Interviewing — Biographic Narrative and Semi-structured Methods. p.3.

[2] Ibid, p.6.

[3] 意义的探究是现象学和诠释学所讨论的基本问题之一。我们在这里回避了意义的探究为何是可能的这样一个带根本性的问题,因为对它的解答涉及人的认识何以是可能的这一哲学认识论的根本问题,此为本文之力所不逮,因而本文只将如何在深度访谈过程中进行意义的探究作为主题。当然,我们同时还要申明的是,虽然我们强调在访谈开始时研究即告开始,但是这并不排斥在访谈结束后我们对被访人赋予访谈资料与访谈场景的意义的探究,对于研究而言,这同样是必需的。

域,并试着用他们自己的术语来了解事情。"①文格拉夫也认为,被访者一般的兴趣都在于自身生活史,而这正体现了 20 世纪 90 年代以来定性研究的一个现象:即社会科学研究的生活史转向。

(2) 叙述的意义

所谓渐进式聚焦法中的一般兴趣领域,就是被访人的日常生活领域。从其日常生活中最细微、最普通的方面入手,来展开访谈。

被访者所"得心应手"的日常生活,是达至理解的重要途径,也是访谈研究得以更进一步的基础。如前所述,我们主张研究者在访谈的开始阶段与被访者共同建立"地方性文化"之情境的原因,也在于此。在渐进式聚焦法的同时,我们还主张将话题更多的引向被访者的生活史。这不仅因为生活史一般都是被访者的兴趣所在,更重要的是,生活史的叙述有助于我们达到对被访者行动的理解,达到深度访谈之"深度":"生平阐释(biographical-interpretive)的一个优点是它能够探寻个人意义的深度层次(its ability to explore latent levels of personal meaning)。"②要真正理解从被访人那里所得到的资料,就必须要将其与生活史以及文化等因素结合起来。

(3) 对访谈原则的讨论

半结构式的深度访谈并不意味着简单的聊天,"访谈中的改进需要在访谈前更多的训练和心智上的准备,"同时,更为重要的,还需要"在访谈之后花更多的时间进行分析与诠释"。③另外,半结构式的深度访谈并不能够按照任何事先设计好的模式来套用。访谈能力的培养和提高,处理访谈问题的"直觉"的培养,都需要通过一定量的访谈练习才能够完成(Hilary Arksey and Peter Knight, 1999; Thomas J. Scheff, 1977)。所以在意义的角度上,我们能够提出来的有关访谈的方法,其实只是一些操作的原则。

(4) 结语

现在,我们可以对作为意义的探究的"深度访谈"做出一个概括:这是一种研究者与被访者的面对面情况下的我群关系,在这种关系中,研究者需要悬置自己的知识体系与立场,通过交谈进入到被访者的日常生活中去;同时还需要随时保持反思性的观察,以便能够发现并追问问题与事件;访谈的结构需要依从日常生活本身的结构,需要从被访者的生活世界与生命史当中去寻求事件的目的动机与原因动机,主观与客观方面的意义;这样才能够对事件或者问题做出判断,进而对被访人

---

① Hilary Arksey and Peter Knight 1999, Interviewing for Social Scientists, p.18.
② The Turn to Biographical Methods in Social Science — comparative issues and examples, edited by Prue Chamberlayne, Joanna Boornat and Tom Wengraf, London and New York, 2000. p.9.
③ TomWengraf, 2001, Qualitative Research Interviewing — Biographic Narrative and Semi-structured Methods, p.5.

做出"类"的概括并达到对访谈内容的普遍意义的认识。

但是以上对于深度访谈的讨论只限于意义角度,并不能够代表对于访谈的全部思考。在访谈中,尚需要考虑到作为道德秩序的社会事实,以及作为权力关系的国家—社会—个人诸因素之间的互动。研究者与被访者之间不平等的权力关系,以及研究者本身在访谈中的角色问题,都需要得到研究者自身的反思与关注①。

3. 团体访问中的焦点访谈

所谓焦点访谈法,又称小组座谈会(focus groups discussions,简称 FGD),就是采用小型座谈会的形式,挑选一组具有代表性的被访者,在一个装有单面镜或录音录像设备的房间内(在隔壁的房间里可以观察座谈会的进程),在主持人的组织下,就某个专题进行讨论,从而获得对有关问题的深入了解。小组座谈会通常被视为一种最重要的定性研究方法,在国外得到广泛应用,我国近年来许多调查机构也越来越多地采用了这种研究方法。

(1) 定义、目的、特点与类型

小组座谈会的调查目的在于了解被访问者对某些现象和问题的看法,从而获取对有关问题的深入了解。其最鲜明的特点是:①对特定问题研究具有相当的深度;②信息更真实、生动和详尽,尤其是人们主观性的信息(如偏好、要求、满意、评价、习惯等);③发现和界定未知或模糊的问题和现象。小组座谈会的关键远远不止一问一答的简单交流方式,它是借用了社会心理学中的"群体动力"的概念,即在小组中来自各种生活和各种职业的人们,当被鼓励主动表现自己而不是被动回答问题时,他们会对某一主题表达出更全面和更深入的看法,尽管被访问者自己没有感觉。在座谈会中,避免直截了当的问题,取而代之的是间接提问来引发激烈的讨论,而讨论所带来的信息是通过直接面谈所不能达到的,就像我们通常所说的:"问题越辩越明。"

座谈会按照会议的形式划分,可分为头脑风暴法和反向头脑风暴法两种类型。

头脑风暴法亦称直接头脑风暴法,它是指按照一定规则召开的鼓励创造性思维的一种会议形式。其主要规则是:调查者应简要地说明会议主题;请与会者充分自由地发表意见,但不得重复和反驳别人的意见;调查者不直接发表看法,不表明自己的倾向,以激发与会者进行创造性思维的积极性;鼓励和支持与会者在综合别人意见的基础上,提出自己的新想法,并对要求修改和补充自己想法的人,提供优先发言权。

反向头脑风暴法亦称质疑头脑风暴法,它是指对已经形成的设想、意见、方案进行可行性研究的一种会议形式。这种会议形式与头脑风暴法的区别是,与会者

---

① 杨善华、孙飞宇:"作为意义探究的深度访谈",人大复印资料《社会学》2006年第1期。

对调查者提出的设想、意见或方案只能提出质疑或评论,一直进行到没有问题可以质疑为止,最后形成一个具有可行性的结论。

以上两种会议形式,目的都是让与会者在无拘无束的气氛中各抒己见,在充分发扬民主的基础上形成共同的结论。

除上述分类外,还可以按照调查的目的、内容等标准进行分类。例如,按照调查的目的,可分为以了解情况为主和以研究为主的研究会;按照调查的内容,可分为综合性和专题性的座谈会,等等。

(2) 座谈会的实施步骤

小组座谈会的流程如下图表示:

制定实施计划 → 选择实施地点与设备 → 征选参与者 → 选择主持人并制定讨论大纲 → 座谈会实施 → 撰写访谈报告

制定实施计划、选择实施地点与设备、征选参与者、选择主持人并制定讨论大纲属于会前准备工作,座谈会实施属于会议过程,撰写访谈报告属于会后各项工作。

(3) 座谈会场所布置

显然,进行座谈的场所设施是否完善和是否适合讨论会十分重要。因此,讨论往往安排在一个较大的房间中,并以圆桌形式就座。理想的焦点(小组)访谈设施(focus group facility),可放在调查公司内的专门用于进行焦点讨论的房间。这种房间内应有一张大圆桌、舒适的椅子、放松的气氛、一面单面镜,以便于客户观看讨论的进行情况。应提供摄像机、录音机的位置。下图中显示了一个典型的进行焦点(小组)访谈的房间的布置情况。由于焦点(小组)访谈所获得的信息较多和较散,如只凭记忆往往会出错。而单凭主持人的记录又会延缓讨论的进行速度,因而,绝大多数的讨论都伴有录像及录音。

(4) 选择主持人

拥有一个出色的主持人是小组座谈会成功的关键因素。一个主持人需要具备三个方面的才能。一是必须具备组织能力,能够恰如其分地掌控小组座谈会的进程;二是需要具备商务知识,熟悉和掌握测试内容;三是具有必要的工作技巧,如沟通技巧、倾听技巧、观察技巧、引导技巧等。

组织焦点小组访谈的主持人的个性特征和技巧包括:

- 对人、人的行为、情感、生活方式、激情和观点真正感兴趣。
- 接受并重视人与人之间的区别,尤其是同自己的生活截然不同的人,应该无条件积极对待。
- 良好的倾听技巧:既要能听到说出来的,又要能分辨没有说出来的潜

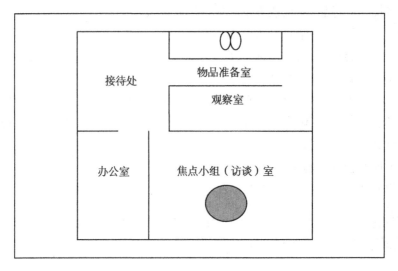

焦点访谈的房间布置

台词。

- 良好的观察技巧:能观察到正在发生的和没发生的细节,善于理解肢体语言。
- 具有广泛的兴趣:能使自己完全融入所讨论的话题,能很快学会必需的知识和语言。
- 良好的口头和书面交流技巧:善于清楚地表达自己,并能在不同的类型和规模的团体中很自信地表达自己。
- 客观性:能够抛开个人的思想和感情,能听取他人的观点和思想。
- 具有关于调查方法、心理学、管理学等方面的扎实的基础知识,了解基本的原理、基础和应用。
- 灵活性:善于面对不确定性,能够迅速做出决策,并且思维敏捷。
- 善于观察细节,具有较好的组织能力。

因此,主持人在创造良好的会议气氛,开展民主、平等的讨论后,要善于组织不同观点之间展开平等的争论,尽量消除个人因素对座谈会的影响,让大家畅所欲言,敢于发表不同意见。

(5) 设计座谈提纲

设计好座谈提纲,既能围绕座谈主题,又能达到调查目的,还能调节座谈气氛,是一项十分重要而又需要技巧的工作。

(6) 讨论会的优劣势分析及发展趋势

一直有许多热衷者加入支持焦点小组访谈法的队伍,同时也有很多人退出这支队伍。大家看到的是,在使用焦点小组访谈法方面还是有不断增长的势头。

电话焦点小组访谈法是新近出现的一种形式,通过使用电话会议设施,受试者就不用到焦点小组测试室去了。主持人待在控制台前,当一名受访者说明时一个标有他的姓名的灯就亮了,这样主持人就知道是谁在讲话。可视的辅助材料提前寄给受访者,当主持人指示他们打开时才能打开。这种技术有很多缺点。它失去了面对面的互动作用,也不可能观察面部表情、眼睛的运动,对其他参与者的眼神和手势及身体语言也无法观察。

第二种趋势是双向焦点小组访谈法。这种方法是让目标小组观察另一个相关小组进行焦点小组访谈调查。例如,我们让内科医生观察一组关节炎病人谈论他们的医生和药物。紧接着,让病人观察刚才观察他们的医生小组。

第三种趋势是电视会议焦点小组访谈法。让员工们只需到当地的焦点小组测试室,或是在会议室中通过电视监控器来观察各地的小组。

还有一个趋势是在一些特定的情况下使用名义编组会议取代焦点小组访谈法。名义编组会议是焦点小组访谈法的变异形式,对于编制调查问卷和测定调查范围特别有用。名义编组会议是根据目标被访者认为的重点问题进行研究,而不是让受访者讲述调查者所认为的重点。

- 参与者首先独立地阐述自己的想法,然后再讨论在焦点小组访谈中先提出来的观点。
- 大多数人在小组刚开始时还不太能融入讨论的话题或问题,而当有了独特的建议和分析时就会很积极主动。看到其他名义编组会议成员积极地列举观点,会促使每一个成员努力想出尽可能多的观点,免得让别人觉得自己差劲。

4. 计算机辅助的定性方法

(1) 优势

定性分析软件的优势在于提高资料分析的效率和深度。虽然计算机程序并不能直接对定性资料进行分析,但它们可以作为研究者把握纷繁琐碎的定性材料的好帮手。

在定量研究和定性研究中,编码的含义不同。前者是把被访者的答案转换为逻辑上互斥、范围上穷尽的选项,并赋值相应的数字,后者是从经验材料和现存理论中形成概念或范畴的过程。辅助编码是计算机辅助分析的最大优势。

计算机辅助的定性分析过程,有助于研究者尽快熟悉资料,利用软件的自动编码功能,研究者可以较系统地考察那些被自动编码的段落,这样,一旦有资料,就可以进行编码工作,分析过程可以和资料收集过程并行。这种拖网式的编码过程会产生大量的代码,定性分析软件可以帮助研究者简化代码。首先是减少代码数量，其次是围绕主题组织代码。代码的定义既可以来自原始资料，也可能来自现存的理论。借助于计算机，代码界定的过程就是一个不断修正和迭代的过程，这比手工操作具有更大的优势。而且，软件的检索功能也大大提高了研究者编码过程的前后一致性，代码之间的关系也更容易被发现。代码的修正过程也可能借助于程序而得以保存，成为一个记载所有代码特征的"编码簿"（Fielding & Lee,1998）。

借助于计算机，定性研究者可能获得以下的优势：①更容易发现纷繁的定性材料中的隐含模式。程序中的复杂检索功能可以帮助研究者发现定性资料中的潜在模式，尽管它不能替代研究者去阐释这些模式的理论和现实意义。②更清晰地界定概念。发现概念原型以及概念之间的关系是计算机所无法替代的，但是管理这些范畴、概念以及概念和原始资料之间的联系、概念和概念之间的联系则是计算机程序的长处。③展现概念之间的关系。定性分析辅助软件对概念网络的图示功能，可以把代码之间的关系以图形表示出来，从而让研究者或者读者直观地把握研究的理论模型。

（2）弱势

定性分析软件在提高资料分析的效率和深度的同时，也带来一些问题，例如，把定性分析转换为定量分析的方面，对定性资料的时间方面和语言方面分析上的困难，没有其他选项等等（Field & Lee,1998）。而且，定性分析软件也容易使定性资料失去语境，通过把大量资料肢解成不同的段落，并把这些段落及其代码关联，这些段落的总体参照系的可能性就更大了（Ezzy, 2002）。

计算机辅助的定性分析的第二个弱点是把数据和分析隔离。有时候，研究者只能采用一种"率直归纳法"的态度，对于定性资料，不是采取一种文化和理论的取向，而是一个经验取向，形成的理论概念（代码）和日常语言之间没有多大差别（Carmel, 1999；Ezzy, 2002）。

最后，计算机辅助的定性分析还容易使研究者产生一种对技术的盲从态度，以为计算机可以替代人们的思维，从而产生误用。为了防止误用计算机辅助的定性分析方法，我们需要明晰分析原则和评估标准。扎根理论的评估标准可分为两类：基于分析过程的和基于分析结果的。在斯特劳斯和科尔宾看来，过程评估标准包括：抽样细节、引发突生概念的事件、主要范畴的识别、不同范畴之间的关系、理论抽样、反例、突生的核心范畴；结果评估的标准则包括：概念来自资料、概念系统性地与范畴相关联、具有概念深度（strauss & Corbin, 1990, 1998）。

（3）讨论

正如麦克米伦和柯尼希指出的，定性分析软件本身不是方法，定性分析也不是把资料整理成定性分析软件中的不同等级的范畴，扎根理论也不是资料和理论之间纽带的合法性理论,研究者才是资料分析和理论建构的最终决定者(MacMillan & Koenig, 2004)。就评估标准而言,定性分析软件常误将"信度"标准当作"效度"标准。分析的严格性被看作是不同分析者之间从相同材料中获得相同代码的概率,而不是在既定研究范式中对经验材料的准确把握(MacMillan & Koenig, 2004)。

需要指出的是,定性分析软件也不是定性分析方法发展的唯一途径(MacMillan & Koenig, 2004)。在定性研究中,引入分析软件本身也给定性研究带来新的影响因素,包括分析程序的功能、复杂性、研究者学习和操作这些软件所遭遇的困难(MacMillan & Koenig, 2004)。例如,凯勒就把定性分析软件的作用限定在"数据存储和检索"范围之内,而不把它们称为"分析工具"(Kelle, 1997)。

另外,在使用定量分析软件时,我们和国外的同行处在同样的环境中,我们处理的对象都是数字化的变量。但在处理定性资料时,我们却面对不同的语言材料。因此,为处理英文或其他语言资料而研发的定性分析软件,不一定适合中文环境。关于这方面的情形,请参阅本次研究对定性分析软件的中文兼容性评估。

在对待定性分析软件的态度上,就像对待任何一种新技术一样,盲目拒绝和一味迎合都是不可取的态度,相反,我们应当正确认识其优劣,并结合自己的具体研究问题灵活加以应用。

更重要的是,随着计算机技术的更新,定性分析和研究过程也会因为新技术的发展而出现新的机会,例如,大型团队的合作定性研究有了技术可能,汇聚众多定性资料的"语料数据库"(例如,英国的 ESDSQualidata、美国的 TalkBank)建设也给研究者带来资料共享、框架借鉴和学问上相互砥砺等机遇。而把握这些机遇的一个前提是对定性分析新技术的适度投资[①]。

三、混合研究

有关定性的研究与定量研究相互之间结合的问题,社会科学研究界早在四十年前就曾经有过一些呼吁。在定量研究占主导地位的 20 世纪 50 年代,特罗(M. Trow, 1957)就提出,没有任何一种研究方法应该成为对社会现象进行推行的主宰,占主导地位的定量方法在发挥自己作用的同时也应该吸收别的研究方法的长处。近年来,随着定性研究方法的不断壮大,有关这两种方法相互结合的呼声也越来越高(Campbell, 1978; Pelto & Pelto, 1978; Reichardt & Cook, 1970; Meyers, 1981)。1973 年,西伯(J. Sieber, 1973)明确提出,社会科学研究者应该适当地同

---

① 夏传玲:"计算机辅助的定性分析方法",《社会学研究》2007 年第 5 期。

时使用实地工作和抽样调查的方法。1979年,库克(T. Cook)和雷查德特(C. Reichardt)(1979)在进行教育评估时同时使用定性和定量的方法,其文章得到了学术界的重视,被正式发表。最能说明学术界对不同方法之间的结合给予重视的一件事情是,1982年《美国行为科学家》杂志用了整整一期的篇幅全部刊登使用多元方法所作的研究的报告(Smith & Louis, 1982)。进入90年代以来,在世界范围内重视多元、强调对话的思潮推动下,社会科学研究对多种方法之间的结合问题日益关注。新的《社会与行为科学中的混合研究方法手册》(Handbook of Mixed Methods in the Social and Behavior Science, Tashakkori & Teddlie, 2003)以及一些报道和推广混合研究的期刊(如《田野方法》)都对混合研究敞开了讨论的大门。随着混合研究使用频率的不断提高,很多文章出现在诸如职业医疗(Lysack & Krefting, 1994)、人际交往(Boneva, Kraut & Levkoff, 2000)和中学科学(Houtz, 1995)等多种领域的人文社会科学期刊中。作为社会科学研究中两种最主要的研究方法,定量研究与定性研究之间的结合问题已经成为了一个跨学科、跨范式的热门话题。

1. 混合研究程序的基本要素

研究者设计一个混合研究时,利用以下的问题清单来进行自我检查。这些构成要素包括混合研究的特征和计划用于研究的策略类型,以及研究的可视模型、数据收集和分析的具体程序、研究者角色、最终报告的结构。

① 混合研究步骤要素

许多资料显示,混合研究来源于心理学以及坎贝尔和菲斯克(Campbell & Fiske, 1959)为对源于定量和定性的数据进行整合成三角互证而提出的多质多法模型(multitrait-multimethod matrix, Jick, 1979),发展到混合研究的步骤和推论研究(Creswell, 2002; Tashakkori & Teddlie, 1998)。

② 策略选择的标准

方案设计者需要说明其打算使用的数据收集策略,还需要说明选择策略的标准。下表所示的这个矩形说明了在选择混合研究策略时的四个决定因素(Creswell et al, 2003):

研究的混合法策略选择

实施	优先	整合	理论视角
无顺序并行	同等	在数据收集阶段	明晰的
顺序化—定性法优先	定性法	在数据分析阶段 在数据解释阶段	内隐的
顺序化—定量法优先	定量法	在综合阶段	

来源:Creswell et al., (2003),从 Sage 出版公司获得使用许可。

实施意味着研究者既可以分阶段(按顺序)也可以同时(并行)收集定量定性数据。当分阶段收集数据时,是先收集定性数据还是定量数据,主要取决于研究者的最初意图。

策略选择应考虑的第二个因素是是否给予定性还是定量研究以更大优先或权重,尤其是在使用定量数据和分析时。这种优先可以是平等的,也可以向定性或定量数据倾斜。

在研究过程中,有几个环节可以出现这两种数据类型的整合:数据收集、数据分析、解释或一些需要合并(combination)处理的地方、整合意味着研究者"混合"了数据。

最后要考虑的因素是是否有一个宏大的理论视角来指导整个设计。无论研究策略的实施、优先和整合特征如何,这一框架都将在其中起作用。

2. 混合研究方案的备选策略

尽管接下来的讨论不能穷尽所有的可能性,但下面提出的这六种根据克雷斯威尔(Creswell, 2003)等人的讨论改写的主要策略,可以作为研究方案的备选策略。一个方案应当包括策略的描述及其可视模型,以及研究者在实施这一策略时的基本步骤。每种策略都予以简要的描述和图式说明(Creswell et al., 2003)。

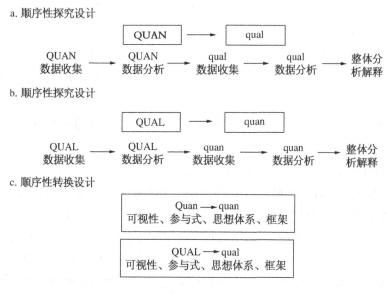

顺序性策略

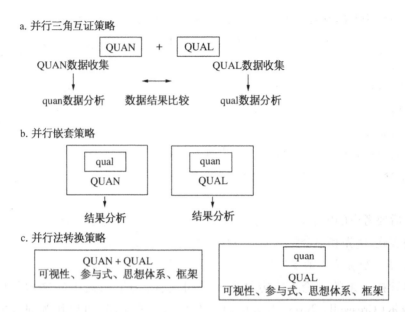

并行法策略

插图中的注释改编自莫尔斯(Morse,1991)和塔什亚考里和泰德(Tashakkori & Teddle,1998)的论述,他们建议:

- "+"表示同时发生或并行收集数据的方式。
- "−"表示按顺序收集数据。
- 大写的字母表示研究中定量或定性数据分析的强调或优先。
- "Quan"和"Qual"分别代表定量和定性的,用同样多的字母以示两种数据的对等。
- 每幅图下是具体的数据收集、分析和解释程序,以帮助读者理解其中具体的操作过程。
- 用方框突出定量和定性的数据收集。

在六种主要的混合法研究模式中,并行三角互证方式可能是最为人所熟知的。但研究者试图在一个单一研究中使用两种不同的方式来对结果进行证实、交叉效度分析或确证时,常常采用这种模式(Greene et al., 1989; Morgan, 1998; Steckler, Mcleroy, Goodman, Bird & McCormick, 1992)。其模型一般是让独立的定量研究或定性研究之间相互补充,扬长避短,因此,定量和定性的数据收集是同步进行的。理想状态下,两种研究方式的优先是对等的,实际应用中,则要么是定量研究要么是定性研究优先。这一策略通常在解释说明阶段将两种研究得出的结果加以整合,这一解释既可以深化对既往知识的认识,也可以解释对既往认识的修正。

这种传统混合模式的优点在于,它为大多数研究者所熟知并且能够得出充分有效和确切的结果。此外,与顺序性研究相比,并行法的数据收集所需要的时间更短。

这种模式同样存在很多局限:要使用两种独立的方式充分地研究某种现象,就需要研究者具有更多的经验和付出更大的努力,研究者在比较两种数据类型的分析结果时也是较困难的,另外,研究者也不一定清楚如何解决出现在结果中的分歧。其他策略,读者可以依据示图予以仔细推敲应用[1]。

第二节 现代信息技术与调查方法

一、现代信息技术概述

1. 信息技术的发展

第一次信息技术革命是语言的使用,发生在距今约 35 000 年—50 000 年前。

语言的使用——从猿进化到人的重要标志。类人猿是类似于人类的猿类,经过千百万年的劳动过程,演变、进化、发展成为现代人,与此同时语言也随着劳动产生。祖国各地存在着许多种语言。如:海南话与闽南话有类似,在北宋时期,福建一部人移民到海南,经过几十代人后,福建话逐渐演变成闽南话、海南话、客家话等。

第二次信息技术革命是文字的创造。大约在公元前 3 500 年出现了文字的创造——这是信息第一次打破时间、空间的限制。陶器上的符号;原始社会母系氏族繁荣时期(河姆渡和半坡原始居民)的甲骨文:记载商朝的社会生产状况和阶级关系,文字可考的历史从商朝开始;金文(也叫铜器铭文):商周一些青铜器,常铸刻在钟或鼎上,又叫"钟鼎文"。

第三次信息技术的革命是印刷术的发明。大约在公元 1040 年,我国开始使用活字印刷技术(欧洲人 1451 年开始使用印刷技术)。汉朝以前使用竹木简或帛做书材料,直到东汉(公元 105 年)蔡伦改进造纸术,这种纸叫"蔡侯纸"。从后唐到后周,封建政府雕版刊印了儒家经书,这是我国官府大规模印书的开始,印刷中心有成都、开封、临安等。北宋平民毕昇发明活字印刷,比欧洲早 400 年。

第四次信息革命是电报、电话、广播和电视的发明和普及应用。19 世纪中叶以后,随着电报、电话的发明,电磁波的发现,人类通信领域产生了根本性的变革,实现了金属导线上的电脉冲来传递信息以及通过电磁波来进行无线通信。1837

---

[1] 参阅 John W. Creswell 著,崔延强主译:《研究设计与写作指导——定性、定量与混合研究的路径》,重庆大学出版社 2007 年版,第 164—173 页。

年美国人莫尔斯研制了世界上第一台有线电报机。电报机利用电磁感应原理(有电流通过,电磁体有磁性,无电流通过,电磁体无磁性),使电磁体上连着的笔发生转动,从而在纸带上画出点、线符号。这些符号的适当组合(称为莫尔斯电码),可以表示全部字母,于是文字就可以经电线传送出去了。1844年5月24日,他在国会大厦联邦最高法院议会厅作了"用导线传递消息"的公开表演,接通电报机,用一连串点、划构成的"莫尔斯"码发出了人类历史上第一份电报:"上帝创造了何等的奇迹!"实现了长途电报通信,该份电报从美国国会大厦传送到了40英里外的巴尔的摩城。1864年英国著名物理学家麦克斯韦发表了一篇论文《电与磁》,预言了电磁波的存在,说明了电磁波与光具有相同的性质,都是以光速传播的。1875年,苏格兰青年亚历山大·贝尔发明了世界上第一台电话机,1878年在相距300千米的波世顿和纽约之间进行的首次长途电话实验获得成功。电磁波的发现产生了巨大影响,实现了信息的无线电传播,其他的无线电技术也如雨后春笋般的涌现:1920年美国无线电专家康拉德在匹兹堡建立了世界上第一家商业无线电广播电台,从此广播事业在世界各地蓬勃发展,收音机成为人们了解时事新闻的方便途径。1933年,法国人克拉维尔建立了英法之间的第一条商用微波无线电线路,推动了无线电技术的进一步发展。1876年3月10日,美国人贝尔用自制的电话同他的助手通了话。1895年俄国人波波夫和意大利人马可尼分别成功地进行了无线电通信实验。

1894年电影问世。1925年英国首次播映电视。静电复印机、磁性录音机、雷达、激光器都是信息技术史上的重要发明。

第五次信息技术革命始于20世纪60年代,其标志是电子计算机的普及应用及计算机与现代通信技术的有机结合。随着电子技术的高速发展,军制、科研、迫切需要解决的计算工具也大大得到改进,1946年由美国宾夕法尼亚大学研制的第一台电子计算机诞生。

- 1946—1958年第一代电子计算机
- 1958—1964年第二代晶体管电子计算机
- 1964—1970年第三代集成电路计算机
- 1971—20世纪80年代第四代大规模集成电路计算机

至今正研究应用第五代智能化计算机

为了解决资源共享,单一的计算机很快发展成计算机联网,实现了计算机之间的数据通信、数据共享。可以说,互联网的普及和应用,是现代信息社会的主要标志。

互联网始于1969年,是美军在ARPA(阿帕网,美国国防部研究计划署)制定的协定下将美国西南部的大学UCLA(加利福尼亚大学洛杉矶分校)、Stanford Research Institute(斯坦福大学研究学院)、UCSB(加利福尼亚大学圣芭芭拉分校)和The University of Utah(犹他大学)的四台主要的计算机连接起来。

今天,互联网在现实生活中应用很广泛。在互联网上我们可以聊天、玩游戏、查阅东西等。更为重要的是在互联网上还可以进行广告宣传和购物。互联网给我们的现实生活带来很大的方便。我们在互联网上可以在数字知识库里寻找自己学业上、事业上的所需,从而帮助我们的工作与学习。

就中国网络使用规模而言,中国网民规模继续呈现持续快速发展的趋势。

互联网之所以发展快、影响力强,主要是因为其具有如下功能:

- 通讯(即时通讯,电邮,微信,百度 HI)
- 社交(facebook,微博,空间,博客,论坛)
- 网上贸易(网购,售票,工农贸易)
- 云端化服务(网盘,笔记,资源,计算等)
- 资源的共享化(电子市场,门户资源,论坛资源等,媒体(视频、音乐、文档)、游戏,信息)
- 服务对象化(互联网电视直播媒体,数据以及维护服务,物联网,网络营销,流量,流量 nnt 等)

"现在,整个互联网朝 RIA 方向发展(Rich Internet Application),富应用催生了移动媒体(手机网络),高交互性媒体(如微博)等,代表了互联网的先进生产力方向。"①

2. 信息化技术与调查

"我们身处于信息化社会,信息的力量正影响、改变甚至变革着各行各业和个人,当然也影响着调查业。

所谓信息化,是指信息技术在材料、器件、系统方面的发展使得信息的产生、获取、传输、存储、处理、应用形成了一个系统。早在远古时代,我们的祖先就用烽火台来传输信息,马拉松则是用跑步来传输信息,到了今天,信息的传输是以光速来表征。

当信息技术的发展催生了以信息化为主要特征的新产业,包括信息制造业和信息服务业,且当这样的新产业成为社会生产力的主要方面,或者说信息化的过程成为提高劳动生产率的主要方式,我们则进入了信息社会。信息化是人类文明下一个发展阶段的主要特征。

信息化催生的新兴产业中,最为引人关注的是信息服务业,其中很多又称为新媒体。这些公司大多是近十年间创建的,在这么短的时间里创造出这样惊人的经

---

① 资料来源:www.baidu.co。

济和社会价值,足显信息化发展的强劲势头。"①

我们研究的对象,通常都是某一特定的总体,为了节约费用、时间,由于条件所限,我们才通过抽样调查来推断总体。理论上,样本量越大越能反映总体的情况,假设条件允许,我们应该通过普查来反映总体,所以,创造出适应的条件以便快速、便捷、高效地与被访者进行沟通,是提高调查效率所要解决的问题。

现代信息技术的普及和应用,为我们创造了这样的条件。对于调查而言,现代信息技术具有如下优势:

(1) 不受"时、空"限制。调查者可以远距离、无时差地对调查对象进行调查。

(2) 传输速度快、辐射面广。由于现代信息平台突破了地域、职业、年龄、性别、行业等限制,所以受众相当广泛。

(3) 易于确定"目标群体"。由于目前信息平台的细分,通过细分的平台就可以找到对应的受访者群体,如:想了解最近购房者对家电的需求情况,就可以在各房产门户网站中的"家居论坛"页面中展开调查。

(4) 效率高,节约费用、时间等成本。

当然,应用现代信息技术也有诸多不足之处,相对于传统调查,有"互动少"、"回收率不足等问题"。

调查中,应用比较广泛的现代信息技术,主要有电话调查、在线调查、新媒体调查(微博、手机)等。

二、电话调查

1. 电话调查及其意义

电话调查是调查人员利用电话这种通讯工具,同被调查者进行语言交流,从而获取信息,采集数据的一种调查方法。

在一些电话普及率较高的国家,电话调查已经独立地应用于社会经济市场调查的许多方面,例如对健康状况的调查,对就业状况的调查,对消费者商品需求情况的调查,其他信息的收集以及各种各样的民意测验。广泛采用电话调查这种方式的国家和地区有:瑞典、加拿大、芬兰、新西兰、美国、德国、丹麦、法国、荷兰、奥地利、中国香港地区、澳大利亚、英国等。一些电话调查专家曾指出,如果电话普及率达40%以上,电话调查就有十分广阔的用武之地。

目前,我国的电话调查基本上还是刚刚起步,但是,电话调查在我国有着广阔的发展前景。电话调查作为一种收集社会信息的现代化方式,在现代社会中具有

---

① 资料来源:《解放日报》2010年10月10日,第8版。

十分重要的作用。

2. 电话调查的类型

随着高新科技的发展,电话调查在其传统方式的基础上,正发展为多种不同的新型方式。

(1) 传统的电话调查

传统的电话调查使用的工具是普通的电话、普通的印刷问卷和普通的书写用笔。经过培训的调查员在电话室内(可以是设置有多部电话的调查专用的电话室,或是一般的办公室,条件不允许的情况下也可能是在各个调查员的家中),按照调查设计所规定的随机拨号的方法,确定拨打的电话号码。如果一次拨通,则按照准备好的问卷和培训的要求,筛选被访对象;然后对合格的调查对象对照问卷逐题逐字地提问,并及时迅速地将回答的答案记录下来。一般情况下,电话室内有专门的督导员,负责电话调查实施管理和应急问题的处理。

传统的电话调查对于小样本的简单的访谈虽然简便易行,但也存在不少问题,如:效率低、难于进行统一的监控和管理、难于处理复杂的(例如有许多跳答或分支的)问卷等等。对于传统的电话调查的访问员,他们需要以下一些特别要求,主要是发音正确、口齿清楚、声速适中和听力良好。

(2) 电脑辅助电话访谈

电脑辅助电话访谈(CATI, computer-assisted telephone interviewing)是访问员直接将答案输入电脑控制中心的电话访谈方法,是中心控制电话访谈的"电脑化"形式,目前在美国十分流行。当利用这种方式进行调研时,每一位访问员都坐在一台计算机终端或个人电脑面前。当被访者电话被接通后,访问员通过一个或几个键启动机器开始提问,问题或多选题的答案便立刻出现在屏幕上。访问员说出问题并键入回答者相应的答案,计算机会自动显示恰当的下一道问题。例如:当访问员问到被访者是否有家庭影院,如果回答为"是",接下去会显示一系列有关选择"家庭影院设备"的问题。如果回答为"没有",那么,这些问题就不恰当了。计算机会自动显示与被访者个人有关的问题或是直接跳过去选择其他合适的问题。

与传统的面访调查方法相比,CATI 调查具有以下优点。

① 可以完全避免由于跳答路线而产生的错误。由于跳答路线已经设置在事先设计好的问卷当中,计算机软件系统会根据回答情况自动选择跳答路线,问卷会对调查员和被访者进行引导,因此不会因跳答路线的错误导致数据的丢失或多余的回答。

② 可以对数据进行即时检查,最简单的是对取值范围进行检查。例如,如果某个问题可能的答案编码为1—5,而访问员误输入6,那么计算机将不会接受,并提醒改正错误。在传统的调查方法中,这种错误只有在数据编码核查阶段才能发

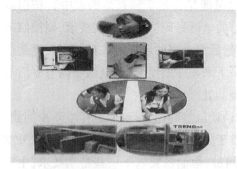

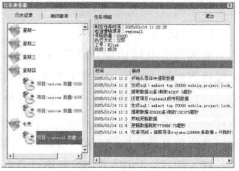

现,已经无法返回调查现场进行更正,只能作为丢失数据处理。而 CATI 调查由于能够即时发现错误,有机会进行修改,因此完全可以避免这类错误。

③ 可以通过计算机软件系统对问卷采用灵活的问题组织方式,例如对不同的回答者问题出现的先后顺序可以是随机的,这样可以避免由于特殊的问题顺序造成的系统误差,这种误差在某些性质的调查中可能会很显著。

④ 可以省去传统调查的数据编码和录入阶段,这往往是一个很费时费力的过程,而使用 CATI 调查可以在访问结束后很快地得到分析结果,这在某些对时效要求较高的调查中尤其体现出其优越性。

⑤ 调查过程中的各种信息都可以详细地保存在系统中,如访问的开始时间、结束时间,两次访问的间隔等。访问过程始终处于监控之中,不会出现调查员作弊等严重影响数据质量的问题。

⑥ 能够对由不同的访问员完成的样本进行即时汇总分析,准确及时地掌握样本的构成情况,因此可以及时调整对样本的取舍,这在某些配额抽样调查中是十分必要的。

⑦ 样本中能够包含一些通过面谈访问很难接触到的个体,有些地位较高的被调查者由于工作繁忙等原因,个人面谈方式不易接纳,相对比较短暂的电话访问则可能被接受,因此在一定程度上提高了样本的随机性。

⑧ 对一些涉及个人隐私或比较敏感的问题,如教育水平、个人存款等,在面谈的情况下,被访者有时会感到窘迫或心存顾虑,而在电话访问中,由于存在着较大的距离感,往往可能获得较真实的回答。

⑨ 由于省去了往返调查现场、数据编码、录入、审核等环节,因而与传统的面谈方法相比具有较高的效率,可以在相对较短的时间完成较大规模的调查,同时调查费用也相对较低。

CATI 技术在我国市场调查中的应用才刚刚起步,随着我国通讯产业的迅速发展,一些小城市和农村的居民家庭电话普及率必然会有大幅度的提高,CATI 调查方法的适用范围会越来越大。只要在市场调查中能够正确地使用此项技术,必然会取得事半功倍的成效。

(3) 电脑柜调研

这是一种在形式上类似于公用电话亭的电脑直接访谈调研方式。多种形式、带触摸屏的计算机存放在可自由移动的柜子里,计算机可以设计程序以指导复杂的调研,并显示出彩色的扫描图像(产品、商品外观等),还可以播放声音录音和电视影像。

在美国、西欧、日本等市场调研技术发达的国家,电脑柜调研已经成功地用于贸易展示、会议,现在正在尝试零售环境,在那里会有更多的用途。从调研的观点来看,在获取信息方面,以电脑电话亭方式进行的访谈可能取代一般的访谈。这种访谈方式的费用较低,而且还有一些特定的优点。比起个人访谈,人们更倾向于给出诚实的答案。由于调研已进行了事先的程序化设计,因而内部控制较高。

三、在线调查

在线调查是借助联机网络、计算机通讯和数字交互式媒体实现研究人员研究目标的调查研究方法。在线调查的内容除了进行网上调查外,在广义上还可以包括网上的信息收集、网上商业宣传、网上广告发布与投放、网上购物销售、网上客户支持服务等内容。

1. 在线调查概述

在线调查在 20 世纪 90 年代开始走热。伴随着浩浩荡荡的网民的产生,在线调查的作用越来越被人们所看好,网民数量的快速增长为在线调查的可行性提供了基础。

同时,随着互联网日益普及和相关技术的逐渐发展,通过互联网接触民众进行社会调查、民意测验和市场调查已经越来越被研究者及研究机构所认可与采用。利用互联网为平台的在线调查,为调查研究提供了新的技术手段,同时也为企事业单位、调查机构提供了更高效、更经济、更高质量的调研技术和方法。

然而,虽然中国互联网民已成为世界上网民最多的国家,但由于在线调查起步较晚,同时受到互联网民素质及结构特征影响,在线调查的普及与发展还是受到一定影响。另外,政府部门、公司企业、研究单位对在线调查质量控制的认知度缺乏,需要我们对此进行更好的宣传普及互联网在线调查技术和方法,逐步培育市场,使中国的互联网在线调查逐步进入鼎盛时期。

与传统调查相比,在线调查有其鲜明的特色:自愿性、定向性、及时性、互动性、经济性、匿名性等,因此无论在定性研究中,还是在定量研究中都越来越发挥其重要的作用。

(1) 在线调查的优点

与传统调查方式比较,在线调查在组织实施、信息采集、信息处理、调查效果等方面具有明显的优势,这些优势正是在线调查方式产生、运用、发展,并最终取代传统调查方式的内在原因。相对于传统的社会调查,网络上的社会调查有如下优点:

组织简单、费用低廉。在线调查在信息采集过程中不需要派出调查人员、不受天气和距离的限制、不需要印刷调查问卷,调查过程中最繁重、最关键的信息采集和录入工作分布到众多网上用户的终端上完成,可以无人值守和不间断地接受调查填表,信息检验和信息处理由计算机自动完成。

调查结果的客观性高。一是被调查者是在完全自愿的原则下参与调查,调查的针对性更强。二是被调查者在完全独立思考的环境下接受调查,不会受到调查员及其他外在因素的误导和干预,能最大限度地保证调查结果的客观性。

快速传播与多媒体问卷。在线调查能迅速通过网络传播调查结果,并能设计出多媒体问卷,增强调查效果。

便于对采集信息的质量实施系统的检验和控制。一是在线调查问卷上可以附加全面规范的指标解释,有利于消除因对指标理解不清或调查员解释口径不一而造成的调查偏差。二是问卷的复核检验由计算机依据设定的检验条件和控制措施自动实施,可以有效地保证对调查问卷100%的复核检验和保持检验与控制和客观公正性。三是通过被调查者身份验证技术可以有效地防止信息采集过程中的舞弊行为。

没有时空、地域限制。这就与受区域限制的传统调研方式有很大不同。此外,在线调查还能开展24小时全天候的调查。

国际互联网的交互性使在线调查的周期大大缩短。传统方式的调查活动需要耗费大量人力进行,周期也比较长。

(2)网上调查的缺点

首先是上网的人不能代表所有人口。许多美国家庭不经常上网(虽然不少人都已入网,但不常用)。使用者多为男性,他们受教育水平高、有相关技术、较年轻、收入较高,这就影响了目前样本的代表性。当然,这种情形正有所改变,越来越多的人开始接触因特网。

商业网/尼尔森因特网人口统计研究(http://www.nielsen-media.com)利用万维网进行调研,同时结合电话调研以评估因特网数据的偏差。随着这两种调研方式差异的减少,因特网已成为一种大众化的市场工具。虽然这还需要一些年头,但在新技术快速变化、传播及采用的时代,这注定会成为现实。

其次是因特网的安全性。现在的使用者很为私人信息所扰,加上媒体的报道及针对使用者的各种欺骗性文章,使这一问题更加沸沸扬扬。然而,考虑到对因特网的私人信息,诸如信用卡账号之类进行担保的商业目的,提高安全性仍是因特网有待解决的重要问题。我们希望能够解决该问题。

再次是因特网无限制样本问题。这是指网上的任何人都能填写问卷。它完全是自我决定的,很有可能除了网虫外并不代表任何人。如果同一个人重复填写问卷的话,问题就变得复杂了。例如,Info World,一家电脑使用者杂志,决定第一次在网上进行其1997年读者意向调查。由于重复投票,调查结果极其离谱,以致于整个调研无法进行,编辑部不得不向读者们请求不要再这样做[1]。一个简单的防止重复回答的方法便是在他们回答后锁住其所处站点。

2. 在线调查步骤

在信息化条件下的市场调查,其抽样方法及调查步骤会与传统方法有所不同,在线调查就是一例。

(1)在线调查样本

因特网样本可以分为三类:随意样本、过滤性样本、选择样本。

随意样本是指网上的任何人都能填写问卷。

过滤性样本是指通过对期望样本特征的配额限制一些自我挑选的未具代表性的样本。这些特征通常是一些统计特征,如性别、收入、地理区域位置或与产品有关的标准等。对于过滤性样本的使用与随意样本基本上类似。过滤性样本通常是

---

[1] Mary Beth Solomon, Targetng Trendsetters, Marketing Research: AMagazine of Management and Applications, Vol. 8, No. 2(Summer 1996), 9. Bill Eaton, Internet Surveys, Quirk's Marketing Research Review(June/July 1997), pp. 28-30.

以分支或跳答形式安排问卷,以确定被选者是否适宜回答全部问题。有些因特网调查能够根据过滤性问题立即进行分类,确定被访者所属类别,然后根据受访者不同的类型提供适当的问卷。

一些研究者创建了样本收藏室,将填写过分类问卷的被访者进行分类重置。最初问卷的信息用来将被访者进行归类分析,被访者按照专门的要求进行分类,而只有那些符合统计要求的受访者,才能填写适合该类特殊群体的问卷。

选择样本对于已建立抽样数据库的情形最为适用。例如,以顾客数据库作为抽样框选择参与顾客满意度调查的样本。因特网选择样本用于因特网中需要对样本进行更多限制的目标群体。受访者均通过电话、邮寄、E-mail 或个人方式进行补充完善,当认定符合标准后,才向他们发送 E-mail 问卷或直接到与问卷连接的站点。在站点中,通常使用密码账号来确认已经被认定的样本,因为样本组是已知的,因此可以对问卷的完成情况进行监视或督促未完成问卷以提高回答率。

(2) 在线调查方法

按照调查者组织调查样本的行为,在线调查可以分为主动调查法和被动调查法。按在线调查采用的技术可分为电子邮件法、站点法、随机 IP 法和视讯会议法等。

电子邮件调查法是通过给被调查者发送电子邮件的形式将调查问卷发给一些特定的网上用户,由用户填写后以电子邮件的形式将调查结果返回的方法。调研问卷就是一份简单的 E-mail 并按照已知的 E-mail 地址发出。被访者回答完毕后,将问卷回复给调研机构,有专门的程序进行问卷准备、列制 E-mail 地址和收集数据。

E-mail 问卷制作方便,分发迅速。由于出现在被访者的私人信箱中,因此能够得到注意。但是,它只限于传输文本,图形虽然也能在 E-mail 中进行链接但与问卷文本是分开的。

站点法是将调查问卷的 HTML 文件附加在一个或几个网络站点的 Web 上,由浏览这些站点的网上用户在此 Web 上回答调查问题的方法。站点法属于被动调查法,这是目前出现的网上调查的基本方法,也将成为近期网上调查的主要方法。

随机 IP 法是以产生一批随机 IP 地址作为抽样样本的调查方法。随机 IP 法属于主动调查法,其理论基础是随机抽样。利用该方法可以进行纯随机抽样,也可以依据一定的标志排队进行分层抽样和分段抽样。

视讯会议法是基于 Web 的计算机辅助访问(computer assisted web interviewing,简称 CAWI),是将分散在不同地域的被调查者通过互联网视讯会议功能虚拟地组织起来,在主持人的引导下讨论调查问题的调查方法。这种调查方法属于主动调查法,其原理与传统调查法中的专家调查法相似,不同之处是参与调查的专家不必实际地聚集在一起,而是分散在任何可以连通国际互联网的地方,如家中、办公室等。因此,网上视讯调查会议的组织比传统的专家调查法简单得多。视讯会议法适合于对关键问题的定性调查研究。

有专门为网络调研设计的问卷链接及传输软件。这种软件设计成无须使用程序的方式,包括整体问卷设计、网络服务器、数据库和数据传输程序。一种典型的用法是:问卷由简易的可视问卷编辑器产生,自动传送到因特网服务器上,通过网站,使用者可以随时在屏幕上对回答数据进行整体统计或图表统计。

平均每次访谈,网络调研系统均比交互式 CATI 系统费用低,但对于小规模的样本调研(低于 500 名),其费用都比 E-mail 调研高。低费用是由于使用了网络专业工具软件,而且,网络费用和硬件费用由中心服务系统提供。

四、新媒体调查

所谓媒体调查是指以媒体实施的、以特定社会人群为调查对象就某一焦点问题所进行的调查,其结论以新闻、通讯、报告等形式传递给大众。

媒体调查是伴随媒体的产生而出现的,是一种传统、常见的调查方式,当一个编辑或者记者要阐述或反映、揭发某一个问题时,可能就先需要利用自身的媒体资源进行调查,据此得出结论后才能发表。媒体调查具有以下四个特点:

- 调查主题"焦点化":由于各种媒体的受众往往是广大民众,所以媒体调查的主题往往都是大众所关心的、涉及其自身利益的问题或现象。
- 调查过程"实时化":针对社会上出现的"焦点"、"新闻",调查往往在第一时间展开。
- 调查方式"多样化":通常使用问卷法、面访法、任意调查、典型调查等方法,但都以非随机抽样为主,所以在推断、结论上也有一定的不足。
- 传播速度、范围"信息化":媒体调查一旦得出结论,通常会以报纸、广播、电视、网络等载体发布或转载,速度快、范围广、影响力大。

1. 对传统媒体的挑战

(1)"新媒体"对传统媒体提出挑战

在今天以互联网和移动通讯手段为主导的新媒体大发展时期,全球范围内现存的各种权威,都因逐步失去信息控制权而面临越来越大的合法性挑战。

由于以社交网站为代表的新兴媒体,能够使得各种信息(包括许多不实信息)、秘密和知识,以极低的成本跨境自由流动,而现有权威建立起来的信息围墙越来越无力阻挡,最终将使得所有类型的个人和组织权威面临终极信用和权威的挑战。

当今青少年随时随地可以通过智能手机上的搜索引擎,查到不同于老师、家长观点的见解。在大学课堂上,如一位教授每讲解一个理论,台下的同学就可以通过网络找出一堆相反的观点和论据来挑战;在一个公司组织内,居于上层的老板以往通过垄断一定组织内部信息来建立权威,指挥、管理整个庞大组织的运行。现今,公司内某一特定员工在特定条件下可能成为信息泄密者,通过利用上传照片、视频和文字等,曝光公司内部信息。

大到政府组织,即便一个传统上对信息和言论严格控制的国家,在这一轮新媒体和技术浪潮中,正迎来前所未有的信息和言论自由的挑战。

(2) 新媒体:逐步成为舆论"主流媒介"

随着互联网的普及,中国已经锻造出一个新的舆论形成机制。如果说上世纪80年代"真理标准问题大讨论"主要依托于官方纸媒,由《光明日报》《人民日报》加上新华社内部推动,那么今天牵动全国的舆情不少是以互联网为发端,或是经过互联网的推波助澜。如2007年以重庆征地拆迁"钉子户"事件和山西"黑砖窑"事件为代表,网民对突发事件和社会事务踊跃发表意见,形成了若干较大规模、较强力度的网络舆论,对事件的解决起到了积极的推动作用。

在互联网上,网民针对那些关系到自身利益或者是自己所关心的各种公共事务,包括突发事件、社会热点问题、政府决策、公众人物言行等,比在现实世界中会更积极地发言。互联网超越地域、阶层、文化程度的限制,它的互动性和匿名性,非常适合更多的民众自由表达意见立场。

互联网一个突出的优势,是网民思想情感的交流碰撞。在现实世界中由于职业、地域等因素老死不相往来的人群,在网上忽然发现彼此可能拥有相似的价值取向和审美偏好,可以进行深入的探讨,可能会引起强烈的共鸣。

(3) 新媒体、网民与政府的互动关系

和传统的社会舆情相比,网络舆情的作用广度空前增大。舆情地域性特征消失,"蝴蝶效应"愈发明显,可以让小的热点演化成大热点、新热点延拖成老热点、简单热点衍变成复杂热点,也可使得一件以往简单平常的民事案件顷刻间发酵膨胀为重大事件。

新媒体与网民同时通过施加舆论压力对政府的决策和执行起到监督和导向的作用;而同时,政府的回应——消极或积极,以及政府的决策——顺应民意或逆行倒施,又反过来作用于新媒体和网民,从而掀起新一轮舆论轰动。

网民在网络舆论中发挥着越来越大的作用,是引发和主导网络舆论特别网络群体事件的决定性力量,传统媒体的地位已日益受到来自新媒体的冲击,形成了新的三角互动关系,尤其是网民在其中通过网络舆情与政府发生互动,从而影响、改变着意识形态与主流民意互动的走向。

2. 新媒体的优势和局限
(1) 新媒体的优势
- 社会敏感问题、公共危机事件成为网络舆论焦点。
- 民众维权意识空前增强。
- 网民强烈关注政府公信力。
- 民众对环境问题越来越强烈关注。
- 官员个人品行极容易受民众"围观"。
- 网民对社会道德风尚越来越关注。
- "意见领袖"作用日益突出。

(2) 新媒体的局限
- 样本"代表性"问题。新媒体使用者主力人群是青年人,故一般社会调查、民意调查,社会科学专业机构通常不大会使用网络调查方法。
- 网络"真实性"问题。伴随新媒体越来越普及、便捷、成本低廉,由此带来对来自虚拟世界信息真伪的鉴别难度。
- "网络暴力"、"网络民主"问题。这也是新媒体时代需要认真研究、讨论的议题[①]。

第三节 反对伪调查

一、认识伪调查

所谓"伪调查研究",就是打着调查研究的旗号或名为调查研究,实际行为和结果则偏离调查研究的初衷,背离调查研究的本质,因而不再是真正意义上的调查研究。

1. 行政单位中的伪调查

在调查研究前,倾向性地选择调查研究的点,安排参加调查研究的对象,做足"准备工作"。一些地方和单位为了在领导面前留下好印象,安排可靠的群众或干部充当"群众演员"并反复"排练",把那些平时"不听话"、"爱闹事"的人打发走或"控制"起来,避免他们和领导接触,以免"惹是生非"。一些地方和单位擅长搞突击整治,把有碍观瞻的东西遮起来、掩盖住,甚至不惜弄虚作假,欺骗领导。还有些

---

① 上海社科院社会调查中心主任杨雄:《新媒体与当代中国的主流民意》,在"政党与民意调查"国际会议上发言的部分内容。

地方和单位千方百计打听领导调研意图,有针对性地准备材料。在调查研究中,一些领导习惯于按照"设计"好的路线走,与安排好的"群众"交流,鲜有"临场发挥"。更多的情形是,前呼后拥,前来调研的领导被各级陪同人员和新闻记者包围。调研的基本程式是,和群众聊几句,到指定的现场转一圈,然后听取汇报,领导讲话。汇报单位则是有选择地汇报,需要报喜时报喜,需要报忧时报忧,而不把实情和盘托出。领导讲话一般先是表扬肯定,接着提出几条意见;而讲话也大多是事先起草好的,领导读一读,最多脱稿讲几句。在调查研究结束后,往往是第一时间见报、第一时间上电视、第一时间整理领导讲话,或召开大会或下发文件加以贯彻落实。于是,领导完成了调查研究,下级完成了调研接待。对于如何把调研中发现的问题、获得的信息、形成的共识上升到决策层面,关注不够,造成调研和决策"两张皮",调研的功能没有充分发挥出来。

　　严肃的调研变成一场又一场"作秀","伪调查研究"危害深远。第一,"伪调查研究"难以使上级领导或决策部门掌握真实的社情民意,埋下了错误决策的隐患。调查研究的目的是为了深入实际,掌握一手资料,为决策提供依据。正是在这个意义上,毛泽东提出了"没有调查就没有发言权"、江泽民同志提出了"没有调查就没有决策权"等著名论断。第二,"伪调查研究"助长形式主义和弄虚作假之风。调查研究贵在真实,但在应付或对付调查研究过程中,一些地方和单位公然造假作弊,领导一次次被蒙蔽,或者即使领导有察觉但也不点破,使这些地方和单位胆子越来越大,手段不断翻新,如把荒山涂成绿色,把农民的家畜集中起来供领导观看。更为严重的是,一些地方和单位还会把形式主义和弄虚作假的做法移植、扩展到其他领域,导致党和政府的公信力流失。第三,"伪调查研究"损害党和政府形象,破坏党群、干群关系。调查研究是贯彻党的群众路线的重要形式和途径。少数地方在领导调研时搞"清场"、警车开道、驱赶"闲杂人员",人为地拉大领导和群众的距离,人为地制造干群矛盾,有悖于密切联系群众的优良作风。

　　"伪调查研究"的出现是调研方和被调研方、主观与客观等多种因素造成的,所以要防范和整治"伪调查研究"也必须从多方面入手。

　　首先,要端正调查研究的动机。能否开展调查研究是衡量各级领导干部工作作风的重要指标,有关部门也做出硬性规定,领导干部在一定时间或任期内必须进行多次调查研究。在这种背景下,部分领导干部把调查研究当做一项任务来完成。于是便找相对空闲的时间(往往是周末、节假日)要到下面转转、看看、听听,并冠之以"调查研究",所以不在乎调查研究的真实性和严肃性。领导做做样子,下级自然敷衍了事,结果为"伪调查研究"提供了土壤。

　　其次,要提高调查研究的科学性。调查研究应以问题为导向,也就是说,调查研究要有明确的目的,力避为调查研究而调查研究。问题导向就是要善于通过调查研究发现问题,分析问题产生的原因,探讨解决问题的思路和方案,从而推动决策或优化决策。调查研究应重视选点。调查对象不能是最好的"样本",也不能是最坏的"样本",而应是具有典型性即代表平均状态、一般情形或者多数情形的"样本"。只有通过深入分析典型性样本才能真正起到"解剖麻雀"的效果。由此观之,通常那种选择极端"样本"特别是"优秀样本"作为调查研究对象的做法不足以把握总体情况。调查研究应习惯于"打无准备仗",即调查研究要有一定的"随机性"。调查的线路、交流的对象、提出的问题需要随机应变,这样既能了解更多的信息,也能避免被虚假信息所左右。调查研究要注意"去伪"。领导在调查研究中应学会看、学会听、学会问,善于去伪存真、去粗存精,由表及里,深入事务的本质。比如,在听汇报时,对关键性、敏感性数据、事实要追问,在追问中发现更多的细节,在追问中发现漏洞、矛盾之处。调查研究要营造宽松的氛围。既然是调查又是研究,就需要创造平等讨论的平台,对于尚未定论或吃不准的意见建议、方案可以鼓励各方探讨,领导也可发表自己的看法,但不作定论。通过进一步的缜密论证再下结论。重视调研结果的分析、总结和运用。善于从调研中发现值得推广的经验,获得一手的材料,捕捉解决"疑难杂症"的灵感,通过调研提高领导干部执政、行政的综合素养。

最后,要重塑调查研究的风气。领导调研应轻车简从,尽量不扰民,不给调研单位增加过多负担。对于弄虚作假行为要及时指出并予以制止,严重的需要通报批评乃至给予党纪政纪处分。只有这样,才能扭转调查研究中的不良风气,使调查研究回归其本义,使之成为掌握社情民意、科学决策、联系群众、为基层排忧解难的有效手段[①]。

2. 媒体行业中的伪调查

"调查"从形式上往往很直面,很具体,很有现场感,有点"挖真相"、"揭秘"味道;从题材上,调查所涉都是大家普遍关注的社会热点,是事件;从思想内容上,调查往往隶属"监督"的范畴,有的是对一些现象的"研究"性批评。因而,调查具有很强的可读性,读者喜欢。恰因为读者喜欢,调查栏目的设置实际上是增强了报纸的舆论影响力,因而当下许多报纸纷纷开辟调查栏目。

当下报纸刊登的有些调查,实质上是"伪调查"。

何为"伪调查"?即报道对象很少实名,有的甚至通篇报道中,没有一个事例是实名的,没有一个消息来源是实名的,全部为"某单位"、"某地"、"某人",或"家住某某地的张先生"、"家住某某地的李小姐"等。这样的调查就是伪调查。

伪调查的危害很多,试举三点:

---

① 资料来源:http://theory.people.com.cn/GB/16359715.html。

（1）"舆论影响力"大大受损

新闻之所以有舆论影响力，就是因为新闻这种形式，所述是事实，由此而引发的议论即表述的思想观点是因缘而发，有感而发，是直言。虚名报道则会使读者产生误解，误解之一是不相信这是事实，否则为什么不敢点名？误解之二是也有读者了解报纸的苦衷，但他在批评讥讽报纸胆小的同时，又把讥讽的对象转到社会的层面，埋怨大环境。我们常常听到这样的议论：堂堂的省报、市报连一个科级单位一个村都不敢点名，嗨，这也怪不得他们……如何如何。这样舆论影响力不光是受损问题，实际上已成负面的了，报纸本身的形象影响也成了负面的。

舆论影响力的大小，从另一角度讲，要看读者的数量。我们的党报发行量一般也就几十万份。但是它影响的绝不是这几十万人，且不论一篇好文章被其他媒体广泛转载，即使没有被转载，一篇好文章也是被读者相互传阅的。即使不传阅报纸，所报道的事也要口头传播的，一传十，十传百，这个舆论影响力就大了。但如果报道对象不实名，读者就不好传播，一件没有实地实名实人的报道，让人如何传播？舆论影响力自然大大受损。

（2）无助问题解决

带有批评性研究性的调查，重要目的之一是解决问题。即要求报道对象修正做法，改正错误，以利于我们的事业健康发展。解决问题的具体途径，在报道刊出后一般有三：一是报纸需要对方给予回应，无论是不成文规则也好，惯例也好，事实就是这样，报纸作为一个正义代言人的化身，以权威的姿态端坐，逼迫对方来"汇报"，对方如行若无视，报纸很可能不会不了了之，对方面临更大的压力还在后面。二是来自社会的舆论压力，由于报纸的公开化报道，使公众知晓了事情真相，社会公众的相互传播，他们的看法及议论，给报道对象形成巨大压力；三是来自上级的压力。这也是最直接的压力，任何一个单位都不希望自己的下属部门出问题，更不希望出了问题被媒体抖落出来，下属的问题无疑也是自己的问题，最起码会使该单位蒙污，甚至影响到上级机关的形象，引起上级机关的问责，因而必会对出问题的下属问责。

（3）采访作风虚浮化

调查对象的实名无疑对记者的作风是一种约束。笔者做记者二十多年，亦热衷于新闻调查，一个切身体会是，采访过后撰稿之时，常因某个细节采访不详而烦恼，反复遣词造句弥补，不然就要舍弃，实在不舍得弃，就设法重新采访或核实，生怕失实，生怕因失实吃了对方官司，生怕因此导致领导怪罪。但若写"某地"，情形就大不一样，放心，谁也不会对号入座，什么问题也不会发生。另一很大的可能是，调查对象的虚名是记者根本未调查。不调查，又写出貌似调查的报道有两个办法：一是从网上查阅有关资料编撰。二是只需找一位行业专家侃谈即可。凭记者多年采访经验谙知，有些专家非常熟悉行业情况，好谈，心中常揣忧患，又有"指点江山"之嗜好。找准这样一位专家写伪调查最为理想，只需备一杯好茶和一只好录音机，记录速度快不要录音机也可以。对方只要赐你两三个小时，写伪调查的材料全部都有了。专家侃谈时无疑是点名的，但你只需改成"某"即可。

新闻调查不是根据材料写新闻，不是根据会议记录写新闻，不是根据一个人的讲话写新闻，它要从各个角度了解情况以分析，它要听众人言以决定材料取舍，一篇真正的调查对记者采访作风是最好的锻炼，写一篇伪调查恰恰相反①。

二、伪调查形成的原因

目前伪调查泛滥，严重背离了调查的初衷，结果是误导决策、混淆视听、降低了调查本身的可信度，之所以会滋生大面积的伪调查，纵然有很多主客观原因，但最根本原因还是"利益驱使"。下面就形成伪调查的主、客观原因简要分析。

1. 主观因素

（1）利益动机

从上面的介绍和案例中可以看出，很多伪调查产生的原因是为了"讨好上级"、"写出新闻"、"完成调研"、"获得好的排名"，一切从个人利益目的出发的调查必然是"造数据"、"走形式"的伪调查。

（2）本末倒置的程序

正确的调查程序先确定"调查主题"，再进行调查和分析，最后得出调查结论；但实际上，很多"客户"、"领导"先设定了调查结论，反过来再借用"调查"的名义推断其结论。

（3）不同的主观感受

每一个人，由于年龄、经验、认识的不同，以及由于所处的时空、个体和总体的差异，往往会对同一组数据有不同的解读，有了不同就会有质疑。比如，一个地区由于收入分配的不均，少数人掌握着多数财富，如果调查该地区的"平均月收入"，必然使大多数人的"平均月收入"这个数据被抬高了，你再去抽样调查"您认为这个数据的可靠性"时，大部分的人会说"这个数据和我的实际收入不符"。

（4）人为费用控制

实际上，很多调查项目的开展没有足够的费用支持，使得调查"缩水"，得出的结论也就不可靠了。

2. 客观因素

（1）调查方法的局限性

---

① http://media.people.com.cn/GB/22114/42328/115484/6856587.html。

虽然调查具有长远的历史并形成了一门单独的学科,但其方法也是逐步积累、总结、提炼出来的,本身存在不足。比如,为了了解某个总体的某一特征,由于时间、精力、费用、地域等条件的限制,不可能对每一个个体进行调查,只能抽取部分个体组成样本,通过对样本的调查来获取数据来推断总体,这里存在一个关键性的问题,就是选择多个样本?怎么抽取样本个体?虽然统计学上有了计算必要样本量的方法,但是需要知道总体差异(方差),如果获得的这个方差不是唯一(准确)的,那么据此计算出的必要样本量也是矛盾的;即便确定了唯一准确的样本量,抽取个体的方法不同,获得的样本也不同,从而得出不同的结论。再比如,在假设检验中,需要知道总体的分布情况,但这个总体的分布情况往往是不可能确切知道的,所以就只能根据分析或经验"假定"总体服从某一分布,所以得到的结果也会犯错误。当然,调查统计本身是允许误差存在的,并可用概率来保证,但是这些调查方法的不足在一定程度上会导致"数据失真"。

(2) 个体差异与随机性

调查的个体是存在差异的,即使使用同一种正确的抽样方法,由于这种个体差异的客观存在,使得在同一总体中多次获得的各个样本间存在差异。比如:我们要调查的某地家庭平均年收入,都使用"分层随机抽样"方法,如果抽三次,就会获得三个样本,这三个样本中的个体并不完全相同,所提数据也不同。另外,由于客观事物内在随机性的存在,使我们不能精确地拟合其规律,得出的结论和实际存在着偏差。

(3) 行业约束的缺乏

虽然我国从立法层面上有了《统计法》,明确界定提供虚假数据属于违法行为。但实际上,很多人在公布"伪调查数据"后,并不受到实质性的惩罚,这种现实为伪调查提供了生存和泛滥的土壤。

第四节　调查研究方法探讨的新趋向

一、大数据时代的来临

信息社会所带来的好处是显而易见的:每个人口袋里都揣有一部手机,每台办公桌上都放有一台电脑,每间办公室内都拥有一个大型局域网。但是,信息本身的用处却并没有如此引人注目。半个世纪以来,随着计算机技术全面融入社会生活,信息爆炸已经积累到了一个开始引发变革的程度。它不仅使世界充斥着比以往更多的信息,而且其增长速度也在加快。信息总量的变化还导致了信息形态的变化——量变引发了质变。最先经历信息爆炸的学科,如天文学和基因学,创造出了"大数据"这个概念。如今,这个概念几乎应用到了所有人类致力于发展的领域中。

《大数据时代》是国外大数据研究的先河之作,该书作者维克托·迈尔·舍恩伯格被誉为"大数据商业应用第一人",拥有在哈佛大学、牛津大学、耶鲁大学和新加坡国立大学等多个互联网研究重镇任教的经历。

维克托最具洞见之处在于,他明确指出,大数据时代最大的转变就是,放弃对因果关系的渴求,而取而代之关注相关关系。也就是说只要知道"是什么",而不需要知道"为什么"。这就颠覆了千百年来人类的思维惯例,对人类的认知和与世界交流的方式提出了全新的挑战。该书认为大数据的核心就是预测。大数据将为人类的生活创造前所未有的可量化的维度。大数据已经成为新发明和新服务的源泉,而更多的改变正蓄势待发。

1. 这是一场革命

最早提出"大数据"时代到来的是全球知名咨询公司麦肯锡。麦肯锡称:"数据,已经渗透到当今每一个行业和业务职能领域,成为重要的生产因素。人们对于海量数据的挖掘和运用,预示着新一波生产率增长和消费者盈余浪潮的到来。""大数据"在物理学、生物学、环境生态学等领域以及军事、金融、通讯等行业存在已有时日,却因为近年来互联网和信息行业的发展而引起人们关注。

进入2012年,大数据(big data)一词越来越多地被提及,人们用它来描述和定义信息爆炸时代产生的海量数据,并命名与之相关的技术发展与创新。正如《纽约时报》2012年2月的一篇专栏中所称,"大数据"时代已经降临,在商业、经济及其他领域中,决策将日益基于数据和分析而作出,而并非基于经验和直觉。哈佛大学社会学教授加里·金说:"这是一场革命,庞大的数据资源使得各个领域开始了量化进程,无论学术界、商界还是政府,所有领域都将开始这种进程。"

大数据到底有多大?一组名为"互联网上一天"的数据告诉我们,一天之中,互联网产生的全部内容可以刻满1.68亿张DVD;发出的邮件有2 940亿封之多(相当于美国两年的纸质信件数量);发出的社区帖子达200万个(相当于《时代》杂志770年的文字量);卖出的手机为37.8万台,高于全球每天出生的婴儿数量37.1万……IBM的研究称,整个人类文明所获得的全部数据中,有90%是过去两年内产生的。而到了2020年,全世界所产生的数据规模将达到今天的44倍。

这些庞大数字意味着什么?它意味着,一种全新的致富手段也许就摆在面前,它的价值堪比石油和黄金。事实上,当你仍然在把微博等社交平台当作抒情或者发议论的工具时,华尔街的敛财高手们却正在挖掘这些互联网的"数据财富",先人一步用其预判市场走势,而且取得了不俗的收益。这些庞大数字有四个特征:

数据量大(Volume)

第一个特征是数据量大。大数据的起始计量单位至少是 P(1 000 个 T)、E(100 万个 T)或 Z(10 亿个 T)。

类型繁多(Variety)

第二个特征是数据类型繁多。包括网络日志、音频、视频、图片、地理位置信息等等,多类型的数据对数据的处理能力提出了更高的要求。

价值密度低(Value)

第三个特征是数据价值密度相对较低。如随着物联网的广泛应用,信息感知无处不在,信息海量,但价值密度较低,如何通过强大的机器算法更迅速地完成数据的价值"提纯",是大数据时代亟待解决的难题。

速度快时效高(Velocity)

第四个特征是处理速度快,时效性要求高。这是大数据区分于传统数据挖掘最显著的特征。

既有的技术架构和路线,已经无法高效处理如此海量的数据,而对于相关组织来说,如果投入巨大采集的信息无法通过及时处理反馈有效信息,那将是得不偿失的。可以说,大数据时代对人类的数据驾驭能力提出了新的挑战,也为人们获得更为深刻、全面的洞察能力提供了前所未有的空间与潜力。

庞大的数据库有着小数据库所没有的价值,莫里中校是最早发现这一点的人之一。大数据的核心就是挖掘出庞大的数据库独有的价值。更重要的是,他深知只要相关信息能够提取和绘制出来,这些脏乱的航海日志就可以变成有用的数据。通过这样的方式,他重复利用了别人眼里完全没有意义的数据信息。从这个意义上讲,莫里就是数据化的先驱。就像奥伦·埃齐奥尼对 Farecast 所做的事情一样,用航空业过去的价格信息催生了一个大有赚头的新公司;也像谷歌的工程师所做的一样,通过过去的检索记录预测到了流感的爆发;而莫里则是发挥出了单纯用于记录航行位置的数据的其他用途。

数据化的另一个前沿更加个人化,直接触摸到了我们的关系、经历和情感。数据化的构思是许多社交网络公司的脊梁。社交网络平台不仅给我们提供了寻找和维持朋友、同事关系的场所,也将我们日常生活的无形元素提取出来,再转化为可作新用途的数据。正因此,Facebook 将关系数据化——社交关系在过去一直被视作信息而存在,但从未被正式界定为数据,直到 Facebook"社交图谱"的出现。Twitter 通过创新,让人们能轻易记录以及分享他们零散的想法(这些在以前,都会成为遗忘在时光中的碎片),从而使情绪数据化得以实现。LinkedIn 将我们过去漫长的经历进行了数据化处理,就像莫里转化旧航海日志那样,把信息转化为对现在和将来的预测:我们可以认识谁,或者哪里存在一份心仪的工作。

只要一点想象,万千事物就能转化为数据形式,并一直带给我们惊喜。IBM获得的"触感技术先导"专利与东京的越水重臣教授对臀部的研究工作具有相同理念。知识产权律师称那是一块触感灵敏的地板,就像一个巨大的智能手机屏幕。其潜在的用途十分广泛。它能分辨出放置其上的物品。它的基本用途就是适时地开灯和开门。然而更重要的是,它能通过一个人的体重、站姿和走路方式确认他的身份。它还能知道某人在摔倒之后是否一直没有站起来。有了它,零售商可以知道商店的人流量。当地板数据化了的时候,它就能滋生无穷无尽的用途。其实没有听上去那么荒谬。"自我量化"是项由一群健身迷、医学疯子以及技术狂人发起的运动,是来让生活更美好——通过测量身体的每一个部位和生活中的每一件或者至少用量化的方式来获得新知。目前,自我量化运动规模还很小,但正在日益壮大。

2. 对大数据的思考

《大数据时代》的作者提出:首先,要分析与某事物相关的所有数据,而不是依靠分析少量的数据样本。其次,我们乐于接受数据的纷繁复杂,而不再追求精确性。最后,我们的思想发生了转变,不再探求难以捉摸的因果关系,转而关注事物的相关关系。

专家希望《大数据时代》给予各位的是一些实实在在的知识和思考,并且唤起各位安静思索相关问题的心境。大数据是一个很重要的概念,代表了很重要的趋势,但我不希望它成为一种放之四海皆准的万能概念——因为越是万能的,就越是空洞的,人类学家克利福德·吉尔兹(Clifford Geertz)在其著作《文化的解释》中曾给出了一个朴素而冷静的劝说:"努力在可以应用、可以拓展的地方,应用它、拓展它;在不能应用、不能拓展的地方,就停下来。"这应该是所有人面对一个新领域或新概念时应有的态度。

过去定量研究的一个关键支柱是抽样理论。过去由于获得数据的昂贵,我们倾向于用最少的数据量获得最多的信息,抽样省时省力省钱;而且由于技术分析手段的局限性,我们也只能处理分析"小数据"。

抽样数据相比全体数据是在不可收集和分析全部数据的情况下的选择。在数据成本越来越低的时代,促使我们来使用样本数据的经济原因已经被撼动。另外,样本数据的成功取决于抽样的随机性,但在抽样的实际工作中保证随机性是非常困难的。我们市场研究的同事都知道,当前无论采用什么方法做抽样,比如电话,入户,街头拦截等等,一系列的操作上的障碍使你无法保证样本的随机性。

样本数据会给我们的分析方法带来困惑和障碍。举个例子,我们做回归分析的时候,变量之间的多元共线性是一个严重干扰我们估计 Beta 的因素。但是当样本扩大到非常大的时候,这个影响趋于零。在小样本时代,数据稀缺,所以我们首先追求数据精确,其次追求结果精确。但大数据时代,数据之杂,不可能精确,追求数据的精确就会导致我们寸步难行,数据不精确会成为一个常态,也是世界的本质。但机器学习理论和实践都证明,允许数据的混杂和不精确,我们分析所得出的结论才更有延展性和外部适用性。

在大多数情况下,一旦我们完成了对大数据的相关关系分析,而又不再满足于仅仅知道"是什么"时,我们就会继续向更深层次研究因果关系,找出背后的"为什么"。因果关系还是有用的,但是它将不再被看成是意义来源的基础。在大数据时代,即使很多情况下,我们依然指望用因果关系来说明我们所发现的相互关系,但是,我们知道因果关系只是一种特殊的相关关系。相反,大数据推动了相关关系分析。相关关系分析通常情况下能取代因果关系起作用,即使不可取代的情况下,它也能指导因果关系起作用。曼哈顿沙井盖(即下水盖的修检口)的爆炸就是一个很好的例子。

近年来,奥巴马政府宣布投资2亿美元拉动大数据相关产业发展,将"大数据战略"上升为国家意志。奥巴马政府将数据定义为"未来的新石油",并表示一个国家拥有数据的规模、活性及解释运用的能力将成为综合国力的重要组成部分,未来,对数据的占有和控制甚至将成为陆权、海权、空权之外的另一种国家核心资产。而最为积极的还是众多的IT企业。麦肯锡在一份名为《大数据,是下一轮创新、竞争和生产力的前沿》的专题研究报告中提出,"对于企业来说,海量数据的运用将成为未来竞争和增长的基础",该报告在业界引起广泛反响。IBM则提出,上一个十年,他们抛弃了PC,成功转向了软件和服务,而这次将远离服务与咨询,更多地专注于因大数据分析软件而带来的全新业务增长点。IBM执行总裁罗睿兰认为,"数据将成为一切行业当中决定胜负的根本因素,最终数据将成为人类至关重要的自然资源。"

上海新出台的《上海推进大数据研究与发展三年行动计划(2013—2015年)》透露:国外2011年提出的"大数据"概念,已进入国内实际操作层面。科技部将大数据列入"973计划",在国家自然科学基金指南中大数据也在其列。目前,广东启动全省实施大数据战略工作方案,北京成立"中关村大数据产业联盟"。上海数据资源丰富,拥有世界最大的医联数据共享系统,在用的4 800万张公共交通卡,每天产生30个G的交通流量信息数据,但上海数据资源的利用尚不充分,数据公开和共享动力不足,缺少系统级、架构级的大数据产品。

总而言之,自2008年最先经历信息爆炸的学科创造出了"大数据"这个概念以来,如今这个概念几乎运用到了所有人类致力于发展的领域之中。《大数据时代》论著提出要分析与某事物相关的所有数据,要乐于接受数据的纷繁复杂,要转而关注事物的相关关系等命题,引起了学界的热议。随着大数据时代的到来,社会研究方法也将随之在基本原理、研究方式、具体方法各个层面都发生革命性的变化和大跨度的超越。当然,我们在面对一个新领域新概念的同时,也应该进一步挖掘和发扬传统以及现代研究方法的生命力,而不能把一个捧上天,把另一个踩在地,应该同时把他们应用到可适用的可拓展的地方去。与此同时,我们尤其要注意对公共部门数据的分析与挖掘,政府才是大规模信息的原始采集者,这些潜在的数据价值需要通过创新性的分析来应用与释放。

二、方法论

调查研究方法同科学方法一样,可分为三个层次,即最高层次的方法论,中间层次的基本方式和最低层次的具体方法。调查研究方法体系就是由方法论、基本方式和具体方法这三个不同层次的研究社会及其社会现象方法所组成的一套方法体系,是人们的思想方法和科学的一般方法在社会调查研究中的体现和应用。构成方法体系的"三层连锁"模式自社会科学创始以来基本不变,然而每一层次内部的理论、方法、技术却随着经济、社会、科技的发展而不断变化。从近十年的部分学者发表的论文报告分析,我们可以看到对调查研究方法探讨的一些新趋向。

社会调查研究的方法论是指导研究的一般思维方法或哲学方法,它提供了调查研究的指导思想,主要探讨研究的理论公式、基本假设、研究逻辑、原则规则等哲学社会科学的方法论问题。

任何研究都要以一定的理论和方法作为指导,它提供了调查研究的理论指导。当然方法论是与一定的哲学观点和学科理论相联系的。不同的理论学派有不同的方法论;不同的学科也有不同的方法论。在社会调查研究中应遵循何种方法论,是一个实践的问题。研究社会现象有各种可供选择的方法论、研究途径和判断标准,这就要对具体现象作具体分析。

1. 研究的视野、角度和模式

我们每一个人都各有自己的眼界和视野,都从某一特定视野出发来观察事物,而我们所能看见的一切都必须首先进入我们的视野,和我们"有限的决定性"密切联系在一起。于是视野形成我们理解的前提,也就是海德格尔所理解的先结构。在理解任何事物之前,我们对要理解的事物已经先有一定的概念,也就是我们的预期和预见,于是理解过程就成为所谓"阐释的循环"。

2. 实践社会学的理论与方法

也有学者论述了"实践社会学"的理论和方法。认为大体上说,实践形态就是社会因素的实际运作过程。面向实践的社会学,所要面对的就是处于实际运作过程中的社会现象。对于过去人们主要从静态角度关注的现象,如社会关系、社会结构等,面向实践的社会学意味着要从实际运作过程的角度重新加以关注。

我们知道,在社会学中,实践的概念是布迪厄创立的。他是一位社会学的理论大师,也是实践问题的主要倡导者。他对于实践特征的分析,可以给我们非常重要的启发。他讲得最好的是实践的紧迫性。但他对实践的分析仍然是钟情于定量和结构分析,对于总体性本身在实践中的生成机制,他几乎没有涉及。他是用一种非实践的精神与方式对待实践的。原因是他将实践抽象化了,于是实践就死掉了。而只有再现实践的活的、热闹的本性,我们才能真正地面对实践,我们才可以看到实践的独特性之所在。

我们提倡"过程—事件分析"的研究策略,目的是为了接近实践形态的社会现象。或者说是找到一种接近实践状态社会现象的途径。"过程—事件分析"从某种意义上来说,是在实践死亡的地方重新激活它,让实践真正成为一种实践的状态。事件性过程的特性是把实践状态浓缩和集中了,因而包含了更多的信息,这是其一。其二,事件性的实践过程,具有一种创造性的机制。这就是前面所说的链接与粘合,是一种生成的机制,是一种过程的再生产过程。其三,也是最重要的,是它提供了实践状态的可接近性。但"过程—事件分析"只是接近实践,并不是分析。对实践形态社会现象的分析,是需要另外讨论的一个问题①。

3. 定性和定量分析的结合点

就"定性和定量分析的结合点",也有学者进行了研究。他们认为,就逻辑系统而言,两种方法之间并没有明确的界限。

在社会学中,夸大定性与定量分析之间的区别,进而使这两种方法对立是很容易的。不过,如果认真考察这两种方法,就会发现二者之间并不存在一条不可逾越的鸿沟。的确,草根理论是以归纳为特征的,但很明显,它同样使用了演绎法。为了从样本中取出更多能开发理论的数据,需要利用演绎法从归纳的条目(induced codes)中推出有关的概念性导向。这种导向告诉我们下一步该如何做。"为了构建一个草根理论,我们不必把所有的新范畴(categories)都找出来,同样也不能把相关文献中的所有范畴都加以忽略。我们的任务是在数据和已有的有效的范畴之间展示出自然的相适性"。正如施瓦特观察到的:草根理论探索是一个既归纳又演绎的复杂过程②。这个过程由预先对发展理论的承诺和理性规划所导向。当然,这里强调的是用比较去发现新的东西,而不是为证伪导出假设。不过,假设也许会以副产品的方式出现。此外,在新的草根理论研究中,现存的理论或相关文献也常被用来作背景支撑材料。

---

① 节选孙立平:"迈向实践的社会学",人大复印资料《社会学》2002年第9期。
② Strauss Anselm, J Corbin. Grounded Methodology, Handbook of Qualitative Research. Sage, 1994.

因为草根理论家们的主要目标是"发现",就使用文献或现存的理论而言,他们的确意识性很强。他们认为,如果把精力放在预设的假设(hypothesis)上,就会给研究人员的观察、信息收集和洞察力等带来局限性[1]。这些理念与草根理论方法的根本性质是一致的。

布拉洛克感兴趣的是用因果模型构建理论。该方法强调,通过数学模型的构建把各种用字句表达的分析结合成一体化。这种数学模型由具有可进行因果解释的联立方程组成。显然,布拉洛克的研究为演绎法。"在理想情况下,人们希望获得一个完全封闭的演绎理论系统。这种系统包括用作公理的一套为数很少的命题。以纯数学或逻辑推理的方式,所有其他命题都应该能够从这几个公理中演绎出来"。但是,在现实中,不可能获得一个完全封闭的演绎理论系统。所以布拉洛克不得不面对一个并不能完全封闭的演绎系统。重要的是,为了最终获得一个近似完全封闭的演绎系统,他又不得不研究现存的理论是怎样以归纳的方法构建起来的。因此,布拉洛克认为,研究人员应该首先从那些相对简单的模型和假定(assumptions)着手,然后,逐步地向较复杂的模型和假设发展[2]。也正因为此,在布拉洛克的模型中,不但引进了误差项,而且允许有未知的因果变量。所以,我们说就逻辑系统而言,两种研究方法之间并没有明确的界限。

从根本上说,因果模型方法与草根理论方法是相似的,他们之间的区别是技术性的。这些区别主要表现在:①因果模型方法侧重于变量,而草根理论方法致力于个案;②因果模型方法强调统计推断,而草根理论方式偏爱探索。这些区别是互补性的区别,并不意味着矛盾。因果模型方法固然有很多吸引人的优点,但存在着模型不能被完全封闭的问题,或者说不能达到对模型进行完全标明的问题。此外,除了测量误差,定量数据的搜集还常常存在大量信息遗失问题。而草根理论方法由于其系统的演绎步骤和对定性的执著,保证了不会出现诸如因果模型中的误差项问题。对于因果模型的标明(specification)及量表(scales)和指标(indices)的构建来说,利用草根理论十分有益。我们知道,在因果模型研究中,如果发生错标或遗漏变量的话,就不但会在方程中产生误差项而且会在每一个变量中产生测量误差。这一点上草根理论能够帮助定量数据的分析。同样,草根理论探索的缺点,也正是因果模型分析的长处。正如布莱曼指出的,定性研究能够推进定量研究[3],这一点至关重要。的确,如果对所调查的领域有比较深入细致的

---

[1] Strauss Anselm, JCorbin. Grounded Methodology[A]. Handbook of Qualitative Research[C]. Sage, 1994.

[2] Blalock Hubert Jr. Causal Inferences, Closed Populations, and Measures of Association[A]. Causal models in the Social Sciences[C]. Aldine Publishing Company, 1985.

[3] Bryman Alan. Quantity and Quality in Social Research[M]. Unwin Hyman, 1988.

了解，在我们构建因果模型时将会受益匪浅。总之，以上的分析表明，因果模型方法和草根理论方法的结合是解决社会学中定性和定量研究方法之间的对立以及理论和研究方法脱节问题的根本办法①。

三、基本方式

社会调查研究的基本方式也称研究方式，它表明贯穿于研究全过程的程序步骤和操作方式。研究方式表明研究者主要是通过何种手段和途径得出研究结论的。研究方式可以从各种角度划分为不同类型，每种类型在具体操作上都有其不同的特点，同时各种类型的分类也仅就其纯粹形态而言，任何实际的调查研究中都会有相互联系和作用。

调查研究的基本方式可以分为文献调查、社会调查、实验研究三大类，这与社会研究的基本分类是一致的，当然作为研究方式之一的社会调查是从事调查研究的最主要的方式，并且依据研究需要，可以进一步从定量与定性研究角度，从研究对象角度以及从时点设计角度予以深入分析考察。

从定量与定性研究角度考虑，社会调查可分为问卷调查（定量研究为主）、实地研究（定性研究为主）和混合调查。这三种分类反映出调查研究中实证主义方法论和人文主义方法论，定量方法和定性方法这两种主要的不同倾向之间的区分，以及定量和定性方法的结合；同时也反映出在调查对象、调查方法、分析方法、资料特点等调查研究的过程的主要区别。当然也呈现相互结合的趋势。

全体调查、抽样抽查、典型调查、个案调查则是在社会调查研究中依据调查研究对象的范围而区分最常用的收集资料的方法。研究时点设计角度，调查研究方式可分为横剖研究和纵贯研究。如果说前两种方法的分类，主要反映了研究的横向区分的特征，那么横剖研究和纵贯研究则体现了在调查研究方式上的纵向区分的考虑，从时间性角度来区分调查研究的基本方式。

1. 社会调查中的"元假设"

有的学者提出了社会调查中的"元假设"概念。元假设这个概念之所以重要，主要是由于以下三点：

（1）它强调了生活的第一性

我们在调查问卷中设计出来的任何一个提问，其实都是我们自己对于现实生活的先入为主的猜测与假设。因此哪怕是调查我们最熟悉的现象，我们也必须首先尽可能多地掌握现实情况及其变化，才能设计出更好的问卷与实施方案。这就

---

① 杨伯溆："定性和定量分析的结合点：草根理论和因果模型"，人大复印资料《社会学》2002年第8期。

是元假设这个概念的第一个重要意义。

在操作层次上,如果我们具有了元假设的意识,那么我们就不得不努力收集与消化各种可能得到的定性研究的文献资料,把他们融会贯通到问卷设计里面去;不得不百倍认真地进行甚至是多次的试调查(预调查)与修改问卷;不得不扬弃那种"从理论中找调查题目"的研究方法与调查方法;不得不走进生活而且从生活出发,而不是仅仅做书斋学者。

(2)它强调了问卷调查的"人为预设"这个根本的局限性

任何一种问卷,最主要的问题并不在于操作层次上适合于调查什么和不适合于什么;而在于认识论层次上的一个根本问题:我们的每一个提问其实都是人为地、预设地去剪裁生活。这就是问卷调查的最大的局限性,也就是我们提出"元假设"这一概念的另一个重要意义。

这并不是说就不应该进行问卷调查了,而是说,我们只有充分地认识到问卷调查的这个根本的局限性,才能够更好地完善与发展之。

通俗地说,在我们设计出每一个提问的时候,都应该清醒地知道:现实生活其实并不是这样的,我们之所以要问这个问题以及要这样问,其实是因为我们在脑子里已经把生活给框定成某种我们所想象出来的样子了。从调查操作的角度来说,这是必不可少的,舍此就无法进行任何调查。但是从认识论的角度来说,这又是远远不够的。它不仅很可能给我们的认识带来偏差甚至是误解,而且很可能阻挡我们进一步认识所调查的现象。

因此,如果我们具有了"元假设"的意识,那么我们就更加可能全面地、历史地、动态地、情境地、互动地去看待我们自己的调查结果,就更加可能对我们的调查结果做出更加符合生活现实的解释。通俗地说,没有元假设这个工具,我们就无法设计问卷;没有元假设这种理论认识,我们就无法解释好我们的调查结果。

(3)它能够促进问卷设计者改善自己的思维方式

元假设这个概念的灵魂就是"生活是光谱式的存在,而一切界定都是我们的人为"。具有了这样的理论意识,研究者的思维方式就会更上一层楼。在我们试图考察任何一种现象的时候,首先进入我们脑海的就不再是"我对它的定义是什么",而是"它的两极是什么"。这并不是说我们就一定要按照该现象的两极来设定我们的提问范围,而是说,一旦我们按照这个思路开始寻找某个现象的"两极",我们就很容易发现,自己对于该现象的定义原来是多么局限与肤浅。这样,我们才能发现该现象的真实存在状态;才能衡量我们所设定的提问是否合适;才能做出据此最佳选择;才能避免在调查结果出来以后,被别人认为"其实不调查也知道"。

在我们的研究实践与教学实践中,元假设的这个灵魂屡屡使我们茅塞顿开,乃至于听到一个名词就会不由自主地想问人家"它包括最极端的情况吗";都会去想

"它的区间与截取标准是什么"。在现实生活中,这恐怕是"书呆子气大发作",但是对于学术研究来说,这种思维习惯却获益匪浅[①]。

2. 新的质性研究方法

层创方法(emergence methods)是近年来在西方出现一种新的质性研究方法,它是指事先没有确切的想法,通过人际互动、沟通、冲突和协调而形成一种方法。层创方法作为一种方法论,有助于理解从提出问题到收集数据再到撰写研究发现等整个研究过程中的权力和权威问题。

层创方法设计是指在研究过程中所设定的收集和分析数据的程序,以回应先前研究阶段所获悉的新信息。如果对新信息做出反应而改变了原有的问题和目标,那么研究设计就要作相应的调整。这种收集和分析数据的灵活方式允许不断地修改研究设计,充分发挥所获悉的信息和未来研究目标的功能。在质性研究的大框架内,层创方法设计密切联系着归纳这个大目标,因为所提出的理论和假说依赖于研究方法的灵活运用。

层创设计特别适用于质性研究方法。定量研究通常有一套固定的收集和分析数据的程序,这种明确的线性程序,要求在分析数据之前,就必须完成预定的收集数据任务。因此,问卷调查一般不能中途变更样本或修改问卷,实验研究也有相似的情况。定性研究的层创设计是一个循环过程。在收集数据阶段,需要对数据进行不断地加工和分析,对研究程序和问题进行不断地调整,以便对调查中所获悉的新信息做出回应。专题小组(focus group)就是一个很好的例子。专题小组的标准方法是:事先确定一系列问题的清单和顺序,如果专题小组中出现了其他更合乎逻辑的回答,就要对原有的问题进行调整,不过,只在分析数据阶段才会处理各种层创问题。专题小组的层创设计以漏斗方式重新设计研究路径和策略:首先询问开放式问题或宽泛问题,然后转入一系列标准问题,允许主持人回到早先层创问题所涉及的另外一个系列的开放式问题。这种设计不仅可以有效地处理组内层创,而且还可以为组间层创做好准备。比如,首轮专题小组可以是一个相对开放且非结构的讨论,旨在了解参与者对研究主题的看法。在分析数据以后,可以确定哪些参与者和主题进入第二轮专题小组讨论。最后一轮专题小组会再次讨论那些知之不多的议题,并用先前小组讨论的结果来充实或加深对层创结论的理解。

数据收集的层创设计。数据收集的层创设计关注两个问题:①在研究中要收集哪些数据;②用何种技术来收集这些数据。

收集数据的层创方面还涉及研究主题的转换。这个过程可以向两个方向发展:要么扩大研究主题,在研究中添加新的研究主题,要么缩小研究主题,更深入地

[①] 参见潘绥铭等:"元假设:社会调查问卷的灵魂",人大复印资料《社会学》2008年第8期。

了解事物。为了探究新的发现,层创设计越来越开放、更少结构化。缩小研究主题需要将主题结构化,更强调预先设计。如果质性研究者使用了层创设计,就意味着无法事先预测研究中可能出现的新东西,需要对主题予以更多的关注。

数据分析的层创设计。与数据收集的层创设计相比,数据分析的层创设计受到更多的关注。事实上,几乎每种质性方法都十分依赖层创程序(除了基于预定编码簿的内容分析)。大多数定性分析起初是描述性或开放性编码,接着形成某些层创主题和概念,这些主题或概念最终成为理论的一部分。这种从原始数据到理论化结论的抽象过程是层创分析程序与归纳之间联系的核心方面。

层创方法实际上回答如何在新的社会经济发展语境下创新研究策略和研究方法的问题。虽然层创方法还没有成熟,尚在发展中,比如没有充分阐述其哲学和认识论基础,没有提出详细且完整的方法路径和程序,但是它所倡导的通过互动和沟通来解决研究问题的探索精神是值得肯定和提倡的。

层创方法可以为我们解决复杂社会问题提供思路。

层创方法增进了对人类境况的理解。尽管层创方法可能让那些习惯于用常规认识方式和标准的人感到不适,但是,层创方法推动了有关知识和研究的公共学术交流,促进了对旧标准的重新评价以及对新的研究边界的探索。

层创方法有助于消解理论与方法之间的紧张关系。目前社会科学研究普遍存在着新的理论视角与新的方法之间的差距,这不仅表现在学科内部,而且还表现在不同的学科之间,成为社会科学研究所关注的主要问题之一。方法学者邓金(Denzin,1989:3)曾提到研究者在方法上缺乏创新,迷恋自己屡试不爽的方法:现在许多社会学家在其研究中只使用一种方法,由此规避其他方法论的潜在价值。小群体理论家只是完全依靠实验,家庭社会学家主要使用调查技术,学生使用参与观察法。这种倾向已造成了对研究方法相当狭隘的和极其有限的使用。社会学家罗伯特默顿(Merton,1967:171)指出,理论和方法共同构成了研究整体,如果社会学要取得合法的成果,研究和理论就必须联姻。层创方法本质上是方法论的创新,目的在于加强知识建构,促进学术交流。它强调填补理论与方法之间的鸿沟,倡导在研究过程中实现理论和方法的统一,允许研究者在研究过程中修改方法论以至研究者认识论观念所允许修改的程度。这些研究导向和做法都是积极的和建设性的,值得提倡和注意。

层创方法并不意味着要抛弃学科训练。目前许多研究者主要接受的是单一学科或单一方法的训练。使用层创方法可能需要研究者离开自己的方法舒适地(method comfort zone),跳出自己熟悉的方法箱(methods box)去思考问题,这对大学的学科建设和研究方法训练提出了新要求①。

3. 代表性与典型性

有的学者对个案调查的代表性和典型性问题进行了探讨。

在国内外社会学界,问卷调查成为主流研究方法;个案研究方法则备受批评,而较少被采用。在各种批评意见中,代表性问题成为个案研究方法遭受最多批评的问题。例如,人们常常发出疑问:对单个个案的研究,能有代表性吗?能有多大的代表性?个案研究的结论怎么能推论到总体?可以说,个案研究的代表性问题是国内外社会学界至今还没有完全解决的问题。

该学者认为,关于个案研究的代表性问题是"虚假问题",因为个案研究并不一定要求个案具有代表性。或者说,在个案研究中,研究总体的边界是模糊的。正因为个案不是统计样本,所以它并不一定需要具有代表性。

个案研究实质上是通过对某个(或几个)案例的研究来达到对某一类现象的认识,而不是达到对一个总体的认识。

既然个案不一定非要代表性不可,那么,怎么可能从一个个案的研究推广运用到其他个案上呢?换言之,怎么可能把个案研究的结论扩大化(generalization)呢?在这里,有必要区分两种不同的"扩大化推理"的逻辑。第一种是统计性的扩大化推理。统计性扩大化推理(或统计推理)就是从样本推论到总体的归纳推理形式。它是统计调查的逻辑基础。通过统计推理,由样本得出的结论就可以扩大到总体。另一种扩大化推理是分析性推理。所谓分析性的扩大化推理,就是直接从个案上升到一般结论的归纳推理形式(Yin,1994:30-32)。后者构成个案研究的逻辑基础。

研究人员的任务是根据对个案的分析,借助于分析性的扩大化推理,而直接上升到理论(当然,描述性个案研究例外)。这个理论结论的具体适用程度和范围有多大,需要读者来"接力"完成。也就是说,究竟某个个案研究结论是否适用于其他某个个案或现象,要由读者自己来判定。这个过程,可以称作"个案的外推"。

典型性不等于代表性。反过来,代表性只是典型性的一个特例(即普遍性)。典型性不是个案"再现"总体的性质(代表性),而是个案集中体现了某一类别的现象的重要特征。

任何个案,都具有共性和个性,是共性和个性的统一。在个案中,共性通过个性而存在,并通过个性表现出来。如果一个个案能较好地体现某种共性,那么,对于这个共性来说,这个个案就具有了典型性。但是,并非个案的所有个性特征都是共性的表现,有些个性特征可能是为该个案所独有的。因此,个案研究,既是通过

---

① 参见蒋逸民:"作为一种新的质性研究方法的层创方法",人大复印资料《社会学》2010年第8期。

个性研究来寻找共性(即典型性),又是通过个性研究来揭示个案的独特性。个案因而具有典型性和独特性这双重属性。

那么,怎样判定个案是否具有典型性呢?上面说过,典型性是关于某一类共性的集中体现。因此,要判定某个个案是否典型,就要先弄清楚某一类共性是什么,以及它包含哪些特征。然后,列举一些具有此类共性的不同个体。最后,对这些个体进行排列,去除那些不具备所有共性特征的个体,保留那些具备了所有共性特征的个体,再从中选取那些最能集中体现所有共性特征的个体作为所要研究的个案。例如,要对青少年犯罪进行个案研究,就要先对少年犯的一些共性特征有初步的了解,如:家庭问题(疏于管教、家庭破裂等)、不良社会影响、学习受挫(成绩差等)、老师和同学的反应(如歧视性态度等)或退学、逃学,以及有犯罪行为,等等。然后,寻找那些具有这些特征的不同的个体,从中选取个别最能集中体现这些共性特征的少年犯作为研究的个案。根据罗伯特的观点,从数量来分,个案研究对象包括单一个案和多重个案两种(Yin,1994)。

但是,共性本身有不同的类型。因此,要确定典型个案,就要对共性类型的表现形式进行区分。一般来说,存在三种不同的共性类型:普遍现象的共性类型、反常(或离轨)现象的共性类型和未知现象的共性类型(鲜为人知的类别)(Yin,1994)。

不论个案研究的类型是什么,其研究目的主要是通过解剖"麻雀",即对具有典型意义的个案进行研究,形成对某一类共性(或现象)的较为深入、详细和全面的认识,包括对"为什么"(解释性个案研究)和"怎么样"(描述性个案研究)等问题类型的认识(Yin,1994:4-9)。个案研究是社会研究中的一种非常有用的研究方法。它有助于我们对某一类别现象进行定性(或定质)认识,因而它常常与描述性、探索性和解释性研究结合在一起(参见:Yin,1994)。既然是定性认识,个案研究对象所需要的就不是统计学意义上的代表性,而是质的分析所必需的典型性(在某种意义上也是一种代表性,即普遍性)。把统计性的代表性问题作为排斥和反对个案研究方法的理由,是对个案研究方法的逻辑基础的一种误解。个案研究方法的逻辑基础不是统计性的扩大化推理(从样本推论到总体),而是分析性的扩大化推理(从个案上升到理论)(Yin,1994)。因此,在个案研究中,个案所要求具备的,不是代表性,而是典型性;而典型性和代表性不可混为一谈[①]。

四、具体方法

社会研究的具体方法是指研究各阶段使用的具体方法技术,包括资料收集方

[①] 参见王宁:"代表性还是典型性",《社会学研究》2002年第5期。

法、资料分析方法和其他技术手段或工具。

它一般更多地应用于社会调查研究中,在社会研究中有着它独特的作用。

我们将具体方法技术分为资料收集的具体方法技术和资料分析中的具体方法技术以及其他技术手段三大类来予以概括分类,并在每一类中列举部分具体方法技术的名称,如在资料收集中具体会运用到问卷设计方法、电话调查手段、田野笔记技术等。在资料分析中需要掌握资料整理技术。定量资料的统计分析,数据挖掘方法以及定性资料分析中的定性编码等技术等,并未涵盖所有的具体方法技术,并且随着社会经济的发展,信息社会的来临,社会调查研究的具体方法技术也在不断地发展与创新。需要我们在实践中从理论和方法上不断地总结与提升。

1. 语境与问卷设计和培训

语言是静态的,言语是动态的[①],是随语境而变化的。正是因为这种特点造成了问题的两重性,并由此引起如下对调查设计的思考。

语境是开展问卷调查的真实情景。是由访问员和受访者的特征、问卷内容、受访时间、受访空间、第三者是否在场等多种因素互动形成的,对预设的了解只是正确认识语境的一个方面,仅有它还是不够的,对语境的理解是由6种知识组成的。

- 每个参与者必须知道自己在整个语言活动中所起的作用和所处的地位。
- 必须知道语言活动的时间和空间。
- 必须能够辨别语言活动情景的正式程度。
- 必须知道对于这一情景来讲,什么是合适的交际媒介。
- 必须知道如何使自己的语言和语言活动的主题相适应,以及主题对选择方言和语言(在多语言社会)的重要性。
- 必须知道如何使自己的话语与语言活动的情景所属的领域和范围相适应。[②]

语境的构成和知识特征对访问员提出了更高的能力要求,这些知识要求只有通过科学的访问员培训才能够获得,但这6个方面的知识在目前许多访问员培训中还是"盲点"。要保证问卷调查的质量,调查设计者还必须处理好问卷设计中效果和效率的关系问题,效果原则和效率原则都是语用学的基本原则。

"语言无非是用一定的方式和手段来把一定的内容传递给一定的对象","使用语言的成功与否不是单一的简洁,还有力求取得具体语境中最好的说话效果",

---

[①] 林静蔚:"语言、言语及言语的语言学",《陕西师范大学学报》(哲学社会科学版)2002年第S1期。
[②] 转引自冯艳昌:"语境与话语理解",《黔南民族师范学院学报》2002年第2期。

效果原则就是指"说话必须适应具体的语境才能得到最好的效果"①,效率原则是指"说话所追求的不是表达周密,而是力求简洁……在保证连贯性前提下力求简洁的语言使用法,我们称之为效率原则"。"合理的问卷设计必须考虑语用学所遵循的效果原则和效率原则的统一。从以上个案的访谈中可以看到,要做到两者的统一,以下几点是需要考虑的。

(1) 每一个研究者都希望在一次调查中获得尽可能多的信息,但问卷太长必定会引起受访者的消极情绪反映,从而对访问员造成语境的压迫感,降低问卷调查的效果(除非向受访者提供较高的报酬),对这一点一定要重视。

(2) 无论从提高访问效率还是从优化访问结果而言,访问员对问卷和调查语境的熟悉都是十分必要的,所以熟练的访问员是每个研究者都珍视的。

(3) 在一个存在较大方言差异的国家,是用统一的语言做调查还是用方言作调查是一个让研究者常常感到困扰的问题。这个问题包括两个方面,一是口头语言是用统一的语言(如普通话)还是用方言;二是文本语言要不要用方言表达。

2. 抽样调查中的无应答替换与应答率

这是个学术上颇感困惑的问题,有的学者给予了回应。

从目前国内调查实践看,相当多的调查对无应答单位采用了替换处理,但是,在这些对无应答单位进行替换处理的调查中,有一些并未全面保留有关初始应答单位的替换记录。许多调查在公布执行参数时,只是给出了样本规模和回收的有效个案(问卷)数。一般说来,所谓回收的有效个案(问卷)数是指剔除了那些填答不全或明显乱填的废卷后所剩下的个案(问卷)数,通常是在实地抽样及访谈结束后的数据清理阶段,通过清理和分析问卷得出的;因为,如果在调查执行中,发现有不合格的问卷,会及时纠正或进行替换补充,不会影响样本替换。因此,在100%无应答替换的前提下,仅从数值上看,最终应答单位数通常等于样本规模;而且,如果调查执行过程中比较严格地执行了问卷审查程序,有效个案(问卷)数也会很接近样本规模。另外,如果缺少全面的替换记录,也可能无法确定废卷究竟属于初始样本还是替换样本。也就是说,样本规模、最终应答单位数和有效个案(问卷)数三者虽然数值比较接近,但概念上是不同的,是不能相互混淆的。

但是,从当前调查实践看,如果保留了实际接触的住户数和访谈成功数,可以尝试采用事后估算方法来计算应答率②。下面通过一个调查执行的实际例子来说明如何事后估算应答率。

下表是一项当面访谈调查执行过程中,要求调查员现场填写的《访谈不成功情

---

① 程雨民:《语言系统及其运作》,上海人民出版社2000年版。
② 这种估算只是一种事后估算,并不是从抽样设计的角度来计算应答率。

况记录表》。

访谈不成功情况记录表

序号	不成功类型	含义解释
1	不是居民户	地址表上的住户为非居民户,如:单位、店铺、学生集体宿舍(指整栋建筑都是)。
2	找不到地址	无法找到地址表上地址对应的住户。
3	无法接触	找到地址表上的地址,但因各种原因未能与该地址上的家庭户发生接触。(如:有铁闸、门卫或邻居拒绝等,导致不能对被该户进行敲门或用对讲机对话)。
4	两次无人	两次敲门家里都无人应答。
5	无适合条件	在甄别过程中因不能通过各种甄别条件而终止访谈,如:年龄不符合条件或没有受访能力等。
6	无法预约	被选出的被调查者不在家,经与这户其他成员两次预约访谈时间,仍找不到被调查者。
7	家人/被调查者拒访	入户前、入户后开始访谈之前或提问问卷主体部分前的各种形式的拒访。
8	中途拒访	是指在问卷主体部分访谈时被调查者或其拒绝继续进行访谈。
9	其他请注明	如问卷有问题,作废;在最后一天的访谈中,可能会出现一次敲门无人放弃的情况,也记录在这里。

通过分析《访谈不成功情况记录表》的内容,发现根据抽样地址是否是居民住户,以及抽样地址状态是否明确,可以将9种访谈不成功类型进一步归并为3种类型:(1)抽样地址为"非住户"(1号);(2)抽样地址为"住户状况未知"(2、3、4号);(3)抽样地址为"住户"(5、6、7、8号)。其中"住户"不成功情况,又可进一步分为拒访、无法联系和问题户(语言、听力、疾病等问题)等三种情况。从调查执行的过程看,所谓"非住户"是指抽样中抽到的是非居民户、空户,即此时不存在"应答"之人。由于"应答"关注的是调查员与被调查者的应答过程,是以确有被调查者存在为前提的,所以"非住户"自然也就不应再记入应答率的计算之中,而是应将其记入抽样误差的计算之中。相反,"住户状况未知"、"拒访"、"无法联系"和"问题户"则是被调查者存在或可能存在的情况,因此在计算应答率时是需要考虑的。

通过以上分析不难看出,在对无应答单位进行替换的调查中。计算应答率时必须考虑无应答替换的影响,而实现这一点的条件是全面保留无应答替换的相关资料。从目前国内由研究者自行主持的调查实践看,一些调查并未做到全面保留无应答替换的相关资料,以致于无法准确计算出调查应答率。希望此番有关应答率计算的讨论,能使众人对无应答替换现象引起足够的重视,在今后的调查中,制定出保留调查执行资料的程序,严格执行之。

其次,有关无应答替换的讨论,还提示我们关注无应答现象产生偏差的可能性。在目前大多数调查中,"明显替换"是经常被采用的替换方法。由于替换无应答单位的替换样本是从总体中独立抽取来的,因此,在每一轮无应答替换中,总是用那些"应答单位"来代替那些"无应答单位"。此时,如果调查中的"应答单位"和"无应答单位"在样本特征上存在着实质性的差异,那我们极有可能漏掉那些特征不同的"无应答单位"的答案,使参数估计出现偏差,特别是当无应答单位比例较高时更是如此。如何走出用"应答单位"替换"无应答单位"的困境,降低偏差出现的可能性,则是"二重抽样"和其他缺失值处理方案的努力方向。

最后,任何讨论抽样的文章都应该强调:社会调查应答率是由多种因素决定的,其中有宏观社会结构方面的因素(比如人口流动、犯罪率、社会信任等),也有地域/社区层面的影响(碰到高层公寓,封闭式宿舍,等等),还有调查者研究方案设计和实施方面的因素。提高应答率的唯一办法就是尽可能完善设计与实施方案,想方设法克服那些能够被克服的困难(通过与政府相关部门合作,提供适当的激励机制,想办法增加调查员与被访人之间的互信,等等),坦然面对那部分由于结构性因素产生的无应答。

3. 社会研究中的因果关系

因果关系,历来是研究者颇感兴趣的问题。

人们在探求和认识世界的时候,总是希望能够回答"为什么"的问题,即想要解释他们所接触到的现象是在哪些因素的影响下产生和形成的。正是对于这样的现象背后相对恒定的因果机制的挖掘,才构成了我们知识积累的可能。

从理论上讲,因果分析理应在社会科学的研究中占据中心位置。但是,在当前的社会科学中,有大量的研究延续了人文学科的传统,承接了政策研究的风格,采用了新闻写作的手法,并不以因果分析为核心。由于对因果关系的理解以及对于因果分析在知识积累中的作用并无深刻和准确的认识,即使在某些使用了因果分析术语的研究中也没有显示出系统的分析方法。因而,在实际的研究中无法得出具有解释力的结论。这些问题的存在凸显了在社会研究中对方法的研究和使用上的某些欠缺。

当前国内的社会研究中,定性研究占据着主要地位,这并不构成任何可以被指责的借口。设计合理、方法得当的定性研究同样可以揭示社会现象间的内在联系,并成为建构更高层次的社会理论的基础。目前的社会研究的问题在于,很多定性研究没有合理的研究设计,对因果关系没有足够的认识,没有恰当地使用分析方法。因而,研究的过程经不起推敲,研究的结论没有足够的说服力,对学科知识的积累也就无从谈起了。

造成这些问题的原因既有对因果分析重要性的认识不足,也有对因果机制概念的理解不清,还有对因果分析层次的分辨模糊,更有对因果分析方法的掌握不够。社会研究所关注的是社会群体、制度和结构上的原因,而非个人层次上的现时的倾向性因素。因果分析的过程中,分清起因和结果间的时间先后次序非常重要。社会研究中有一系列原则为达到这一目的提供帮助。路径图以及对因果效应的分解是理清因果机制的大有裨益的工具。

从另一个角度来讲,对于因果分析的强调决不意味着对当前定性研究的抛弃。一方面,定性研究与因果分析并不相互矛盾;另一方面,定量研究中的因果分析也并不一定要排除定性研究的补充。虽然,相对而言研究手法更为规范的定量研究更容易与因果分析相联结,但是,定量研究中统计分析的使用并不意味着因果分析的自动运用。通过使用"起因的退化"作为其文章的题目,阿博特直截了当地抱怨了当前以统计分析占主流的社会研究中的因果分析的干瘪以及与公众读者的鸿沟(Abbott,1998)。他所提倡的是,因果分析——特别是以统计为分析手法的——需要清晰的情景描述。只有给定这样的背景,并把因果分析植入其中,我们才能够更清楚地理解数字所表示的因果机制。这是因为,因果关系本身就是以一定的背景为基础的(contingent)。而这样的情景描述在很大程度上即是分类(clustering)和等级划分(scaling)。这样的工作需要定量的方法,也需要定性的方法。①

4. 抽样方法中样本代表性的评估

有些学者认为,可以采用将样本的某些特征与总体的同类特征进行比较的办法来评估样本的代表性,如果发现二者之间的差别不大,则可认为样本的质量较高,代表性较好,反之,则说明样本的代表性较差。笔者认为,这种评估方法既不可行,也不科学。说它不可行,是因为我们并不知道总体的特征,如果我们已经知道了总体的特征,也就没有必要进行旨在根据样本特征来推论总体特征的抽样调查了。即使已经知道了总体的某个或某几个方面的特征,可以拿这个或这些特征来与样本的同类特征进行比较,这种比较也是局部的、片面的,研究者也可能对这个或这些特征并不感兴趣。说它不科学,其理由之一是因为样本特征与总体特征之间的具体差别的大小,并不与样本是不是概率样本以及代表性的高低有必然的联系。或者说,退一步讲,即使能进行某个样本特征与总体特征之间的比较,当发现二者之间的差别很小时,我们也无法判断这种"很小"的差别所代表的真正意义。如果不存在非抽样误差,这种"很小"的差别能说明在这个特征(但不能同时说明其他特征)上的抽样误差很小。然而,要是还存在非抽样误差,则这种"很小"的差别也可能是抽样误差与非抽样误差相互抵消之后的结果。总而言之,这种评估的方法,就好比根据甲与乙在某些方面是否相像来判断他俩之间是否具有父子关系一样,是靠不住的。

那么,究竟应该如何评估一个具体样本的代表性?答案只有一个:评估一个样

---

① 参见王天夫:"社会研究中的因果分析",人大复印资料《社会学》2006年第12期。

本的方法不是依据该样本的特征,而是依据其抽取的过程。① 对这个过程的评估涉及多个方面,比如:抽样框是否明确,样本规模有多大,样本的抽取是否严格遵循了概率抽样程序,在具体的实施过程中,有没有未应答现象,应答率是多少,等等。笔者不想在此探讨如何评估所有这些方面的问题,而只是就与未应答现象有关的几个问题做些初步分析。

因此,研究者应该在自己的研究报告中清楚地、详细地公布这方面的信息,如公布样本的抽取是否严格遵循了概率抽样程序、在具体的实施过程中有没有未应答现象、应答率是多少、是否发生过样本替换、替换了多少、是怎么替换的等方面的信息,以便读者对其样本的代表性的高低做出正确的判断②。

---

① 参见 Fowler, F. J. 1993, Survey research methods(Second edition). Thousand Oaks:Sage Publications, p.10。
② 参见游正林:"应该如何评估样本的代表性",人大复印资料《社会学》2009 年第 8 期。

第十五章 新的征程——中国调查学术研讨综述

第一节 "中国调查"学术研讨会概述

一、全国调查研究方法学术盛会

2010年7月18日,"中国调查"学术研讨会在上海复旦大学光华楼隆重开幕。本次全国性调查研究方法学术研讨会由中国社会学会方法研究会偕同海内外学术机构和调查业界同仁一起举办,为期三天。

30年来,中国社会学注重社会现实问题的理论研究和调查研究,为我国经济社会协调发展做出了很大贡献。此次研讨会旨在总结交流改革开放30多年来特别是进入新世纪以来,中国调查及其研究方法的进展与经验,为从事调查方法教学和研究的同仁提供一个交流平台。来自我国各省、市、自治区、直辖市、香港、澳门特别行政区及海外的一百五十多名专家学者出席了会议。

本次研讨会由中国社会学会方法研究会、复旦大学社会学系、南开大学社会学系、上海社会学会主办,香港中文大学社会学系、上海南康科技有限公司、广州社情民意研究中心、上海神州市场调查公司等单位协办。

大会开幕式由复旦大学社会学系教授、中国社会学会方法研究会会长范伟达教授主持,南开大学社会学系主任、中国社会学会方法研究会秘书长白红光教授致欢迎辞。此次"中国调查"学术研讨会得到了上海市委宣传部、中国社会科学院和复旦大学的高度重视,上海市委宣传部副部长潘世伟、中国社会科学院社会学研究所原党委书记王庆基、复旦大学党委宣传部部长萧思健、复旦大学社会发展与公共政策学院党委书记严峰、中国社会学会副会长、上海大学党委副书记副校长李友梅等出席了开幕式并致辞,对大会的召开表示热烈的祝贺。

美国著名社会学家、《社会研究方法》教材的作者 Earl Babbie 也专程从美国前来参加开幕式,并向在座嘉宾和与会者介绍了美国的社会研究方法教学和应用。

大会主题演讲由复旦大学社会学系主任刘欣教授主持,香港中文大学社会学系主任张越华教授为来宾介绍了香港中文大学社会学系的社会研究历程并作出未来展望。中国社会科学院社会学研究所方法研究室夏传玲主任从社会模型与定量分析的角度提出了对当前定量社会学研究的思考。中国社会学会方法研究会副会长、中山大学社会学系丘海雄教授作了题为社会科学的应用性研究的演讲。华东师范大学现代城市研究中心主任、社会学系陈映芳教授从学术角度阐述了在范式与经验之间城市研究如何接近问题。中国市场研究行业协会会长、北京大学新闻与传播学院刘德寰教授从布劳顿肯分析思路的误区讲述了深描式结构分析的新探索。专家们的精彩演讲给现场的嘉宾带来了新的思考和启发。

中国社会学会方法研究会名誉会长、南开大学社会学系苏驼教授,美国加利福尼亚大学社会学系 Jonathan Turner 教授等由于身体的原因,未能莅临现场,特发来了贺信祝愿本次研讨会圆满成功。

本届研讨会为期 3 天,共设 5 个论坛和 2 个专题讨论。五个论坛分别为高校调查研究方法教学研讨、费孝通先生调查思想与方法、中国民意调查的应用与发展、市场调查行业的现状与趋势、CAI 调查等现代技术的运用;两个专题讨论为"海外社会研究方法的新进展"和"谁动了我们的数据"。本次会议共收到来自国内高等院校、政府部门、科研机构、调查公司以及海外从事调查方法教学研究的专家学者提交的论文 86 篇。

第二天各论坛的讨论都非常热烈和精彩。经过一整天热烈而精彩的论坛研讨,7 月 19 日晚上,"中国调查"学术研讨会在复旦大学光华楼圆满落幕,由陈映芳教授等 20 位专家学者组成论文评审委员会进行优秀论文评奖,在闭幕式上公布一等奖(8 篇)和二等奖(20 篇)的论文。由范伟达教授、白红光教授、Earl Babbie 教授、夏传玲主任等为论文奖获得者颁奖。随后,各论坛的主持人和评论人分别对五个论坛和两个专题讨论做了总结汇报。本次研讨会的召开恰逢世人瞩目的世博会在上海举办,上海世博局宣传部的负责同志也专程向各位来宾进行了精彩详尽的世博讲座。

前排从左到右就座的为:林泽民、丘海雄、夏传玲、陈映芳、刘欣、王庆基夫人、王庆基、白红光、范伟达、潘世伟、李友梅、萧思健、严峰、张越华、巴比、巴比夫人、瞿铁鹏、孙嘉明、刘德寰、梁幸枝。

二、开幕式部分领导致辞

1. 中国社会学会方法研究会秘书长白红光教授致欢迎词

我代表中国社会学会方法研究会和复旦大学社会学系、南开大学社会学系、香港中文大学社会学系等十家主办和协办单位向前来参加本次"中国调查"学术研讨会的各位嘉宾、各位代表表示热烈的欢迎和衷心的感谢。

参加本次大会的有正式代表和理事、特邀嘉宾、上海地区各高校、政府单位及学术团体等专家学者、各单位会务人员,共一百五十余人。

大会从开始筹备发出论文通知,得到海内外专家学者的积极响应,截至大会召开前,共有近百位代表报名参加,收到论文共80余篇,并由陈映芳教授等20位专家学者组成论文评审委员会进行论文评审工作,将在闭幕式上公布一、二等奖的得主。

我们本次研讨会的学术论坛有:高校调查研究方法教学研讨、费孝通先生调查思想与方法、中国民意调查的应用与发展、市场调查行业的现状与趋势、CAI调查等现代技术的运用;并将就业界及媒体关注的"海外社会研究方法新发展"和"谁动了我的数据"两个话题进行专题讨论。

我们很荣幸地邀请到美国著名社会学家、《社会研究方法》教材的作者艾尔巴比教授来会演讲。特别感谢上海市委宣传部潘世伟副部长、中国社会学会副会长上海大学副校长李友梅教授、复旦大学党委宣传部萧思健部长、复旦大学社会学院党委严峰书记到会致辞,并为大会在复旦的召开提供一个这么优越的学术研讨平台。

本次研讨会的召开恰逢世人瞩目的世博会在上海举办,我们将邀请上海世博局宣传部的负责同志向各位介绍上海世博会并组织全体与会代表参观上海世博会。

本次研讨会是中国社会学会社会调查研究方法专业委员会(简称中国社会学会方法研究会),经民政部于2009年6月24日正式批复发证,由范伟达教授任会长后首次召开的全国性的学术研讨会。我们将在理事扩大会上就方法研究会的下一步计划、学会理事会的健全等工作进行协商和讨论。

我们方法研究会的名誉会长苏驼教授因身体原因不能与会,但发来热情洋溢的贺信。香港中文大学社会学系主任张越华教授、中国社科院社会学所方法研究室主任夏传龄研究员等专家学者都将在会上作主题演讲,我们在此向为本次大会作出奉献的各位专家教授表示感谢。

2. 中共上海市委宣传部副部长潘世伟教授致辞

尊敬的范会长,尊敬的各位专家学者,今天社会学方法论研究领域的各位专家学者群贤毕至,汇聚复旦,举办中国调查学术研讨会,同时作为社会学会方法研究会的一次年会,能够参加这么一次会议感到非常的高兴,在此请允许我代表上海市委宣传部,同时也代表上海理论界学术界向我们这次学会的举办表示热烈的祝贺。

大家知道中国近代以来一直在努力实现现代化的目标。一开始我们采取了西方欧美国家的道路和方法,但是这个实践和探索遇到了挫折。在中国共产党成立前后,一部分中国的先进知识分子开始探索另外一条道路,这条道路一路走来已经将近90

年,我们现在回过头来看,这条道路有它的原创性,它是第一次不是在资产阶级的领导下,第一次不是由资本主义的方式来完成一个国家、一个地区的现代化、工业化、城市化的历史使命。这种实践的原创性、它的特殊性、它的相对独立性,并不是被所有的人,包括这场伟大实践的参加者,以及这场变革的观察者所注意、所重视、所珍惜。

值得我们关注的这场变革还在延续,特别是中国改革开放30多年来这场社会主义条件下由共产党领导的现代化的伟大事业加速推进。在这个加速推进的过程当中,我们感受到两个方面的巨大变化,一个就是逐渐发育出一个市场经济,另外一个我们开始逐渐的感受到中国的社会开始发育出来。

我们在座的各位都是社会学领域的专家学者,我们对后面一个变化可能感触比较多,值得我们注意的,无论是中国的市场,还是中国的社会,它发育的基础,它发育的路径,它发育的背景,它发育的远景,跟传统的欧美国家市场和社会发育的情况不完全一样。所有这些变化都对我们社会学的专家学者提出了一个挑战。你如何解读,如何解释,同时也为我们的学术研究提供了丰富的素材,你如何来亲近,如何来面对。我们不可能简单的沿用西方的现成的关于社会变革的很多的理论和学术、观点来简单的解释中国的现实,中国所发生的一切无论是它的市场,无论是它的社会的发育,以及整个现代化的进程,并不是西方过去发生变化的方法复制。在这种情况下我觉得我们社会学和其他的人文学科一样,我们面临着一个广阔的舆论发展空间。对中国社会变革做出怎么样的分析,得出什么样的结论,以及对它未来的走向给予怎么样的预测,并且把我们观察的结构和知识传播给领导层,决策层,传播给广大的人民群众,这是我们无法回避的历史责任。然而这个过程当中,我们究竟采用什么样的方法,什么样的分析工具那是非常重要的一个环节。

有一位老人说过,没有调查研究就没有发言权,讲这句话的背景是中国解决政权的问题,解决国家独立和解放的问题。今天这个语境完全不同了,我想这位老人的名言对我们有着莫大的启示。古代的中国是一本书,近现代的中国是一本书,现在的中国更是一本书,我们如何去解读这部理论,也是我们社会学,特别是我们社会学方法研究领域的学者亟待解决的课题。我们非常期待社会学领域的专家学者,特别是社会学方法论的研究学者,能够给我们解读中国这本书提供更好的视角、提供更好的路径,提供更好的分析工具,说到底给我们提供一个多样化的方法,使我们能够最大限度的还原社会的本来面目,使我们能够更好的把握变化的规律,使我们能够更好的抓住中国变化的本质。我想在这个神圣的知识面前,我们大家要共同努力,这份努力是一个漫长的过程,可能是一连串的学术思考、学术研讨和学术调研所构成的。所以,这次中国调查学术研讨会,作为这种漫长的积极努力的一个重要的环节,我们期待有一个非常重要的发展,同时为我们未来的发展有更好的启示。

最后祝我们这次研讨会圆满成功。另外,上海在举办世博会,昨天达到了55万多人,是世博会开园以来最多的一次,对我们来说是一次非常有意思的分析,是一个特殊背景下的超大规模的人群的经济和流动。它所产生的经济、社会、文化以及人际关系的互动,从多方面揭示了中国城市化、工业化、现代化的某些侧面,听说会议做了一个安排,大家可以去走马观花,学者可能有自己独特的视角,我们也期待你们参与世博的过程当中总结自己独特的感受。祝大家在上海工作愉快,谢谢大家。

3. 中国社会学会副会长、上海大学副校长李友梅教授致辞

今天这个会是一个学术的研讨会,这个会的议题在中国社会学里面是非常重要的一个主题,叫中国调查学术研究。我们中国的社会经济正处在一个新的阶段,新阶段的转型期,许多新的现象、新的问题甚至新的矛盾需要我们去认识和理解。要达到一个高水平的认识和理解,调查研究是首当其冲的。所以,我感觉今天这个会非常的重要,而且汇集了我们中国社会学界,社会调查研究方法的许多优秀的学者。因为这个调查研究方法越来越受到不仅是社会学,还有其他社会学科的,甚至理工科的重视。

前不久,我们刚组织了组织社会学的研究会,现在有西安大学由教授组织的社会学的研究会,今天我们又召开这样的研讨会,可见大家对这个课题越来越重视。我自己感觉在学校里面、在我们课堂里面,关于真正的中国社会学调查研究方法的课程还很缺乏,应该得到大家的重视。我们在大学的课堂里面一般教给大家的,给本科生的主要是怎么样搜集材料,怎么样科学地搜集材料,怎么样整理资料,怎么样分析资料,但是分析资料、整理资料和搜集材料里面都有推论方式,推论逻辑,它不只是一个定量的研究,它更重要的是借助于定性研究。

所以,我们这次研讨会把这些引进去,怎么样培养我们的学生面对现实的社会,怎么样去认识这个社会,其实不仅仅是定量研究,还有很重要的定性研究。要会归纳问题,要会提炼问题,这个可能在我们的课堂里面关注的不是很够,学生毕业以后总是感觉到自己缺这块缺那块。我也希望我们今天的这个会,我们这么多的学者在这里,大家有时间就这个议题研讨一下,为的是培养我们的学生更加胜任这个工作。

4. 中国社科院社会学所原党委书记王庆基副所长致辞

这次来上海开会我选了一个题目叫《略谈社会学方法》为了节约时间我就谈一下。社会学方法是非常重要的学问,是非常重要的研究领域。作为过来人,作为对社会学感兴趣的老者,就社会学方法的重要性、多样性和实践性谈一些认识。

(1) 方法的重要性

熟悉中共党史的人都知道,党中央历来非常重视方法问题。早在1934年1月27日毛泽东在《关心群众生活,注意工作方法》一文中强调:"我们不但要提出任务,而且要解决完成任务的方法问题,我们的任务是过河,但是没有桥或没有船就不能过,不解决桥和船的问题,过河就是一句空话。不解决方法问题,任务也只是瞎说一顿。"又说:"一切工作,如果仅仅提出任务而不注意实行时候的工作方法,……那么,什么任务也是不能实现的。"

中国在民主革命时期的任务是推翻帝国主义、封建主义、官僚资本主义"三座大山"的统治,建立新中国。完成这个战略任务的方法是什么呢?那就是党的建设、武装斗争、统一战线,也即"三大法宝"。如果不找到,或不坚持这"三大法宝",也就是不解决方法问题,要实现党在民主革命时期的任务是不可能的。

从1978年中共十一届三中全会开始,中国进入了新的历史时期。新时期的战略任务是:振兴中华、实现四个现代化,建设科学、民主、文明的社会主义强国。方法是什么呢?方法就是拨乱反正,由阶级斗争为纲转到以经济建设为中心,实行改革开放,由计划经济转到市场经济,由摸着石头过河转到科学发展观。如果不正确解决方法问题,要振兴中华,实现新时期的历史任务,同样也是不可能的。

邓小平于1992年1月18日至2月21日在《在武昌、深圳、珠海、上海等地的谈话要点》一文中说:"计划多一点还是市场多一点,不是社会主义和资本主义的本质区别,计划经济不等于社会主义,资本主义也有计划。市场经济不等于资本主义,社会主义也要市场。计划和市场都是经济手段。"邓小平同志这里讲的手段也就是方法。方法的重要性,无论从宏观来说还是从微观来说,无论对历史的进程来说还是与现实与未来的进程来说都是至关重要的,是不容置疑的。

(2) 方法的多样性

世界是多样的,社会事务是多样的,社会学的方法也必然是多样的。社会学的方法有普遍性也有特殊性,有共性也有个性,既要关注普遍性和共性,也要关注特殊性和个性。

社会学方法,有的长期有作用,有的短期有作用,对已经没有作用的方法就要摒弃。物质产品贵在创新,精神产品贵在创新,科研成果贵在创新,社会学方法同样贵在创新。新事物层出不穷,方法也要不断地创新。

(3) 方法的实践性

社会学方法要注重学术研究,学术交流,特别要注重实践性,注重实践检验,坚持实践性是检验方法正确与否的唯一标准。

社会学方法的实践性与群众性密切相关。社会学方法的专家、学者,要坚持以社会工作者和调查对象相结合才可以正确使用社会学方法,完成社会学的调研任务。

社会学方面的实践性要通过历史的检查,通过长期的观察和了解,分析现代、预测未来。

社会学的实践性还要注重社会横向的联系,国际间的联系,族群间的联系,社区间的联系,地域间的联系。通过横向间的调研和分析,通过比较,找出事物的共性与差异,把握事物的发展规律,提出对策,为推进社会的进步不断做出宝贵的贡献。

上面的几点认识是我个人的学习心得,愿与大家切磋,如有错误,希望大家批评指正,谢谢大家。

5. 美国加利福尼亚大学社会学系 Jonathan Turner[①] 教授贺词

(由芝加哥大学俞志元博士代特纳教授致贺词)

尊敬的范伟达会长,尊敬的各位来宾,前一段时间因为骨折无法长途旅行,因此很遗憾没有参加本次会议。我感到很高兴中国社会学界有中国社会学会方法研究会这样的专注于方法学研究的平台。社会学方法是一个重要的研究领域,对社会学这个学科的发展起着重要的推进作用。

当然,除了社会调查方法研究之外还有其他的方法,比如实验法、历史学研究方法,观察法等等,在这些方法中社会调查方法应用得相对比较广泛,因为它全面的了解到每个人群如何思考,然后寻找成因。但是它也有局限性,因为它没有办法测量社会结构,所以过分依赖社会调查研究方法也是不可取的。

这里也提一下我的学术著作《社会学理论》这本书,这本书多次被翻译成中文,我当时写的时候没有想到这本书给美国社会学的各种调查带来如此大的影响,最近我撰写这本书的新版的时候加入了其他的理论框架,比如进化理论,生态学理论,文化理论和批判理论等等。

这本书当中有一个非常重要的问题值得大家关注,就是社会学的理论发展需要突破宏观的纯理论的研究,同时也要发展一些社会学的机制研究,从而丰富我们对社会学的理解。在我构思这本书的过程中,我试图把许多理论进行形式化,但这只是初步的探索,如果社会学要成为一门解释的学科,我们就要不断的发展和不断

---

① 乔纳森·特纳(Jonathan H. Turner)美国著名社会学家,1968 年从康奈尔大学获得博士学位后,长期在加州大学河边分校(University of California, Riverside)社会学系任教。曾担任社会学系主任,1997 年后成为该校的杰出社会学教授,是美国当代资深的理论社会学家。特纳在社会学的多个领域都有突出建树,尤其以社会学理论研究见长,其研究成果在世界社会学界都有广泛的影响。

的补充,作为社会学家的我们就是不断的丰富社会是如何运作的,并探索出普遍的规律,指导我们的实证研究。宏观的理论是无法被全面测试的,所以我们需要不断的探索可以被量化的,可以被验证的一些社会机制,这样我们就可以不断的探寻一些能够解释普遍的社会问题的机制。这观点在美国社会学当中不是所有人都能接受,我只是把它提一下,供在座的中国社会学家们讨论。

我个人认为社会学应该有一个分工,理论社会学家就是不断的开发新的理论,社会实证研究家就是验证这些理论。如果没有这样的分工我们的理论则必然会狭隘,其结果是我们的知识结构只能在狭隘定义的理论框架的前提下发展。所以我希望理论社会学的工作者能够尽量探索出一些普遍性的抽象的理论框架,同时社会实证研究者尽可能从经验的社会中验证这样的理论,如果我们的理论非常的抽象不需要现实的环境,同时我们又可以去验证它,那我们的学科将会变得更加的成熟,我希望中国社会学界在这方面有所突破。

最后非常感谢范会长给我这样的机会,祝贺中国调查学术研讨会顺利召开,谢谢。

第二节　专家学者的精彩演讲和研讨

一、部分精彩的演讲

1. 香港中文大学社会学系的社会研究历程与展望

张越华教授为来宾介绍了香港中文大学社会学系的社会研究历程并对未来中国社会学如何才能在世界社会学界占一席位,中国调查研究发挥学术上的贡献这一理想,展望香港中文大学社会系跟大陆社会学学者携手合作的展望。

张越华教授强调:"我们做很多很多的调查,我们是调查育人。我们进行任何社会研究,都要因应研究题材而选择适合的研究方法。所选用的方法,亦决定了我们将搜集得怎样的资料。从这角度来看,方法论是社会研究中的一件工具。但方法论的不断改良与突破,除了能够帮助我们矫正过去方法上的错误及提高数据搜集的质素之外,还可引导我们探究新的或以前做不来的研究题材,因而扩展社会研究的领域。从这方面来看,方法论又扮演着社会研究推动者的角色。故此,一个地方所采用的研究方法,多少可反映出该处社会研究的成熟程度,亦表露着该地

张越华(香港中文大学社会学系主任、教授)

社会学发展的历程。"

2. Using and Teaching an Evolving Science

美国著名社会学家、《社会研究方法》作者 Earl Babbie 教授介绍了在他所在的 Chapman University 社会学系在做研究时也会进行实地考察、田野调查等,另外 SPSS 统计分析实际上定性和定量都有侧重。其中部分学生的毕业论文也采用定性和定量相结合的调查报告。

Earl Babbie Chapman
University Professor
(翻译:孙嘉明)

Earl Babbie 教授谈到:"我在 1973 年的时候就已经开始进行社会研究方法的研究和教学,当时最主要的一个是面对面的访谈,另一个是问卷调查。同时我们还有一个电话访谈,现在来看都已经被更多的人接受,还有很多的途径和很多的变化,从经济来讲就是花比较少的钱可以得到比较好的效果。但最近的调查显示,公众对电话调查太熟了,整个调查效率有所降低,越来越多老百姓对电话调查有了抵触。这种拒绝率的提高是因为有很多的调查是附带了一些广告,或是一些虚假的东西,或是跟政治的选秀联系在一起,所以现在出现了很多的拒绝回答。一些在政治上的这种互相之间的攻击,各种手段的政治上的斗争造成了老百姓对这种电话访问的一种抵触情绪。"

3. 社会模型与定量分析:对当前定量社会学研究的一点思考

中国社会科学院社会学研究所方法研究室夏传玲主任从社会模型与定量分析的角度提出了对当前定量社会学研究的一点思考。

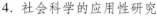

夏传玲(中国社会科学院社会学研究所方法研究室主任、研究员)

夏传玲主任指出:"目前的社会调查存在不少问题,如过度依赖数据、把社会简单看成所有个体的组成而忽视了差异性、测量工具的准确度等。应从归纳走向证伪,摆脱统计学的束缚,以系统的眼光看系统,强调定性分析。我们一直是受到工具制约的,但其实方法没有简单和复杂,也没有高级和低级,只有恰当和不恰当之分。"

4. 社会科学的应用性研究

中山大学社会学系教授、中国社会学会方法研究会副会长丘海雄教授介绍了 SWOT 方法在定量和定性两方面的分析和延伸,并结合政府课题及产业集群的经济分析进行研究。

丘海雄教授指出:"SWOT 方法做的好的话要有理论的支撑,所以我们将这个 SWOT 分析和波特的钻石模型理论结合起来。我们政策的决策,很多只是考虑部

丘海雄（中山大学社会学系教授、中国社会学会方法研究会副会长）

门的利益没有考虑到其他老百姓的利益。当时我们做了这个研究以后，研究的成果被省委调研室作为一个内部报告递给了省委书记。他们看到了不光是研究的具体的结果，也看到了一种研究的新思路，就是你的决策要关注第一群体，要留意他们的影响力，他们的抵抗能力，如果这些你不关注的话，政策研究就很难做好。"

5. 在范式与经验之间：城市研究如何接近问题

华东师范大学现代城市研究中心副主任、社会学系陈映芳教授从学术角度阐述了在范式与经验之间，城市研究如何接近问题。

陈映芳（华东师范大学现代城市研究中心副主任、社会学系教授）

陈映芳教授提出几个问题："一是把所谓的西方、中国二元的东西简约化本质化的一个倾向。二是我们社会学者的主体问题，社会学者与社会这个观察者主体也是要讨论的问题。三是范式研究者与经验问题。四是所谓的主体跟我们的意识问题之间的关系。另外还有一个角色的问题。总结一下就是范式和经验之间有问题，并不能构成我们社会学建构力和阐释力不足的借口。两者复杂的关系恰恰是成为促进中国问题的张力。另外对研究主题的回避并不能保证客观性，认识问题才可以反思问题，在范式和经验之间解释真正的社会问题，从而找到研究的方法。"

6. 布劳顿肯分析思路的误区——深描式结构分析的新探索

刘德寰（北京大学新闻与传播学院教授、中国市场研究行业协会会长）

中国市场研究行业协会会长、北京大学新闻与传播学院刘德寰教授特别强调，定量是社会分析的一个视角，同样如果要想理解数据就要理解社会理解人，没有理解的分析，只是统计学，统计学不是定量，它们是两回事。结论不要被数据迷惑了，数据只是对数据的描述而言，分析是找寻规律性和发展趋势。解读永远强于技术，技术必须要先具备，否则的话永远解决不了问题，技术模型背后的解读才是整个研究的基础。

刘德寰教授在讲演中还说到大趋势和小趋势的问题："大趋势把握规律，小趋势更重要。我们前提是找趋势而不是找数据。有多少人关注多小趋势，有多少人关注过1%的人。0.1%的人有没有关注？没有，我们只是关注

30%、50%意见,这些没有用。但1%的人很重要,因为他们代表新的趋势,1%在中国占量非常的惊人,我们应当特别重视。"

7. 7月18日下午的主题报告

在7月18日下午的专题报告会上,专家们还就多个议题进行了深入地研讨。广州社情民意研究中心总干事助理梁幸枝作了题为"民意调查在公共生活中的作用"的主题报告。

哈佛大学文化人类学博士、复旦大学社会学系潘天舒教授对中国商业领域里的田野研究从反思的视角进行阐述。

来自 Texas A&M University 的孙嘉明副教授作了题为 STATA 统计软件与结构等式模型 SEM(Structure Equation Modeling)在社会科学定量研究中的应用的专题报告。

福建省委党校社会发展研究所所长刘大可教授在报告会上作了发言,在前人研究的基础上,结合个人的亲身实践,就人类学田野调查、社会学问卷调查、历史学考证方法在村落社会中的科际整合问题从科际整合的缘起、科际整合的理论与方法、科际整合的实践三方面进行探讨。

湖南省社会调查方法专业委员会主任、中南大学公共管理学院社会学系董海军副教授在南G县农村调查数据的分析的基础上,提出了使用相同的问卷对同一农村民众采用面访与电访两种资料收集方式,对所得到的数据结果进行比较分析发现,因变量总体上无显著差异的基础上其中一些数据结果存在显著性差异的问题,产生结果差异的原因可能是面访与电访的特性、问卷中题项的特征以及中国人的"心理二重区域"现象共同作用的结果。

中国传媒大学社会学系系主任冯波教授就高校社会调查方法课将知识转化为能力的必要性和途径作了详尽的报告,从如何提高高校社会调查方法课教学的效果,特别是把社会调查方法的知识转化为学生的能力提出了思考,并且探究了把社会调查方法的知识转化为学生的能力的几种有效途径。

中国社会科学院环境与城市研究所博士后罗静研究员在澳门博彩开放与法律监管的背景下,从澳门统计数据初步分析结果透视了澳门繁荣的深层原因和面临的挑战。来自新加坡国立大学的助理教授宋照礼以手机调查为专题,结合案例对手机调查的优点、功能、模式、应用进行了详细的介绍。

上海神州市场调查公司沈岱易经理结合满意度研究的经验,介绍了满意度测评的体系和模型、研究过程、调查方式、分析内容等等。联合利华市场研究部方军总监做了题为跨国公司在中国市场洞察的挑战的专题报告,都得到了很好的反响。

来自新加坡国立大学的助理教授宋照礼以手机调查为专题,他将手机作为问卷调查的一种新的工具来进行探讨,并结合世博会的志愿者调查系统的案例对手机调查的优点、功能、模式、应用进行了详细的介绍。同时也指出了手机问卷调查目前还存在手机平台不兼容、界面和屏幕效果的局限。最后他强调手机调查是未来调查的方向,将数据组合在一起形成无缝的连接是未来的趋势。

二、专题的研讨

1. 论坛一:高校调查研究方法教学研讨

"高校调查研究方法和教学研讨"论坛由香港中文大学社会学系主持。

从定性方法谈起,要迅速抓住核心提出问题,这是定性方法的根本所在。

香港中文大学的专家老师谈到他们如何测量社会网的思路和方法,刘德寰提出的就是说要把定性思维的视野贯彻到分析数据中,但是必须首先要服从数据,而且要对数据做一些文字的描述,这样才能让人们搞懂这些东西。

中国社会科学院的夏传玲老师提出人们认为理论家要不断的创新理论,而实证家用数据证明这些理论是不对的。社会学研究必须贯彻理论,没有理论是不行的。可是问题在分工到最后是理论、方法、技术互相分隔。夏老师也提出他解决问题的办法,就是团队中真正能作为旗手的需要又懂理论又懂方法,这才是团队的灵魂,并且在团队中组织一些在理论上和在方法上都各有偏重的人。

总体来讲,经验研究应该在理论指导下进行研究,今后高校在高校调查研究方法教学和实践上一定要将理论和方法有机结合起来。

2. 论坛二:费孝通先生调查方法与应用

"费孝通先生调查思想与方法"论坛由上海大学社会学系、华东理工大学小城镇研究中心主持。论坛的主题一个是费孝通先生的调查资产和方法,再一个是费孝通先生调查方法的应用。

论坛既对费孝通先生的调查思想的方法进行了一些讨论,包括陈树林老师、陕西师范大学的段塔丽老师和傅德华先生都做了很好的讨论和总结。另外也对费孝通先生调查方法的应用做了一些研究,包括武汉市社会科学院的刘老师,华东理工大学的张歌、西北民族的王丽萍老师,对费孝通先生给我们留下的遗产研究了某个村庄的基本情况和发展的道路。

在论坛讨论里首先形成了这样一个共识,费孝通先生早期的调查思想是非常丰富的,给我们留下的调查的方法是非常有用的。尤其是费孝通先生提出的拓展社会学研究的边界,加强对模式的研究给我们指明了方向。

第二个内容是几位老师都对个案进行了很详细的研究,用费孝通先生做倡导的社会方法对这些个案做出了很详细的分析。首先,费孝通先生留下的这些方法我们应当继承和发扬。其次,对费孝通先生早期的社会调查方法我们应更多的挖掘,在挖掘的基础上有所发展,不能保留在那个时代。再次,费孝通先生的时代跟我们现在的时代不一样,我们应该立足当下的实际,发展我们的社会方法。在继承费孝通先生理论成果的基础之上创新我们的调查方法,使我们真正能够呈现事实,了解事实,把握事实,使我们的研究能够起到更大的作用。

3. 论坛三:中国民意调查的应用与发展

"中国民意调查的应用与发展"论坛由广州社情民意研究中心主持。其特色有两点,一个是采用了议题式的讨论形式,各位专家与与会专家根据自身的研究内容结合议题进行发言讨论。讨论的议题大致分为当前公共生活的背景,以及民意调查的作用与发展两个方面,总共 7 个议题。第二个特点是人员的构成,Earl Babbie 教授全程参与了分论坛,向各位专家学者介绍了美国民意调查的经验以及现状,也提出了许多有意义的问题与各位专家进行了讨论。其次论坛中还有不少来自香港和台湾的学者,加上内地的学者组成了两岸三地加国际的研讨,使大家了解到不同体制下民意调查的情况,也各自交流了当地的民意调查的经验。论坛取得了两个成果。第一,与会专家就当前的社会分层结构进行了讨论。Earl Babbie 先生从美国社会结构的现状提出了自己的看法,首先他认为美国社会的分层研究经验比较难借鉴到中国来,美国的社会结构相当的稳固,呈现了一个金字塔的情况,而且有非常大的复杂性。第二是民意调查的作用。有一些学者提出,民意调查是一个注意甄别民意的真实性,一定要注意甄别民意的真实性确保,民意结果的可靠。第二个是注意民意是否合适不要出现绑架官意的可能性。第三个就是如何提高可信度。无论是美国、中国大陆还有香港、台湾地区,民意调查已经成为大家的共识,很多公众也接受了这种形式的存在。但是公众对民调结果的可信性不是太高,这个调查结果在这个过程中的处理,值得深入研究。

4. 论坛四:市场调查行业的现状与趋势

"市场调查行业的现状与趋势"论坛由上海神州市场调查公司、上海优唯市场研究公司主持。

甘肃省委党校李龙江教授谈了在新形势下我国网络市场调研存在的问题,对于网络调查和现状也做了一个阐述,对于网络调查的合法性提出了一些值得关注的问题。合肥工业大学汤汇道教授以论"干中学"为题,从过去的市场调研以一种黑板式的教学的方式和方法,提出可以通过给予具体的一种项目,具体的假设和一些调研的项目,使其边锻炼边学边教,这样的效果对于学生真正的了解和到市场调查确实很有意义。

另外,郭强教授谈到,不管是在社会学还是在市调行业,虽然运用各式各样调查的方法有很多年了,有些也是从国际引进,但是这些方法如何真正的正确的运用,如何在现在这个社会里面合理的运用这些,同时使这些方法的数据能够有更好的科学性,很多方法的运用在实际中出现了各种不同的问题,整个学界已经到了要好好总结反思的时候。

广州致联总经理吴刚明结合多年工作实践提出市场研究的方法论,指出目前行业所存在的一些技术上的问题,或是方法运用上的问题确实是缺少了一些方法论的指导,调查方法确实要提高到用方法论的角度上进行反思来实现进一步的完善。

5. 论坛五:CAI等现代技术在调查中的运用

在"CAI等现代技术在调查中的运用"论坛由上海南康科技有限公司主持。上海南康科技有限公司林哲明副总经理从目前国内的调查行业面临的数据采集困境谈起,从采集对象的流动性日益扩大,人们隐私观念的不断的增强和访问员及研究人员的人力成本不断上升两方面说明当前数据采集的困境。在此基础上,他提出了通过CAI的工具不断的发展而形成的新的采集方式,可以达到同样的目标并且降低采集的成本,为调查提供多样化的采集方式,更丰富的采集方式和范围,更灵活的采集时间,使数据采集过程更加稳定和科学。

6. 专题讨论一:海外社会研究方法的新进展

专题讨论一"海外社会研究方法的新进展"由香港中文大学社会学系主持。Earl Babbie教授,香港中文大学的谭康荣、张越华老师,中国社科院的夏传玲老师,美国的孙嘉明老师,武汉社科院社会学科的刘崇顺老师,还有其他专家学者展开了非常积极生动的、富有成效的探讨。

讨论主题可分为两个方面,一方面是讲这个社会研究方法的教学和在研究中的运用,另外一方面则是社会研究方法学术共同体以及制度化建设的一些问题。

从社会研究方法的教学来说,孙嘉明老师和张越华老师都谈到了他们在美国和香港教学上的一些体会,共识就是社会研究方法的课程较难,因此给本科生讲授的内容比较基本。从课程设置上来说,定性和定量调查方法都受到很大重视,两个方面是并重的。香港中文大学的谭康荣教授也对定量化研究在社会学里面的这种占有强势的地位做出了一些评论,还介绍了欧洲日益定量化的趋势。Earl Babbie教授对定量和定性调查的结合也做出了非常精彩的阐述,他提出好的研究当然是要定量和定性并重。张越华教授用自己对在香港所开展的对戒毒者的调查审核深入的追踪研究把这两种方法结合起来进行学术研究的例子,他的体会是这两种方法可以相互补充,各自有不同的优势,他特别强调定性分析能给定量分析的增加更多的血肉,使对问题的理解更加的深入。

而在社会方法研究共同体的方面,主要讨论的问题是数据共享,孙嘉明老师提到现在国内对数据共享方面造成重复劳动,资源浪费,他也介绍了美国在这方面的一些做法。香港中文大学的张越华老师也分享了他所了解到的各大高校所进行的一些大型研究和成果在今后若干年将和整个学术共同体分享的趋势。Earl Babbie 教授回顾了 60 年代他所念书的学校最早所做的数据共享的努力,以及他们在世界各地搜集数据的情况。最后一个重要话题是 Earl Babbie 教授提出关于建立研究伦理委员会的问题,他建议方法研究会应该建立调查研究的道德规范以及伦理委员会,也谈了他自己在美国社会学会担任的职务以及对这些关于调查投诉案件的处理。社科院的夏传玲老师对这个问题进行了一些回应,主要提出了制度环境的差异以及中西方的思维方式的一些差异。张越华老师根据他们在香港所做的经验指出,类似的委员会不能通过政府推动,而需要学术界自己发展。

7. 专题讨论二:谁动了我们的数据

专题讨论二"谁动了我们的数据"由上海神州市场调查公司上海 QQ Survey 在线调研公司主持。各位专家学者从各个角度进行了讨论,发现实际上在调查的动机,调查的方法,包括最后数据解读上可能会带来一些失真的效果。这个结构数据看是一个小问题,其实是一个大问题,牵涉社会的各个方面。

郭强老师从哲学的角度指出了这些表象背后的本质,其实最终的本质是利益的驱动而最终对数据的结果产生了各种各样的影响。而广州舆情调查中心的老师则给我们指出了一个比较新颖的思路,认为至少在一些公共数据上可以做到一定的客观性。

保证数据的客观性和真实性仍然需要政府、研究公司、高等院校的专家和学者一同努力,需要各方面的长期积累和发展,才能逐步去解决这些问题。

第三节 媒体竞相报道"中国调查"学术研讨会

解放日报、东方早报、教育电视台、复旦大学新闻中心、香港中文大学通讯、中国社会学年鉴、中国调查研究网(www.srchina.org.cn)、神州调查(www.cmrsh.com)等媒体、网站、刊物都对中国社会学会方法研究会在上海成功召开的"中国调查"学术研讨会进行了相关报道。以下选取几篇关于会议内容的报道。

一、复旦大学官方网站的报道

"中国调查"学术研讨会在我校光华楼开幕。本次全国性调查研究方法学术研讨会由中国社会学会方法研究会、复旦大学社会学系偕同海内外学术机构和调查业界同仁共同举办,为期三天。

此次研讨会旨在总结交流改革开放 30 多年来特别是进入新世纪以来,中国调查及其研究方法的进展与经验,为从事调查方法教学和研究的同仁提供一个交流平台。来自海内外的一百五十多位专家学者、与会代表出席了会议。

大会开幕式由复旦大学社会学系教授、中国社会学会方法研究会会长范伟达老师主持。中共上海市委宣传部潘世伟副部长,中国社会学会副会长、上海大学副校长李友梅教授出席并致辞。

美国著名社会学家、《社会研究方法》教材的作者 Earl Babbie 参加会议,并在开幕式上向与会者介绍美国的社会研究方法教学和应用。

大会主题演讲由复旦大学社会学系主任刘欣教授主持。香港中文大学社会学系主任张越华教授为来宾介绍了香港中文大学社会学系的社会研究历程并作出未来展望。中国社会科学院社会学研究所方法研究室夏传玲主任从社会模型与定量分析的角度提出了对当前定量社会学研究的一点思考。中国社会学会方法研究会副会长、中山大学社会学系丘海雄教授则作了题为社会科学的应用性研究的演讲。

华东师范大学现代城市研究中心主任、社会学系陈映芳教授从学术角度阐述了在范式与经验之间，城市研究如何接近问题。中国市场研究行业协会会长、北京大学新闻与传播学院刘德寰教授从布劳顿肯分析思路的误区讲述了深描式结构分析的新探索。在下午的专题报告会上，专家们还就多个议题进行了深入研讨。

本届研讨会为期3天，共设5个论坛和2个专题讨论。五个论坛分别为高校调查研究方法教学研讨、费孝通先生调查思想与方法、中国民意调查的应用与发展、市场调查行业的现状与趋势、CAI调查等现代技术的运用；两个专题讨论为海外社会研究方法的新进展和谁动了我们的数据。①

二、《解放日报》新论版的介绍

日前，"中国调查"学术研讨会在复旦大学召开。海内外与会专家学者围绕高校调查研究方法教学、费孝通先生调查思想与方法、中国民意调查的应用与发展、市场调查行业的现状与趋势、计算机辅助调查等现代技术的运用等话题以及海外社会研究方法的新进展等专题进行了开放而深入的探讨。

市委宣传部副部长、上海社科院党委书记潘世伟指出，中国现代化进程不是西方的翻版，我们不可能简单沿用西方现成的关于社会变革的理论、学术和观点来加以解释。社会学领域的专家学者，特别是社会学方法论的研究学者，应该能够给我们解读中国这本书提供更好的视角、更好的路径、更好的分析工具，使我们能够最大限度地还原社会的本来面目，把握变化的规律，抓住中国变化的本质。

中国社会学会方法研究会会长、复旦大学教授范伟达强调，社会调查研究是中国特色的社会研究，是社会研究的中国化和本土化。只有掌握了科学的调查研究方法才能了解和把握中国社会发展的现状和脉搏，真正读懂当代中国这本书。

在讨论中，与会代表热议了高校教育和调查研究方法的教学。学者指出，中国的高等教育不仅要注重"通识教育"，更要注重"实践教育"；不仅要提倡"寂寞出学问"，更要强调"实践出真知"。

美国著名社会学家、《社会研究方法》作者艾尔·巴比教授介绍了他的教学经验，即通过实地考察、田野调查等，结合定性和定量方法进行研究。

范伟达教授和华东理工大学郭强教授认为，现在是用"数据说话"的时代，数据已成为建构社会的一种手段。然而，在现实生活中，经常会出现数据"打架"或者不可信的情况，不少人觉得自己的数据被"动"了。

数据为什么会"动"？与会专家围绕主要原因进行了讨论。

---

① "'中国调查'学术研讨会在复旦大学举行"，复旦新闻文化网2010年7月24日。

随着社会民主建设的不断推进,民意调查在公共生活中起着越来越大的作用。民意调查已经成为大家的共识,很多公众也接受了这种形式的存在,但是公众对民调结果的信任度还不是太高。与会者都认为,民调机构在实践运作中要坚持只当"化验师",不当"化妆师"①。

三、复旦校报专题报道

(一) 引言

改革开放30年来,中国社会学注重社会现实问题的理论研究和调查研究,为我国经济社会的协调发展做出了很大贡献。"中国调查"及其研究方法也在这一发展过程中和高校社会调查研究方法的教学中取得了长足进步,正进入一个蓬勃发展的黄金时期。中国社会学会方法研究会、复旦大学、南开大学、香港中文大学等联合邀请海内外高校、学术团体、调查机构的150余位专家学者齐聚复旦,参与为期三天的"中国调查"学术研讨会,围绕高校调查方法教学、费孝通调查方法、中国民意调查的应用发展、市场调查的现状趋势、CAI调查等现代技术的运用、海外社会研究方法新发展等主题进行广泛而深入的探讨。

(二) 社会调查在中国

市委宣传部副部长、上海社科院党委书记潘世伟教授:

> 有一位老人说过,没有调查研究就没有发言权。讲这句话的背景是中国要解决政权问题,解决国家独立和解放的问题。今天语境完全不同了,但这位老人的名言对我们仍然有着莫大的启示。如何解读当代中国这本书,是摆在社会学特别是社会学方法研究领域的学者们面前的一个亟待解决的课题。
>
> 中国的现代化进程不是西方的翻版,我们不可能简单沿用西方现成的关

---

① "掌握方法解读社会变化——'中国调查'学术研讨会综述",《解放日报》新论版2010年8月9日。

于社会变革的理论和学术观点来加以解释。在这个过程中,采用什么样的方法,使用什么样的分析工具是非常重要的一个环节。在神圣的知识面前,我们大家要共同努力,这份努力可能是一连串的学术思考、学术研讨和学术调研所构成的。社会学领域的专家学者,特别是社会学方法论的研究学者,应该能够给我们解读中国这本书提供更好的视角和路径,提供更有效的分析工具,提供更多样的方法,最大限度地还原社会的本来面目,更好地把握变化的规律,抓住中国变化的本质。

中国社会学会方法研究会会长、复旦大学社会学系范伟达教授:

健全和建设中国特色的社会研究方法体系是摆在我们面前的一项重要任务。调查研究是人们正确认识社会和改造社会的重要途径和科学方法,是我们的谋事之基、成事之道。只有掌握了科学的调查研究方法才能了解和把握中国社会发展的现状和脉搏。我们一贯主张,调查研究就是中国特色的社会研究,也可以说是社会研究的中国化或本土化。我们应把握时代潮流,实践混合研究。在中国高校关于社会调查研究方法的教学方面,我们不仅提倡通识教育,更要强化实践教育,不能片面鼓励"寂寞出学问",更要强调"实践出真知"。

在当前这个"用数据说话"的年代,当数据成为建构社会的一种手段时,某些统计调查数据却让人雾里看花,这样的状况十分令人担忧。维护统计数据和调查方法的客观性、科学性、权威性也因此成为当务之急。我们不仅要向社会警示数据共享和研究伦理的重要性与迫切性,更要致力于展示社会研究的类型、社会研究方法和手段的多样性,例如民意调查、市场调查、电话调查、网上调查的新发展和 CAI 技术、手机调查等新型调查手段的出现。

香港中文大学社会学系主任张越华教授:

我们学校是调查育人,会做很多调查。在香港,我们所做的研究大多是应用型的,如果只做一大堆调查是不够的,一定要对社会有所贡献才可以。我们进行任何社会研究,都要因研究题材而选择适合的研究方法。所选用的研究方法亦决定了我们将搜集怎样的资料。从这角度来看,方法论是社会研究的一件工具。方法论的不断改良与突破,除了能够帮助我们矫正过去方法上的错误及提高数据搜集的质素之外,还可以引导我们探究新的或以前做不来的研究题材,从而扩展社会研究的领域。

中国社会学会方法研究会副会长、中国社科院夏传玲研究员:

中国有句古话:没有金刚钻别揽瓷器活。我们开展社会研究一直是受到工具制约的。方法没有简单和复杂、高级和低级之分,只有恰当和不恰当之分。目前,社会调查存在不少问题,比如过度依赖数据、把社会简单看成所有个体的组成而忽视了差异性、测量工具的准确度不够等。但通过分析,应该可以从归纳走向证伪,摆脱统计学的束缚,以系统的眼光看待系统,强调定性分析,把调查、模拟和实验整合在一起。

(三) 将知识转化为学生能力

中国社会学会副会长、上海大学副校长李友梅教授:

中国的社会经济正处在一个新阶段的转型期,许多新现象、新问题甚至新矛盾都需要我们去认识和理解。要达到一个高水平的认识和理解,调查研究首当其冲。

在这样的大背景下,培养学生如何面对现实社会,如何认识当今社会,不仅是定量研究,更重要的是定性研究。当前,大学的相关课程主要讲授如何搜集材料、整理资料、分析资料,对其中涉及的推论方式、推论逻辑关注不够,缺乏真正的中国社会学调查研究方法课程,这些都值得引起重视。我认为,培养学生归纳问题、提炼问题的能力应该成为我们授课的重点。

美国著名社会学家、《社会研究方法》作者 Earl Babbie 教授:

30 年前,我和我的同事在美国有幸遇到费孝通教授,那时他正在夏威夷大学访问,进行社会学研究方法等方面的学术交流。我们在研究方法上作了很好的沟通。当时,我给费教授看了两本书——《社会学概论》和《社会研究方法》。他非常感兴趣,认为这两本书对中国重建社会学将起到很重要的作用,书中涉及的一些课程也非常值得进一步探索。他还把这两本书带回了中国。费教授的美国之行对他后来在中国重建社会学,并促进该学科发展大有裨益。

我所在的查普曼大学社会学系,在做研究时经常会开展实地考察、田野调查等,使用的 SPSS 统计分析,对定性研究和定量研究方法各有侧重,部分学生的毕业论文也会采用定性研究和定量研究方法相结合的调查报告。

复旦大学社会发展与公共政策学院党委书记严峰教授:

美国历史上有一个著名的调查革命。当下,在中国也可以称之为一场调查革命的开始。"中国调查"学术研讨会的召开恰逢其时。在"中国调查"研究方面,复旦一直想做一些工作,通过社会科学领域的相关研究做一点贡献。希望未来在复旦大学这个平台上,社会调查方法能成为一门非常有分量的课,吸引人文社会科学领域的专家学者都来做一点有关的研究,吸引各专业的学生都来学一点社会学、社会调查方法方面的知识与技能。

(四) 研究方法和科际整合

复旦大学社会学系主任刘欣教授:

任何事情都有一个此消彼长、物极必反的周期循环,社会调查方法也一样。在判断社会现实的方法上,中国曾经是统计加估计。社会学重建以后出现了定量研究方法,只要搞调查就是搞定量。近年来逐渐开始关注定性研究。定量研究也好,定性研究也好,判断其是不是规范,是不是科学,都应从研究工具、研究方法、研究主体、各种因素的综合作用等方面来考察其研究过程,分析最终的信度和效度如何。

香港中文大学社会学系谭康荣教授:

欧洲的社会学一般以理论为主,直到近十年才出现一个明显改变。有两个指标可以说明这一改变,一是欧盟从科研经费最丰富的科研单位所在地出发,发展了好几个重点计划,并不全是定性或纯理论方面的研究,也有用定量方式开展的研究;二是理论研究重镇英国,从国家层级出发要打破定性研究的垄断,重新培养定量研究的人才,大力发展定量研究。

教育部社会学学科指导委员会委员、复旦大学社会学系瞿铁鹏教授:

社会调查研究涉及方法论很重要的一块就是研究对象的性质。没有最好的方法,只有最适合研究对象的方法。就社会研究方法的教学和考量而言,对研究对象的考量是很重要的。比如人类学和社会学是有分工的,过去传统研究通常不使用问卷调查这一工具。为什么?因为连语言都没有沟通过,可能你设计的问卷根本不适合研究对象,还是用人类学方法。可见研究对象和研究方法有一种连带关系。如果不考

虑研究对象和研究方法之间的这种关系可能会进入误区。比如说,先选定某种研究方法,然后收集资料,可能最后得出的调查结果却不尽如人意,因为研究者事先并不知道这种研究方法是不是适合研究对象。所以在调查之初就考虑研究对象的性质很重要。

华东师范大学社会发展学院社会学系蒋逸民副教授:

不仅是中国,整个世界都对研究方法特别重视。最近20年方法的更新、创新很多,定量法、实验法、访谈法、观察法、还有民族志、混合方法研究(现在也叫MIX方法)。方法研究面临着一种创新的格局[①]。

[①] "掌握研究方法,强化实践教育——海内外专家学者眼中的'中国调查'",《复旦校报》专题报道,2010年8月29日。

掌握研究方法　强化实践教育
——海内外专家学者眼中的"中国调查"

引言

改革开放30年来,中国社会学注重社会现实问题的理论研究和调查研究,为我国经济社会的协调发展做出了很大贡献。"中国调查"及其研究方法也在这一过程中和高校社会研究方法的教学中有长足进步,正迈入一个迅速发展的黄金时期。中国社会学会方法研究会、复旦大学、南开大学、香港中文大学等等联合邀请海内外高校、学术团体、调查机构的150余位专家学者齐聚复旦,参与为期三天的"中国调查"学术研讨会,围绕高校调查方法教学、参考性调查方法、中国意愿调查的应用发展、定性调查的现状趋势、CAI调查等现代技术的运用、海外社会研究方法新发展等主题进行广泛而深入的探讨。

社会调查在中国

市委宣传部副部长、上海社科院党委书记潘世伟教授:有一位名人说过,没有调查研究没有发言权。讲这句话的背景是中国要解决政权问题、解决国家独立和解放的问题。今天语境完全不同了,但这位老人的名言对我们仍然有着巨大的启示。如何解读当代中国这本书,是摆在社会学特别是社会学方法研究鸣的学者们面前的一个亟待解决的课题。

中国的现代化进程不是西方的翻版,我们不可能简单沿用西方现成的关于社会变革的理论和学术来加以铨释。在这个过程中,采用什么样的方法,使用什么样的分析工具,是非常重要的一个环节。在神圣的知识面前,需要大家共同努力,这份努力可能是一连串的学术思考、学术研讨和学术调研所构成的。社会学调查的专家学者,特别是社会学方法论的研究学者,应该能够给我们解读中国这本书提供更好的视角和路径,提供更有效的分析工具,最大限度地还原社会的本来面目,更好地把握变化的规律,抓住中国变化的本质。

中国社会学会方法研究会会长、复旦大学社会学系范伟达教授:健全和建设中国特色的社会研究方法体系是摆在我们面前的一项重要任务。调查研究是人们正确认识社会和改造社会的重要途径和科学方法,是我们的谋事之基、成事之道。只有掌握了科学的调查研究方法才能了解和把握中国社会发展的现状和脉搏。我们一贯主张,调查研究就是中国特色的社会研究,也可以说是社会研究的中国化基本土化。我们应把握时代潮流,实践混合研究。中国高校关于社会调查研究方法的教学方面,我们不仅提倡通识教育,更要强化实践教育,不能片面鼓励"教室出学问",更要强调"实践出真知"。

在当前这个"用数据说话"的年代,当数据成为建构社会的一种手段时,某些统计调查数据却让人雾里看花,这样的状况十分令人担忧。维护统计数据和调查方法的客观性、科学性、权威性也因此成为当务之急。调查不仅是向社会提示数据共享和研究伦理的重要性与迫切性,更致力于展示社会调查的类型、社会研究方法和手段的多样性,例如民意调查、市场调查、电话调查、网上调查的新发展和CAI调查、手机调查等新型调查手段的出现。

香港中文大学社会学系主任刘赫华教授:我们学校是做调查导入,也做博彩调查。在香港,我们所做的调查大多是应用型的。如果只做一大推调查是不够的,一定要对社会有所贡献才可以。我们进行任何社会研究,都要因研究题材而选择适合的研究方法。所选用的研究方法亦决定了我们将搜集怎样的资料。从这角度来看,方法论是社会研究的一个工具。方法论的不断改良与突破,除了能够帮助我们矫正过去方法上的错误及提高数据搜集的质量之外,还可以引导我们探究新的成以前就不有可能研究题材。从而扩展社会研究的领域。

中国社会学会方法研究会副会长、中国社科院夏传玲研究员:中国有句古话:没有金刚钻不揽瓷器活。开展社会研究一直是受到工具制约的。方法没有简单和复杂、高级和低级之分,只有恰当和不恰当之分。目前,社会调查存在不少问题,比如过度依赖数据,把社会简单看成所有个体的总和而忽略了差异性、测量工具的准确度不够等。但通过分析,应该可以从归纳走向证伪,摆脱统计学的束缚,以系统的眼光看待系统、定性的分析,把调查、模拟和实验整合在一起。

自上而下依次为:李友梅、严畯、刘欣、巴比、范伟达、夏传玲、张继华、翟铁鹏

将知识转化为学生能力

中国社会学会副会长、上海大学副校长李友梅教授:中国的社会经济正处在一个新阶段的转型期,许多新现象、新问题甚至新矛盾都需要我们去认识和理解。要达到更高水平的认识和理解,调查研究首当其冲。

在这样的大背景下,培养学生如何面对现实社会,如何认识当今社会,不仅是定量研究,更重要的是定性研究。当前,我们的相关课程主要讲授如何搜集材料、整理资料、对其中涉及的推论方式、推论逻辑关注不够,缺乏真正的中国社会学调查研究方法课程,这些都值得引起重视。我认为,培养学生期间问题、提炼问题的能力应该成为我们掌握的重点。

美国著名社会学家、《社会研究方法》作者Earl Babbie教授:30年前,我和我的同事在美国有名的贾得森教授,那时他正在复旦做大学访问,进行社会学研究方法等方面的学术交流。我们在研究方法上下了彻底的沟通。当时,他给参观看了两本书——《社会学概论》和《社会研究方法》。他非常感兴趣,认为这两本书对中国重建社会学将起到很重要的作用,书中涉及的一些课题也非常值得进一步探索。他还把这两本书带回了中国。贾教授的美国之行对他后来在中国重建社会学,并促进跨学科发展有很大的影响。

我所在的查普曼大学社会学系,在做调研时经常会开展实地考察、田野调查等,使用的SPSS统计分析,对定性研究与定量研究方法各有侧重,最终学生的毕业论文也会采用定性和定量研究方法相结合的调查报告。

复旦大学社政学院党委书记尹晨教授:美国历史上有一个有名的调查革命。当下,在中国也可以称之为一场调查革命的"中国调查"学术研讨会的召开恰逢其时。在"中国调查"研究方面,复旦一直想做一些工作,通过社会科学领域的相关研究做一点贡献。希望未来复旦大学这个平台上,社会调查方法能成为一门非常有分量的课,吸引人文社会科学领域的专家学者来参加学习,吸引各专业的学生都来学一点社会学、社会调查方法方面的知识与技能。

研究方法和科际整合

复旦大学社会学系主任刘欣教授:任何事情都有一个此消彼涨、物极必反的周期循环,社会调查方法也不例外。在对中国社会现实的方法上,中国首经是统计加估计。社会学重建以后出现了定量研究方法,只要搞调查就是定量。近年来逐渐开始关注定性研究。为什么呢,判断其是不是现实成是不是科学,都应从研究工具、研究方法、研究工作、各种因素的综合作用等方面来考察其研究过程、分析结果的信度和效度如何。

香港中文大学社会学系翟铁鹏教授:欧洲的社会学一般以理论为主,直到近十年才出现一个明显变化。有两个指标可以说明这一变化,一是联盟从科研经费最丰富的科研单位所在地出发,发展了好几个重点计划,并不全是定性模式理论方面的研究,也有用定量方式。另外是英国,社会调查方法能成为一门非常打开定性研究的重点,重新培养定量研究的人才,大力发展定量研究。

教育部社会学学科指导委员会委员、复旦大学社会学系曹铁鹏教授:社会调查研究涉及方法论很重要的一环就是研究对象的性质。没有最好的方法,只有最适合研究对象的方法。统计社会研究方法的教学和考虑而言,对研究对象的考量是很重要的。比如人类学和社会学是有分工的,过去传统研究调查常不使用问卷调查这一工具。为什么?因为这语言就没有沟通过,可能你你的问卷根本不适合研究对象,这里面有人类学方法。可见研究对象和研究方法有一种连带关系。如果不考虑研究对象和研究方法之间的这种关系可能会进入误区。比如说,先选定某种研究方法,然后收集资料,可能最后得出的调查结果却不如人意,因为可能事先并不考虑这种研究方法是不是适合研究对象。所以在调查之初就要考虑研究对象的性质。

华东师范大学社会学系郑逸民副教授:不仅是中国学,整个世界都对研究方法特别重视。最近20年方法的更新,创新很多,定量法、实验法、访谈法、观察法、还有民族志、混合方法等研究也叫MIX方法。方法研究面临一种创新的格局。

四、香港中文大学的通讯报道

由中国社会学会方法研究会主办、中大社会学系协办的"中国调查"学术研讨会,在2010年7月18日至20日在上海复旦大学召开。此次研讨会旨在关注近年中国调查及研究方法的进展与经验,并为海内外关注社会调查方法的同仁提供交流和创新的平台。

开幕仪式由中国社会学会方法研究会会长范伟达教授主持,美国著名社会学家兼方法学家、经典教材《社会研究实践》作者 Prof. Earl Babbie 向与会者介绍了美国最新的社会研究方法教学及应用。

中大社会学系系主任张越华教授应邀为主讲嘉宾,向大会介绍了该系近四十年的社会研究历程,并展望未来发展。在持续的分论坛中,本校社会学系的谭康荣、钟华、同钰莹及敖丹教授与其他一百五十多位专家学者,针对如何科学地研究中国社会进行了广泛而热烈的探讨。

五、中国社会学年鉴的介绍

2010年7月18日,首届"中国调查"学术研讨会在上海复旦大学光华楼隆重开幕。本次研讨会由中国社会学会方法研究会偕同海内外学术机构和调查业界同仁一起举办,为期三天。研讨会共设五个论坛和两场专题讨论,五个论坛分别为高校调查研究方法教学研讨、费孝通先生调查思想与方法、中国民意调查的应用与发展、市场调查行业的现状与趋势、CAI 调查等现代技术的运用;两个专题讨论为海外社会研究方法的新进展和谁动了我们的数据。来自海内外的一百五十多位专家学者、与会代表出席了会议,并进行了开放而热烈的探讨,随后参观了上海世博会。

大会开幕式由中国社会学会方法研究会会长、复旦大学教学名师范伟达教授主持,中国社会学会方法研究会秘书长、南开大学社会学系主任白红光教授致欢迎词。中共上海市委宣传部潘世伟副部长、复旦大学党委宣传部萧思健部长、复旦大学社会发展与公共政策学院党委书记严峰同志、中国社会科学院社会学研究所原党委书记王庆基同志、中国社会学会副会长暨上海大学副书记副校长李友梅教授等领导嘉宾出席开幕式并致辞,对大会的召开表示热烈的祝贺。中国社会学会方法研究会名誉会长、南开大学社会学系苏驼教授,邓伟志教授,Jonathan H. Turner 教授等知名学者向大会发来贺信贺电。

大会主题演讲由复旦大学社会学系主任刘欣教授主持。美国著名社会学家、《社会研究方法》教材的作者 Earl Babbie 夫妇专程从美国前来参加会议,并与在座嘉宾和与会者交流了美国社会研究方法的教学和应用;香港中文大学社会学系主任张越华教授为来宾介绍了该系社会研究历程并作未来展望;中国社会学会方法研究会副会长、中国社科院夏传玲主任从社会模型与定量分析的角度提出了对当前定量社会学研究的一点思考;中国社会学会方法研究会副会长、中山大学社会学系丘海雄教授作了题为社会科学的应用性研究的演讲;华东师范大学社会学系主任陈映芳教授从学术角度阐述了在范式与经验之间城市研究如何接近问题。中国市场研究行业协会会长、北京大学新闻与传播学院刘德寰教授从布劳邓肯分析思路的误区讲述了深描式结构分析的新探索。专家们的精彩演讲给现场的嘉宾带来了新的思考和启发。

与会代表热议了调查研究方法在经济建设、社会发展、学术研究、国际交往中的重要作用。中国社会学会方法研究会会长、复旦大学社会学系范伟达教授指出,社会调查研究就是中国特色的社会研究,是社会研究的中国化和本土化。只有掌握了科学的调查研究方法才能了解和把握中国社会发展的现状和脉搏。与会代表也讨论了高校教育和调查研究方法的教学,认为我们不仅要提倡"通识教育",更要强调"实践教育"。香港中文大学社会学系主任张越华教授强调"调查育人"。上海大学副校长李友梅教授认为大学的课堂里面一般教给学生的主要是怎么样搜集材料、整理资料、分析资料,但更重要的是培养学生归纳问题、提炼问题的能力。

本次研讨会由中国社会学会社会调查研究方法专业委员会(简称中国社会学会方法研究会)、复旦大学社会学系、南开大学社会学系、上海社会学学会主办,香港中文大学社会学系、上海南康科技有限公司、广州社情民意研究中心、上海神州市场调查公司等单位协办。①

六、第二届"中国调查"学术研讨会综述

中国社会学会方法研究会、南开大学社会学系、北京商智通公司共同举办的第二届"中国调查"学术研讨会于7月24日在南昌2011年全国社会学年会上顺利举行。本研讨会论坛由方法研究会会长范伟达教授和秘书长白红光教授负责;南开大学社会学系系主任白红光教授、中国社科院社会学所方法研究室主任夏传玲研究员、商智通执行董事、中国人民大学统计学博士匡宏波以及湖南省社会学会社会调查方法专业委员会主任董海军博士主持了全天各个单元的专题讨论;哈工大社会学系主任尹海洁教授、武汉社科院刘崇顺所长、上海财经大学经济社会学系系主任张彦教授、贵州社科院史昭乐所长、白红光教授、福建省委党校副校长刘大可教授以及夏传玲研究员等等专家学者进行了精彩的点评。与会代表近50人参加了本论坛的发言和评论,会议学术气氛浓厚,介绍新方法,交流方法研究中的心得,讨论热烈,学者们参加论坛后也欣喜地表示:"受益匪浅,参加年会没有白来。"

本次调查方法论坛内容广泛、专题深入。有的代表从研究方法新软件……有的代表从调查实践角度回顾总结了现状;有的代表从方法论、研究方法角度进行具体论证;有的代表则以自己亲自主持研究项目为例介绍交流了心得。

首先,范伟达会长回顾交流了去年世博会期间在上海复旦大学举行的首届"中国调查"学术研讨会的成果与启示,重申社会调查研究就是中国特色的社会研究,是社会研究的中国化和本土化。只有掌握了科学的调查研究方法才能了解和把握中国社会发展的现状和脉搏。夏传玲研究员介绍了定性软件的中文兼容性和性能评估,得出初步结论,就分析中文材料而言,Qualrus是最佳的选择,NVivo和MAXqda是次佳,其他软件则有或多或少的瑕疵。华东师范大学社会调查中心主任邝春伟教授展示了他一个中学生家庭教育研究建模过程的案例与疑问。中南大学社会学系董海军副教授通过分析指出必须创造条件促进非官方民意调查机构的发展,加强民意调查专业人士培养,成立民意调查委员会或协会、咨询委员会,提高政府、媒体和学者对民意调查的科学判断力,消除"伪民调"存在的土壤。

---

① "首届'中国调查'学术研讨会举行",《中国社会学年鉴2007—2010》,社会科学文献出版社2011年版,第497—498页。

河北农大董金秋博士指出，一项实证研究的逻辑起点是提出研究问题。发言解释了研究问题的含义，以及科学而有效的研究问题的五个标准，说明了问题提出的途径，并结合文献回顾就研究问题提出的具体方法、步骤进行了讨论。上海财经大学张彦教授介绍了他著作《社会研究方法》教材的若干重要问题，与董金秋博士讨论交流了提出研究问题的相关问题，并阐释了研究结果呈现价值关怀。中南财经政法大学叶齐华副教授交流了《社会研究方法》教学初衷与思考。

复旦大学社会学系陈天仁教授介绍了对上海市闸北区共和新路街道调查研究城市青年外来务工人员的情况。湖南科技学院丁陆爱副教授调查分析了手机报的接触情况。

神州调查数据采集中心主任沈岱易研究员呈现了2011上海实事工程"垃圾分类"调查，广州社情民意研究中心张晓洁研究员展示了2011年广东省城市医疗服务公众评价报告，匡宏波博士介绍了三网合一方案在民意调查的运用及在高校中的成功应用案例。

本次论坛是在方法研究会换届并经国家民政部2009年6月正式登记发证后，第三次组织的一项学术研讨活动。最后，会长秘书长召开了中国社会学会方法研究会理事会，总结交流了过去发展的历程与现状，讨论展望了未来的发展计划，并表示要坚持办好年度性研讨会，继续完善做好"中国调查网"平台，为推进调查研究方法的教学和科研、为我国的调查事业规范、健康发展作出贡献。

2015年5月在庆祝复旦大学社会学系建系九十周年系列纪念活动中，中国社会学会方法研究会将与复旦大学社会学系联合主办第三届"中国调查"学术研讨会，该次学术会议邀请海内外专家学者将就"满意度测评方法与技术"、"大数据时代的社会研究"等专题进行深入的交流与研讨。

第四节 "五位一体"奔小康，调查践行"中国梦"

一、八项规定转作风，调查研究是基础

1. 改进调查研究

党的十八大之后，中央提出了关于改进工作作风、密切联系群众的八项规定，首要的一条就是：要改进调查研究，切忌走过场、搞形式主义。调查研究是成事之基，谋事之道。新的历史时期，各项工作面临着许多新情况、新课题，深入调查研究显得尤其重要。全国各地干部群众学习十八大文件精神，都认识到改进工作作风，首要应做好"调查研究"的文章。

要以人为本,把维护人民群众的根本利益作为调查研究的出发点。调查研究不能简单地了解政策、法律法规的落实,重要的是看落实是否以人的全面发展为目标;不仅看发展取得的成绩,关键要看发展的成果是否惠及人民群众的利益。广大干部开展调查研究,要怀爱民之心,听为民之言,思为民之策,把人民满意不满意、人民答应不答应、人民赞成不赞成作为判断是非、分析问题的标准。

要与时俱进,把科学发展观作为调查研究的导向点。广大干部开展调查研究,要贴近基层,贴近群众,贴近实际,不能拘泥于表面的成绩,被华丽的外表所迷惑。要从不同的角度进行思考,看是否有利于经济发展和社会进步,是否有利于改善和提高人民群众的生活水平。只有这样,才能发现问题,并找到符合政策和法律、符合人民利益的决策依据。

要实事求是,把掌握确凿的第一手材料作为调查研究的立足点。广大干部开展调查研究,既要发现问题、解决问题,又要监督工作、促进发展,这就要实事求是地进行细致调查,掌握充分而确凿的第一手材料。调查要综合运用多种方式方法,比如:听取汇报、实地考察、查看资料、抽样调查、问卷调查等;要让群众反映出真实的情况,请群众提出解决问题的意见建议;既要看好的地方,还要看差的地方;不仅要看面上的,还要关注点上的。只有通过全面细致的调查,获取真实的原始的材料,才能真正了解把握实情。

要科学分析,把挖掘问题的本质作为调查研究的制高点。开展调查研究,要注重方法的科学性,使调研工作有深度、有力度。材料取舍,不能主观臆断,而要严谨求实;问题判断,不能泛泛而论,而要切中要害。要运用演绎归纳、分类比较、定性定量等方法,经过去粗取精、去伪存真,加以综合分析,将感性认识上升为理性认识,确保分析问题的科学性。只有抓住了主要矛盾,把握住了问题本质,才能得出具有一定深度和力度并对实际工作具有指导作用的调研成果[①]。

2. 行、知、果的有机统一

调查研究"行"为先。"行"就是行动。"行",要到实践中去。领导干部要以"衙斋卧听萧萧竹,疑是民间疾苦声"的情怀,摆脱文山会海,去官气;走出"衙门"机关,接地气,到实践的大课堂中行万里路、读万卷书。"行",要到群众中去。领导干部要树立"纸上得来终觉浅,绝知此事要躬行"的理念,扑下身子、放下架子,带着感情、带着责任、带着问题,深入实际、深入基层、深入群众,到困难较多、情况复杂、矛盾尖锐的地方去调查研究。"行",要讲究方法。在运用座谈会、个别访谈、实地考察、蹲点调查等传统方法的同时,注重利用现代信息技术手段,运用定性与定量结合、宏观与微观结合、静态与动态结合等方法进行综合分析,不断创新调

---

① "青岛市人大常委会范寿昌:人大干部改进作风,应做好调查研究文章",www.rdcwh.qingdao.gov.cn。

查研究的方式和方法,切实提高调查研究的效率和水平。"行",要制度化。要建立领导机关、领导干部调研工作制度,坚持重要决策调研论证制度,完善领导干部联系点制度,使调查研究成为领导机关和领导干部的经常事、基本功,使调查研究经常化、规范化、制度化。以此言之,大兴调查研究之风,其实质就是发扬党的优良传统,改进干部工作作风。

调查研究"知"为基。"知"就是真知。调查研究,一要"知"信息。要掌握主动权,既完成好"规定动作",看看示范点、"样板间",解剖"麻雀",研究问题,更要有"自选动作",专门看看"没有准备的地方",多搞一些"不打招呼"、"不作安排"的随机式调研,不回避矛盾,不掩盖问题,力求准确、全面、深入地了解情况。二要"知"实情。调查研究不能当"钦差大臣"、走走"套路"、蜻蜓点水、走马观花,而是要身在民中永为民,心想群众、深入群众;不能"隔着玻璃看,坐着轮子转",而是要到田间地头看,围着群众转;不能满足于听听汇报、看看材料,而是要面对面、手拉手地与群众零距离"唠家常",这样才能抓住群众最盼、最急、最忧的问题。三要"知"智慧。群众中蕴藏着巨大的智慧和力量,领导干部在调查研究中要甘做群众的小学生,拜人民为师,向人民学习,真正做到访贤于百姓、问计于基层、求知于实践。以此言之,大兴调查研究之风,其实质就是汲取群众智慧,向人民求"知"。

调查研究"果"为重。"果"就是成果。一要结出科学决策之"果"。毛泽东同志说:"没有调查,就没有发言权。"领导干部在调查中获得第一手资料后,要去粗取精、去伪存真、由此及彼、由表及里地思考、分析、综合,透过纷繁复杂的现象抓住事物的本质,找出内在规律,由感性认识上升为理性认识,最终在此基础上形成科学决策,使决策真正体现时代要求、符合实际情况。二要结出解决问题之"果"。毛泽东同志说:"调查就是解决问题。"当前,领导干部进行调查研究,就是要解决事关改革发展稳定大局的重点问题,解决人民群众反映强烈的热点难点问题,解决党的建设面临的重大理论和实际问题,不断提高党的执政能力和水平。三要结出和谐稳定之"果"。科学决策、解决问题,最终目的是不断加强和创新社会管理,做好新形势下的群众工作,结出经济发展、政治稳定、文化繁荣、社会和谐、人民幸福之硕果。总之,调查研究就像一座桥梁,连着行动与真知,连着信息与决策,连着民生与民心。以此言之,大兴调查研究之风,其实质就是以人为本,执政为民。

调查研究不仅是一种深入群众、探求真知、科学决策的领导方法,更是一种集行、知、果于一体的执政过程,是谋事之基,成事之道。要增强领导能力,提升执政水平……必须在领导干部中大兴调查研究之风[①]。

[①] "杨东广:大兴调查研究之风",2012年02月01日,中国共产党新闻网,www.cpc.people.com.cn。

3. 历史新起点,调研是关键

调查,就是深入基层、深入实际、深入群众,了解真实情况、事物的本来面目,掌握第一手材料,获取感性认识;研究,就是就是对事物真实全面的情况和一手材料,通过研究、加工和深层次的理性思考,升华为指导实践的理论,就是透过现象抓住本质、把握事物发展的客观规律。调查是前提,就是做到实事;研究是目的,在于及时、准确、客观地把握事物的规律性,就是求是。只有调查研究,才能达到实事求是。只有调查研究,才能做到更新发展观念、转变发展思路、破解发展难题、完善体制机制,使思想和行动更加符合科学发展观要求。

深入调查研究是党的思想路线和群众路线在实际工作中的具体运用和体现,是党的优良传统,是科学决策的基础、探索规律的途径、改进工作的前提。坚持调查研究就是坚持马克思主义的唯物论、辩证法,就是坚持科学发展观的指导,就是一切从实际出发,理论联系实际,反对主观主义、本本主义、形式主义和官僚主义等唯心主义、形而上学的方法论和认识论。中国革命和社会主义建设的实践,尤其是 30 多年来改革开放的实践已反复印证——凡是科学正确的发展思路、目标、措施和决策,一定是在科学理论的指导下,从群众的利益、愿望和要求出发,深入基层、深入实际、深入群众调查研究,集中群众的正确意见,总结概括群众的实践经验得来的。

抓落实的过程是一个实践科学发展观艰巨的过程,是一个把科学发展观及中央的方针政策和战略部署转化为切合本地实际的、具体的科学发展思路、方法和措施及群众自觉实践的结合过程,是一个解放思想、实事求是不断研究新情况、解决新问题的过程。而要实践科学发展观,求真务实抓好落实,不断研究新情况、解决新问题,调查研究又是关键环节。

新的历史起点上,实践科学发展观,转变发展理念,创新发展思路、方法和措施,应对新形势、化解新矛盾、解决新问题,必须抓住调查研究这个关键环节;提升科学发展、科学决策的能力水平,改进思想工作作风,提高认识规律、把握规律、遵循规律、运用规律的能力,做到倾听群众意见、尊重群众意愿、集中群众智慧、体现群众利益,必须大兴调查研究之风。只有这样,才能在抓落实中展现风采。只有这样,才能站得高、看得远、抓得准,自觉地把中央和市委的方针政策,贯彻到各项实际工作中去,真正抓出质量,抓出实效①。

二、"五位一体"奔小康

1. 建设生态文明,推进五位一体

从十七大到十八大的 5 年间,在我国建设中国特色社会主义、全面建成小康社

---

① "云南昭通市委组织部李欣:深入调查研究、认真摸清底数是抓好落实的前提和基础",www.ztinfo.com。

会任务的工作稳步推进过程中,出现了一些新的变化。十七大报告首次把生态文明作为建设小康社会的新要求之一;而十八大报告更是首次把生态文明建设提升至与经济、政治、文化、社会四大建设并列的高度,列为建设中国特色社会主义的"五位一体"的总布局之一,成为全面建成小康社会任务的重要组成部分,标志着中国现代化转型正式进入了一个新的阶段。

马克思主义为生态文明的构建提供了理论基础。马克思主义从唯物史观的基本观点出发,把人类能够涉及的世界,统一在客观的自然物质之中;把人类生活的现实环境即社会,统一在人与自然之间和人与人之间交错运动的辩证关系体系之中。

十八大报告强调,生态文明要"融入经济建设、政治建设、文化建设、社会建设各方面和全过程"。这实质上确立了生态文明在"五位一体"中的基础作用,生态文明就如一条"红线"贯穿于中国特色社会主义道路中,将经济建设、政治建设、文化建设、社会建设紧密联系起来,形成一个有机整体[①]。

2. 根植于实践中的理论创新

胡锦涛指出:"建设中国特色社会主义,总依据是社会主义初级阶段,总布局是五位一体,总任务是实现社会主义现代化和中华民族伟大复兴。"

由于生态文明建设的升位,中国特色社会主义事业的总体布局已由十七大时的"四位一体"扩展为"五位一体"。中国向何处去、怎么去?不同发展阶段都有其特色回答。

拨乱反正的十一届三中全会,把全党工作重心转移到以经济建设为中心的社会主义建设上来,与此同时,邓小平深刻地意识到物质文明和精神文明协调发展的重要性,他在总结新中国成立30年经验教训的基础上,根据改革开放过程中面临的新问题,旗帜鲜明地提出要坚持"两个文明"一起抓,社会主义不但要有高度的物质文明,还要建设高度的社会主义精神文明。

党的十三届四中全会后,以江泽民同志为核心的中央领导集体,在领导我国改革开放和现代化建设的征程中,进一步提出在建设社会主义物质文明和精神文明的同时,要建设中国特色社会主义政治文明。党的十六大报告把原来的物质文明建设和精神文明建设扩充为物质文明建设、精神文明建设和政治文明建设。

进入新世纪以来,中国经济社会不断发展,人民生活水平显著提高,但就业、社会保障、收入分配、教育、医疗等关系群众切身利益的问题也比较突出。

---

① "建设生态文明,推进五位一体——十七大报告到十八大报告的重大变化",作者系中央党校经济学部讲师、中国人民大学气候变化与低碳经济研究所主任助理、中国人民大学风险资本与网络经济研究中心主任助理,求是理论网,www.qstheory.cn。

3. "五位"如何"一体"重大战略课题

中国特色社会主义建设事业如何进行总体布局,是一个重大战略课题。以前我们党对社会主义优越性的认识,多限于经济、政治和文化领域。然而,人类历史表明,无论何种社会制度,都存在一个经济、政治和文化生活之外的不容忽视的社会生活空间。

"在当代历史条件下,我们党提出'五位一体'的总体布局,既反映了我们党对社会主义规律的认识更加全面、更加深刻,也对增创社会主义制度优越性开拓了新的空间。"温宪元说。

刘春表示,"五位一体"总体布局,是用科学发展观指导社会主义现代化建设的直接体现。因此它必将为未来一个阶段的发展提供切实保障,也为到本世纪中叶基本实现社会主义现代化提供有力支撑。

辛向阳认为,"五位一体"总体布局思想是一种辩证的思想,五大建设之间是有普遍联系的。比如,近些年来,由企业发展带来的一些环境问题招致群众不满,甚至影响社会稳定。这其实就是社会建设与生态文明建设之间的相互影响。因此,我们只有不断推进生态文明建设,把生态文明建设的理念、原则、目标等深刻融入和全面贯穿到我国经济、政治、文化、社会建设的各方面和全过程,为人民创造良好生产生活环境,才能更加顺利地推进和谐社会建设。

办好中国的事情,关键在党。专家认为,要"五位一体"地建设好中国特色社会主义,还需要抓好一个关键——党自身的建设。

国家行政学院科研部主任许耀桐说:"执政党要首先把自身建设好,不断提高科学执政、民主执政、依法执政水平,领导干部才能真正发挥作用,推进经济、政治、文化、社会和生态文明五大建设。"①

三、子子孙孙调查,践行民族复兴

1. 空谈误国、实干兴邦

"空谈误国,实干兴邦",是千百年来人们从历史经验教训中总结出来的治国理政的一个重要结论。面对20世纪90年代初期出现"姓资"和"姓社"之类的争论,邓小平同志果断提出"不争论",其实就是担心空谈和争论会使中国错失发展的战略机遇。实现梦想,贵在实干。如果空喊口号、不见行动,或者敷衍了事、马虎应付,"中国梦"就会永远飘在空中。坚持求真务实的科学精神和作风,就要克服形式主义和官僚主义,克服浮躁蛮干倾向,迎难而上、真抓实干,积极主动地投入到

---

① "专家解读'五位一体'新布局:对规律认识更全面",《瞭望》新闻周刊,www.chinanews.com。

中国特色社会主义建设事业中去。

"道路决定命运"。习总书记在对中华民族历史命运兴衰起落的阐述中，深刻揭示了中国特色社会主义道路对于中华民族复兴与崛起的关键意义。中国特色社会主义道路，是近代以来中华民族历经千辛万苦、付出各种代价、接力探索而形成的，是为历史所抉择、为实践所证明的民族复兴之路。一切不带偏见、尊重历史、尊重事实的人们都可以看到，中国特色社会主义使我们国家在新时期空前活跃起来，快速发展起来，日益繁荣富强起来，并在同那些或经历"城头变幻大王旗"变局，或深陷"山重水复疑无路"危机的种种"主义"的国际比较中，彰显了巨大优越性和强大生命力[①]。

2. 实现中华民族伟大复兴

2012年11月29日，中共中央总书记、中央军委主席习近平和中央政治局常委李克强、张德江、俞正声、刘云山、王岐山、张高丽等来到国家博物馆，参观《复兴之路》展览，回顾近代以来中国人民为实现民族复兴走过的历史进程。

历史是极为宝贵的教科书，它记载着辉煌与苦难，浓缩着经验，沉淀着教训，也蕴含着启示未来的智慧。

中国既不能做美国梦、欧洲梦，也不能做苏联梦，而只能做中国梦，从根本上说就是坚定不移地走中国特色社会主义道路，用和平、文明的方式实现国家发展和社会主义现代化。我们要实现三个超越：一是超越西方大国近代以来依靠殖民主义掠夺世界资源完成工业化进程的老路；二是超越当年的德国、日本等军国主义依靠发动战争来重新瓜分世界的老路；三是超越霸权主义搞超级大国争霸和争夺势力范围的老路。

"实现中华民族伟大复兴，就是中华民族近代以来最伟大的梦想。"这是对"中国梦"时代命题的深刻解读，更是全体中华儿女的梦，它既充满着厚重的历史底蕴，又洋溢着豪迈的"中国自信"，为团结凝聚中国人民创造美好未来指明了前进方向。

"实现中华民族伟大复兴是一项光荣而艰巨的事业，需要一代又一代中国人共同为之努力"，"空谈误国，实干兴邦"，这些话语向每一位共产党员、每一个中华儿女明确提出了我们应当以怎样的精神状态追求理想、实现梦想的问题。只有中华民族的每一分子，都真正地发挥出最大的建设能量，形成最大的建设合力，我们才能把我们国家建设好，把我们民族发展好，实现中华民族伟大复兴的梦想[②]。

[①] 《民族复兴中国梦》，求是理论网，www.qstheory.cn。

[②] 同上。

参 考 文 献

一、著作

马克思、恩格斯:《马克思恩格斯选集》,人民出版社1966年版。

列宁:《列宁选集》,人民出版社1977年版。

毛泽东:《毛泽东选集》,人民出版社1967年版。

马克思:《资本论》,中国社会出版社1983年版。

恩格斯:《自然辩证法》,人民出版社1971年版。

恩格斯:《英国工人阶级状况》,人民出版社1956年版。

恩格斯:《路德维希·费尔巴哈和德国古典哲学的终结》,《马克思恩格斯选集》第四卷,人民出版社1995年版。

毛泽东:《毛泽东农村调查文集》,人民出版社1982年版。

肖前等主编:《历史唯物主义原理》,人民出版社1983年版。

洪谦主编:《逻辑经验主义》,商务印书馆1982年版。

瞿铁鹏:《马克思社会研究方法论》,上海人民出版社1991年版。

魏宏森:《系统科学方法论导论》,人民出版社1983年版。

费孝通:《社会调查自白》,知识出版社1985年版。

陈波等编著:《社会科学方法论》,中国人民大学出版社1989年版。

朱红文:《人文精神与人文科学》,中共中央党校出版社1994年版。

景天魁主编:《现代社会科学基础(定性与定量)》,中国社会科学出版社1994年版。

吉尔德·德兰狄著,张茂元译:《社会科学——超越构建论和实在论》,吉林人民出版社出版2005年第一版。

张巨清主编:《自然科学认识论问题》,湖南人民出版社1984年版。

范伟达、王竞、范冰:《中国社会调查史》,复旦大学出版社2008年版。

阎明:《一门学科与一个时代——社会学在中国》,清华大学出版社2004年版。

黄兴涛、夏明方:《清末民国社会调查与现代社会科学兴起》,福建教育出版社2008年版。

张化、苏采青:《回首"文革"——中国十年"文革"分析与反思(上)》,中共党史出版社2000年第一版。

王文利、邹丽冰、柴永敏、王欣、皇甫霞:《现场实施操作手册》,中国国际广播出版社2000年第一版。

张维为:《中国震撼——一个"文明国家的崛起"》,上海人民出版社2011年第一版。

袁方:《社会调查原理与方法》,高等教育出版社2000年第二版。

苏鸵主编、江山河副主编:《社会调查原理与方法》,湖北科学技术出版社1989年第一版。

苏鸵主编:《社会调查研究方法》,吉林人民出版社1989年第一版。

新华通讯社编:《中国2010上海世博会传播手册》,上海人民出版社2010年第一版。

许志峰、里德深、马万里:《社会科学史》,中国展望出版社1989年第一版。

[西班牙]拉斐著:《风云突变的时代——一个西班牙记者眼中的俄罗斯》,傅石球译,复旦大学出版社2006年第一版。

陶庆:《福街的现代"商人部落"——走出转型期社会重建的合法化危机》,社会科学文献出版社2007年第一版。

边燕杰:《关系社会学:理论与研究》,社会科学文献出版社2011年第一版。

童世骏:《中西对话中的现代性问题》,学林出版社2010年第一版。

方松华、陈祥勤、姜佑福:《中国马克思主义学术史纲》,学林出版社2011年第一版。

杨雅彬:《近代中国社会学(上)(下)》,中国社会科学出版社2001年第一版。

李承贵:《20世纪中国人文社会科学方法问题》,湖南教育出版社2001年第一版。

虞和平:《中国现代化历程第一卷:前提与准备》,江苏人民出版社2001年第一版。

虞和平:《中国现代化历程第二卷:启动与选择》,江苏人民出版社2001年第一版。

虞和平:《中国现代化历程第三卷:改道与腾飞》,江苏人民出版社2001年第一版。

曹锦清:《如何研究中国》,上海人民出版社2010年第一版。

葛兆光:《思想史的写法——中国思想史导论》,复旦大学出版社2004年第一版。

费孝通:《社会调查自白——怎样做社会研究》,上海人民出版社2009年第一版。

李强:《中国社会变迁30年(1978—2008)》,社会科学文献出版社2008年版。

阿巴斯·塔沙克里(Abbas Tashakkori)、查尔斯·特德莱(Charles Teddlie)著:《混合方法论:定性方法和定量方法结合》,唐海华译,重庆大学出版社2010年第一版。

诺曼·K.邓金著:《解释互动论》,周勇译,重庆大学出版社2009年第二版。

彼得·M.纳迪著:《如何解读统计图表:研究报告阅读指南》,汪顺玉、席仲恩译,重庆大学出版社2009年第一版。

Ita kreft Jan De Leeuw著:《多层次模型分析导论》,邱皓政译,重庆大学出版社2007年第一版。

王年一:《大动乱的年代——"文化大革命"十年史》,河南人民出版社2005年第二版。

中共中央党史研究室编:《中国共产党历史 第二卷(1949—1978)上下册》,中共党史出版社2011年第一版。

逄先知、金冲及:《毛泽东传(1949—1976)上下》,中央文献出版社2003年第一版。

五城家庭项目研究组:《中国城市家庭——五城市家庭报告和资料汇编》,山东人民出版社1985年第一版。

陆学艺主编:《中国社会阶层研究报告》,社会科学文献出版社2002年第一版。

范伟达、范冰、林枫:《全球化与浦东变迁》,社会科学文献出版社2004年版。

高耀洁:《中国艾滋病调查》,广西师范大学出版社2005年版。

刘汉太:《中国的乞丐群落——献给收容所安置无家可归者国际年》,江苏文艺出版社1987年第一版。

张子毅、杨文、张潘仕、张仙桥等:《中国青年的生育意愿——北京、四川两地城乡调查报告》,天津人民出版社1982年第一版。

潘政:《上海公众科学素养变化趋势和影响因素》,上海科学技术文献出版社2004年第一版。

李承贵:《20世纪中国人文社会科学方法问题》,湖南教育出版社2001年版。

中共中央文献研究室编:《论调查研究》,中央文献出版社2006年版。

李小娜、刘传磊:《党在延安时期的调查研究及其启示》,付建成主编的《延安时期与中国共产党的发展论集》,中央文献出版社2011年版。

《中共党史文献选编——新民主主义革命时期》,中共中央党校出版社1985年版。

《张闻天文集(三)》,中共党史出版社2012年版。

谢伏瞻：《2013政策研究与决策咨询——国务院研究室调研成果选》，中国言实出版社2013年版。

周大鸣：《中国田野大调查》，社会科学文献出版社2009年版。

[美]米勒、萨尔金德：《研究设计与社会测量导引（第6版）》，重庆大学出版社2004年版。

[美]罗希，《评估：方法与技术（第7版）》，重庆大学出版社2007年版。

贝利、许真：《现代社会研究方法》，上海人民出版社1986年版。

陈膺强：《应用抽样调查》，香港商务出版社1993年版。

郝大海：《社会调查研究方法》，中国人民大学出版社2005年版。

洪小良主编：《社会调查研究原理与方法》，华文出版社1998年版。

凌洁：《电脑辅助电话调查CATT试验》，上海财经大学出版社2006年版。

卢淑华：《社会统计学（第3版）》，北京大学出版社2005年版。

史希来：《属性数据分析引论》，北京大学出版社2006年版。

水延凯：《社会调查教程（3版）》，中国人民大学出版社2003年版。

谢邦昌：《计算机辅助电话调查》，中国统计出版社2001年版。

徐经泽主编：《社会调查理论与方法》，高等教育出版社1994年版。

袁亚愚编著：《社会调查的理论与方法》，成都科技大学出版社1993年版。

张蓉主编：《社会调查研究方法》，北京高等教育出版社2005年版。

[美]K·贝利著、许真译：《现代社会方法研究》，上海人民出版社1986年版。

[美]艾尔·巴比著、印泽奇译：《社会研究方法》，华夏出版社2000年版。

[美]特纳著、范伟达主译：《现代西方社会学理论》，天津人民出版社1988年版。

[法]E·杜尔克姆著、胡伟译：《社会研究方法论》，华夏出版社1988年版。

[英]贝弗里奇：《科学研究的艺术》，科学出版社1984年版。

[英]卡尔·波普尔：《猜想与反驳》，上海译文出版社1986年版。

[瑞士]皮亚杰：《发生认识论原理》，商务印书馆1981年版。

[苏]科学院社会学研究所编：《社会学手册》，唐学文译，浙江人民出版社1983年版。

[美]W. L. Neuman著：《当代社会研究法——质化与量化途径》，王佳煌等译，（台）学富文化事业有限公司2005年2月（修正版）。

[英]G·罗斯：《当代社会研究方法》，宁夏人民出版社1988年版。

[日]福武直等：《社会调查方法》，湖南大学出版社1986年版。

[美]约翰·洛西著：《科学哲学历史导论》，邱仁忠译，华中工学院出版社1982年版。

[美]卡尔纳普等著：《科学哲学和科学方法论》，江天骥主编，华夏出版社1990年版。

[美]怀特：《街角社会一个意大利人贫民区的社会结构》，商务印书馆1993年版。

[美]邓津、林肯主编：《定性研究：经验资料收集和分析的方法》，风笑天等译，重庆大学出版社2007年版。

[英]邓肯·米切尔主编：《新社会学辞典》，上海译文出版社1987年版。

[美]小卡尔·迈克丹尼尔等著：《当代市场调研》，范秀成译，机械工业出版社2012年版。

谢宇著：《社会学方法与定量研究》，社会科学文献出版社2006年版。

林聚安等主编：《社会科学研究方法》，山东人民出版社2004年版。

[美]贝蒂·H·奇斯克：《政治学研究方法举隅》，中国社会科学出版社1987年版。

林振春：《社会调查》，五南图书出版公司1989年版。

苏驼主编：《社会调查研究方法》，天津人民出版社1993年版。

袁方主编、王汉生副主编：《社会研究方法教程》，北京大学出版社1997年版。

苏驼主编：《社会调查研究方法》，吉林人民出版社1989年版。

范伟达编著：《现代社会研究方法》，复旦大学出版社2001年版。

吴增基等主编：《现代社会调查方法》，上海人民出版社1986版。

水延凯等：《社会调查教程》，中国人民大学出版社1988版。

陈向明著：《质的研究方法与社会科学研究》，教育科学出版社2000年版。

丘海雄编著：《社会统计学》，中山大学出版社1993年版。

[芬]雷同能等著，王天夫译：《复杂调查设计与分析的实用方法》，重庆大学出版社2008年版。

邱皓政著：《量化研究与统计分析》，重庆大学出版社2009年版。

张性秀等编著：《调查研究理论与方法》，国防科技大学出版社2001年版。

杨国枢等：《社会及行为科学研究法》，台湾东华书局1981年版。

李沛良：《社会研究的统计分析》，湖北人民出版社1987年版。

袁方主编：《社会统计学》，中国统计出版社1988年版。

沈关宝：《社会统计》（校内使用），上海大学文学院1985年。

郭志刚等：《社会调查研究的量化方法》，中国人民大学出版社1989年版。

范伟达：《多元化的社会学理论》，辽宁人民出版社1989年版。

范伟达主编：《全球化与浦东社会变迁》，复旦大学出版社2004年版。

宣兆凯：《社会学概论》，新华出版社1993年版。

李执成等:《新时期政治工作调查与研究方法》,军事译文出版社1988年版。

刘汉太:《中国的乞丐群落》,江苏文艺出版社1987年版。

天津市政府办公厅:《户卷调查与科学决策》,群众出版社1988年版。

朱庆芳:《社会指标的应用》,中国统计出版社1992年版。

范伟达主编:《世纪图景——21世纪国人生活权威调查》,中国社会出版社2000年版。

曹锦清、张乐天:《当代浙北乡村的社会文化变迁》,上海远东出版社1995年版。

曹锦清:《黄河边的中国——一个学者对乡村社会的观察与思考》,上海文艺出版社2000年版。

John W. Creswell 著:《研究设计与写作指导——定性、定量与混合研究的路径》,崔延强主译,重庆大学出版社2007年版。

[法]马塞尔·毛斯:《社会学与人类学》,佘碧华译,上海译文出版社2003年版。

[美]伊曼纽尔·沃勒斯坦《沃勒斯坦精粹》,黄光耀等译,南京大学出版社2003年版。

何大伟:"人类学是否是科学?",选自王筑生主编:《人类学与西南民族》,云南大学出版社1998年版。

[英]A.R拉德克利夫·布朗:《原始社会的结构与功能》,潘蛟等译,中央民族大学出版社1999年版。

[美]菲利浦·科特勒著:《营销管理》,梅汝和等译,中国人民大学出版社2001年版。

[美]小卡尔·迈克丹尼尔等著:《当代市场调研》,范秀成等译,机械工业出版社2002年版。

[美]阿尔文·C·伯恩斯等著:《营销调研》,梅清豪等译,中国人民大学出版社2001年版。

[美]林南著:《社会研究方法》,农村读物出版社1976年版。

[中国台湾]樊志育著:《市场调查》,上海人民出版社1995年版。

边燕杰、李路路、蔡禾:《社会调查实践——中国经验及分析》,香港牛津大学出版社2004年版。

边燕杰、涂肇庆、苏耀昌:《华人社会的调查研究:方法与发现》,香港牛津大学出版社2001年版。

邓伟志、徐榕:《家庭社会学》,上海人民出版社2001年版。

风黄瑞祺:《社会理论与社会世界》,北京大学出版社2005年版。

吉尔德·德兰逊:《社会科学——超越建构论和实在论》,吉林人民出版社2005年版。

雷蒙·布东:《社会学方法》,上海人民出版社1987年版。

杨善华:《当代西方社会学理论》,北京大学出版社1999年版。

米尔斯:《社会学想象力》,北京三联书店2001年版。

托马斯·库恩:《科学革命的结构》,北京大学出版社2003年版。

叶启政:《社会理论的本土化建构》,北京大学出版社2006年版。

二、报纸期刊

《抓作风建设先从中央政治局做起》,《解放日报》2012年12月5日。

《本市出台30条落实中央八项规定》,《解放日报》2013年1月16日。

张显扬:《中医是否科学》,《社会科学报》2008年4月3日。

李维武:《马克思主义中国化是"西学东渐"吗》,《解放日报》2010年9月13日。

金莹:《蔚然20年"田野调查"乡土中国》,《扬子晚报》2011年3月28日。

潇扬:《胡乔木谈毛泽东与张闻天》,《扬子晚报》2012年1月19日。

陈亚军:《"问题"优先还是"主义"优先》,《中国社会科学晚报》2009年1月6日。

智效民:《陶孟和:中国社会学的奠基者》,《社会学》2003年2月。

王思斌:《雷洁琼的社会工作思想与实践》,《社会学》2005年1月。

赵旭东:《超越社会学既有传统——对费孝通晚年社会学方法论思考的再思考》,《社会学》2011年2月。

张冠生:《我认识的费孝通先生》,《文汇报》2002年1月17日。

李光敏、钟坚:《解密中南海调研政治》,《凤凰周刊》2012第14期。

李光敏、钟坚:《中央九常委科学发展观联系点报告》,《凤凰周刊》2012年第14期。

"少一些'接接送送'",《解放日报》(解放论坛中国新闻名专栏)2007年11月25日。

"调查研究是一项基本功",《解放日报》(解放论坛中国新闻名专栏)2007年11月18日。

"'轻车简从'才能摸到实情",《解放日报》(解放论坛中国新闻名专栏)2007年12月23日。

"又一批'窗口'公布整改措施",《解放日报》(要闻·科教卫新闻)2009年3月10日。

桑玉成:"政府绩效评估的职能定位与民主原则",《文汇报》2008年10月6日。

"2009年上海市42个部门和行业向社会的公开承诺",《解放日报》2009年7月18日。

"上海29个部门和行业向社会的公开承诺",《新民晚报》2006年4月1日。

"第六次人口普查挑战来自流动人口",《扬子晚报》2010年11月29日,据瞭望东方周刊张翼、李静等相关文章综合。

"中国到底有多少人曾经靠估算",《扬子晚报》2010年11月30日,据瞭望东方周刊李静、张翼文章综合。

孔令君、尤蒓洁:"'感觉就是脚很酸,一个微笑就能满足'——人口普查员感谢市民支持希望更多理解",《解放日报》2010年11月10日。

石海燕、柳扬、王亚楠:"人口普查填报虚假资料怎么办",《扬子晚报》2010年11月13日。

寿蓓蓓:"与人口普查有关的18个问题",《南方周末》2001年4月5日。

"没有资格不准调查——国家统计局发布'涉外社会调查活动管理暂行办法'",《中华工商时报》第2337期,1999年8月2日。

萧冬连:"周恩来乡村调查大锅饭的真相",《扬子晚报》2012年1月20日。

丁小平:"胡乔木建议解散公共食堂",《扬子晚报》2011年10月17日。

常道林:"饶和生奉毛泽东之命下乡调查",《扬子晚报》2012年4月30日。

鄂璠:"发达国家的民意调查——访中国市场信息调查业协会副会长柯惠新",《双月通讯》2011年11月第三期。

温淑春:"国外民意调查的发展研究综述",《理论与现代化》2007年第1期。

"36个行业接受社会公众满意度调查——'窗口'测评:电力海关居首",《解放日报》2006年4月10日。

"为什么行风评议我们总是落后——市公交企业诚邀人大代表、政府部门三房恳谈录",《解放日报》2006年11月3日。

"关于本市37个窗口行业开展社会公众满意度评价调查的情况报告",《解放日报》2009年3月6日。

"怎样评估政府绩效,三分之一省份在探索",《新华每日电讯》2008年6月。

"让调查进入百姓的世界 给公众一个量化的真实",《北京青年报》1994年3月17日。

尚晓原:"改革和发展中的文化心态——系列报告",《中国文化报》1987年9月6日。

"最近一项对上海居民的民意调查显示——100%上海人有信心战胜非典",

《新民晚报》2003年6月1日。

"江苏省民意调查中心显示:2008年,居民最关心物价",《文汇报》2008年1月29日。

"上海人如何看回归",《新闻报》1997年6月23日。

程岗:"网上调查:'隐身人'的第一感觉",《新民周刊》2000年第5、6期。

范伟达:"我为什么工作",《新民周刊》2000年第10期。

支玲琳:"个人隐私为何成为社会焦点",《解放日报》2011年7月26日。

"手机机主信息被卖给私家侦探",《扬子晚报》2012年3月21日。

吴小鱼:"欢迎所有优秀的人加入我们——张曦轲告诉你一个真实的麦肯锡",《新民晚报》2006年9月15日。

崔毅:"本土咨询业突围",《金周刊》2001年11月22日。

陈青:"申城男性吸烟率近五成",《文汇报》2008年3月21日。

雨林茶编译:"追踪亚洲青少年消费时尚",《中国经营报》2002年4月15日。

"回顾'新概念'作文大赛——看我青春波澜壮阔",《文汇报》2008年2月4日。

"'萌芽'成功突围",《文汇报》2003年4月14日。

范伟达:"今天你读什么书?——京沪惠武兰青年文学阅读意向调查",《南方周末》1996年3月29日。

韩小静:"别再叫我外脑了",《中国经营报》2001年11月27日。

周涌:"上海罗氏——令人尊敬的公司",《新闻晨报》2001年7月12日。

唐烨:"2009年,全球生活成本大比拼",《解放日报》2009年7月18日。

倪方六:"小岗村试行'土地作股合作体'",《凤凰周刊》2006年第6期。

陈永辉编辑:"广州少年黑帮'黑龙会'调查——骨干均为80后90后马仔壮声威",《南方周末》2007年9月14日。

记者李锐、李芹、申延宾、葛志浩:"丐帮都市淘金不亚于白领",《新闻晨报》2003年7月11日。

陈薇:"特殊群体浮出水面",《新闻午报》2003年9月20日。

唐昀:"阿姆斯特丹的'红灯区'欲洗风尘",《新华每日电讯》2008年10月17日。

吕诺、桂娟:"我国婚期男性比女性多1800万人",《解放日报》2007年11月14日。

原新:"出生人口性别比,平衡有多难?",《解放日报》2012年7月31日。

记者邓科:"中国当代社会阶层透视",《南方周末》第932期2001年12月20日。

"中国各阶层根本利益一致",《新闻晚报》2002年7月12日。

陆学艺:"当代中国社会结构的变迁",《社会科学报》2006年9月7日,第2版。

陈克艰:"'单位'究竟是怎么回事",《文汇报》2004年8月29日。

王辉、潘允康、周路:"千户居民户卷调查八年",天津社会科学院,1991年5月。

"大学走向社会,政府走向民众——复旦大学社会学系、浦东新区社会发展局联合召开,浦东新区一九九四年度'千户调查'信息发布会",(本版文稿由社会系92级同学根据录音整理,本报根据成文摘要,未经本人审阅。)《复旦大学校刊》1995年3月7日。

姚锡裳:"服务全国　面向世界——纪念浦东开发十五周年",《文汇报》2005年4月11日。

"浦东开发铸就世纪辉煌,新区居民喜说八大变化",《新闻报》1998年4月17日版。

范伟达、罗慧敏:"全球化与浦东社会变迁",《社会—全球中文核心期刊》2003年10月。

洪梅芬:"'和谐社区指数'将全市推行",《解放日报》2006年2月24日。

"上海2个部门和行业向社会的公开承诺",《解放日报》2006年4月1日。

夏斌:"如何打造一流新智库——访上海社科院智库研究中心专家团队",《解放日报》2010年9月6日。

王荣华:"'新智库'是怎样提出的——'院庆50周年回忆录'代序",《社会科学报》2008年8月21日。

马昌博:"中国官方智库调查",《南方周末》2007年10月11日。

"南京万人评议机关作风78个单位满意度排名全公布",《扬子晚报》2011年月1日。

李宗克、李骏整理:"上海市居民利益结构分化与社会观念调查",《社会科学报》2006年8月31日。

吴宇:"上海迎世博测评文明指数:不到80分",《新华日报》2008年12月18日。

解放日报社会调查中心、上海神州市场调查公司:《上海手机实名制调查研究报告》2006年3月。

童世骏等:"上海居民精神生活状况调查",《社会科学报》2006年5月11日第2版。

王文化、曹国厂等:"窥探生死之间'神秘'之门",《新民晚报》2006年7月22

日 A14 版。

"黄金周,我们一起'乐活'",《文汇报》2008 年 10 月 3 日。

王希良:"沈阳皇姑区小学国学教育制度",《社会科学报》2006 年 7 月 27 日第 6 版。

邢占军:"山东省城市居民幸福指数报告",《社会科学报》2006 年 7 月 27 日。

李维:"与国民幸福密切相关的若干指标(一)",《新民晚报》2006 年 7 月 31 日。

李维:"与国民幸福密切相关的若干指标(四)",《新民晚报》2006 年 8 月 3 日。

周燕:"21 世纪文明关键:提高'幸福指数'",《解放日报》2008 年 1 月 14 日。

田辉:"科学家证明:钱多未必幸福",《新闻晨报》2006 年 7 月 4 日。

吕林荫:"只讲财富的人生是可悲的——对话卢新华",《解放日报》2010 年 9 月 17 日第 17 版。

王铁、吴玲华等:"改革关键时期武汉市社会心态调查",《社会科学报》2006 年 7 月 13 日第 1、2 版。

张微:"关于提升公众人文社科素养的思考",《中国社会科学报》2009 年 8 月 25 日第 10 版。

徐敏:"中国人自豪感指数高",《解放日报》2006 年 11 月 4 日。

周学忠:"'面向新世纪的上海人精神'问卷调查透视",《文汇报》2000 年 11 月 17 日。

陈宪:"关注'人类发展指数'",《文汇报》2002 年 5 月 15 日。

中新:"丹麦人过得最幸福",《扬子晚报》2012 年 4 月 6 日。

范林明:"社会研究方法比较谈",《社会学》2001 年 10 月。

张隆溪:"庐山真面目:论研究视野和模式的重要性",《复旦校刊》2009 年 11 月 11 日。

哈正利:"民族学人类学的中国经验",《中国社会科学院》2009 年 7 月 16 日。

郝时远:"'中国田野'中的人类学民族学",《中国社会科学院》2009 年 7 月 30 日。

马忠才:"后现在诠释学对质性研究方法论的挑战",《社会学》2010 年 8 月。

夏传玲:"计算机辅助的定性分析方法",《社会学研究》2007 年 5 月。

章立明、曾益群、余翠娥:"社会科学的新发展:社会学与人类学的兼容与贯通",《社会学》2007 年 3 月。

杨善化、孙飞宇:"作为意义探究的深度访谈",《社会学》2006 年 1 月。

孙雪蕾:"解读幸福指数 求证幸福方程",《社会学》2005 年 4 月。

应星:"叙事在中国社会学研究中的运用及其限制",《中国社会科学报》2009

年7月23日。

蒋逸民:"作为一种新的质性研究方法的层创方法",《社会学》2010年8月。

杨伯溆:"定性和定量分析的结合点:草根理论和因果模型",《社会学》2002年8月。

谢中立:"结构——制度分析,还是过程——事件分析?——从多元话语分析的视角看",《社会学》2008年4月。

孙立平:"迈向实践的社会学",《社会学》2002年9月。

方长春:"从方法论到中国实践:调查研究的局限性分析",《社会学》2006年10月。

童宗斌:"如何朝向事实本身——调查研究的本土经验及其方法论反思",《社会学》2011年1月。

郝大海:"抽样调查中的无应答替换与应答率",《社会学》2008年10月。

蔡禾:"语境与问卷调查",《社会学》2008年10月。

王天夫:"社会研究中的因果分析",《社会学》2006年12月。

潘绥铭、黄盈盈、王东:"'原假设'社会调查问卷的灵魂",《社会学》2008年8月。

王宁:"代表性还是典型性——个案的属性与个案研究方法的逻辑基础",《社会学研究》2002年第5期。

游正林:"应该如何评估样本的代表性",《社会学》2009年8月。

彭德倩:"'古老且神速'的坚持——记复旦大学文献检索课教授傅德华",《解放日报》2009年11月14日。

朱宏瑗:"科学与艺术的拥抱",《文汇报》1992年3月16日。

张婕、张悦:"崔永元:我是历史的发烧友",《解放日报》2012年6月29日。

崔军强、张舵:"微软'黑屏',为何单单出在中国",《新华每日电讯》2008年10月25日。

江绵恒:"城市化与信息化:中国发展的时代机遇",《解放日报》2010年10月10日。

柳森:"社交网风行,一场现代性社交的变革风暴?",《解放日报》2009年6月4日。

曹静、张航:"'新媒体'助推传播变化",《解放日报》2009年4月17日。

竹笋:"微博抢不了我的饭碗",《解放日报》2011年2月5日。

陈婧:"谁最了解你的社交网络? QQ圈子!",《扬子晚报》2012年3月22日。

陈鸣、叶飙:"方舟子与他所影响的论战法则",《南方周末》2012年6月21日。

"网络新词,刷新对生活的感受",《解放日报》2012年7月6日。

"'网络舆论暴力'现象,法人深省",《解放日报》2007年9月28日。

支玲琳:"微博:个人叙事如何改写历史",《解放日报》2011年1月5日。

刘芳编辑:"网络到底给了我们什么——王德峰教授在上海教育电视台'世纪讲坛'上的演讲",《解放日报》2006年5月25日。

宋林飞:"费孝通小城镇研究的方法与理论",《社会学》2001年2月。

墨宁、周凤华:"当代中国研究中的问卷调查研究:从地方样本中学习",《华中师范大学学报(人文社会科学版)》2004年。

"我国市场调查业的现状",《中国经营报》2001年4月17日。

中国信息协会市场研究业分会行业调查1999—2002年。

娄健:"关于市场研究的研究",《经济与信息》1995年第10期。

严洁:"项目无回答的成因与降低其水平的途径",《华中师范大学学报》2006年第6期。

张文宏、阮丹青:"城乡居民的社会支持网",《社会学研究》1999年第3期。

三、英文文献

J. G. Gallup:The Gallup Poll,Wilmington,SR INC, USA, 1984.

Student Encyclopedia of Sociology,London Macmillan Press Ltd,1983.

W. B. Sanders . The Conduct of Social Research,N. Y. CBS,1974.

Emile Durkheim, Suicide(Glencoe, IL:Free Press, [1897],1951).

Tom Wengraf,2001,Qualitative Research Interviewing — Biographic Narrative and Semi-structured Methods.

Hilary Arksey and Peter Knight 1999, Interviewing for Social Scientists.

Catherine Hakim, 1987, Research Design:Strategies and Choices in the Design of Social Research, London Allen & Unwin.

The Turn to Biographical Methods in Social Science — comparative issues and examples, edited by Prue Chamberlayne, Joanna Boornat and Tom Wengraf, London and New York, 2000, p.9.

Michael Rustin:Reflections on the biographical turn in social science, The Turn to Biographical Methods in Social Science — comparative issues and examples, edited by Prue Chamberlayne, Joanna Boornat and Tom Wengraf, London and New York, 2000. pp. 34-52.

Bill Eaton, Internet Surveys, Quirk's Marketing Research Review (June/July 1997), pp. 28-30.

Kish, L. 1965, Survey Sampling. New York:John Wiley & Sons, Inc., p.5, p.20.

Fowler, F. J. 1993, Survey research methods (Second edition). Thousand Oaks: Sage Publications, p. 13.

Churchill, G. A. 1999, Marketing Research: Methodological Foundations (Seventh Edition). Fort Worth: The Dryden Press, p. 513.

Glenberg, A. M. 1996, Learning From Data: An Introduction to Statistical Reasoning (Second edition). New Jersey: Lawrence Erlbaum Associates, Inc., pp. 132-136.

Kent, R. 2001, Data Construction and Data Analysis for Survey Research. Hampshire and New York: Palgrave, p. 151.

Groves, R. M. 1989, Survey Errors and Survey Costs. New York: John Wiley & Sons, Inc., pp. 135-145.

Chapman, D. W. 1983, "The Impact of Substitution on Survey Estimates." In W. G. Madow, I. Olkin and D. B. Rubin (eds.), Incomplete Data in Sample Surveys 2: Theory and Bibliographies. New York: Academic Press, Inc., p. 50.

Smith, T. W. 2002, "Developing Nonresponse Standards." In R. M. Groves, D. A. Dillman, J. L. Eltinge and R. J. A. Little (eds.), Survey Nonresponse. New York: John Wiley & Sons, Inc., p. 31.

Calvin, T. (2000). Straight with a twist: queer theory and the subject of homosexuality. Urbana: University of Illinois Press.

Denzin, N. K., (1989). The research act: a theoretical introduction to sociological methods (3rd Ed.). Englewood Cliffs, NJ: Prentice Hall.

George H. Lewes, Problems of Life and Mind, First Series: The Foundations of a Creed, vol. II (1875). University of Michigan Library: ISBN 1425555780.

Givens, L. M. (2008). The Sage encyclopedia of qualitative research methods, Thousand Oaks, CA: Sage Publications, Inc.

Goldstein, J. (1999). Emergence as a construct: History and issues. Emergence: A Journal of Complexity Issues in Organizations and Management, 1 (1), 49-72.

Hesse-Biber. S. N., Leavy, P. (2006). Emergent methods in social research. Thousand Oaks, CA: Sage.

Hesse-Biber. S. N., Leavy, P. (2008). Handbook of Emergent methods. The Guilford Press, New York.

Hesse-Biber. S. N. (2007). Handbook of feminist research: theory and praxis. Thousand Oaks, CA: Sage.

Haraway, D. (1988). Situated knowledge: The science question in feminism and the privilege of partial perspective. Feminist Studies, 14(3), 575-599.

Harding, J. (1997). Bodies at risk: Sex, surveillance and hormone replacement therapy. In A. Petersen R. Bunton (Eds.), Foucault, health and medicine, London: Routledge, pp. 134-150.

Hawkesworth, M. E. (1990). Beyond oppression. New York: Continuum.

Knapp, K. K. (2000). Still office flowers: Japanese women betrayed by the Equal Employment Opportunity Law. In A. K. Wing (Ed.), Global critical race feminism: An international reader (pp. 409-423). New York: New York University Press.

Klein, J. T (1990). Inter-disciplinarity: History, theory and practice. Detroit, MI: Wayne State University Press, p. 182.

Merton, R. K. (1967). On theoretical sociology. New York: Free Press, p. 171.

Minh-ha, T. T. (1991), Framer framed, New York: Routledge, p. 218.

Moss, P. (2005). A bodily notion of research: Power, difference, and specificity in feminist methodology. In L. Nelson J. Seager (Eds.), A companion to feminist geography (pp. 41-59). London: Blackwell.

Mouffe, C. (1992). Feminism, citizenship and radical democratic politics. In J. Butler J. W. Scott (Eds.), Feminists theorize the political. New York: Routledge, pp. 369-384.

Nowotny, H., Scott, P., Gibbons, M. (2001). Rethinking science: Knowledge and public in an age of uncertainty. Cambridge, UK: Polity Press.

Ritzer, R. (2005). Encyclopedia of social theory (Vol. 1), Sage Publications, Inc.

Sandoval, C. (2000). Methodology of the oppressed. Minneapolis: University of Minnesota Press.

Young, I. M. (1990). Justice and the politics of difference. Princeton, NJ: Princeton University Press.

Wing, A. K. (2000). Global critical race feminism: An international reader. New York University Press.

Bryman Alan. Quantity and Quality in Social Research. Unwin Hyman, 1988.

W. L. Neuman, Social Research Methods, Third Edition, Allyn and Bacon, 1997.

Earl Babbie, The Practice of Social Research (Sixth Edition) California, Uadsuorth Publishing Company, 1992.

Herbent J. Rubin, Applied Social Research, London, 1988.

Kenneth D. Bailey, Methods of Social Research, NY, The Free Press, 1982.

D. Starley Eitgen and Maxine Baca Zinn, Social Problems, library of Congress Cataloging? Publication Data, 1992.

The SPSS Guide to data Analysici, Chicago, 1991.

F. Chalmers, What is the thing called science? — An assessment of the nature and status of science and its methids, 1978.

Graham Kalton, Introduction to Suvey Sampling, London, SAAGE Publicatons, 1983.

Resarch Methods, Lodon, SAGE Publications, 1993.

Marija J. Norusis, Richard H. Hall, Organigations — Structures, Processes, and Outcomes, New Jersey, Prentice Hall, 1991.

H. M. Blllack, Construction From Verbal To Mathematciall Fourmu lations, Engveuoord Cliggs, N, J, Prentice — Hall, 1969.

Nan Lin, Foundations of Social Research, N. Y. MCGraw Hill Book Co, 1976.

B. D. Reynolcis, A Primerin Theouy Construction, indianpolis, Bobbs — merrill, 1971.

K. E. Weicd, The Handbook of Social Psychology, Massachusettes, Addison Wesley, 1968.

J. G. Gallup, The Gallup Poll, Wilmingotn, SRINC, 1984, USA .

Esther. Dyson, A design for Living in the Digital Age, BATMA, 1997.

Darwin, F, Life and Letteis of C. Daruin, John Murray. London .

The RAND Cosporation, A million Random Digits, Free Piess, Glencce, Ⅲ, 1955.

H. Arkin and R. R. Colton, Tables for Statisticians, 2nd edition, Harpen & Row, 196.

Petez D. Bennett, ed., Glossary of Marketing Terms (Chi cago: American Marketing Association, 1988.

Kathic Julian and Sarab Coffin, "Kaleidoscope of Change", Marketing Research (Fall 1996), Reprinted by Permission of the American Marketing Association.

"George Gallup's Nation of Numbers", Esquire (December, 1983).

For an application of referral sampling see Rowland T. Moriarity Jr and Robert E. Speckman, "An Empirical Investigation of the lnformation Sources Used During the Industrial Buying Process", *Journal of Marketing Research*, Vol. 21 (May 1984).

Lynn Newman, "That's a good question", American demographics (June 1995).

Martin Weinberger, "Seven Perspectives on Consumer Research", Marketing Research (December 1989).

Reprinted by permission of the American Marketing Association. 37. See James C Anderson and James A. Narus, Business Market Management: Understanding, Creating and Delivering Value (Uppea, Saddle Rives, NJ : Prentice Hall, 1998), Chap. 2.

GregLyles, "Getting Coffee to Go", Marketing Tools, September/October 1994.

A. B. Blankenship and Geore Eduaid Breen, "Format Follows Function", Marketing Tools(June 1997).

J. Walker Smith, "The Promise of single Source — When, Where, When and How," Marketing Research(December 1990).

"Real World Device Sheds New Light on Ad Readership Tests" Marketing News (June 5,1987).

Alvin Achenbaun, "Market Testing: Using the Marketplace as a Laboratory" in RObert Ferber,ed, Handbook of Marketing Research(New York McGraw-Hill,1974).

Raymond R Burke, "Virtual Shopping: Breakthrough in Marketing Research", Harward Business Review,(March April 1996).

Screening questionnaires can also be used See Kevin M. Waters, "Designing Screening Questionnaires to Minimige Dishonest Answers", Applied Marketing Research, Vol.31, No.1(Spring/Summer 1991).

Feannine Bergers Everett, "The Missing Link", Manketing Reseanch (Spring 1977), Repninted by Permission of the American Marketing Association.

后　　记

有人主张"寂寞出学问"，有人坚信"实践出真知"，孰是孰非，或为悖论。在炮火纷飞的年代，放不下一张安静的书桌，西南联大的教育、学术拔地而起，艰难的时局砥砺了一代学人，成就了一大批学问家；在激荡奋进的当下，社会急剧发展、科技发达、信息爆炸、网络普及，有志学者不甘"埋头学问"，走出象牙塔，主动融入公共空间，同样造就了又一代学问家和累累硕果。还是古人说得好，"读万卷书，行万里路"。没有理论的实践是盲目的实践，而没有实践的理论则是空洞的理论。本部书稿就是"读书"、"行路"之作，就是"理论"、"实践"之作，如同书名一般，牢牢扎根"中国"本土，时时不离"调查"实践，从立项到完稿丝毫都不曾懈怠。

从21世纪初在复旦开讲"中国社会调查史"，一晃十几个年头过去了。在讲授期间，学生王竞建议将授课内容整理成书稿，由此有了2007年由王竞和我主笔的一部《中国社会调查史》著作。然而人类的生活不仅是社会生活，还涉及物质生活、政治生活、文化生活的领域，因此萌生申报并获准由上海文化发展基金会资助立项的《中国调查史》之写作。

自2008年立项至今的五年中，教学科研、调查研究、行政管理、学会工作忙个不停。"社会调查研究方法"、"市场调查与预测"、"大学生社会实践"、"文化大革命研究"以及MPA"社会研究方法"的教学任务；与大学生、研究生频繁的交流与指导；政府企业委托的满意度调查、世博会窗口服务测评、浦东社会变迁15年追踪研究、公民科技素养的调查等科研项目策划与实施；中国社会学会方法研究会等科研机构主办的首届"中国调查"学术研讨会的筹备与召开，海内外专家学者的邀请与安排；由中国社科院主管国家级学会主办的神州调查公司业务的日常运行、成长与发展，市场调查、社会调查各类项目的主持、策划与执行，以及与解放日报社长期合作的社情民意的调查，等等。既是轰轰烈烈，又须踏踏实实，度过了多少个不眠之夜。再加之，原定一起合作写此书稿的学者朋友，或因身体状况不佳，或因教学科研繁忙,或因学业深造之必须等种种无法实质性投入的原因,这部书稿的写作重任就无可推辞地压在了本书作者的身上。

当下社会似乎是一种所谓"浮躁"的环境,是一种使人无法静心、出不了学问的文化氛围。然而,本书就是在此种环境和氛围中写成,这门"学问"就是在转型社会的急剧发展的中"炼"成。尽管全书写作不尽如人意,难免挂一漏万,但如费孝通先生在主编《社会学概论》时所言,"先有后好",期待以后逐渐修订完善。

其实,何谓"学问"?"古之学者,知即为行,事即是学"(《方山纪述》),实践才是真正的学问。有道是"实践出真知","读得书来,口会说,笔会作,都不济事;须是身上行出,方算学问。"(《答齐笃公秀才赠号书》)三十多年亲身投入的社会调查、市场调查、民意测验的丰富实践正是本书资料的真正"源泉",各类参考文献仅是"流"而已。本书的写作既要进行作为史料之"流"的文案研究,更为重视挖掘史料之"源"的客观事实和社会实践;既要客观真实地"复现"历史,又要兼容人文社科之功底综合地把握"复活"生生不息的鲜活历史图景,力求还原这活生生的社会、经济、科技发展的当下现实。

社会的实践既是本书的"源泉",也是写作本书的动力。面对这波澜壮阔、瞬息万变、精彩纷呈的生活世界,面对这社会经济高速发展、知识爆炸信息化的时代浪潮,进行着调查研究的志士仁人无时无刻不在思考着中国调查的来龙去脉,回顾并展望中国调查的历史、现状和未来,这可以说是产生本书创作意愿的最初"灵感"。常青的生活之树,将使灰色的理论重现灿烂。紧张的生活节奏,马不停蹄的授课、育人、项目、管理、培训、成果等各种"世俗杂务",简直让人喘不过气来,如此的繁忙,如此的"浮躁",恰恰能时时敦促自己挤出点滴时间,减少交际应酬,牺牲自我休闲,来完成书稿写作。这种动力来自于有责任总结中国调查的历史经验;来自于有使命揭露"假恶丑"、弘扬"真善美",鞭策小人"伪君子",以正视听的社会良知;来自于有义务记载中国调查史上的经典案例为后人的调查实践提供启示和指导。再忙也不能停笔,只有勇往直前,不得中途而废。正是这股正能量的不竭动力,使本书作者终于完成了这部书稿的写作,尽管还未经精雕细琢,仅是"抛砖引玉"之作,敬请各位读者理解和指正。"太阳每天都是新的",新的使命和任务又在向我召唤,我必须立即奔向新的征程。

值此全书完稿之际,首先要感谢推荐本书申请专项基金的郑杭生教授和邓伟志教授。郑杭生教授在专家推荐意见中写道:"范伟达教授等作者长期从事社会调查研究教学工作,在理论与实践积累了丰富经验的基础上,回顾中国调查的悠久而灿烂的历史,探讨中国调查在20世纪的成败得失,为新世纪的中国调查事业、中国调查研究的教学科研做出指导性的展望。《中国调查史》是我国社会学界也是史学界第一部科学系统总结调查研究历史经验、展示我国从古到今调查研究丰硕成果、借鉴与指导当今与未来中国调查的一部力作,不仅具有现实和理论意义,而且将会对国际调查界产生有益影响。我愿意向上海文化发展基金会推荐由中国社会学会方法研究会副理事长范伟达教授负责编著的这部上、下卷史著,期望该部著作能为我国的调查史研究填补空白。"邓伟志教授也在推荐意见中写道:"调查从社会学等多种学科看,都是采集信息的重要信息源、信息道,调查也是中国共产党从胜利走向胜利的法宝,在今天也是深化改革的大政方针在制定中不可缺少的关键一环,因此,写一部调查史,既有理论意义,又有现实意义,也有条件。复旦等学校的课题成员,多年来在相关问题上颇有造诣,我乐于推荐。"

在编写《中国调查史》的过程中,我们参阅了海内外专家学者的大量相关文献,深为葛兆光教授、葛剑雄教授、曹锦清教授、周雪光教授、杨雄研究员、柯惠新教授、闫明教授、行龙教授、夏传玲研究员、袁理研究员、李彬教授、邓兆明教授、彭道宾局长、镡德山编辑、雷少波编辑、李宗克博士、李光敏博士、徐小庆博士等许多专家学者在这一领域研究中的精辟独到的见解论述和对浩瀚史料的驾驭分析功底所启迪,参阅和引用了各位专著论文中相关的精彩内容和片断,并且得到了各位专家学者的大力支持和许可,在此深表谢意。

同时,我也要感谢复旦大学社会学系主任刘欣教授和院教授委员会主任瞿铁鹏教授、南开大学社会学系白红光教授、中国社科院城市研究中心罗静博士后、第一军医大学政治教研室郭明教授、哈工大研究生院党委宣传部负责人王佳妮老师、原解放日报集团新闻报社罗新忠总编助理对本书稿的形成和写作所提供的宝贵建议和具体帮助。

王竞硕士是《中国社会调查史》一书的主笔,也对本书的框架提出了很好的建议。本书的写作采纳了由本人和范冰一起参与编著的《中国社会调查史》的相关内容。尽管由于学业专攻,王竞未能再次参与本书的写作,但理应在此对王竞曾经付出的时间与精力表示肯定与谢意。同时,由于资料的充实、研究的深入,本书的部分观点和叙述与《中国社会调查史》有不尽一致之处,相信我们的读者也能理解和包涵。

范冰硕士是《中国社会调查史》著作的作者之一,也是本书的主要作者。从文化基金申请、书稿框架的讨论确定、资料的收集、部分章节的写作,都投入了大量的精力。尽管全部书稿已经范冰审阅,但本书若有错误和不当之处,文责则应由我本人自负。

书稿的写作整理是需要耗费大量时间精力的,感谢复旦大学社会学系青年才俊神州调查数据采集中心主任沈岱易、神州调查公司助理鲁晓娇、复旦大学硕士章毓清等研究人员及调查分析师高级学员彭杰夏等各位同仁的鼎力相助,才使本书稿得以电子文本形式交付出版部门。

当然,更要衷心感谢复旦大学出版社的高若海总编、王凤霞党委书记、孙晶总编和马晓俊责编。高总编慧眼识珠,听我谈及有写此书意愿,予以肯定。王凤霞书记也时时惦记着书稿的写作,但从不催促进度,每次见面都十分信任地勉励我一定会尽快让史稿面世。孙晶总编在日理万机的繁忙工作中,精心安排,特事特办,促成本书早日出版,以飨读者。马晓俊责编是我们编著"十一五"国家级教材《社会调查研究方法》一书的责任编辑,他一如既往对本书稿的立项申报、框架设计、目录体系和最后书稿的编辑出版都倾注了大量的精力和时间。同时,我也忘不了在美国哈佛大学的燕京图书馆、香港中文大学图书馆和中国研究服务中心、北京国家图书馆、上海图书馆和复旦大学图书馆收集资料期间,所有图书馆服务人员的悉心关照和耐心的查阅。期间,香港中大中国研究服务中心的熊景明主任助理,还为我安排了一段专访的时间;复旦历史系资料室傅德华老师还为我查阅整理了"调查"词考。在此一一表示谢意。

在我动笔写就本书"后记"的今日凌晨梦境中,又一次梦见了生我养我育我成长的父母亲。在这几十个春秋的人生生涯中,我和我的弟妹们都时刻沐育着父母亲的雨露阳光,教我做人,育我立业,扶我成长,助我成功。谨以此书献给一生含辛茹苦无私奉献的慈父范锦鹤先生和慈母方香素女士。

在刚要结束本篇"后记"之际,收到范冰发来的一封短信:

"你知道吗?今天是'猪日',农历正月初三,又称为'猪日'。今晚22点到24点是猪时。自秦汉以来,传统将初一视为鸡日,初二狗日,初三猪日,初四羊日,初五牛日,初六马日,初七人日。传说是因女娲创造万物生灵时,先造的六畜,后造的人,因此初一到初六都是六畜之日。"

这对于出生于农历正月初三而属"猪"生肖的作者本人来说是莫大的震撼和惊喜。此乃"天意"也!女娲是神话中人类的始祖,传说她用黄土造人,并炼五色石补天,折断鳖足支撑四极,治平洪水,杀死猛兽,使人民得以安居。此番"天意",是意味着"天将降大任于斯人也",要我辈担当起范氏祖先所古训的"先天下之忧而忧,后天下之乐而乐"的大任,还是意味着生我养我的慈母似当代女娲在正月初三"猪日"之时创造了生灵万物之一的我。

乐哉！吾乃天人合一之化身,应为造福于民而担当。

范伟达

癸巳年正月初三时

于复旦大学复华主楼 208 室

图书在版编目(CIP)数据

中国调查史/范伟达,范冰编著.—上海:复旦大学出版社,2015.4
ISBN 978-7-309-11188-0

Ⅰ.中… Ⅱ.①范…②范… Ⅲ.社会调查-历史-中国 Ⅳ.D668

中国版本图书馆 CIP 数据核字(2014)第 311074 号

中国调查史
范伟达 范 冰 编著
责任编辑/马晓俊

复旦大学出版社有限公司出版发行
上海市国权路 579 号 邮编:200433
网址:fupnet@fudanpress.com http://www.fudanpress.com
门市零售:86-21-65642857 团体订购:86-21-65118853
外埠邮购:86-21-65109143
当纳利(上海)信息技术有限公司

开本 787×1092 1/16 印张 42.75 字数 773 千
2015 年 4 月第 1 版第 1 次印刷

ISBN 978-7-309-11188-0/D·722
定价:98.00 元

如有印装质量问题,请向复旦大学出版社有限公司发行部调换。
版权所有 侵权必究